철학
I

한국연구재단총서 학술명저번역 590

철학

I

철학적 세계정위

Philosophische Weltorientierung

칼 야스퍼스 지음 | **이진오·최양석** 옮김

아카넷

『철학 I』 역자 서문

　　전체 1500여 페이지에 달하는 『철학』 1, 2, 3권을 우리말로 옮기는 작업은 10여 년 전 국내에 몇 되지 않은 야스퍼스 전공자들이 한자리에 모이는 일로부터 시작되었다. 『철학』 3권 단독 번역자인 정영도 회장님께서는 후학들을 위해 기꺼이 멀리 부산에서 상경해 모임의 구심점이 되어주셨다. 이화여자대학교 철학과를 정년퇴직하고 개인연구에 몰두하던 야스퍼스 연구의 큰 어른이신 신옥희 선생님은 학회가 창립된다는 소식을 듣고 크게 반기며 모임 때마다 장소를 마련해주셨다. 역자와 함께 『철학』 1권을 번역한 최양석 선생님은 야스퍼스 연구의 대선배임에도 후배들의 제안에 무조건 동의하며 모임에 합류하셨다. 신옥희 선생님과 함께 『철학』 2권을 공동 번역한 홍경자 선생님과 박은미 선생님은 역자의 동료로서 솔선수범하며 첫 모임을 준비하였다. 이렇게 모여 학술대회를 몇 차례 개최한 한국야스퍼스학회는 다른 학술적인 작업보다 먼저 『철학』을 우리말로 옮기는 일을 하는 것이 학회가 해야 할 첫 번째 사명이라고 생각하였다.

　　처음에 한 권의 책으로 출판되었다가 지금은 세 권으로 분리되어 출판되고 있는 『철학』(1931)은 야스퍼스의 대표작일 뿐만 아니라 실존철학의 진면목을 보여주는 거대한 창고이다. 야스퍼스는 국내에도 그 이름이 잘 알려진 철학자이지만, 지금까지 그의 주저인 『철학』이 번역되어 소개되지는

않았다. 대중들을 대상으로 쓴 강연집이나 주요 저서의 일부만이 산발적
으로 우리말로 번역되어 야스퍼스 철학의 진면목을 국내 독자들이 접할
수 있는 기회가 적었던 것이다.

『철학』1권의 독일어 원전 전체 분량은 야스퍼스가 나중에 작성한 "후기
(Nachwort)"를 포함해 390쪽 정도이다. 최양석 선생님과 절반씩 나누어,
역자가 전반부인 제2장 "세계정위의 한계들"까지를 맡았고, 최양석 선생
님이 제3장 "과학의 체계론"부터 끝 부분까지 맡으셨다. 역자가 맡은 부분
은 원저자의 "후기"와 『철학』 전체에 대한 서론과 1, 2, 3권의 내용을 예비
적으로 소개한 것이 주요 내용이다. 최양석 선생님이 맡으신 부분은 철학
과 과학, 철학과 종교나 예술 등을 구분하면서 다른 분야에서 할 수 없는
철학의 고유한 기능을 밝힌 것이 주요 내용이다. 이런 내용을 담은 『철학』
1권의 우리말 번역작업이 시작된 지도 어느덧 10년 가까운 세월이 흘렀다.
두 사람이 절반씩 나누어 번역작업을 했는데도 이렇게 오랜 시간이 흐른
것에 대해 역자는 다음과 같은 변명을 하고 싶다.

『철학』은 그 내용과 표현이 매우 어렵다. 으레 '철학은 어렵다.'고 말하
는데, 야스퍼스의 『철학』은 정말 상상 이상이다. 야스퍼스는 기존의 철학
자들이 철학적 사유의 본질적 기능을 망각하고, 과학을 흉내 내거나 삶과
유리된 이론적인 작업을 전개했다고 비판하며, 자신이 철학을 제대로 바로
세우겠다고 선언한다. 이런 의도에서 야스퍼스는 감히 책 제목 자체를 "철
학"이라고 정한 것이다. 그런데 다른 사람들이 간과하거나 왜곡한 것을 찾
아내 언어로 표현하는 일은 쉬운 작업이 아니고, 또 간신히 언어로 담아냈
다고 하더라도 독자가 그것을 이해하기가 쉽지 않을 것이다. 역자는 야스
퍼스 전공자이기 이전에 원전으로 그를 만난 한 명의 독자로서 야스퍼스

가 다양한 관점에서, 그리고 매우 추상적인 사태에 대해서 전개하는 사유를 일목요연하게 이해하기가 쉽지 않았다. 박사학위 논문을 쓰면서 이미 원전을 읽은 후였지만, 그것을 하나하나 우리말로 옮기는 일은 완전히 새로 시작하는 작업이 되었다.

'번역은 반역이다.'는 말이 있다. 역자는 이 책을 번역하면서 '야스퍼스가 전하려는 뜻을 우리말로 제대로 옮기기는커녕 독자들의 시선을 엉뚱한 곳으로 이끌지는 않을까?' 하는 의구심이 들었다. 특히나 수시로 등장하는 비문과 구어체 문장을 접할 때와 구체적인 표상이 쉽게 떠오르지 않는 추상적인 문장이 여러 페이지에 걸쳐 숨 쉴 틈도 없이 전개될 때 그랬다. 이런 역자에게 이 책의 번역작업은 반역을 넘어서 자칫 난파와 표류로 끝날 뻔했다. 그러나 다행히 번역을 처음 시작한 지 10년 만에 작업을 끝내게 되었다. 역자의 게으름과 능력 부족으로 잘못 번역된 곳과 불투명하고 투박하게 번역된 곳이 많을 것이다. 이에 대해서 역자는 독자들의 망설임 없는 질정을 각오하고 있다. 그런데 다른 한편으로 역자는 『철학』 1권의 우리말 번역본을 세상에 내놓으면서 안도감과 조그만 희망을 품게 되었다. 안도감은 우선 역자 자신이 지난한 번역작업을 통해 난파당하지 않았다는 점 때문일 것이다. 조그만 희망이란 이번 번역을 통해서 야스퍼스 전공자인 역자가 야스퍼스 철학의 깊이와 규모를 새롭게 확인한 데서 생긴 것이다.

역자는 독어 원전을 읽고 우리말로 옮기는 과정이 힘들었지만, 존재의 비밀을 풀려는 철학적 거장의 호흡과 열정과 현실에 굴하지 않는 순수한 의지를 글자 하나하나에서 확인하는 즐거움도 컸다. 역자는 번역된 원고를 몇 차례 학생들과 읽으며 검토하는 기회를 가졌다. 그때 많은 학생들이 '너무 어렵다.'고 호소했다. 하물며 철학을 전공하는 학생들도 이런데, 『철학』을 통해서 야스퍼스를 본격적으로 처음 접하는 일반 독자들은 난해하고 무미건조하며 고지식하게 전개되는 그의 철학적 진술에 질리거나 반감을 갖기 쉬울 것이다. 그러나 어떤 한 가지에 치우치거나 과장하지 않고 최대한 냉정을 유지한 채 세계와 인간과 초월적인 것이 갖고 있는 숨은 의미를 끈질기게 추적하는 야스퍼스 사유의 진정성에 접촉하는 순간, 독서는 존재의 비밀을 벗기는 흥미진진하고 신뢰할 만한 여정으로 바뀔 것이다. 아무쪼록 『철학』이, 독자들이 그동안 가보지 않은 새로운 사유의 길을 탐험해볼 기회가 되길 바란다.

2017년 12월
이진오

머리말

철학은 인간의 자기확신[1]이라는 접근하기 힘든 영역으로 돌파해 들어가려는 대담한 시도이다. 철학을 누구나 통찰할 수 있는 진리에 대한 **학설**[2]로 볼 때는 인간의 자기확신으로 돌파해 들어가려는 철학은 오류에 불과한 것으로 여겨질 수밖에 없다. 물론 강제적으로 알려지는 것을 파악하는 것이 철학 자체에도 중요하기는 하다. 그러나 철학은 과학에서 인식된 것을 단순히 반복하는 것도 아니고 고유한 대상을 갖거나 과학과 동일한 요구를 하는 것도 아니다. 철학적 작업에서는 지금껏 단 한 번도 세계 안에 존재하는 사물들에 대한 전문지식이 보장해주는 지적 만족을 기대할 수는 없었다. 철학적 작업에서는 보다 많은 것들이 탐구되고 요구된다. 그것은 바로 **사유**이다. 사유란 근원적인 자극들로 나를 깨우면서 나를 나에게 이

---

1) (역주) 야스퍼스에 따르면 실존은 단적인 현존(Dasein)에 대한 불안에서 자신을 나타내 보인다. 그런데 현존에 대한 불안은 가능실존의 표시이다. 이러한 불안은 감성적으로 경험되는 세계를 돌파해 자신의 근원으로 돌아가게 한다. 세계존재를 돌파하는 것을 긍정적으로 사유하는 확신이 바로 실존조명이다. **자기확신**(Selbstgewißheit)은 이러한 실존조명에서 획득된다. 자기확신은 자기상실과 자기획득의 가능성을 경험하는 자유의 길에서 발견된다. 그런데 자유는 초월자의 선물로서만 가능하다. 본래적 자유를 확신하려면 우리는 동시에 초월자를 확신하여야 한다. 초월자의 도움은 인간이 그 자신일 수 있을 때만 나타난다.
2) (역주) 원문에서 이탤릭으로 표기된 부분들을 여기 번역본에서는 고딕체로 표기하였다.

르도록 하는 것이기에 나의 존재의식을 바꾸는 것이다. 이러한 근원적 자극들로 인해 나는 현존 속에서 행위하며 나 자신이 된다. 그 어떤 객관적 지식도 사유가 하는 이런 일을 해낼 수 없다. 객관적 지식을 어떻게 수용하느냐 하는 문제는 오히려 철학함 속에서 생겨나는 존재의식의 계기들 중 하나이다.

철학은 모든 사물들의 시원과 종말에서 존재의 완전한 밝음을 이념으로 품고 있다. 이러한 철학은 비록 시간 속에 서 있으나, 무시간적인 것을 무시간적 결정체이게 하는 것이다. 그럼에도 철학함은 시간 속에서 역사적으로 있으면서 존재를 파악하는 인간의 길이다. 그 자체로서가 아니라 오로지 인간 자신의 시간적 현상 안에서만 철학함은 존재에 접근할 수 있다. 그 어떤 계시 없이도 철학함 속에서는 하나의 믿음이 말해진다. 이 믿음은 그러한 길 위에 있는 자에게 호소하면서 말한다. 따라서 철학작업이라는 것은 혼란의 와중에 우리를 안내하는 객관적 이정표는 아니다. 모든 사람들은 제각각 자기 자신의 가능성으로 존재하는 것만을 파악한다. 그러나 철학적 작업은 현존 속에서 초월자를 향한 시선을 위해 존재를 밝혀주는 차원에 이를 것을 대담하게 시도한다. 모든 것이 의문시되어버린 그런 세계 속에서 우리는 목표를 알지 못한 채 철학하면서 방향을 잡아가려고 한다.

물론 우선 우리는 과거로부터 우리에게 말을 걸고 있는 소수의 위대한 철학자들에게 귀를 기울이면서 우리들 나름대로 삶을 이끌어간다. 이러한 길은 철학적 자기의식으로 나간다. 그러나 철학이란 보다 앞선 철학에 대한 지식으로서 이미 실재하는 것이 아니기 때문에 철학은 언제나 현존하는 근원에서의 철학함이어야 한다. 동시대 사람들의 철학적 작업은 현존 속에서 함께 살아가는 자가 어떻게 스스로 곤경을 헤쳐가고 있는지 분명하게 보여준다. 존재충족(Seinserfüllung)의 한 가지 가능한 방법으로 사람들은 다른 어떤 곳에서도 들어볼 수 없는 것에 대해 함께 논의할 수 있다. 일단 현재의 철학적 작업은 과거의 위대한 철학을 변형시키면서 새롭게 현재화할 수 있다.

스스로 존재하는 인간들의 참된 공동체를 목표로 하는 철학은 멈추지 않는 과도한 고통 속에서도 **외딴 먼 곳**에서 확신을 갖고 소식을 전하던 개별적 인간들이 이룬 성과물이었다. 그들은 자신들을 따르라고 강요하지 않으면서 우리에게 소식을 전했다. 이들은 자신들이 경험했던 바를 유일무이하게 우리에게 제시하였다. 말하자면 그들 자신은 희생양이다. 평탄한 운명 속에서는 결코 눈에 띄지 않을 그런 것이 사유된 내용에 담겼고, 이 내용은 그들의 얼굴들을 통해 전달되며 우리에게 드러났기 때문이다. 그런 식으로 인간에게 드러날 수 있었던 것에 대해 우리는 철학적 작업을 수행하면서 존경하는 마음을 보내게 된다. 우리는 그곳에서부터 우리에게 들려오는 모든 말들에 귀를 기울이고자 한다. 우리는 어떤 한 질서를 유일하게 참된 것으로 여기는 일이 불가능하다는 것을 그들 개별 철학자들을 통해서 알게 되었다. 그러나 우리 자신들은 **혼자 외롭게** 철학하지 않고, **상호소통**[3]을 통해 철학하고 있다. 개별자 대 개별자로서 인간이 어떤 식으로

---

3) (역주) 독어 "Kommunikation"을 "교제"나 "사귐" 혹은 "상호소통" 등으로 옮길 수도 있다. 그러나 역자는 "상호소통"이라는 번역어를 선호한다. 야스퍼스 스스로 "Kommunikation"을 "Mitteilung(전달)"이라고 정의한 데서 알 수 있듯 "Kommunikation"은 어떤 내용이나 생각을 주고받는다는 뜻으로 주로 쓰이기 때문이다. 의사소통이론을 완성한 하버마스는 자신의 의사소통이론(Kommunikationstheorie)이 야스퍼스의 상호소통 개념에 영향을 받았다고 말한다. 개인과 개인, 실존과 실존 사이의 소통이라는 의사소통의 한 양식을 특칭할 필요가 있을 때는 "Kommunikation"을 "교제"나 "사귐"으로 번역하는 것이 좋을 것이다. 그런데 야스퍼스에게 "Kommunikation"은 사람과 사람 사이의 생각과 의견의 교환을 표현할 때뿐 아니라 사물처럼 3차원 공간 안에 존재하는 현존(Dasein)과의 만남을 표현할 때도 사용되는 개념이다.

인간 앞에 서 있고 행동하는가가 우리들의 출발점이 될 것이다. 서로 결속되어 있는 동반자들은 우리들 세계에서는 원래 그런 결속 상태에 있었던 것으로 보인다. 상호소통에서부터 가장 밝은 순간들이 생겨나고, 상호소통의 결과로 삶의 무게가 생긴다. 나의 철학적 작업의 모든 내용은 가까운 지인들 덕분이다. 철학적 작업이 얼마나 참된가는 그 철학적 작업이 얼마나 상호소통을 촉진했는가에 따라 평가된다. 인간은 인간 위에 설 수 없다. 동등한 수준에서 인간을 만나는 자만이 인간에게 다가선다. 무엇을 행해야만 하는가를 다른 인간에게 가르칠 수는 없다. 그러나 인간은 자신이 바라는 것과 자신의 존재를 다른 인간과 함께함으로써 발견할 수 있다. 우리의 현존이 존재로 변할 때 현존은 생기를 얻을 수밖에 없게 된다. 이때 인간은 타인과 연대를 형성할 수 있는 것이다.

우리들의 철학적 작업은 지난 수천 년의 자유로운 사유의 **전통**에 뿌리박고 있다. 그리스 철학의 명확성, 북방의 영웅적인 심성의 태도, 그리고 유대인들의 영혼의 심연은 사유의 계기로서 단절되기도 했지만 우리 현존에게 오랫동안 그 방향을 이미 제시해주고 있다. 이 방향에 이끌린 나의 철학적 작업의 근본적 사유는 그러한 철학자들을 나름대로 이해하는 가운데 생겨났기에 당연히 그 철학자들에게 빚을 지고 있는 것이다. 물론 나의 철학적 작업은 분명히 그들과 직접적인 관계는 없다. 그러나 나는 고귀한 이름들을 다음과 같이 호명하고자 한다. **칸트.** 철학자 그 자체라 말할 수 있는 그는 사려 깊은 인간성의 고결함으로 인해 그 어떤 다른 이들과도 비교가 불가능하다. 그의 사려 깊은 인간성은 끊임없이 움직이던 사유의 순수성과 예리함에서 드러난다. 이러한 사유는 그 어떤 사유의 토대도 해치지 않는다. **플로티노스, 브루노, 스피노자, 셸링.** 위대한 형이상학자인 이들은 현실화되어야만 할 꿈의 창조자들이다. **헤겔.** 그는 통찰된 내용들을 유일무이한 언어능력을 갖고 구성적 사유를 통해 훌륭하게 표현했다. **키르케고르.** 뿌리까지 흔들리던 그는 무(Nichts) 앞에 정직하게 마주섬으로써 또 다른 가능성인 존재에 대한 사랑에서 철학하였다. **훔볼트.** 그는 독일 인문 정신을 전 세계적으로 구현하였다. **니체.** 심리학자요 모든 기만들을 냉엄하게 벗겨내던 그는 무신론적 세계 속에서 역사적 실체들에 대한 관찰자가 되었다. **막스 베버.** 우리 시대의 위기를 목격했던 그는 무너져 내리는 세계 속에서 스스로를 추스르며 그 위기들을 포괄적인 지식을 통해 인식하였다.

예나 지금이나 철학적 작업의 문제는 존재이다. 철학적 작업은 결코 직접적으로 해명할 수 없는 하나의 극점 주변을 맴돌고 있다. 그럼에도 불구하고 철학적 작업은 그런 순환 속에서도 그 극점에 닿으려고 늘 반복하는 시도이다. 이런 이유로 인해 철학적 작업은 항상 전부 아니면 전무이다. 철학적 작업은 극점에 가장 직접적으로 닿기 위해 노력한다. 그러나 지식이나 형식에 전혀 관여하지 않는다는 것은 에둘러 말하자면 마지못해 하는 말이다.

철학함은 유일하면서도 그 자체로는 진술될 수 없는 생각인 **존재의식** 그 자체에 그 의미가 있다. 이는 이 책의 각 장들에서 접근되어야 할 것이다. 모든 것은 **작은 부분에 있어서도 전체**여야 한다. 그러나 나머지 부분들에 의해서 비로소 드러나는 것들은 그때그때마다 불명료한 상태로 놓아둔다.

철학적 작업의 참된 결과물들은 근원적으로 논리적인 진보에서 얻어지는 것이 아니다. 그럼에도 사유의 방식들과 타당한 지식을 알지 못했다면 철학적 작업은 뒤엉키고 말았을 것이다. 여기서 앞서 제시된 시도들에 속해 있는 **철학적 논리학**[4]은 본질적인 내용이 등장하는 곳에서 그 윤곽을 제시하였다. 그러나 전개방식상 철학적 논리학은 다른 책에서 다루었다. 논리학은 특별한 철학적인 사유를 규정할 수는 있으나 그것을 정당화할 수는 없다. 철학적 사유는 스스로를 짊어져야 하기 때문이다.[4]

대학 학창 시절 이후 줄곧 나의 철학적 작업은 의사이면서 친구인 **에른스트 마이어**와의 공동작업 덕분이다. 그의 창조적 비판은 이 저술을 마무리하는 데 도움을 주었다. 사유의 과정 속에서 새로운 것에 의해 항상 어쩔 수 없이 발생하는 분절음 같은 회의의 순간에도 그는 상호소통을 통해 나에게 확신을 주었다.

1931년 9월 하이델베르크에서

칼 야스퍼스

---

4) (역주) 야스퍼스에게 "철학적 논리학"은 일반적 의미의 논리학과 관련된 개념이 아니라 상식이나 과학적 진리와 구분되는 철학적 차원의 진리를 나타내는 개념이다. 야스퍼스는 자신의 미완성작 『진리에 관하여(*Von der Wahrheit*)』에서 "철학적 논리학"에 대해서 상세하게 다룬다.

차례

『철학』(1931)에 대한 나의 후기(1955)

여기 제3판이 나오게 된 『철학』은 내 저술들 중 내가 가장 아끼는 책이다. 이 책을 완료한 지 수십 년이 지났기 때문에 이 책이 어떻게 탄생했으며 어떤 의도를 지녔는지에 대해서 나는 깊이 생각해볼 수 있을 것 같다.

경험을 통해서 저자는 자신의 책이 어떻게 이해되었고 어떻게 오해되었는지 배운다. 만약 내가 적대적인 힘을 의식하게 된다면, 철학 내에서 적대 관계란 무엇을 의미하는지, 그리고 철학적인 논쟁이라는 것이 도대체가 가능한 것인지 나는 묻게 될 것이다.

저자는 그가 챙기며 생각하고 있는 것이 세상에 어떻게 영향을 미치는지 경험을 통해서 배웠다. 저자의 생각이 동시대 다른 생각과 어떻게 들어맞는지, 그리고 이를 통해 철학함의 과정에 어떻게 참여하는지 저자는 알게 되었다. 그러나 그의 생각이 행위와 일에 영향을 주는 공적인 사유의 범위 내에서는 어떻게 미약한 것으로나 소멸하는 것으로 나타나는지도 저자는 알게 되었다. 이 세상에서 이성이, 즉 철학이 얼마나 나약한 것인지 심각하게 묻게 된 것이다.

바로 이러한 점들에 대해서, 즉 이 책의 의의와 철학적 논쟁의 가능성, 이성의 나약함에 대해서 간략히 이야기해야만 한다. 부적합해 보이지 않는다면 경우에 따라서 나는 감히 인물에 대한 회고를 통해 사상을 일목요연하게 보여줄 것이다.

I. 이 책의 의미

책이 어떻게 탄생하게 됐는지 알려줌으로써 나는 이러한 의미를 좀 더 명확히 해보려 한다. 어떤 저자는 처음에 전혀 계획에 없었던 자신의 작업 과정을 종국에 가서는 회고를 통해 마치 그가 계획이라도 한 것처럼 이해할 수 있게 된다. 어떻게 사태가 그 자체의 본성에서 나와서 의식된 것인지 저자는 안다고 생각한다. 이로부터 책의 의도가 드러난다. 특히 책 속에 나타난 학문과 철학의 관계가 드러나고, 결국에는 책이 어떻게 읽히길 원하는지에 대한 대답이 주어지는 것이다.

이 책의 탄생

1901년 내가 대학에서 찾았던 철학은 나를 실망시켰었다.[1] 휘황찬란한 강의기술과 교육내용에도 불구하고 철학은 내가 어렴풋이 짐작은 하지만 여전히 알지는 못하면서 기대했던 그런 것을 보여주지 못했다. 철학이라

---

1) (역주) 1901년은 김나지움 졸업반이던 칼 야스퍼스가 기관지확장증 판정을 받고 한 학기 쉬다가 가을학기에 하이델베르크 대학교 법학과에 입학한 해이다. 고등학생 때부터 칼 야스퍼스는 항상 철학에 관심을 가졌다. 당시 하이델베르크 대학 철학과는 빈델반트와 리케르트 등 신칸트학파가 지배하고 있었다. "칸트를 이해하려는 것은 칸트를 극복하려는 것이다."라는 구호를 내세운 신칸트학파는 칸트의 사상 중 주관적인 것으로 해석될 수 있는 부분들을 철저히 객관화시키려 했다. 야스퍼스는 당시의 이런 철학적인 움직임이 자신이 생각하던 철학과는 거리가 멀다고 판단했다.

고 강연된 것은 나에게 가짜학문으로서 영향을 미쳤다. 철학이 여전히 근본적으로는 복잡한 사유과정들을 다루려 했을 때 철학은 우리들의 생각을 훈련시키고 정확히 읽는 것을 가르치는 데 적합한 것이 되려 했다. 그렇지만 철학은 의문스럽거나 전혀 밝혀지지 않은 자명성에 근거해 있었다. 그 토대가 늪과 같았다. 구조물 자체는 정밀했지만 아직은 철학이 아니었다. 나는 이 교수들이 결정적인 점에 있어서 이해가 불가능한 주장들에 대해 대놓고 만족해하는 것에 동참하지 않았다.(그래서 가끔 나는 속고 있는 것처럼 생각됐다.) 그래서 거기서 내가 마주쳤던 사람들의 근본기분은 내게 낯설기만 했다.

정신적으로 나를 구원해야겠다는 충동이 내게 일었다. 나는 학문과 순수한 공기와 현실을 원했다. 그래서 나는 스스로를 위해서 철학을 공부하는 것을 포기했고, 곧이어 철학과 강의에 대한 소식을 받는 것도 포기했다. 나는 자연과학과 의학으로 방향을 틀었다. 내가 알지 못했던 그 어떤 철학에 대한 사랑은 줄지 않고 남아 있었다. 이 철학은 놀라운 문제에 대한 합리적인 토론에서 등장했던 것이 아니라 우리가 행하는 모든 것에 최초로 의식된 의미를 부여할 수 있는 그런 철학이다. 나의 철학함은 순간들 속에서 숙고하는 것에 국한되었고, 세계의 구성요소를 만날 수 있는 기분에 국한되었으며, 학문들 속에서 탐구된 진리에 대한 근원을 방법론적으로 검토해보는 데 국한되었다. 나는 철학을 직업으로 삼을 수 있다고는 생각하지 않았다. 나는 철학 속에서 실천적으로 철학을 행하는 동안에도, 즉 내가 무엇을 사랑했는지, 내가 저급하다고 피한 것은 무엇인지, "자연"과 "이성"을 넘어서는 어떤 것으로 사유 속에서 고무하며 나타난 것이 무엇인지 확신하게 된 동안에도 무엇을 철학이라고 하는지에 대해서 나는 숙고해보지 않았다.

사람들이 천년의 사유자들의 텍스트를 보기만 하여도 (그러나 매우 낯선 옷을 하고 이해하기가 힘들지만) 그 사유자들 속에서 그토록 공공연히 말을 걸던 그 철학이 내가 사는 시대의 저술들 속에서는 확증되지 않고 있다는 사실을 나는 보았다. 오직 비판적인 보고서만 존재했고, 어떤 한 세계관에 대한 눈길을 끄는 과학적 주장만이 존재했다.

비교해서 살펴보자면 **후설**은 가장 강한 인상을 남겼다. 나는 그의 현상학적인 방법을 철학적인 절차로 여기지 않고, 처음에 후설 자신이 말했던 것처럼 기술심리학[2]이라고 생각했다. 나는 현상학을 그와 같은 것으로 사용했다. 즉 나는 정신병리학에서 그와 같은 기술을 전개했으며 그 방법을 근본적으로 정신병리학적인 목적에 맞게 형식화시켰다. **후설**은 내게 박수갈채를 보냈다. 원래 현상학이 무엇인지 나는 아직도 파악하지 못했다고 그에게 말하면서 이러한 방법이 철학적으로 도대체 무엇을 의미하는지 묻자 그는 다음과 같이 대답했다.(1913) "당신은 이 방법을 탁월하게 실행하고 있습니다. 계속 그렇게만 하세요. 현상학이 무엇인지 알아야 할 필요가 전혀 없어요. 사실 그건 매우 어려운 사안이거든요." 오래전에 나는 《로고스(Logos)》지 제1권에 실린 엄밀한 학문으로서의 철학에 대한 후설의 논문에 반감을 갖고 읽었다. 그 논문 속에서 사유의 날카로움과 그 결과들로 인해 내가 본질적이라고 생각했던 철학이 다시 한 번 부정되는 듯이 보였기 때문이다. 나에게 그 논문의 성격이 명확해졌다. 내 생각에는 철학이

---

2) (역주) 기술심리학(記述心理學, deskriptive Psychologie)은 '설명적 심리학'에 대립하여 브렌타노와 딜타이가 주장한 심리학적인 입장이다. 브렌타노의 제자인 후설은 브렌타노의 '기술심리학'을 발전시켜서 초기 현상학을 창시했다. '설명적 심리학'은 근대 자연과학적 방법을 심리현상에도 적용하여 심리현상을 마치 물질적 현상처럼 각 구성요소들로 분해한 후, 그 요소들 간의 인과관계를 밝힌다. 이에 반해 '기술심리학'은 심리현상을 주어진 그대로 기술하고, 물리적으로는 설명될 수 없는 그 고유한 특성을 파악한다.

라는 이 단어가 고귀하게 의미할 수 있는 모든 것들이 엄밀한 학문의 요구에 의해서 중단되는 그 순간이 지금 바로 이 논문에서 정점을 이룬다는 사실을 파악했기 때문이다. 후설이 철학교수로 있는 한, 철학에 대한 배반이 가장 단순하면서도 가장 거만하게 자행되는 것처럼 여겨졌다.[3]

여전히 나는 나 자신이 언젠가 직업적인 이유에서 철학하게 될 것이라고는 생각하지 않고 있었다. 나는 정신과의사였던 것이다. 나는 라스크[4]

---

3) (역주) 야스퍼스는 하이데거와 함께 후설을 방문해서 철학적 담화를 나눌 정도로 후설을 존경하였다. 그런데 『엄밀한 학문으로서의 철학』(1911)에서 후설이 철학의 목표가 현상학적 본질 파악을 통한 학문적 절대인식이라고 주장하자, 야스퍼스는 이것이 철학의 역할을 왜곡하는 것이라고 판단하고 "철학에 대한 배반"이라고 표현하며 후설을 비판한다. 후설에 대한 야스퍼스의 이런 비판은 당시 맹위를 떨치던 과학주의에 대한 비판과는 다른 것이다. 객관적인 사실만을 유일한 실재로 여기면서 정신적 현상의 고유성을 인정하지 않는 과학주의에 대해서는 후설과 야스퍼스 모두 부정적이었다. 과학주의에 대한 야스퍼스의 비판은 『철학』 곳곳에서 발견된다. 후설도 그의 전 저작에 걸쳐 실험적 방법만이 학문성을 보장할 수 있다는 과학주의를 강하게 비판한다. 그런데 후설은 한 걸음 더 나아가 실험과 관찰과 같은 자연과학에서 사용하는 간접적인 방법이 아니라 인간의 의식에 주어진 것들을 직접 관철함으로써 자연과학도 성취할 수 없는 절대적 인식을 획득할 수 있다고 주장한다. 야스퍼스는 이런 후설의 시도는 철학의 역할이 아니라고 본다. 철학은 과학이 될 수도 없고 과학이 될 필요도 없기 때문이다. 그런데 후설에 대한 야스퍼스의 이러한 비판이 현상학 전체에 대한 비판이거나 후설 사상 전체에 대한 비판은 결코 아니다. 야스퍼스 자신도 현상학적인 방법을 정신병리학에 적용하여 학자로서 인정을 받았을 뿐 아니라 그의 전체 철학함 역시도 현상학적 방법론에 큰 영향을 받고 있기 때문이다. 가령 야스퍼스가 쓴 최초의 철학적 저술인 『세계관들의 심리학』(1919)은 기술현상학적인 방법에 의해 전체 내용을 전개하고 있다. 이런 이유에서 야스퍼스 연구가인 리노프너 크라이들(Sonja Rinofner-Kreidl)은 야스퍼스의 사상을 "변증법적 현상학"이라 칭한다. Sonja Rinofner-Kreidl의 "Lebendiges Denken, Zu Idee und Wirklichkeitsgehalt einer dialektischen Phänomenologie in Karl Jaspers *Psychologie der Weltanschauungen*(『야스퍼스 연보』 Volume 10, 1997, 91~125쪽)" 참조.

4) (역주) 칼 야스퍼스보다 여덟 살 위였던 에밀 라스크(Emil Lask, 1875~1915)는 서남독일학파(바덴학파)의 신칸트주의를 대표한다. 라스크는 1905년 빈델반트에게 철학교수 자격논문을 쓴 후 하이델베르크 대학에서 철학을 가르쳤다. 그는 칸트가 범주개념을 인식주관에서 산출했다고 비판하고, 대상의 원형이 되는 범주의 범주가 있다고 주장하면서 철두철미 객관적인 논리학을 수립하려고 하였다.

교수의 세미나에 참석하기도 하고 공공연하게 토론도 했다. 그가 어느 날 (1911) 개인적으로는 친절하면서도 일과 관련해서는 적대적인 태도를 보이면서 믿기지 않지만 내가 아직 뭔가를 계획하고 있는지 도무지 모르겠다고 말했다. 그는 내가 철학교수 자격을 준비하리라고 생각했다. 나는 매우 놀랐다. 그런 일이 내게는 참 먼 일이었기 때문이다. 그러나 나는 진지한 그의 사유가 지닌 통찰력에 감동하면서 꾸준히 그의 학문성을 수용했다.

철학을 교직으로 삼겠다는 생각을 않고 있었지만 나에게 철학은 모든 학술적인 작업에서 가장 중요하고 가장 현재적인 것이었다. 현실의 문제들에 힘을 쏟아야 했기 때문에 철학자들에 대해서 나는 단지 가끔 읽을 수만 있었고 연구할 수는 없었다. 만약 본래적인 철학이 학문이 아니라면, 이러한 본래적인 철학의 사유는 이론적인 문제가 아니라 실천적인 현실이라고 나는 생각했다.

내 학문의 여정이 대학병원과 정신의학을 거쳐 심리학에 이르고 철학부에 속한 심리학과에서 교수자격을 획득하게 되어서야(1913) 그 문제 자체가 나에게 시급한 것이 되었다. 어쨌든 나는 심리학에서도 사이비과학을 원치 않았다.[5] 나는 심리학을 엄격한 기준에 따라 가르쳤고, 방법론적인 명증성과 저항 못할 보편타당성을 지닌 학문을 추구하면서 가르쳤다. 정신적으로 좀 더 깊은 차원에서 볼 때, 심리학 운영에서 학문적인 횡포는 전승된 교수철학[6]이 그 젊은 대학생을 실망시켰던 것과 동일한 혼란이라

---

5) (역주) 야스퍼스는 정신의 다양한 현상들처럼 객관적으로 검증될 수 없는 대상에 대해서 마치 객관적으로 검증된 것인 양 주장하는 학문들을 "사이비과학(Pseudowissenschaft)"이라고 비판한다. 야스퍼스가 보기에 정신분석학을 포함해서 당시 심리학은 일종의 사이비과학이었다.

6) (역주) "교수철학(Professorenphilosophie)"이란 삶의 구체적 문제들을 도외시한 채 대학 강단 안에서 이론적으로만 전승되는 철학을 의미한다.

고 나는 여겼다. 그런데 이제 내게 철학을 가르칠 기회가 왔을 때 나는 묘한 처지에 놓였다. 과학으로서 등장해서 보편타당한 증명을 일삼았던 철학에 대한 나의 분노는 변함없이 현존해 있었다. 이 때문에 나는 오직 사유를 통해서는 명확하지만 학문으로서 결코 증명될 수 없는 그런 것을 감행해보아야겠다는 —이로 인해 정직성이 위협받을 수 있기에 감행이다— 생각이 들었다. 내가 (학부 쪽의 철학은 명시적으로 배제한 채) 심리학교수 자격을 획득했을 때, 그때까지도 나 자신은 철학적 과제의 압박에서 자유로웠다. 거장들 앞에서 그런 과제를 다시 새롭게 충족시키는 것이 나에게는 불가능해 보였다. 나는 강사자격으로 심리학을 가르쳤다. 그때 내가 어떻게 나도 모르게 철학에 빠져들게 됐는지에 대해서는 나의『세계관의 심리학』마지막 판본 서문에서 묘사하였다. 1920년 내가 철학과 교수 자리 하나를 얻게 되었을 때, 교수 자리의 이름에도 불구하고 나는 그 당시의 관례에 따라서 오로지 심리학에만 머물 수도 있었다. 심리학에 대한 나의 관심은 변함없이 많았다. 그 당시 나는 철학과 교수 자리보다는 대학의 정신과 병동 감독과 정신과 강의를 맡으려 했다. (그런데 이런 제안이 왔을 때 나는 육체적 건강이 좋지 않아 이를 수락할 수 없었다.) 그러나 나는 교수라는 직함을 이제는 나에게 부과된 과제로서 이해할 수도 있게 되었다. 즉 나는 사유하는 삶이 지닌 실천적으로 가장 중요한 일로서 청소년 때부터 생각해왔던 그런 철학을 공무를 통해 증명해 보이라는 과제로서 교수라는 직함을 파악할 수 있게 된 것이다. 내가 젊은 대학생 시절 원했고 아직도 변함없이 의미 있는 것으로 여기는 그런 철학은 대학에서는 효력을 발휘하지 못한다는 점을 나는 알고 있다고 믿었다. 나 또한 그런 일을 할 준비가 되지 못했다. 만약 내가 철학의 본래적인 과제를 충족시킬 수 없을지라도 나는 다른 사람들 밖에 머물면서 젊은이에게 철학은 무엇일 수 있는지 말할 권한을 갖고 있으며, 그리고 본래적인 철학자들의 규모에 젊은이들이 주목할 수 있게 할 권한을 갖고 있다고 나는 생각했다.

지금까지의 자신의 고유한 성향 자체에 역행하여 철학하면서 철학교수로서 교직 안에 있는 철학을 대표하거나 계속 심리학에만 머물러 있거나 할 수 있는 가능성이 (막스 베버가 죽은 뒤인 1920년 이후 처음으로 피할 도리 없이) 내 눈앞에 나타나자 나는 철학을 선택했다. 이때 다음과 같은 두 가지 사항이 결정되었다. 첫째로 나는 학문성의 정신을 대표해야만 하고, 또 학문적인 수단을 통해 철학의 역사를 가르쳐야만 한다. 둘째로 나는 항상 존재했으며 학문적으로는 보편타당하게 될 수는 없는 철학이지만 우리가 그것으로 살고 있는 진리를 적중시키는 그런 철학을 위해서 활동해야만 한다.

철학사를 강의하는 일은 교직자들에게는 언제나 자율에 맡겨졌으면서도 견고한 과제였다. 그러나 철학사가 위대한 철학들을 합리적으로 옳거나 그른, 가르칠 수 있는 학설들로 파악하면 할수록 이러한 전통의 의미는 상실된다. 철학자들의 학설들 속에서 그 학설들을 통해서 실존적인 의지로 표현된 것을 추적하기 위해서는 철학자들과 대화를 하는 것이 중요하다. 따라서 위대한 철학을 이해하고 자기 것으로 만들기 위해서는 사유수단을 발전시키는 것이 과제였다. 물론 그것에는 우선 개념들을 학습하고 사유된 것의 연관성들을 연구하는 것이 포함된다. 그러나 만약 인간의 본래적인 관심에 의해 수용되지 않는다면, 이 모든 학습과 연구는 쓸모없는 짓이다. 선생으로서 나는 양심에 호소하려 했다. 올바른 것을 사유하는 지적인 양심만이 아니라 지적인 양심을 사멸할 것으로 여기는 실존적인 양심에 호소하려 했다. 이 실존적인 양심은 지적으로 구속되지 않은 상태에서 소위 철학적인 문제들에 헌신한다. 나의『철학』은 멋진 모습으로 역사적으로 앞에 놓여 있는 가르침들과 의미 있는 교류를 할 수 있는 내면적인 태도를 불러일으키려고 한다. 이때는 철학적 문헌들 중 많은 부분이 공허한 것으로 떨어져 나간다. 그것들 속에서는 오직 지적으로만 끊임없이, 그리고 입맛대로 작업이 이루어지기 때문이다. 이에 반해서 현실과 진리를 말하는 다른 부분은 더욱더 빛을 발한다.

이러한 과제 때문에 **키르케고르**는 나에게 가장 중요해졌다. 이미 1914년 이전에 나는 키르케고르를 읽었고 제1차 세계대전 기간 중에는 그를 집중적으로 읽었다. 내가 내 고유한 현존 속에서 어디를 향해 돌진해왔는지가 그를 읽으면서 당혹감과 저항 속에서도 나에게 분명해졌다. 그러나 철학이 오늘날 무엇일 수 있는지가 동시에 분명해졌다. 내 『세계관의 심리학』(1919)에서도 나는 키르케고르와 (동시에 **니체**와도) 나를 관련시켰다. 그는 내 강의들에서 가장 중요한 과거의 인물들 중 한 사람이었다.(대학철학의 영역 안에 그가 존재하지 않는다는 사실에 나는 놀랐고, 철학사 교과서 속에서 단 한 번도 그의 이름이 등장하지 않는 것에 대해서도 놀랐다.)[7] 나는 내가 1922년 이후 "실존분석"이라 칭했고, 또 야코비 및 셸링과 함께 "현존 드러내기"라 칭했으며, 그리고 실존과 현존을 구분 지은 후로는 "실존조명"이라 칭했던 것에 대해 강연하였다.

키르케고르를 요약하면서 나는 그가 요약될 수 없다는 사실을 깨달았다. 나는 그가 원했던 "직접적인 전달"이 무엇을 말하는지 그를 통해 파악했다

---

7) (역주) 오늘날은 키르케고르와 니체 등 소위 실존철학자들이 웬만한 철학사 책에 당연히 등장한다. 그러나 20세기 초 야스퍼스가 대학에서 철학사를 강의할 당시에는 이들을 다룬 철학사 책을 찾아보기가 힘들었다. 키르케고르와 니체가 대학에서 강의되고, 철학사의 중요한 자리를 차지하게 된 데에는 야스퍼스와 하이데거가 이들에 대해서 연구하고 강의한 것이 중요한 역할을 했다.

고 믿었고, 그의 실존 "개념"을 내 것으로 만들었다. 그러나 나는 키르케고르의 추종자는 되지 않았다. 나는 그의 기독교에 여전히 감동받지 못한 상태였을 뿐만 아니라, 그가 부정적으로 **결단한 것들은** (결혼을 않고, 공직을 안 맡고, 세상 속에서 현실화하지 않고 기독교의 진리에 본질적으로 귀속된 순교자의 현존이 된 것) 내가 사랑했고, 원했으며, 할 준비가 됐거나 준비가 되지 않은 것과는 모두 반대되는 것이라는 사실을 내가 발견했기 때문이다.

그가 종교성 B(즉 부조리한 것으로서의 종교성)를 통해서 기독교적 신앙을 파악한 점을 나는 저 실천적인 부정성만큼이나 역사적 기독교의 종말로 보았으며 또 모든 철학적인 삶의 종말로 여겼다. 키르케고르가 자신의 길 위에서 보여준 정직성 속에서 볼 수 있었고 말할 수 있었던 것은 깨어 있는 순간에는 거의 아무리 말해도 다 말하지 못할 정도라는 사실이 더욱 경이롭다. 내가 볼 때 오늘날 키르케고르를 뺀 철학이라는 것은 불가능하다. 내가 본 그의 크기는 세계철학사에서 니체와 어깨를 나란히 한다.

나는 결코 어떤 하나의 새로운 철학을 일으킬 수 있다거나 일으켜야만 한다고 생각하지 않았다. 데카르트 이후 그들 자신에 이르기까지 철학이 잘못된 길에 있다고 생각하고 자신들은 이제 올바른 길을 열었다고 생각하는 일단의 사유자들이나, 존재하는 것을 통찰하고 이제 그들을 통해 현존하는 것을 알았다고 생각하는 일단의 사유자들은 내가 볼 때 종말을 고했다. 과제는 오히려 철학의 크기와 본질을 다시 삶으로 가져오는 것이라고 나는 생각했다. 그러나 단지 역사적으로 소식을 전하는 것을 통해서가 아니라 철학적인 동력들을 현재화하는 것을 통해서 그런 과제를 수행해야 한다.

나는 대학철학을 통해 만들어진 어떤 학파에 속해 있지 않았다. 정신과 병동에서 조교로 자원해서 있을 때 나는 단지 한동안 청강생으로서 비란트와 라스크, 그리고 F. A. 슈미트의 세미나에 참석했을 뿐이다.

이러한 결핍은 동시에 장점이었다. 미리 배타적으로 책들을 다루고 해석하고 지적인 토론을 벌이는 대신에 나는 실체에 대한 경험을 쌓았고, 이미 언급한 해에 위대한 철학자들에 대한 본래적인 연구를 시작할 때 나는 다시 어디에도 얽매이지 않았다. 전문적인 권한을 지닌 학술적 판단으로서의 철학연구를 나는 내가 철학교수가 된 후에 시작했다. "이로 인해 나는 [전에 해오던] 출판을 위한 작업을 중단하며 새로운 일에 집중해야 했다." 내가 갖고 와서 지속적으로 나에게 본질적인 것으로 현존해 남아 있던 전제들과 함께 철학이 진행되는 공간에 도달하기 위해서 나는 거의 십 년을 작업했다.

그 결과물이 바로 이 책이다. 나는 이 책을 다음과 같은 의미에서 『철학』이라 이름 붙였다. 이 책은 철학에 대해 증명해야만 한다는 의미에서 그렇게 이름 붙인 것이다. 실천적 철학함에 대해서, 다시 말해서 실존의 현실화에 대해서 증언해야만 한다는 의미에서 그랬던 것이다. 그리고 이 책은 이러한 철학이 일어날 수 있는 사유의 공간을 지시해야만 한다는 의미에서 그렇게 이름한 것이다. 이 책은 나의 철학사 강의와 세미나를 통해서 내가 알게 된 전제들과 내적인 틀을 전달하고 있다. 이것들은 수년이 흐르는 동안 그 밖의 체계적인 강의들에서 명시적으로 발전되었다.

이 책의 과제는 학문적인 것을 결코 가볍게 여기지 않는 것이다. 즉 학문적인 것을 화강암처럼 단단한 현실성 속에 보존하는 것이다. 또 그 자체 학문 속에 자리를 잡고 있지는 않지만 학문을 요구하고 학문의 의미를 부여하는 고유하고 독립적인 철학함의 근원을 타당하게 만드는 것이다. 다시 말해서 본래적인 철학을 학생들 앞에서 증명하는 것이다.

이 책은 물론 내가 가르쳤던 기본요소이긴 하지만, 그렇기 때문에 동시에 강의들을 통해서 역사적으로 위대한 철학자들이 논의됐고, 세미나에서 그들의 작품들은 연구됐다. 그런데 내 원고에 있던 역사적인 해석과 관련된 모든 것이 이 책의 편집과정에서 잘려 나갔다.

이 책의 의도

이 책의 제목은 철학교사로서 나의 노력의 중심이 이 책이라는 사실을 말해주고 있다. 나는 이 직업을 동료들이 그 당시 십수년 동안 행했던 것과 다른 방식으로 파악하고 실현하였다. 개인적인 현존과 정치적인 것 속에서 행위를 밝혀주고 이끄는 삶을 짊어지고 가는 그런 사유로서의 철학이 관건이다. 어디서나 같은 지성의 소유물로서 동일한 것으로 전달할 수 있을 것 같은 그런 것을 진보라는 전제하에서 강연하는 그런 학문적인 연구로서 등장하는 철학은 그 추정된 의미에 역행하거나 추정된 의미에도 불구하고 현사실적으로(faktisch) 저 본래적인 철학에 봉사하는 한에서만 나에게 유효한 것이다. 이 책에서는 비록 체계적인 사유가 중요할지라도 어떤 하나의 체계가 중요한 것이 아니고, 묻고 대답하는 사유가 중요하긴 하지만 문제들을 푸는 것이 중요한 것은 아니다. 또 미적인 향유를 목적으로 한 문학으로서의 철학이 문제가 되는 것이 아니다.

이『철학』을 쓰게 된 의도는 내가 그 옛날 소년시절 눈떴던 다음과 같은 의식에서 발생한 것이다. 그것은 나는 오직 철학적인 사유와 함께 살 수 있겠구나 하는 것이다. (성서와는 다르게) 교회신앙은 결코 나의 마음을 사로잡지 못했다. "당시 내가 자극을 받고 생각했던 것은 오늘날 나에게 유일하게 중요한 것과 동일한 것이다. 물론 그 명증성과 표현방식은 체험과 세계를 내 것으로 만든 지 한참 후, 그리고 위대한 철학자들과 교류한 지한참 후 비로소 현재와 같은 모습을 갖게 되었지만 말이다."『철학』이후에 내가 출판하는 것들은 다른 관점에서이지만 동일한 토대에서 특정한 대상들과 관련하여 자라난 것이다.

마치 그 당시와 지금 사이에 엄청난 체험을 동반한 시간이 놓여 있지 않은 것처럼 이 책에서 발전된 것과 동일한 사유방식을 하면서 나는 오늘 살아가고 있다. 이것은 당연한 것이다. 수정이 가능할 것 같은 입장들이 이 책에서 문제가 되고 있지 않고 만약 존재하기만 한다면 사태의 본성에 따라 변하지 않고 남아 있을 그런 것이 문제가 되고 있기 때문이다. 이 변화하지 않는 것을 수행하는 일을 확실히 하고 현실성 있게 밝혀줄 사유의 작전(Operation)이 중요하다. 입장들과 명제들, 그리고 개념들에서는 괄목할 만한 변화가 이루어질 수도 있다. 그러나 이것은 더 이전의 것들을 지양하지 못한 채 이루어질 수 있다. 명증성이나 개념의 풍성함에서는 진보가 가능하다. 그러나 본질은 그대로 있다.

이런 이유에서 이 책을 쓸 당시 나는 어떤 시대에서건 시대를 초월해 있는 것에 독립적으로 의미를 두려고 했다. 물론 나는 처음부터 우리 시대에 집중했다. 이 철학을 저술하는 동안에도 이 시대와 관련된 논의들이 어디서나 삽입되었다. 나는 이런 것들을 모아서 이 책에 속하지 않는 것으로 잘라내고, 『이 시대의 정신적 상황』이라는 소책자에 모은 후 『철학』과 같은 시기에 출간하였다. 그런데 나는 결코 시대의식을 철학함 자체의 출발점으로 삼지 않았다. 말하자면 나는 그런 식으로 파악된 시대에 충분한 작업을 하길 결코 원하지 않았다. 비록 나는 철학이 무엇인지 몰랐고, 그 누구도 철학을 소유하지 못하거나 모두가 자신들의 방식으로 철학에 참여할 수도 있다는 사실을 알고 있지만, 나에게 철학이란 영원한 철학으로 여겨졌다.

인간이 주제가 될 경우 나는 오늘과 마찬가지로 그 당시에도 인간을 자신의 가능성 속에 있는 인간으로 믿었다. 인간이 시대마다 다양한 조건들 아래에서도, 그리고 이러한 시대 내에서 자신의 처지가 갖는 특별한 조건들 아래에서도 뭔가를 나타낼 수 있고 뭔가를 실현할 수 있듯이 가능성 속에 존재하는 것으로 나는 믿었던 것이다.

철학의 가장 오래된 이념에 따르다 보니 내 책의 의도가 포괄적이었다. 세계, 영혼, 신은 세계정위와 실존조명 그리고 형이상학이라는 제목으로 세 부분의 주제가 되었다. 단 한순간도 나는 실존조명을 철학의 유일한 주제로 만들길 원하지 않았다. 실존조명이란 전체 중 빠질 수 없는 한 요소이긴 하지만 전체 그 자체는 아니었다. 제2차 세계대전 발발 1년 전과 전쟁 중 나의 책 『진리에 관하여』를 저술하고 있었고, 이 책은 정치적인 탄압 때문에 전후에야 비로소 출간될 수 있었는데, 이 책을 저술하던 당시에 나는 절대화에 대해 논의하다가 실존조명의 하나의 가능한 변형태로서 "실존주의(Existentialismus)"(165쪽)라는 단어를 창안했다고 믿었다. 전쟁 후 나는 실존주의가 프랑스에서 현실화되는 것을 보고 놀랐다. 이러한 후기 실존주의 길을 나는 가지 않았고 혹은 선취하지 않았다. 만약에 후기 실존주의[8]가 시대에 적합한 것이었다면, 나의 철학은 시대에 맞는 것이 아니었다. 더욱 정확히 말하자면 나의 철학이 처음부터, 그리고 근본적으로 그것이었기 때문에 그랬다. 이러한 실존주의는 문학적이고 공공연한 여론에 의해서 실존주의라는 이름을 유지하는 하나의 공동의 현대 철학이라는 유령이 되었다. 오늘날 철학적 작업으로 주목받는 이들은 거기에 속해 있었다.

---

8) (역주) "후기 실존주의"란 제2차 세계대전 이후 프랑스를 중심으로 장 폴 사르트르 등에 의해 인본주의와 사회변혁운동으로서 전개된 실존주의를 의미한다.

그리고 그들은 자신들이 그렇게 분류되게 할 수밖에 없었다. 이러한 철학이 이 시대의 철학으로, 즉 이 시대에 적합한 철학으로 여겨졌기 때문이며, 그와 같은 것으로서 찬미되거나 저주를 받았기 때문이다.

존재하는 것을 내 힘닿는 대로 추적하는 것이 나의 의도였다. 다시 말해서 그 최종적인 의미에서 볼 때 초시간적으로 존재하는 것을 눈앞에 생생히 나타내는 것이 나의 의도였다. 이 책의 논의들이 이어지는 동안의 확신심기는, 즉 사유작전은 실존적 삶의 무조건성을 통해서 안정(Ruhe)이 확증되는 그 공간 속에 들어서게 만드는 목표를 추구해야만 했다. 그런데 그 안정은 사유가 단지 가능한 모든 불안정을 사유가 진행되는 동안 파악하고 감내할 때, 이러한 사유가 시작될 때부터 이미 존재하는 것이었다.

학문들과의 관계

나는 지금까지의 것 속에서 항상 이미 언급된 하나의 결정적인 입장을 명시적으로 드러내고 싶다. 철학과 학문들이 서로 어떤 관계인지가 서양의 정신적인 상황 속에서는 시급한 질문이 되었다. 즉 그것은 일반적인 의식 속에서는 전혀 명확하게 질문이 되지 않았던 것이다. 철학과 학문들은 서로서로 묶여 있지만 각각의 확실성의 근원에 있어서는 분리되어 있다. 이 둘의 접점과 분기점을 명확히 할 때에만 이 둘은 그 본질에 도달할 수 있다.

나는 소년시절 이해도 못하면서 **스피노자의 저서를** 읽고 놀랍게도 감동을 받았고 운 좋게도 **스피노자라는 철학자를** 발견하였다.

나는 **파울젠의** 『철학입문』[9]을 읽었으나 곧 멈추고 말았다. 나는 이 책의 존재가치를 인정했지만 감동을 받지는 못했던 것이다. 철학이라는 말만으로도 경외감이 드는 듯했지만 철학이 무엇인지에 대해서는 나는 알지 못했다. 그러나 나는 내가 읽고 들은 모든 것을 통해서 철학을 학문으로 기대했다. 이 점에서는 여전히 확실한데, 나는 강제력이 있는, 즉 누구에게나 타당한 통찰과 본래적인 현존물음들에 대한 대답을 동시에, 즉 이 둘을 분리시키지 않은 채 요구했었다. 그러다 대학에 가서 대학이 제공하는 철학에 실망했을 때 나는 실천적인 정신노동 속에서 우선은 학문들이 자연이나 물리적인 인간관에 관하여 이룩한 성과물들에 만족했다. 즉 나는 원자연구나 해부학연구, 그리고 그 밖의 연구들에 대해서는 항상 번번이 놀라면서 열정적으로 세부적인 것까지 접하였다. 의학을 공부할 수 있는 가능성 때문에 한계가 있긴 했지만, 세부적인 것까지 접했던 것이다. 그러나 이 모든 것은 충분하지가 않았고 항상 부추기기만 했기 때문에 나는 불안해졌다.

　1909년 막스 베버의 저술들을 읽으면서 나는 참으로 명확히 알기 시작했다. 그를 통해서 나는 정신과학들 속에 있는 학문의 성격을 파악하기 시작했다. 즉 정신과학들에서는 "이해(Verstehen)"를 수단으로 작업이 이루어진다는 것이 파악되기 시작한 것이다. 텍스트와 문서와 기념물을 발견하고, 재건하고, 비판하는 데 있어서 결코 의문시되지 않은 학문성을 넘어서 파악하면서 정신과학에서 작품의 참된 학문성이 존재할 수 있다는 사실과 그것이 어떻게 존재할 수 있는지가 막스 베버를 통해서 나에게 분명해졌다. 그는 철학은 열외로 두었다. 즉 그는 본질적으로 철학을 논리학으로서 받아들였고, 이런 의미에서 철학의 학문성격은 당연하다고 여겼다. 철학의

---

9) (역주) 독일의 철학자이자 교육학자인 프리드리히 파울젠(Friedrich Paulsen, 1846~1908)이 1892년 출간한 *Einleitung in die Philosophie*를 말한다. 이 책은 지금까지 40판 이상이 인쇄됐을 정도로 야스퍼스 당시부터 철학입문을 위한 교과서 역할을 했다.

이러한 학문성격을 제대로 알지 못한 채 나는 이 철학적인 고행의 길에서 그를 따르지 않았다. 나는 본래적 철학에 대한 갈망을 여전히 멈추지 않았던 것이다.

학문들이 알 수 있다는 것이 멋지다는 사실을 체험하게 해주었고, 인식의 진보도 체험하게 해주었으며, 달리 어디서도 얻을 수 없는 확실성의 한 방식도 체험하게 해주었다. 철학을 갈망하는 자는 ―오늘날까지도 나에게 당연한 것으로 남아 있던 사실인데― 학문 또한 갈망한다. 학문들이 발전한 이후로는, 그리고 방법론적인 지식을 의식함으로써 학문적인 사유방식에 접근할 수 있게 된 이후로는 학문들을 비켜가거나 무시하는 철학은 인간에게 중요한 모든 것들을 학문의 형태로 소유하길 원하는 사유방식이 허위이듯이 진리가 아니다.

그런데 학문적인 인식이 삶을 이끌 능력이 없다는 사실과 학문적인 인식이 단 한 번도 자신의 의미에, 다시 말해 현(現)존재해야만 한다는 점에 근거를 제시할 수 없다는 사실과 그리고 학문적인 인식이 철학의 관점에서 볼 때는 따로따로 흩어져 존재한다는 사실은 오래된 경험인데, 이런 경험들이 학문의 한계들이 방법론적으로 의식되었을 때 다시 되풀이되었다.

따라서 내 철학함이 발생한 정신적인 상황에서는 학문적인 확실성에 대한 열정주의와 학문의 한계에 대한 경험, 그리고 삶을 짊어질 철학에 대한 의지가 존재했다. 삶을 짊어질 철학의 본질과 가능성은 대학의 학자에게나 나 자신에게도 베일에 가려 있었다.

다음과 같은 것이 철학의 큰 과제가 되었다. 그 과제란 학문들을 희생하지 않은 채 강제력 있는 확실성이라는 학문의 척도를 검토하면서 인간이 의지해 살아가고 있는 것 속에서 확신하기이다. 중요한 것은 우리의 현실 자체의 기능으로서 철학을 하는 것이다.

즉 인격적인 삶에서 출현하여 전달 내용으로서 개별자에게 조언을 구하는 그런 사상이 중요한 것이다. 객관화된 철학사상의 비인격적 형태는 다시 인격적 실존 속에서만 보증된다. 그런 사상은 공식들이나 명제들, 단어들에 대한 지식으로서 의미를 갖거나 효과적인(감동적인?) 인물들에 대한 직관으로서 의미를 갖는 것이 아니라 사상을 일깨우거나 사상 속에서 다시 인식될 수 있는 내적인 행동 속에서 의미를 갖는다. 이러한 **철학함**은 사유함(Denken)이다.

이를 통해서 철학함은 감정 속에서 자위하는 경향에 맞서고, 생각 없는 몽상에 맞서며, 소위 비합리주의 속에서 이성이 자멸하는 것에 맞선다. 재난 속에서나 풍부한 사랑 속에서나 사유하면서 사는 행운이란 철학적인 사유(Denken)가 모든 경험, 처신, 결단을 밝게 의식하게 하는 것일 뿐만 아니라 그것들을 다시 넘어서는 깊이 속에 그것들을 근거 짓는 것이다.

이러한 사유를 연구하는 일은 자기 자신과의 소통을 뜻한다. 이러한 사유는 내가 계산하면서 따를 수 있는 기초적인 법칙들에 결속시켜줄 뿐만 아니라 이러한 것을 넘어 실존에 몰두하는 책임감에 묶이게 한다. 이러한 책임감은 생각들을 통해서 밝혀지고 확신된다.

철학적 사유는 도덕성(Ethos)을 성취하고 이를 확증하는 움직임들 속에서 완성된다. 그리하여 철학사상은 사적인 것과 정치적인 것에까지 영향을 미치고 이를 통해서 철학사상이 무엇인지를 나타내게 된다. 철학적 사유는 일상의 행위와 철학적 사유가 자라나 온 고양된 순간들의 행위가 철학적 사유에 의해 둘러싸여 있을 때 그 진리를 보존하게 된다.

학문들이 철학의 토대가 되거나 학문의 결과물로서 철학을 숙성시키는 것은 아니고 오히려 철학이 모든 학문들에 선행하고 있고 고대의 위대한 인물들에게서는 또 학문 없이도 철학이 성립될 수도 있었지만, 학문들이 현존한 이후로 이 학문들은 참되게 사유하길 원하는 모든 철학에 방향성을 주는 피할 수 없는 영역이다. 오늘날 철학하는 자는 학문적 통찰을 통한 깊은 만족을 알아야만 하고 학문적인 확실성을 성립시키는 방법론적인 의식을 동시에 알아야만 한다. 그리고 이와 함께 그는 학문들의 한계에 대한 지식을 알아야만 하는 것이다. 그는 학문과 거리가 먼 사람들과 소통할 때의 엄청난 어려움을 경험해보아야만 한다. 학문에 대한 무지가 사이비 학문의 옷을 입고 나타나건 속칭 "철학"으로서 나타나건 간에, 그는 무엇보다도 일상의 구체적인 질문들 속에서 그 어려움을 경험해보아야만 하는 것이다. 학문성이란 모든 이성다움의 조건이다. **아낙시만더나 메-티(Me-ti)나 상키아[10]** 체계와 고대철학 속에 숨어 있는 싹들 속에서 학문성의 흔적이 있다. 학문성은 철학의 진리의 근거가 되지는 않지만 오늘날에는 철학함 중에 존재하는 진리성의 조건이다. 학문성이란 파악하고, 숙고하고, 판단할 때 꼭 취해야 하는 태도인 것이다.

내가 철학사를 강연했을 경우나 세미나 시간에 공동으로 연구했을 경우에는 학문적인 수단들이 정신의 역사를 연구하는 데 있어서 당연한 전제조건이었다. 저자가 생각한 의미를 이해하는 과제는 특히 당연한 것이었다. 그런데 이때 다음과 같은 본질적인 질문이 생겼다. 만약에 저자에 의해 생각된 의미에 대한 이해(Verständnis)가 사태 자체에 대한 이해를 요구하는 것이라면, 자신의 철학적 결핍이 이해작업(Verstehen)[11]에 한계가 되

---

10) (역주) "상키아"는 고대 인도의 여섯 가지 철학학파 중 하나이다. 흔히 육파철학(六派哲學)이라 불리는 고대 인도의 학파에는 '우파니샤드(Upanisad)'를 중심으로 하는 상키아(Samkhya)와 요가파 이외에도 '베다(Veda)'를 중심으로 하는 미만사(Mimamsa)와 베단타(Vedanta), 논리적 특징을 중시하는 니아야(Nyaya)와 바이세이시카(Vaiseisika)가 있다.

11) (역주) 독일어 Verstand(지성)는 객관적 사실을 이해할 수 있는 인간의 인식능력을 의미하고, Verständnis(이해)는 지성에 의해서 이해된 내용이나 이해를 지닌 정신상태를 의미하며,

는 것은 피할 수 없지 않을까? 그렇다면 생각된 의미에 대한 그 이해작업에서 사태의 본성이 저자에 의해서 직접 발언되지 않은 의미의 가능성들을 전개하는 것을 요구하지 않을까? 그런데 이러한 질문들 때문에 텍스트들 전체를 연구하여 저자가 생각했던 의미를 증명이 가능한 방식으로 가능한 한 가장 가깝게 파악할 수 있게 한다는 기준이 제외되지는 않았다.

더 나아가 대부분의 철학자들이 학문적인 사상들을 표명하고 있기 때문에 학문은 철학적인 학설 속에서 하나의 역할을 하고 있는 것이다. 역사적으로 앞에 존재하는 철학 안에서 철학과 학문의 차이가 이를 통해서 분명해졌다. 이것은 철학에서 "진보"의 의미를 생각해볼 때 분명해질 것이다.

사람들은 철학의 실체가 진보하는 것을 철학사에서 발견하지 못한다. 그 대신 사람들은 다음과 같은 사실을 발견한다. 즉 가장 위대한 것이 — 드러난 것처럼 수준만은 성취가 불가능하지만 오늘날의 우리가 과거 속에서 이것을 볼 수는 있다— 동일한 것으로 반복될 수는 없지만 움직이고 있는 통찰력에서 한 번도 대체가 불가능한 것으로 있다는 점이 시간적으로 연속해서 나타난다는 사실을 사람들은 발견한다. 마치 수백 년 중 이러한 순간의 인간존재에 있어서 우리 모두가 동시대인이기라도 한 것처럼, 오늘날 가장 위대한 것은 새로운 방식으로 현재적일 수 있다. 하지만 그 속에 진보란 없다.

철학에서 진보란 다음과 같은 방식으로 존재한다. 즉 학문들 속에 진보가 존재함으로 해서(학문들 속에는 진보사상이 고유한 것이며 진보 또한 실재로

Verstehen(이해작업)은 지성이라는 인식능력을 이용하여 이해하는 과정 자체를 나타낸다. Verstehen을 일반적으로는 '이해'라고 번역한다. 그러나 위 구절에서 우리는 Verständnis(이해)와 구별하고, 이해하는 과정 자체를 강조하기 위해서 "이해작업"이라 번역하였다.

존재한다.), 그리고 이와 같은 것을 통해서 철학 자체가 철학적인 언어라는 재료 속에서 지속적으로 새로운 과제를 떠맡으면서 근본적으로 좀 더 밝아질 수 있음으로써 철학에서 진보가 존재하는 것이다. 나아가 철학에서 진보는 철학의 합리적 구조들과 범주들과 철학의 방법들에 대한 의식이라는 수단을 전개함으로써 존재하고, 아마도 철학을 현실화할 때 가능한 순수성 속에서 존재할 것이다.

진보의 두 방식은 철학의 실체와 관련이 없다. 진보는 직업적으로 철학을 학설로서 대변하는 우리 같은 사람들을 통해서 파악될 수 있고 제 것으로 만들 수 있다. 그러나 진보라는 것은 철학적인 사상이 그때그때마다 자신의 독특한 형태와 시대적으로 특별한 형태를 획득하는 역사적인 조건들 중 단지 하나의 계기에 불과한 것이다.

놀랍게도 나는 드물지 않게 학문에 대립하는 자나 학문을 혐오하는 자로 불렸다. 결코 부정되지 않은 나의 태도나 사유방식은 그와 정반대이다. 개인적으로 나는 먼저 학문에 관심을 가졌었고, 정신과의사로서 고유한 작업과 출판들을 통해 학문에 참여했으며, 내 평생 동안 학문적인 저술들에 대한 연구를 통해 나의 방향을 정해왔으며, 학문적인 사유방식 속에 나 자신을 확립하려고 시도해왔다. 학문성을 위한 의미와 나름대로의 학문적인 요구와 학문들이 지닌 강력한 실재성에 대한 의식이 지속적으로 배경으로 서 있다는 점이 사실상 내가 애쓰고 있는 철학적인 사유 속에 본질적으로 존재한다.

"학문적인 철학"을 자명한 것으로 여기며 살아가는 사람들이 자신들의 사유가 모든 사람들이 볼 때 강제력 있는 통찰의 성격을 지닌 것은 아니라는 사실과 그들의 사유가 사유하는 자 자신의 본질을 참여시키지 않고 지성의 산물로 생겨난 한에서는 단지 지적인 유희일 뿐이라는 사실을 통찰하는 것은 분명히 어려운 일이다. 학과적인 특성을 지닌 학문적인 철학의 이들 대표자는, 사람들이 자신들의 사유의 학문적인 성격에 대해 질문하면 이것을 학문들에 대한 공격으로 여긴다. 그들은 마치 기독교의 절대성을 가르치는 신학자들처럼 내 앞에 나타난다. 차이가 있다면 신학자들은 신의 계시를 고집하지만, 이 사상가들은 비록 이 영역 안에서 상상적인 보편타당한 학문적인 진리에 의존한다는 형식을 갖추고 있음에도 사실은 그들 자신을 고집한다는 점뿐이다. 학문성이 철학적인 사유방식 자체로부터 요청되고 있고 거기서 나온 한에서 바로 학문이 —사이비 학문이나 학문에 대한 미신과는 다르게— 그 순수성을 간직하면서 삶의 요소가 된 그곳에서 학문이 무시된다고 여긴다. 그들은 철학적인 자극들과 경험된 근본진리를 전달하기 위한 필수불가결의 수단으로 존재하는 사유작업과 학문적인 인식의 작업을 구분하지 않는다. 학문에서와 마찬가지로 철학에서도 지적인 작업은 시작된다. 그러나 학문적인 작업을 이해하는 일은, 그것이 모든 지성에 동일하기 때문에 철학적인 사유작업을 이해하는 것보다 쉽다. 철학적인 사유작업이 자신만의 본질을 요구하는 한 (말하자면 철학적인 사유작업에서 지성적인 노력이 예를 들어 수학에서 그것보다 더 크기 때문이 아니라) 그렇다.

자신이 선사된 존재의 근원에서부터 그에게 구속력 있고 신뢰할 만한 것인 그런 틀 속으로 그를 이끌 수 있는 사상을 지닌 철학을 갈망하는 분에게 이 책이 유용하게 쓰이기를 나는 바란다.

이 책을 어떻게 읽는 게 좋은가

이 책은 "사태 자체"를 제시하지 않는다. "사태 자체"는 알 수 있는 성분으로 있는 것이 아니다. 이 책은 사유하는 자의 현실을 통해서 보완되어 비로소 그 철학과 함께 현존하는 것만을 제시한다.

　독자들에게 중요한 것은 사상의 추론을 함께 진행하여 어떤 하나의 사유의 태도 속에서 스스로를 다시 인식하는 것이지, 가르칠 수 있게 요약가능한 지시의 결과물을 획득하는 것이 아니다. 이와 같이 하여 이 책의 "세계정위"에서는 학문들의 공간과 어떤 한 특정한 경험이 학술적인 사유 안에 전제되어 있다. 이 특정한 경험을 통해서 초월하는 세계확신의 의미가 처음으로 충족될 수 있게 된다. 마찬가지로 이 책의 "실존조명"에서는 개진된 사상이 독자들의 가능실존과 함께 진동할 필요가 있다. 충족된 형이상학이 항상 실존적으로 파악된 존재의 현실성 속에서만 초월자로부터 시작되는 데 반해서, 위에서와 마찬가지로 이 책의 "형이상학"에서는 사유작전과 암호들과 초월자와의 관련들이 논의되고 있다.

　따라서 학문적인 철학이라는 의미에서 가르침(학설)으로 어떤 한 사상(Sache, 事象)을 찾는 독자는 이 책에 반드시 실망할 것이다. 이야기에 도움을 주고, 불가피하게 명확히 파악될 수밖에 없는 모든 "사상들(Sachen, 事象)"은 그 자체로서는 (내 철학함이 성공한 한에서는) 증발해 없어지기 때문이다. 그리고 내적으로 스스로 아무것도 하길 원치 않는 독자는 사유가 그런 사람 자체를, 즉 그의 내적 행위를 함께 포함시키길 요구할 때 스스로 공허감을 느낄 수밖에 없다.

　반드시 이러한 독자들은 내가 원래 아무것도 말하지 않는다고 이야기한다. 이들에게는 내가 또 다른 한쪽의 날갯짓이라고 불렀던 것이 빠져 있다. 또 다른 날갯짓과 함께 비로소 텍스트 안에서 말해진 것이 (한쪽의 날갯짓이) 의미가 충족되어 비약하게 되는 것이다. 이성적으로 밝히려는 시도를 전달하는 일과 함께 두 날개가 함께 작용함으로써 독자 안에서 실제적인 철학적인 비행이 가능하게 되기 때문이다. 또 다른 한쪽 날개가 멈추어

설 때, 즉 독자가 단순한 지성으로써 읽은 것 그 자체 안에서 전부를 이미 갖거나 들으려고 갈망할 때, 그때 이 독자는 요약될 수 있는 내용만을 갖게 되지, 그 안에 살아 있는 철학은 갖지 못한다. 그리고 독자가 거대한 것에 사로잡히길 갈망하고 자신이 사로잡힌 상태를 비밀스럽게 즐기길 갈망하지만, 사유하면서 날갯짓을 시작할 준비가 되어 있지 않기 때문에 텍스트를 사실적으로 파악하려는 날갯짓이 멈추어 설 때는, 다시 말해서 사유할 준비태세가 멈추어 설 때는 이 텍스트에서 말해진 것이 그 어휘에 충실하게는 그에게 영향을 주지 못한 채로 있게 된다.(이 독자는 직접적인 것에 대한 감수성 없이 사상의 움직임 속에서 읽고 있기 때문이다.) 이 독자는 그것을 이해하지도 못한 채 지식으로 받아들이고서는 곧 내팽개치게 된다. 이 두 종류의 독자들은 둘째 날개를 움직일 준비가 되지 않았다는 사실을 증명해준다. 나는 나의 작업을 비난하는 그들의 판단에 대해 단지 다음과 같은 일반적인 말로 반박할 수 있을 뿐이다. 즉 독자가 잘못 기대하여 전제했던 것과 저자가 책 속에서 전혀 의도하지 않았던 것을 독자가 그 책 속에서 발견하지 못했다고 해서 어떤 책을 비난하는 것은 아니라는 말이다.

그러나 만약 사람들이 이러한 철학함으로 자신의 길을 어느 정도 간다고 한다면, 무엇을 할 수 있느냐는 질문에 대해서 다음과 같이 대답한다. 즉 그때그때 일회적이고 대체될 수 없는 현장을 통해서 보충물을 얻게 된다. 더군다나 다음과 같은 방식으로 보충물을 얻게 되는 것이다. 즉 일상이 충족되고, 활동이 이루어지고, 학문들이 수행되며, 시와 예술이 이해되고, 정치적으로 사유되고 행해지고 판단력이 구체적인 것 속에서 현재적으로 있는 그런 방식으로 말이다. 그런데 그러고 나서는 위대한 철학자들이 더 잘 이해되고, 그들의 철학함이 어떤 하나의 공통적인 공간 속에서 내 것으로 되며, 위대한 철학자들을 통해서 근원에서부터 창조하게 되는 것이다.

II. 논쟁

나의 철학은 근원적으로 논쟁적이지 않다. 만약 이 책에 논쟁적인 말투가 등장한다면, 그것은 중요한 것이 아니다. 그러나 이하에서는 내 작업에 반대해서 제기된 비판들에서 받은 인상을 고려해서 철학적인 논쟁의 문제를 숙고해보았다.

그런데 논쟁에 대해 관심을 갖는 데에는 또 다른 근거가 있다. 즉 그 자체 근원적으로 철학적인 근거가 있는 것이다. 철학은 의견일치를 이루는 소통만을 추구하거나 포용하는 연대성을 기반으로 하는 토론만을 추구하는 것이 아니라 근본적으로 다른 철학이나 철학이 아닌 것을 통해서 철학적인 본질의 뿌리에 대한 질문도 추구하는 것이다. 처음부터 나는 정신적인 적대자가 막무가내로 자신을 표현할 경우에는 그에게 맞서야겠다는 충동을 느꼈다. 내 철학에 대해서는 우정 어린 찬성도 있었고 내게는 참 값진 지지의 글도 있었지만 다양한 공격도 존재했다. 종종 나는 좋은 뜻을 갖고 내 철학에 대해 비판적으로 썼던 사람이 당혹스러워하는 것도 의식했던 것 같다. 다른 사람들은 내 저술들에 대한 피상적인 인상에 따라서 불쾌감을 표현하기도 했다. 드물지 않게 어떤 것이 선별이 됐는데, 이것은 책과 전후연관 없이 절대적인 주장으로 받아들여졌고, 어떤 한 독자가 그때 바로 그렇게 생각하고 있는 것처럼 그렇게 이해되었다. 이런 여러 가지 반응들 중에서도 나는 내게 나타난 대로 전형적인 반대들 몇 가지를 선별해낼 수 있다.(이 반대들을 나는 내 기억에 의존해서 선택하기도 하고, 공적인 판단들이나 개인적인 대화에서 선택하기도 한 것인데, 이것들을 나는 가끔씩 예리하게 만들고 있다.)

내 철학함에 맞선 몇 가지 반론들

1. 반론 중 하나는 다음과 같다. 내가 학설들을 강연하고, 직관들을 제시하면서도 대상적으로 생각된 것은 아무것도 없다고 강조한다는 것이다. 따라서 나는 내가 하지 말라고 한 것을 하고 있다는 것이다. 내가 의도했던 것은 서술을 통해서 말짱 헛것이 되고 말았다는 것이다. 내가 원하는 것은 불가능한 것이기 때문에 그렇다는 것이다. 이런 이유에서 결과적으로 하나의 철학적인 연구나 이론들(Doktrinen)이 나오거나 대상 없는 공허한 말이 나온다는 것이다. 간단히 말해서 이러한 철학에는 확정적인 것이 하나도 없거나 특정한 사상이 결여되어 있다는 것이다. 사람들이 고수할 수 있는 파악이 가능한 것이 상실된다는 것이다. 사람들은 내가 원래 염두에 두고 있는 것을 알지 못한다는 것이다. 이 부유 상태에서 모든 것이 사라진다는 것이다. 이러한 철학은 아무것도 주는 것이 없다는 것이다. 이에 대해서 나는 다음과 같이 대답한다.

a) 하나의 대상을 눈앞에 두지 않으면 실제로 어떤 사상도 전개되지 않고, 어떤 의미 있는 말도 언급되지 않는다. 그렇기 때문에 어떤 명제를 이해한다는 것은 그와 같은 대상적인 길잡이와 항상 연결되어 있다. 대상이 없는 것은 이것이 접근이 가능한 한에서는 오로지 대상성을 넘어가는 도정 위에서만 대상이 없는 것으로 존재하는 것이다.

그러나 철학함의 모든 본질적인 내용들은 우리 안의 대상성을 넘어서는 도정 위에서 자극들과 내적인 틀과 보고 판단하는 방식과 선택적으로 반응할 준비태세와 역사적인 대상 속으로 침잠하는 것들에서 자라나와 스스로 재인식되고 확증된다고 느끼는 것 속에 놓여 있다.

이론들(Doktrinen)이나 학설들(Lehren)에서 대상적인 규칙을 길잡이로 하여 사람들은 골격을 확보할 수 있지만 철학의 생명은 얻지 못한다. 물론 이해라는 것은 이러한 가르침의 내용 없이 불가능하지만, 그럼에도 그 자체는 대상적으로 존재하지 않으면서도 사유형태들을 통해서 현재화되어야만 하는 것에 참여함으로써만 비로소 본래적으로 실제적인 것이 된다. 이러한 일은 선입관 없고 철학하면서 읽는 독자들에게는 매우 간단한 일이지만, 학식이 없거나 철학의 전문가이거나 간에 학설들을 본질적인 것으로 원하거나 기대하고 있는 독자에게는 그만큼 어렵거나 거의 불가능한 일이 된다. 이 독자는 마치 화학이나 문법을 배우듯이 철학을 배우려 하기 때문이다.

물론 배우는 과정 없이는 철학을 하는 일 또한 성공하지 못한다. 즉 철학을 하려는 사람은 반드시 언어와 사유형태를 배워야 하고, 이때 지성의 노력이 요구되는 것이다. 그러나 사유운동(Bewegung)은 이러한 사유형태와 뼈대와 이론들(Doktrinen)을 계속 길잡이로 삼지만 자신만의 본질이 스스로 **현존할 때** 비로소 시작되면서 이 길잡이들을 지배하고, 이를 통해서 철학함은 시작된다.

동일한 철학에 대해서도 서로 맞닿는 게 전혀 없거나 모순되는 많은 이론들(Doktrinen)이 가능하다. 철학적인 주권은 저 가능한 이론을 (하나의 끝이 없고 개별적 두뇌가 결코 충족시킬 수 없는 과제를) 앞에서 말했던 것과 같이 지배해야 한다. 이론의 의미 연결점은 이론 자체에 놓여 있는 것이 아니라 이론 안에서 사유운동이 향해 갈 수 있는 것 속에 놓여 있다.

따라서 비난받았던 것들이 본래적인 철학에 바로 속하는 것들이다. 철학의 힘은 확정된 사상에 있는 것이 아니다. 즉 철학의 힘이란 그림이나 모습이나 사유형태에 있지 않고 직관의 생생함에도 있지 않으며―이것은 단지 수단일 뿐이다―, 실존의 역사성 속에서 실존에 의해 충족이 가능하게 될 때 있는 것이다. 이러한 철학이 자유의 철학이며, 이와 한가지로 한계 없이 소통하려는 철학인 것이다. 이때 이러한 철학은 대상에 고착되는 것을 막고, 사상을 담은 작품 속에 만족해 있는 것을 막으며, 어떤 한 가지 의식된 상태에 만족하는 것을 막는다.

b) 만약 이론적인 길잡이들에 대한 반론들이 성과를 거둔 것이라면, 반론들은 이러한 길잡이들을 논리적으로 좀 더 질서정연하게 만들기 위해서 (여기에는 예를 들어 하나의 변증법의 형식화된 모순성 속에서 단정함도 속할 것이다.) 중요한 것이지, 이러한 철학함의 의미를 파악하고 공격하기 위해서 의미가 있는 것이 아니다.

본질적인 공격은 이론이라는 길잡이를 통과해서 —물론 다시 항상 이론이라는 매개체 속에서— 이론들 속에서 전달되고 있는 실존적인 의지의 근원에 적중할 때 비로소 성과를 거둔다. 혹은 "힘들의 싸움"이 시작되는 곳에서도 본질적인 공격은 성과를 거둔다. 이 힘들은 소통 중에 있을 때 서로 일치하지만 좀 더 깊은 소통에서는 서로 충돌할 수도 있다. 그러나 이 힘들은 이러한 충돌 속에서 어떤 다른 낯선 것으로서 이 힘들을 다른 모든 현존투쟁들[12]과 구별하는 방식으로 묶인 채 있다.

c) 내가 말했듯이 대상적으로 사유된 것의 명증성 속에서 의미의 비대상화를 통해서 실존의 원래 본질이 스스로 현재하는 일이 시작된다. 철학함이란 지금 근원적으로 순수하게 철학적으로 수행이 되건 신학적인 신앙인식으로 수행되건 그것이 대상을 갖는 곳에서는 무로부터, 어떤 측면에서는 지성의 공리들로부터 일어나는 것이 아니기 때문이다. 그렇다면 철학함이 어디로부터 일어나는가라는 물음에 대한 대답은 신앙인식에게는 신앙

---

12) (역주) "현존투쟁(Daseinskämpfen)"이란 인간이 자신의 동물적이고 세속적인 생존을 위해 어떠한 자기반성이나 도덕적 판단 없이 맹목적으로 싸우는 것을 의미한다.

인식의 확실한 발판으로 있는 계시에 대한 지식을 통해서 신앙인식에 의해서 대답된다. 마찬가지로 고정적이고 파악이 가능한 이러한 발판을 철학은 갖고 있지 않다. 철학은 그때그때마다 개별자로부터 나온 것을 세계사적이고 철학적인 전승의 공간 속에서 듣는 것에 의존하고 있다. 이와 함께 이제는 이미 수천 년 동안 지속된 하나의 정신적인 왕국의 구성원들의 제도독립적인 하나의 정신적인 공동체가 성장한다. 이 왕국에서는 모든 사람들이 자기 자신으로 존재해야 하면서도 제멋대로 구는 것이 전혀 허용되지 않는다. 이곳에서는 묶어주면서도 낯설게 하는 진리가 통용된다. 이 진리는 보편타당한 교리 속에서 모든 사람에게 그때그때마다 궁극적인 것으로 될 수는 없다. 생생한 철학적 신앙의 왕국이 존재하는 것이다. 철학적 신앙은 개별적인 인간 자체 속에서만, 즉 그의 경험과 통찰 속에서만, 그리고 그 발판을 자신의 가능실존 속에 갖고 있는 그의 이성 속에서만 실제로 있다. 전체로서의 인간(der ganze Mensch, 全人)은 의식일반이라는 자신의 한갓 지성 속에서만이 아니라 자신의 근본 속에서 철학적인 사상들을 듣고 파악한다.

신학 쪽에서는 (만약 신학의 철학이 단지 과잉되고 중요성이 없는 것으로 여겨지지 않는다면) 부당하게도 철학을 하나의 순수한 지성적인 일이자 연구로, 즉 여러 학문들 중 하나의 학문으로 취급하고 있다. 이렇게 파악한다는 점에서 이 신학은 백 년 전의 현학적인 철학이 파악하는 작업과 맞아떨어진다. 이 철학은 그들 입장에서 (우리가 더 이상 전혀 관여하지 않고 있는) 신학을 경시하면서 "학문적인 인식"과 "감성적인 필요"를 동시에 충족시키려 했던 "학문적인 세계관"으로 존재하기를 요구했었다.

2. 또 다른 반론은 다음과 같다. 이 철학은 비합리주의 연구 중 하나라는 것이다. 이 철학은 이성을 부정하고, 부조리한 것을 예찬하기 때문에

그렇다는 것이다. 이러한 오해의 근거는 물론 다음과 같다. 만약 철학함이, 이렇게 칭하는 것이 허용되는데, 이성의 한 활동이라면, 이 이성은 자신의 한계들을 향해 치닫고, 존재하는 모든 것을 자신의 명증성 속에 옮겨 놓기 위해서 그 한계들에서 한계들을 넘어선다. 이성은 비이성적인 것의, 즉 이성에 반하는 것의 사실성에서 눈을 떼지 않고, 이해되지 않는 것, 스스로를 폐쇄하고 있는 것의 사실성에서 눈을 떼지 않는다. 이성에 반하는 것을 보고 그것을 사유하면서 밝히려고 시도하는 그런 이성다움을 위해서 나는 내 모든 저술들 속에서, 특히 이 『철학』에서 노력했다고 생각한다.

그러나 반론은 이러한 철학이 지닌 하나의 위험을 사실상 잘 지적하고 있다. 이 철학은 사유 이전에 놓인 것 속에 들어서서 사유하고 있기 때문에, 즉 현상의 근거에 놓여 있는 것 속으로, 존재와 비존재를 넘어서 밖에 머무는 것 속으로 들어서서 사유하고 있기 때문에 이러한 방법적인 작전 (Operation, 조작)[13]은 오용될 수가 있는 것이다. 그리하여 앞서 놓인 것이나 밖에 놓인 것의 어떤 한 형태 속에서 생각된 것은 마치 사람들이 그것을 접근가능하게 만들고 있다거나, 거의 파악된 것인 양 인식된 것으로 소유하게 만들고 있기라도 한 것처럼 이야기되었다. 이렇게 잘못 생각하는 사상은 그리하여 비밀을 벗긴다는 엄청난 기대를 어느 한순간 불러일으

---

13) (역주) 데카르트는 확실한 지식에 도달할 목적에서 평소의 상식적인 관점은 접어둔 채 "방법적 회의"를 통해 의도적으로 모든 것을 의심했다. 이와 유사하게 야스퍼스는 "방법적인 작전(Operation, 조작)"을 통해서 이 일상적인 사유방식을 접어둔 채 의도적으로 특정한 태도나 사유방식으로 사물을 보려 했다. 이런 관점 전환은 다른 철학자들에게서도 발견된다. 가령 하이데거도 인간중심적인 사유에서 완전히 벗어나 존재 자체가 '생생하게 자기화하는 것(생기, Ereignis)'을 보여주기 위해 사유의 "전회(Kehre)"를 선언했다. 야스퍼스와 하이데거에게 큰 영향을 준 니체는 영원히 반복되는 삶을 자기만의 것으로 만들기 위해서는 주체가 되려는 "실험(Experiment)"을 감행해야 한다고 주장했다.

키고, 곧이어 마치 비눗방울이 터지기라도 한 듯이 이성을 실망시킨다. 그 실망감이 참으로 오랫동안 상존하면서 실재성들을 부정하는 경향을 키우고, 증오의 감정을 불러일으키며, 오직 인간에게만 가능한 것을 방치하고 있다. 내 전체 철학함이 이러한 왜곡에 맞서 있다는 사실과 이러한 왜곡이 환상들과 관련될 때 나는 철학함을 통해 왜곡에서 환상들을 벗겨내려고 했다는 사실은 분명하다.

3. 겉보기에는 서로 대립해 있지만 같은 것을 적중시키고 있는 비난들이 제시되었다. 가령 다음과 같은 비난들이 그것이다. 이 철학은 복면을 한 신학이거나 낡은 계몽주의라는 것이다.

나를 비인가 신학자라고 말하는 첫째 비난은 다음과 같이 생각한다. 즉 내가 형이상학자로서 강연했던 것을 사람들은 보통 신학이라고 부른다는 것이다. 내 사유가 몰락하는 것은 나의 근본적인 태도 때문에, 즉 철학에 대한 하나의 잘못된 의미부여 때문에 그렇다는 것이다.

이에 맞서서 나는 다음과 같이 말하겠다. 철학에 대한 앞에서 소개한 이러한 의미는 내가 만든 하나의 새로운 것이 아니라 아주 오래된 것이다. 철학의 근원성에 속한 것이, 즉 초월이 철학의 근원성에서 제거되게 해서는 안 된다. 신학의 일인 말씀(Wort)은 원래 철학의 근원성 자체에서 생겨난 것이다. 신학의 일인 말씀은 이성 자체의 계시 없이도 스스로를 보여주는 한에서 부분적으로 철학함의 요소이거나 요소가 될 수 있는 그런 계기들에 의해서 기독교적인 신앙인식 안에서 비로소 적용이 되었고 그 안에서 접근이 되었다.

이때 내 철학을 위해서 종교와 구분하는 일이 본질적인 것이다. 그러나 이 구분은 부정이나 투쟁 혹은 무시를 의미하지 않고, 철학이 종교와 지속적으로 관련되어 있다는 것을 의미한다. 종교란 철학함이 아무렇지도 않게 여기고 있을 수는 없는 그런 근원들의 현실이기 때문이다. 철학 자체를 하나의 종교로 부르는 것은 오해이다. 철학과 종교 둘에서 영원성에 대한 진지함이 문제시되는 넓은 의미에서만 그렇게 부르는 것이 타당하다. 종교적인 철학에 대해 말하게 되면 종교가, 즉 교회종교가 제의, 기도, 사제적인 행위들 속에서 공동체를 건설하면서 나타나는 데 비해서 개별자들의 문제로서 철학 그 자체는 물론 여기저기서 "학파를 이루면서" 존재하지만 분파를 건설하는 것으로서나 젊은이들을 육성하는 것으로서는 철학으로 존재하길 멈춘다는 엄연한 사실을 가린다.

현대의 기독교 철학에서는 철학이 아니라 교회종교로 존재하는 힘이 이끌고 있다. 교회종교는 본질적으로 신학 안에서 진술한다. 그러나 철학이라는 이름을 쓸 때 교회종교는 근원적인 철학과는 근본적으로 다른 것을 행한다. 사유하는 작업을 함에도 불구하고 고유한 철학적인 근원을 빼앗긴 기독교 철학은 그렇기 때문에 본래적인 철학이 볼 때는 핵심이 빠진 것처럼 보인다. 기독교 철학은 실존의 이성적 사유 대신에 교회종교의 다른 진지함에 의해서 지탱되고 있기 때문에 자기 자신 밖에 말하자면 하나의 비축물을 소유하고 있는 것이고, 스스로를 다른 곳에서 이미 안전조치를 취하고 있는 것이며, 철학함 속에 남아 있는 감행을 모르는 것이다. 이런 이유 때문에 그 사유가 지닌 말투와 음색은 본래적으로 철학하는 이들에게 말을 걸지 않는다. 기독교 철학은 그때그때 동시대의 영향력 있는 철학 사상에서 심장피를 제거해버리고 이를 통해 힘도 빼앗아버림으로써 합리적이고 미학적이며 총명하게 회피하면서 동시대의 영향력 있는 철학적 작업을 수행하는 듯하다. **어거스틴, 안젤름, 쿠사누** 등 철학과 개시신앙을 결연히 대립으로 보지 않은 채 기독교인이었던 위대한 철학자들에 있어서는 사정이 다르다. 이들에 대해서는 여기서 말하지 않겠다.

철학은 철학이고 종교는 종교라는 매우 간단한 사실이, 그리고 종교가 결코 자립적인 철학의 근원을 자기 것으로 만들 수 없는 것처럼 철학은 결코 종교의 내용을 대체할 능력이 없다는 이 간단한 사실이 오늘날의 정신적 상황 속에서는 통용되지 않고 있다.

철학이란 우리가 의거해서 살아가는 것에 대해 확신을 가질 때 활동하는 사유이다. 즉 본래적으로 존재하는 것, 그것으로 우리가 존재하는 것, 우리에게 무조건적인, 우리가 근거하고 있는 어떤 결단에 대해 확신할 때 활동하는 사유가 철학인 것이다. 따라서 [확신에 도달하기 위해] 우리가 이러한 사유를 생각하고, 사유의 확실성을 검토하고, 사유의 의미와 기준들을 밝힐 때 수단이 되는 것은 사유인 것이다. 그러나 참된 철학이란 우리의 근본지식(Grundwissen)에 대한 체계적인 해명으로서 열린 채 남아 있는 것이다. 근본지식이란 우리들과 우리에 대해서 존재하는 것의 틀과 같은 것이다. 철학은 우리가 그때그때마다 특정한 것을 그 속에서, 그리고 그것을 통해서 알고 실현시키고 있는 그 모든 것의 한계들과 근원들을 해명한다.

나를 계몽주의자라고 하는 둘째 비난은 (이것은 근본적으로 동일한 비난이지만, 단지 부분적으로 스스로를 "현대적으로" 아는 무신론자들인데) 다음과 같다. 즉 계몽주의자들에게 급진성이 결여되었듯 내게도 그렇다는 것이다. 진짜로 철학하는 자는 초월자 없이 등장하고, 그에게 있어서는 내재(Immanenz)[14]가 철학적인 지식 속에서 순수한 현재성으로 상승된다는 것이다. 내가 최종적인 결론 앞에서 내빼기 때문에 내게는 잘못된 여분이 존재한다는 것이다. 그렇기 때문에 나에게는 현존의 심층을 위한 의미가 빠져 있고, 이에 따라서 세계의 현 상황이 지니는 실재성에 대한 의미가 빠져 있다는 것이다. 그렇게 내게는 모든 것이 잘못되게 된다는 것이다. 내가 화해시키는 조화로운 표상들에 꽂힌 채로 머물러 있기 때문에 그렇다는 것이다. 또 내가 계몽주의의 과잉된 이신론(理神論)을 효과 없이 넘겨받았다는 것이다.

나는 다음과 같이 대답하겠다. 플라톤과 칸트가 서양의 양대 계몽시기의 정점에 있는 한에서 나는 계몽을 신봉하고 있다고 고백한다. 칸트의 말에 따르자면 계몽된 시대가 아니라 (이런 시대는 결코 존재한 적이 없다.) 계몽하는 시대였던 이 시기의 정점에, 다시 말해서 "스스로에게 책임이 있는 미성숙상태"[15]에서 벗어나려는, 즉 어둠에서 밝음으로 가려는 가장 힘차고 의식적인 노력들의 정점에 플라톤과 칸트가 있는 한에서 나는 계몽을 신봉한다. 계몽을 신봉한다고 고백한 우리는 철학하면서 우리들의 과제에 열정적이다. 잘못된 신비의 어둠 속으로, 미신이라는 하나의 혼돈 속으로, 특히 기계화된 학문적인 미신의 형태 속으로, 그리고 학문으로 등장하는 이데올로기들의 형태 속으로 정신적으로 다시 가라앉는 것처럼 보이는 (최소한 발표된 문헌들 대다수에서는 이렇게 보인다.) 시대에 자유롭게 있는 것이 우리에게 달려 있는 한에서 우리는 계몽의 길을 간다.

내 전체 사유는 고맙게도 계몽에 속하면서 저급한 계몽을, 즉 짝퉁계몽(Aufkläricht)을 어디서나 의식적으로 물리치고 있기 때문에 위에서 형식화한 각각의 [내 철학에 대한] 비난들은 힘을 잃게 될 것이라고 나는 생각한다.

계몽의 급진성은 학문과 철학을 갈라놓는 대단히 어렵게 실현될 수 있

---

14) (역주) "내재(Immanenz)"는 "초월(Transzendenz)"과 대칭되는 개념으로서 야스퍼스 철학의 핵심개념 중 하나이다.

15) (역주) 이것은 『계몽이란 무엇인가에 대한 대답』 서문에서 칸트가 한 말이다. 이에 대해서는 다음을 참조할 것. I. Kant, "Beantwortung der Frage: Was ist Aufklärung?" 9쪽(편집자 해설을 제외한 본문 1쪽), in *Was ist Aufklärung? Kant, Erbard, Hamann, Herder, lessing, Mendelssohn, Riem, Schiller, Wieland*, Verlag Rechlam, Stuttgart 1996.

는 작업에서 나타난다. 이런 구별이 지난 백 년간 현실적으로 성취되었고, 상실된 위험에 지속적으로 놓여 있다. 이러한 구별은 반드시 연합체로서의 양자의 힘을 좀 더 순수하게 타당하게 만드는 결과를 초래할 것이다. 매우 어렵게 실행할 수 있는 이러한 구별 자체가 계몽과정의 한 걸음이다. 다시 말해서 이 구별 자체가 사태의 본성과 자기 자신을 파악하며 심화시키는 자유로운 사유과정의 한 걸음인 것이다.

실존과 초월의 연관성 없이 시작하여 하나의 순수한 내재만을 고집하는 자는 현재적인 것의 현실성을 상승시키지 않는다. 그는 현존의 깊이를 저 초월연관 속에서 발견하지 않고 단순한 여기와 지금에서 발견하기 때문에 현존을 오히려 얇게 만들고 경우에 따라서는 귀신으로 보완한다. 그런데 이 귀신은 초월자 앞에서는 아무것도 아닌 공상들로서 사라진다. 이 세계의 현 상황이 반항과 절망을 지닌 채 지성이 파악가능한 단순한 실재성으로 아주 잠깐 동안 잘못 추정된 채 인식되는 때라도 기준들과 지평들이 초월의 포괄자에 의거해서 말할 때는 내가 보기에 이 시대의 현 상황은 좀 더 투명하게 이해된다.

이상적으로 조화시키는 일에 대한 비난은 결국—한계상황들과 난파를 내재의 최종물이라고 진술하는 하나의 철학 앞에 직면한 이 비난은!— 철학이 향해가고, 그리고 철학이 생겨나온 토대에 의해서 평안(Ruhe)이 가능하다는 것을 부정한다. 비록 나는 조화시키는 모든 작업에 맞서고 있지만, 이러한 비난은 나의 사유 속에서 언짢게 지각하고 잘못 지칭한 무언가를 추적한다. 내 철학이 계몽된 철학이 아니라 계몽 중인 철학이듯이 또 내 철학은 평안을 찾은 철학이 아니라 평안을 향한 하나의 철학이다. 미리 생각할 수 없는 것인 평안에서부터 철학함은 출발한다.

4. 다음과 같은 매우 주목할 만한 반론도 있었다. 즉 이러한 철학함 안

에는 특정한 요구들 안에서 형식화할 수 없고 그렇기 때문에 더 견디기 힘들게 되는 한 가지 요구가 느껴진다는 것이다. 그것은 에토스(Ethos)[16]인데, 분명히 존재하긴 하지만 도덕이 되지 않고 평가에서 벗어나 있다는 것이다. 이 에토스는 판단기준을 세상 속에서는 갖고 있지 않지만 그럼에도 생의 가장 내밀한 곳까지 파고들기를 원하는 하나의 진지함이라는(예를 들자면 사랑, 성애, 성에 대한 낡고 비현실적인 파악에서 드러나는 어떤 것이라고 말한다.) 것이다. 전반적으로 편협함이 숨어 있다는 것이다.

이러한 반론에 의해서 어떤 형식화된 규범들이나 법칙들도 그 속에서 손에 잡힐 수 없는 열린 내 진술이 하나의 무조건성을 전달하는 것으로 바르게 이해된 것이다. 그러나 독자 자신의 내면에서 발생한 강박적이고 엄격한 요구가, 이 요구는 이러한 철학함에 자극되었으나 그럼에도 직접 진술을 못하게 된 것인데, 밖에서 한 사유자를 통해서, 이번 경우에는 나를 통해서 자행됐다는 편협함과 뒤바뀌었다. 내 철학은 실제로 강하고, 놀랍고, 행복을 주는 저 내적인 목소리를 깨우길 원하지만, 그러나 이러한 철학함은 저 목소리가 구체적이고 역사적인 처지에서 말하는 것을 미리 잡아내지는 못한다. 나의 철학함 자체는 오히려 가장 관대한 것이다. 가능실존의 자유를 실제로 자유롭게 해주면서도 사이비자유의 요구들, 즉 자의와 폭력적인 것의 요구들에 대항하는 싸움을 하고 있다.

---

16) (역주) "에토스(ēthos)"는 성격이나 관습을 의미하는 그리스어였는데. 나중에는 일반적으로 사람의 기풍이나 성격 혹은 윤리적 성상(性狀)이나 기질을 의미하게 됐다. 아리스토텔레스는 『수사학(*Rhetoric*)』에서 상대방을 설득하려면 로고스(logos), 파토스(pathos), 에토스(ethos)라는 세 가지가 필요하다고 주장한다. 여기서 로고스는 인간 영혼 중 지성적인 부분이고, 파토스는 감정적인 부분인데, 에토스는 비지성적인 부분에 속하지만 습관에 의해서 지성적인 것으로 전환되는 것이다. 에토스가 선한 행동을 이끄는 능력으로 자리 잡으면 도덕(moral)이 된다.

반론은 다음과 같은 형태를 취할 수도 있다. 즉 이러한 철학은 보편타당한 대상성을 지니지 않기 때문에, 따라서 내용이나 확정된 것 등 사람들이 고수할 만한 어떠한 것도 지니지 않기 때문에 이러한 부정성에서 이러한 철학은 비독단적인 것에 대한 하나의 독단론이 된다는 것이다.

나는 이를 다음과 같이 반박한다. 물론 나의 철학함에는 지속적으로 우리들의 사유하는 현존의 근본비진리를 넘어서려는 경향이 있다. 이 근본비진리는 이하와 같은 것에 놓여 있다. 즉 우리는 하나의 절대적인 존재의 확고한 객관성 속에서, 지각된 것을 손아귀에 넣을 수 있는 상태에서, 그리고 사유된 것의 규정성 속에서 주체로서 우리를 실존적으로 황폐한 방식으로 우리들 자신에서 해방시켜서 진리를 객관성으로 여기는 단순히 보편적인 사유로 몰고 가길 원한다. 그러나 이러한 근본비진리를 넘어서는 일은 기반이 없는 상태에 가라앉기 위해서도 아니고 자의적이고 불안정한 주관성에 빠지기 위해서도 아니다. 이 근본진리를 넘어서는 일은 철학적인 근본작전들(philosophische Grundoperationen)을 통해서 오로지 동시에 대상성과 주관성 속에만 밝혀질 수 있는 포괄자 속으로 이르기 위해서 일어나는 것이다. 다시 말해서 그것은 주체와 객체의 분리 속에서(in der Spaltung von Subjekt und Objekt) 양자가 서로 지속적으로 연관된 가운데, 즉 다른 것 없는 하나가 아닌 상태에서 존재의 내용들을 현실화시키기 위해서 일어나는 것이다.

반론은 주장되지 않은 것 속에서 주장하는 철학적인 형식을 파악할 능력이 없는 동일한 오해에서 [나의 철학함과] 대립적인 것이 된 것처럼 보인다. 반론은 다음과 같다. 난파[17]에 대한 이러한 철학은 모든 것을 아무

---

17) (역주) "난파(Scheitern)"란 죽음, 투쟁, 우연, 죄책, 사랑 등 인간으로서는 피할 수 없는 한

래도 상관없는 것의 중립성 속에서 평평하게 되도록 몰아가는 관대한 무기반상태가 되거나, 대상성과 존립과 질서에 공격적으로 반대하는 관용이 없는 허무주의가 된다는 것이다. 이 양자는 이러한 사유의 결과로 결코 나올 수 없다는 사실을 나의 전체 철학함이 보여주고 있다. 위에서 말한 평평한 중성화와는 반대로 지속적인 연관상태와 평가로 인한 불안정(Unruhe)이라는 흥분상태가 무효로 된 것이 아니라 중단되고 전환되었다. 나의 철학함은 질서에 대한 의지와 전통과 권위에 대한 경외에 대하여 말한다. 그러나 이 둘은 저 고발자들의 마음에 들지 않는다. 불안정은 흥을 깨는 것이기에 마음에 들지 않고, 불안정 속에서 경외는 사람들이 갖고 살기를 원하는 관습, 가상, 가정의 상존하는 질서에 대한 고발이기에 마음에 들지 않는다.

은닉된 편협성에 대한 이러한 반론은 사람들이 내 철학함에서 출발한다고 추정하는 폭력성에 맞설 때 사용하고 있는데, 결국은 다음과 같은 놀라운 역설적 질문으로 요약된다. 모든 절대화를 피하는 철학은 절대화를 하지 않는 절대화를 통해서 다시 여러 입장들 중 단지 하나의 입장이 되는 것은 아닌가? 이성에 의해서 비난받은 모든 독재적인 것들과 마찬가지로 이성의 이 요구는 독재적인 것이 아닌가? 모든 것에 열린 관용은 편협함에 대해서는 절대적으로 편협한 것은 아닌가? 자유에 대한 요구는 자유를 원치 않는 자들에 대해서는 가혹한 폭력이 아닌가? 소통을 요구하는 의지는 소통을 중단하는 이들에 대해서는 동시에 소통중단이 아닌가? 모든 것을

계 상황 앞에서 기존에 절대적인 것이라 믿었던 모든 것이 깨지면서 무(Nichts) 앞에 서게 되는 운명적인 체험을 말한다. 자신에게 닥친 난파를 어떻게 대하느냐에 따라서 인간의 삶은 달라진다. 즉 인간은 난파를 통해 좌절할 수도 있고 미신으로 도피할 수도 있지만, 고정관념에서 벗어나 존재를 자유롭게 바라보며 실존을 실현할 기회로 삼기도 하는 것이다.

연결하려는 자가 철저히 고립되는 것은 당연한 결과가 아닐까? 모든 현대의 노력들 가운데 소통에 대한 나의 철학함은 사실상 가장 외로운 것이 아닌가?

이러한 질문들에는 항상 말꼬리잡기식의 동일한 속임수가 들어 있다. 그러나 만약 이 질문들 자체가 단지 하나의 합리적인 장난이라면, 이 질문들은 이 철학이 폐기될 가능성이 있다는 점을 그 자체로부터 알려준다. 즉 자신의 단순한 명제들을 절대화시키고, 진술된 것이 되게 허용할 때, 즉 움직일 수 없는 진리주장들에 대한 지시가 되는 것을 허용할 때, 이 철학이 폐기될 가능성이 있다는 점을 알려주는 것이다. 그렇게 되면 사유를 보완하는 행위의 필연성과 자유는 이 철학을 생각하는 역사적인 실존에 의해서 폐기된다. 전달을 위한 매체를 전개하는 일이 잘못되어 그 자체로 타당한 학설이 되고 만다.

철학적인 논쟁의 가능성에 대한 질문

반론들과 비난들에 대해서 철학에서 한 답변들은 불만족스러운 점을 남겼다. 보편적으로 형식화된 명제들은 이 명제들이 힘들의 투쟁에서 개인적인 모습에 의해 비로소 무게를 갖는 그런 계기들에서는 파악되지 않기 때문이다. 한 철학하는 사유자에 맞서서 논쟁을 하거나 그의 공격을 접하기 위해서는 적합하게 다시 말해서 특정한 명제들 속에 규정된 채, 그리고 동시에 전적으로 본질 속에서 그를 만나야 한다. 철학함의 영원한 진리가 그것이 드러날 새로운 방식을 —철학과 학문의 구별을 통해 새로운 명증성을 향해 이끌리면서— 찾고 있는 오늘날 이러한 어려움이 최우선적인 물음이 된다.

철학이 그 독자성에서 파악된 경우에는, 즉 철학이 학문들과 연관성도 동시에 지니고 있지만 그것들과 구분되어 파악된 경우에는 철학적인 논쟁의 방법들에 대한 질문은 매우 긴급한 것이다. 학문적으로 토론하는 방식들과 철학적으로 대결하는 방식들은 구분되기 때문이다. 전자에서 인격은 문제시되지 않는 토론하는 사람들의 공통적인 "의식일반"에 의해서 객관적으로 올바른 것이 강제성을 띠고 발견된다. 즉 토론은 하나의 결론을 갖는 것이다. 이에 반해서 철학적인 대결의 방식에서는 하나의 문제가 사유하는 자들의 가능실존에서 개인적인 성격 없이는 결코 논의되지 않는다. 그리고 이 개인적인 성격은 그 자체로는 객관적이고 보편타당하게 파악되지 않고 이러한 싸움에서 밝혀지고 자신에게 나타나고 스스로를 결속하고 닳아 없어지게 되는 정신적인 힘들의 대변자로서만 존재한다.

다음과 같은 주목할 만한 경험이 있다. 어떤 하나의 학문(Wissen-schaft)[18]에서는 금세 성과 없는 것으로 인식된 대다수 출판물들도 관심을 끌고, 가장 작은 것도 그 나름의 유용한 기여를 하는 하나의 공동작업이 전체적인 것 안에서 드러난다. 이에 반해서 철학에서는 사정이 정반대이다. 물론 사람들은 동일한 문제에 대해, 즉 그 철학에 대해 말하는 것처럼 보이고, 재료의 측면에서는 겉보기에 동일한 주제들을 갖고 대학의 학과들 중 동일한 관할구역에 속해 있지만, 그러나 단지 매우 좁은 범위에서만 서로에 대해서 관심을 가질 능력이 있다. 오늘날의 "철학자들은" 학문들의

---

18) (역주) "Wissenschaft"는 문맥에 따라서 "과학"이나 "학문"으로 번역할 수 있다. 그런데 여기서는 '학문'으로 번역하였다. Philosophie(철학)가 실존, 인격성, 정신적인 힘과 관련성 속에서 전개되는 사유활동으로 규정되고 있는 데 비해서 그런 것과 관련 없이 객관적으로 문제를 다루는 모든 활동에 대해서 Wissenschaft라 칭하고 있기 때문이다. 여기서 Wissenschaft는 객관적으로 사물을 다루는 모든 학문들을 포괄하는 의미인 것이다.

학과대표자들이 제각각의 영역들에서 하고 있는 것보다 훨씬 드물게 서로를 읽고 있다고 나는 추측한다. 물론 공동연구들과 학술대회들과 학술지들이 관례로 존재한다. 사람들은 새로운 화두와 새로운 발견과 이룩된 "진보"에 대해서 말하는 데 익숙하다. 사람들은 학문에서처럼 마치 대단한 공동작업 방식이 성취되기라도 한 것처럼 말하는 데 익숙하다. 하지만 좀 더 당연한 듯 말해지면 말해질수록 그에 상응하는 실재성은 더욱더 현존하지 않는 것처럼 보인다. 우리는 독백 작업을 목격하고, 서로 앞뒤로 정렬된 독백 형태의 관습적인 토론 작업을 목격한다. 그리고 우리는 작은 모임들로 이루어진 한 공동체가 눈에 보일 수 있게 되자 한순간 주목을 끈 후 곧 다시 해체되는 것을 목격한다. 무엇 때문에 이런가?

우연히, 그리고 막무가내로 추측해대는 우리 시대의 논쟁 앞에서 만약 우리가 철학의 역사에 대해서 캐묻는다면, 역사적으로 철학자들 사이에 성취된 논쟁이 그 의미에 따라서 그 크기와 노력에 있어서 좀 더 명확하게 밝혀질 것이다. 이 논쟁을 연구하는 일은 철학 자체를 이해하기 위해서도 회피할 수 없는 것이다. 지난날 위대한 논쟁들은 물론 부분적으로는 그 진지함과 깊이로 인해서 모범이지만, 드물게는 그들의 의식적인 방법들 때문에 모범이다. 그것들은 그러나 상존하는 하나의 공동 진리가 (공동 진리는 그럼에도 오직 모든 이들을 위한 학문적인 것으로서만 존재하는데) 지닌 대체로 자명한 전제 때문에 모범인 것은 아니다. 부분적으로 이 논쟁들은 철학적으로 밝히지 않아 실패한 논쟁적인 근본태도들을 사람들이 자신들의 논쟁에서 반복하지 않기 위해서 스스로를 주목할 수 있는 반면교사이다. 이러한 논쟁들을 의식적으로 연구하는 데 필요한 실마리가 아주 적다.(나의 책 『셸링』, 뮌헨 1955, 283~313쪽에서 나는 **셸링**과 **피히테**, **셸링**과 **헤겔** 사이의 논쟁을 몇 가지 특징을 잡아 기술하려고 했다.)

이제 그러나 과거의 철학자들과의 교류 자체가 대결이다. 이들의 텍스트들에 몰입하는 것은 비판과 논쟁을 낳고, 이런 일 자체가 다시 보다 나은 이해를 낳는 것이기 때문이다. 이러한 비판은 일방적이며, 겉으로 보기에는 무해한 것이다. 죽은 자는 대답할 수 없기 때문이다. 그러나 이러한 비판은 우리가 지난 철학자들과 교류할 때 본질적인 부분이다. 우리는 그들의 보다 심오한 동기들을 알아내고 이를 통해 본래 내용들을 추적해보기 위해서 그들이 무엇을 생각했는지 알고 싶다. 그리고 우리는 역사적인 학문(오직 이것만이 가능한 어떤 한 저자 자신에 맞춰서 그들이 생각한 의미를 이해하는 데 기여하는 것이다.)에 묶이지 않은 상태이기 때문에 이 본래 내용들을 관찰할 수가 없다. 우리는 비판을 통해 거부하거나 자기 것으로 만드는 것을 통해서 우리들 자신과 우리들의 소망에 대해 현재 우리가 어떤 의식을 가졌는지 알아야만 한다. 과거의 위인들과의 교류 속에서 우리는 철학적인 논쟁의 의미를 경험하고 연습하지만, 그러나 일방적이고 소통이 없고, 결국은 질문 속에 머무는 방식으로 이렇게 한다. 그들의 텍스트들이 참으로 풍성할지라도 우리가 질문한 것들은 그 텍스트들을 넘어서서 침묵을 지키고 있기 때문이다.

이 『철학』을 내가 출간한 이후에 나는 니체, 데카르트, 셸링에 관한 책들에서 그러한 대결을 시도해 그 내용을 전해주었다. 그 후 나는 좀 더 포괄적으로 과거의 위대한 철학자들을 내 것으로 만들면서 비판적으로 기술하는 형식으로 이러한 시도의 내용을 공개하길 바란다. 지금 이 시대 사람들과의 논쟁이 이와 같은 경험을 바탕으로 어떻게 형성될 수 있을지에 대해서 나는 아직도 현실화해서 보지 못하고 있다.

지금까지 나는 오직 한 가지 사례에서 철학적인 통찰에 근거해서 한 명의 동시대인과의 (즉 **불트만과의**) 논쟁[19]을 감행한 적이 있기 때문에, 나는 최소한 이와 같은 논쟁의 몇 가지 원칙들을 형식화시켜 보려 한다. 실질적으로 행하는 일은 무척 어려워 보이지만 원칙을 형식화하는 일은 쉽다.

1. 학문적인 반대자들은 —이미 이렇게 말했듯이— 의식일반이라는 동일한 공간 안에서 동일하게 생각한 일에 대해서 토론하지만, 철학적인 반대자들은 세력을 소유한 자들이다. 이 세력의 소유자들이 서로 관련이 될 경우에는 적대자로 만난다. 혹은 이들은 말하자면 다른 공간에 살면서 서로 만나지 않은 채 지나쳐 간다. 이들은 서로 말을 걸지 않기 때문이다.

그러나 만약 철학적인 토론이 학문적인 토론과 근본적으로 다른 어떤 것이라면, 학문적인 토론은 철학에서도 본질적으로 하나의 수단이다. 보편타당성이라는 판단기준들 아래 놓인 것들에 대한 학술적인 토론은 철학함에서도 의미 있는 것으로 남아 있다. 철학함에서도 전달의 실질적인 내용으로서 이와 같은 [보편타당한] 정확함과 함께 작업이 이루어지기 때문이다. 이러한 실질적인 내용을 부서지기 쉬운 것으로 인식하거나 올바른 것으로 확정하는 것이 이와 같은 토론의 길이다.

그러나 이 토론은 보다 깊은 대결을 위한 수단일 뿐이기 때문에 사실의 문제와 관련된 토론은 한계에 봉착하고, 이때 처음으로 철학적으로 중요한 것이 된다. 우선 토론은 정신들이 분리되는 지점에 이른다. 이런 분리는 하나의 정신이 그와 같은 타당성을 그 강제력 있는 올바름에도 불구하고 무시하려 하지만, 다른 정신은 마음에 들지 않더라도 올바른 것을 회피

---

19) (역주) 1953년 야스퍼스가 신학자 불트만(Rudolf Bultmann)의 비신화화의 과제에 대해서 비판한 것이 계기가 되어 두 사람은 이듬해까지 논쟁을 벌인다. 이 논쟁은 1954년 『비신화화의 문제(*Die Frage der Entmythologisierung*)』라는 제목으로 간행된다.

할 수 없는 것으로 다루려 하기 때문에 이루어진다. 그러나 두 정신이 합리적인 올바름을 회피할 수 없는 것으로 여길 때, 그리고 두 정신이 또 그와 같은 모든 올바름이 지닌 의미의 한계성을 알 때, 그리고 그 한계성이 관점과 방법에 의존한다는 사실을 알 때, 새로운 의견차이가 나타난다. 즉 그러한 올바름의 결과와 무게에 대한 다른 평가를 통해서 심층적인 대립들이 알려지는 것이다.

그래서 연구하고 논의하는 것을 학술적인 것으로 여기고 무엇을 그렇지 않은 것으로 여길지, 그리고 무엇이 인식할 가치가 있는 것이고, 그리고 무엇이 그렇지 않은 것인지가 이미 어떤 학문이건 상관없이 차이들이 존재한다는 것을 나타낸다. 학문들은 단지 올바름만을 보증하지 자신들의 인식의 중요성을 보증하지는 않는다. 본질적인 것에 대한 일반적으로 당연시되는 전제들은 철학적으로 의식되고, 이를 통해서 명백하지 않은 것, 그리고 누구에게나 공통적으로 타당한 것은 아닌 것으로 파악된다. 내가 그것에 의해 말을 걸게 되는 것, 그리고 내가 그것을 통해서 더 넓은 지식에 육박해가게 되는 것, 촉진해주는 것과 그렇지 않은 것, 이러한 것을 나는 타당한 증명을 통해서는 근거를 제시할 수 없고 단지 철학함을 통해서 밝혀지게 할 수 있을 뿐이다. 그러나 철학함 안에는 하나의 고집에 의한 완고한 주장이 통하지 않는다. 지도하는 이념을 전달가능하게 만들려는 시도, 왜 다른 사람에게는 또 왜 나에게는 어떤 것이 본질적이거나 본질적이지 않은지 단서를 찾으려는 시도, 그리고 이러한 징후와 묶여 있는 것이 무엇이고 이를 통해 어떤 결과가 나오는지 발견하려는 시도가 철학함 속에서는 통용된다.

이러한 일은 오직 하나의 논쟁적인 철학함 자체가 수행될 때만 제시될 수 있다. 그러나 지성적인 토론들에서는 철학적인 논쟁이 거절된다는 점을 간접적으로 알려줄 수는 있다.

　즉 지성적인 토론이 본래적인 세력 투쟁에 참여하는 일은 겉보기에 매우 날카로운 대결들 속에서도 언제나 결코 수행되지 않는다. 이러한 관점에서 공적인 철학 토론 모습이 주목을 끄는 것이다. 드물지 않게 한 비판가는 공공연히 자신의 반대자에 ―반대자가 창조적인 철학자라면 더욱 그런데― 다음과 같은 식으로 묶여 있다. 즉 비판자가 공격당하는 자의 사유의 궤적에 의식하지도 못한 채 빠져들게 됨으로써 적대자 편에 엮여들게 되는 것이다. 그래서 이런 일은 헤겔주의자와 반헤겔주의자의 헤겔비판에서 자주 존재한다. 정신사적으로 매우 흥미로운 것이 될 수 있는 이와 같은 비판은 그 자체로는 본질적인 것이 아니다. 이 비판은 진짜 적대자가 없기 때문이며, 사이비적대자와 함께 동일한 길을 가고, 적대자에 의해 말하자면 속박을 당하게 되고, 적대자의 사유방식에 사로잡히게 되며, 의지와는 반대로 무의식적으로 엮이기 때문이다. 그렇게 되면 대단히 격렬하게 배척하는데도 불구하고 본질적인 토론은 전혀 시작되지 않은 것이다. 사로잡힌 자는 굴레에서 벗어나 자유로워지려고 하지만 헛수고이다. 또는 다른 관점에서 볼 때 그는 어떤 하나의 철학적인 믿음의 힘을 대변하는 자가 아니라 오로지 지성적인 작전(조작?)만을 수행하는 자이다.

　무대전면의 토론은 학문적인 소속성이라는 가상과 함께 강력한 철학적인 움직임들에 의해 압박을 받는다. 그래서 토론은 부지불식간에 기만이 될 수 있다. 사람들은 하나의 공통된 학문적인(wissenschaftliche) 철학의 전제를 갖고 학술적인 토론의 지평에 옮겨간다. 그런 다음 사람들은 시끄럽기만 한 사소한 일을 다루게 된다. 문제가 되는 것에서 벗어나서 사람들은 적대자의 실체를 이미 어느 정도는 참으로 인정하고 있다.

　실체가 타당성을 얻지 못하는 학술적인 철학하기는 일상적으로 다음과 같은 모습을 보인다. 즉 우리는 서로 이야기하는 중에 하나의 공통적인 주제라는 암묵적인 전제를 만든다. 소위 철학적으로 다룰 일을 만들고 하나의 객관적이고 철학적인 진리의 세계를 만드는 것이다. 이 진리는 누가 됐든지, 그리고 무슨 생각을 하든지 간에 우리 모두가 함께 다루고 있다는 그런 진리이다. 합리적인 객관성은 모든 담론에서 불가피한 매개체이기 때문에 이와 같은 [학술토론에서?] 비판은 비록 피상적인 것이라 할지라도 보다 심도 있는 힘들이 알려질 수 있는 매체와 제대로 연관되어 있는 것이다. 그러나 자주 이와 같은 토론은 철학사의 재료를 다루는 작업에 함몰되고 임의로 변동가능하고 무한하고 지성적인 조작(操作, 작전?)에만 빠져든다. 이렇게 되면 토론은 껍데기로서 힘을 잃게 되고 조작에만 흥미를 보이고 실체와는 관련이 없고 그렇기 때문에 공허한 일이 되어버린다. 전승된 화법이라는 수단과 함께 오로지 개인적으로만 흥미를 끌고, 이런 이유로 선정적인 허풍이 시작된다. 이 허풍은 그 속에서 전달하는 실존의 무조건성[20]이 결여되어 있기 때문에 말해주는 게 아무것도 없다.(하지만 이와 같이 저평가 해석은 개별적인 토론들에 대해서는 신중하게 수행되어야만 한다. 우리는 이러한 해석을 통해서 원치 않은 것과 이해되지 않은 것을 간단히 제외시켜버리고, 이런 우리 자신의 제한성을 정당화시키는 경향이 강하기 때문이다.) 그 어떤 관습들도 실재하는 세력들에 효력이 없고 중요한 관심을 불러일으키지 못할 때, 오직 학술적인 영역의 관습들만이 외적인 규칙을 유지하고 있다.

만약 무대전면에서 토론이 피할 수 없는 것이라면, 토론은 그렇게 하여

---

20) (역주) "실존의 무조건성(die Unbedingtheit der Existenz)"이란 객관적인 학문으로는 파악할 수 없지만 각자 개인이 자신의 삶 속에서 절대적인 것으로 받아들일 수밖에 없는 것을 말한다. "실존의 무조건성"에 대해서는 이 책 2권 『실존조명』의 3부 "상황, 의식, 행위에 있어서 무조건성으로서의 실존"에서 상세히 다루어진다.

세력들 자체에 대한 보다 심층적인 저 토론에서 세력들의 언어로 받아들여질 때만 철학적으로 인상 깊은 것이 된다. 그러나 단지 논증하지 않고, 즉 단지 학문적인 토론의 형식들에 대한 일치 속에서가 아니라 저 세력들을 효력을 발휘하게 만들거나 의문시하는 것이 어떻게 가능한가? 사유의 결과들뿐만 아니라 내적인 규약의 결과를 보여주고, 긍정하면서 이 길을 함께 가는 사람들을 위한 이러한 규약이 몰고 올 일들을 보여주는 것이 어떻게 가능한가? 사유들이 어떤 방식으로 어떤 다른 사유를 위한 준비라는 것을 어떻게 가시화시킬 수 있는가?

2. 학문들에서 가능한 것처럼 만약 철학적인 토론이 본질적으로 합리적인 토론이 아니라면, 본래적인 철학 전반에 걸쳐서 비판과 논쟁 또는 단지 침묵하며 수용하는 일이 어떻게 가능한가 하는 질문이 생긴다. 비판적인 태도는 감성적인 분석이 가능하고, 감성적인 규범들에는 맞춰질 수 있고 해석하면서 좀 더 가까이 접근될 수는 있지만 어떤 논쟁도 가능하게 만들지 않는 하나의 해석에 맞서는 태도일지도 모른다. 만약 내가 그 해석을 통해서 비약하면서 촉진되고 있다고 느끼는 한에서 그 해석이 참이라고 하거나 혹은 그러한 해석에 동참함으로써 그 해석이 나를 침몰시키는 한에서 거짓이라고 하는 것은 아닌지 하는 질문이 규준으로 없는 한, 그런 해석에서는 어떤 논쟁도 가능하게 하지 않는다. 비판적인 태도가 이런 것이라면, 어떤 하나의 철학에 대한 객관적으로 대답될 수 없는 다음과 같은 질문이 통용될 것이다. 예를 들자면, 이 철학이 가능적 실존을 현실성을 갖도록 일깨우고 있는가? 혹은 이 철학이 현실성에서 도피하도록 잘못 이끌고 있는가? 이 철학이 결속시키면서 효력을 발휘하는 진리를 나타내는가? 혹은 이 철학은 실존적으로 존재하지 않는 하나의 사유인가?

3. 만약 철학 속에서 언어를 획득한 세력들이 내적인 행위로서 본질사

유 속에서, 즉 철학함을 전달하는 근원 속에서 효력을 발휘하고, 그 속에서 스스로를 재인식하고, 자신을 끌어오고 자신과 부딪치고 오해받게 하고 잘못 이끈다면, 우리는 이런 세력들을 기꺼이 직시하고 싶다. 그러나 이런 일은 (신화적인 대상화 밖에서는) 불가능하다. 우리의 모든 사유의 발걸음은 세력들 안에 서 있는 것이지 결코 그 밖에 있지 않기 때문이다. 우리 자신이 세력들의 세계를 조망할 수 없는 상태에서 이와 같은 세력들에게 봉사하고 있다. "세력들의 세계"란 작품 속 철학적인 현실성에 대한 본래적인 비판 속에서 문제시되고 있는 것을 가리키는 하나의 비유일 뿐이다.[21]

만약 우리가 세력들 자체에 시선을 돌리면, 어떤 하나의 가능적 대상에 대해서는 더 이상 보지 않게 된다. 그와 같은 시선을 요구하는 것은 오히려 대상들을 경유해 넘어가서 대상들이 생각되어진 상태의 근원을 향한 길을, 다시 말해서 세력들 안의 실제적인 존재를 향한 길을 보라는 의미일 뿐이다. 만약 사람들이 전달된 통찰의 형태 속에서 이미 세력들 자체를 파악했다고 여긴다면, 이는 지나치게 편협한 처리방식이다. 그런데 통찰이라는 것은 언제나 앞모습들에 불과한 것이다. 내가 직접적으로 진술이 가능한 것으로서는 최종적인 것인 통찰을 실제로 최종적인 것으로 받아들이게 되면, 그로써 나는 본질적인 것에 베일을 씌우는 꼴이다. 진술된 통찰에도 불구하고 아직 직접 보이지 않는 것에 대해서 진술된 통찰 속에서 알아차리는 것이 관건이다. 그러나 대상적으로 파악이 가능한 문제들이나 사태

---

21) (원주) "세력들", "세계의 세력", "세력 담지자"라는 표현들은 ['어둠의 세력'이나 '사탄의 무리(세력)'와 같은 표현에서처럼] 그 신화적인 성격 때문에 오해 되기 쉽다. 나는 결코 어떤 영지주의적인 실체화를 생각하는 것이 아니다. 나는 여기서 피할 수 없이 실질적인 것으로 체험되는 것에 대해 철학적인 작업 속에서 좀 더 분명하게 기술하기를 바란다. 이상 본문의 각주. "[ ]"의 내용은 역자가 첨가함.

연관들이 아니라 세력들의 언어로서 철학 자체가 문제시될 때 어떻게 비판과 동의가 이루어질 수 있는 것일까?

심층적인 것, 본래적인 철학적 힘, 사람들이 느끼거나 느끼지 않고 지성적 인식을 강요하지 않는 이러한 것, 정신적인 재능 안에서는 본래적으로 효력이 있는 것으로 존재하고 그 자체로 말을 거는 이러한 것, 이런 것에 직면하여 일차적으로 다음과 같은 물음이 제기된다. 즉 이에 대응하는 사유 속에서 그것은 도대체 현존하는가 현존하지 않는가? 다시 말하자면 질문은 다음과 같다. 즉 이러한 사유는 실존적인 내용에 대한 것인가, 아니면 하나의 마술인가? 그리고 다음과 같은 둘째 질문이 제기된다. 거기서 어떤 종류의 힘이나 세력들이 타당성을 향해 육박하는가? 이에 대한 최종적인 대답은 결코 주어질 수가 없다. 아마도 사람들은 어떤 하나의 힘을 특징짓거나, 물리치거나 자기 것으로 만들면서 다룰 것이다. 말하자면 얼굴을 맞대고 그것 가까이 접근하는 것, 그것을 어떤 유나 형태의 개념 아래 종속시켜놓지 않는 것, 이것이 과제이다.

이러한 종류의 대결은 만약 이 대결이 뿌리까지 캐묻고 거기서 나타나는 근원적인 계기들을 위해서 관련된 사유들을 찾을 경우에만 의미가 있다. 이렇게 되면 적대자에 의해 생각된 사태연관들을 지시하는 일이 그 자체로는 아니지만 하나의 철학적인 본질의지의 표시나 증후나 상징으로서 의미가 있는 어떤 것을 보게 가르치게 될 것이다.

이것은 보편타당한 인식으로서는 수행될 수가 없다. 찾는 것을 사람들이 또 항상 둘러싸고 있으면서 진술하듯이, 비판적으로 그렇게 생각된 것은 그 자체가 다시금 고유한 근원에서부터 나타난 하나의 경향성이다. 이 경향성은 이에 대한 비판적인 사유방식 안에서 알려지지만, 그 자체가 다시금 반성되고 질문된다.

철학적으로 사유하면서 사는 가운데 세력들의 투쟁이 드러난다. 그러나 그 누구도 이러한 세계를, 즉 말하자면 투쟁하는 근원적인 진리세력들의 조직체를 조망하지는 않는다는 사실을 망각해서는 안 된다. 그리고 현존, 가능적 실존, 이성, 현실성 자체를 파괴하는 비진리나 악한 것의 세력들과 이 세계와의 모든 차이를 결정적이고 보편타당한 지식으로 인식하는 사람은 아무도 없다. 전체적인 것이란 우리가 그 속에서 보고, 결코 어떤 방식으로든 밖에서부터 실질적으로 조망하면서 그것에서 나올 수가 없는 그런 것에 대한 하나의 상징이다.

4. 만약 근원적인 세력들에 주목한다면, 사유하는 자의 행위에서는 물론이고 그가 사유한 내용에서도 말하자면 구체화된 그런 어떤 것이 관건이 된다. 사람들이 그런 식으로 질문하면서 찾는 것은 가장 개인적인 것 속에서 보편적인 것이다.

그렇기 때문에 만약 비판이 문제가 된다면, 생생한 인간 자체가 그의 현실에 있어서 철학함 속에 함께 받아들여진다. 철학적인 내용이 학문적인 탐구가능 대상처럼 시대를 거쳐 성장한 인식내용의 진전 속에서 발견과 증명을 통해 더 이상 다뤄질 수 없게 된 이후로 이것은 피할 수 없는 것이다. 그러나 이로써 비판의 한계와 기준이 동시에 정해지고 결정적인 것으로 확정되었다. 어떤 사람이 전체에 있어서 조망되거나 알려질 수 없듯이 철학적으로 사유하는 자는 자신의 작품을 통해서 전체에 있어서 조망되거나 알려질 수 없다. 사람들은 파고들 수는 있지만 조망하지는 못한다. 사람들은 질문을 제기할 수는 있지만, 전체를 결산할 수 있는 대차대조표와 같은 것을 이끌어내지는 못한다.

근원들에 육박해가는 철학적인 비판을 시도할 때, 이때 이와 같은 비판은 강제력을 거의 갖춘 확신된 것의 한계에 (그러나 비판은 이 한계를 결코 도달할 수 없다.) 도달한 것처럼 보이는데, 거기서 전체 비판적인 시도들을 무력화시키는 것처럼 보이는 그런 하나의 반론이 가능하다. 반론은 원래 동시대인들에 맞서서만 통용되고 죽은 사람에 맞설 때는 단지 가능성만 있을 뿐이다. 반론은 다음과 같다. 적대자에게 자신의 본질을 부정하라고 요구하는 것은 불가능하다는 것이다. 즉 적대자에게 자신에게 고유한 생산성을 마비시킬 수밖에 없는 [비판 즉] 통찰을 요구하는 것은 불가능하다는 것이다. 자신의 현존 조건들에 대립하는 것을 사람들은 허용할 수가 없다고 괴테는 말했다. 그러나 이와 같은 반론에 맞서서 다음과 같은 일이 통용된다. 즉 철학함에서 오직 철학함에서만은 그와 같은 반론이 들어맞지 않는다는 사실이 철학함이 지닌 멋스러움이다. 철학하는 자는 가능한 모든 통찰을 갈망한다. 그렇게 하지 않으면 그는 전혀 철학을 하지 않게 된다. 그에게 정신과 정신의 생산성이라는 것은 단지 하나의 도구일 뿐이지 목적 그 자체가 아니다. 그는 참된 것에 의해 좀 더 결정적으로 공격을 받으면 받을수록 이 도구가 더 훌륭하게 작업을 한다는 사실을 체험한다. 이때 철학하는 자는 가장 극단적인 비판을 찾는다. 그는 아무것도 은닉되길 원하지 않고, 그 무엇도 폐쇄하길 원하지 않으며, 망설임 없는 개방성 속에서 보이게 되길 원한다. 그는 그 자신으로 부활하기 위해서 비판이라는 불길 속에서 말하자면 용해되길 원하는 것이다. 이게 너무 과한 이야기인가? 어쨌든 철학적인 비판가에게는 다음과 같은 일이 타당하다. 즉 만약 그가 정말 비판을 행한다면 어떤 한 정신적인 인격체를 말살하려고 하는 것이 아니라 이 인격체가 고유한 근원과 함께 자신의 근원을 상기하도록 만들길 원한다. 참된 비판은 소통(Kommunikation)으로 남는 것이고, 소통은 죽이는 것이 아니다. 자신만의 질문이 망각되지 않는 소통을 할 준비가 되었을 때 뿌리를 파악하는 것이 가능하다. 이런 일은 근원 속에 간직된 참된 것을 만날 때 일어난다. 참된 것을 만날 수 없는 곳에서는 니체의 다음과 같은 말이 통용된다. 즉 네가 사랑할 수 없는 곳을 너는 지나쳐가야만 한다.

이런 이유에서 어떤 한 인격성에게 통용되는 철학적인 논쟁이라는 것은 그 인격성이 매우 날카롭게 드러날 때도 그 인격에 대한 애착이요, 주목이요, 존경이다. 이에 반해서 저자의 이름을 거론하지도 않은 채 저자에 맞서는 논쟁은, 만약 그것이 비인격적이고 광범위하게 퍼진 일과 관련된다면 적당하다. 그러나 이 논쟁은 공격받은 자를 중요하게 여기지 않는 무시의 표현일 수도 있다.

III. 이성의 나약함에 대한 비난

이 비난은, 철학이 넓은 세상에서는 영향력이 없다고 생각하거나, 특히 내 사유의 방식이 결함이 있다고 여긴다. 이 비난은 이성을 염두에 두고 있거나, 비이성적인 것으로 여겨진 이성만을 염두에 두고 있다. 이 이성은 불가능한 것을 원하고 그로 인해 무(Nichts) 속으로 가라앉는다고 한다.

1. 내 철학에 대한 한 가지 비난은 다음과 같다. 내 철학이 받아들임, 즉 수동성에 대한 견해를 표현한다는 것이다. 내 철학 안에는 어떤 의지도 없고, 어떤 주장도 없다는 것이다. 내 철학은 무기력을 정당화하는 것이라고 한다. 내 철학을 통해서는 어떤 것도 주어지지 않는다는 것이다. 본래 무엇이 존재하고, 나는 무엇을 해야만 하는지에 대한 질문에 대해서 대답이 유보되어 있다는 것이다. 토대로부터 혹은 역사의 거대한 과정에서 혹은 신앙에서 유리된, 그리하여 공허한 사유가 존재한다는 것이다. 이 사유는

해체하는 작용을 하고 있다는 것이다.

이와 같은 비난은 지극히 개인적인 형태를 띠고 다음과 같이 말한다. 너는 입장이라는 게 없다. 뭐든 가능해 보인다. 너는 권력을 원치 않고, 그래서 너는 또 그 어떤 영향도 미칠 수 없다. 너는 칸막이 좌석에 앉아 있는 관객처럼 관찰하면서 가능성들을 고수하는 태도에 머물러 있다. 너는 아무것도 원하지 않는다. 그렇지만 너는 네가 아무것도 원하지 않고 있다는 사실을 모른다.

이런 공격들을 반박하며 다음과 같이 질문할 수 있다. 그들은 철학에 무엇을 기대하는가? 그들은 하나의 교리, 막강한 상징, 지도자, 독재자를 갈망하는가? 적극적인 자유의지 가운데서 그와 같은 비판 속에는 강력한 세력의 공간 안에서 복종하기 위해 자유를 방치하려는 충동이 숨어 있는 것은 아닌가? 그런 세력 속에서 부여받은 개인적인 힘은 마치 막강한 세력이 자기의 주장이라도 된 것처럼 느낀다. 이러한 기대는 인간의 법정이라는 형태를 띤 신을 보기를 요청하는 것으로 끝나지 않을까? 즉 이러한 기대는 무조건적인 복종을 요청하는 이 세상의 권위 속에서 맹목적으로 믿는 일이 허용되길 요청하는 것으로 끝나지 않을까? 그들에게 철학이란 갈망된 상황에 그들이 철학을 흔들어 떨어뜨릴 수 있을 때까지 대리물이어야 하는 것은 아닐까?

달리 말해서 철학이 인간의 진리를 위해 인류 역사에서 역할을 할 경우에 철학이 막아야만 하는 바로 그것을 사람들은 철학에게 원하는 것은 아닐까? 그릇되게도 사람들은 자신들을 위해 증거로 삼을 수 있는 주관적인 것이나 객관적인 어떤 것에 의존해서 살기를 원하는 것은 아닐까? 즉 사람들은 지금 행해져야 한다고 말해지는 것이 사유의 과정들을 통해서 강제적으로 제시되는 그런 것에 의존해서 살기를 원하는 것은 아닐까? 사람들은 학문들이 실행의 (목적을 위해서가 아니라) 기술적인 수단을 위해 성취하는 것을 철학에서도 갖기를 원하는 것은 아닐까?

철학이 스스로를 부정하는 순간, 다시 말해서 "자유에 의거해서 자유를 단념하는" 순간 이때 비로소 철학은 복종하려는 의지와 화합할 것이다. 철학 안에서 자신이 복종할 수 있는 것을 찾지 못한 자는 철학에서는 발견할 수 없는 것을 철학 안에서 찾고 있다. 역사적인 구체성 속에서 철학에게 타당한 것을 이성으로서 인식하는 자유가 철학에서는 관건이 된다. 단순한 현존(Dasein)[22]의 자의적이고 충동적이고 어두운 상태에서 벗어나 철학함 속에서 자기 자신으로 돌아오는 자기존재가 관건이다. 철학은 철학을 따르는 자들에게서 한 의지로 자기 자신을 발견하라고 강력히 요청하고, 자신의 자유 속에서 초월자에 의해 헌신하게 될 준비를 밝은 이성으로 준비하라고 강력히 요청한다. 전달된 사유의 세계로서 철학은 문제가 되는 것을 어떤 사유에 의해서도 강요할 수 없지만 사유를 통해서 확증할 수 있다. 철학은 그때그때 개별자의 사유하는 실존함 속에서 이루어질 수 있는 것을 상기시키고 촉진할 수 있다.

처음에 내가 제시한 그 비난들과 이제 관련된 것처럼 비난들은 그 비난들의 전제들에 대한 나의 물음을 통해서는 논박될 수가 없는 것이지만 아마도 어떤 한 철학적인 작품 속에서 전달하고 있는 인간 전체를 통해서는 아마도 논박될 수가 있을 것이다. 그러나 저 비난들 속에서 강조됐던 것과 같은 관점들도 가능실존의 자유에 대한 모든 철학이 원래 자유롭고 싶어 하지 않는 이들을 위해서 제공해야만 한다는 사실을 사람들은 철학적으로

---

22) (역주) 여기서 "현존(Dasein)"은 자신의 고유한 존재인 실존을 간과한 채 눈앞의 현실에 매달리며 생존과 권력 쾌락을 위해 분투하는 인간을 의미한다.

통찰할 수 있다.

2. 이성의 나약함과 강함은 이성의 우회할 수 없는 전달방식에 근거해서 파악이 가능하다. 즉 그것은 한편으로는 한계 없이 그 어떤 것도 건드리지 않고 놓아주면서 무한한 것 속으로 밝히며 전진하는 사유의 정확성을 고집하는 방식에 의해서 드러나고, 다른 한편으로는 모든 규정된 사유들을 흔들리게 하고 특정한 방식으로 철회하게 해야만 하는 방식에 의해서 드러난다.

이것이 포괄자로부터의 사유 속에서 스스로를 알리는 철학의 자유이다. 이때 포괄자는 대상(객체)도 아니고 자아(주체)도 아니다. 포괄자는 이 둘 안에 동시에 존재하면서 둘을 서로 묶으며 포괄하면서도 이 둘 안에서 스스로 분열하고 분열 속에서 충족시키면서 나타난다. 이것에서 철학의 강점이 자라난다. 그러나 철학의 강함은 철학을 통해서 자신의 근거를 추적하고 그것을 짊어지는 개별적인 인간에게서만 자란다. 이에 반해 철학의 나약함이 자라지만, 자유 속에서 자기존재를 위해 준비되어 있지 않은 인간의 기능으로 존재하는 지성에게만 자라는 것이다. 또는 달리 말하자면 청자나 독자로 존재하는 것이고 존재해야만 하는 것이 청자나 독자에게서 선취되지 않았다는 강점이 전달 속에서 자란다. 그러나 준비 안 된 자들에 대한 영향이 파악가능하고 확정가능한 대상성이 사라지면서 유예된다는 약점이 생기는 것이다. 철학은 대상화가능한 모든 것을 넘어선다. 그렇지만 철학은 대상화가능한 모든 것을 철학의 구체적인 충족의 기준 속에서 자기 것으로 만들고 비판적으로 지배한다. 전달 속에서 철학은 준비된 자들을 위해서 최대한의 명증성을 획득해야만 한다. 그러나 철학은 단순한 지성에게 그것을 강요할 수는 없다. 이에 대해서 나는 이하에서 좀 더 명확하게 해보겠다.

철학은 항상 자신의 진리를 사유의 의미심장함 속에서 보여준다. 그러나 이 사유의 의미심장함이 지성에 적합한 명증성인 한, 그것은 학문과 구분되지 않은 하나의 자명성이다. 그러나 그것은 철학 안에 있는 철학적인 것은 아니다.

대상적으로 사유하는 지성을 넘어서는 것 속에서도 사유의 정밀함이 전개될 수 있다는 사실을 우리가 의식하는 순간 위에서 말한 철학적인 것이 우리에게 비로소 명료해진다. 이러한 점을 사람들은 **안젤름**과 **칸트**에게서 체험한다. 만약 이러한 일을 사람들이 위대한 철학 전체에 걸쳐서 한 번 알게 되면, 철학하면서 사람들은 지성에 적합한 명증성과 다르면서도 더 큰 것을 찾게 된다. 합리적으로 개괄한 요약보고에서 요약된 철학이 어떻게 상실되는지 사람들은 본다.(쿠노 피셔[23]는 지금까지도 유용한 그러한 합리적으로 명확한 재생에서 뛰어나고, 그런 식으로 재생될 수 없는 철학 자체에 대해서는 아는 게 없다는 점에서도 두드러진다.)

이제 우리는 다음과 같은 사실을 알게 됐다. 그 속에서 모든 학문들이 사태의 본질에 따라서 수행되는 지성적 사유를 넘어서는 사유이자 자립성을 갖는 철학함은 자신의 목표를 감정이나 무아지경의 연설이나 비유로 가득 찬 직관이나 놀라게 만드는 권력자의 명령 속에서는 성취하지 않는다. 전달로서의 철학은 오히려 지성적 사유와도 결합되었을 때 비로소 자신의 의미를 성취한다. 그러나 전달로서의 철학은 지성을 이용만 하는 하나의 형식의 명확성 속에서 자신의 고유한 내용을 나타낸다.

---

23) (역주) 쿠노 피셔(Kuno Fischer, 1824~1907)는 헤겔을 통하여 신칸트학파를 제창한 독일의 철학자이다. 10권으로 된 그의 저서 『근세 철학사(*Geschichte der neueren Philosophie*)』 (1854~1877)는 오늘날까지도 철학사 연구자들에게 큰 도움이 되고 있다. 그러나 야스퍼스는 잘 정리된 철학사적 지식을 철학 자체로 보지는 않았다.

3. 이러한 형식은 철학의 모든 정점에서 일회적으로 존재한다. 모든 위대한 철학자들에게서 이 형식의 근원과 완성태가 발견될 수 있다. 사람들이 이 형식을 의식하고 이 형식에 주목하고 잘 듣는다면, 그것의 일부를 획득하기 위한 의식적인 노력 또한 가능하다. 내가 철학적인 사유의 독자성을 통찰했을 때, 이러한 노력은 내 강의들과 저술들에서 나에게 하나의 새로운 과제가 되었다. 내가 철학과에서 강의를 맡기로 한 이후, 즉 나의 『세계관의 심리학』이 탈고된 후 수년간 나는 내 강의에 점점 더 불만을 갖게 되었다. 나는 내가 규칙도 없이 고삐가 풀린 채 철학에 대한 열정에 빠져 있었다는 것을 알았다. 일반적인 요약정리에서처럼 명증적인 이해의 도식들을 갖고 하나의 사전 규칙을 내가 야기할 때, 나는 저렴하고 잘못된 방식으로 일을 쉽게 한다고 느꼈다. 위대한 철학자들을 다루는 일을 하면서 나는 요약정리가 가능한 것이 지배되면서 동시에 흔들리게 되는 것을 알았고, 이것을 통해서 결정적인 것에, 즉 요약정리가 불가능한 것에 세미나 시간에 관심을 돌려야 한다는 보다 높은 과제를 알게 됐다.

『세계관의 심리학』을 저술할 때 내가 아직 알지 못했던 전달의 형식을 위한 노력은 우선 또 외적인 기술의 형태로 나타났다. 독자를 비틀거리게 만드는 구멍이나 빈틈이 없이, 그리고 수많은 단어로 된 부푸는 문체 없는, 즉 과잉 첨가나 끝없이 장황한 문체 없는 간결함, 방법적인 명확성, 문장들의 일관성과 충족성에 대한 17세기 이후 꺼지지 않고 계속된 현대적인 요구를 나는 느꼈다. 나는 내가 올바른 것으로 안 것과는 반대로 행동했다. 이로 인해서 나는 늘 나 자신에 대해서 참을성이 없어지게 되는 과정을 의식했다. 그래서 나는 문장과 연속된 문장들, 단락들, 전체 건축물과 작은 문장 무리들에까지 내 노력을 기울였다. 나는 내 친구들의 지속적인 비판에 따라 바꿔 썼고, 단락들을 다시 새로 썼는데, 이런 일은 내가 전에는 결코 안 했던 것이다. 그 결과가 이 책이었다. 10년 먼저 나온 『세계관의 심리학』에 비해서 이 책의 문체적인 차이는 명확했다. 그러나 이것은 일차적으로는 단지 외적인 것이다.

그 당시 내 강의에서 순식간에 뭔가를 움켜쥐듯 나는 한순간 철학적인 정밀함을 성취하는 듯했다. 그러나 마치 만들면서 계속해서 무너지듯이, 마치 뾰족하게 짜개진 돌들과 불규칙한 형태의 파편들이 그 사이에 쏟아지듯이 그것은 상실됐다. 그러자 나는 계속 불만족스러운 상태에 머물러 있을 수밖에 없었다. 할 수 있는 일이 성취되지 못한다는 사실에 누구도 예외 없이 고통을 받음으로써만 성취되는 이러한 노력들 속에서 다음과 같은 사실이 내게 명확해졌다. 나는 마치 직접 감동받은 연설을 경계하듯 합리적인 기계조직의 엄청난 긴장을 경계해야만 했다는 것이다.

나는 다음과 같은 두 가지 길을 더 갔다. 놀랍고도 내가 도달할 수 없는 것으로 나타난 소수의 위대한 철학자들의 작품들을 이제 처음으로 내가 파악한 것이 그 한 가지이다. 점점 커지는 사랑을 갖고 그들에게 향하면서도 나는 그들의 능력 속에 있는 개인적인 약점 전체를 추적했다. 이 개인적 약점을 좀 더 잘 이해하고 그들의 "공공연한 비밀"을 현재화하는 일을 나는 하찮게 여기지 않았다. 전에 내가 이 텍스트들을 기만적으로 평준화시켜서 보았듯이 동일한 지평에 속한 학문적인 작업 계열들을 나는 기만적으로 평준화시켜서 보았었다! 하지만 그러다가 내가 『정신병리학』[24]에서 그 생산성을 확증했던 한 가지 태도가 새로운 것에서부터 내게 효력을 발휘했다. 그것은 방법론적인 고려이다. 저 위대한 철학함이 지닌 구조들, 합리적인 형식들, 사유에 걸맞게 나중에 수행될 수 있는 방법들이, 즉 철학자들에 의해 실제로 실행된 것이 철학자들 자신이 그것을 아마 전혀 수행하지 않은 듯 그렇게 우리 의식에 떠오르게 된다면, 본래적인 철학적 사유를 비판하고 수용할 준비단계로 우리를 끌어 올리고, 보잘것없는 성공과 잦은 실패 앞에서 깨끗이 정돈해주는 비판을 손에 쥐게 하는 지식의 틀 하나를 우리는 우리 안에서 생산한 것이다.

이러한 방법론적 통찰들 중 하나가 특별히 의미 있는 것이 된다. 그것이 철학의 힘과 약점을 본질적이고 이미 위에서 논의된 측면에 따라서 파악할 수 있게 만들었기 때문이다. 이것은 철학함의 본성에 속하며 극복될 수 없는 것이다. 즉 우리는 지속적으로 대상적으로 말해야만 하며 대상적인 것을 길잡이로 해서만 사유를 명확하게 할 수 있다. 그리고 우리는 거기서 철학적인 것을 현재적인 것으로 만들기 위해서 또다시 대상적인 것을 녹여 넣고 사라지게 해야만 한다. 철학적으로 내용이 충만한 형식의 중요성은 스스로 다시 해소되는 하나의 대상적인 것의 명증성이다. 실제로 우리는 건설된 것을 파괴하면서 건설한다. 그러나 이것이 만약 그 자체가 우연히 일어나지 않고 어떤 다른 계기들에 의해서 방해되지 않으면서 순수하게 방법론적인 과정 속에서 달성된다면, 이것은 철학적으로 명석한 것이며 철학적으로 언명하고 있는 것이다. 이러한 과정을 성취하는 것이 이 작품의 목표였고, 이 작품 자체는 1920년대의 저 노력의 외적인 결실이었다.

이 『철학』 속에서 무엇인가가 성취되었다면, 이것은 요약정리가 가능한 학설 덕택이 아니라 의미가 이해되어야 할 경우 그때그때마다 개별적인 장들에서 함께 수행되어야 했던 운동에 기인한 것이다. 목표는 구체적인 상황 속에서 우리의 판단력이 계산할 수 있는 결과로서가 아니라 스스로를 확신하는 가능실존의 보증으로서 드러나게 되는 하나의 내적이고 철학적인 태도를 확정하고, 연습하고, 재인식하는 일이다.

---

24) (역주) 『정신병리학』은 야스퍼스가 1913년 출간한 『정신병리학 총론』을 의미한다.

인간이 대상적인 것의 확정성을 하나의 절대화된 것으로 갈망하는 곳에서는 철학이 약할 수밖에 없다. 과거의 위대한 철학자들 또한 이러한 갈망이 강하다. 후대의 사람들에게서 그 의미를 잃었지만, 그들이 플라톤적이고 철학적인 동인들을 상실하는 대가를 치르더라도 생략할 수 없는 저 붙잡을 것(Halt)을 주는 그런 형태와 사유방식이 과거의 위대한 철학자들에 의해서 ―누구보다도 **플라톤**에 의해서― 창조되었기 때문이다.

4. 나약함을 비판하는 사람들은 철학의 현존이 이 세상에서 참으로 영향력이 없고, 따라서 아무래도 괜찮은 것이라고 강조한다. 내 철학에 대해서도 이 "이성의 무기력"을 비난한다. 심지어는 내 철학에 동조하거나 내 철학을 이해하는 자들도 내 철학이 영향을 주지 못하고 있다고 불평한다.

오늘날 대중 정신의 상황은 말하자면 다음과 같은 것으로 볼 수 있다.

애초에는 이성이 믿음 자체 속에 감추어져 있었고, 이성은 믿음을 밝혔다. 그러다 제도화된 신앙의 형태가 이성에 대립하는 것으로 바뀌었다. 현대 세계가 모든 것을 위하면서 아무것도 위하지 않는 기술적인 능력과 선전의 소음 속에서 나타나는 한, 이런 현대 세계에서 결국은 믿음과 이성이 단순한 지성 때문에 함께 몰락한 것처럼 보인다.

단어를 공중의 관점에서 파악하는 사람은 선전하는 세력의 폭풍에 한순간 휩쓸리다가 변질되거나 진정성 없는 빈말(Gerede)[25]의 구렁텅이 속으로 소리 없이 가라앉는 것처럼 보인다. 이 두 가지는 항상 없어지고 마는 일상적인 쓰기, 말하기, 인쇄에서 대규모로 발생한다.

---

25) (역주) "빈말(Gerede)"을 비롯해서 대중들의 소통방식과 여론형성에 대한 여기서의 야스퍼스의 분석은 하이데거의 『존재와 시간』 35절 이하에 나오는 일상인의 언어인 빈말(Gerede)과 그들이 공적인 의견으로 삼는 공공성(Öffentlichkeit)에 대한 분석과 매우 유사하다.

개별자들이 진리에 헌신하면서 자기 자신이 되고자 할 때 그를 둘러싼 세계는 그의 숨통을 죄는 것으로 보인다.

읽고 쓸 수 있는 대중들의 사고방식은 성공한 문학작품이나 신문을 통해 규정된다. 그것은 그 정점이 경이롭고 결코 무시할 수 없는 사유방식이지만 철학은 아니다. 사람들은 명성과 철학적 사유방식이 지닌 영향을 혼동해서도 안 된다. 칸트는 1924년 독일우표에 그 모습이 실렸다는 점에서 명성이 자자했다. 그러나 그의 작품은 비록 대다수 다른 철학자들을 능가하는 발행부수를 기록했지만 위대한 작가들과 비교할 때 아주 작은 범위 안에서만 퍼졌고, 그의 사유방식은 소수의 전문가들 자체에서도 오늘날까지 큰 이해차이가 존재할 정도로 거의 알려지지 않았다. 좀 더 작은 모임들이 자신들의 활동을 공공연하게 알리고, 그것을 (가령 기호논리학처럼) 철학이라고 칭하고, 신문을 통해서 그들이 현존한다는 사실이 알려져 있다는 이러한 사실을 마치 그들의 사유가 어떤 식으로건 확산되었다거나 이해라도 된 증거로 여겨서도 안 된다. 그 활동은 가령 수학에서도 간접적으로 큰 영향을 주지 못하고 있다. 그 활동은 애호가들이 다루는 일로서 오히려 학술적인 행사 중 하나이다. 철학을 대체하는 형태에 의해서, 즉 정신분석에 의해서 영향이 넓게 퍼진 것으로 예전부터 주장되었다. 실제로 정신분석을 통해서 말하는 방식과 파악하는 방식이 보다 큰 범위로 전달되었다.

철학함의 현실성[26]은 이러한 세계 속에서 이 세계 자체로 존재하는 인간들의 평균적인 실수에 맞서 스스로를 주장해야만 한다. 철학함의 현실성

---

26) (역주) "철학함의 현실성(die Wirklichkeit des Philosophierens)"은 철학적인 사유가 비록 물리적인 사물처럼 현존(Dasein)하는 것은 아니지만 인간에게 하나의 현실로 존재하며 영향을 발휘할 수 있는 상태를 의미한다. 철학함의 현실성은 자연과학적으로 다룰 수 있는 범주적인 사실(Faktum)은 아니지만 인간에게는 사실로 존재하는 것이라고 볼 수 있다.

은 이기적인 열정의 압박에 맞서고, 폭력을 향한 질주에 맞서며, 권력의 의지에 맞서서 자신을 주장해야만 한다. 그리고 철학함의 현재성은 경청하지 않으려 하고 근거를 내팽개치고 소통을 중단하고, 계속해서 장막을 치고, 진실을 인정하지 않고, 말 자체를 암시적인 마술이나 책략의 수단으로 사용하는 적극적인 악에 맞서서 스스로를 주장해야만 한다. 이 적극적인 악은 결정적인 순간 말 자체를 꾸며내고 복종하며 전개하는 능력을 모든 범죄행위에서 발휘한다. "교양"이라는 공간 속에서 나타나는 것처럼 문학적이고 다방면에 능통한 영리함 속에 숨어 있는 기반 없는 상태에 맞서서 철학의 진지함은 스스로를 주장해야만 한다.

일련의 관점들이 존재한다. 사람들은 이 관점들을 부정하지 않을 것이다. 그러나 저 관점들이 유일한 것은 아니다. 사람들이 저 관점들을 전체적이고 절대적인 것으로 받아들인다면, 그 관점들은 더 이상 참이 아니다. 그것들을 의심 없이 절대적인 것으로 여기려는 우리들의 경향성 자체는 그렇게만 볼 수 있는 능력에 대한 낙담에서 생겨난다. 그러나 사람들은 실재성에 조금이라도 속아서는 안 되듯이 모든 상황 속의 기회에 대해서도 속아서는 안 된다.

철학은 스스로를 주장할 수 있는가? 이성의 길을 믿고 그리하여 인간존재의 이상이 현실화됨을 믿는 것을 우리가 포기해야만 하는가? 이런 목표가 결코 성취될 수 없기 때문에, 그리고 최고의 개별자들에게서도 한순간을 제외하고는 결코 이런 목표가 성취될 수 없기 때문에 포기해야만 한다는 말인가? 만약 눈앞에 전개된 저 소음과 기계화와 탈인간화를 지각할 때 우리는 다른 가능성의 싹을 무시하고 배신해야만 하는가?

그럼에도 불구하고 가능한 것의 최소치도 이미 거대하다. 만약 환경이 모든 개별존재자들의 숨통을 죄더라도 개별자들이 행복한 모임을 통해 저항한다. 그들은 격앙되지 않은 채, 그리고 맹세 없이도 현실적으로 하나의 결속을 이룬다. "진리는 둘이서 시작되는 것이다."

전체주의가 표정과 하는 일에서 아직 변신을 강요하지 않은 곳에서는 어디서나 개별자들의 가능성이 숨김없이 자신을 드러낼 수 있으며, 지식이 갈망하는 진지함 속에서 사람들은 자신들이 말하는 것을 안다.

나쁜 상황은 그 상황에 맞서서 그 상황을 멈추게 하는 것을 발견할 행운을 높인다. 또 나쁜 상황은 비록 우리가 외적인 현존에 있어서는 눈앞에 전개된 광경 속에 휩쓸려 들었을지라도 내면적으로는 그런 것 속에서 함께 가지 않으려는 의지를 더욱 강하게 자극한다. 나쁜 상황은 하나에 머물러 있는 모든 세력 범위 속에서 비록 아직은 경미할지라도 자신의 행위를 바깥으로 향하게 하려는 의지를 상승시킨다.

참으로 사람들은 익명의 적대자를 알아야만 하고, 망상적으로 실재성을 부정하지 말아야만 하며, 실재성이 지닌 힘의 한계와 자신의 자유의 공간을 발견하기 위해서는 오히려 실재성을 관찰해야만 한다.

자신의 행동이 그 행동의 결과를 통해서 경험의 대상 자체를 불러올 수 있거나 변화시킬 수 있는 곳에서 경험을 증거로 삼는 것은 비천한 짓이라고 한 칸트의 말을 철학하는 자는 인정하게 될 것이다.

세상에서 무엇이 보편적인 효력을 지니게 됐느냐는 것이 진리를 판단할 유일한 잣대는 아니다. 전면적인 형태변화나 근본적인 의미상실 없이 아직까지도 하나의 철학이 "세상을 지배하는" 것이 된 적이 없다. 철학의 일은 개별자의 자기 자신에 대한 내적인 행위 속에서 수행된다. 사유하는 자는 듣고 전해주는 것 가운데서 참여하고 함께 나누려는 의지를 통해서 개별자에게 향한다. 여기서 참된 철학함이 작용하고 있고, 작용하게 될 거라는 믿음은 제거할 수 없다. 어떤 방식으로 어디서 누구에 의해서 그렇게 되는

지는 미리 예고할 수도 없고 계획을 세울 수도 없다. 이성 속에서 자신들의 존엄함과 진리를 발견하고 이 진리를 자신들의 세계 속에서 지속적으로 통용되게 하는 사람들이 존재했고, 존재하고, 존재할 것이라는 사실에 대한 확신을 통해서 이상과 같은 믿음은 확증된다.

공공성 속에 널리 존재하는 관점이나 소심함에 대립해서 진리를 의식할 때의 힘이 존재한다. 이 진리는 비록 사람들이 소유하고 있지는 않지만, 그것을 추구함으로써 이미 현재적인 것이다.

이성이 자신 안에서 깨어나는 것을 느끼는 자는 권위의식 없이 그에게 말을 거는 거대한 이성의 전통을 발견한다. 그는 이성이 이 세상에서 나약하다는 점을 볼 줄 안다. 그럼에도 불구하고 그는 그 자신 스스로 마치 광명의 기적처럼, 그리고 광명을 얻게 될 것의 기적처럼 이성의 힘을 체험하게 된다. 그는 사람들을, 더군다나 믿고 의지할 수 있기 때문에 중요한 사람들을 이 이성 속에서 만나게 되고, 사랑하게 될 것이다. 그가 이성에 찬동할 수 있을지 반대할 수 있을지, 이성이 세계를 바꾸는지 아닌지는 그에게 문제가 되지 않는다. 이성은 파악되지 않은 채 역사적 사실성 속에서 내 것이 되는 모든 진리의 조건이기 때문에 진리 그 자체처럼 존재한다. 그리하여 내가 이성을 붙잡을지 아니면 방치할지, 내가 나 자신을 잃어버릴지 아니면 그 자체로서 오직 이성을 통해 진리가 되는 역사성으로서 내게 존재하는 그런 존재에 도달할지 하는 것은 오로지 나에게 달려 있다.

서론

우리의 상황에서 출발하는 철학함

존재란 무엇인가? 왜 어떤 것은 존재하고, 왜 무(無)는 없는가? 나는 누구인가? 나는 본래 무엇을 원하는가? 내가 이런 질문을 제시할 때라도, 이러한 질문은 내가 처음부터 갖고 있는 것이 결코 아니다. 어떤 과거로부터 온 내가 존재하고 있는 어떤 **상황**[1]에서부터 나는 이러한 질문을 던지고 있는 것이다.

나 자신에 대한 의식에 눈뜨면서 나는 내가 방향을 잡고 있는 하나의 세계 속에 있는 나를 본다. 다시 말해서 나는 사물들을 붙잡기도 하고, 그것들을 다시 내던지기도 했다. 모든 것이 의문의 여지없이 자명했고, 순수하게 현존해 있었다. 그러나 지금 나는 나 자신을 이상하게 생각하면서 본래적으로 존재하는 것이 대체 무엇인지 묻는다. 왜냐하면 모든 것이 전적

---

1) (역주) "상황(Situation)"은 야스퍼스 실존철학의 핵심개념 중 하나이다. 인간이란 특정한 시간이나 공간과 역사성 등 그때그때마다 자신을 둘러싼 상황 속에서 생활하고 사유하는 것이지 상황과 동떨어진 유아론적인 나로서 존재하는 자가 아니다. 상황은 일상적으로 우리를 둘러싼 일반적 상황과 죽음, 투쟁, 사랑, 죄, 우연성 등 피할 수 없는 것으로서 우리를 에워싸며 실존적 각성의 계기가 되는 한계상황으로 구분된다.

으로 지나가 버리는 것으로 있기 때문이다. 즉 나는 시작점에 있지 않았고 끝에 있는 것도 아니다. 바로 시작과 끝 사이에서 나는 시작과 끝에 대해 묻고 있는 것이다.

이러한 물음에 대해 나는 내게 **의지할 곳**[2]을 주는 답을 원한다. 왜냐하면 나의 상황에 대해 남김없이 파악지도 못하고 그 유래를 꿰뚫어보지도 못하고 있음을 의식할 때, 나는 뭔지 모를 불안에 쫓기기 때문이다. 나의 상황을 나는 오로지 움직임 중에만 볼 수 있다. 이 움직임 속에서 나는 나의 상황과 함께 끊임없이 변화한다. 그러면서 나는 내가 아직 그곳에 존재하지 않았던 암흑으로부터 내가 존재하지 않게 될 암흑 속으로 미끄러져 떨어져 간다. 나는 사물들에 대하여 고민하고, 이러한 사물들에 무언가 놓여 있는 건 아닌지 의심한다. 나는 미끄러져 떨어져 나가는 대로 내버려 두면서도, 혹시라도 내가 지금 붙잡지 않으면 무언가가 영원히 사라지게 된다는 생각에 소스라친다. 그러면서도 나는 그것이 무엇인지 모른다. 나는 소멸하기만 하는 것이 아닌 존재를 찾는다.

무엇이 존재하는지 보편타당하게 나에게 말해주고, 그렇게 내가 나의 상황 속에서 존재한다는 사실을 납득시키고, 이 상황 속에서 전체와 나 자신에게 무엇이 문제인지를 납득시키는 그런 질문에 내가 대답할 수 있어야만 할 것 같다. 마치 존재가 내게 있어서의 하나의 대상이기라도 한 것 같고, 나는 이 대상에 대하여 마치 세계라는 구조물에 대하여 가르침을 받는 것 같은 대답이 이때 답으로 제시된다. 그러나 이러한 가르침은 나의 상황

---

2) (역주) 원전의 독일어 "Halt"를 번역한 "의지할 곳"은 변화와 생성소멸 속에서 불안을 느끼는 인간이 안정을 찾기 위해 변화하지 않는 것이라고 믿고 의지하는 것이다. 자연과학적인 지식이나 절대화된 신앙이나 특정한 이데올로기 등이 그 예가 된다.

에서 쉼 없이 미끄러져 간 다른 대상들과 병행해서 떠올랐던 어떤 것에 지나지 않을 것이다. 만약 내가 객관성으로 존재하는 것으로 가르칠 수 있는 존재를 주는 것 같은 어떤 것을 고수하길 바랄 경우, 나 자신을 망각할 때만 이런 일이 가능할 것이다. 이때 나는 나 자신을 여러 대상들 중 하나의 대상으로 만들어버릴 것이다. 나의 상황은 그 위험이 최초에는 의식되지 않은 채 우선 불안으로만 나에게 현존하는 길은 더 이상 아닐 테고. 하나의 추론가능한 것일 터이다. 이것 속에서 나는 근원과 목표를 알고 있기 때문에 적당히 처신할 수 있을 것이다.

하지만 상황으로부터 이렇게 기만적으로 도피할 때의 자기망각은 완성될 수가 없다. 물론 당분간 나는 바쁜 척하며 움직일 수도 있을지 모른다. 또한 나는 나 없이도 존재하고 발생하는 그런 알려진 객관적인 것에 나를 묶어둘 수 있을지도 모른다. 하지만 이 객관적인 것이 내게 의심스럽게 되면, 나는 언제나 다시금 상실에 대한 의식에서부터 상황 속에 있는 나 자신 앞에 서게 된다. 이 상황 속에서 나는 상황과 함께 변한다. 만약 내가 파악하고 결단하면서 **자신으로 존재하려** 감행하지 않는다면, 나는 비존재의 불안 속에서 처음과 끝 사이에 남겨지게 되는 것이다. 왜냐하면 나는 나 자신에 대해 깨어나면서 다음과 같은 이중적인 경험을 하게 될 것이기 때문이다. 즉 주어져 있고 나 없이도 생기는 낯선 것인 타자는 내가 선택하고 파악할 때 나 자신이 실제적이고(wirklich) 자유로운 것처럼 나의 상황 속에서 실제적이며(wirklich) 저항적인 것으로 존재한다.

이러한 경험 속에서 나의 객관적 인식은 모든 것이 생성되어 나오는 존재가 무엇인지 인식하는 대신에 나의 상황 속에서 내게 나타나는 존재자에 제한된다. 내가 그 속에서 방향을 잡고 있는 **세계** 속의 사물들은 알 수 있는 것이고, 이런 한에서 그것들을 지배하는 데 성공한다. 세계정위[3]는 객관적 존재로서의 존재를 향한 방향 속에서 끝없이 나가며 상황을 밝혀 주는 것으로 나에게 증명된다.

그러나 만약 내가 나 자신과 전체 상황을 파악하여 세계지식을 존재 일반에 관한 지식으로 만들어 완결하려고 생각한다면, 나는 그 어떤 토대에도 도달하지 못한다. 왜냐하면 상황-존재는 존재의 시작이 아니라, 단지 세계정위의 시작이며 철학함의 시작일 뿐이기 때문이다. 상황은 앞선 것으로부터 유래하며 역사적인 깊이를 갖는다. 상황은 결코 완료되지 않고 미래를 가능성과 불가피성으로서 자신의 속에 간직하고 있다. 상황은 상황 안에 있는 나의 현존(Dasein)으로서 나에게 유일한 **현실**의 형태이다. 나는 상황으로부터 사유하면서 상황으로 다시 돌아간다. 여기에 현재로서의 그 때그때마다의 직접성과 유일한 확신(Vergewisserung)이 존재한다.

만약 내가 나의 상황을 그 자체로서 사유하고 또한 직접 사유한다면, 나는 그저 도식만을 그리고 있는 것이다. 현실적인 것으로서의 상황은 항상 다른 방식으로, 그리고 그 이상의 것으로 존재한다. 상황은 **결코 단지 직접적인 어떤 것**이 아니다. 생성된 것으로서 상황은 지나간 현실과 자유로운 결정을 자신 속에 품고 있다. 현존하는 것으로서 상황은 미래적인 것의 가능성 속에서 나를 숨 쉬게 한다. 설령 상황의 일반적 구조가 하나의 현존분석만으로 그려진다고 하더라도, 상황은 결코 **단지 일반적인 것**이 아니

---

3) (역주) "세계정위(Weltorientierung)"는 객관적으로 확인이 가능한 물리적 세계를 인간이 생존을 위해 특정한 형태로 파악하고 있는 상태이다. 그런데 세계는 변화무상한 것이며 전체가 다 드러나지 않는 것이다. 그럼에도 인간은 이 파악불가능하고 불안정한 세계를 안정감 있게 살기 위해 객관적으로 인식이 가능한 측면들을 자신이 살아갈 세계로 고정시키는 작업을 한다. 바로 이러한 작업을 통해 세계정위가 수행되는 것이다. 야스퍼스는 『철학』 I권 "철학적 세계정위"에서 이상과 같은 세계정위인 "경험적 세계정위"의 기원과 한계를 비판적으로 분석한다.

다. 상황은 본질적으로 존재 현상을 역사적으로 매개해 그때그때마다 채우는 것으로 존재한다.

상황을 두루 조망하는 일과 상황의 근원과 모든 가능한 미래를 목격하는 일을 나는 마치 그 시작과 끝을 조망할 수 있게 된 것 같은 하나의 완결된 세계의 종말의 날에 어떤 한 존재 앞에서 할 수 있을지도 모른다. 하지만 내가 볼 때 나는 아직도 존재를 탐구하고 있다. 더군다나 나는 일어난 일 속에서 나 스스로 뭔가를 행하면서 아직도 존재를 탐구하고 있다. 나는 이 상황에서 다른 상황으로 시선을 돌리고, 지나간 상황에 시선을 돌린다. 하지만 항상 이 시선은 규정할 수 없는 암흑 속에서 끝난다.

알 수 있는 모든 전제와 알 수 있는 역사적 현실로부터는, 즉 세계로부터는 상황 속의 나 자신을 나는 충분히 파악할 수 없다. 그러나 또한 나는 나의 상황으로부터 세계를 파악할 수도 없다. 상황을 밝히는 것으로부터 출발하는 철학함은 항상 움직임 속에 머물러 있는 것이다. 왜냐하면 상황 그 자체가 세계사건으로서 또한 자유에 의한 결단으로서 단지 끝없는 움직임이기 때문이다. 따라서 철학함이란 마치 상황처럼 개개의 것들이 아무리 규정돼 있다고는 해도 전체로서는 **완결되지 않은** 채 남아 있다. 내가 상황을 밝히는 일을 철학함의 출발점으로 파악할 때, 나는 전체 현존을 통일적 존재로서 모든 원리로부터 도출하려는 객관적 설명을 포기하게 된다. 모든 객관적 사상구성체는 단지 그때그때마다 어떤 하나의 특별한 기능만 지닌다.

나는 상황에 처해서 나 자신에 대해 깨어나며 존재에 대한 물음을 제기했다. 상황 속의 나 자신을 규정되지 않은 가능성으로 발견하면서 나는 나 자신을 본래적으로 발견하기 위해 **존재를 탐구**해야만 한다. 더군다나 존재 자체를 발견하고자 하는 이러한 탐구가 난파될 때만 나는 철학함을 시작하는 것이다. 이는 가능적 **실존으로부터** 철학함이고, 그리고 이러한 철학함은 방법의 측면에서는 **초월함**이다.

제1절

존재 탐구

일반적이고 형식적인 존재개념
―객관존재, 자기존재, 즉자존재

파악된 것으로서 존재는 곧 하나의 규정된 존재가 된다. 따라서 존재가 무엇이냐고 질문하면, 여러 가지 존재가 우리에게 제시된다. 즉 공간과 시간 속에 있는 경험적으로 현실적인 것, 죽은 것과 살아 있는 것, 사물과 사람, 도구와 낯선 재료, 현실적인 것에 타당한 관념들, 관념적 대상들에 대한 강제력 있는 구성물들, 그리하여 수학적 구성물들, 공상의 내용들, 즉 한마디로 말하자면 대상성 일반이 우리에게 제시된다. 이렇게 상황 속에서 앞서 발견된 존재가 나에게는 **객관(Objekt)**[4]이다.

나는 다르게 존재한다. 나는 사물들 앞에 서듯이 나 자신 앞에 서지 않는다. 즉 나는 저 객관적 존재방식들이 대답하는 질문을 하는 자이며, 스

---

4) (역주) 원문의 독일어 "Objekt"는 문맥에 따라 "객관"이나 "객체" 혹은 "대상"으로 번역될 수 있다. 야스퍼스가 "Objekt"와 쌍을 이루어 대칭개념으로 사용하고 있는 "Subjekt"도 문맥에 따라서 "주관"이나 "주체"로 번역할 수 있다.

스로 자신을 질문하는 자로 알고 있는 질문자이다. 내가 나를 돌려서 나 자신을 객관화하려 해도, 내가 객관화되는 그곳에도 항상 나는 존재한다. 즉 하나의 자아존재(Ichsein)가 남아 있다.

객관적 존재로서의 존재와 자아존재로서의 존재는 가장 먼저 닥쳐오는 가장 본질적인 존재방식이다. 객관들 속에는 물론 개인들도 포함된다. 이 개인들은 내가 그들에 대해 객관이 될 수 있듯이 그들 자신에 대해 존재하는 것으로서는 자아이다. 그리고 또한 나는 내가 거기 있듯이 나 자신에 대해 객관이 될 수도 있다. 그러나 분열에도 불구하고 객관으로서의 자아와 주관으로서의 자아가 하나로 있는 그런 한 점이 자아존재 속에는 남아 있다.

사물존재는 자신에 대해 아무것도 모른다. 그러나 사유하는 주관(Subjekt)인 나는 사물존재에 대해 알고 있다. 내가 이 사물존재를 어떤 한 주관에 대해서 그의 대상존재로부터 독립해 있다고 생각할 때, 즉 타자에 대한 현상으로 있지 않는 것으로 생각할 때, 나는 이 존재를 하나의 **존재 그 자체**(Sein an sich)라고 칭한다. 하지만 이 즉자존재(Ansichsein)는 내가 접근할 수 있는 대상이 아니다. 왜냐하면 내가 이것을 일차적으로 포착할 때는 이것을 나는 하나의 대상으로 만들지만, 이로써 이것을 나에 대한 하나의 존재인 현상으로 만들어버리기 때문이다. 존재와 의식된 존재가 함께 포함된 존재이면서 자기 자신에 대해 존재하는 어떤 한 존재를 나는 나 자신의 안에서만 알아본다. "나는 존재한다."라고 나는 말할 수 있기 때문에 존재로서의 나는 모든 사물존재와는 뿌리부터 다르다. 그러나 만약 내가 경험적 현존으로서 나 자신을 객관화한다면, 이와 같은 것으로서의 나는 "**자아**(Ich)" 그 자체인 것은 아니다. 내가 나 자신에 대해 대상으로 있는 한, 나는 나 자신 자체로 존재하는 것에 대해서 알지 못한다. 나는 인식하는 지식이 아닌 방식으로 나 자신에 내면화되어야만 할지도 모른다. 하지만 그

렇게 되면 다른 사물의 즉자존재는 나에게 낯선 것으로 남겨질 것이다.[5]

　만약 내가 존재를 객관존재(Objektsein)와 즉자존재(Ansichsein) 및 대자존재(Fürsichsein)로 분해한다고 하더라도 나는 서로 병존하는 세 종류의 존재를 갖게 되는 것이 아니라 서로 분해될 수 없는 존재의 극들을 갖는 것이다. 이 존재 안에 나는 있다. 나는 **이 세 개의 극들 중에서 하나를 본래적인 존재로 간주하려는 경향**을 띨 수 있다. 이럴 경우 나는 즉자존재(Ansichsein)만을 유일의 존재로서 구성하기도 한다. 이때 내가 이미 이것을 나에 대한 객체(Objekt)로 만들고 있다는 것을 알아차리지 못한 채 말이다. 그렇지 않다면 나는 존재(Sein)를 나에 대한 객체로 구성하기도 한다. 이런 식으로 모든 존재를 현상으로 바꾸면서도 객체로서 이 존재가 어떤 것의 현상이자 어떤 것에 대한 현상으로 존재해야만 한다는 사실을 인식하지 못한 채 말이다. 또는 나는 주관(Subjekt)으로서의 자아를 최종적 현실로 만듦으로써 즉자존재를 구성하기도 한다. 탐구하며 즉자존재를 향해 있는 의식으로서 나는 항상 어떤 하나의 상황 속에서 대상들에 마주하면서만 존재한다는 사실을 의식하지 못한 채 말이다. 객관존재로서 존재는 끝없는 다양성과 무한의 풍족함을 지닌 채 나에게 주어진다. 그것은 인식가능한 것의 세계를 의미한다. 자아존재로서 존재는 직접적으로 확실한 것이면서도 개념적으로 포착할 수 없는 것이며, 경험적 현존으로 객관화된 채 더 이상 본래적인 자아가 아닌 한에서만 인식된다. 즉자존재로서의 존재는 인식을 통해서는 접근할 수 없는 것이고, 또 사유에 있어서 필연적인

---

5)　(역주) 야스퍼스는 여기서 '물 자체(Ding an sich)는 알 수 없고 우리가 알 수 있는 것은 우리에게 나타나는 현상(Erscheinung)뿐'이라는 칸트의 인식론을 받아들인다. 야스퍼스는 바로 이러한 인식론적 입장에서 우리가 다른 존재와 나 자신을 어떻게 만나는지 설명하고 있다.

한계개념[6]이라서 내가 객관으로서 알고 있는 모든 것을 의문 속에 밀어 넣는 것이다. 왜냐하면 즉자존재가 절대적인 것이라고 하는 의미의 객관존재로 받아들여져야만 할 때는 이 절대적인 것이 곧바로 현상으로 상대화되기 때문이다.[7]

따라서 어떤 한 존재를 본래적 존재라고 확정해둘 수는 없다. 어떠한 것도 존재 그 자체가 아니며, 또한 어떠한 것도 타자 없이는 존재하지 않는다. 즉 모든 것은 존재 속의 하나의 존재인 것이다. 그러나 **이러한 존재 전체를 우리는 발견하지 못하고 있다**. 이 존재 전체는, 객관존재, 대자존재, 즉자존재라고 하는 세 개의 존재방식이 종으로 있는 유와 같은 공통적인 것이 아니다. 또한 이 존재 전체는 이 존재방식이 전개되는 근원도 아니다. 이 세 가지 존재방식이 도대체가 존재하긴 하려면, 즉 어떤 의식에 대해 존재하려면, 서로가 서로를 필요로 하는 것과 마찬가지로 이질적인 것으로서 서로 결정적으로 부딪친다. 이 존재방식은 서로 낯설면서도 공속하고 있는 것으로 드러난다. 그렇기 때문에 이 존재방식은 밝혀질 수 없는 것에서 떨어져 나온 것처럼 존재한다. 이러한 존재방식들은 서로 묶여 있지 않기 때문에 하나의 존재방식을 다른 존재방식으로부터 파악하는 것은 불가

---

6) (역주) 칸트의 인식론에 따르면 우리는 항상 우리에게 나타나는 것만을 인식할 수 있고 그 자체로 있는 존재, 즉 "즉자존재"나 "물 자체"는 인식할 수 없다. 그런데 이런 한계로 인해서 우리는 '우리에게 나타나는 모든 존재는 우리에게 나타난 모습과 다른 모습을 하고 있을 수 있다.'고 생각할 수밖에 없다. "즉자존재"나 "물 자체"는 우리의 인식능력의 한계를 인정할 때 염두에 둘 수밖에 없는 것이다. 이런 의미에서 "즉자존재"나 "물 자체"는 "사유에 있어서 필연적인 한계개념"이라 칭할 수 있다. 이 "한계개념"이라는 표현도 야스퍼스가 칸트에게서 차용한 개념이다.

7) (역주) 존재하는 모든 것은 우리에게 나타나서 어떤 무엇으로 진술되거나 생각될 때는 항상 우리의 감각능력과 인식능력으로 파악된 것이지 그것 자체의 모습대로 우리에게 파악됐다고 확증할 수가 없다.

능하다. 또한 어떤 특정한 관점을 취하지 않는다면, 어떤 존재도 다른 존재에 대해 우위를 주장할 수 없다. 본래적 존재를 직접 장악하려는 소박한 형이상학의 관점에서는 즉자존재가 우위를 갖는다. 하지만 소박한 형이상학은 객관존재로서의 존재의 세계에 생긴 표상을 갖고서만 즉자존재를 거주하게 할 수 있다. 소박한 형이상학은 이 표상이 모든 현존의 기저에 놓여 있다고 생각해본다. 그러나 다시 객관존재(Objektsein)가 모든 인식에서 우위를 지닌다. 왜냐하면 오직 대상들(Gegenstände)만이 인식가능한 것이며,[8] 또한 인식에서는 인식하는 자가 아니라 인식된 것만이 존재로서 타당하기 때문이다. 인식하는 자는 이 존재에 덧붙여질 수 있는 것에 지나지 않는다. 그러나 존재를 밝힘으로써 철학함에서는 대자존재로서 묻고 인식하는 존재가 순간적으로 전면에 나타난다. 스스로 자신을 파악하는 이러한 관점에 근거하여 이 존재는 스스로에게 우위를 부여하는 경향이 있다.

의식분석으로서 현존분석의 과제

존재는 대상에 관한 개념 속에서는 규정된 존재로서 사유되었고, 자아존재가 자기 자신과 관계되어 있는 경우에는 직접적으로 파악되었고, 즉

---

8) (역주) 원전의 독일어 "Objekt"가 '객관'이라는 의미뿐만 아니라 '대상'이라는 의미도 지니기 때문에 "객관존재"로 번역한 "Objektsein"은 "대상존재"로 번역할 수 있다. 따라서 "객관존재(Objektsein)"가 "대상들(Gegenstände)"의 존재와 같은 것이다. 주관적으로 전개될 수 있는 상상이나 믿음이 아니라 보편타당한 지식을 목표로 하는 인식에서 중요한 것은 "객관존재(Objektsein)", 즉 "대상들(Gegenstände)"의 존재이다. 바로 이것이 객관존재(Objektsein)가 모든 인식에서 우위를 지니는 근거이다.

자존재라는 한계사유[9] 속에서는 사라져가면서 파악되다가 파악할 수 없는 것으로서 인식되었다.

이렇게 사유된 것은 하나의 공통 기반인 **사유하는 자의 현존**에서 발생한다. 존재방식들이 사유를 위한 관점들로 나타나는 그 근거지를 향해 나는 존재를 탐구하며 육박해간다. 모든 관점들이 들어 있는 사유 자체가 그때그때 현존하는 전체로서의 존재이다. 또 항상 이 전체는 존재로서 등장하는 것을 포괄하고 있다. 이러한 사유는 의식이다. 이 의식은 스스로를 발견하는 상황 속에서 **시간적 현존**으로서 있다.

현존(Dasein)은 의식이며, 나는 의식으로서 현존(da bin)하기 때문에 사물들은 내게 오직 의식의 대상으로서만 존재한다. 나에게 나타나 존재하는 모든 것은 의식 안에 들어가지 않으면 안 된다. 현존으로서의 의식은 모든 것의 매개자이다. 앞으로 밝혀지겠지만 설령 의식이 존재의 단순한 물로서[10] 존재한다고는 해도 그렇다.

현존분석은 의식분석이다.[11] 현존분석은 살아 있는 자아의 임의로 반복될

---

9) (역주) 칸트는 "물 자체(Ding an sich)"가 우리의 인식능력의 한계를 넘어선 것임을 나타내기 위해 그것을 "한계개념(Grenzbegriff)"이라고 표현하기도 한다. 인식능력의 한계를 넘어선 것이기에 물 자체는 어떤 개념을 사용하여 말할 수 있는 것이 아니기 때문이다. 야스퍼스에게 "즉자존재(Ansichsein)"는 칸트의 "물 자체"와 같은 것이다. 야스퍼스는 "즉자존재(Ansichsein)"가 인식의 한계를 넘어선 것임을 나타내기 위해 "한계사유(Grenzgedanke)"라고 칭하기도 한다.

10) (역주) 후설은 의식의 성격을 나타낼 때 "의식의 흐름(der Strom des Bewußtseins)"이란 은유적 표현을 자주 쓴다. 이와 유사하게 야스퍼스는 "존재의 단순한 물(das bloße Wasser des Seins)"을 의식의 성격을 나타내는 은유적 표현으로 쓴 것이다. 즉 어떤 특정한 존재자들이 물고기라면, 그 물고기가 헤엄쳐 다닐 수 있는 물과 같은 것이 의식이라고 할 수 있다는 것이다.

11) (역주) 독일어 'Dasein'은 지금 여기 있는 것을 의미한다. 'Dasein'이 이런 의미를 지닐 때는 '현존'이라 번역한다. 야스퍼스는 현존을 분석한다는 것은 그것이 나타나는 터인 의식을

수 있고 대체될 수 있는 현존으로서의 의식에 항상 나타나는 것을 보여준다. 또한 의식에 대한 학설로서 현존분석은 의식을 변화 불가능한 어떤 것이자 현실로부터 떼놓은 어떤 것으로서 파악한다. 이러한 학설로서 현존분석은 통찰이라는 전승된 재산이다.

1. 대상의식으로서 의식, 자기의식으로서 의식, 현존하는 의식으로서 의식

의식은 사물들의 존재와 같은 존재가 아니라 **생각하면서 대상들을 향해 있는 것을** 본질로 하는 존재이다. 자명하면서도 놀라운 이 근원현상을 사람들은 지향성(Intentionalät)이라고 칭했다. 의식은 지향하는 의식이다. 즉 의식은 다른 사물에 충돌하거나 다른 사물에 의해 충돌되는 어떤 한 사물과는 달리 대상들과 관계를 맺고 있는 것이다. 의식은 대상들에 대해 어떤 인과관계를 맺고 있는 것이 아니며, 어떤 한 평면 위의 두 개의 등질적인 것의 관계라는 의미의 상관관계를 결코 갖지 않는다. 의식 속에서 오히려 나는 어떤 하나의 대상을 내 앞에 갖고 있다. 내가 이 대상을 어떠한 방법으로 갖는가 하는 문제는 아무 상관이 없다. 즉 내가 이 대상을 지각 속에 갖는가(지각의 생물학적 기초는 물질적 모든 과정의 인과의 관계들이지만, 이것

분석하는 것과 같다고 생각한다. 그런데 서로 많은 영향을 주고받은 하이데거는 'Dasein'을 인간을 나타내는 존재론적 표현으로 사용한다. 즉 하이데거에 있어서 'Dasein'은 세계와 자신이 근원적으로 개시된다는 의미의 '트여 있음(da sein)'으로서 존재하는 인간 자신을 나타내는 표현이다. 그러나 야스퍼스에 있어서 Dasein은 지금 여기라는 구체적 시간 공간에 존재하는 모든 것을 나타내는 표현이다. 인간은 이런 현존(Dasein) 중 하나이다. 현존(Dasein)으로서의 인간은 생존경쟁에 매달려 자신의 고유한 존재인 실존을 망각한 채 살아가는 자이다. 하이데거와 야스퍼스가 생각하는 'Dasein'의 의미상의 차이를 고려하여 우리는 하이데거의 "Dasein"을 "현존재"로, 야스퍼스의 "Dasein"을 "현존"으로 번역하였다.

들의 인과관계는 그것 자체로서는 결코 지향성을 낳을 수 없고, 오히려 지향작용을 통해 처음으로 생명을 얻어 지각이 된다.), 또는 표상 속에 갖는가(표상은 공상이거나 회상일 수 있다.), 혹은 사유 속에서 갖는가(사유는 직관적 또는 추상적일 수도 있고, 실재적 대상들 내지 상상된 대상들에 향할 수도 있다.)와는 아무 관계도 없이 사유하면서 향해 있다는 의식의 본질은 항상 동일한 것이다.

의식은 자기 자신을 향한다. 의식은 단지 대상들에 방향을 잡는 것뿐이 아니라, 돌아서서 자기 자신을 반성한다. 다시 말해서 의식이란 단지 의식으로만 존재하는 것이 아니라 자기의식으로도 존재하는 것이다. 의식이 자기 자신을 반성한다는 것은 지향성이 그렇듯 자명한 것이면서도 놀라운 것이다. 나는 나 자신을 향하여 있다. 즉 나는 단 하나의 존재임과 동시에 이중의 존재이다. 나는 사물과 같은 현존은 아니고, 내적으로 분열한 상태 속에 존재한다. 즉 나는 나 자신에 마주하는 대상이며, 그러므로 움직임이면서 내면적 불안정으로 존재한다. 어떠한 의식도 정지된 것으로, 즉 그저 존립하고 있는 것으로 파악될 수 없다. 의식은 내가 그것들의 주위를 돌아서 걸으며, 그것들을 고대하고, 또 그것들이 나의 앞에 현존하는 것을 눈앞에 보는 것이 가능한, 공간적 내지 관념적 모든 사물의 존재와 같은 방식으로 존재하지 않는다. 따라서 만약 사람이 이 의식을 존재로서 잡으려고 하면, 의식은 미끄러져 나가는 것이다. 물론 의식은 대상들을 단지 하나의 타자로서 파악하고 자기 자신도 대상으로 파악한다. 그러나 의식이 자신을 대상으로 파악할 때의 대상으로서의 의식은 [타자로 있는 것이 아니라] 자기 자신과 맞아떨어진다. 심리학적으로 자기를 관찰해보면 [의식하는 나와 대상으로서 의식된 나라는] 이러한 대립은 체험적으로 의식된 것과 그것에 대한 앎이 서로를 지향하고 있는 형태를 가정한다. 즉 같은 의식 속에서 있지만 의식된 것 속에(im Gewußte) 있는 것과 앎 속에(im Wissen) 있는 것이라는 두 개의 서로 다른 것이 존립한 형태를 가정하는 것이다. 하지만 이 대립의 중심에는 자아의식이 있고, 이 자아의식 속에서 "나는 나 자신을 의식하고 있다."라고 하는 것이 하나의 동일한 자아를 사실상 이중화하는 것이다. "나는 생각한다."는 것과 "나는 생각한다고 하는 것을 생각한다."는 것은 하나가 다른 하나 없이는 존재하지 않는 식으로 서로 합치한다. 하나가 하나로서가 아닌 둘로서 존재하고, 그런데도 둘이 되지 않고, 바로 이 유일한 하나인 채로 남아 있다고 하는 이 사실은 논리적으로는 모순처럼 보이지만 여기에서는 현실적이다. 그리고 이것이 형식적 자아 일반의 개념이다.

전적으로 현재화돼 다른 어떠한 것에도 환원되지 않는, 주관과 객관 속의 분열이라고 하는 의식의 근원적 현상은 **자아의식과 대상의식의 공속성**을 의미한다. 참으로 나는 사태 속에서 나를 완전히 망각해버릴 정도로 사물들 속에서 나 자신을 잃어버리고 있다. 하지만 하나의 최종적인 주관이 점으로 항상 남는다. 즉 비개인적이며 단지 형식적인 자아라는 점이 항상 남는다. 이 자아라는 점에 사상이 현존함으로써 맞서 있다. 즉 이 자아라는 점에 사상이 대상으로 있는 것이다. 역으로 나 자신밖에 모를 정도로 나는 나의 자아의식을 고립시킬 수 없다. 즉 나는 다른 것에 마주하고 있음으로써만 존재한 것이다. 아무리 희미할지라도 대상의식[12] 없이는 어떤 자아의식도 존재하지 않는 것이다.

---

12) (역주) "대상의식(Gegenstandbewußtsein)"이란 인식 주체인 자아(Ich) 앞에 대면해(gegen)서 있는(stand) 어떤 것에 대한 의식이다. 그런데 인간이 대상의식을 지니는 순간 인간의 의식은 그 대상을 보는 주관(Subjekt)으로서의 나에 대한 의식(자기의식)과 이런 나와 마주하고 있는 대상(objekt)에 대한 의식(대상의식)으로 분열(Spaltung)되어 있다. 야스퍼스는 이런 의식 상태를 현상학적으로 볼 때 더 이상 다른 것으로 소급할 수 없는 가장 근원적인 의식상태라는 의미에서 "근원현상(Urphänomne)"이라고 칭한다.

거꾸로 생각해보면 사물들의 외적 존재와 같은 것도 아니고 대상이 없는 지향성도 아닌 하나의 의식이 최종적으로 파악될 수 있다. 이 의식은 내면성의 단순한 움직임인 체험인데, 이 움직임은 갑작스러운 지향성 속에서 드러난다. 이를 통해 이 움직임은 역방향으로 파악하여야만 알려질 수 있는 것이다. 그럼에도 이 움직임 자체는 아무런 분열됨도 없이 잠자고 있으며, 현존으로서는 예를 들어 깨어나는 체험에서나 막연한 감정에서 회상될 수 있을 뿐이다. 단순히 현존하는 이 의식은 분열된 의식에서 볼 경우에는 하나의 한계이다. 이 한계는 시작으로서, 과정으로서, 그리고 포괄적인 근거로서 경험적으로 밝혀질 수 있다. 외적으로 존재하는 사물들에서 볼 경우 이 단순히 현존하는 의식은 이미 내면성이다. 단지 현존하는 의식은 자아의식과 대상의식으로 분열하는 일 없이 충족된 존재일 것이다. 이 충족된 존재는 다음과 같은 점에서 객관적이며 사물적인 과정과 구분될 것이다. 즉 하나의 자아가 이러한 체험을 자아가 거기 없던 때의 현존으로 회상한다는 점에서, 또한 차후에 이 체험을 현전화할 수 있다는 점에서 다시 말해서 자각할 수 있고 대상성을 통해 명료화하는 것이 가능하다는 점에서 객관적이고 사물적인 과정과 다른 것이다.

현존이 의식일 경우에도 그것은 특정한 의식개념들 중 단지 하나 속에 있다거나 특정한 의식개념들의 통일 속에서만 존재하는 것이 아니다. 특정한 의식개념들에는 의식되지 않은 것이 맞서 있다. 그런데 이 의식되지 않은 것은 의식되지 않는 것 자체로서 의식되거나 혹은 의식의 대상이 되든지 함으로써만, 그리하여 하나의 현상의 성격을 띰으로써만 우리에게 존재하는 것으로 된다. 이 현상은 그것의 존재를 의식된 존재 속의 대상으로서 의식에 비로소 가능한 것으로 만든다.

우리는 의식되지 않는 것을 특정한 의식개념들에 맞춰서 여러 가지 의미로 생각한다. 지향적 의식(대상의식)이라는 의미에서 비대상적인 것은 의식되지 않은 채로 존재한다. 체험되었으나 대상적으로 현존하는 것으로서는 명시적으로 반성하지 않고 의식된 채 판단되었던 것이 자기의식이라는 의미에서 의식되지 않은 채 있다. 결코 어떤 의미에서도 현존하는 것으로서 내적으로 체험되지 않은 것은, 즉 단적으로 의식의 밖에 있는 것은 단지 현존하는 의식이라는 의미에서는 의식되지 않는다.

모든 현존이 의식이라는 사실은 의식이 모든 것이라는 것을 의미하지 않는다. 그렇지만 이 사실은 현존이 나타나는 의식에 들어선 것만이 우리에게 존재한다는 것을 의미한다. 의식되지 않는 것이라도 의식된 것처럼 우리들에게 존재한다.

2. 의식분석의 가능성

현실적 의식은 그때그때마다 시간 속에서 다른 현존과 함께 있는 단독적 현존이다. 그것은 시작과 끝을 가진다. 이러한 것으로서 의식은 경험적 관찰과 탐구의 대상이다. 세계가 현실적 의식의 그때그때 세계로서만 존재하는 한, 세계가 지닌 풍부함도 이 의식 속에서 움직이는 것이다.

시간 속의 현실로서 의식의 현존은 가지각색의 욕구를 만족시키려는 데로 끊임없이 내몰린 존재이다. 지식에 의해서, 그리고 선택의 가능성에 의해서 자연에서 벗어난 이 현존은 죽음을 목도하고, 어떠한 대가를 치르더라도 죽음을 회피하려고 시도한다. 자신의 현존을 유지하려는 충동으로 인해 현존은 위협들에 대한 불안을 경험하며, 위협에 저항하기 위해 위협의 종류를 파악하게 된다. 현존은 자신이 매일매일 그것을 위해 노력하고 있는 현존의 향락과 현존이 확대되는 감정 속에서 쾌락을 찾는다. 미래의 것을 기대하면서 현존은 아득한 가능성과 목표와 위험을 생각한다. 도래할 것에 대한 이러한 반성에서 유래한 걱정은 미래적인 것을 확실히 하도록 강요한다. 현존의 무한한 생명의지와 권력본능은 타인을 이기는 것에서 만족을 추구하고 또한 환경이라고 하는 거울에 자신의 세력을 비추어보는 기쁨 속에서 만족을 추구한다. 현존은 마치 이런 것들 속에서만 자기의 본래적 현존의식을 갖고 있기라도 한 듯이 존재한다. 그러나 현존은 이 모든 것에 대해서 오직 순간적으로만 만족하고, 계속해서 돌진한다. 그 무엇에 의해서도 본래적으로 만족하지 못한 채 이 현존은 어떠한 목표를 달성하지 못하고 자신의 죽음에 의해 멈춘다.

충동적 생명의 **경험적 현존현실**로서의 의식에 대한 이와 같은 서술과 나란히 형식적인 **의식일반**으로서의 의식에 대한 서술이 있다. 내가 향해 있는 다른 자아나 대상과 구분되는 나는 **자아의식**의 안에서 나 자신을 능동적으로 알고 있으며, 시간의 경과 속에서도 나 자신을 나와 동일한 것으로서, 즉 나 자신을 오직 하나로 존재하는 자아로서 알고 있는 것이다. 대상의식 속에는 대상적 존재의 방식들이 범주 안에서 나에게 존재한다. 즉 규정된 존재로서 내 앞에 맞서며 나타나는 것을 나는 파악한다. 또한 나는 온갖 세계현존에 대한 하나의 가능한 인식을 보편타당한 것으로 알아본다. 나는 의식일반으로서는 어떤 타자들과도 대체가능하다. 물론 이 타자들은 수적으로는 나와 동일하지는 않지만 종류에서는 나와 같은 것이다.

존재의 현실로서, 그리고 의식일반으로서 의식이 자신의 세계와 함께 **객체**로 존재하고 이로써 인식되는 한에서 만약 의식이 경험적 현존으로 있는 경우에는 **심리학**의 대상이 될 것이고, 만약 의식이 보편타당한 지식을 가질 경우에는 **논리학**의 대상이 될 것이다.

그러나 세 번째의 경우에는 의식은 존재하는 그대로 자연히 주어지는 것이 아니라 결코 같은 상태로 머물지 않고 변화를 관철시키면서 역사적인 것으로 있는 하나의 충족된 현실의식으로 분석된다. **역사적으로 스스로를 변화시키는 의식**은 생성 중에 있는 어떤 하나의 가능적 통일체(Einheit)이다. 이 의식이 돌아서서 자기 자신과 관계하기 때문에 그렇다. 이 의식은 자연의 과정처럼 발생할 뿐만 아니라 자신을 회상하고 자신에게 영향을 미치면서 자신의 역사 속에서 스스로를 앞으로 몰아가기도 한다. 인간은 자신의 세대를 이어받으면서 인생을 단지 반복하며 감내하는 것이 아니라 능동적으로 살아간다.

이러한 변형과정에 대한 객관적 탐구는 세계정위(인간학으로서, 이해 심리학으로서, 그리고 역사적 정신과학으로서)가 된다. 이 탐구는 원시적인 것이 지닌 희미함에 주목하면서 인류 역사 속에 한 형태에서 다른 형태로의 역사적 비약들을 발견하고, 역사 속에서 언젠가 [비약을 위한] 맹아들이 서서히 전개되다가 역사적으로 새로운 의식의 비약들이 갑자기 번뜩이는 것을 본다. 이 탐구는 개별적 인간에서는 내면적 변화를 이해하면서 추적하고, 내면적 변화의 한계에 부딪쳐서는 이해불가능한 과정들을 다시 추적한다. 이 탐구는 개인적으로나 역사적으로 가장 낯설고 가장 먼 의식형태들의 세계들과 자기조명들 속으로 육박해 들어가려고 시도한다.

어떤 내용이 풍부한 현실적 의식을 "**자연적 의식**"이라고 파악하고 그 내용을 "**자연적 세계관**"이라고 파악하는 것은 불가능하다는 것을 역사적으로 변할 수 있는 의식에 대한 탐구는 가르쳐준다. 이와 같은 자연적 세계관은 사회 속에서 역사적으로 함께 속해 있는 인간에 있어서 보편적이고 자명적인 것으로서 전제된 세계관처럼 의식의 특정한 어떤 한 현상을 예리하게 만든 형태로 환원하는 것이다. 그렇지 않다면 이 세계관은 자신의 환경 속에서 살아 있는 현존의 충동에 대한 심리학적 도식으로 환원하는 것이다.

유일하게 바른 방법이라고 과학적으로 분석될 자연적 현존으로서의 직접적 현존은 존재하지 않는다. 이와 같은 직접적 현존을 구성하며 성격을 규정하려는 시도는 객관적으로 볼 때 항상 상대적 의미만 지닌다. 만약 그런 시도가 근본적인 존재인식으로 수용된다면, 그 시도는 이러한 비좁은 사유 속에 갇힌 인간이 자신을 파악하게 규정할 것이다. 소위 벌거벗은 현존을 찾기 위해 우리는 모든 역사적인 것과 구체적인 것의 배후로 거슬러 올라가기를 시도해볼 수도 있다. 하지만 이와 같은 길을 밟게 되면 우리는 한층 더 가난해질 뿐이다. 즉 보편적 직접성에 있어 현존을 맞췄다고 주장할 수 있는, 현존에 관한 그런 지식을 결국 갖게 되지만, 그러나 실제로는 역사적으로 특별하고, 시간적으로 규정된 하나의 존재의식을 극도의 빈약함과 형식적인 공허함 속에서 진술하는 것일 뿐이다. 그런데 만약 우리가 발생적으로 더 이르게 등장한 자연민족들의 원시성의 구조 속에서 직접적이라고 추정되는 것에 주목하더라도, 더 자세히 고찰하면 이들의 현존은 결코 자연적인 것이 아니고 오히려 특별히 인위적이라서 우리에게 낯선 것이라는 사실이 증명된다.

깨어나는 의식을 위한 **어떤 근본적 시작이란 없다.** 그 누구도 처음부터 시작하는 것은 아닌 것이다. 나는 어떤 근본상황에도 들어서지 않는다. 일반적으로 규정될 수 있고 자연적이며 은폐되지 않은 현존이, 이것에는 내가 기만을 제거함으로써 접근할 수 있을 것 같은데, 존재하지 않는다면, 이미 획득한 것을 간과함으로써가 아니라 나의 것으로 이룩된 것을 의문시함으로써만 나는 뿌리 속에 원래 존재하는 것을 찾을 수 있다. 획득된 것과 이룩된 것을 파악하는 일은 현존이 파악되는 알찬 근거로 남는다. 정신에 관한 학문이 그 역사 속에서 이미 성취한 것은 최대한의 역사적 함축성 속에서 **현존을 명확하게 하는** 조건이 된다. 현존은 일반적 구조에 관한 지식에 의해서가 아니라 역사적 과정 속에서 실제적이고 활동하며 인식하는 세계정위에 구체적으로 관여함으로써 나에게 투시되는 것이다.

그러므로 세계 내의 개별적 연구들에 앞서서 —그러나 사실상은 연구가 수행된 후에야 비로소— **현존분석**으로 생각된 것은 존재방식들과 타당한 의미의 네트워크를 나타내는 의식일반에 대한 하나의 도식일 수 있다. 그렇지 않다면 그것은 리비도, 불안, 걱정, 권력의지, 죽음의 불안과 죽음에의 충동으로서 규정된 심적 힘을 지닌 의식의 **현존현실**에 대한 윤곽이다. 혹은 그것은 이룩된 상태 속에 있는 어떤 한 의식에 대한 **역사적 자기이해**이다.

나는 **의식된 현존의 어떤 형태 속에서도 토대**(Grund)에 닿아 있지 않다. 만약 내가 닻을 붙잡아줄 어떤 것도 없는 현존 속에 억측된 지식에 의해 닻을 던짐으로써 인위적 협소함에 고정되려는 그런 시도를 하지 않는다면, 모든 현존분석들은 오히려 나를 나의 상황 속에 떠돌게 만들 것이다. 만약 내가 현존하는 것으로 있는, 온갖 것의 토대 속으로 육박해 들어가려 할 때, 마치 심연에 떨어지는 것처럼 된다는 사실은 다음과 같은 것을 나타낸다. 즉 만약 내가 존재를 파악하려고 할 경우에는 현존 일반이 아니라 나 자신이 문제가 된다는 사실을 나타내는 것이다. 나는 현존의 구성을 통해 존재에 다다르는 것이 아니라, 현존재의 구성에 도움을 받아가면서 비약을 통해 존재에 다다르는 것이다. 그러나 비약의 가능성에 호소하는 것은 더 이상 현존분석이 아니라 실존조명이다.

3. 한계로서의 의식

(의식일반에 대해 타당한 것의 형식적 현전화로서) 논리학, (경험적으로 현존

하는 의식에 대한 탐구로서) 심리학, 그리고 (정신적 과정의 재현으로서) 의식의 역사학 각각을 위한 구성적 도식이 의식분석의 방향들 속에서 획득된다.

그러나 거대한 기획들 속에 부분적으로는 놓여 있는 이러한 객관화되는 분석들은 어디서도 종결될 수가 없다. 이러한 분석들은 분석이 접근할 수 없는 것이 무엇인지를 느끼게 해주는 **한계들에 부딪친다**. 논리학은 형식적이고 형이상학적 초월로 뒤집어지고(프로틴), 심리학은 실존조명으로 뒤집어지며(키르케고르), 의식의 역사학은 충족된 형이상학으로 뒤집어진다.(헤겔) 그러므로 철학함은 경험적으로 현존하는 의식의 자기관찰로도, 끊임없이 현전하는 의식일반의 구성으로도, 그리고 역사학적 지식으로도 충족되지 않는다.

의식은 하나의 한계이다. 그것은 여전히 탐구 대상이지만, 그것은 이미 모든 대상적 고찰로부터 도망치는 어떤 것이다. 철학할 때 우리가 의식으로부터 출발한다는 명제는, 만약 이 명제가 언제나 누구라도 다룰 수 있을 것 같은 일반적이고 논리학적이며 심리학적이고 역사학적인 분석들을 이미 철학적 사유로서 보증해주는 것처럼 보인다면, 진리는 아니다. 사실 이 명제는 **실존적 의식**을 출발점과 충족으로 삼는 조명(Erhellung)을 염두에 둔 것이다.

실존을 부각시킴

존재는 잡기 어려운 즉자존재로 인해서 떠다니는 상태에 머물러 있었다. 그것은 현존재분석에서 하나의 한계로서 느껴지게 되었다. 하지만 즉자존재가 관념에 있어서 하나의 무로서 나에게는 어디까지나 단적으로 가까워지기 어려운 완전한 타자였다는 점에 비해서, 나 자신은 현존재분석에 설정된 한계로서 현존하고 있는 것이다. 이로써 존재를 탐구할 때 취해야 할 최우선의 단계가 드러난다.

1. 경험적 현존재로서의 자아존재, 의식일반으로서의 자아존재, 가능적 실존으로서의 자아존재

만약 내가 "나"라고 말할 때 나는 무엇을 생각하고 있는지 나 스스로 묻는다면, 이에 대한 첫 번째 대답은 내가 나 자신에 대해서 숙고할 때 나는 나 자신을 객관화하고 있다는 것이다. 즉 내 환경에 대한 나의 적응이 반영된 불확정한 자기의식을 갖는 이러한 개인으로서 이러한 신체가 나이다. 다시 말해서 나는 **경험적 현존재**로서 존재한다. —두 번째로 다른 모든 나와 본질적으로 동일한 하나의 "나"로 존재한다. 즉 나는 대체가능한 것이다. 이 대체가능성은 경험적인 개인들의 평균성질의 동일성으로서 생각되는 것이 아니라 모든 객관적 존재의 조건으로 있는 주관성을 의미하는 자아존재 일반으로서 생각되는 것이다. 즉 나는 **의식일반**으로서 존재하는 것이다. —세 번째로 나는 무제약성을 향한 가능성 속에서 나 자신을 경험한다. 나는 현존하는 것을 근거와 반대근거 속에서 알고 싶을 뿐만 아니라 근원의 근거제시 불가능성에 의거해서도 알고자 한다. 그리고 나는 거기서 나 자신에게 확실해지는 순간을 행위하면서 갖는다. 즉 이제 내가 원하고 행하는 것은 나 자신이 원래 원하는 것이다. 이렇게 나는 이러한 알고 싶음과 행위가 나 자신의 것으로 존재하는 것을 원한다. 내가 알고 행동하려는 방식 속에서 나의 본질이 내게 전달된다. 내가 그 본질을 확신하고 있지 않은데도 말이다. 지식과 행동의 자유가 존재한다는 이러한 가능성으로서 나는 "가능적 실존"이다.

위에서 살펴본 대로 자아는 일의적으로 규정되지 않고 다의적이다. **의식일반**으로서 나는 주관성이고, 이 주관성에 대해 객관들은 대상들의 현실로서, 그리고 보편타당하게 존재한다. 모든 현실적 의식은 대상적으로 생성되는 존재를 이 존재가 모두에게 존재하는 방식으로 파악하는 한에서 이 사유된 의식일반에 참여한다. 나는 객관이 된 주관성으로서의 **경험적 개체성**이다. 이런 것으로서의 나는 개체의 끝없는 다양성 속에서 하나의 특별한 것, 그리하여 오직 일회적으로만 출현하는 것이다. 경험적 현존재로서의 나는 의식일반에 대해 또다시 이러한 개체성이며, 이러한 것으로서 나는 설령 다 밝혀질 수 없는 것일지라도 심리학의 대상이 된다. 이렇게 나는 나 자신을 관찰하고 연구하는 것이 가능하지만, 나 자신을 전체로서 인식할 수는 없다. 마지막으로 **가능적 실존으로서** 나는 자기 자신의 가능성에 관계하며 이런 것으로서 어떠한 의식일반에 대해서도 현존하는 일 없는 존재이다. 가능적 실존의 의미가 파악되면서 객관적이고 주관적 존재의 모든 방식의 영역이 타파된다.

의미를 통해 철학함은 자아존재의 모든 방식과 관계한다. 이러한 의미 속에서 철학함은 모든 방식을 동일한 것으로서 하나로 합치지 않고 각각의 **방식을 허용한다.** 철학함에 있어서 각각의 존재방식은 제한된 의미에서 하나의 우위를 지닌다. 그러나 이 우위는 철학함 속에서는 가능적 실존의 절대적 우위에 의해 제약된다.

즉 철학함은 **경험적 자아**의 우위를 현존재의 필요라는 제약 아래에서 강요된 우위로 인식하지만, 상대적인 것으로, 그리고 그 자체 독자적이지 않은 것으로 승인하는 것이다.

의식일반은 주관으로서의 나에 대한 모든 존재의 조건인 한에서 우위를 획득한다. 모든 주관성과 객관성을 포괄하는 형식적 우위로서의 이 우위의 의미는 연속되는 다음의 두 사상 속에서 밝혀져야 할 것이다. 즉 나는 생명처럼 단순히 현존하는 것이 아니라, 내가 현존한다는 것을 알고 있다. 나는 내가 현존하지 않는 것이 가능하다고 하는 것을 생각한다. 내가 나 자신을 도대체 존재하지 않는 것으로서 사유하려 해도, 이 세계가 거기 존재하기라도 하는 것 같은 개개의 의식일반으로서 나는 세계와 함께 나 자신도 부지불식간에 존립시키고 있다는 사실을 알아차린다. 한 걸음 더 나아가 나는 도대체 어떤 것도 존재하지 않을지도 모르는 일이 가능하다는 생각을 한다. 하지만 이것을 나는 단지 진술할 수 있을 뿐이지 현실적으로 수행할 수는 없다. 왜냐하면 나는 마치 어떤 세계도 존재하지 않은 것 같지만 나 자신은 존재하는 것처럼 언제나 여전히 "나"로서 사유하고 있기 때문이다. 어떤 경우에도 물어보는 자의 존재가 그의 의식일반으로서 보존되고 있다. 모든 다른 존재를 나는 현실적으로 계속 사유할 수 있는 것처럼 보인다. 그러므로 그것 없이는 다른 어떤 것도 존재하지 않는 궁극적 존재로서 의식일반이 잠정적으로 생각될 수 있다는 이 제한된 의미에서 사유하는 자의 존재는 의식일반으로서의 특별한 우위를 주장한다.

가능적 실존으로서의 나는 객관존재와 자아존재의 존재영역을 뚫고 나가는 와중의 철학함에서 결정적인 우위를 갖는다. 가능적 실존은 이 존재영역 속에서 오직 소극적으로만 한정될 수 있는 즉자존재를 향하는 움직임이다. 아마도 가능적 실존은 객관의 세계 속에서는 의식일반에 대해 닫혀 있는 길을 열 것이다. 경험적 현존재에는 무(無)이고 의식일반에서는 근거 없는 상상인 이 철학함은 가능적 실존에게는 자기 자신과 본래적 존재에 다다르는 길이다.

2. 실존

실존은 결코 객관이 되지 않는 것이고, 내가 그것에 근거해 사고하며 행동하는 것의 **근원**이며, 아무것도 인식하지 않는 일련의 사유 속에서 내가 그것에 대해 말하는 것이다. 즉 실존은 자기 자신에 관계하며 또한 그 속에서 초월자에 관계하는 것이다.[13]

객관들 중에서 실제로는 객관으로서 존재하지 않는다고 할 것이 있을 수 있는가? 분명히 이것은 경험적 현존재와 의식일반으로서, 그리고 개념 파악될 수 있는 것과 드러날 수 있는 것으로 파악될 "나는 있다."일 수는 없다. 모든 객관성과 주관성에서 존재를 파악하면서 나는 끝이 나는가, 아니면 나는 또 다른 방법으로 나 자신으로서 나에게 현존하도록 되는 것인가가 문제이다. 철학함의 의미가 우리를 둘러싸고 있는 지점을 우리는 건드리고 있다.

존재란 존재를 근원적으로 **결정하는** 것을 의미한다. 물론 나의 자기고찰에 대해서는 나는 내가 예전처럼 존재하는 식으로 존재하고 있다. 개체임에도 나는 하나의 일반적인 경우로 존재한다. 즉 나는 인과법칙에 던져져 있거나 객관적으로 고정된 당위명령의 타당한 요구에 따르기도 하는 것이다. 하지만 내가 나 자신의 근원일 경우에는 모든 것이 일반적 법칙에 따라서 근본적으로 결정되어 있는 것은 아직 아니다. 조건들이 무제약적이기

---

13) (원주) 실존의 존재는 어떤 종류의 객관적 존재를 항상 전제하지 않으면 안 되는 어떤 하나의 정의될 수 있는 개념에 의해서는 진술될 수 없다. 실존이라는 말은 일차적으로 존재를 의미하는 말들 중의 하나일 뿐이다. 실존의 현실은 어두운 시원에서 역사 속으로 진입했다. 그렇지만 철학적 사유 속에는 그 후 **키르케고르**를 통해 우리에게 역사적으로 구속력 있는 언표내용을 이 말 속에 받은 것을 예감하는 일만 있었다.

때문에 나는 모든 것이 어떻게 이를테면 결정된 것으로서 존재하는지 모를 뿐만 아니라, 모든 것이 무엇인지를 아직도 스스로 결정하는 것과는 완전히 다른 영역에 존재한다.

객관적인 대상화 속에서는 수행될 수 없는 이 사유는 가능적 실존의 **자유의식**이다. 이 생각 속에서는 나는 모든 것은 결국 자신의 길을 가고, 나는 단지 가장 마음에 드는 것을 직접 행하려 하고, 이것을 언제나 이용할 수 있는 일반적 논증에 의해 정당화할 수 있다고 하는 생각을 못한다. 그러는 대신에 내 현존의 온갖 의존성과 규정된 상태에도 불구하고 어떤 것이 최종적으로는 오직 나에게 달렸다는 확신이 내게 든다. 내가 잡거나 놓아주는 것, 내가 최초의 것이자 유일한 것으로서 선호하는 것, 내가 여전히 가능성의 입장에 머무는 곳, 내가 실현하는 곳 등은 올바른 것으로서 내가 의거해서 행동하는 일반적 규칙들에서 드러나지 않는다. 또한 그러한 것들은 내가 지배를 받고 있는 심리학적인 법칙들에 의해서도 드러나지 않는다. 그 대신 그러한 것들은 자유에 기인한 자기존재의 확신을 통해서 내 현존의 불안 속에서 발생하는 것이다. 나 자신을 심리학적으로 고찰하는 것을 그만두지만 소박한 무의식 속에서 행동하지 않고, 내게 지식을 주지 않지만 나만의 존재의 기초를 쌓아주는 밝은 확신 속에서 내가 비상하는 적극성에 기반해서 행동할 때, 나는 내가 어떤 존재인지를 결정한다.

나는 말을 걸음을 받은 것 하나를 알고 있다. 이 말 걸음을 받은 것에 대해 나는 나 자신의 존재를 실행함으로써 원래의 나 자신으로서 내면적으로 답한다. 그러나 내가 어떤 존재인가가 고립된 존재로서의 내게 내면화되는 것이 아니다. 고립된 존재의 고집 속에 있는 나의 경험적 현존의 우연성에 맞서서 나는 나 자신을 **의사소통** 속에서 경험한다. 즉 나 자신이 존재한다는 사실은 내가 타인을 향해 완전히 마음을 열고 그렇게 하여 내가 나 자신이 될 때 내게 가장 확실해진다. 공표되는 투쟁에서는 타인도 또 그 자신이 되기 때문이다.

가능적 실존에 근거해서 나는 내 현존에서 **역사적인 것**을 파악하는데, 이 역사적인 것은 알 수 있는 현실들의 단순한 다양성으로부터 나와 실존함의 깊이가 된다. 외면적으로는 규정된 상태이고 제한인 것이 내면적으로는 본래적 존재의 현상이다. 그저 인류를 사랑하는 자는 전혀 사랑하고 있지 않는 자이다. 그러나 이 특정한 인간을 사랑하는 자는 사랑하고 있는 자이다. 합리적으로 수미일관하고 계약을 지키는 자는 아직 성실한 자가 아니다. 그가 행하는 한편 사랑한 것을 자기 고유의 것으로서 받아들이면서 스스로 그것에 구속되어 있는 것을 알아야만 성실한 자이다. 세계의 바른 질서를 영구히 바라는 자는, 실제로는 어떤 것도 바라지 않고, 그의 역사적 상황 속에서 가능한 것을 그 자신의 것으로서 파악하는 자야말로, 정말로 이것을 바라는 것이다.

내가 역사적인 것 속에 뿌리박고 있으면 시간적 현존(Zeitdasein)은 자체적으로, 그리고 자동으로 중요성을 갖는 것이 아니라 **시간 속에서 영원을 위해** 결정된다는 의미에서 그 중요성을 갖는다. 이럴 경우에 미래로서의 시간은 가능성이고, 과거로서의 시간은 신뢰에 의해 묶여 있음이며, 현재로서의 시간은 결의함이다. 이럴 경우에 시간은 단순한 경과가 아니라 자신의 결의에 의해 시간 속에서 자기를 획득하는 **실존의 드러남**이다. 시간적인 것이 이러한 중요성을 갖고, 또 그렇게 의식됨으로써 시간적인 것은 동시에 극복이 되었다. 하지만 시간적인 것이 극복된 것은 어떤 하나의 추상적인 무시간성 때문이 아니라 내가 시간의 밖이 아니라 시간의 안에서 시간을 넘어서 있음으로 해서이다. 내가 한 생명의 의식인 한, 즉 내가 생동하는 충동과 이 충동의 유한한 행복의지에 의해 지배되고 있는 한, 나는 마치 현존의 불안으로부터 해방이 맹목적인 지속 속에 있기라도 한 듯 모든 시간 속에서 지속하고자 한다. 생명 있는 의식으로서의 나는 지나간 것의 고통을 덜어내는 일이 불가능하듯 이 의지도 없앨 수가 없다. 이 의지와 고통은 내 현존 그 자체에 속하는 것이다. 하지만 내가 시간 속에서 무조건적으로 행동하고 무조건적으로 사랑하는 한, 시간 속에 영원이 존재한다. 이것은 나의 지성이 파악하는 것이 아니라 그저 순간적으로 밝혀지는 것이다. 그리고 나중에 이것은 오직 의심하며 상기하는 가운데 밝혀진다. 나는 이것을 결코 외부적인 소유물로서 갖고 있는 것이 아니다.

구별하는 형식으로서는 의식일반으로서의 지성에 대해서 말하지 않고 있지만, 가능적 실존에 대해서는 호소하는 것이 된다. 즉 현실적 존재가 일절의 인식된 객관성 속에서는 모든 시간 속에서의 지속과 모든 법칙 아래에 있는 자연 속에서의 지속으로 스스로를 비현실화하거나 또는 단지 스쳐 지나가는 것의 허무함으로 스스로를 비현실화한다. 그러나 실존은 시간적으로 역사적인 것 속에서 선택하면서 자기를 실현하고 그런 가운데서 객관적으로는 소멸해가는 것에도 불구하고 충실한 시간에로 자기를 실현해간다. 영원은 무시간성도 아니고 모든 시간 속에서의 지속도 아니다. 영원은 실존의 역사적 드러남인 시간의 깊이다.

3. 세계와 실존

실존은 다른 실존과 함께 세계로서의 상황 안에 존재하지만, 세계존재로서 인식가능한 것이 되지는 않는다. 세계 안에 존재하는 것은 의식일반[14]으로서의 나에게 존재로서 파악된다. 하지만 실존은 가능적 실존의 초월작용 속에서만 이 가능적 실존에게 확실해진다.

강제적으로 승인을 강요하는 존재는 사태로서(als Sache) 직접적으로 현존한다. 나는 이것을 직접 파악할 수 있고, 사물들에게는 기술적으로 그리고 나 자신이나 다른 의식에게는 논증하면서 이것에서부터, 그리고 이것을 갖고 **무엇인가**를 만들 수 있다. 강제적으로 승인을 강요하는 존재 속에는 경험적 현실의 실재적인 저항이거나 사유 필연적인 것과 사유가능한 것의 논리적 저항이건 간에 하나의 소여된 것의 **저항**이 존재한다. 어디에서건 하나의 **대상적인 존재**가 있다. 이것은 근원적 객체로서 또는 이 근원적 객체 속에서 적당한 방법으로 대상화된 것으로서, 가령 연구용 도구인 모형과 유형 속에서 적당한 방법으로 대상화된 것으로서 어디서나 존재한다.

실존은 그 자체로서는 현존하는 것이 아니지만, 현존으로서의 가능적 실존에게는 **현상한다**. 물론 세계와 실존 사이, 인식가능성과 조명가능성[15] 사이, 객관적 존재로서의 존재와 실존의 자유존재로서의 존재 사이의 간극은 사유 속에서 지양될 수 있는 것이 아니다. 그러나 이 두 종류의 존재방식은 실질적으로는 더없이 밀접하게 접촉하고 있다. 따라서 이 두 종류의 존재방식은 동시에 가능적 실존이기도 한 하나의 의식에 대해서 이 분리를 관철하는 것은 무한한 과제이며, 이 과제를 성취하면서 세계존재 인식과 실존조명이 한 의식 속에서 산출되는 것이다.

---

14) (역주) "의식일반(Bewußtsein überhaupt)"은 객관적 세계를 인식하는 능력인 지성(Verstand)을 의미한다. 야스퍼스는 인간이 실존으로 존재할 뿐만 아니라, 의식일반으로도 존재하고, 문화를 영위하는 정신(Geist)으로도 존재하며, 초월자를 생각하는 영혼(Seele)으로도 존재한다고 주장한다.

15) (역주) "인식가능성(Erkennbarkeit)"은 어떤 대상이 인간의 지성에 의해 객관적으로 파악될 수 있는 가능성을 뜻한다. 이에 반해 "조명가능성(Erhellbarkeit)"은 객관적으로 파악할 수 없기 때문에 지성의 인식대상이 아닌 어떤 것을 그 나름의 고유한 존재방식에 주목하여 호소하는 사유(Denken)에 의해서 마치 어두운 방에 있던 대상이 조명을 켜자 그 모습을 드러내듯 우리에게 나타나게 할 수 있는 가능성을 의미한다.

자유의 존재로서의 실존과 객관적 존재의 분리는 단지 추상적으로만 형식 속에서 진술될 수 있다. 즉 메커니즘이자 생명이며 의식으로서의 객관적 존재는 주어져 있다. 그러나 실존으로서의 자아는 근원이다. 물론 존재 일반의 근원은 아니지만, 현재 속에 있는 나에게는 근원이다. 사물의 존재에 맞춰지면 자유가 없다. 자유에 맞춰지면 사물의 존재는 본래적 존재가 아니다. —존립(Bestand)으로서의 존재와 자유로서의 존재는 두 가지 병렬될 수 있는 존재종류로서 대립하지 않는다. 이들은 서로 관련은 되지만, 결코 비교할 수 없는 것이다. 즉 객관적 존재라는 의미에서의 존재와 자유존재라고 하는 의미에서의 존재는 각각 자기 폐쇄적이다. 하나는 시간에서 벗어나 무시간성 안이나 끝없는 지속 안으로 들어서고, 다른 하나는 시간에서 벗어나 영원 안으로 들어선다. 모든 시간에 존재하거나 타당한 것은 객관성이고, 순간적으로 사라지면서도 영원한 것은 실존이다. —하나는 그 것을 사유하는 주관에 대해서만 존재하는 것이고, 다른 하나는 결코 객관을 결여하고 있는 것은 아니지만 소통 속에 있는 실존에 대해서만 현실적인 것으로서 존재하는 것이다.

세계로부터 보자면 실존의 모든 현상은 단지 객관존재이다. 하지만 이 관점으로부터는 의식은 자아이지만 실존은 아니다. 이와 같은 관점에서는 사람들은 실존이 의미하고 있는 것을 결코 이해할 수 없다. 실존으로부터 보자면 모든 실존의 고유 존재는 그렇지만 단지 현존에 있어서의 현상으로서는 있다. 그리고 실존의 고유의 현상이 아닌 현존은 본래적으로 자기가 아니라 퇴락이다. 마치 이 현존전체가 근원적으로는 실존이어야만 한 듯이, 그리고 이 현존전체에서 단지 현존으로 존재하는 것이 가능하기라도 한 듯이 이것은 실존 비우기로서, 그리고 실존 억류이자 실존 상실로서 파악되고 있다.

따라서 객관적 존재로부터 다른 존재로 이끄는 어떤 지침도 없다. 간접적으로 이러한 존재가 미결되지 않고 흩어져 있지 않는 한 그렇다. 그러나 물론 실존은 실존을 현실화하는 매개이자 실존의 현상을 가능하게 하는 것인 객관적 존재의 형태들을 관통한다. **세계와 실존의 한계 위에 서 있는 채** 가능적 실존은 모든 현존을 그저 현존으로만 보지 않는다. 실존 속에서 자기 자신을 본래적인 것으로서 발견하기 위해서 존재는 가장 먼 것에서부터, 즉 메커니즘으로부터 생명과 의식을 초월해서 소위 자기 자신에게 접근한다. 바꾸어 말하면 이 한계로부터 현존은 의식일반에 의해 순수하게 현존으로 사유된다. 하지만 모든 현존은 그것이 실존의 장애이거나 매개가 됨으로써 가능한 경우에 실존에게 중요한 것으로 존재한다는 특성을 지닌다.

실존은 오직 다른 실존과 함께, 그리고 다른 실존을 통해 존재하지만, **실존들의 어떤 다양성**에 대해 이야기하는 것은 객관적으로 아무런 의미도 지니지 않는다. 왜냐하면 실존들은 그때그때 역사적으로 세계존재의 어둠 속에서 실존과 실존이 교제하는 중에 하나의 서로 위함(Füreinander)으로서 존재하고, 그리고 오직 서로 위함 존재(Nurfüreinandersein)로서는 관조하는 의식일반에게는 또다시 타당성이 없는 것이기 때문이다. 실존들은 밖에서는 보이지 않는 것이며, 어떤 다수의 존재로서는 개괄되지 않는다.

한편으로 존재양태들로 찢긴 세계존재가 의식일반이라는 매개 속에서 가능적 실존에게 나타난다. 그러나 다른 한편에서는 실존들이 존재한다. **자기 폐쇄적 존재**는 그 어떤 면에서도 존재하지 않는다. 즉 그것은 하나의 세계현존으로서 객관적으로 존재하지도 않으며, 사유가능할 것 같고 조망가능할 것 같은 어떤 실존들의 세계로서 존재하지도 않는 것이다. 내가 하나의 존재를 사유하면, 이 존재는 항상 하나의 특정한 존재이지, 존재 자체는 아니다. 내가 가능적 실존을 확신할 때, 나는 어떤 하나의 실존을 대상으로서 갖는 것도 아니고, 어떤 하나의 실존일반을 확신하는 것도 아니다. 그때 나는 단지 나 자신에 대해, 그리고 나와 교제하고 있는 실존에 대해 확신할 뿐이다. 우리들은 그때그때마다 전적으로 대체불가능한 것이며, "실존"이라는 하나의 유개념인 "실존"의 사례들이 아니다. 실존은 객관적으로 사유할 수도 없고 통용될 수도 없는 존재에 대한 이러한 자기확신의 방향을 가리키는 신호(signum)가 되지만, 이 존재를 그 누구도 스스로나 타인에 의해서 알거나 의미 있게 주장할 수 없는 것이다.

존재

'존재라는 것은 무엇인가?'라는 출발점이 되는 물음에 대해서는 아직 하나의 정답이 발견되지 않았다. 묻는 자가 이 대답 속에 자신의 고유의 존재를 인식하는 한에서 이 물음에 대한 대답은 묻는 자를 만족시킨다. 하지만 이 존재물음 자체는 일의적이지 않다. 묻는 자가 문제인 것이다. 이 물음은 의식일반으로서의 현존에 대해서는 어떤 근원적인 의미도 없다. 이 의식은 특정한 존재의 다양성 속에 흩어져 버린다. 존재 그 **자체**에 대해 묻는 열정은 모든 현존과 객관존재를 초월할 때 가능적 실존에서 처음으로 나타난다. 하지만 이 가능적 실존에 대해서는 특정한 지식에 의한 결정적인 대답은 유보되어 있다. 현존하는 것은 **현상**(Erscheinung)이며, 존재 그 자체는 아니고, 그렇다고 무(無)는 아니다.

1. 현상과 존재

이렇게 말할 때 "현상"의 의미는 그 범주적 유래를 하나의 개별적이고 객관적인 관계 속에 갖는다. 다시 말해서 어떤 것이 하나의 관점에서부터 어떻게 나타나는가 하는 것과 그것이 또 이러한 관점 없이 그 자체에 있어서 어떻게 존재하느냐 하는 것 사이의 관계 속에서 그 의미는 범주적 유래를 갖는 것이다. 그 경우 **객관화되는** 의미에서 현상은 하나의 객관적으로 근저에 놓여 있는 것으로서 추측될 수 있는 것의 국면이지만, 그 자체가 대상으로서 단순히 사유된 그런 대상적인 것은 아직 아닌 것의 국면이다. 왜냐하면 원칙적으로 그것은 그러한 대상으로서 나에게 알려지게 될 것이기 때문이다.(예를 들어 원자가 그런 것이다.)

존재 자체가 사유될 경우에 현상이라는 범주 안에서, 그리고 근저에 놓여 있는 것과 현상하는 것 사이의 이 특정한 객관화되는 관계를 초월하면서 모든 존재는 사유된다.

이제 그런데 현상하는 존재는 시간현존에서는 극복될 수 없는 하나의 이중성 속에 남아 있다. 즉 현상하는 존재는 한편으로는 객관적으로 근저에 놓여 있는 것으로서 사유될 수 없는 **초월자**(Transzendenz)라는 접근불가능한 즉자존재로 되어 있고, 다른 한편으로 현존하는 의식이 아닌 **실존**(Existenz)이라는 현재적인 존재로 된 이중성 속에 머문다. 실존과 초월자는 이질적인 것이지만, 서로 연관돼 있다. 그리고 이와 같은 관계 그 자체가 현존 속에 나타나는 것이다.

현존이 연구의 대상인 한에서 현존은 하나의 **이론적으로** 근저에 놓여 있는 것의 현상이다. 현존도 초월자도 연구를 통해서는 접근될 수 있는 것이 아니다. 하지만 연구에서 현상으로서 인식된 것은 연구에서는 가까워질 수 있는 것이 아니다. 하지만 연구 속에서 현상으로서 의식된 것은 연구에서 근저에 놓여 있는 것으로서 사유된 것과 함께 철학함의 의미에 있어서 즉 자존재(Ansichsein)의 현상이다. 현상에 대한 학문적 연구가 근저에 놓여 있는 것을 고안하는 동안에 철학함은 초월자의 암호를 해독하면서, 그리고 실존에 호소하는 사유를 하면서 현상을 통해 존재 그 자체를 잡는 것이다.

의식이라는 것도 관찰의 대상이 되는 한, 그것은 내가 그 속에서 나 자신에 대해 하나의 자기존재를 확신하고 또한 초월자가 그것에서 현재하는 그런 의식은 아니다. 물론 실존이란 오직 의식으로서 존재한다. 그러나 연구에 의해 인식되는 의식은 결코 이와 같은 실존적 의식이 아니다. 그러므로 의식이 심리학적으로는 접근할 수 없는 실존의 절대적인 확신이라면, 대상적 연구에 대해서 단독적인 개인생명으로서 현존하는 것이 자기 자신에 대해서는 모든 존재의 포괄적인 매개자가 되는 것이 가능하다. 그러므로 모든 것이 의식 속에 있다는 명제는 의식이 [객관적인] 연구의 대상으로서만 생각될 때는 진리가 아니다. 그렇지만 현상하고 따라서 의식 속에 들어오는 것만이 우리에 대해서 존재하는 한에 있어서 그 명제는 타당하다. 탐구될 수 있는 현존으로서 존재하는 것으로서 나 자신을 넘어서 밖으로 나갈 때, 연구에 있어서는 애매해 의식되지 않는 것이나 혹은 실존에 있어서 초월자인 것이 의식에 열리고 닫힌다. 그러나 의식을 보완하는 이것은 필연적으로 연구에 대해서는 무의식적인 것의 이론으로서 다시 의식 속에서 존재하고, 실존에 대해서는 자체 모순적이고, 그래서 사라져가는 형태 속에서 존재의 암호로서 의식 속에 존재하는 것이다.

만약 실존은 의식 속에서 현상한다는 명제가 이해되어야만 한다면, "존재의 현상"이라는 표현이 그 다의성에 있어서 파악돼 있어야만 한다. 이 표현 속에서는 근저에 놓인 객관적인 것의 현상도 초월자의 즉자존재의 현상도 생각되지 않고 있다. 즉 한편으로 의식 안의 현상으로서의 실존은 심리학적으로는 이해될 수 없다. 의식의 현존형태만이 심리학의 대상이 될 수 있다. 다시 말해 인과적 조건들과 이해가능한 계기들 속에 있는 체험만이 심리학의 대상이 될 수 있는 것이고, 이 체험의 실존적 토대는 그렇지 않다. 심리학적 연구는 이 체험의 실존적 토대를 생각해내지 않고, 근저에 놓인 무의식적인 것을 생각해낸다. 이 무의식적인 것은 의식의 현실로서 타당하다. **객관화한다는** 의미에서 의식은 근저에 놓인 것의 나타남(현상, Phanomen)이다. 그런데 **실존적인** 의미에서 나타남은 어떤 하나의 의식됨이고 대상화됨을 뜻한다. 존재로서 동시에 완전히 현재적으로 있는 것은 이 의식됨과 대상화됨 속에서 자신을 이해한다. 나는 그렇게 결코 객관으로서 알려지지 않는 것을 영원히 알고 있다. 그렇게 나타나는 것인 나는 어떤 하나의 근저에 놓인 것[16]으로 존재하지 않고 본래적이고 자기 자신으로서 존재한다. 연구의 대상으로서의 의식의 현상을 우리는 우리에게 완전히 낯선 것인 근저에 놓인 것에 귀속시킨다. 우리는 그러나 실존의 현상을 우리가 자신에 대해 책임을 지고 있는 곳인 근원(Ursprung) 안에서 우리로 존재하는 것에 귀속시킨다. 객관적으로 근저에 놓인 것의 현상은 인식에 대해 보편타당하며, 실존의 현상은 실존적 소통 속에서 계시될 수 있다.

다른 측면에서 볼 때 의식 속에서 실존이라는 존재의 **자기 스스로**에 대한 **현상인** 실존은 실존에서 감지될 수는 있지만 실존 자체는 아닌 즉자존재의 현상에 대한 긴장 속에서만 자기 고유의 존재를 확신한다. 실존의 존재의식 속에서는 현상하는 존재가 단순히 직선적으로 계시될 수 있는 것

---

16) (역주) "어떤 하나의 근저에 놓인 것(ein Zugrundliegendes)"은 마치 실체와 속성의 관계에서 실체나, 물 자체와 현상의 관계에서 물 자체와 같은 것을 의미한다.

이 아니라, 스스로가 자신에게 그저 현상하는 실존에게 가능성으로서 말을 거는 존재가 계시될 수 있는 것이다.

현상들 속에서 객관적으로 근저에 놓인 것의 나타남과 암호 속에서 즉 자존재의 초월의 나타남과, 절대적인 의식의 확실성 속에서 실존의 **나타남**이라는 이 이질성은 제각각의 방향에서 어떤 한 존재의 고정된 존립을 지양한다. 즉 전체적으로 이 이질성은 **시간적 현존에 안에서 가능적 실존으로** 있는 묻는 자를 위해서 최종적 분열상태로 있는 존재 또한 존재에 대한 물음의 뿌리에 묶어둔다.

2. 다양한 존재방식과 존재

존재가 무엇인가라는 물음은 어떤 것을 다른 존재가 거기서 파생되는 존재 그 자체로 여기도록 기꺼이 사유해보게 만든다. 이렇게 해보는 일은 많은 가능성을 지닌다. 그러나 그 어느 것도 실현될 수는 없다. 만약 내가 가령 객관적으로 인식가능한 것을 본래적 존재로 여기고, 나를 객관적인 것으로부터 이끌어내고, 이렇게 하여 나 자신을 어떤 하나의 사물로 만들고 모든 자유를 없애버린다면, 혹은 만약 내가 주체의 자유를 근원적인 존재로 만들고 사물을 이 존재로부터 이끌어낸다면, 그 어느 쪽의 경우에 있어서도 하나를 다른 것에서 이끌어내는 일은 공상적인 비약일 것이다. 나는 사물의 존재로부터 파악될 수도 없고, 내가 모든 것을 나 자신으로 여길 수도 없다. 나는 오히려 세계 속에 존재하고, 존립하는 것이 나에 대해 존재하고, 나는 세계 속에 나타나는 가능실존으로서 근원적인 결단들을 수행한다. 우리가 그 속에서 우리 자신을 발견하고 있는 모든 존재는 존재첨가물로부터는 결코 파악될 수 없다. 이것이 내가 철학하면서도 잊지 않고 있는 나의 상황이다.

존재에 대한 탐구는 **다양한 존재로부터** 출발했고 **존재방식으로** 있는 그것에로 되돌아갔다. 만약 존재에 대한 탐구가 존재를 발견하지 못했다 할지라도, 하나의 유일한 근원 속에 있는 하나의 원리 아래 옮겨갈 수 없는 **모든 것을 왜 존재라 부르는가**라는 물음이 남는다.

우리는 각각의 진술(Aussage)이 지닌 **언어형식**이라는 사실에 직면해 있다. 무엇에 대해 이야기되는 경우에도 그것은 "이다(ist)"[17]라는 계사(Kopula)를 동반하는 규정적인 명제의 형식 속에 들어온다. 그 명제가 하나의 존재와 관련된 것이 아니라, 전체로서는 명확하게 하지만 어떠한 대상도 그 자체 목표로서 규정하는 일을 하지 않는 하나의 사상의 움직임에 대한 간접적 지시이거나 그 사상의 움직임의 분절인 경우에도 그러한 것이다.

그 언어형식은 사유함 일반의 현상이다. 내가 대상적으로 인식하거나 또는 비대상적으로 밝혀주거나(erhelle) 어떠한 경우에도 나는 사유한다. 그리고 내가 사유하는 것은 **범주들** 속에서 사유해야만 한다. 이 범주들은 모든 사유함의 근본규정이다. 범주들은 다른 것이 그 종류이거나 파생물일 듯한 어떠한 상위의 범주들도 갖지 않는다. 하지만 범주들은 규정하는 것으로서 그때그때마다 하나의 존재를 진술한다는 공통성을 지닌다. 이 공통된 것은 어떤 의미에서 하나로 존재하는 사유함이다. 또 이 사유함을 통해서 이질적인 존재가 항상 존재로 칭해지고 있다. 설령 이 이질적 존재에 대한 하나의 공통개념이 발견되지 않는다고는 해도 그런 것이다.

---

17) (역주) 주어와 술어를 연결하는 계사인 독일어 "ist"는 여기서처럼 우리말 '이다'로 옮길 수 있을 뿐만 아니라 '~로 존재한다'로도 옮길 수 있다. 가령 'Die Frau ist Leherin'은 '그녀는 선생님이다.'나 '그녀는 선생님으로 존재한다.'로 옮길 수 있다.

범주들을 통해서 사유할 때는 이러한 범주들 속에서 사유된 것이 이러한 범주들에 의해 적합하게 사유되는가 그렇지 않은가 하는 물음이 존재한다. 직접적으로 존재하는 것, 즉 발견될 수 있는 그것으로 존재하는 것, 그리하여 그것에 대해서 바로 범주들 속에서 이야기되는 이러한 것은 그와 같이는 존재하지 않는 것, 그것에 대해 오해할 수 있고, 간접적이지만 그것에 대해 이야기되며, 그래서 필연적으로 범주들 속에서 이야기되는 그러한 것과 구별되어야만 한다. 이 대립은 도식적으로 다음과 같이 정식화된다. 즉 **존재의 발견**은 세계정위에 있어서 과학적(wissenschaftliche) 인식이며, 하나의 규정된 존재를 많든 적든 적당한 방법으로 그때그때마다 파악한다. 그러나 **존재확신**(Seinsvergewisserung)은 대상성을 초월함으로서의 철학함이다. 존재확신은 그 자체로는 결코 대상이 될 수 없는 것을 이를 대표하는 대상성 속에서 범주들을 매개로 하여 부적당하게 파악하는 것이다.

따라서 진정한 철학적인 걸음은 방법에 따라 말하자면 초월함의 방식들로 파악되어야 할 것이다. 내용에 따라 말하자면 이 걸음은 실존적인 근원으로서의 하나의 절대적 의식에서부터 본래적인 존재라고 이 사유함 속에서 확신된 하나의 존재를 진술하는 것이다.

철학함의 과정에서 스스로를 파악하는 가능적 실존의 자유는 본래적 존재인 어떤 알려진 존재의 숨 막히는 협소함 속에 들어설 수는 없다. 이 본래적 존재로 있는 것은 그때그때마다 자유로부터 경험되며, 인식된 것으로서 존재하는 것이 아니다. 존재개념의 분절화 배후에는 본래적인 것인 하나의 존재를 그 속에서 내가 **찾고 있는** 참된 철학함의 근원에 이르려고 가능성들을 통해서 우리의 **의식을 느슨하게** 하려는 충동이 있다.

따라서 존재라는 것은 그것에 대해 무규정적으로 "있다(ist)"라고 말하게 되는 모든 것으로 **존재를 희석시키는** 것이거나, 범주적으로 **규정된** 하나의 의식된 존재에까지 존재를 고정화하는 것이거나, 사유 속에서 확신되는 본래적 존재를 강조하는 것이거나이다. 이에 상응하여 존재차이란 규정된 것과 규정되지 않은 것의 존재차이이고, 규정된 것들 서로 간에 있어서는 본래적인 것과 아무것도 아닌 것의 존재차이다.

알 수 있는 의미에서는 발견되지 않는 본래적 존재는 이 존재의 초월 속에서 탐색되어야만 한다. 이 초월에는 의식일반이 아니라 그때그때 실존만이 관계한다.

모든 사유는 그것이 공허한 지적 유희와 사소한 사실성에 빠지지 않아야만 한다면, 그리고 그것이 의미를 갖고 있다고 하는 한, 간접적으로 이 초월자를 향해야만 한다고 사람들은 추정할 수 있을 것이다. 언어형식 이외에는 무엇 하나 공통된 것 속에서 파악할 수 없이 모든 존재를 존재라고 한 저 명명은 우리의 말함 속에서의 존재의 가장 희박한 현상으로서 또한 하나의 그 존재 속에 있는 모든 존재의 깊은 근거를 지시하는 것이라고 말할 수 있다. 그렇지만 이러한 것은 이미 그 속에서 초월함이 말하고 있지 않는다면, 규정되지 않은 사상이다. 왜냐하면 모든 범주들은 이것들을 갖고 이것들 자체를 초월하는 데 이용될 수 있는 것이기도 하고, 또한 세계 안의 어떠한 현존도, 그리고 논리학에 있어서의 어떠한 의미도 갖지 않는 하나의 통일성 속에서, 즉 어찌됐든 하나의 역사적 실존에서만 그때그때 마음에 들어오는 초월자의 그 유일한 존재 속에서[18] 범주들의 특별함을 제거하기 위해서도 이용될 수 있기 때문이다. 이 초월자의 존재는 이 마음으로부터 현존과 의미를 관통하며, 현존과 의미 이 둘이 확증되는 것처럼 보

---

18) (역주) "초월자의 그 유일한 존재 속에서(dem einen Sein der Transzendenz)"는 앞에 기술된 "하나의 통일성 속에서(in einer Einheit)"를 다시 설명하는 표현이다.

인다. 하지만 그러고 나서 이 둘 또한 부서지고 지양되는 것처럼 보인다.

　존재에 관한 가르침으로서의 **존재론**은 존재가 사유에 나타나 만나는 방식으로서의 존재를 의식하게 만드는 성과만 여전히 낼 수 있다. 이러한 과제를 충족시키는 작업에서 존재론은 하나인 존재(das seine Sein)[19]를 결코 적중시키지 않고, 그 존재를 확신하는 길만을 열 뿐이다. 오늘날 존재론은 형이상학으로서의 존재론이 아니라 범주론으로서의 존재론이 될 것이다. 도대체가 내가 무엇을 사유하려고 하더라도 이 사유는 언제나 모든 사유된 것의 밖에 머물러 있는 가능적 실존으로서의 자아의 공간만을 내게 마련해줄 뿐이다. 모든 사유된 것은 가능적 실존에게 상대적으로 알려질 수 있는 것, 가능성, 호소를 의미하지만 그 이상의 것을 의미하는 것은 아니다. 내가 사유를 통해 소통하고 있는 타자가 나와 가능적인 사유 속에서 함께 움직이고 그것을 절대적인 것으로서 복종하지 않기 위해서 자기 자신에 대해서, 그리고 또한 나에 대해서도 사유된 것의 밖에 머무는 것과 마찬가지로 그렇다. 소통하며 서로에게 접근할 때 사유가 부서진다. 이 사유는 이러한 분쇄를 가능하게 했던 그것이다.

---

19) (역주) "하나인 존재(das eine Sein)"는 모든 존재자들을 포괄하고 모든 존재자에게서 공통적으로 존재하는 전일(全一)한 존재를 의미한다.

제2절
가능적 실존에 근거한 철학함

존재를 탐구하는 일은 탐구하는 자에 대한 물음 속으로 되던져졌다. 탐구하는 자는 한갓 현존이 아니다. 왜냐하면 현존재는 오히려 자기 자신에 만족하고 있는 것이어서 존재를 탐구하지 않기 때문이다. 탐구하는 자 자신의 존재는 가능적 실존[20]이며, 가능적 실존의 탐구는 철학함이다. 현존 안의 실존의 놀람과 관련해서 존재가 비로소 문제가 된다. 이 실존은 철학하면서 사유의 길을 통해 존재에로 돌진한다.

의식일반[21]이 존재를 보편하게 인식한다고 여기는 한, 철학함은 가능적 실존의 철학함이 아니게 될 것이다. 왜냐하면 의식일반은 세계 내의 대상들을 인식하는 것이기 때문이다. 의식일반의 학문들은 세계 내에서 방향정립이며, 이 과학들은 그들의 의미로 존재를 발견하고, 이 존재를 갖고 있는 것이다. 이 과학들은 존재의 탐구에 봉사하고 있을 때는 철학적이지만, 그 자체로는 존재의 탐구가 아니다.

철학적 생활을 통해 스스로를 실현시키려는 **가능적 실존에 근거한 철학함**

---

20) (역주) 원문의 독일어 "Mögliche Existenz"는 우리말 표현의 조화를 생각하여 경우에 따라서는 "가능실존"이나 "가능적 실존"으로 번역하였다.

21) (역주) 야스퍼스에 있어서 "의식일반(Bewußtsein überhaupt)"은 칸트의 "지성(Verstand)"에 상응하는 개념으로서 객관적이고 보편타당한 지식(Wissen)을 수행하는 사유능력이다. 의식일반의 활동을 통해 우리는 지식을 쌓고 이것을 체계화한 학문(Wissenschaft)을 성취할 수 있다. 따라서 학문이란 믿음(Glauben)이나 철학적 사유와 달리 누구나 확실성을 인정할 수 있는 객관성을 지닌다. 이런 의미에서 학문(Wissenschaft)은 과학(Wissenschaft)이기도 하다. 이에 반해 믿음과 철학적 사유는 이러한 객관성을 지닐 수 없고 지닐 필요도 없는 것이다.

은 탐구에 **머무른다**. 근원의식은 존재가 자신에게 말을 걸어올 때는 언제나 이 존재를 받아들일 준비태세를 강화하는 자기의식적 탐구로서 이러한 [머무는 탐구인] 근원에 육박해간다.

실존을 향해 가기

하나의 새로운 방향에 접어들기 위해서는 존재방식들을 현전화[22]하는 과정을 여기서 멈춰야만 한다. 존재는 대상으로서 오직 이것인 대상적 존재에 관련될 때 명료해졌었다. 그것은 개념적으로 파악가능한 것의 세계일 것이다. 이와 대조적으로 사유된 것으로서 실존과 초월자는 상상적인 점들이다. 철학함은 이 점을 둘레에서 움직이는 일이다.

이 운동은 **실존**을 중심점으로 갖는다. 우리들에게 절대적으로 중요한 모든 것은 이 실존 속에서 만나고, 교차된다. 현재나 가능성으로서 실존 없이는 사유와 삶이 끝없는 것과 본질 없는 것 속으로 상실된다. 만약 내가 말로만이 아니라 실제적으로도 실존의 존재를 부정하고, 객관적 존재를 존재 그 자체로 여기면, 사물의 무제한성 속에서 내 현존의 공허와 지루함이 존재한다. 실존은 실체와 충족을 요구하기 때문에, 평안을 주지 않는 여분으로 남은 순간적인 실존에 의해 내몰리면서 실존의 탐구와 초조함이 남게 되는 것이다. 그러나 실체와 충족은 실존하는 자의 무제약성에 대한 개념적으로 파악불가능한 확신 안에서만 발견된다. 그리고 이러한

---

22) (역주) "현전화(Vergegnewärtigung)"란 어떤 것을 바로 지금 눈앞에 있는 것처럼 대상화하여 마주하는 것이다.

확신은 철학함 속에서 밝혀지길 원한다.

하지만 내가 실존을 직접 눈으로 포착하려고 하면, 나의 시선은 실존을 못 만난다. 어떤 것은 대상적으로 존재하는 정도에 따라 명료하다. 공간 속에서 우리 앞에 보이도록 서 있는 것은 모든 대상적인 것의 감성적 원형이고, 대상적으로 사유한다는 것은 공간적인 형상들 속에서 사유한다는 뜻이다. 그러나 의식의 구조가 이미 어떤 공간적 사물의 대상성을 더 이상 갖고 있지 않다. 의식이란 의식을 경험적으로 탐구가능한 하나의 객체(Objekt)로 만드는 파생적이고 비유적이며 어쨌든 하나인 대상성을 갖는 것에 지나지 않는다. 우리가 **실존을 향해 갈 때에야** 처음으로 우리는 하나의 절대적으로 **비대상적인 것**에 접근한다. 그렇지만 이 비대상적인 것에 대한 자기확신이 우리의 현존의 중심이고, 이 중심으로부터 존재가 탐구되며, 또 이 중심으로부터 모든 객관성의 **본질**이 밝혀진다.

어떤 것이 도저히 대상이 될 수 없다면, 사람은 그것에 대해 어떠한 것도 이야기할 수도 없는 것처럼 보인다. 하지만 이것에 대해 이야기하는 사람은 이것을 대상화하고 있는 것이다. 이와 같은 사유의, 추정하건대 알 수 있는 것 같은 모든 결과들은 실제로 실존을 객체(Objekt)로 만들고, 이렇게 해서 실존을 심리학화한다. 그러나 우리는 대상들을 사유하거나 이야기할 수 있을 뿐만 아니라, 비록 하나의 사상에 대한 통찰은 되지 않더라도 사유하면서 **자기 스스로**에게 명확히 되는 수단도 존재한다. 명확해지는 일은 비대상적인 가능적 실존의 현존형식이다. 사유와 언어는 비대상적인 자기확신(Selbstgewißheit)에게로도 향하는 것이다. 이 자기확신은 의식의 태도, 의식의 밝음, 존재의식을 의미할 수 있고 또한 절대적 의식을 의미할 수도 있다.

우리는 실존이라고 말하고, 이 현실성(Wirklichkeit)의 존재에 대해 이야기한다. 그러나 "실존"은 개념이 아니라 모든 대상성 너머를 지시하는 지표이다. 가능적 실존에 근거해서 철학함은 사유라고 하는 수단을 갖고 어떤 하나의 공허한 심연을 지시하는 일을 넘어서 좀 더 분명한 현전화에 이르려는 노력이다. 인식할 수는 없을지라도, 실존 속에서 자신이 깊어지는 것을 사람이 단념하지 않을 때 본래적인 철학함이 있는 것이다.

철학함이란 가능적 실존에 **의거한다**는 바로 이 이유 때문에 철학함은 가능적 실존을 철학함이 연구하고 인식하는 자신의 객체(Objekt)로 삼는 것이 또한 불가능하다. 첫발을 내딛는 철학함이 개별적인 것을 전체로 이해하고 상대적인 것을 절대적인 것으로 이해하려는 유혹에 쉽게 빠지는 것과 같이, 실존을 어떤 하나의 절대적인 것으로 대상화하려 하는 시도는 철학함의 본래적인 위험이다. 실존의 존재의식이 자신 안에 닫혀 있는 것처럼 보일 때 실존을 절대적인 것으로 여기는 일은 충분히 있을 수 있기 때문에 그렇다. 하지만 실존은 시간적 현존으로서 과정 속에 머물러 있기 때문에, 이와 같은 실존의 절대화는 실존 자신에 있어서 치명적인 것이 될 것이다.

절대적인 것으로서의 본래적 존재로부터는 어쨌든 현존해 있는 것이 개념적으로 파악될 수 있지 않으면 안 될 것이다. 하지만 실존으로부터는 현존이 개념적으로 파악가능하게 되지 **않는다**. 우리들은 어떤 의미에 있어서도 세계를 실존으로부터 탄생시키는 것이 불가능하기 때문에, 실존이 존재 그 자체로는 있을 수 없는 것이다.

그러나 실존 자신이 절대적인 것인가 아닌가라는 물음은 실존에서 모든 존재가 파생되는 일이 좌절되는 것에 의해서나 논리적 사유에 의해서가 아니라 실존적 의식 그 자체에 의해서 최종적으로 검토되어야만 한다. 이 실존적 의식은 불안을 통해서, 즉 마치 암흑의 타자에 관계된 의식에서처럼 실존적인 의식이 마감되지 않고 미완결인 상태 속에서 대답하거나, 아니면 반항을 통해서, 즉 자신 안에 조용히 은거하지 않고 부정하면서 자신을 내세우는 방어적 관계 속에서 이 물음에 답하든가이다. 실존은 안정과 동요가 하나로 존재한다. 실존은, 현존 속에서도 자기 자신 속에서도 평온하지 않고, 초월적으로 의존해 있는 본래적 자유의식을 통해 절대적 존재를 파악하는 경우에 평온해지는 것이다.

인간과 사물들을 단순히 관조적으로 이해하는 일이 철학을 현상학과 심리학으로 해소해버리면, 실존의 절대화라는 것은 나 자신으로 존재하면서 내가 그것을 사유하는 것이 불가능한 상상적인 하나의 점 속에 붙잡힌 존재가 된다. 내가 나 자신으로 존재하는 한, 나는 내가 무엇인지 이 상상의 한 점으로부터 사유한다. 이 상상의 한 점은 내가 소유하고 있는 존재가 되지 않고, 현존의 파악을 통해 세계 속에서 자기 자신에게 접근하는 것이다. 이 상상의 한 점의 본질은 간접성이다.

따라서 실존이 자기 자신 속에 닫혀 있지 않다는 사실이 모든 실존철학의 시금석이 된다. 보다 깊은 개시를 향해 끊임없이 문을 열어가면서 실존철학의 사유는 모든 사물에 대한 무세계성 속에 끌려들어 가 있는 유아론적 현존을 초월자의 탐구를 실존철학의 본래적 존재로 경험한다는 주장으로 해소한다. 다시 말해서 실존철학은 교제를 잃은 상태로부터 다른 실존에 대한 개방성으로 해방되고, 신이 부재한 상태에서 초월자를 지시한다.

철학함의 분류

실존철학은 본질적으로 형이상학이다. 실존철학은 자신이 유래해온 것을 믿는다.

본래적 지식욕의 근원인 실존은 인식이 불가능한 것이기 때문에 철학적 사유는 사유가 직접 도달할 수 없는 것을 간접적으로 만나기 위해서 실존을 다시 지시해야만 하고, 실존에 의거해서 근원적으로 갈라져야만 한다. 가능적 실존에 근거한 철학함은 그 탐구 속에서 실존을 나타나게 하기 위해서 탐구 중에 모든 사유가능한 것과 알 수 있는 것을 파악한다. 그러나 가능적 실존으로부터 철학함은 실존이 최종 목표가 아니다. 그것은 실존을 경유해 육박해 나가서 이 실존을 초월자 속에서 다시 사라지게 한다. 가능적 실존에 근거해 철학하는 사유는 빛이 던져지는 곳을 생각할 뿐만 아니라 동시에 이 빛 자체도 생각하는 탐조등이다. 이 빛 자체는 실존의 가능성으로부터 되돌려 던져질 때 알려진다.

그렇지만 이러한 조명하는 철학함의 방향들은 자의적이지 않다. 존재를, 이제는 본래적인 존재를 바닥이 없는 상태에서 다시 획득하는 일은 분리된 길들에서 처음으로 일자(一者)로 되돌아가기 위해서 스스로를 분류(gliedern sich)[23]하지 않으면 안 되는 것이다.

존재의 세 개의 명칭이 다양한 모습으로 우리들 앞에 다시 나타난다면, 분류되는 철학함을 시작들에서부터 윤곽을 그리는 일을 우리는 우리가 육박해간 그곳에서부터 다시 시작해야 한다. 이 존재의 세 가지 명칭은 존재를 고립되고 분열된 것으로서 만나는 것처럼 보이지 않고 **전체**로서, **근원적인 것**으로서, 그리고 **일자**(一者)로서 만나는 것처럼 보인다. 즉 현존의 전체는 **세계**이며, 우리의 근원성은 **실존**이고, 일자(一者)는 **초월자**이다.

---

23) (역주) "분류(Gliederung)"는 다양한 요소(Glied)를 지닌 상태를 각 요소별로 쪼갠다는 의미에서 "분절화(Gliederung)"라고 번역할 수도 있다. 그러나 여기서 야스퍼스는 『철학』 3권이 어떤 구성 원리에 의해 차례가 짜여진 것인지에 대해 설명하고 있기 때문에 우리는 "분절화(Gliederung)" 대신 "분류(Gliederung)"라는 번역어를 선택하였다.

세계는 그때그때마다 특정한 객관존재가 나에게 나타날 때 그 현존이며, 그리고 경험적 현존으로서의 나인 그 현존이다.[24] 그런데 세계인식은 대상적이라서[25] 객체로서 사태는 눈앞에 서 있지만, 세계전체(All)는 [내] 앞에 서 있는 것(Gegenstand, 對象)이 아니고 전부(Ganzes)[26]도 아니다. [세계 전체나 실존과 같이] 그 자체로는 비대상적인 존재에 대해서 나는 단지 부적절한 방법으로 대상화해가며 조명하며 확인하고 있을 뿐이다. 이 비대상적인 존재는 나 자신이 이 비대상적인 존재라는 것에 의해 고유의 근원 속에서 나에게 현재적으로 될 수 있을 때는 **실존**이다. 또 이 비대상적인 존재가 암호라는 대상적 형태 속에 있지만 단지 실존에게만 파악가능한 존재로 있을 때는 **초월자**이다.

모든 현존이 즉자존재(Ansichsein, 그 자체로 있음)라는 한계개념에서 나타나게 된다는 사실과, 실존은 자신을 존재 그 자체라고 여길 수 없다는 사실이, 그리고 실존은 오히려 자신을 초월자에 관련돼 있다는 것을 알고 있다는 사실이 존재 탐구를 향한 충동이 갈 길을 준비했다. 따라서 이 존재 탐구는 세 가지 목표를 갖고 있다. 이 목표들은 규정할 수 없는 것으로

---

24) (역주) 여기서 "현존(Dasein)"이 인간뿐만 아니라 객관적으로 확인가능한 모든 존재자들을 의미한다는 사실이 드러난다. 즉 야스퍼스에 있어서 "현존(Dasein)"이란 하이데거의 "현존재(Dasein)"처럼 세계가 드러나는 터로 있는 인간의 개시적(開示的) 존재성격을 나타내기 위한 표현이 아니라 특정한 시간 공간에 존재하여 객관적으로 확인이 가능한 모든 존재들을 의미하는 것이다. 그런데 야스퍼스는 "현존(Dasein)"을 '실존(Existenz)'과 대조적인 의미로 사용할 때도 있다. 이때 "현존"은 자신의 고유한 존재성격에 따라 사는 것이 아니라 생존 본능에 따라 살아가는 인간을 지칭한다. 이런 의미에서 야스퍼스에게 "현존(Dasein)"은 하이데거의 '세속인(das Mann)'과 유사한 개념이다.

25) (역주) '대상(Gegenstand, 對象)'은 '내 앞에 서 있는 것'이며 "대상적(gegenständlich)"이란 '내 앞에 서 있는'이라는 뜻이다.

26) (역주) 세계 전부가 내 앞에 나타나지는 않는다는 뜻이다.

남아 있더라도 각각이 별개로 나타나는 것이다. 즉 존재 탐구는 스스로 방향을 잡으며 세계 속에 들어와서 가능적 **실존**인 자신에게 호소하면서는 세계를 초월해 나아가고, 그런 다음 **초월자**에게 자신을 개방한다. 존재 탐구는 지식이 될 수 있는 것으로부터 스스로를 떼어내기 위하여 지식이 될 수 있는 것을 세계 속에 들어가는 중에 파악하고, 이렇게 함으로써 철학적인 **세계정위**(Weltorientierung)가 된다. 그리고 존재 탐구는 단순한 세계현존으로부터 벗어나 자기실현의 능동성을 일깨우며, 이렇게 함으로써 **실존조명**(Existenzerhellung)이 된다. 또 존재 탐구는 존재를 갈망하며 **형이상학**(Metaphysik)이 된다.

1. 세계정위적 사유

의식일반에서 객관적으로 인식이 가능한 존재로 있는 존재는 **세계**로서는 우리의 인식에 대해 완결될 수 없는 것이다. 거기에서는 인식되는 모든 것은 대상성이라고 하는 의미에 있어서 **객관**(Objekt)이 되는 것이며, 또 보편타당성이라고 하는 의미에 있어서 **객관적**(objektiv)이 되는 것이다. 대상성과 보편타당성의 두 의미는 객관성의 개념 속에서 융합된다.

현존하는 대상들에 대한 지식은 세계정위라고 칭해진다. 이 지식은 항상 종결되지 않고 하나의 무한한 과정으로 남기 때문에 **방향잡기**(정위)일 뿐이다. 그리고 이 지식은 어떤 한 규정된 존재에 관한 지식, 다시 말해서 세계 속의 지식이 되기 때문에 **세계정위**이다.

세계 내의 사물들에 관한 지식으로서의 세계정위는 **현존분석**과 구별되어야만 한다. 현존분석은 뒤덮는 것으로서, 즉 세계정위마저도 자신 속에 포함하는 것으로서 현존 일반을 파악하려고 한다. 현존분석은 세계정위가 그 안에서 수행될 뿐만 아니라 그 안에 나에 대해 존재를 갖는 모든 것이 있는 그것의 구조들을 어떤 일반적인 것으로 현전화하려는 시도이다. 세계정위는 학문들의 연구자들에 의해 수행된다. 그러나 현존분석은 존재 탐구 안에 있는 철학함을 한 걸음 내딛는 것이다.

세계정위는 내부적으로 **탐구적** 세계정위와 **철학적** 세계정위로 나뉜다. 탐구적 세계정위는 객관성을 구하는 하나의 사유가 독학하여 제시하는 인식이다. 비록 이와 같은 사유가 경험적인 개체성들 속에서만 현실적이고, 이 개체성들의 사실적인 세계들이 우선은 결코 하나가 아니라고 해도, 인식된 것을 의식일반으로서의 모든 사유와 함께 공유하는 것이 이 사유에게는 가능하다. 물론 사유하는 의식의 개체들이 존재하는 만큼 많은 세계들이 존재한다. 그러나 이 잡다함 자체가 세계정위에서 다시 대상이 된다.

자신을 확대하는 하나의 순환운동이 여기에 행해진다. 처음에는 자신의 주관성 속에 구속되어 있는 경험적 개체가 객관성 속에서 현실적인 세계를 파악하길 원한다. 이 현실적인 세계는 경험적 개체에 대해 우선은 잡다한 모습으로 존재하며, 경험적 개체는 자기 고유의 개체성을 무수히 많은 경우의 하나로서 이 세계 속에 받아들여야만 한다. 이때 경험적 개체는 보편타당적인 것으로서 개체적 구속성으로부터 해방된 하나의 존재를 획득할 것이다. 주관(das Subjekt)은 가상으로서 이 개체적 포괄성 속에 들어가면서 또한 스스로를 이 착각의 요인으로 인식해야만 하고, 그와 같은 객관성을 위해서 스스로를 지양하지 않으면 안 될 것이다. 그럼에도 이러한 주관은 자신의 특별한 현실로서 항상 다시 자신의 구속성 속에 현존한다. 주관은 세계의 보편자 속으로 비약을 주관이 그 스스로의 어떤 하나의 현실성으로 돌아가는 것과 같은 제한들로부터 해방으로 인식한다. 사실에서는 아니지만 의도에 있어서는 세계전체가 자질구레한 특수성에서 벗어나 보편적인 것과 타당한 것으로서 파악될 수 있다는 것은 놀라운 일이다.

세계정위로서의 객관적 인식을 우리는 오늘까지 생성된 형태의 학문들 속에서만 발견해낸다. 이러한 학문들 없이는 어떤 **철학적** 세계정위도 불가능하다. 학문적 세계정위를 부단히 나의 것으로 만드는 일 없이는, 그리고 자신만의 탐구 없이는 철학함은 실체가 없기 때문에 공허해진다. 지식을 넘어 가능성으로서의 본래적 존재를 향해 나아가기 위해서 철학함은 현존의 견고하고 강제적인 양태와 충돌해야만 한다. 사실적인 세계정위 속에서 격렬히 움직여왔던 자만이 이 격렬한 운동 속에서 철학적 세계정위를 진실로 발견할 수 있는 것이다.

철학적 세계정위는 학문들의 최종적 성과들을 하나의 통일된 세계상(象)으로 요약하는 것이 아니라, 이와 같이 타당한 세계상이 유일하고 절대적인 것이 될 수 없다는 사실을 지적하는 것이다. 철학적 세계정위는 사실적 세계정위의 **의심스러운 점들**을 탐구하는 것이다.

세계**전체**가 현존한다는 것은 세계정위할 때 지성(Verstand)의 자명한 전제인 듯하다. 지성이 세계정위를 넘어서서 세계창조의 형이상학적 과정을 사유한다 해도, 혹은 지성이 기계적 세계사건에 관한 실증적 상(象)이나 역사경과의 필연성에 관한 사회학적 형상을 구상한다 해도, 그 어느 경우에도 스스로 모든 대상을 지배해가는 인식을 파악할 때 하나의 전체 그 자체가 파악된다고 잘못 추정된다. 전체를 고정화하기 위해 특히 세계상 속에 하나의 세계전체를 역행적으로 고정화하기 위해서는 명시적인 사유과정이 필요하다. 즉 각각의 세계전체에 관한 사유들 속에 있는 균열, 모순, 한계를 지적하는 사상들을 통해서, 그리고 나의 상황 속에서 추정된 지식을 사실적으로 확증하는 데로 환원하는 명시적인 사유과정이 필요한 것이다. 철학적 세계정위는 과학들 속에 나타나는 인식수행의 원리와 의미를 문제 삼는다.

모든 **존재하는** 것은 대상적이며 **지식이 될 수 있는** 것이라는 점, 그리고 존재는 객관적 존재와 동일하다고 한다거나 그렇지 않으면 객관으로써 사유될 수 있다고 하는 점이 지성의 제2의 전제이다. 지성의 이와 같은 절대화는 객관적 존재로서의 존재는 **그 자신으로부터** 존립하는 것이 아니라, 그것이 어떤 하나의 인식하는 주관에 대해 현상하는 것처럼 이 주관에 대해 그러한 존재로서 있다는 사실을 생각할 때는 의심스럽게 된다. 만약 세계 정위 속에 나타나는 존재가 자기 스스로를 존재 그 자체로서 우리에게 육박해오는 성향이 있다고 한다면, 철학적 세계정위는 세계정위하는 학문들의 모든 존재가 매번 규정된 하나의 존재로서, 그리고 그런 까닭으로 하나의 특별한 존재로서는 결코 존재 그 자체가 아니라는 사실을 의식하게 해준다. 다시 말해서 철학적 세계정위는 이러한 존재방식들에 대한 지식 안에서 하나의 존재방식에서 다른 존재방식으로 나가고 모든 존재방식을 뛰어넘어 간다. 세계정위에서 객관적 존재는 어떠한 형태에 있어서도 그것만으로 고립될 수 없다. 내가 이 객관적 존재를 뚫고 나가지 않으면 안 된다는 것을 근원적으로 알 때, 나는 비로소 철학적으로 이 객관적 존재 속에 발 붙일 곳을 획득한다.

강력한 것과 원래 존재하는 것은 **시간 속에서 지속되는** 것이라는 것이 지성의 제3의 전제이다. 즉 모든 생명이 그 속에 돌아가 가라앉아 가고 있는 물질, 다음으로 심리적 내지 정신적인 것이 그것에 계속 의존해가고 있는 생물학적 생명, 그 다음으로 영혼적인 것과 정신적인 것이 의존해 머물러 있는 생물학적인 생명, 또 그 다음으로 인간군집과 평균성에 있어서의 인간 및 물질적으로 제약된 사회학적 모든 과정처럼 자신의 평균성에 있는 인간과 인간대중(이러한 것들은 정신의 이념들에게는 기껏해야 우연적이고 과도

기적으로 장소를 제공하는 것이거나 정신의 이념들이 이용하는 것에 지나지 않는 것이다.)이 시간 속에서 지속되는 강력한 것과 원래 존재하는 것이라는 전제이다. 지성은 가시적인 인과작용에 의한 결과가 존재하는 곳에 가치와 무게를 둔다. 실존에게 가장 타당한 것이 지성에게는 가장 무기력한 것이다. 실존적인 소통(Kommunikation)의 고요함은 세계지식에 있어서는 단지 그 외면화된 존재 속에서만 접근될 수 있는 것에 지나지 않는다. 이념의 힘의 비객관성이야말로, 더구나 경험적 지식의 똑바른 시선에 대해 이념의 철저한 무기력성이야말로 여기서는 존립하는 것으로서의 존재가 아니라 자유로서의 존재가 관건이 된다는 사실을 표시하는 것이다. 자유의 문제가 과정과 사건에 관한 지식으로 변화하는 것은 불가능하다.

[앞에서 살펴본] 이러한 모든 전제들이 경험적 세계정위 속의 지식에 대해서는 사실상 올바른 것이다. 만약 지식이 될 수 있는 객관적 존재로서의 세계가 모든 것이라고 한다면, 이러한 모든 전제들은 궁극적인 진리들을 진술하고 있는 것이다. 이때 즉자적 존재로서의 세계는 객관적으로 타당한 것으로 알려진 존재와 동일의 존재이며, 거기서는 시간적으로 지속된 것이 본래적으로 존재하는 것이다. 철학적 세계정위 속에서 세계의 폐쇄성이 부수어질 때 처음으로 내가 초월자를 향해 열리는 일이 나 자신에로 돌아오면서 가능해진다.

2. 실존조명적 사유

모든 제각각 규정된 존재로부터 일반적으로 우리들에 대해 존재하는 것이 그 안에서만 존재하는 모든 것을 포함하는 의식으로서의 현존에로 되돌아가는 것에 의해 철학이 어떤 한 현존분석의 단초들을 현전화했다면, 그렇게 철학은 세계 속의 객관적 존재로서의 모든 존재로부터 **실존에로** 거슬러 올라가는 것에 의해서 어떤 하나의 실존조명의 과제를 파악한다. 현존분석과 실존조명과는 이질적인 의미를 갖는 것이다.

　현존분석은 이와 같은 것으로서는 실존적으로 구속력이 없는 것이다. 즉 현존분석은 그 자체도 거기서 파악되는 의식일반에 의해 수행될 수 있는 것이다. 현존분석은 현존이 지닌 일반적인 것을 나타낸다. 현존분석 속에서 모든 사람은 자신을 이 단독자로서가 아니라 자아 일반으로서 인식한다. 현존분석은 일의적이며 직접적으로 스스로를 전달한다. 이에 반해 **실존조명**은 구속력이 있는 것이고, 단독자를 향하는 단독자의 언어가 된다. 일반적인 통찰 대신에 가능한 조명(Erhellung)을 제시하면서 실존조명은 단독자의 무제약적인 뿌리와 목적 속에서 이 단독자의 가능성을 나타낸다. 실존조명에서는 누구든지 [저절로] 스스로를 인식하는 것이 아니라 각자가 많든 적든 제 것으로 만들고 부딪치면서 자기 고유의 현실로 번역함으로써 바로 이 단독자로서 스스로를 인식한다. 실존조명은 단지 다의적이며 오해가능한 방법으로만 스스로를 전달한다. 실존조명은 그가 말을 거는 사람이 자신이 문제가 되는 그런 방식으로 그에게 말을 거는 것이다.

　이에 반해서 현존분석은 실존조명으로부터 갈라지면 갈라질수록 그 자체로서는 철학적으로 중요하지 않은 것이지만, 실존조명의 조건이다. 즉 현존분석이 명석해질수록, 그만큼 실존조명이 결정적으로 되는 일이 가능하다. 왜냐하면 의식의 내재성 속에서는 자기를 의식하고 있는 나 자신이 일체 배제된다는 사실을 현존분석의 한계에 있어서 느낄 수 있도록 한다는 것이 현존분석의 명석성이기 때문이다. 따라서 현존분석은 실존조명에 대칭되는 **한계구성**이 된다.

　가장 넓은 의미에서 실존조명은 철학함 모두를 의미할 수 있다. 이 실존조명은 특별한 실존조명이라 지칭된 사유 속에 있는 것 못지않게 철학적 세계정위 속에도 있고 형이상학 속에도 있다. 나는 세계총체에로 향하면서 이 총체의 비폐쇄성 속에서 나 자신을 상실해 나 자신에로 되돌려진다. 내가 이와 같이 되돌려지는 경우에 중점은 내가 세계총체로부터 그 속에 흘러내려 가는 현존 위에 두어지는 것이 아닌 나의 자유 속에 있는 나 자신 위에 두어지는 것이다. 만약 내가 형이상학의 객관성들의 어떠한 것이라고 해도 만인에 대해 타당한 것이 아니라고 하는 사실을 형이상학에서 경험했다고 하면, 거기에서는 나 자신에의 반전이 또다시 수행돼 그것에 의해 초월자에 대한 나의 존재가 자기존재 속에서 밝혀지는 것이 될 것이다.

이리하여 어떠한 철학함이라고 해도 그 도중에 있어서 실존을 개명하지 않는 것이 없다고는 해도 이와 관계없이 여기에서는 특수 의미에 있어서의 실존조명에 대해 진술하지 않으면 안 된다. 즉 상대적인 것에 대해 무제약적인 것을, 단순한 일반적인 것에 대해 자유를, 현존의 무한성에 대해 가능적 실존의 무한성을 각각 느낄 수 있도록 하기 위해 나 자신의 근원과 가능성의 신호 속에서의 대화 시도로서의 실존조명에 대해서 진술하지 않으면 안 되는 것이다. 그러나 사유 속에서 이와 같이 자기 스스로를 전방에 몰아넣는 대상성은 나를 이 대상성으로부터 또다시 나 자신 위에 다시 내던지지 않고는 못 배긴다.

그런데도 이 대상성으로부터 이와 같이 떼어놓아진다고 하는 사실은 세계총체와 초월자로부터 떼어놓아진다고 하는 것과는 서로 다른 성격을 갖고 있다. 즉 세계총체와 초월자로부터 떼어놓아지는 경우에 실존은 타자에 관계하는 것이지만, 여기에서 실존은 실존 자신의 사유된 가능성에 관계하는 것이다. 여기에서는 실존을 해명하는 사유가 스스로 자신이 되돌려지는 것이며, 따라서 실존조명은 여기에서 스스로 자신의 주위를 돌고 있는 것이다.

실존을 해명하는 사유는, 존재의 인식으로는 될 수 없다. 오히려 이 사유가 생활 자체 안에서의 능동적 사유라고 하는 경우에는 존재의 확신을 낳는 것이다. 실존을 해명하는 사유는 그것이 철학적인 언어 속에서 호소하며 자기 스스로를 전달하는 경우에는 존재의 확신을 가능하게 한다. 실존을 해명하는 사유는 철학적 세계정위 속에서 얻어지는 부유 상태를 어떠한 것에도 지지되지 않고 감행해본다. 그러나 철학함이 도달할 수 있는 전 범위에 있어서 실존의 자유에 밝음이 골고루 미치면 미칠수록 그만큼 결정적으로 실존에서의 초월자가 계시된다. 실존의 모든 길은 형이상학으로 이끄는 길이다.

따라서 인간이 그의 현존을 넘어 자기 스스로를 높이는 것이 가능한 이상, 철학함은 형이상학에 있어서 비상을 향해 다가갈 것이다. 실존하는 자에 있어서 형이상학은 그 속에서 초월자가 —여러 실존들의 교제하는 세계 속에서부터— 말을 걸어오는 해명과정이다. 여기에 인간에 있어서 본래적으로 소중한 것이 있다. 인간은 여기에 있어서 가장 깊이 속을 수 있고 동시에 사유하는 자로서 자기 자신에 대해 가장 깊이 확신을 발견하는 것도 가능하다.

3. 형이상학적 사유

한계상황 속에서 무제약적으로 행동하면서 실존은 초월자의 여러 암호들 속에 스스로의 방향을 세우는 일을 경험한다. 초월자의 여러 암호들은 세계의 모든 대상이 의식일반을 충족하는 것과 같이, 절대적인 대상성으로서 실존의 의식을 충족하는 것이다.

그러나 만약 우리가 형이상학 중에 초월자의 암호로서의 절대적 대상성을 향해 직접적으로 향하여 간다고 하면, 이 절대적 대상성을 파악할 수 없을 것이다. 거기에는 이 절대적 대상성의 실존적 근거와의 접촉이 추구되지 않으면 안 되기 때문이다. 이와 같은 접촉은 행동 고유의 한계상황과 고유의 무제약성의 해명을 통해 처음으로 일어나는 것이며, 이 접촉에 대해서는 상징의 대상성이 타당하다는 사실은 거기에서는 이 대상성의 구체적 내용이 느껴질 수 있는 것이 되기 때문이다. 절대적 대상성을 체계적으로 분절하는 것, 이 대상성을 나의 것으로 만드는 것, 그리고 ―이 대상성이 단순한 직관이나 사건으로서가 아닌 사유된 개념으로서 존재하는 한― 이 대상성을 창조해내는 것, 이런 것들이 철학적 형이상학이다.

의식일반으로서가 아니라 한계상황에 있어서의 가능적 실존으로부터 발해진 물음에 대해서 나는 일반적 지식으로서 만인에 타당한 어떠한 답도 발견하지 못한다. 그러나 실존은 그것이 존재에로 향해진 시선 속에서 자기 자신을 역사적으로 이해할 때 답을 듣는다. 즉 모든 때에 유한한 대상으로서 상징인 형상들과 개념들 속에서 실존은 초월적인 근거의 깊이에 귀의하는 것이다. 상징으로서 존재하는 암호, 즉 일반적으로는 독해불가능하며 실존적으로 판독되는, 타인의 필적이 의심스러워진 대상성 속에서 의식에 야기된다. 대상이 점점 그 객관성 속에서 그것 자체가 초월자인 것처럼 고집할 법한 것인 이상, 그것은 존립할 수 없는 것을 스스로 증명하고 붕괴한다. 그런데 대상 속에서 절대자가 실존을 향해 현상해 오는 것에는 그 대상은 비교할 수 없는 방법으로 현실적이다. 이때 그 대상은 스스로의 대상적 존재를 소멸시키는 것에 의해서 실존에 향해 본래적 존재를 현재화하는 것이다.

그리하여 존재개념들의 분절 속에서는 발견할 수 없었던 하나의 대상성이 나타난다. 이 대상성에 속하는 대상들은 경험적으로 어딘가에서 나에게 객관으로서 부여될 수 있다고 하는 의미에서는 어떠한 현실도 아니다. 이것들 모든 대상이 이와 같은 현실성으로서는 세계 내 현존의 실존론적 탐구라고 하는 입장에서부터 볼 때 의식의 막연한 공상이다. 이러한 대상들은 실존이 이것들 대상들 속에서 자기 스스로를 투시하며 스스로의 초월자를 확신하는 한, 의식 속의 실존에 있어 절대적인 대상들이다. 지성이 아닌 공상이, 그러나 의식의 변덕스러운 공상이 아니라 실존적 근거의 장난으로서의 공상이 그것을 통해 실존이 존재를 확인할 때 장치가 되는 것이다.

아직 의문을 품고 있지 않은 실존적인 의식에 대해서는 초월자의 현상으로서의 절대적 대상들은 완전히 자명하게 현존하며, 상징은 암호로서 의식되지 않는다. 거기에서는 경험적 존재와 초월적 존재의 분리가 아직 행해지지 않았다. 후에는 초월자일 것이 다른 현존들과 함께 현존으로서 의심의 여지없는 객관성 속에 있다. 이 객관성에 향해진 어떠한 반성도 없이는 주관성의 어떠한 의식도 없다. 신앙과 불신앙과는 아직 대립하지 않은 것이다. 의식 속에서의 실존의 큰 위기의 하나는 이와 같은 존재의 자명성이 거기에 있어서 소멸하는 순간이다. 이 순간에 의해 처음으로 경험적 실존적인 대상과 초월적인 대상이 구별될 수 있게 된다. 이 위기는 —객관적으로 생성되는 정신의 역사 속에서는 여러 모든 위대한 계몽의 시대에 누차 역사적으로 발생하는— 어떤 개인이라고 해도 그것 없이는 끝낼 수 없는 것이다. 이 위기는 해소될 법한 것이 아니며, 사라질 것이라고 희망할 수 있는 것도 아니다. 이 위기에 처해서 처음으로 자기존재에 있어서의 명석성과 진리가, 그리고 자기존재에의 물음과 시도가 생기는 것이다.

전승 속에서 객관적이 된 듯한 인간적 실존들의 역사성 속에서 형이상학적 대상들의 불가측의 세계가 나 그리고 우리와 조우한다. 이러한 형이상학적 대상은 그것들의 의미에 적합한 어떠한 경험적 존재도 존재하지 않는다. 이러한 형이상학적 대상에는 대상적인 것 속에서 초월자를 잡으려고 하는 실존에 근거해 있다. 이러한 형이상학적 모든 대상은 타자로부터 유래하는 언어이지만, 이와 같이 말을 거는 것으로서 객관적 대상은 아니다. 이러한 객관적 대상들로서는 이것들 형이상학적 대상들도 또 의식일반에 대해 공허한 존재를 갖고 있다. 말을 거는 것으로서의 형이상학적 대상들은 이와 같은 객관적 대상들이 아니라 그 자체로서 결코 대상적이 될 수 없는 어떠한 것을 대표하고 있는 것이다. 따라서 이것들 형이상학적 대상들은 상징이며, 사람이 움켜쥘 수 있는 현실이 아니며, 사람이 강제적으로 사유하지 않으면 안 되는 타당성도 아니다. 이러한 형이상학적 대상들은 현실들로부터 이루어지는 암호이고, 이것들 암호는 사유된 현실들 속에 계시되어, 의식일반을 매개로 해 이 암호를 언어로서 읽는 실존에 있어서만 이러한 것으로서 인지될 수 있다.

의식적인 개명의 과정에 있어서 최후에 자리하는 이 철학함은 역사적으로 최초의 것이다라고 하는 사실은 인간은 그가 세계정위의 순수성과 세계정위의 모든 한계의 명석화와 자기존재에 있어서의 실존조명에 아직 도달하지 못함 이전에, 본래적인 것으로서 그가 자기 자신을 그것에 관계 짓고 있는 존재를 상징적 대상들 속에 확인하기 때문이다.

역사적인 것으로서 형이상학적 사유는 완결될 수 없고, 또 그것만이 진실인 유일한 것으로서 고정화될 수 있는 것도 아니다. 형이상학적 사유는 자신 스스로와 대립 긴장 속에 멈추고 동시에 스스로에 있어서 종종 관련 없는 형태들과 대립 긴장 속에 멈추는 것이다. 즉—

대상적이 된다고 하는 것의 본질 속에 형이상학들에 있어서 나쁜 길에 빠질 위험이 잠복해 있다. 일찍이 하나였던 것이 거기에 있어서 분리되는 의식의 위기 후에는 비판적인 반성에도 관계없이 오히려 또다시 절대적 대상들을 현존하는 객관들로서 생각하려 하는 유혹이 남는다. 내세의 세계는 흡사 어떤 땅 위의 대륙인 것처럼 표상되고, 현존은 거기서부터 보아 무가치한 것으로 여겨진다. 그러나 초월자가 세계 속에 현재하며 실존에 향해 말을 걸고 있다는 점에 있어서만 초월자는 실존에 있어서 진실의 것이고, 실존은 이와 같은 유혹에 대해 반항한다. 단지 내재적인 초월자만이 현존에 있어서 실존에 대해 중요성을 부여한다. 진정한 초월자는 어떠한 경우에도 하나의 주관에 대한 현존으로서 존재하는 것이 아니라 단지 자유를 위해 현실태로서만 존재하는 것이다. 이 때문에 대상적이 된 어떠한 존재를 고정화한다고 하는 것은 그것이 아득한 내세의 고정화라도 혹은 마법에 걸린 현세의 고정화라도 나쁜 길들을 향한 타락이 되지 않을 수 없는 것이다.

그런 까닭으로 절대자는 어떠한 존립하는 것 속에도 결국 발견되지 않는다. 객관성들은 융해되어버린다. 절대적 의식으로서의 실존적 신앙은 단순한 현존 의식으로서의 불신앙의 한계를 향해 변증법적으로 움직인다. 그 매번 특징적인, 자기 스스로를 해소하면서도 그 소멸과정에 있어서 해명하고 있는 절대적 대상성을 실존에 대해 부여할 수 있는, 그러한 실존에만 고유한 생활이 행해진다는 점은 가능한 것이다.

궁극적인 한계를 경험하는 것에 의해 세계의 부정에로 잘못 이끄는 노력이 야기된다. 또한 내가 아직 살아 있는 동안에 세계현존에의 모든 참여로부터 나를 해방해야 할 세계로부터의 도피 때문에 여러 기획들을 시험하려 하는 노력이 야기된다. 그러나 세계로부터의 탈출은 단지 가능성으로서만 진실인 것에 지나지 않으며, 세계성의 상대화는 바로 세계 속으로의 재진입으로서 성취되는 것에 지나지 않는다. 나는 가능적인 탈출에 의해 내가 초래한 현실에 맺어진 하나의 독립한 자로서 세계를 향해 대립하고 있다. 세계 속에서 이와 같은 현실로서 나 자신을 위치시키며, 또 그와 같은 것으로서 세계에 인도되며, 나는 나의 운명을 잡고, 그리고 이 운명을 무제약적인 것(Das Unbedingte)이라 믿는다.

세계 속에서 독립해 있는 자로서 나는 신을 탐구하는 것이 가능하다. 확실히 신비주의자에 대해서 신은 직접적으로 응답한다. 신비주의자는 그가 시간 밖에 나왔을 때 그의 탐구가 사라지고 만다는 것 속에서 그의 답을 찾아낸다. 그러나 신앙인에게 답은 단지 세계 속에서만 나타난다. 그것은 신앙인이 세계현존재와 그의 고유의 행위와의 현실에 귀를 기울이는 것에 의해서 스스로 부여하지 않으면 안 되는 답이다. 초월자에의 관계 속에서 세계로부터 독립해 있다고 하는 것은 단지 세계 속에서 이것이 행해지는 경우에만 현실적인 것이다.

초월자에 관한 억측적 지식은 그것 자체 속에 안주해 있는 모든 존재 전체를 기만적으로 나타내는 것같이 보인다. 그러나 발단과 종말은 암흑 속에 남겨진다. 단지 나에 대해서만이 아니라 전체로서도 모든 것은 도리어 과정 속에 있으며 모험 속에 있다. 실존은 아무리 해도 없애기 힘든 불안을 갖고, 또 이러한 불안에 걸맞은 신앙을 갖는다. 그러나 이 신앙은 하나의 실존의 즉자적 존재에 대한 신앙이 아니라 여러 실존들을 통해 스스로를 실현한다. 그러나 이 신앙은 이러한 실존에 대해서는 스스로를 감추고 있는 초월자의 본질에 대한 신앙인 것이다.

그렇지만 우리가 우리의 진리를 어떻게 파악하려 해도 우리에게 정말 허위가 아니라 우리를 불안하게 하는 가능성으로서 어떠한 고유하고도 근원적인 것을 의미하는, 하나의 타자가 항상 잔존한다.

우리가 진리에 대해 우리에게 있어서 그것은 소멸하는 경우 그 모든 때 해명하는 절대적 대상성이라고 말한다. 만약 세계 속에 있어서만 충족되며 대답할 수 있는 세계로부터의 탈출이라고 말하며 또는 발단과 종말의 암흑이며 위험이라고 말한다고 해도, 그것에도 관계없이 그 각각에 대한 반대의 것은 —즉 고정화된 객관성, 속세를 떠난 신비, 권위적으로 현존하는 절대적 전체의 초월적인 테두리 속에 있는 배타적인 생활형태는— 없어지지 않는다. 이러한 것을 응시할 때 또 이것들의 대상적 형태들을 우리에게 고유의 것으로 만들 때, 우리가 이미 결의했다고 믿는 바로 그 경우에 있어서마저, 우리들이 어떻게 결의하는가라는 물음이 마지막까지 남는다. 타자의 가능성은 불안을 휴지시키지 않는다. 이 불안은 우리가 우리에게 있어서 본질적인 진리를 자신의 소유물로서 최종적으로 획득하지 못하고, 우리의 실존의 과정에 있어서 이것을 획득하며 변화시켜가지 않으면 안 된다라는 사실에 기인해 있다. 타자는 스스로를 본래적 진리로써 나타내는 것에 의해 안정으로 유인하는 유혹으로서 작용한다. 이 유혹에 대해 우리는 저항하지만 이것을 완전히 거부해버리지 못한다. 왜냐하면 나는 나 자신을 열어두기를 바라기 때문이다.

제3절

초월함의 방식이라는 분류원칙

물음은 세계정위의 물음인가(학문들에 의한 물음의 해결은 강제적이고 대상적인 지식이다.), 아니면 철학의 물음인가(여기에서는 기존의 지식의 성과에 의해서가 아니라 어떤 하나의 의식태도의 결과에 의해 초월이 행해진다.)이다. 따라서 나를 향해 행해지는 언표들이 그것이 무엇이지라고 추궁될 때 지성의 방법들을 통해 검증가능하며 일반적인 타당성을 요구하는 탐구적 세계정위의 지식의 언표이거나 아니면 철학적 언표이다.

철학적 언표는 그것이 경구적 적중성 속에 분산된 채로 머물러 있지 않는 한, 연관체로서 그것 자신 속에서 배열되어 있기를 원한다. 철학함이 철학적 세계정위, 실존조명, 형이상학으로 배열되는 것은 단지 현존만이 아닌 존재방식들에서 나타났으나 **방법적으로는** 초월함 속에서 발원하고 있다. 모든 철학함은 명석한 객관성 속에서 존재로서 만인에 대해 동일하게 있는 것을 **넘어서 간다**. 그리고 이 극복의 **방식들**이 언표 속에서 스스로를 전달하는 철학함의 분류원칙이다. 우리들에게 성립된 철학적 세계정위, 실존조명 및 형이상학이라는 분류는 이 원칙에 **토대를 둔** 것이다.

초월함이란 초월함 자체로서는 분명히 단일한 것이다. 세 가지 변용들은 그때그때마다 특유의 내용을 갖고 스스로를 충족시킨다는 사실을 통해서 이 초월함 속에 자신들의 근거를 갖는다.

초월함 일반

1. 대상성을 넘어섬

철학이란 본래적 존재를 사유하면서 확신하는 일이다. 탐구가능한 대상으로서 부여되는 어떠한 존재도 본래적 존재로서 유지될 수 없는 것이다. 이런 이유로 철학은 모든 대상성을 초월하지 않으면 안 된다.

내가 인식하고 있는 대상은 인식 속에서 생각되고 있는 것이지만, 이러한 인식작용의 구성부분은 아니다. 인식과 대상은 예를 들면 수학적 대상과 같은 관념적 대상을 생각하는 경우라도 서로 맞서 있다. 사람들이 **논리적 초월자**라고 부르는 어떤 하나의 사유만 된 것이 거리를 두고 맞서 있는 것인 그런 대상의 존재에서는 물론이고, 경험적 대상 그 자체가 비슷하게 맞서 있을 때처럼 **실재적 초월자**에서도 주관으로부터 독립된 하나의 것, 즉 임의로 변경할 수 없고, 도리어 눈앞에 발견된 것이고 파악된 것, 그리고 또 나 없이 존립하고 있는 것이 지향된다. 그러나 [철학함의 초월을 논하고 있는] 우리는 이 양자에 초월자라고 하는 명칭을 허락하지 않는다. 우리는 초월자의 본래적 개념과 구별해서 이러한 것들을 **초주관적인 것**(das Transsubjektive)이라고 이름 붙인다. 왜냐하면 모든 대상성의 저편에 있는 것은 초월적(transzendent)이라 칭해지게 될 것인 데 반해서, 이러한 것들은 객관이 나에 대한 대상으로서 나의 의식 속에 현재하며 눈앞이나 혹은 사유 앞에 서는 것인 한, 사람들이 내재적(immanent)이라 불러도 될 객체이기 때문이다.

내가 주관으로서 무언가 초주관적인 것을 생각하는 한, 나는 모든 사유작용 속에서 첫째 의미에 있어서 초월을 행한다. 하지만 본래적으로 초월함이란 대상적인 것을 넘어서 비대상적인 것 속으로 벗어남을 의미한다. 첫째 의미에서의 초월은 우리들이 의식이 있는 한, 항상 수행된다. 여기서 초월함이라는 말은 비록 경탄할 만하고 일상성에서는 결코 자명하지 않지만 일반적인 어떤 하나의 현존의 사실일 뿐이다. 둘째 의미에서 초월함은 이 말이 그 특유의 무게를 갖는 경우에, 즉 이 말 속에서 존재의 비밀이 개시될 수 있는 것같이 광채를 지닐 경우에 우리가 생각하는 초월함인 것이다.

2. 현존과 초월함

초월함은 현존과 함께 부여됐을 사실이 아니라 현존 속에 있는 자유의 가능성이다. 인간은 가능적 실존이 그 안에 나타나는 현존으로서 존재한다. 인간은 단지 현존할 뿐만 아니라 초월할 수도 있고 초월을 단념할 수도 있다.

생명으로서 자신의 세계 속에 결정된 채 현존을 확장하려 하는 노력과 현존을 유지하려 하는 걱정 속에서만 만족하거나 불만을 느끼고 있는 **현존**에게는 초월자가 없다. 의식으로서는 현존은 상실과 죽음에 대해 알고 있지만 현존은 당혹해하지 않는다. 현존은 흡사 죽음이 존재하지 않는 것처럼 산다. 파멸이 현존을 덮쳐온다. 현존은 사실상 자기 스스로부터 존립해 있지 않다. 그럼에도 불구하고 현존은 이 현존에 침투해 있는 충동에 대한 의식을 결여하고 있다. 자신의 유한성 속에 있는 현존은 초월함으로부터 되돌아보면서 처음으로 자신을 순수하게 보는 것이 가능해진다. 현존의 유한성 속에 완전히 몸을 둘 때 나는 맹목적으로 즐기고, 야만적으로 손아귀에 쥘 수 있지만, 또 나는 손실 속에서 어찌할 바를 몰라 하고, 권태 속에서 황량한 기분이 되고, 하루하루 의지할 곳도 없는 상태이다.

만약 **동물**의 현존이 이와 같은 언어로 그려진다고 한다면, 이 현존과 맞지 않는다. 단순한 현존으로서의 동물은 상실된 채도 아니고, 공허하지도 않으며, 어찌할 바를 모르는 것도 아니며, 또 그것들의 반대의 것도 아니다. 우리는 단순한 현존으로서의 동물이 본래는 어떤 것인지 모르고 있는 것이다. 단순한 현존으로서의 동물은 선택의 가능성을 갖고 있지 않기 때문에 어쨌든 순수하게 그것은 존재하는 그대로의 현존이다. 하지만 인간은 단순한 현존으로서의 동물이 될 수 없다. 인간은 단순한 현존으로서의 동물 이하의 것이 될 것이기 때문이다. 즉 [동물로서의] 인간은 [단순한] 동물에게 고유한 힘과 자연적 방어력을 결여한 채 절망에 의해 불안해진 현존이 될 것이기 때문이다. 인간은 단순히 현존할 수 없다. 인간은 반드시 초월하면서 고양되든가, 그렇지 않으면 반드시 초월자를 상실하면서 가라앉는 것이다.

근원적인 자기존재가 있고, 이 존재 속에서 한순간 불안정함이 지양될 때 현존은 투명해진다. 시간은 조용히 서고, 기억은 존재를 향해 일어나고, 존재했던 것에 관한 지식은 존재했던 것의 영원한 현재가 된다. 투명해진 현존은 이미 단순한 현존이 아니고 또 단순한 현존 자체에서는 발견될 수도 없다. 투명해진 현존은 현존 속에서 나타나는 존재를 향한 현존의 초월함이다.

하지만 다음과 같은 것이 결정적인 것으로 남는다. 즉 현존으로서의 의식은 어떤 식으로든 그 자체로서 이미 초월하고 있는 것은 아니며, 이 의식에서 초월의 가능성은 자유에 근거해 있다. 그리고 이 가능성을 실현하는 것은 자기의 초월자를 향해 열려 있는 실존이다. 실존이 초월함 속에서 자기 자신에게 도달하는가, 그렇지 않으면 현존 곁으로 가서 혼란한 현존 속에 자신을 상실해버리는가는 실존에 달려 있다. 단지 현존으로만은 존재할 수 없다는 것이 실존의 본질이다.

초월함은 현실적 현존 속 움직임으로서 존재한다. 이 움직임은 결코 사유를 결여하고 있는 것은 아니다. 철학함은 초월함들 속에 현존하고 있는 이 사유를 말한다. 이 사유가 실존으로부터 실존으로 전달과 교환을 목적으로 구체적 실존으로부터 풀려서 어떤 하나의 일반적인 것을 매개로 하는 언표가 되는 한, **언어적으로 고정화된 형상으로서의 철학**이 성립한다. 하지만 이 언어적으로 고정화된 형상으로서의 철학은 그것이 구체적인 초월함으로 전환되거나 혹은 구체적인 초월함으로부터 유래하는 경우에만 그 진리성을 갖는다. 따라서 언표하는 철학함은 그것을 듣는 자가 함께 사유하는 것에 의해서 이 사유의 움직임 속에서 이미 그 자신의 고유한 초월함을 수행한다고 하는 극한의 경우에만, 초월함을 적절하게 전달하는 것이 가능한 것이다. 본래적인 초월함과 철학적 언표 사이의 거리가 현저해지는 경우의 대부분은 [과거에] 존재했거나 [미래에] 일깨워질 수도 있는 어떤 하나의 현실적인 초월함을 의도하며 내가 이야기할 때이다. 이러한 철학함은 **상기**(Erinnerung)이거나 **선취**(Antizipation)이다. 철학은 그 언어적 표현 속에서 초월함을 직접적으로 수행하든가 어떤 하나의 초월함을 바라보며 사유하는 것이다.

사유가 초월함을 수행하지 않는 곳에는 어떠한 철학도 존재하지 않으며, 학문들에 의한 내재적이며 개별적인 대상적 인식이나 지적인 유희가 있을 뿐이다. 하지만 초월이 행해지는 곳에는 이것을 전달하는 표현은 동시에 오해받을 가능성이 있다. 왜냐하면 이 표현은 모든 순간에 불가피하게 대상적으로 되고, 사람들은 대상들 자체를 붙잡으며, 초월함을 떼어내 버릴 수 있기 때문이다. 철학은 초월하는 철학으로서 한계에 서 있다. 철학은 이 한계의 저편에 어떠한 대상도 기대하지 않으므로, 극복해감 자체는 실행으로서만 존재하지 어떤 하나의 결과로서 존재하는 것이 아니다. 철학함 속에서 사유되고 있는 것은 의식일반에 있어서 가까워지기 어려운 것일 뿐만 아니라, 설령 항상 의식일반을 매개로 해서만 현재적이 되는 것이라고 하더라도 의식일반에 대해서는 단적으로 존재하지 않는 것이다. 철학함 속에서 사유되는 것은 자유이며, 철학함은 자유에 대해서만 존재한다.

하지만 다음과 같은 것이 질문될 수 있다. 즉—이와 같은 **초월함에 대해**

서는 무엇인가 유인이 존재하는 것인가? 우리는 대상들의 세계 속에서 만족하지 않고 있나? 우리가 필요로 하는 모든 것, 우리가 그것에 대해서 존재를 인정하는 모든 것은 우리에 대해서 대상적으로 현존하는 것이고, 이러한 세계가 전부 아닌가? 이에 대해서는 다음과 같이 대답될 수 있다. —세계가 그 스스로의 안에서 무엇 하나 지지할 것 없이, 이러한 것으로서 끊임없이 파멸한다는 것은 사실상 단지 지적될 수 있는 것이고 증명될 수는 없다. 어떤 사람에게는 이와 같은 모습이 자명하며 매일 현재하는 것이지만, 다른 사람에게는 이러한 언어 속에서 올바른 어떠한 것도 생각할 수 없다고 칭할 정도로 이 주장은 무의미하다. 초월함은 현존들의 소멸에 대한 불안에서 생겨나는데, 이 불안은 초월함 없이는 지양될 수 없는 것이다.

3. 현존의 현상적 성격

주관과 객관으로 분열해 있는 현존은 의식으로서 존재하며, 이 의식 속에서 대상들이 주관에 의해 지각되고, 사유되며, 출현되고, 판단된다. 사유내용이 대상들로부터 의식일반으로서의 현존으로 전환될 때, 그 사유내용은 우리에 대해 존재를 갖는 것이 그 안에 필연적으로 존재하는 매개로서 포괄적 주관-객관의 분열을 현전화한다. 이때 주관의 객관에 대한 관계에 대한 물음 속에서 어려움이 생긴다. 우리와 동일하게 될 수 없고 낯선 것으로 남아 있는 어떤 하나의 객체를 우리가 인식한다고 하는 것은 수수께끼 같은 것이 된다. 우리는 주관과 객관의 관계의 바깥쪽으로 나가는 것이 불가능하다. 우리가 이 관계에 대해 무엇을 사유하려고 해도, 우리는 항상 또다시 하나의 대상적인 것을 사유하지 않으면 안 되며, 그로 인해서 우리가 개념적으로 파악하고 싶어 하는 것과 동일한 관계를 전제하고 있는 것이며 즉시 수행하고 있는 것이다. 그러므로 우리는 의심할 수 없는 것으로서의 주관-객관 관계 속에서 마치 당연하다는 듯이 행동하는 것에 익숙하다. 주관-객관 관계를 똑바로 파악하기 위해서는 모든 대상성을 벗어나는 시도가 필요하다 .

어떤 하나의 무대상적인 것을 향한 이러한 초월함을 칸트는 놀랍도록 조명했다. 그전까지 사람들은 세계 사물들의 피안에 놓인 것을 초월자라고 파악하고, 이것을 형이상학 속에서 꾸며내고 시도해왔다. 실체, 모나드, 신은 근본적으로 정의될 수 있는 것이었다. 칸트는 초월함의 방향을 옮겨놓았다. 세계 사물들의 물 자체도, 어떤 불사의 영혼도 그의 대상이 아니었다. 칸트는 이러한 것을 대상으로서 인식하는 것이 불가능하다는 사실을 인식했다. 초월하면서 그에게 대상이 되는 것은 객관도 주관도 아니었으며, 그는 일절 어떠한 대상도 갖고 있지 않았다. 칸트는 그가 초월론적 방법이라고 칭했던 것을 수행했고, 이 방법을 피안적인 어떤 하나의 사물존재를 향한 초월함과 구별했다. 그런데 칸트는 모든 현존이 그것을 통해 현상하게 된 그런 초월함 자체를 이 초월론적 방법 속에 견지하였다. 여기서 그 자체로는 대상은 아니지만 모든 대상성의 조건들에 대한 유명한 칸트적 개념들이 우리 앞에 떠오른다. 즉 단일성(Einheit)이기는 하지만 그 스스로는 단일성의 범주가 아니라 이 범주의 근거라고 하는 통각(Apperzeption)의 단일성으로부터 흘러나오는 범위들의 선험적(a priori) 개념들이 우리에게 떠오르는 것이다.

이 딜레마, 즉 칸트를 대상성들을 가능이게 하는 조건들에 대해서 다시 불가하게 다시 대상화되는 개념들 속에서만 이야기하게 하고, 그로 인해서 칸트 자신은 항상 초월하고자 바라면서도 그의 초월함을 언표할 때 어떤 한 대상적인 것의 내재성과 개별성 속에 다시 미끄러지는 이 딜레마는

『순수이성비판』에서 끝없는 수고로움을 낳는다. 특히 칸트 자신에 의해 가장 심오한 것이라고 설명되고 있는 초월론적 연역에 관한 장에서 그렇다. 이러한 어려움들은 특정한 통찰에 의해서도, 그리고 결코 대상적으로도 해결될 수 없고, 초월함 그 자체를 수행할 때만 해결될 수 있다. 칸트는 항상 또 새롭고도 다르게 적용된 그의 노고가 깃들인 논의들 속에서 우리가 이 초월함을 시도 안 할 수 없게 우리를 부추긴다.

이리하여 이미 여기서 형식적이기 때문에 내용 면에서는 겉보기에 빈약한 한계에서 거짓된 초월함과 진실된 초월함의 구별이 지식에서가 아니라 이해 속에서 가장 명료하게 드러나게 된다. 즉 나는 거짓된 초월함에 의해서 내가 지금 "갖고 있는" 피안의 대상에 도달한다. 이때 나는 칸트를 오해하며 선험적(a priori)이라든지, 통각의 초월론적 통일이라는 것 등을 정의가능하고 고정된, 어떤 것의 개념들로서 갖고 있는 것이다. 그런데 참된 초월함은 대상과 비대상의 경계와 만남으로써만, 즉 하나에서 다른 것으로의 이행 속에서만 존재한다. [위에서 예시한] 저 개념들은 단지 기능들이지 통찰들은 아니고, 표식들이지 대상들이 아니다. 우리가 **칸트 사상 그 자체**를 대상화하는 것에 의해 오해하며 이것에 접근하려고 할 때는 칸트 사상을 이해하는 것이 불가능하다. 그렇게 하는 것에 의해서 칸트의 말 속에 피하기 어렵게 잠겨 있는, 전형적이며 필연적으로 반복되는 **오해**들이 성립된다. 이러한 오해 중에 심리학적이고 인류학적인 오해와 **방법론적**이고 인식론적 오해가 가장 유명하다. 이 두 개의 오해는 함께 초월함을 제거한다. 즉 전자는 인간의 뇌수조직 내지 심적 조직의 형성 작용을 통해 세계가 등장하게 만듦으로써, 후자는 경험가능한 대상들의 현존의 조건들을 인식의 방법적 조건들로부터 만들어내는 것에 의해 초월함을 지양하고 마는 것이다.

하지만 철학함으로써만 진리를 지니는 것을 대상적으로 파악하게 만들려는 시도에도 불구하고 심리학적이고 인류학적인 오해이든 방법론적이고 인식론적인 오해이든 간에, 이 초월함의 모든 전달 속에 필연적인 표현인 순환을 투박한 형태로 유지한다. 즉 뇌수가 세계를 창조해내지만, 그 뇌수는 이 세계의 일부이고 그 산물이다. 또한 방법들이 대상들을 창조해내지만, 이러한 대상의 인식 속에서만 이것들의 방법은 전개될 수 있으며, 따라서 방법들은 대상에 의해 한정되어 있다. 이 순환은 칸트의 말 속에 나타나 있다. 거기에다가 이 순환에 접근하는 여러 방식들 속에조차 나타난다. 하지만 이러한 방식들은 단지 칸트 자신의 초월함을 나타내는 신호(signa)로서만 의미를 갖는다.

칸트 사상 속에서 나는 세계현존의 한계들을 순환에서 의식하는 것이 가능하다. 즉 나는 이러한 칸트 사상의 도움을 받아서 세계가 모든 것이 아니고 존재 그 자체도 아니며 또 절대적으로 궁극적인 것도 아니라는 사실을 확인하는 일이 가능하다. 그러나 나는 [세계현존의] 경계를 넘어서, 세계가 아닌 곳의 어떤 한 존재 속에 들어서지 않는다. 또 나는 초월함에 대한 적절한 표현을 이 세상에서 갖고 있지 않기 때문에 이러한 칸트의 사상은 오직 초월함 그 자체 속에서만 존재하고, 초월함 없이는 이 사상은 아무것도 아니다. 초월함을 통해서 나는 내가 현재 소유하고 있는 인식을 얻지 않고 내 의식의 태도가 어떤 다른 것이 된다. 즉 이때는 처음에는 단순히 형식적으로 존재하던, 대상적인 것들에 대한 나의 태도를 바꾸는 하나의 충격이 내 안에서 일어나는 것이다.

참된 초월함은 여러 근거들에 의해 강제될 수 있는 것이 아니다. 하나의 통찰을 발견하는 것과 참된 초월함을 수행하는 것 사이에는 본질적인 차이가 있다. 만약 내가 학문적 탐구에서 발견의 환호성(Heureka)을 질렀다면, 나는 내가 결과물로 갖고 있는 것을 전달하려고 쫓길 것이다. 그러나 만약 칸트의 초월론적 연역의 근원이 내게 열린다면, 초월함 속에서 나는 당황해 침묵하게 될 것이다. 나는 한 가지 속에서 물어보고 주시하고 있는 것으로 보일 것이다. 이런 것이 일어난 사람은 이후 단지 지적이기만 하고 철학적으로는 내용을 결여한 해석에 빠지는 일은 없을 것이다. 이 해석은 지식의 가능성과 최종적인 올바름을 목표로 한다. 초월함 속에 들어섬은 오히려 철학함의 자유에 이르는 길에 기어오르는 것을 의미한다. 하지만 이와 같이 아직은 형식적인 초월함은 단지 첫걸음에 불과하다. 칸트에 대한 연구에서 이 형식적 초월함은 칸트와 함께 초월하면서 뒤이어 자율적 자기의 자유의 이념과 사상을 그저 겉만 합리적으로가 아니라 철학적으로 나의 것으로 만들기 위한 조건이다. 초월함은 설령 그것이 처음에는 언표 가능한 구체적 내용을 결여하고 형식적으로 존재한다고 해도 인간을 어떤 한 다른 인간으로 만드는 것이다.

초월함은 모든 현존이 **현상적 성격을 갖는다**는 의식 속으로 전환된다. 이 의식은 두 가지 세계를 주목하지도 않고 하나의 세계를 주목하지도 않는다. 현존으로부터 존재로 초월함은 세계-내-존재(In-der-Welt-sein)로서 존재하지도 않고, 세계-외-존재(Aaußer-Welt-sein)로서 존재하지도 않는다. 이로부터 다음과 같은 결론이 생긴다. 즉 소박한 세계-내-존재는 아는 체하는 세계-내-존재로 전환하는 것이다. 이 아는 체하는 세계-내-존재는 물론 결코 현실적이지 않지만, 가능적인 세계-외-존재가 경험되고 이 가능적인 세계-외-존재가 세계-내-존재를 근원적인 방식으로 의식하게 한다는 단지 그 이유 때문에 다시 존재한다는 결과가 발생하는 것이다. 세계-내-존재와 세계-외-존재 사이의 이러한 독특한 떠다님의 의식을 어떠한 심리학도 서술할 능력이 없다. 이 부유 의식은 절대적 의식으로부터 자유의 작용이다. 그것은 형식적으로는 초월하는 사상의 전환이며, 동시에 실존적으로는 스스로를 조명하고 있는 어두운 근거이다. 이 근거로부터 나는 초월함으로의 길을 찾아야만 했다.

세계는 현상이라고 하는 명제에 의해 초월하는 의식이 자신을 말한다고 해도, 세계 현상의 근거로 있을 그것은 아무것도 발견되지 않는다. 내가 세계 속의 하나의 사물에 대해(예를 들면 근저에 놓인 물리학적 운동과정에 대응되는 색채에 대하여), 그 대상은 나에 대해 그와 같이 현상되고, 거기에다가 동시에 나는 그와 같이 현상되는 대상 자체에 대해 명석한 표상을 획득할 수 있다고 말할 수 있는 경우와 같은 그런 현상이라는 범주의 의미에서 세계는 현상이 아니다. 세계가 현상이라는 것은 세계가 그것으로부터 현상으로 있을 그것이 원리적으로는 어떠한 대상도 아니고 또 어떠한 것의 가능적 대상도 아니라는 것이며, 그 자체로서 범주적인 의미에서 어떤 특정한 존재도 아니라는 뜻이다. 현상으로서의 세계는 나를 어떤 한 타자를 향해 세계 밖으로 이끌지도 않으면서 나에 대한 세계를, 그리고 그 세계 속의 나를 말하자면 떠다니게 만드는 저 초월함이나 한계의식을 위한 표현일 뿐이다. 따라서 세계는 현상이라고 말하는 언표는 세계 속에서는 어떠한 의미도 갖지 않는다. 이러한 의미는 단지 한계로부터만 유래하는 것이다.

초월하는 사상은 **주관 없이 어떠한 객관도 없다**는 말로 형식적으로 파악될 수 있다. 하지만 바로 그때 마치 주관이나 의식 그 자체가 현존하는 것 같은, 그리고 모든 객관은 단지 이 조건을 통해서만 존재하는 것 같은 오해가 등장한다. 이에 반해서 동일한 권리를 지닌 명제가 정반대로 언표될 수 있다. 즉 **객관 없이 어떠한 주관도 없다**는 명제가 언표될 수 있는 것이다. 왜냐하면 의식이 향하고 있는 어떠한 것이 없으면, 어떤 의식도 존재하지 않기 때문이다. 칸트는 세계의 현실성을 어떤 한 가상의 주관성에까지 지양해버리고 말았다는 비난을 받았지만, 이런 비난에 맞서서 칸트는 내가 나 자신을 관찰했던 것과 같은 주관 혹은 자아라는 것은 사물 객관과 꼭 똑같이 "나에게 현상하고 있는 나와 같은" 하나의 "자아"에 지나지 않는다고 하는 사실을 비교할 수 없는 명석함으로 처음부터 전개해왔다. 모든 세계를 초월해가는 나의 사상적인 초월함을 필연적으로 오해되는 그와 같은 [주관과 객관이라는] 언어로 언표할 때, 주관과 객관 이 둘은 현상이다. 따라서 의식일반은 어떤 하나의 경험적인 주관도 심리적인 의식도 아니며, 내가 그 속에 들어서면서만 세계에 관련하여 참여하고 있는 그 주관-객관의 분열상태에 있는 세계의 현존에 대한 이름이다.

4. 초월함의 방식들

과학과 다르게 철학은 특별한 대상이 없는 사유이지만 사유가 [아무런] 대상 없이는 수행될 수 없다. 이런 이유로 철학은 학문들의 세계정위 속에서 단순한 객관성으로서 나타나는 모든 것을 자신의 재료로 삼는다. 철학은 학문적 인식의 방법들을 이 방식 고유의 의미를 초월하는 표현을 위해 자신이 도움이 됨으로써 이 방법들을 독자적으로 이용한다. 만약 철학이 자신의 사유를 자체적으로 분류하길 원한다면, 철학은 자신의 초월함의 방식들에 입각하여 스스로를 방향을 잡아야만 한다. 철학의 초월함의 방식들은 철학이 철학의 구체적 내용을 방법적으로 전개하기 위해 철학 자체 속에서 구별될 수 있게 따르는 **원리가 된다**. 형이상학에서 탐구된 초월자는 일련의 초월 수행과정이 향해 나아가는 궁극적인 초월자라는 사실이 드러난다.

우리는 초월함을 세계정위 속에서 초월함, **실존조명** 속에서 초월함, 형이상학 속에서 초월함으로 구별한다. 초월함의 이러한 세 방식 중 하나는 다른 것들을 따를 뿐만이 아니라 되돌아가서 다른 것들에 새로운 의미를 부여한다는 사실이 드러날 것이다. 초월함의 이러한 세 방식은 이것들 중에서 어느 하나도 다른 것이 없다면 상실되지 않을 수 없을 정도로 서로에게 침투해 있다. 그런 까닭으로 초월함의 이 세 방식을 분리하는 일은 초월함의 사실적 수행을 반성에 의해 명석하게 할 철학적 사유를 정리하기 위한 하나의 상대적인 분리일 뿐이다.

세계정위, 실존조명 그리고 형이상학에서의 초월함

1. 세계정위 속에서 초월함

초월함으로서 철학적 세계정위는 모든 지식을 조화롭고 완전한 하나의 세계상으로 정리한 것인 하나의 백과전서적인 과제를 그 어디서도 갖지 않고, 한계들에 직면하여 비약을 수행하려고 시도한다. 현존으로서의 세계는 철학적 세계정위 앞에서 무너진다.

칸트적 의식일반에게로 초월함은 세계를 자신 속에 쥐고 있는 그 객관적 존립의 올가미로부터 해방시키고, 이로써 나에게 세계 속에서의 소박한 안전성을 빼앗아버린다. 그렇지만 초월함은 아직 순수하게 형식적으로지만 한계 위에 서는 이러한 일에 의해서 규정되지 않은 어떤 한 자유의 가능성을 내게 부여한다.

칸트적 사상 속에서 초월함은 우리의 철학함의 기본적인 작용에 속한다. 하지만 우리는 칸트적 사상 속에 있는 초월함을 단순히 반복함으로써 심화시키지 않는다. 단순한 반복 속에서의 초월함은 오히려 공허한 형식 속에서 아무것도 말하지 않는 것이 될 것이다. 그렇게 하지 않고 우리는 우리에게 원래 생활의 필요에 속하는 것이면서 대상적 지식에 대한 우리들의 욕구를 만족시키는 것인 사실적인 세계정위 속에도 철학적 토대에 의해 지치지 않고 있다는 사실을 통해서 이 형식을 충족시킨다. 즉 우리는 우리가 기대했던 한계들에 맞닥뜨리고자 시도하는 것이다. 왜냐하면 현상으로서 자신 속에 안주하지 않는 세계는 자체적으로 근거 지어진 불변의 것(Bestand)을 갖지 않기 때문이다. 이러한 한계는 그것들의 구체적 형태들에서는 예측할 수 없는 것이다. 설령 내가 이러한 한계를 일반적으로는 알고 있다고 해도, 나는 사실 그것들을 알고 있는 것이 아니다. 나는 오직 경험적 현실 자체를 통해서 이러한 한계를 깨달을 뿐이다. 즉 이론적이고 실천적인 세계경험이 충족될수록 그만큼 환하게 세계를 초월할 수 있게 되는 것이다. 세계 없이는 어떠한 초월자도 없는 것이다.

따라서 자연과학과 역사학 속에서는 한계들에 다가서려는 처음이자 아직 소박한 충동이 존재한다. 아득한 천문학적 세계와 물질의 극소부분으로 나아가면서 세계는 유한한 것인가 혹은 무한한 것인가라는 질문이 발생한다. 각각의 한계는 바로 이 한계의 저편에 무엇이 존재하는가라는 질문을 생성시킨다. 살아 있는 자연에 있어서 원형들에 대한 관심, 일체의 시원과 근원에 대한 관심, 단지 확정할 수 있을 뿐이며 침투할 수 없는 것에 대한 경이로움을 우리는 도처에서 한계들에 의해 만나게 된다.

하지만 내가 단순히 맞닥뜨리는 것에 지나지 않는 한계들은 그 자체로서는 아직 어떠한 초월함도 야기하지 않는다. 이러한 한계는 나의 현존을 흔들어 움직이며, 나를 당혹하게 하지만, 나의 의식을 위해 아무것도 만들지 않는다. 한계들을 구별하는 것이 관건이다. 한계들은 한편에 있어서는 그때그때의 것으로서 존재하는 경우가 있으며, 그리고 그 경우에는 초월할 수 있는 것이다. 이 경우의 한계들은 탐구자를 위한 자극이지만, 어떠한 철학적 충동도 부여하는 것은 아니다. 혹은 한계들은 **원리적**이다. 이와 같이 원리적인 한계들에서 탐구는 멈추지만, 거기에 철학적 초월함의 가능성이 열리는 것이다.

한계들에 관한 이와 같은 구별 의식이 아직 없는 경우에는 세계정위하는 지식 속에서 한계들과 처음으로 만난 뒤에는 단순한 공허가 뒤따르는 것이 익숙한 일이다. 그때 경험적 탐구가 충실하지 않을 경우에, 예를 들면 역사가는 또다시 어렵고 멀리에 있는 원시로부터 눈을 돌려 그의 몸 가까이에 있는 객관들에서 구체적 내용을 구할 것이며, 자연탐구자는 특수한 탐구대상으로 나아갈 것이다. 설령 우리가 일시적으로뿐 아니라 근본적으로 넘어갈 수 있을 법한 한계들에 맞닥뜨린다고 할지라도 그것에 의해서 우리는 아직 초월해 있는 것이 아니다. 수수께끼는 올바로 물어지지 않은 채, 그리고 의미도 없이 아직 남아 있다. 이 수수께끼는 물질 그 자체와 원시시대 이전의 인간 등에 대한 대상가정적인 대답에 의해 밀려나 기만적으로 해결된다. 통속철학은 이러한 한계로 인해서 멈춰 선다. 통속철학은 초월하지 않고, 그 대신 아직 모르는 숨겨진 먼 곳에 관한 환상적인 사이비지식에서 해결을 찾는다.

철학적 세계정위에서 초월함은 그때그때의 한계들을 원리적인 한계들로부터 구별하려고 시도한다. 만약 원리적인 한계들이 탐구에 의해 언젠가는 극복될 수 있는 그때그때의 한계들이라고 간주된다고 하면, 세계가 존재하는 모든 것이며, 학문적 지식이 확실성 전체일 것이다. 그러나 원리적인 한계들이 파악된다면, 아직은 알려지지 않지만 훗날 알려질 수 있을지 모르는 것에 대해서는 거기에서 논의되지 않게 되며, 또 사람이 어떠한 것의 배후에 도달할 수 없다고 하는 것을 원통해하지 않게 되고, 그리고 거기에서 세계를 잃지 않고도 세계를 초월하는 가능성을 여는 구체적인 초월함이 일어날 것이다.

2. 실존조명 속에서 초월함

이 단독자로서의 **단독자**는 경험적인 개체성으로서의 그 자신으로부터, 현존에서의 그의 존재의 양도할 수 없는 역사적 구체성에서의 본래적 자기로서의 그 자신을 향하여 초월한다. 철학적 실존조명의 전달가능한 사상들은 매번 이와 같은 단독자에 뿌리박혀 있으며, 그리고 이 단독자의 가능성과 **자신**이 관련을 맺고 있다. 모든 각각의 사상들이 사상으로서 의존하고 있는 **일반적인 것**을 매개로 해서 조명은 자신의 작업도구인 심리학적이고 논리학적 내용을 넘어서 나의 역사성에 있어서의 나 자신의 존재로서만 스스로를 실현하는 근원적인 초월함을 향해서 초월해간다. 철학적으로 전달되는 일반적인 초월함은 자기 자신에로 실존적으로 초월함과 서로 맞아떨어지지 않는다. 이 실존적으로 초월함은 철학적 사상에 의해 이루어질수록 확인되거나 촉발되더라도 그 자체는 철학적 사상 속에서는 아직 현실적이지 않은 것이다.

여기서 사상과 표현은 직접적으로 생각되며 말해진 것 속에서 그 본래적으로 의미하고 있는 것을 가질 수 없다. 여기에서 사상과 표현이라고 하는 것은 "자유"에 근거한 "역사적 의식"으로서 "교제" 속에 존재하고 있는 "나 자신"에 대하여 단지 간접적으로만 관계하는 것에 지나지 않는다. 이와 같은 "나 자신"은 "한계상황" 속에서 자기 자신에게 도달하여 "무제약적 행위" 속에서 자기를 확신하며, "절대적 의식" 속에서 자기를 충실하게 한다. 이와 같은 "나 자신"은, "주관성"으로서도 "객관성"으로서도 현존도 갖고 있지 않지만, 이 양극 사이의 긴장을 통해 현존 속에서 스스로를 현상시킨다. 개념이 아닌 신호(signa)로 존재하는 이러한 언어들은 여기에서 또한 대상적이 되어도 더욱 그것 자체로 계속 있을 수 있는 어떠한 존재도 적중시키지 않는다. 이러한 사상 속에서 적중되어야 할 것은 의식일반으로서 나에 의해 발견될 수 없는 것이다. 이 사상은 의식일반을 매개로 해서만 표현될 수 있는 것이지만, 의식일반에 대해서는 이해될 수 없는 것으로 머물러 있다. 왜냐하면 이러한 사상 속에서는 눈앞에 발견될 수 있는 어떠한 현존도 만날 수 없기 때문이다. 단지 내가 나 자신으로 존재하는 정도에 상응해서만 이러한 사상은 검증되고 반향을 일으키고, 충돌하고, 내 것이 되기도 한다. 일반적인 것을 통해 세계 속에서 어떤 정당화가 추구될 때 실존조명은 침묵하지 않으면 안 된다. 실존조명은 그것을 이용해 논증이 이루어질 때, 자기 스스로를 포기해버린다. 실존조명은 가능적 실존으로부터 가능적 실존에게 묻는 것이며(왜냐하면 실존조명은 호소하며 각성시키려 하기 때문이다.), 의식일반에게 묻지는 않는다.(왜냐하면, 실존조명은 근거 지어질 수 없는 것이기 때문이다.)

실존조명 속에서 **심리적으로** 논의될 때는 경험적 객관으로서의 마음이 생각되는 것이 아니고, 결코 심리학의 대상이 될 수 없지만 그때그때마다 나 자신으로 존재하는 것이 생각된다. 이것은 이해가능한 것이 아니고, 이해를 통해 스스로를 드러내는 이해불가능한 것이다. 객관이 될 수 있는 경험적이고 역사적 개체성으로부터 결코 객관이 될 수 없는 본래적인 "내가 존재함"의 역사적 깊이를 향해 초월하더라도 거기에 작용하고 있는 실존은 오히려 아직 존재 자체가 아니다. 이 실존은 모든 것의, 그리고 모든 타자의 궁극적인 근원이 아니며, 자기 스스로 존재하는 것도 아니다. 이 실존은 시간 속의 현존으로서의 자기 스스로의 소여성(所與性)에 근거해 자신을 자기의 자유 속에서 파악한다. 나 자신은 단지 현존도 아니며 존재 그 자체도 아닌 것이다.

따라서 이렇게 나 자신을 향해 근원적으로 초월함 속에서 내가 무엇인지를 아는 것이 아니라, 그 "내가 존재함"을 깨닫는 데로 들어가는 것이다. 반성적 철학적인 실존조명 속에서 이와 같은 초월함에 대하여 사유한다고 하는 것은 객관적 발판을 내게 마련해주지는 않는다고 하더라도 사실적인 초월함을 더 한층 환하게 하는 것을 가능하게 한다. 사상 자체가 철학적 세계정위에서는 동시에 근원적인 초월함인 한, 실존적인 현실과 사상수행은 철학적 세계정위에서는 서로 맞아떨어진다. 그렇지만 실존조명에서는 실존적인 현실과 사상수행은 설령 이 양자가 접근하며 움직이고 있다고 해도 분리된 채 있는 것이다.

실존조명 속에서 **논리적으로** 이야기되는 경우는 세계정위 속에서 자명하게 타당하게 보이는 것이 뒤집힌다. 거기에서 범주들은 그 의미를 미룬다. 거기에서 특별한 것은 일반적인 것 이상의 것이 되며, 역사적 지식에 대해 상대적인 것이 절대자의 형태가 되고, 일반적인 것을 향한 단순한 지양이 파멸을 의미하는 데 비해, 가장 깊이 역사적 상황에 뿌리내리는 일이 본래적인 자기가 되는 일이다. 나는 내가 실존하며 그래도 경험적 개체로서의 현존 속에서 봉사하며 나를 복종시키지만 실존으로서는 뚫고 나가는 이념을 뛰어넘는 곳에 나 자신은 서 있다. 실존조명에서는 진리의 의미도 어떤 다른 것이 된다. 즉 모든 것에 대한 하나의 진리가 존재한다는 것도, 다수의 진리가 존재한다는 것도 실존조명 속에서는 타당하지 않다. 그렇지 않고 나는 자기 자신이 되는 과정에서 다른 자아와 교제하면서 진리를 의식하는 것이며, 이 진리는 보편타당한 것도 아니지만, 바른 것의 광택 이상의 것이다. 즉 그것은 내가 무제약적으로 그것에 따르기 때문에 나에게 진리인 유일한 것이다.

내가 본래적 자기로서의 나 자신을 향해 초월하는 한, 나는 실존으로서 여러 실존들과 함께 존재한다. 이와 같은 문장이 오도하고 있지만, 그러나 나는 밖에 서 있는 의식일반으로서 여러 실존들을 방관할 수 없다. 의식일반은 객관적 고찰 속에서 어떠한 실존도 볼 수 없다. 실존은 단지 교제 속에 있는 실존에 대해서만 현실적이다. 실존조명 속에서 철학함은 하나의 타자에 관한 지식을 획득하는 것을 의미하지 않고 자기 자신을 향해 나아가는 과정에서 본질적 존재가 개시되는 길을 의미한다. 본질적 존재는 자기 자신으로 존재하는 존재이며, 자기 자신을 향해 재차 대립할 수 없는 존재이다. 나 자신에 관한 실존철학적 사이비지식은, 현실성이 나 자신으로부터 떨어지게 나를 잘못 이끌 것이다. 그렇게 되면 나는 현실적으로 나 자신으로 존재하는 대신에 나에 관한 단 하나의 자기존재를 주장할 것이다.

3. 형이상학 속에서 초월함

내가 존재를 물었을 때, 일자(一者)로서의 존재가 객관적으로 인식된다는 일도 성취되지 않고, 모든 존재를 자신의 종류로서 포괄하든지 혹은 모든 존재를 자기의 전체성의 계기로서 포함하고 있을 정도로 포괄적인 하나의 존재개념이 확립되는 일도 성취되지 않았다.

학문들 속에서 존재에게 물을 경우 우리는 그 **잡다함** 속에 있는 현존을 향한다. 학문들은 그것들이 동시에 학문들의 한계들에 단호하게 주의하면 할수록, 또 파악불가능한 것을 조명하기 위해 단호한 준비가 되어 있으면 있을수록, 파악가능한 것에 대한 명석성 속에서 그만큼 더 단호하게 자신의 진리를 붙잡는다.

이러한 한계들에 직면해서 실존은 의식의 내재성을 깨뜨린다. 나는 교제 속에서 **실존적 존재를** 확신하게 되지만, 이 교제 속에서 **일자로서의 존재**에 곧바로 도달하지는 **않는다.** 왜냐하면 우리는 다른 근원과 함께 있는 하나의 근원에 근거하여 존재하는 것이기 때문이다. **일자 존재의 평온은** 개시가 되긴 된다면, 오직 초월자로서만 개시되는 것이다.

궁극적인 초월함은 이 초월자를 목표로 하고 있다. 이러한 초월함은 현존에서 **자신에게** 다다르는 실존에서만 가능하다. 초월자가 그 속에서 현상하고 있는 대상성은 실존에게만 투명하며, 그리고 동시에 대상성으로서는 사라지고 있는 것이다. 이와 같은 대상성은 이론적 의식일반에 대해 존재하는 것이 아니다. 이론적 의식일반에 대해서는 이와 같은 대상성이 불투명하며, 대상으로서는 아무것도 아니다. 즉 초월자가 개시된다고 하는 것은 현존 속에서 그것이 나타난다고 하는 것과 관련돼 있다. 존재는 현존 속에서는 찢긴 채로 남아 있고, 단지 잡다한 것으로서 만날 수 있는 실존의 역사성의 기반 위에서만 일자로서 탐구되고 파악될 수 있다.

이와 같이 초월한다고 하는 가능성을 **의식의 명제는** 부정한다. 즉 존재하는 모든 것은 그것이 **나에** 대해 현존하는 한, 그것이 현재적인 것으로 되는 장소인 나의 의식에 대하여 현존하는 것이어야만 한다는 명제가 초월함의 가능성을 부정한다. 확실히 나는 경험적 개체로서 세계에 관여하기 위하여 세계 속에 끼어든다. 하지만 이러한 세계참여는 내가 일반적이고 하나인 "의식일반" 속에 들어감으로써만 이루어진다. 나는 현존하는 것으로서 사유된 하나의 의식에 대해 특수하고 규정된 개념들을 넘어서서 저 포괄적인 의식으로 초월해간다. 저 포괄적인 의식은 세계존재 전체의 궁극의 한계의 표현이며, 비의식으로서의 어떤 다른 존재도 그 옆에 서 있지 않는 것이다. 의식에 대해 객관으로서 현존하지 않는 그런 하나의 현존을 우리는 단지 가상적으로만 사유할 수 있다. 확실히 세계 속에는 그 누구도 지각하거나 알지 못하는 것이 무한히 존재한다. 하지만 만약 내가 이것의 현존을 사유한다면, 그렇게 해서 나는 그 현존이 관계할 의식을 즉시 함께 생각한다. 그 존재는 이미 현존으로서 지각되고 인식될 가능성이다. 자기 스스로를 알지 못하고 또한 다른 것으로부터 알려지지 않았거나 알려질 수도 없는 현존 그 자체는 하나의 실현불가능한 관념이다. 내가 하나의 존재를 사유한다면, 즉시 나는 그것을 하나의 의식에 대한 어떤 한 현존의 가능성으로서 사유하는 것이다.

이와 같은 사유의 도상에 다음과 같은 의식의 명제가 탄생한다. 즉 우리에게 존재라는 성격을 갖는 모든 것은 의식에 대해서 대상으로서이든지 아니면 체험으로서 내재하는 것이어야만 한다는 명제가 탄생한다. 의식 이외의 어떠한 다른 존재는 우리에게 생각되지 않고, 또 만약 그와 같은 것이 존재한다면, 우리에게 그것은 흡사 존재하지 않는 것처럼 존재하는 것이다. 그렇기 때문에 "의식의 명제"는 "모든 것은 의식이다."라고 진술되며, 또 모든 초월자를 이 명제에 모순되는 것으로서 배제하기 위해 "내재성의 명제"라고도 불리게 된다.

의식의 명제는 단언적인 단순성을 특징으로 갖는 철학적 명제들에 속한다. 의식의 명제는 결정적인 명증성만을 갖는 것이 아니다. 또 이 명제는 사람들이 편할 대로 사용할 수 있기 때문에 잘못되기도 한다. 가능적 실존의 의식에 귀를 기울이지 않고 외견상 강제적으로 보이는 형식적 삼단논법을 통해서 이 명제는 이 형식적 삼단논법을 초월하려는 모든 것에서 제거될 수 있다. 의식의 명제는 단지 강제적이기만 한 사유에서는 힘이 있지만, 철학하는 사유에게는 날갯짓을 마비시킨다. 왜냐하면 이 명제는 현존으로서의 의식 속에 구속돼 있기 때문이다. 물론 이 명제를 똑같이 단순한 사유에 의해서 극복하려는 것은 성공하지 못한다. 의식 속의 초월자의 "현상"이라고 하는 범주 혹은 현존하지 않는 어떠한 것을 향한 "표시"라는 범주는 사실상 강제적인 것은 아니다. 바로 여기서는 형식적인 사상은 확신을 부여하는 어떠한 것도 완전히 갖지는 않는다. 단지 공허한 사상 그 자체 속이나 어떠한 가시적인 것 속에도 아니고 실존의 가능성 속에 뿌리를 내린 그런 하나의 진리의 표현 수단으로서의 충족된 사상이 확신을 부여하는 무엇인가를 처음으로 갖는 것이다.

이 명제의 한계는 어떤 가상적인 객관을 확립함으로써는 발견되지 않는다. 오히려 그 한계는 **자유와 무제약성** 속에 있는 무객관적 **자기확신**뿐이다. 물론 우리는 실존의식과 자유의 경험에 대해 이야기한다. 실제로 이 경험은 의식 속에 현실적인 것으로서 나타나고, 그 의식은 다시 객관이 된다. 그러나 고찰의 대상인 실존의식은 실제로 그랬던 것으로서 이 고찰의 대상으로 존재하는 것은 아니다. 자유는 대상적인 것도 아니며 탐구될 수 있는 것도 아니다. 자유는 저 근원적인 자기확신 속에 **행해질** 수 있을 뿐이다. 이 자기확신은 객관적인 근거제시를, 즉 전체로서는 결코 행해질 수 없는 근거제시를 더 이상 문제 삼지 않는다. 나는 나의 존재를 세계 속에서의 탐구과정에서 확립하려고 시도하지 않는다. 이와 같은 탐구 속에는 나의 존재는 나타나지 않는다. 나의 존재에 대해서 이야기한다는 것은 대상적으로 고찰하는 경우에 따르지 않으면 안 되는 현전화의 방식과 다른 별개의 현전화의 방식을 이미 필요로 한다. 이러한 길을 통해 의식고찰로부터 **실존조명으로** 이끌어감으로써 처음으로 **형이상학적 사유**를 위한 토대가 놓였다.

의식 속에 스스로를 현상시키면서 실존은 초월적인 것에 대한 관념을 파악한다. 이 초월적인 것은 의식 속에서는 존재하지 않으며, 완전히 다른 것으로서 의식을 초월해가는 것이다. 초월자는 현존이 아니며 의식도 아니고 실존도 아닌 존재이다. 초월자는 모든 것을 초월하는 존재이다. 의식에 대해서, 그리고 의식 속에 존재하는 모든 것의 미완결성과 의존성과 유한성과는 반대로 초월자는 절대자이다. 초월적인 것에 대한 이러한 개념은 말하자면 나의 현재의 경험을 넘어서고 있지만 그 가능성에 의하면 원리적으로는 내게 경험될지도 모르는 그런 것을 의미하는 것이 아니다. 초월적으로 이 개념은 현존처럼 대상이 될 수 있는 것도 단적으로 불가능하고, 그리고 가능적 실존처럼 그 자체로서 의식에 현재하는 것도 아닌 그것이다.

의식과 의식 속에 자기를 현상하는 실존이 모든 것이 아니라고 하는 사실이 한계를 규정하면서, 그리고 어떠한 충족도 동반하지 않고 오직 부정적으로 말해짐으로써 만약 초월자의 관념이 형식적으로 부여된다고 한다면, 이 관념이 지향하는 것은 이 관념이 충족된 경우에 다시 내재적인 것이 되어버릴 것이다. 초월자는 본래적 현실로서의 절대적 대상성 속에서 하나의 역사적이고 순간적인 것으로서 그때그때마다 실존에 대해 현재적일 수 있다. 하지만 초월자는 대상적으로 남지 않고, 대상의 소멸 속에서 존재한다. 왜냐하면 실존은 의식 속에서 자기 자신을 완결되지 않은 상태로서 파악할 뿐 아니라, 초월자의 모든 형태 속에서 자신의 의식의 결함을 파악하기 때문이다. 사람들은 다음과 같이 말할 수 있다. 즉 물론 가능적 실존에 근거한 모든 사유는 지식과 공상 속에서 자기 스스로를 최대한으로 확장하려 하지만, 그러나 그것은 최종적으로 사유가 스스로를 파괴할 수 있게 하기 위해서라고 말이다. 절대자가 초월적인 것일 때 의식은 자신의 가장 깊은 근거 속에서 스스로를 파악하면서 자기 스스로를 제거하려고 하는 것이다.

따라서 모든 본래적인 철학함은 확실히 의식의 명제를 거부할 것이지만, 그러나 이 명제가 초월자를 무언가 특수한 현존과 바꿔치기하고 싶어하는 미신들과 주술들에 대항하는 힘을 갖고 있다는 점에서 동시에 이 명제를 승인할 것이다. 왜냐하면 이런 것으로 생각된 객관들은 곧바로 세계속에 있는 하나의 특수한 어떤 것에 불과하기 때문이다. 어떤 하나의 명백하고 진정한 초월함은 세계 속의 여기나 세계의 바깥의 사물들과 병존하는 사물을 발견하지 않지만, 이런 초월함은 세계현존 속에서 현존 이상의 것과 실존 이상의 것을 현재로 불러들이는 일을 행하게 될 것이다.

초월자를 절대자(das Absolute)로서 사유하고 인식하는 것이 불가능하다고 하는 일을 고대 이후 소위 **부정 신학**은 절대자에 대해서 "절대자는 공간적이지 않다, 사유가 아니다, 존재가 아니다, 무(無)가 아니다." 등과 같은 부정적인 언표를 사용하여 표현해왔다. 절대자에 대해서는 "의미" 혹은 "전체성" 또는 "정신"과 같은 범주들을 통해서 가까워지는 것이 불가능하기 때문에, 이러한 범주는 다른 범주들과 똑같이 마치 순간적으로 절대자에 가까워지는 듯이 보이는 것에 의해서 부정 신학에 도움이 되는 것에 지나지 않는다. 하지만 그것도 이 경우 본래의 중심이 부정되며, 이런 중심부정을 통해 절대자가 압도적으로 파악불가능한 상태로 출현하게 된다.

이러한 부정은 **변증법적인** 것이다. 이 경우 사람은 절대자가 아닌 것을 말할 수 없다. 왜냐하면 모든 것은 절대자가 될 수 있기 때문이다. 그것뿐만이 아니라 모든 언표는 뭔가가 부정되든가 긍정될 수도 있을 절대자를 존립하고 있는 것으로 잘못 전제하고 있다. 그런 까닭에 이러한 언표는 언표 자체라는 것만으로도 자기를 뒤로 물려야만 한다. 우리는 초월자를 세계로부터 분리된 어떤 하나의 유일한 존재라고 하는 신으로서 사유할 수 있는 것도 아니며, 더군다나 모든 것을 초월한 채로 있는 존재로서의 신이 모든 것에 대한 총괄개념일 것이라고 말할 수도 없다. 이 변증법은 **상존하는 모순**으로 나간다. 이 모순을 해소하는 일은 우리에게서 초월자를 지양해버리는 셈일 것이다.

4. 초월함의 세 가지 방식은 상호 공속적이다

세계정위 속에서의 초월함은 존재의식을 무한한 가능성 **속에 부유하게** 만든다. 고정된 것을 찾으려고 의식하는 현존의 성향은 모든 것이 발판이 없이 되는 듯이 보이는 곳인 이러한 붕괴에 저항한다.

실존조명 속에서의 초월함은 존재가 이미 해방된 상태에서 자기존재의 자유를 향해 **호소**(Appell)를 단행한다. 현존은 그것이 본래적으로 자유로 존재하려 하지 않는 한, 이와 같은 호소에 저항한다.

형이상학적인 초월함은 실존에게 존재를 마법처럼 불러낸다. 실존은 스스로의 자립성의 근원을 **빼앗는** 이러한 존재에 대항한다. 혹은 자신의 근원과 합일하며 실존은 본래적으로 존재하는 것을 객관성 속에 구속하는 것처럼 보이는 착각을 회피하거나, 실존에게 유일하게 일자로서 현재 참인 것을 그렇게 어지러운 다의성 속에 **빠뜨리는** 착각을 회피한다.

초월함의 세 가지 길에 대해서는 단순한 질문이 아니라 **실존적 충동**으로서의 질문이 각각의 저항을 극복하기 위한 근원이다. 세계정위를 위해서 이 충동은 다음과 같이 존재한다. **이 세계는 무엇이 존재인가를 보기 위해 인식되어야만 한다!** 실존조명에 대해서 이 충동은 다음과 같이 존재한다. 나는 단지 타인과 함께만, 그리고 내가 활동하고 있는 세계를 통해서만 나에게 도달한다. **즉 나 자신이 관건이다!** 형이상학에 대해서 이 충동은 다음과 같이 존재한다. 나는 신을 찾을 수 있다!

이러한 충동 중 하나라도 쇠퇴할 때 철학함은 중단된다. 따라서 나는 철학하며 자기 고유의 탐구와 관찰을 통해 세계정위의 모든 학문 속에 들어가 내 삶의 진실성을 위해 노력하고, 또 사물의 투명함에 대해 마음을 열어둔다. 실존 없이 세계정위는 무의미하게 되고, 초월자는 미신이 될 것이다. 세계정위 없이 실존은 공허한 점처럼[27] 되고, 초월자는 말해야 할 소재를 결여한 채로 머물러 있을 것이다. 초월자 없이 실존은 본래적인 자기존재를 잃고, 세계정위는 그것에게 가능한 깊이를 잃어버릴 것이다. 인간은 의식일반으로서 세계 속에서 방향을 잡고 있으면서 세계를 통해서 초월자와 관계하고 있는 가능적 실존이다. 사물성(Sachlichkeit), 자기존재(Selbstsein), 암호해독(Chiffrenlesen)[28] 각각은 하나가 다른 것과 함께함을 통해서만, 그리고 다른 것을 통해서만 존재한다.

---

27) (역주) 독일어 원전의 "Punktualität"를 우리말 "점처럼"으로 옮겼다. 그런데 "Punktualität"의 사전적인 의미는 '엄밀', '정확', '꼼꼼함'이다. 하지만 이런 의미로 번역하면 문맥이 이해가 되지 않는다. 그래서 역자는 '개개의', '한 점의'라는 의미를 지닌 'punktuell'의 명사형으로 "Punktualität"를 야스퍼스가 사용했다고 판단하고 "점처럼"이라고 옮긴 것이다.

28) (역주) "사물성(Sachlichkeit), 자기존재(Selbstsein), 암호해독(Chiffrenlesen)" 각각은 이 책의 제1권 '철학적 세계정위', 제2권 '실존조명', 제3권 '형이상학'의 탐구대상이다.

제4절
철학함의 영역에 대한 조망

철학함은 그때그때마다 자신의 형태를 얻는 터인 시간을 통해서 진행된다. 그러므로 철학함은 무시간적으로 존립하는 순서를 물론 갖지 않지만, 철학함의 길들에서 역사적으로 규정된 철학함의 존재확신으로부터 서술되는 철학함의 순서를 그때그때마다 갖는다.

1. 철학적 세계정위의 길

철학적 세계정위는 경험적 세계정위 속에서 성립하는 세계완결성을 부수려고 시도한다.

거기에서 한계들이 추구된다. 이러한 한계들의 배후에는 어떠한 더 이상의 세계도 필요하지 않지만, 그럼에도 거기에 아무것도 존재할 필요가 없는 것은 아니다. 존재 그 자체가 세계 속에서나 세계로서 어디에서도 나타나지 않는 것이 아니라, 항상 개별적인 현존만이 나타난다는 상황을 지적함으로써 세계 속에서 가능한 방향잡기에 관한 명백한 의식이 구해진다. 이와 같은 한계의식을 전제로서 가지면서 나는 사물적이고 대상적인 정위가 가능한 세계와 함께 살 수 있고, 게다가 나 자신을 이 세계 속에 잃어버릴 필요도 없이 오히려 어떠한 정위도 성립하지 않는 본래적 존재를 갖고 이 세계 속에 살 수 있다.

사실적인 세계정위는 맨 처음에는 나의 현존관심[29]에 봉사하기 위해 분산되어 있지만, 하나이며 전체인 세계에 대한 유일하고 내적으로 연관된 탐구가 다음과 같은 방식으로 된다. 즉 세계 속에서 내가 하나의 그때그때 마다의 전체라는 이념에서 모든 개별적 대상성을 넘어서 하나의 체계적인 통일성으로 초월해가는 방식으로 그렇게 되는 것이다. 이 통일성은 이러한 통일성들의 총체성 속에서, 즉 하나의 세계 속에서 완결될지도 모른다. 이념으로서의 이 전체에 대해서 나는 대상들에 대해서처럼 알 수 없고, 나 자신이 그 이념에 의해 움직여지고 있을 때만 나는 이 전체와 관계하고 있다. 이 이념은 객관적으로는 전체이듯이 동시에 주관적으로는 탐구를 이끄는 충동으로서 나 자신 속의 움직임이다. 나는 나의 지성에 의한 지식 속에서가 아니라, 초월함 속에서 이 이념을 지배할 수 있게 된다.

학문들이 서로에게 속해 있으면서 하나의 체계를 형성한다는 이러한 사상은 각자 개별적인 탐구행위로부터 성립하지 않고, 결코 주어지지 않은 전체를 향한 이러한 초월함 속에서 성립한다. 철학적 조명에 의거해서 지식을 순차적으로 배열해 세우는 것이 아니라, 지식을 그 근원으로부터 파악하려고 할 때 비로소 이러한 사상은 파악될 수 있다. 학문들이 학문들의 체계 속에 어떻게 그 유일의 학문으로서 생각되는가가 세계정립 속에서 철학적으로 초월함의 방식을 나타낸다. 철학적 충동이 소멸된 즉시 학문들이 붕괴되는 경향이 지배할 것이다.

하나의 세계가 당연하다는 듯 의식에 대해 현존하고 있는 한, 학문들은 이 세계 속에서 그것들의 통일성을 갖고, 학문들의 총체성 속에서 통일성에 관한 하나의 보편적 세계상을 부여한다. 그러나 한계들에 대한 탐구에

---

29) (역주) "현존관심(Daseinsinteresse)"이란 진정한 자기가 되고 초월자와 관계하려는 실존적
    관심과는 다른 것이다. 그것은 가령 생존욕망에 충실하여 다른 사람과 세계를 지배하려는
    인간의 욕망이다.

서 세계정위가 아직도 하나의 전체로 존재한다면, 현존전체를 체계 속에 잘못 나타내게 될 객관적 세계상 대신에, 거기에는 단지 **학문들의 체계성**이, 더군다나 움직여서 열린 **체계성**이 남을 뿐이다. 물론 학문들의 체계는 전적으로 의식일반에 향하면서 낯선 것과 존립하는 것으로서의 타자를 순수하게 정위하면서 인식하려 하는 학문들과, 알 수 있는 것을 매개로 하며 목표와 재료를 선택하면서 또 언어와 개념 구성을 통해서 동시에 실존으로부터 실존을 향하는 학문들이 근본적 구별에서 서로 분열한다. 하지만 학문들은 지식가능성이라는 보편적 매개 때문이 아니라 좌절하는 세계정위가 지닌 한계 때문에도 [전체로 여겨질 수 있는 여러 것들 중] 하나의 전체로 남는다. 왜냐하면 알 수 없는 것의 실체에 진입해가기 위해서는 우리가 생략할 수 없는 길인 알 수 있는 것의 무한한 중요성에 대한 충동은 이러한 한계로부터 유래하기 때문이다.

기술적이거나 실전적인 학문들이 현존을 위한 목적을 현존 속에 갖고 있다. 이에 반해서 자기를 통일성으로 이해하며 스스로를 학문들의 체계성 속에서 분류하는 단 하나의 학문은 현존의 목적에 더 이상 봉사하지 않는다. 이와 같은 학문은 이 학문을 이끄는 초월함에 의해서 우선 철학적인 만족을 성취한다. 이 철학적 만족은 **학문의 의미**에 대한 물음이 명백히 설정될 때까지는 스스로가 확실하다는 것을 의식하지 못한다. 이와 같은 물음의 설정은 학문들을 흐트러뜨리는 결과를 동반하면서 바로 시간 속에서 기운을 잃고 있는 철학 속에서 발생한다. 어떤 하나의 새로운 초월함이 학문의 의미를 현재화하는 곳인 한계가 이때 세계정위 속에서 도달되었다.

철학적으로 볼 때 세계정위는 진실한 것과 전체를 갖고 있다고 추정했던 두 개의 모형, 즉 **실증주의**와 **관념론** 속에서 자신을 **세계상으로 완결시켜**왔다. 신뢰받지는 못했지만 아직도 현대의 사유를 유령처럼 조종하고 있는 이 형태들은 어떤 하나의 철학적 세계정위를 통해서 그것들의 상대성을 고려하여 수용될 수 있고, 그리고 비판적으로 초월될 수 있다.

정신적 형성물로서의 철학은 이 철학 고유의 현존에 관한 지식의 대상이기 때문에, 총체적인 세계정위로도 다 밝혀낼 수 없지만 세계정위에 도태해서 처음으로 그 본래의 의미에 달하지 않으면 안 되는 **철학의 본질**이 여전히 철학적 세계정위 속에서 이야기될 수 있다. 철학에 대해 이야기하려는 시도는 철학이 세계 속에서 나타나는 대로 그 **근원**과, 그 현존형태와 그 **자기 식별**을 논하는 것이다.

2. 실존조명의 길

실존을 조명하는 사유는 단독자를 향한 호소와 단독자를 위한 비약이 가능한 장소인 한계에 [우리를] 그때그때마다 이끌어간다. 이 비약은 결코 같은 방법으로 행해지지 않고, 일반화될 수 없는 방법으로 단독자 각자에 의해서 행해진다. 따라서 일반적인 사유과정은 통로일 뿐이며, 이 사유과정의 충족이 선취될 수 없다.

소통과 **역사성** 속의 **자유**가, 한계들에 봉착한 실존이 확신할 수 있게 되는 가능성이다.

자의적인 의식 속에서 나에게 자유처럼 보이는 것과, 자연과학적 심리학에서는 인과적 과정들의 주관적 반영일 뿐인 것이 실존적 **자유**의 매개자이다. 자의 자체가 그 감각의 유한성 속에서 동기부여하고, 목적이 규정되어 여전히 우연적인 것으로 존재하는 동안에도 인간은 실존하면서 스스로를 그 자신으로서 자유롭다는 것을 안다. 본래적인 자유는 제멋대로 구는 것이 아니라, 자기존재의 근거의 무한성에 뿌리내리고 있는 하나의 필연성으로서 존재한다. 이 자기존재 속에서 실존은 자유를 통해 자신을 근거와 묶는다. 이 근거는 실존이 거기서 나와서 자기 자신에게 도달했던 그것이고, 그리고 자신의 선택결과 자신의 고유의 현존으로서 놓았던 그것이다.

외면적으로는 접촉해 있지만 내면적으로는 어떠한 관계도 없는 사물의 고립된 존재와는 대조적으로 의식의 다른 의식과의 상호적 이해는 양자가 동일하게 이해될 수 있는 하나의 사태에 향해 있으나 아직은 본래적이지 않은 **소통**의 표현이다. 이러한 소통 속에서 각각의 의식은 다른 의식에 의해 대체될 수 있다. 하나의 자기가 그 본래적 존재에 있어서 다른 자기와의 관계를 시작함으로써 이 대체가능성이 원리적으로 불가능해질 때에 한계가 성취된다. 이것에 의해서 하나의 **실존적 소통**의 가능성이 열린다. 이 실존적 소통의 가능성은 단독자들 사이의 그때그때마다 한 번뿐이며 그 자체로 이해불가능하고 제3자에게는 전달불가능한 실존소통의 가능성이다. 다른 실존과 함께 있는 실존으로서만 자기 자신에 도달하는 자유에서 이 실존적 소통의 가능성은 생겨난다.

규칙적인 것과 반복적인 것이 일반적인 것에 반해서 특수한 것과 단독적인 것으로서 **개별적인** 것은 객관적으로 고찰될 때에는 무제한의 다양성이다. 개체는 그것이 무궁무진하다는 점에서 객관적 파악가능성의 한계가 된다. 하지만 이 한계에 부딪쳐서 실존은 어떤 일반자의 사례가 결코 아닌 존재가 될 수 있다. 이 존재는 말하자면 하나의 영원한 일반자로서 온전히 그 자체가 되는 그런 존재이다. 의식된 일반자는 이 존재 속에서 처음으로 근거와 본질을 획득한다. 일회성은 자기에게 가까운 실존과의 소통 속에 있는 실존에 의해 자유롭게 받아들여진 역사적 실체가 된다. 성실히 확보된 이러한 **역사성** 속에서만 영속적이고 취소할 수 없는 확신이 존재한다. 이 확신은 구체적으로 현실적인 것 속에 실존이 몰입함으로써 역사적 의식 속에서 표현되는 실존의 깊은 만족감이다.

자유, 소통 그리고 역사적 의식은 말로 표현된 사유 속에서만 분리되는 하나의 전체계기이다. 이 전체는 그때그때마다 오로지 나 **자신**(ich selbst)으로서만 존재한다. 이 나 자신은 [일반적인] 자기(das Selbst)가 아니라 무조건적으로 나 자신이다. 역사적 의식은 말하자면 가능성의 발견이며, 자유는 근원에 근거한 집행자이고, 소통은 역사적으로 의식하는 자유로운 실존들 사이의 자기존재를 놓고 벌이는 투쟁이다.

실존조명은 의식된 현존재의 한계들에 부딪쳐서 별개의 방식으로 실존의 **무제약성**을 찾는다. 무제약적인 것은 객관적으로 사유가능한 것으로서 현존 속에 나타나지 않는다. 의식의 내재성 속에서는 무제약적인 것은 단적으로 파악불가능한 것이며, 이때 무제약적인 것은 향해가야 할 한계로서 남는다.

즉 현존으로서의 나는 결코 상황-내-존재의 밖으로 나갈 수 없다. 다시 말해서 내가 상황들을 바꾸고 이끌어가려고 시도하는 나의 행동 자체는 내가 함께 제약했지만 이제는 주어져 있는 어떤 하나의 상황으로서 이 행동의 결과들 속에서 나에게 맞서온다. 상황이 주관의 현존을 근본적으로 흔들어서 실존으로 깨울 때에 그 상황은 한계상황이 된다. 이러한 상황을 우리는 조망할 수 없다. 우리들은 이 상황의 배후에 더 이상 아무것도 볼 수 없다. 우리는 이 상황을 단지 해명할 수 있을 뿐이다.

상황 속의 행동은 여러 목적들을 지향하고 있다. 세계 속에서 자신의 목적에 의해서는 충분히 이해될 수 없는 것이지만 그럼에도 불구하고 영원한 진리이기 때문에 자기확신 속에서 본래적인 것인 **행동**은 무제약적이 된다.

마지막으로 의식과 실존의 한계에 부딪쳐서 단순히 조율된 존재의 어떤 한 태도로부터 **절대적 의식**으로의 비약이 행해진다. 절대적 의식으로서의 무제약성은 존재의식의 확신이다. 이 절대적 의식은 무제약성에 근거한 행동처럼 근거 지어질 필요가 없는 것이고, 오히려 모든 본래적인 확신의 근거이자 근원이다. 이 절대적 의식은 근원적으로 충족된 존재로서, 그리고 이를 향한 감행으로서 나의 **신앙**이다. 이 절대적 의식은 자기존재를 근거 지으며 오직 이 자기존재와 함께 상실될 수 있는 유일한 **사랑**이고, 내 안의 항상 올바른 것에 대한 결의로서 **양심**이다.

실존은 단지 세계 속에서만 존재하고, 세계는 어디서나 주관의 존재와 객관의 존재의 분열 속에서만 실존을 향해 오는 것이다. 이 때문에 실존은 주관성과 객관성 속에 들어감으로써 이 양자가 대립하고 긴장하며 하나가 되는 움직임을 통해 자기 자신에 도달하려 한다. 실존을 조명하는 사유는 이 움직임의 방식을 현전화함으로써 주관성과 객관성 속에 있는 모든 현실의 실존적 중요성을 파악하려 한다.

3. 형이상학의 길

오늘날 그리고 과거부터 실존적 현실의 순간 속에서 초월자의 자기현재가 의미하는 것은 형이상학으로서의 철학함 속에서 **회상되고 가능하게 된**다. 그것이 사상 속에서 단지 회상되는 이유는 회상되는 것으로서의 사유가 지성 속에서가 아니라 오직 실존 속에서만 그 원천과 확증을 갖기 때문이다. 초월자의 자기현재를 의미하는 것이 가능해지는 것은 사유가 정화되어 착각과 혼동으로부터 해방되는 한에서고, 그리고 다른 실존 속에 현실로서 진입할 수 있는 것을 사유가 선취하며 탐구하는 한에서이다. 형이상학적 사상은 초월자의 존재를 인식하는 것이 아니라 가능적 실존에 실려서 철학적 실존조명에 의해 이끌어지며 다음과 같은 세 개의 길을 간다.

즉 첫째로, 형이상학적 사상은 순수한 범주들을 갖고 논리적으로 초월하는 것에 의해 자신을 위한 공간을 만들어낸다. 둘째로, 이 사상은 초월자와 실존적으로 관계하는 움직임 속에서 이 공간을 채워간다. 셋째로, 이 사상은 현재적이면서 동시에 소멸하고 있는 대상성의 언어에 대해서 확신을 갖는다.

스스로를 뒤집고, 그러면서 근원적 초월을 실현하는 그런 사유과정을 **논리적 초월함**에서 형이상학은 수행한다. 형이상학의 역사 속에서는 드물고 또 쉽사리 접근하기 어려운 사상들이 존재를 존재로서 숙고할 때는 있다. 거기에서는 다음과 같은 질문이 떠오른다. 도대체 왜 어떤 것이 존재하고, 왜 아무것도 없지는 않은가? 이 물음은 라이프니츠가 제기했고, 이 물음의 심연 앞에서 칸트는 전율했으며, 셸링은 부단히 노력하며 이 질문과 다시 씨름했다. 이 질문에서 생겨난 사유과정들은 형식적이며 추상적이다. 그러한 사유과정은 내용과 관련해서는 열린 채로 남아 있다. 왜냐하면 이러한 사유과정은 [자신을 위한] 단 하나의 공간을 마련하는데, 이 공간은 이 공간에 일회적이고 현재적 내용을 부여하는 실존 속에서 채워질 수 있는 것이기 때문이다. 이러한 사유과정은 사로잡으면서도 모든 자유에 가능성을 남겨두는 음악과 같은 것이다. 이들 사유과정은 이러한 것으로서는 아직 아무것도 아니다. 그렇지만 이 사유과정은 어떠한 변조도 없이 감성적으로는 구속되지 않고 즐길 수 있는 논리적 연주가 지닌 이러한 음악성에 상당하는 것이다. 이러한 사유과정은 변주될 가능성에 의해서만 구속력을 갖는 것이며, 또 사유과정이 아직 어떤 것도 요구하거나 결정하지 않으면 그만큼 더 최초의 만남에서 매력을 발산하는 것이다.

이 공간은 **실존적 만남**에서 채워지지만, 한편으로는 초월자와의 관계에서 채워진다. 이 관계는 쉬지 않고 움직이는 상태로 있다. 철학적 사유는 이러한 관계를 향하며 몰락과 상승, 거부와 헌신, 낮의 법칙과 밤의 정열 등의 의미와 일자의 의미를 파악한다. 실존은 결정적인 현재에서는 소통할 수 없고 철학적 표현 속에는 결코 그대로 현상하지 않는 그의 타자와 관계를 맺는다.

초월자에 대한 실존적 관계에서는 단지 기능으로서 현전하던(vorhanden) 것이 **암호문자의 독해**에서는 명상의 대상이 된다. 거기서는 투명하게 될 수 없는 어떠한 대상도 부여되지 않고, 또 그 대상이 단지 현존을 갖는 한에서 존재하는 것 이상으로 보일 수 있는 대상은 부여되지 않는다. 스스로 실존적인 성격을 갖지만, 자기존재에서 작용하는 힘이 없이 미적 관조로 미끄러질 가능성이 있는 그런 명상 속에서 세계가 초월자의 세계로서 개시된다. 형이상학은 이와 같은 암호독해를 의식하게 한다. 형이상학은 신화, 예술 및 시를 초월자의 드러남으로써 파악하고, 이러한 것들 위에 있는 것을 파악하면서 자기 것으로 만든다. 철학적 형이상학이 그 편에서 세계현존이 지닌 암호문자를 개념적인 구성물들로 읽는다면, 철학적 형이상학 자체가 창조적인 것이 된다. 철학적 형이상학의 개념이 일종의 신화의 요소가 되는 것이다. 이러한 사상들은 시인과 예술가의 환상들과 참된 신화들 옆에 놓고 보면 이런 것들과는 다른 것이지만 그럼에도 유사한 것이다. 이러한 사상들은 시인과 예술가와 참된 신화와 비교할 수 없이 적은 감동을 주지만, 유일하고 바꿀 수 없는 조명으로서 의미가 있다. 철학적 형이상학의 이러한 사상들은 논증으로서 강제력이 전혀 없고, 존립하는 존재에 관한 모든 가설로부터 멀리 물러가 있으며, 논리적으로 관찰될 때는 순환논법이자 역설이며, 사유된 모든 것이 소멸할 때에는 끝내 난파된다.

철학 I

철학적 세계정위

제1장

세계

1. 자아와 비자아

나는 다른 존재와 함께 존재한다는 이 일반적인 상황은 변화하는 상황 속에도 변하지 않는다.

비자아는 내가 그것을 **외부의** 것으로서 감성적으로 보고 만지고 듣는 타자로서, 그리고 나에 저항하고, 나에 의해 영양분으로서 섭취되며, 내가 그것을 재료로서 나의 일을 위한 도구를 만드는 타자로서, 간단히 말해서 내가 그것을 지각하고, 욕구하며 가공하는 **타자로서** 존재한다. 그러나 비자아는 나와 같은 모양으로 존재하고, 나에게 말을 걸고 자신도 이야기되고, 한계들 내에서 내가 이해할 수 있고 한계들 안에서 나를 이해하고, 나의 의지에 동의하거나 다른 의지로 내 의지에 대립하기도 하는, 간단히 말해서 그것이 나에게 관계됨으로써 내가 타인으로 있는 그것과 관계를 맺는 **다른 자아로서** 존재한다. 그러므로 자아는 비자아를 자기에게 낯선 소재의 존재이면서 자기와 친근한 다른 자아의 존재로서 알고 있다.

2. 자아와 비자아의 불가분성

나는 비자아 앞에 마주서 있지 않고서는 전혀 존재할 수 없다. 나는 비자아를 통해 처음으로 현존을 갖기 때문이고, 그리고 나는 비자아에서 처음으로 의식적인 상태가 되기 때문이다. 즉 생명으로서 나는 나의 환경과의 상호교류 속에 존재하고, 의식으로서 나는 오로지 내가 어떤 타자에 향해 있으면서 이 타자에 맞선 나 자신을 의식하게 되는 한에서만 존재한다.

비자아는 나 없이도 그 존재를 가질지도 모른다. 하지만 비자아가 나에게 어떻게 존재하는가는 **비자아가 나를 통해 어떻게 스스로를 제시하는가**이다. 내가 어떻게 감성적으로 지각하는가, 내가 가공하면서 어떻게 나의 현존에 관계하는가, 내가 사유하면서 어떻게 형태를 만드는가 하는 방식 등은 가까워진 이러한 방식 속에서 이미 나 자신에 의해 규정되어 있는 것이 어떻게 나에게 가까워지는가 하는 문제이다.

내가 비자아를 세계라고 명명한다면, 비자아를 나 없이 있는 것이 아니라 나와 함께해서만 비자아를 세계로서 내가 가질 수 있는 것이다. 설령 내가 나를 세계에 대립시킨다 하더라도, 나는 단지 세계를 통해 세계 속에 있어서만 내가 존재하는 그것으로 있다. 내가 알 수 있는 세계가 이 세계를 아는 자아 없이는 존재하지 않는 것과 같이, 자아는 내가 그 속에서 처음으로 자아로 존재하는 세계 없이는 존재하지 않는다. 자아 없는 세계는 존재하지 않고, 세계 없는 자아도 존재하지 않는다.

만약 내가 분리될 수 없는 상태인 자아와 비자아를 **떼어놓으려** 시도해도, 나는 자아와 비자아를 분리하는 것이 아니라, 자아와 비자아의 결합상태를 횡단하면서 비자아를 의식일반으로서의 자아에 대한 **하나의 객체적 세계**로서 사유하고, 그리고 자아를 **스스로의 세계 속에 존재하는 나의 특**

수한 자기의 현존으로서 사유하는 것이다. 비자아와 자아를 분리하는 것은
유일한 세계를 나의 세계로부터 분리하는 일이 된다.

3. 주체로서의 현존과 객체로서의 현실

유일한 **객체적** 세계를 나의 세계의 그때그때마다 특수한 현존으로부터
떼어놓는 일은 불가피하게 과제로서 닥쳐온다. 그럼에도 불구하고 양자를
떼어놓는 시도는 결코 완결되지 않는다. 오히려 변증법적 변화 속에서 어
느 때는 나의 세계가 객체적 세계의 일부가 되고, 어느 때는 객체적 세계가
나의 세계 속의 먼 풍경이 되고, 한편의 세계가 다른 한편의 세계를 교대
로 포괄하는 그런 과정에 머문다. 이러한 운동이 탐구되어야 한다.

즉 떼어놓아지면서 **객체적 현실의** 세계는 의식일반으로서의 자아에 대한
세계가 될 것이다. 만약에 내가 타자의 존재를 그것이 나와 모든 특수한
주관으로부터 독립해 성립하는 것같이 나에게 맞세우면, 이런 세계는 타
자의 존재가 될 것이며, 이 타자의 존재는 자아 없는 어떤 세계일 것이다.
그렇지만 객체적 현실로서의 이 세계 또한 현실적 현존이며, 그래서 특수
한 현존인 하나의 자아 속에서 직관적으로 경험되고 사유될 수 있는 한에
서만 접근될 수 있는 것으로 남는다.

떼어냈을 때 그때그때 **특수한 주체적 현존재는** 자기 세계 속에 있으며 스
스로가 모든 것인 존재가 될 것이다. 이 특수한 주체적 현존은 세계 없는
하나의 자아존재를 핵심으로 갖고 있을 것이다. 그럼에도 이러한 자아는
그에게 저항하는 소재 없이는, 그리고 스스로를 갈망하는 다른 자아 없이
는, 그 자체로서 어떤 것도 아니다. 이런 자아에 대해서 이야기하려고 하
면, 즉시 다시 그것은 현존으로서의 하나의 현실이 된다. 이렇게 객관이 된

현존은 하나의 구성요건으로서 총괄적인 객체적 세계에 포함되어 있다. 특히 나의 현존은 나에 대해 객관이 되며, 나의 세계 속의 나의 현존은 하나의 특수한 현실이 되는 것이다. 이 특수한 현실은 내가 그것을 이와 같이 응시함으로써 어떤 좀 더 포괄적인 것에 포함된다.

따라서 첫째, 이 **떼어놓은** 세계는 나의 현존 속에서 알 수 있는 **객관적인** 하나의 내용이 되어버렸다. 물론 나는 나에 의해 **일반적인** 것으로서 알려진 이 세계를 갖고 있는 내가 **자신**의 세계 속에 있는 자아의 현존이라는 의미에서도 하나의 전체라고 생각하려 할 것이다. 이때 일반적 세계는 동시에 나의 특별한 세계이기도 할 것이다. 그렇지만 나는 이와 같은 사유를 완결시킬 수 없다. 내가 만약에 나의 세계가 아닌 **세계 그 자체**를 찾는다면, 나는 서로 튀어나오는 운동 속에 머물기 때문이다. 유일한 세계 자체로서 이 세계 그 자체는 주체존재에 속한 그런 세계 속에 있는 하나의 주체존재의 상대적으로 종결됐으나 오직 그때그때의 것으로 존재하는 전체성으로서의 모든 특별한 세계현존을 그 자체 안에 포함하고 있다.

그래서 둘째, 이렇게 **떼어놓은 자아**는 그때그때 현존하는 현실로서의 현존이 되어버렸다. 하지만 그때그때 현재하는 현실은 대상화될 때는 바로 또다시 이 현존을 포괄하는 **객체적 현실**의 **부분**이 된다. 이 객체적 현실을 타자의 존재로서의 세계라고 부른다면, 나는 현존으로서 나 자신에 대해 타자가 되어버릴 것이다. 나는 나 자신을 이와 같은 타자로서 대상적으로 고찰하고, 연구하며 인식하고 있다.

그러나 다시 나는 나의 현존에 있어서의 나를 알려진 유일한 세계 속에 하나의 대상으로서 남김없이 파고들어 가게 할 능력은 없다. 왜냐하면 나 자신은 나의 현존 속에 나타나는 대로 객관적으로 알 수 있는 것에 대한 전망의 총계인 유일한 세계에 대한 모든 지식이 관련된 포괄자로서 나는 나에게 남기 때문이다.

거기에는 다음과 같은 순환이 남는다. 즉―내가 나와는 다른 것으로 인식하는 모든 세계는 세계 **자체**가 아니라 단지 **하나의** 세계가 되는 계기인 내 고유한 현존의 **특별함**을 나에게 가시적으로 만든다. 하지만 내가 나와는 다른 것으로 인식하는 모든 세계는 바로 그렇게 해서 한층 결정적으로 **아는 자**로서 나를 일반적인 하나의 세계 속으로 끌어내는 것이다. 모든 특별한 세계도, 그리고 나의 단지 개별적인 가능성과 현실성도 이 일반적인 하나의 세계에 대해 존재하는 것이다.

만약 내가 세계를 말한다면, 나는 모두 분리되어 있는데도 운동을 통해 서로 **묶인** 채로 있는 그런 것을 이중적으로 생각할 수밖에 없다. 즉 [유일한] 하나이자 보편타당한 것으로 탐구될 수 있는 타자 전체로서의 세계를 생각하든지, 그렇지 않으면 자아존재로서는 자기의 세계 속에서, 즉 자기의 비자아 속에서 자신을 발견하고 있는 것이며, 그리고 하나의 그때그때의 전체로서는 나의 세계로서의 세계로 있는 것인 그런 현존을 생각할 수밖에 없는 것이다.

4. 주체적 현존도 객체적 현실성도 세계를 통합하지 못한다

세계존재의 양극성은 서로 교대로 어느 하나의 세계가 다른 세계를 포괄하는 것으로 만들었다. 그 결과 내가 현존이라고 생각하는 것은 이 사유에 의해 객체적 세계의 부분이 되고, 내가 객체적 세계라고 생각하는 것은 이 객체적 세계를 포섭하는 [나의] 현존에 대해서 멀리 있는 광경이다. 거기에는 세계존재의 두 가지 양태가 서로 나란히 서 있는 것이 아니라, 서로 교대로 어느 하나의 세계가 다른 세계를 **포괄**하는 세계로서 존재하는 것이다.

마치 우리에 대한 세계존재 속의 어떤 하나의 운동이 관건이라도 되는 듯한 것이 아니라 마치 두 가지 세계가 존립하기라도 한 듯이 이 양극성 속에서 어느 한쪽이 그때그때마다 단일한 전체로 취급됐던 것이다. 그러나 양 세계들 중 한 세계의 정지된 존립처럼 양쪽 중 한쪽에서 **단일체이며 전체인** 것이 유지될 수는 없다. 세계존재는 전체 객체적 현실이 아니며, 또 전체 주체적 현존도 아닌 것이다.

객체적 현실로서의 세계는 알 수 있는 존립으로서는 **분열상태**에서 일단 나타난다. 객체적 현실로서의 세계는 일절의 것의 일절의 것에 대한 보편적 관계로서는 유일한 하나의 세계일 것이다. 하지만 이 세계는 그것이 환상적이고 계획적으로 표상될 경우나 사실적으로 연구될 경우에도 우리에게 어떤 유일한 세계로 남아 있는 것은 아니다. 그러나 설령 이 세계가 객관으로서는 유일한 세계가 될 수 없다고 해도, 일절의 것의 일절의 것에 대한 보편적 관계에 있어서의 하나의 전체를 향한 전진이라는 끝없는 과제로서의 이념 속에서는 아마도 이 세계가 단일체로 존재할 수 있을 것이다. 그렇다 하더라도 스스로를 구체화해가는 모든 연구이념은 지속적으로 다시금 세계 속에 있는 그저 하나의 특수한 것으로서 드러난다. 만약 의식일반에게 접근될 수 있고 충족될 수 있는 전망을 의식일반이 넘어서 우리에게 인식가능한 일자존재로서는 진리 속에 멈춰 있지 않은 유일한 세계를 적중시키려 할 때, 이념 속에 부과된 유일한 세계는 이 의식일반에 의해 공허한 것으로 되고 마는 충격이 될 것이다.

그 다음 **주체적 현존으로서의** 세계는 이것이 특수한 것에 그때그때 축소된 어떤 하나의 완전하고 전체적인 세계라는 이념에까지 확대되는 한에서는 그 가능성에 볼 때 모든 걸 자신 안에 받아들이는 세계가 될 것이다. 하지만 그 즉시 이러한 주체적 현존은 유일한 객체적 세계 속에 나타나는 현존세계들의 다양성을 나타낸다. 게다가 이 유일한 객체적 세계도 세계정위를 통해 연구가능하고, 전망들 속에서 접근될 수 있고, 내부적으로 분열한 현실일 뿐이다.

그래서 만약 내가 하나의 **세계개념**을 확립하려 들면, 이 개념은 단일체로 되돌아갈 길을 발견하지 않는 **다수의 세계개념들**의 형태로 주체적 현존과 객체적 현실의 두 측면에 따라서 즉시 나타날 수밖에 없다.

만약 내가 **유일한** 세계를 파악하려 들면, 나는 그 세계의 단일한 존재 속에서 그 세계에 도달하지도 못하고, **단일한 현존으로서의 나에게도** 도달하지 못한다는 근본경험을 할 수밖에 없다. 나에게 **세계**는 특수한 것에 있어서 모조리 규정되어 있는 것에도 불구하고, 전체에 있어서는 규정되어 있지 않은 한계규정이 안 된 존재가 된다. 이 무한계의 존재는 나에 대해 근원도 완결성도 갖지 않지만, 나 자신으로 있는 존재와 초월자의 본래적 존재 사이에서 대상적으로 파악가능하고 특수한 것에서 규정된 채 존립하고 있는 존재를 갖는다.

세계로 존재하는 것은 내 **상황** 속에서 사라지는 것이 아니라, 내가 바라보는 가장 넓은 지평선마저 넘어서서 측정할 수 없는 것, 파악될 수 없는 것, 그리고 타자로서 남아 있다. 하지만 세계는 나의 상황 속에 존재하는 세계로서도 **어떠한 개념 속에서도 충분히 파악되지 않았다.** 왜냐하면 세계는 객체적으로는 인식의 전망 속에 분열해 있고, 주체적으로는 각각 자기의 세계 속에 있는 현존의 잡다성 속에 분열해 있기 때문이다.

5. 현존의 실현과 세계정위는 실존 그 자체와 초월자로 향하는 길이다

나의 현존은 자기존재가 나의 지식에서는 접근되지 않고 자유에 근거한 행위 속에서만 경험될 수 있는 가능적 실존으로 존재하는 장소인 현실로서 나에게 남겨진다. 이 **상황** 속에서 나는 유일한 객체적 세계에 이르는 것도 불가능하고, 유리한 현존에 달할 수도 없는 장소인 상황 속에 머물러 있다. 이 상황은 어떠한 세계존재도 속임수를 쓰지 않는 한 스스로를 일자로 구성하게 하지 않는다. 나는 오직 나의 상황으로만 존재하는 세계 속에 있다. 이 상황은 존재 그 자체에 관한 하나의 지식으로서의 세계에 관한 지식이 난파될 때 가능적 실존으로서의 나 자신을 향해 나를 깨운다.

그렇지만 지식에 의해서는 접근될 수 없는 근원들인 나 자신과 초월자에 도달하기 위해서 나는 현존으로서 단 하나의 길만 갖고 있다. 나는 세계 안에서 나를 실현한다는 것이 그 길이다. 따라서 나는 나의 역사적 가능성이 내게 그것을 지시하는 것처럼 내 현존의 현재를 충족시키려는 충동에 의해 움직여지며, 또 모든 객체적 현실을 향해 있는 **무제약적인 지식욕**에 의해 움직인다. 그러나 나는 나에게 중요한 것을 순수한 세계현실이나 단순한 현존이나 혹은 알게 된 것이길 희망할 수는 없다. 그러나 그럼에도 불구하고 현존의 실현으로서 또한 세계정위로서 내가 세계 속에 **진입한다는** 것은 나 자신을 파악하며 초월자를 탐구하는 유일한 표현이다.

세계가 무엇으로 존재한다는 것인가 하는 질문이 나 자신을 파악하며 초월자를 탐구하는 목표를 접어두고 이제부터 차근차근 밝혀질 수 있을 것이다.

주체적 현존과 객체적 현실로서의 세계

주체적 현존으로서의 세계는 우리에게 자기의 세계 속에 있는 어떤 하나의 특수한 생의 그때그때 현존전체였다. 그런데 객체적 현실로서의 세계는 우리에게 하나의 주관성인 살아 있는 현존에서 독립적으로 사유된 일반적 존재였다.

1. 직접적 현존전체

자신의 환경에 관련된 하나의 내적 세계의 그때그때의 전체인 생물학적 현존은 살아 있는 현존 일반의 근본적 사태를 나에게 나타낸다. 살아 있는 현존에게 접근될 수 있는 것은 이 현존의 지각세계이며, 가능한 방식으로 지각될 수 있는 것의 하나의 작은 단편이다. 환경 속에서 이 생물학적 현존의 활동에 의해 이용되거나 변형되는 것은 이 현존의 작용세계이며, 이 현존재에 의해서는 결코 만날 수 없는 존재의 하나의 작은 부분이다. 생명의 존재는 하나의 세계 속의 존재이지만, 폰 윅스퀼(v. Uexküll)[1]의 이 근본상태의 구성에 대한 분석에 따르면 그것은 생명의 양태가 이 생명이 갖는 세계를 통해 성격 지어지는 방식이 특성화되어 있고, 또 반대로 이 세계가 생명에 의해 규정되어 있다.(『생물학적 세계관 건설을 위한 석재』 중에서, 뮌헨 1931년) 사람은 성게의 세계나 개미의 세계에 대해 말할 수 있다. 만약 내

---

1) (역주) 폰 윅스퀼(Jakob Johann Baron von Uexküll, 1864~1944)은 현재 러시아에 속한 에스틀란트(Estland)의 독일인 거주지에서 태어난 생물학자이자, 동물학자이며 철학자이다. '환경'이라는 개념을 생물학에 최초로 도입하며 생태학의 영역을 개척한 학자로 평가받는 폰 윅스퀼은 대학시절에 칸트의 철학을 집중적으로 공부했다.

가 이런 세계를 식별하며 파악하면, 이러한 세계의 특수한 내용들이 아니라 근본규정들이 나의 현존에 대해서도 타당하다는 점이 나에게 분명해질 것이다. 내가 나 자신을 단지 생명으로만 생각한다면, 나는 이 근본규정들에 관계하고 있다.[2)]

그러나 나는 나 자신을 모든 생물학적 현존과 구별한다. 내가 나 자신을 나의 세계 속 있는 현존으로서 발견하고 있을 때는, 나는 이렇게 나 자신에 도달한 순간부터 **이미** 더 **이상** 이러한 현존이 아니었다. 이 비약에 의해 나는 생명 있는 것의 형태들에서 규정되지 않은 어떤 다양성을 갖는 현존으로서 **다른 현존**을 발견했다. 그리고 여기에서는 단지 현존이 아닌 생물학적 연구자인 나는 이러한 형태들을 연구함으로써 이러한 형태들로부터 나 자신을 구별하고, 형태들 자체도 구별한다. 나는 나 자신의 고유의 현존을 모든 인간에게 공통된 **의식일반**으로서 규정한다. 의식일반은 사유 속에서 지각세계와 작용세계를 지양하여 합목적적 의욕 속에서 하나의 자기 세계를 만드는 행위의 새 근본구조나, 방향을 정하며 계획을 세우는 새 근본구조와 대상적 인식의 새 근본구조로 나간다. 하지만 이러한 근본적 구조는 역시 단지 형식적인 것이다. 이런 이유 때문에 이러한 고찰에 대해서는 바로 충족된 인간적 세계들의 다양성이 나타난다. 사람은 우리들의 오늘의 세계, 중세적 인간의 세계, 그리스인의 세계 등에 대해 이야기하고, 이러한 세계들을 비교하며 늘어놓는다. 객체적 고찰에 나타날 수 있는 것과 같은 인간의 역사학적이고 사회학적인 형태들이 이때 존재한다.

만약 내가 비약을 수행하고, 이 비약에 의해 나의 현존을 그 자체로서

---

2) (원주) 세계 내의 존재에 대해서는 현존과 역사성에 대해서처럼 하이데거가 본질적인 것을 말하고 있다.(『존재와 시간』, 할레 1927년)

파악하고 생각하면서 의식하게 된다면, 이로써 나는 동시에 나의 현존을 포괄하고 있는 셈이다.

이때 우리에게 있는 현존을 사유하면서 의식된 것으로 만들기 위해서 현존 속에 있는 우리가 하나의 대상이 된다. 현존으로 존재하는 것처럼 나타난 그 자체 하나의 세계가 오히려 어떤 포괄적인 세계의 부분이 된다. 이 부분을 현전화하면서 이야기하기 위해서 우리는 생물학자로서, 심리학자로서, 역사가로서 세계 속에서 예시된 연구과정을 밟아가지 않으면 안 될 것이다.

하지만 우리가 현존을 의식함으로써 현존을 극복하면서 향해가는 것은 보다 한층 철저히 획득될, 좀 더 포괄적인 하나의 현존으로서의 현존 자체가 아니다. 오히려 그것은 **객체적 현실**을 포함하는 세계의 이념이거나 그렇지 않으면 **실존의 자기존재**이거나 아니면 **초월자의 본래적 존재**일 것이다. 직접적인 현존전체는 근원이 아니며, 궁극목표도 아니고, 어디인지는 확실하지 않지만 우리가 이 세 가지 방향 속에서 비상을 수행하는 토대가 되는 장소이다.

2. 일반적 세계

구체적인 고찰에서 (가령 생물학과 정신과학들에서) 고찰이 좀 더 상세히 행해지면 행해질수록 하나의 **특수한** 세계로서의 **나의 고유의** 세계가 비록 **무규정적인 일반자**나 **전체**에 대한 관계에 있어서라도 내게 밝혀질 것이다. 나는 그때그때의 특수한 세계들을 구별하지만, 동시에 이러한 세계들의 전제로서 이러한 세계가 가능해지는 장소인 하나의 일반적 세계를 필연적으로 사유한다. 이리하여 나는 생물학적 현존과 역사학적 현존으로서의 나 자신의 고유한 현존을 마치 하나의 낯선 현존처럼 고찰한다. 나는 단지 이러한 현존 속에 구속되어 있지만 않고 나 자신을 전체 세계에 향하게 함으로써 이와 같은 현존으로부터 나 자신을 해방하려 시도한다. 나는 세계 **자체**[3]를 발견하기 위해서 연구하고 지식을 쌓으면서 나 자신을 나의 세계로부터 해방하려 시도한다.

예를 들면 **생물학자**가 어떤 지각세계와 작용세계가 어떤 한 특수한 생물과 인간의 육체적 현존재에 귀속되는지를 규정할 경우, 그는 **보편적이기** 때문에 서로 다른 동물들의 기관이 관련된 **자기 동일적인 유일한 세계**를 염두에 두고 그렇게 하는 것이다. 나 자신의 고유한 생물학적 현존의 **특별한** 지각세계 대신에 나는 이런 특수한 세계가 한 부분으로 포함되어 있는 곳인 이러한 **하나의 보편적인 세계**를 알려고 시도한다. 부분적으로는 아직 내게 알려져 있지 않은 곳이 항상 있는 나의 **개별적인 작용세계** 대신에 나는 **기술적 세계**를 지배한다. 이 기술적 세계 속에서는 명석한 대상적 지식으로 모든 현존의 재료가 임의의 목적을 위해 사용되도록 가공되고 처리할 수 있게 된다. 물론 나는 사실적으로는 나의 지각세계와 작용세계 속에 머물러 있다. 하지만 나는 보편적 세계와 모든 목적들에 대해 적당한 유일한 기술적 세계를 나 자신의 목표로서 설정할 수 있다.

사회학자가 하나의 특수한 역사적 현존을 규정할 때, 그는 어떤 하나의 **사회일반**을 그것의 가능한 변형들 속에서 전제하고서 그렇게 하는 것이다. 나는 나의 역사적 상황의 특수성 속에 빠져 있는 대신에, 이 특수성을 넘

---

3) (역주) "세계 **자체**(die Welt)"는 '생물학적 세계', '역사적 세계', '나의 고유한 세계', '고대 그리스의 세계' 등과 같은 어떤 특정한 세계를 생각할 때 전제하고 있는 본래적이고 전체적인 세계이다. 이런 세계는 객관적으로 확인이 불가능하다는 의미에서 하나의 관념적인 구성물이라고도 볼 수 있으나, 어떤 특정한 세계를 생각하건 반드시 전제해야 하는 것이다.

어 인간 그 자체의 현존에 도달하려 노력한다. 나는 인간의 유일하고 참된 현존형식을 찾는다. 이 형식에서 역사적인 세계들은 교란되고 왜소해진 개별적 실현에 지나지 않는다.

이와 같이 내가 나의 특수하고, 생물학적이거나 역사학적 현존을 넘어 유일한 세계를 향해 다가가는 과정에서 이 추구되면서 동시에 전제된 세계는 존재가 되고, 인간이 그 자체로 현실화되어야만 하는 장소인 유일하고 정당한 세계기구는 유일하게 참인 세계기구가 될 것이다.

하지만 나는 유일하고 일반적 세계가 존재가 되는 이 과정을 근본적으로 의심스럽게 하는 경험들을 한다. 유일한 세계가 내 단독적 현존세계의 특수한 것과 우연한 것으로부터 벗어나서 이러한 단독적 현존을 극복하려고 시도했던 계기인 비약이 일어난 후에도 나는 항상 하나의 특수한 "입장"에 머물러 있다. 일찍이 존재한 입장을 그때그때 상대화하고, 결국에 가서는 모든 입장을 상대화 입장의 교환만이 있을 뿐이다. 하나의 특수한 세계현존의 관점에 구속된 상태로부터 해방은 어떤 하나의 **보편적인 입장**을 밀어내는 것에 의해서는 단지 상대적으로만 성취되는 것이지, 유일하고 진실한 하나의 "관점 밖"에 도달하는 것에 의해서 절대적으로 성취되는 것은 아니다. 하지만 입장을 밀어내는 과정은 끝없이 진행된다. 다음의 사례가 이것을 예증하고 있다.

공간적 정위는 모든 세계정위들의 비유이자 모범이다. 생각하는 모든 민족이 지구와 우주의 중심을 자신들이 갖고 있다고 원시적으로 믿고 있던 것처럼, 오랫동안 인류는 지구를 우주의 중심이라고 믿고 있었다. 이 상태는 인간이 첫 발걸음에 있어서는 정상을 벗어나 있던 추상작용에 의해 여기 그의 현존의 감성의 직접성으로부터 해방도 되어 어떤 일반적인 것을 파악하게 될 때까지 계속됐다. 지금 세계는 살아 있는 현존을 공간으로 싸고 있는 그릇으로 존재하는 것을 멈추고, 어떤 중심도 더 이상 갖고 있지 않은 일반적인 어떤 것이 되었다. 다시 말해서 세계는 더 이상 나의 세계가 아닌 것이다. 그러나 일반적인 세계 자체도 얼핏 이 일반적인 세계가 약속하는 것처럼 보인 것, 즉 존재 그 자체로 있는 것을 붙잡고 있는 게 아니다. 이 일반적인 세계 속에서 인식되는 것은 상대적인 것이다. 직접적으로가 아니라 단지 과학을 통해서만 그 의미가 파악될 수 있는 가장 확실한 인식, 바로 그것이 공간적 정위 속에서는 세계를 비직관적이고 추상적으로 알려진 하나의 현실적인 것으로 해소해버리는 것이다. 근대의 물리학은 또 직관성의 잔여물인 절대공간과 절대시간을 갖는 무중심의 무한한 삼차원의 세계를 보편타당하지만 직관이 안 된 상태라서 비현실적으로 되는 하나의 알려진 존재로 침몰시킨다. 이와 같이 세계를 파악하면서 나는 양적인 자료들의 추상적인 관계들에 대한 지식을 갖고 바닥이 없는 것 속으로(ins Bodenlose) 가라앉는다. ―그러나 전체 일반적 현존으로서의 세계는 공간적인 것에서처럼 다른 어떤 곳에서도 세계정위에 대해 자체적으로 폐쇄되지는 않는다. 나는 세계 속에서 나의 방향을 정하는 대신에 세계를 넘어서 나의 방향을 정하길 원한다. 내가 세계를 존재 자체라고 여기기 때문에 이러한 존재는 헤아릴 수 없는 것(bodenlos)으로 개시되는 것이다.

3. 나의 세계인 현존으로의 귀환

내가 현존에 대한 **고찰**들을 통해 잡다한 형태들 속에서 유일한 세계를 찾는다면, 내게는 이러한 고찰 속에서 **현존**이라고 하는 것이 완전히 상실되어버린 것처럼 보인다. 만약 내가 나 자신을 전체에서 나온 특수한 부분적 현존이나 어떤 일반자의 사례로서 파악하고, 나를 그와는 다르게 알지 못한다면, 나는 나 자신을 망각하고 있는 것이다. 따라서 나는 절대적 객관성으로부터 나의 상황 속에 있는 나 자신의 의식으로 귀환한다. 객체적으로 더 이상 중심을 갖지 않는 세계는 [다다르는 곳] 어디서나 중심을 갖게 된다. 모든 사람에게 동일한 것으로 타당하다는 의미에서는 더 이상 객관적으로 타당하지 않더라도 나는 다시 세계의 중심에 서 있다. 단독으로 현존하는 존재인 나의 중심 이외에는 어떠한 다른 중심도 없다. 상황이 출발점이자 목표가 된다. 왜냐하면, 상황만이 현실적이고 현재적이기 때문이다. 하지만 객체적인 세계현존과 관련된 사유를 통해서만 상황 그 자체가 내게 명백해진다. 이 세계현존은 내가 그것을 항상 다시 지양하기 위해서 그것이 스스로 존립한다고 항상 다시 생각해야만 하는 그런 것이다. 나는 세계사유로 전진하지 않고서는 나의 상황을 파악할 수 없다. 또 나는 사유된 것의 현실성을 확증하는 일이 시작되는 장소인 나의 상황 속으로 계속 돌아가지 않고서는 세계를 파악할 수도 없다. 상황은 빠져나올 길 없이 현존의 현실성의 방식이다.

물론 인간은 모든 특수한 세계들로부터 해방되어, 다른 가능성들 속에 들어설 수 있다. 인간은 여러 풍토와 지역에 진입하고, 그에게 낯선 기술적인 사용맥락을 익히면서 그 속에 진입해 들어갈 수 있다. 인간은 다른 풍속과 관습에 적응할 수도 있다. 하지만 이와 같이 움직이는 일은 절대적인 것이 아니다. 그의 현존의 제한상태와 그의 종래의 습관과 습성 때문에 어떤 속박이 남아 있는 것이다. 인간은 낯선 것에 옮겨 들어갈 가능성 때문에 이 속박을 넘어서서 생각하면서 여전히 의문시되긴 하지만 하나의 이해를 획득할 수 있다. 그때 그는 그 자신의 고독한 고유의 현존도, 그가 들어가야 할 새롭고 낯선 현존도 모두 어떤 일반적인 것으로 바꾸면서 그렇게 하는 것이다. 그러나 완전히 현재적인 것, 즉 나의 현존과 함께 근원적으로 주어져 있는 것은 바꿀 수 없는 것으로서 남는다. 즉 이 고향의 풍경, 이 도구들, 이 완전히 특정한 공동생활의 방식, 이 특정한 인간들, 이 과제들이 [일반적이지 않은 특정한 것으로] 남는다. 일반적인 것은 각각이 절대적인 단독자로까지 실체화된다. 하지만 이 단독자는 이와 같은 단독자로서는 더 이상 세계정위에 대해 현존하지도 세계정위의 내용으로서 현존하는 것도 아니다. 세계정위에 대해서 단독자는 단지 사소하고 덧없는 특수한 것과 우연적인 것으로서만 존재한다. 하지만 이 단독자는 현실성의 의식으로서는 "생생하고", 본래적 존재의 역사적 의식 속에서는 "실존적"이다.

이렇게 하여 나의 세계 속의 상황으로서의 **나의 현존**은 항상 또다시 본래적인 현실이 되지만, 오직 **직접적이기만 한** 현존의 경우와는 다른 방식으로 그렇게 되는 것이다. 왜냐하면 직접적이기만 한 현존은 모든 현존 속의 객관적인, 즉 세계정위 속에서 획득된 존재의 개별적이고 상대적이지만 확고한 타당성을 통해서 이제는 조명돼 있기 때문이다. 이러한 객체적 존재의 타당성에 대한 지식은 이 직접적 현존에 속하는 것이고, 이 현존이 스스로를 객관적으로 세계현존 그 자체로 만들려고 할 때, 나의 현존으로서 이 지식은 또다시 이 직접적인 것을 특수한 것으로 상대화한다.

4. 실존의 객관성으로서의 현존

일반자 속에서 만족하는 것과 일반자의 우위는 기꺼이 인정된다. 즉 나의 단순한 현존에서 나 자신은 종속적인 것이고 2차적인 것이다. 일반적인 세계는 나의 고유현존을 포함하고 지배한다. 나는 단지 우연과 행운에 의해서만 잠시 동안 나의 현존재의 공간을 갖는다. 그러나 세계로부터 목격된 이런 관점을 나는 최종적인 것으로 인정하지 않는다. 나를 단순한 현존이상으로 높이는 나의 자유 속에서 나 자신은 나의 세계현존의 역사성 속에서 처음으로 나타나는 하나의 존재근거를 의식하고 있다. 이러한 자아는 세계현존으로서는 어디에도 나에게 나타나지 않는다. 하지만 **세계현존이 실존의 객관성이 된다고 해도**, 실존의 객관성이 다시 어떠한 세계정위적인 지식에 대해서도 세계현존이 될 수 없다. 실존의 객관성은 실존에 의해서 떠맡아지고 창조되었거나 거부되고 파괴되는 것으로서 실존에 대해서 세계현존이 될 수 있는 것이다. 이러한 세계는 더 이상 현존으로서의 세계가 아니며, 더군다나 과학으로서의 세계도 아니다. 이러한 세계는 세계 속에서 초월자의 언어를 수용하고 있는 실존의 역사적 깊이를 지닌, 다른 때 같으면 그저 단독적인 것이고 우연적인 것이 실존에 대해서 미리 발견되었듯이 실존에 의해서 함께 창조되어 관철된 것이다.

5. 요약

자신의 세계 속에 있는 어떤 각각의 단독자의 현존전체로서의 세계는 내가 그것을 초월하여 벗어난 일을 통해서만 그것에 대해 깨닫게 되었던 **직접성**이었다. 객체적이고 일반적인 **하나의 세계가 파악되었지만**, 이 세계로부터 현실적으로 현재하는 상황에로 **회귀**는 항상 필연적이었다. 그런 다음 이 상황 속에서 **가능적 실존의 자기존재**가 다른 근원에서부터 개시되었다. 그리고 다시 이 가능적 실존 쪽에서는 과제를 파악하면서 이 전체 세계를 가능적 실존이 실현되는, 결코 수수께끼가 풀리지 않는 장소들로 파악했다. 그 어디도 나에게 **최종적인 안식처**가 되지 않았다. 직접적인 현존전체는 인간에게서는 실행될 수 없는 생물학적 현존에만 머물렀다. [현존전체에서] 밖으로 나가면서 나는 세계라는 것의 일반적인 구조들과 구성사실들을 파악했다. 그렇지만 동시에 나는 내가 일반적인 것을 존재 자체로서 받아들이려고 했을 때, 세계정위가 뚜렷해지면 질수록 그만큼 결정적으로 무기저적인 것 속으로(ins Bodenlose) 시선을 보냈다. 고유의 현존세계로 귀환할 때, 이 고유의 현존세계는 나에게 있어서 한 번뿐인 것이고 대체될 수 없는 것으로서 파악되지만, 그 경우에도 또한 그것은 객관적인 세계 일반을 규준으로서 측정되고 있다. 이 객관적인 세계가 없다면 나는 즉시 나의 협소함 속에서 파멸해갔을 것이다. 이 일반적 세계는 내가 객관적으로 사유할 때 고유의 현존재세계를 포괄한다. 그러나 내가 실존 속에 있는 내 현존전체의 근거를 나의 본래적인 존재라고 확신할 때는 이 일반적 세계가 고유의 현존세계에 의해 포괄된다. 그러나 그리고 난 직후에 이 실존적으로 관철된 현존전체는 또다시 자기 자신에게 만족하지 않고 도리어 자신을 현상으로서 이해한다. 그리고 나서 이 실존적으로 관철된 현존전체는 결코 세계가 되지 않고, 세계생성 속에서 세계로서는 단지 사라지기만 하고 초월자에게로 눈을 돌린다. 초월자는 스스로 현존하지 않으면서 모든 세계적인 것에 암호문자의 성격을 부여한다.

이렇게 현존개념으로서의 세계개념은 세 가지이다. 직접적인 현존전체(생물학적이고 역사학적으로 대상화할 때의), 나의 현존으로 있는, 귀환하며 파악된 현존(나에 대해 존재하는 모든 것을 포함하는 현실), 가능적인 실존객관성으로서의 현존(오로지 실존에게만 말을 거는 실존의 객관적 현상)이 그것이다. 이 세 단계의 각각에서 현존은 경험적 현실의 보편타당적인 객관성으로서의 세계에 부딪친다. 즉 첫 단계에서는 사실적으로, 둘째 단계에서는 또 의식하며, 셋째 단계에서는 이 세계 속에 초월적 존재의 암호를 해독하며 부딪친다.

6. 객체적 현실성으로서의 세계

지금까지 주체적 현존의 대칭점으로서 나타난 객체적 현실은 이제 그 고유의 의미에서 명백하게 규정되지 않으면 안 된다. 객체적 현실은 타자로서, 즉 그것만으로 존립하는 것으로서 보편타당하게 알 수 있는 세계이다. 주체적 현존으로서의 세계는 그 모든 형태에서 이와 같은 지식에 대한 대상이 될 것이다. 그렇지만 그 세계는 물론 다른 것들과 병존하는 대상이지만, 대상이 된 존재 속에 있는 이러한 현존은 결코 다 밝혀지지 않았다. 지식에 대해서는 [주체적] 현존으로서의 이 세계가 비생명적인 것과 병존하는 생명이자 의식인 하나의 특수한 현실일 뿐이다. 이 비생명적인 것은 그 자체 현존으로서의 세계가 아니라, 세계 속에서 나타나는 것이다.

세계현실은 지식가능성으로서 정복되어야만 한다. 세계현실은 내가 결코 직접적으로 갖고 있는 것이 아니며, 내가 발견하거나 발명할 경우에 어떤 사유를 매개로 해서 처음으로 확실성이 주어지는 것이다.

내가 나의 상황 속에 있는 나의 현존을 의식하게 될 때, 나는 전통과 고유한 체험을 통해서 하나의 세계지식을 항상 이미 갖고 있다. 이 세계지식은 내게 의문의 여지없이 확실한 것이지만, 내가 그것을 비판적으로 묻게 되면 선입관과 함께 관철된 것으로 드러난다. 이 지식에 근거한 기대들은 단지 부분적으로만 옳은 것으로서 증명된다. 왜냐하면 이러한 세계지식이 여러 환상들로 채워져 있기 때문이다. 물음은 내가 반성해보지 않고 나의 세계를 자명한 듯이 이미 알고 있다고 생각하는 터전인 현존에서 내가 나 자신을 해방시키는 길이자 위기이다. 나는 하나의 세계 속에서 단순한 생명으로 있는 현존에서 깨어나 하나의 상상된 외부적인 점을 향한 노력으로 존재하는 인식현존을 향해 나간다. 이 상상적인 외부적인 점에 대해 보편타당하게 알 수 있는 모든 것이 맞서 있다. 이런 노력을 하면서 나는 자아와 세계가 바닥없는 것 속으로 가라앉는 것과 또 그렇게 될 위험을 방임하지 않는다. 나는 나를 열정으로 내몬다. 하지만 이 열정은 그 자체가 나가는 방향이 있다고도 하지만 객관적인 인식의 길이 아직은 본래적인 진리를 향해 가지는 않을지라도 이 길이 진리획득을 위한 조건이라는 사실을 알고 있다. 이렇게 나는 오로지 나의 세계 속에서 사는 대신에 탐구자가 된다. 근원적인 **지식욕으로 나가는** 이러한 위기는 철학함의 근원이다.

이제 나는 **착각**이며 단지 어떤 상황 속에서만 현실적으로 보였던 것과 **현실적으로 존재하는 것**을 구별하는 법을 배웠다. 이제 나에게 세계는 공간 시간 속의 경험적 현존이다. 즉 세계는 반복가능한 경험 속에서 감성적 지각을 통해서 증명될 수 있는 것이거나 규칙들에 따라서 감성적 경험과 연관된 것을 추론을 통해 증명될 수 있는 것이다. 세계현존은 더 이상 나의 세계 속의 나의 현존이 아니라, 객체적인 현실이다. 이 객체적 현실은 나에게 자체적으로 주어져 있는 것이 아니라 찾아져야만 하는 것이다. 세계는 이제 분리되지 않은 주관성 전체로부터 추려내어서 배열시킨 것이며, 모든 사람들에게 동일하게 존립하고 증명되는 것인 경험적 현존이다.

착각은 주관의 체험으로서는 그 자체 **현실**이다. 발각이 되고 난 후에 착각은 어떤 한 주체적 현존의 존재방식으로서 그 성립과정을 지식의 관점에서 조망할 수 있게 된다.

하지만 **경험적으로 현실적인 것**은 모든 과학에서 최종적인 해답이라는 것이 연구가 끝난 경우에만 가능할 듯한[4] 물음이다. 이와 같은 경우에 방

---

4) (역주) 경험적으로 현실적인 것에 대한 물음은 연구를 계속할 때 지속적으로 제기될 수 있다는 뜻이다.

법적 규준을 적용하는 것이 가능하고 비판적 감수성을 갖고 있다는 점이 과학적 교양의 특질이다. 이 비판적 감수성은 대체적으로 확실하다고 주장될 수 있는 현상은 존재하지 않는다고 설명하는 고정화된 과학의 선입견에 저항하고, 마찬가지로 아직 완전히 증명되지 않은 것을 이미 현실적인 것으로서 취급하는 조급한 기대에 저항하면서 경험적인 것을 **항상 반복해 검증한다.**

경험적 현실과 주체적 환상 사이의 분리가 실행되고 이어서 세계가 객체적으로 현실적인 것의 총체로서 사유될 때, 자아의 존재의식 안에 **뭔가가 깨져 있다.** 사람들이 세계의 탈신격화라고 칭했던 것, 그리고 최종적으로 막스 베버가 과학을 통한 현존의 **탈주술화**라고 인식했던 것은 이 깨져 있는 상태를 표현한 것이다. 하지만 다음과 같은 물음이 남는다. 즉 파손되기 전에는 보다 좋은 어떤 것이 있었나? 그리고 진리는 그것이 어떠한 것이라고 한들 보다 좋은 어떤 것이 아닌가? 혹은 착각은 아무것도 아닌 것 이상의 것이며, 설령 그것이 착각으로 밝혀진다 해도 그 속에는 다른 새로운 길을 통해 또다시 획득될 하나의 타자가 함께 파괴된 것인가? 이러한 파손은 인간현존재 그 자체 안에 있다. 신화들과 철학들에 따르면 이 파손은 **죄에 빠지는 것**을 통해 인간 생성의 최초에 일어난다. 하지만 그것은 흡사 [인간이 죄에 빠진 것을 통해서가 아니라] 뭔가가 파손돼 있는 것 같은 방식으로 일어난다. 물론 항상 인식과 함께 파손이 현존한다. 그러나 지극히 행복했던 과거의 상태는 하나의 신화적인 환상이다. 내가 사유할 때 — 그리고 사유 없이는 나는 일반적으로 나 자신에 대해서 존재하지 않는 것이지만 — 나는 항상 나 자신을 이미 이와 같은 파손상태 속에서 발견하고, 그리고 전체와 일자를 찾는다. 이 전체와 일자는 지식에 의한 세계정위만으로는 내게 도달될 수 없고 오히려 항상 반복되어 새롭게 부서질 것이다. ―하지만 지식에 의한 세계정위 없이는 전체와 일자가 단지 환상에 머문다. 내가 잃어버릴 뻔한 참된 전체는 반성되지 않은 현존으로서 없었다. 전체는 회상된 형태로, 그리고 하나의 미래의 형태로 오직 나의 표상에 대해서만 존재하지만, 그 경우에도 전체는 시간을 포괄하는 어떤 초월적인 방향 속에서만 파악될 수 있는 방식으로 나의 표상에 대해서만 존재하는 것이다.

철학하면서 우리는 객체적 현실에 대한 탐구로서의 세계정위, 자기존재를 향한 호소로서의 실존조명, 그리고 초월자의 탐구로서의 형이상학을 **구별한다**. 하지만 세계, 실존 및 초월자라고 하는 **이 세 존재양태**가 우리에 대해 어떠한 모호함도 없이 **하나** 속에 엮어서, 어떤 것도 다른 것 없이는 존재하지 않는 곳에서만 우리는 진정한 존재를 발견한다. 하지만 이와 같은 것은 보편타당하고 최종적으로 성취되지 않고, 역사적으로 제각각 일회적으로만 성취된다. 즉 완전히 세계 속에 존재하지만 이 세계 속에서 초월자를 목격하고 있는 본래적 자기존재가 고양된 순간에 역사적으로 제각각 일회적으로만 그것이 성취되는 것이다. 하지만 **시간적 현존** 속에서 이 세 존재양태는 항상 이미 다시 파손되어 있다. 이 세 존재양태는 그 각각이 그 특이성에서 결정적으로 파악될수록, 그만큼 낮게 스스로를 탐구하고 발견한다. 왜냐하면 이 경우 하나의 존재양태의 절대화에 의해 각 존재양태가 각각 전복되지만, 반면에 그것들이 모호하게 교착되어 있는 경우 ―가령 과학들의 성과를 요약하여 지성과 감정의 요구를 함께 만족시키려고 의도하는 경우와 같이― 그 각각은 지지되는 것 없이 아무데나로 흔들리기 때문이다. 오직 **가장 무제약적으로 탐구하는** 세계정위만이 현존전체가 파손된 상태에서 실존함(Existieren)의 매개가 되고, 초월자를 추적하는 것을 가르친다.

7. 현존의 현실성과 객체적 세계는 상호의존적일 수밖에 없다

과학적 세계정위는 현존을 통과해가는 노정이다. 나는 세계은닉상태를 벗어나면서 객관적 현실을 발견하기 위해 의식일반으로서 이 길을 간다. 이 객관적 현실은 단지 일반적인 것의 평면으로서만 하나의 것으로 존재하는 것이지, 자기 내 완결적인 것으로서 하나의 것으로 존재하는 것은 아니다. 나는 세계를 하나의 전체로서 개념적으로 파악하는 대신, 항상 개별적인 인식을 통해 나 자신을 세계 속에 정위한다. 나의 [다양한] **세계개념들은 사실 여러 개별적인 현실들에 관한 개념들이지 모든 현실에 관한 개념들은 아니다.** 세계는 다수의 세계라는 형태로 내게 현실적이 되는 것이다. 이러한 다수의 세계는 내 현존의 현실들 속에서 내게 깨어난다. 이러한 현실 속에서 현존재로서 사는 것을 멈출 수 없으면서도 나는 이 현실들을 타자로서 객체적 세계를 향해 떼어놓으며 나 자신에 대치시킨다.

이리하여 **생명체로서의** 나는 자연환경과 지속적으로 교류하고 있으며, 육체로서 신진대사와 감관지각과 운동 등의 기능을 수행하지만, 그러나 동시에 나는 마치 내가 이 생명에서 벗어나 있다고 말하듯이 이 **생명을** 연구하며 관찰하고, 생리학적이고 심리학적으로 인식한다. 즉 나는 하나의 풍경 속에서 산다. 하지만 나는 자연이 단순한 풍경 이상의 어떤 정신을 갖지 않고, 전적인 타자로서 대답하지 않으며, 단지 대상으로서만 현존하는 경우, 나는 나 자신을 자연으로부터 떼어놓고 **자연을** 그것이 규정된 상태에서 인식한다. 나의 욕구와 목적에 대한 육체적 자연의 의식된 관계를 통해서 나의 능동성은 자연을 향한다. 그때 자연세계는 내게 **사용세계가** 된다. 우선 나는 전승된 도구들을 갖고 처리하고, 이어서 이러한 도구들에 대해 말하자면 몇 가지 의문을 제기하고, 그것들의 결함을 발견한다. 그리고 나는 목적과 수단을 명석하게 함으로써 그것들을 변경한다. 숙련됨, 주거, 요리법과 식사법 등의 전승된 세계가 **기술**로 전환된다. 이 기술은 꼼꼼히 생각해볼 때 무한히 많은 기여를 하고 있지만, 내가 의심을 갖지 않는 현존으로서 존재했던 장소인 세계로부터 나를 해방시켜주기도 하는 것이다. ―생명으로서의 세계, 자연으로서의 세계, 그리고 기술로서의 세계는 임의로 대체가능한 하나의 자아점(Ichpunkt)의 해방된 관점에 서 있는 연구와 발견에서 발생한다. 이 관점으로부터 나는 객체적 존재를 넘어서 전망하면서 관조적이면서도 능동적으로 방향을 잡는다.

이렇게 **사회적 존재**로서 나는 내가 추구하지도 않고 창조하지도 않은 관계들 속에 계속해서 서 있다. 내가 의식적으로 질문할 수 있다면, 나는 제도들의 특수성과 인간의지의 상호의존관계가 조망되기 어렵게 교착된 상태에 이미 있는 나를 발견한다. 나는 **사회**를 자연으로부터 구별하면서 제2의 세계로서 인식하고, 이 사회 속에서의 행동을 자연에서 공급된 재료의 기술적 처리와 본질적으로 다른 것으로서 인식한다. 정치적, 경제적, 직업적 행동은 타인의 가능한 행동과 현실적인 행동에 의해 방향이 정해져 있다. 자연으로서의 세계는 마치 똑같은 것으로서 지속되는 것처럼 파악되지만, 사회로서의 세계는 마치 그때그때의 세계상태가 단지 개별적 형태들에서만이 아니라 전체로서도 변할 수 있는 것인 것처럼 파악된다. 의심의 여지없이 나는 일단 가족과 친인척 속에서, 즉 현존하며 실체를 지닌 상호소속관계 속에서 생활하고, 다른 어떤 것도 결코 가능하다고는 생각하지 않으면서 현존의 진행 속에서 관례화된 결과들과 규칙성들을 기대한다. 나는 도시 세계나 농촌 세계에서 생활하며, 일정한 형식이 있거나 없는 교제나 풍습 속에서 생활한다. 이어서 나는 내가 존재하고 있는 이러한 세계상태를 관찰하고 연구해서 이것을 다른 세계상태와 비교하고서는 사회학자가 된다. 그렇게 함으로써 나는 역사적 현존의 고정된 실체로부터 나 자신을 해방한다. 나는 알려진 것을 전체 속에서 그렇게 하듯이 이 역사적 현존을 일반적인 것과 상대적인 것으로 바꾸고, 세계상태들 자체를 그 뿌리로부터, 그리고 그 결과물들에서 파악하려 시도하며, 이러한 세계상태를 현존의 전체성으로서 고찰하려고 시도한다. 하지만 그럼에도 불구하고 나는 나의 현존이 나에게 공허한 무의미성을 띠는 것처럼 보이는 바로 그때 반드시 나의 현존재 속으로 항상 돌아온다. 왜냐하면 나는 오직 홀로 특정의 현존으로서만 거기에 존재하기 때문이다. 나는 사회학적 세계정립 속에서 단지 그 사회의 목적에 맞춰진 것만을 경험할 뿐 아니라, 상대적 관점들 아래에서 인식된 대상으로서의 세계현존과 각자 고유의 세계현존 사이에 있는 절대적 구별도 경험한다. 이 각자 고유의 세계현존 속에서 상대적 관점에서 인식된 대상으로서의 세계현존의 근저에 있는 것이 항상 하나의 인식가능성 그 이상이라는 사실이 내게 처음으로 느껴진다.

그런 까닭으로 내가 **자연세계, 사용세계, 기술적 세계, 사회적, 경제적, 정치적 세계로서** 파악하고 있는 객관적으로 경험적인 것으로서의 현실적 세계는 그래서 이 세계가 인식되는 근거이자 목적인 현존의 구체적 현재에서 분리되어 있다. 객관적으로 경험적인 것으로서의 세계는 경험된 현재로부터 하나의 포괄하는 전체로 모아서 생각된 세계가 된다. 이 포괄하는 전체로 모아서 생각된 세계는 오직 이 현재에서의 경험을 통해서만 그 현실성을 증명한다. 설령 객관적으로 경험적인 것으로서의 세계가 의식일반에게 동일한 하나의 보편타당한 현실로서 생각된다고 해도, 이 세계는 **항상 다시 오직 단독자 각자의 현존의 현실적 상황 속에서만 확증된다.** 이 단독자는 그러나 인식하는 의식으로서 자신의 경험 속에서, 설령 실제로는 항상 그런 것은 아닐지라도, 원리적으로는 대체가능하다. 관찰하는, 실험적인, 해설적인 경험과 천문학적, 심리학적, 의학적, 사회학적 경험 등은 항상 상황들에 묶여 있다. 즉 어떤 것은 항상 혹은 반복적으로 만들어질 수 있는 상황에, 어떤 것은 유사하게 회귀하는 상황에, 다른 것은 오직 일회적으로 나타나는 상황에 묶여 있는 것이다. 원래 내가 경험을 통해 아는 것을 밝히기 위해서 나는 상황의 의미를 나의 직접적인 현존 속에 있는 나에게 전체 과학들 속에서 해명해야만 한다. 문제가 되는 인식들은 이 상황 속에서만 확증되기 때문이다.

주어진 것으로서의 세계와 산출된 것으로서의 세계

나는 앞서 발견된 것들을 내가 경험하게 되는 세계 속에 존재하지만, 내가 의욕한 것으로서의 나의 세계를 만들어내기도 한다. 세계가 [내 앞에 이미] 주어져 있는 한, 그것이 알려지는 것은 발견들에 근거해 있고, 세계가 만들어진 것인 한, 그것이 알려지는 것은 발명들에 근거한다.

세계의 일부는 사용 중인 현존에, 즉 소비하고 즐기는 중인 현존에 주어져 있는 것이고, 또 세계의 일부는 이 목적을 위해 현존에서 최초로 만들어질 수 있는 것이기 때문에, 고립적으로 사유된 단순한 소요성이나 고립된 단순한 제작은 대립적으로 구성된 두 가지의 비현실적 상태로 된다.

즉 한편에는 **천국 같은 현존**이 놓여 있다. 거기에서는 내가 열망하는 모든 것, 내가 관조하고 향수하고 싶어 하는 모든 것이 자체적으로 내 앞에 나타나서 욕구와 만족이 일치하게 된다. 여기서 나는 세계로서는 내가 더 이상 의식하지 않고 있는 그런 세계 속에서 살게 될 것이다. 여기서 나는 고통을 동반하지 않는 욕구이자 시간에 구속되지 않는 소비로만 존재하면서 현존의 행복이 항상 충족된 안정상태에 머무를 것이다. 다른 한편에서는 처음부터 끝까지 만들어진 것으로서의 세계가 놓여 있다. 거기서 개인은 거대한 기구 속 하나의 작은 톱니바퀴에 지나지 않는다. 그는 그가 만든 것을 더 이상 그에 의해서 만들어졌다고 알지 않는다. 그것을 제대로 못한 채 그는 타인들의 직무를 통해서 욕구를 모두 만족시키고 있다. 이 타인들도 이 개인처럼 일하며, 이 개인은 타인이 그에 대해 그렇게 하듯이 그의 노동으로 타인에게 봉사한다. 그와 같이 모든 사람은 같은 성격의 것으로 항상 바꿀 수 있는 소재들과 사물들에 의해 욕구를 충족시키면서 이 개인과 같이 무세계적으로 살고 있다. 사람들은 현존의 물질적 재료의 조달에 관해 완전히 상호의존 관계 속에 있고, 게다가 필수적인 인격적 관계없이 있다. 제작된 이 무한 기계장치가 계산가능하게 운행될 때는 응시할 수 있는 자유의 공간만 아직 허용될 뿐이다.

현실적인 세계는 이러한 두 극단 사이에만 존재한다. 이 두 극단은 그들의 무세계성으로 인해서 단지 추상적으로만 고안될 수 있을 뿐이다. 미완상태로 인해서 세계는 주어진 상태와 만들어진 상태 사이를 떠다닌다. 만약 세계가 완전히 그들 중의 한쪽이 되어버렸다면, 그것은 더 이상 세계가 아닐 것이다.

타자로서의 세계는 단지 주어져 있는 것만은 결코 아니다. 세계가 내게 어떻게 주어져 있건, 세계는 나의 능동성을 통해 처음으로 나에게 접근될 수 있는 것이 된다. 내가 어떤 태도를 취하지 않고서는 어떠한 경험도 이루어질 수 없다. 내가 단지 수용만 하는 태도를 취하면 취할수록 나에게 세계는 무규정적이고 무차별적으로 주어진 상태에서 점점 사라진다. 나는 세계를 붙잡는다. 그리고 내가 만약 힘껏 노력한다면, 내가 만들어내지 않고 발견하는 타자로서의 세계가 나에게 모습을 드러낸다.

타자로서의 세계는 단지 만들어진 것으로서만 존재하지 않는다. 가장 결정적인 제작은 이 제작과정에서 처음 개시되는, 근원적으로 주어진 것을 새롭게 파악할 때 충족된다. 하지만 지역적인 특수성과 인간의 고유성이라는 특수성, 그리고 우연적 제약들이라는 특수성 속에 있는 시간적 현존은 심지어 기술적 세계구성물 속에서도 기획과 결과 사이에 새로운 긴장상태를 항상 야기한다. 이 긴장상태는 영혼도 없고 동시에 의식도 없는 것이 될지도 모르는, 사용하는 것과 사용되는 것으로부터 이루어진 어떤 폐쇄적인 세계가 형성되는 일을 불가능하게 만든다. 이 긴장상태는 기술적 파악에서 계산적인 급진주의의 규준을 변경시키고, 어떤 상대적인 전체를 합리화할 때의 배열의 규준을 변경시킨다. 특수성은 현실적으로 충족된 현존의 역사성을 위한 장소를 남기는 것이다. 왜냐하면 인간이 그의 사회를 통해 스스로 만들어내는 기술이 스스로를 노동과 생활의 보편타당한 규칙으로서 절대화시키려고 하는 한, 인간은 이런 기술에 맞서기 때문이다. 인간의 다른 근원은 합리화가 그 한계를 발견하는 계기인 불일치성과 균열 그리고 특수성을 곧장 파악한다. 의식으로서의 인간이 지성과 합목적인 의지로 배제시키길 원하는 것이 인간에게는 저항에 의해서 그가 그때그때 자신이 되는 가능성으로 된다. 모든 개별적 인간에게는 그가 어떻게 살든 자기존재를 확인하기 위해서는 어떤 하나의 현존이 필요한 것으로 남는다. 이 현존 속에서 인간에게 그의 세계가 된다. 즉 세계가 여전히 협소해졌을지라도 소유물과 인격연속체라는 작은 세계가, 업무영역이라는 좀 더 큰 세계가, 즉 공동제작에서 가능한 계획과 공동생활이라는 좀 더 넓은 세계가, 전승으로서 역사 속에서 우리에게 말을 걸고 있는 세계가 되는 것이다.

탐구하는 세계정위는 주어진 것은 물론이고 만들어진 것도 경험적 현실성으로서 파악한다. 그러나 탐구하는 세계정위는 결코 종료되지 않는다. 만들어진 것은 다시 주어진 것이 되고, 주어진 것은 이것을 새로운 제작의 재료로 만드는 간과할 수 없는 어떤 변형가능성을 그 자체 내에 갖고 있다. 물론 현존은 넓은 세계가 추구되고 파악되는 좁은 출발점이었다. 하지만 현존은 모든 확대가 공허한 추상으로서 근거 없는 것 속으로 미끄러져 들어가지 않기 위해 항상 되돌아가야만 하는 장소인 본래적 현실이 된다. 존재하면서 보이고, 행해지는 모든 것은 오직 구체적인 현존상황 속에서만 현실적인 것으로서 확증될 수 있다. 이때 다음과 같은 질문이 튀어나온다. 즉 객관적인 유일한 세계나 모든 것을 포괄하는 현존이 도대체 경험적 현실로서 존재하는가, 과연 하나의 세계전체가 있다는 것인가, 그리고 우리에게 참인 것인 하나의 세계상이 과연 존재한다는 것인가 하는 질문이 튀어나오는 것이다.

세계전체와 세계상

세계전체를 사유한다고 하는 것은 매혹적인 사상이다. [그 사유에서] 나는 내가 존재하는 곳인 현존을 파악하는 대신에 모든 것으로 존재하는 일자를 파악한다. 그러나 이 일자는 단지 하나의 관념이다. 나는 모든 특수한 세계현존을 넘어서 하나의 전체를 향해 나아가는 사상을 파악하는 존재로 있다. 이런 존재로서 나 자신은 물론 이 세계 속에서 다른 자아들에게는 단지 하나의 다른 자아이며, 이러한 것으로서 나는 다른 자아들에 대해서처럼 나 자신에 대해서도 하나의 작은 부분으로서 존재한다. 그렇다고 하더라도 나는 특별한 종류의 한 부분이다. 즉 나는 공간과 시간을 측정할 수 없는 한 점에서 거의 사라져가는 아무것도 아닌 것인 한 부분이지만, 그럼에도 불구하고 마치 스스로 전체를 포용하는 것이 가능한 것처럼 전체를 알려고 목표하는 것 같은 그러한 부분인 것이다. 하지만 자아존재는 이 부분존재로는 스스로를 다 밝힐 수 없다. 왜냐하면 자아존재는 다음 둘 중 하나이기 때문이다. 즉 자아존재는 세계전체를 형상 속에 붙잡고, 실제로 그렇게 있지 않지만 알아가면서 향해가고 있는 전체를 자아존재가 이 "세계상" 속에 갖고 있거나. 그렇지 않으면 자아존재가 하나의 세계 전체라는 이 세계상을 착각이라고 인식하고, 이 세계를 스스로로부터 성립하지 않는 것으로서 파악하지만, 그러나 유일한 세계상이 유지될 수 없다는 사실로도 그 자신이 세계 속의 한 부분이라고 하는 사실로도 이 세계 속의 자기 자신을 다 파악될 수 없는 하나의 존재로서 파악하거나 그것이기 때문이다.

현존으로서 나는 다른 자아들이나 내 앞에 나타나는 사물들처럼 하나의 부분이다. 세계전체는 전체 현존일 것이다. 그러나 이러한 전체는 세계정위에서 무한 전진이라는 과제에 대한 하나의 개념일 뿐이고, 그 대상이 내 눈앞에 나타날 수 있는 개념도 아니며, 지각이 충족된 결과로 언젠가는 완전히 현재적이 될 개념도 아니다. 세계전체라는 이 개념은 내가 현존하는 모든 것을 전진하며 사물들 중에서 찾고, 알려고 할 때, 나를 어떤 한계에서도 정지시키지 않는 개념이다. 하지만 이 개념은 주어진 하나의 존재로서의 세계전체를 나타내려고 할 경우에는 의심스러운 것이다.

현존재 총계에 대한 개념으로서의 "세계"는 두 가지 의미를 가질 수 있다. 즉 첫째로 그것은 각각 현존으로서 나타나는 대상-존재와 자아-존재의 무한한 합계를 의미할 수 있다. 이때 세계는 단지 "모든" 객체적 현실일 뿐이다. 둘째로 그것은 자기 자신과 관련되어 있고, 그렇게 하여 스스로를 자신 속에 잠그고 있는 주체적 현존의 전체성을 의미할 수 있다. 나타난 것의 합계로서의 현존이 물론 유일무이한 세계일지 모른다. 왜냐하면 모든 것은 경험적으로 체험할 수 있는 단일한 평면 위에 놓여 있기 때문이다. 그러나 이 현존은 세계단일체가 아니다. 왜냐하면 그것은 미완결이며 무한하기 때문이다. 전체성으로서의 현존은 자신들의 세계 속에 있는 주체들의 존재로서, 그리고 연구에서의 의식일반의 개별적인 세계의 국면들로서 사실상 단지 상대적으로만 존재하는 것이다. 이러한 다수의 세계단일체는 각자에 대해 각각 존재하는 것이지 세계전체는 아니다.

따라서 세계전체에 다다르기 위해서는 양극 중의 하나, 즉 객체적 현실이나 주체적 세계현존의 어느 한편이 유토피아적으로 확대되어 완결되어야만 할 것이다. 지식 속에서 그때그때 방법적으로 한계 지어진 객체적 현실성과 그것의 분열상태와 무한성을 넘어서 보편적인 상호작용 속에서 형성되는 하나의 세계현실성의 무한한 전체는 단순히 형식적이기 때문에 공허한 사상 속에서 사유될 것이다. 주체적 현존의 유한성을 넘어서 일체를 그 자신 스스로 속에 담고 있는 무한한 현존은 자신을 불가능한 것으로 뒤집는 사상 속에서 사유될 것이다. 왜냐하면 [인간의 현존이라도] 현존은 그 본질상 유한한 것이고, 만약 그것이 무한한 것이고, 따라서 모든 것이 될 때에는 현존으로 존재하는 것을 멈추게 될 것이기 때문이다.

어떠한 세계현존도 —"모두"로서의 하나의 보편(ein Universum)도 "전체"로서의 하나의 전부(ein totoum)도— 인식에 의한 형상으로는 적절하게 파악될 수 없다. 즉 나는 결코 끝나지 않는 현재적 충족작업 대신에 하나의 현실 전체에 대한 한 형상을 나에게 기꺼이 만든다. 거기에서는 현존하는 사물들과 자아들의 어떤 무한한 합계 대신에 그 스스로의 속에 관련된 하나의 전체, 즉 **우주**(Kosmos)로서의 이 형상이 마치 사람이 이 형상을 알고 있는 것같이 선취되면서 사유된다. 이 우주는 확실히 하나의 세계상이기는 하지만, 그러나 유일한 세계의 형상은 아니다. 진실로 세계는 형상에 스스로를 결코 가두지 않는다. 왜냐하면 세계는 실제로 그 자체가 닫힌 것으로서 현존하는 것이 아니며, 그 자체에 의해 존립하는 것도 아니고, 그렇기 때문에 현재와 미래에 수행될 수 있는 모든 세계정위들 속에서 분열된 것으로서 항상 반복적으로 중시되어야만 하기 때문이다. 결코 세계전체, 즉 우주의 형상으로서는 아니지만 세계 속의 한 전체의 형상으로서 세계상은 눈부시게 유혹적인 표현이다. 자신의 세계 속에 있는 주관의 현존전체가 대상적으로 분리되며 객체적으로 탐구가능한 한 가지 세계의 "모든 것"과 이 유혹적인 표현 속에서 하나로 융합된다. 주관의 현존전체는 전체 속에서 자신을 재인식하는 실존하는 생명의 질서 있게 잡히고 간직해주는 전체로서 존재한다. 그러나 참되고 경험적인 세계정위를 한계 없이 수행하기 위해서는 이러한 우주는 부서져야만 한다. 우주는 오직 어떤 한 역사적 현존의 그때그때 세계로서만 참된 것일 수 있다.

생명에 의해 발견된 것임과 동시에 만들어진 것인 자신의 세계 속에 있는 한 생명의 전체성으로서의 세계현존은 어떤 한 인간적 현존의 그때그때의 세계상태의 객관성으로서 존재한다. 물론 이 세계현존은 규정되지 않은 것 속으로 흩어지고 있는 모든 현존일 그 세계 속의 부분인 하나의 전체로서만 상대적으로 완결되어 있다. 그러나 하나의 인간적 세계상태의 이 "세계전체"도 참되게 형상이 되지 않는다. 이 세계전체는 하나의 **구성체**로서 가능적 전체이다. 그런데 이 구성체는 일부는 생물학적으로 생성된 것이며, 일부는 계획적으로 기도되어 만들어진 것이고, 일부는 계획적인 행위의 연관관계들과 함께 하나의 무계획적인 전체로서 성립된 것이다. 이 구성체는 자체적으로 갖고 있는 관계와 밖에 대해 갖고 있는 그것의 관계 속으로 분해됨으로써만 인식될 수 있는 것이지, 그것의 핵심 안에서 인식될 수 있는 것은 아니다. 이 구성체는 나 혹은 경험적이고 이해가능한 내가 계획과 목표를 알고 원할 때 가장 근원적으로 인식될 수 있다. 나는 하나의 이념의 역사적 전체를 세계로서 인식하는 것이 아니라, 하나의 나와 다수의 나가 행위하며 등장하여 생산물을 만들고, 그럼으로써 세계를 세우는 곳에서 세계를 인식한다. 나는 세계정위 속에서 어떤 한 현존과 그의 세계가 맺고 있는 관련들만 인식하는 것이지, 이 현존도 세계 자체도 인식하지 않는다. 그리고 나는 현존과 세계가 구성체를 형성하기 위해 오고 가는 중에 하나로 존재함을 인식하는 것이다. 이러한 세계전체성들 중에는 내가 단지 인식하고 있는 것이 아니라 나 자신이 그 속에 살고 있는 그와 같은 세계전체성이 존재한다. 내가 살고 있는 이 세계전체성은 그때그때 이 전체와 함께 존재하는 나의 자유에 근거해서 항상 세계정위가 인식할 수 있는 것과는 완전히 별개의 방법으로 나에게 현재적으로 된다. 이 세계를 나에게 대상으로 만드는 나의 이러한 세계정위는 대상적으로 알 수 있는 하나의 전체를 목표로 하는 형상화가 해체되어야만 한다는 바로 이 사실을 통해서 나의 세계 속에 있는 나의 세계의식을 밝게 하는 근거와 길이 된다. 인식하는 세계정위에서 접근될 수 있는 대상화된 존재가 나에 의해서 보다 명료하게 경험되고 끝까지 생각될수록, 나는 이 세계 속에 있는 나의 본래적 존재를 향해 되던져지고, 그만큼 더 결정적으로 본래적 존재가 되는 것이다.

세계와 초월자

나는 세계 속의 사물들을 구분하고, 또 이러한 사물로부터 나를 구분한다. 하지만 만약 내가 초월하지 않는다면, 즉 내가 세계를 "넘어서 가지" 않는다면, 나는 더 이상 세계를 다른 것으로부터 구분하지 않는 것이다. 세계 정위 속에서 나는 이 초월에 대한 **욕구를 갖지 않는다**. 왜냐하면 세계 속에서 방향을 잡으면서 나는 항상 세계 속의 사물들을 문제로 삼고 있는 것이지, 나에게 결코 나타나지 않으며 나타날 수도 없는 세계 자체를 문제로 삼고 있지는 않기 때문이다. 거기에서 나는 이 초월에 대해 동기도 갖고 있지 않다. 왜냐하면 모든 한계는 세계 속에 있고, 내가 얼마나 멀리 나가든, 세계는 항상 여전히 포괄자로 존재하고, 이 포괄자 속에서 나는 계속 전진할 수 있다. 그리고 또 나는 그 초월에 대한 **어떤 능력도 없다**. 왜냐하면 세계 정위의 방법에 의해서는 어떤 초월함이라는 것이 불가능하기 때문이다.

그러므로 "세계전체"는 이미 모든 현실적인 세계정위를 넘어서 하나의 완결된 세계정위를 향해 초월하는 사상이다. 하지만 이 사상은 세계정위의 한계들 속에서 파악되는 현존재의 분열상태 속에서 부서지는 것이기 때문에, 내부적으로 난파되고 있는 것으로서 세계전체라는 사상은 세계를 초월하는 일에 길을 연다.

만약 이 세계가 모든 것이라면, 세계인식은 존재인식 그 자체를 의미하는 것이 될 것이다. 이때 세계는 단순히 현존으로 존재할 뿐 아니라, 즉자존재(자체존재, Ansichsein)로도 존재하게 될 것이다. 본래적 존재는 세계전체일 것이다. 그러므로 타자 없는 세계 자체(Welt an sich)가 사유되는가, 아니면 세계가 실존과 초월자에 관계된 현상으로서 사유되는가에 따라서 **두 부류의 세계개념**이 가능하게 된다.

순수한 세계정위로부터 볼 때 세계는 지속적으로 존립하는 것이 된다. 세계는 시작도 끝도 없고, 변화도 없으며, 모든 것은 오직 이 세계 속에서만 변하고, 시작과 끝을 갖는다. 세계 자체는 존재했고, 끝없는 시간 속에 존재할 것이다. 내가 이 세계를 천문학적 우주로서 공간적이고 수학적으로 사유하려 하든, 혹은 나에게는 그저 인식가능한 것으로서만 나타날 수 있는 법칙들 밑에 존립하고 있는 현존인 자연으로서 시간적이고 역학적으로 사유하든, 어떤 경우에도 나는 항상 어떤 포괄하는 것, 즉 끝없이 지속되는 것을 사상 속에 갖게 된다. 이것은 보편(Universum)으로서 자신의 무관심적인 현존 속에서 자족적으로 내적인 안정을 취하고 있으며, 그것을 넘어서는 어떠한 것도 의문시될 수 없다.

그러나 **초월함으로부터** 보면, 이 세계는 그 자체에 근거해 존재하지 않고 현상으로 존재하는 현존에 불과하다. 인간은 단지 세계의 부분이 아니라 그 스스로 자유로울 수 있는 한에서 가능적 실존이다. 의식일반으로서의 인간에게는 세계정위 속에서 세계가 세계로서 나타나고, 가능적 실존으로서의 인간에게는 세계 속에서 초월자가 개시된다. 가능적 실존으로서의 인간에 대해서 세계는 그 무차별적인 성격을 잃는다. 현존하는 생명으로서의 인간에 대해서 세계는 욕구와 챙김의 대상이고, 즐기고 사용하는 대상이다. 그러나 가능적 실존으로서의 인간에 대해서 세계는 인간이 다른 실존과 함께 초월자에 관계하는 장소이자 길이다. 세계는 실존의 시간적인 장이 된다.[5]

---

5) (원주) '세계'라고 하는 말은, (클루게의 독일어 어원사전에 의하면) 고대 독일어의 weralt를 의미한다. "wer"는 가령 Wergeld(살인배상금)에서처럼 인간을 의미하고, "alt"는 나이나 시대를 의미한다. 어원에 따르면 세계라는 것은 인간이 먹은 나이나 인간의 시대이다. 이리하여 이 말은 인간적 현존재로부터 계산된 한 세대의 시간, 즉 시대를 의미하는 것이 될 것이

더 이상 이래도 저래도 괜찮은 것으로 존립하지 않는 세계는 두 가지 뜻을 지니게 된다. 세계로서 그것은 인식되며 기술적으로 만들어진다. 그러나 이 세계가 주어진 세계와 만들어진 세계로만 머물러 있을 뿐 아니라, 이 두 세계에 대해 태도를 취하고 있는 주관에 의해서 이 두 세계는 다시 한 번 침투된다. 세계는 현존하며, 독립적이고, 사용가능하고, 도움이 되는 존재만이 더 이상 아니고, 내가 사랑하고, 증오하고, 모든 합목적성을 초월하여 혼을 불어넣고 있는 것이다. 세계를 그저 소모하거나, 사용하기 위해 만드는 대신에 세계에 대한 나의 태도를 나에게 밝히고, 나의 태도를 대상 속에서 나에게 확인하면서, 나는 목적으로부터 자유로운 인식작용과 예술창조 속에 나를 위한 세계를 다시 한 번 만들어낸다. 이 목적으로부터 자유로운 인식작용과 예술창조는 더 이상 세계 속에서 방향을 잡지 않고, 그들이 자기들 나름대로 관련하고 있는 세계의 존재를 현재로 가져온다. 세계성으로서의 세계는 맹목적이고 관통해서 볼 수 없는 현존에 머물든가, 그렇지 않으면 현상으로서의 세계는 초월자와 연관된 실존의 존재 결단의 장소가 되든가 둘 중 하나이다. 세계의 이중성이라는 것은 세계가 항상 이 양자가 될 수 있다는 사실이다.

　따라서 세계는 세계성으로서 오직 세계로만 존재할 수 있는가, 아니면 초월적 관련성을 통해서 처음으로 그 존재를 유지하는가라는 이중의 의미를 갖는다. 인간이 근원과 목표에서 그의 실존적 가능성을 잊고 세계 자체를 욕구할 때, 또 세계성이 인간을 생명욕과 현존재 챙기기에 묶어두고,

---

다. 이 의미는, 세계를 —원래는 시대를— 의미한 그리스도교의 라틴어 saeclum의 번역으로 이해할 수 있을 것이다. 이렇게 근대인에게는 생성되지 않은 것, 지나가 버리지 않는 것으로서 자족적으로 현존하는 것인 존립하는 것 그 자체에 해당하는 "세계"라는 말은 어원적으로는 그것과 반대의 것을 의미한다.

그리고 세계성이 인간이 그 자체를 존재로 간주하는 지속에 인간을 묶어둘 때, 세계는 그저 세계일 뿐이다. 이때 인간은 [세계가] 사라진다는 사실을 망각하거나 그렇지 않으면 이 무상함을 응시하면서 그 무의미함에 절망한다. 이러한 세계에 푹 빠져 있을 때, 세계는 인간에게 그 투명성을 상실한다. 세계를 욕구하는 경우에 세계는 인간에게 둔감하고 광채가 없는 것이 된다. 그런데도 세계는 초월자를 주목하고 있는 어떤 한 실존의 현상으로서의 세계가 될 수 있다. 즉 내부적으로 완결되지 않은 것으로서, 그리고 그 자체에 근거해 존립하지 않는 것으로서의 세계가 모든 것이 몰락해가는 이 세계의 시간성 속에서 본래적 존재의 언어일 때 그렇게 될 수 있는 것이다. 이때 본래적 존재 언어는 세계 속에서 스스로를 이해하고 있는 그런 언어이다.

현상으로서의 세계와 토대를 뺀 세계성으로서의 세계는 같은 지평에서는 사유될 수 없다. 과학적으로 탐구하는 세계정위에 대해서는 토대 없는 세계성만이 존재한다. 그 투명함 속에서 본래적 존재의 가능성과 언어인 세계는 보편타당한 인식에서는 결코 접근되지 않고, 단지 의문으로서만 접근될 수 있다. 그러나 만약 우리가 세계에 대해 이야기한다고 하면, 우리는 어떻게 해서든 대상적으로 알 수 있는 것을 넘어서 그 밖에 가로놓여 있는 것도 마치 알 수 있는 것과 같이 대상적으로 표현하는 것이 불가피하다. 그렇다면 모든 표현방식은 이와 같은 것으로서 잘못된 것이 된다. 즉 내가 존립하고 있는 세계, 그리고 이 세계에 맞은편 저쪽에 초월자, 여기에는 가능적 실존이라는 자아라는 병렬적인 삼분법을 행하려 해도, 혹은 내가 세계를 완결되지 않았으며 원래 존립하고 있지 않다고 부정하고, 사라지고 있는 무대로서 세계 안에서 초월자를 향하고 있는 자아를 생각한다고 해도, 또는 내가 세계를 그 자체로 존재하는 것으로 생각하고, 그리하여 나와 세계가, 그리고 이 양자 속에서 초월자가 하나가 되어 현재적이게 되고, 어떤 것도 다른 것 없이는 존재하지 않게 된다고 하더라도, ―그 어느 쪽의 경우에서도 세계성으로서, 존재하는 현존재로서, 그리고 이용가능성으로서의 세계만이 세계정위의 대상이라는 것은 변함이 없다. 내가 한계를 아무리 멀리 설정하려고 해도, 현실적인 지식 속에서 나는 사실적인 것과 보편타당한 것을 결코 넘어설 수 없다.

그러나 만약 실존이 스스로를 세계로서 객관화하고, 또 초월자가 세계 속의 형상이 된다고 하면, 이와 같이 외면적으로 된 것도 즉시 세계정위의 대상이 된다. 하지만 세계정위에서 객체적으로 인식하는 것과 실존과 초월자가 나타나는 장소인 저 [외면화된 것의] 객관성을 실존적으로 사유하는 것 사이에는 어떤 하나의 간극이 존재한다. 객체적 인식작용은 인식하는 것의 주관으로부터 눈을 돌려서 단지 순수한 객관성만을 본다. 따라서 세계정위의 대상인 외면화된 것은 혼이 박탈돼 있다. 이에 반해 실존적 태도는 무엇 하나 순수한 객관성을 파악하지도 않고, 스스로 고유의 존재를 통해 자기존재의 현실성을 이 실존적 태도에 의해 객체적으로 만나는 역사성 속에서 본다. 그러므로 존재가 세계에 맞게 될 때는 항상 무엇인가가 뒤에 남겨진다. 즉 내가 경험적 현실로서 인식하는 것은 이와 같은 것으로서는 그 자체로 존재하고 있는 그것은 아니다. 실존적으로 내가 존재하는 그것을 만약 내가 지식의 대상으로 만들면, 나는 두 번 다시 그것이 아니게 되어버린다. 현존전체로서 연구의 대상이게 된 나의 현존은 나 자신을 인식의 그물코에서 미끄러져 떨어지게 만든다. 그러나 세계정위의 지식은 이 지식이 알고 있는 것을 본래적 존재와 혼동하는 경향이 있고, 다시 말해서 원칙상 세계정위와 관련해서 알 수 있는 것을 존재 그 자체와 혼동하는 경향이 있다.

제2장

세계정위의 한계들

학문(Wissenschaft)으로서의 세계정위는 인식자의 주관성으로부터 독립해 있는 현존을 정복하는 것을 의미한다. 세계정위의 열정은 시간과 역사적 개체성의 변화와 관계없이 항상 동시에 어디서나 인간을 넘어서 가능한 모든 이성적 존재자에게 타당한 것을 아는 것이다.

물론 지식(Wissen)을 실제로 소유하는 일은 독립적이지 않다. 지식이 획득되고, 파악된다는 사실과 그 방식은 역사학적, 심리학적 그리고 사회학적 조건들에 의존한다. 그러나 지식의 타당성은 독립적이다. 지식이 타당한지 아무도 모르더라도 지식의 타당성은 타당성이 통용되는 현존처럼 존립하는 것이다. 자연법칙들과 논리적 규범들은 그것들이 발견되기 이전에 타당성과 의미를 갖고 있다. 현존은 의식된 존재자의 영역 속에 결코 들어가지 않는 경우에도, 설령 그 누구에 대한 것도 아닐지라도, 알려지지 않은 채로 현존하는 것이다.

아무도 모르는 것은 존재하지 않는 것같이 보일지도 모른다. 발견되기 이전에 존재한 어떤 것으로서 피타고라스의 정리에 대해 이야기하기도 하고, 또 누구의 눈에도 비치지 않은 식물계의 현존에 대해 이야기하거나 하는 것은 무의미하게도 보인다. 이에 반해 학문적 탐구의 의미는 인식되기 이전부터 존재한 것을 목표로 하고 있다고 말해야 할 것이다. 인식된 것은 그와 같은 것으로 생각되고 있다. 원리적으로 결코 알 수 없을 것 같은 그런 것은 학문적 탐구에서 물론 존재하지 않지만, 그러나 모든 것은 아직 알려지지 않은 탐구대상으로 있다. 따라서 학문적 탐구는 직접적인 지각 가능성의 저편에 있더라도 이 직접적인 지각가능성을 갖고 천명할 수 있는 관련 속에서 이미 존재했거나 존재하고 있는 것을 경험적 현존으로서 탐구할 수 있다. 인간의 발자국이 아니라 다른 현실의 발자국이 남겨져 있는 과거의 끝없는 시간이 학문적 탐구에 열린다. 학문적 탐구는 탐구 활동에 의해 타당한 의미를 창조한다는 의식이 아니라 발견한다는 의식으로 어떤 하나의 타당한 의미를 장악하는 것이다.

학문의 세계는 탐구자로서의 인간을 단 하나의 방식으로 속박한다. 자신 속에 폐쇄된 채 단지 살아 있는 현존이기를 멈추고서, 자각하고 사유하는 존재자가 된 이후로 인간은 현존 속에서 기대되는 것에 대해 의문을 품고, 그에 닥쳐오는 모든 것에 위협받으며, 무지 속에서 불안에 가득 차 있다. 그러나 학문은 그것이 성취하는 한도 내에서는 확고한 발판으로서의 **강제적이고 보편타당한 지식**을 인간에게 부여한다. 그래서 인간은 이 지식에 의지할 수 있다. 현존 속에서 인간은 무한성들에 떠넘겨져, 토대 없는 것 속으로 가라앉고, 아무것도 완료할 수 없다. 학문은 인간에게 **무한한 것을 지배하라고** 가르친다. 인간은 무한한 것을 조망할 수 있고, 가능한 모든 경우에 이것을 예상할 수 있다. 현존 속에서는 모든 것이 다양한 것으로 붕괴한다. 학문은 **지식이 될 수 있는 것의 단일성**을 현존에게 나타낸다. 학문은 모든 것이 모든 것과 연관되는 장소인 하나의 체계적 전체를 파악하는 것이다.

무한한 것의 지배도, 강제적인 것[1]도, 단일성도 직접적으로 파악하려고 해서 성취되는 것이 아니다. 우리 인간의 인식작용의 역사적 발전은 **자기**

비판과 행운의 **착상들**에 의해 획득되며, 항상 반복해 위험에 처하는 **여정인** 데, 이 여정은 강제적인 것과 무한한 것을 지배하고 취득하려는 데로 향해 있다. 이 여정에서 여러 단계들이 정복되겠지만, 목표는 눈에 들어오지 않는다. 의식일반의 보편타당한 지식으로서의 학문이 주관성과 다양함 속에 있는 현존에서 갈라지는 것은 이미 최종적으로 지배된 영역과의 결별이 아니라 참된 세계정위의 길에서 갈라지는 것이다.

이러한 갈라짐에 따라서 두 가지 한계가 성립된다. 즉 분리된 것을 통한 한계와 예상치 못하게도 가는 길 자체에서 드러나는 한계이다.

첫째 한계는 보편타당한 진리에 도달하기 위해서 하나의 타자로서 **배제되어야만 했던 어떤 것**이 순수한 객관을 파악할 때 항상 간과됐기 때문에 드러난 것이다. 이 타자는 인식하고 있는 개별적인 주관이 전적으로 목표하고 있는 객관적으로 존재하는 것을 획득하기 위해 넘어서야 할 주관적인 것, 전망상의 뒤틀림, 자의적인 평가, 단순한 하나의 입장이라고 칭해졌다. 이와 같이 해서 배제된 것은 이제 심리학적 탐구와 역사학적 탐구의 대상으로서 그 자체가 객체가 된다. 왜냐하면 주관성은 착각으로서 존재한다고 하더라도 현존해 있던 것이기 때문이다. 주관성은 심적 체험으로서는 믿음이며 주관적으로 경험되는 절대성이지만, 그 외적 표현에서는 세계속에 있는 하나의 경험적 대상이다. 물론 이 경험적 대상은 스스로를 변화

---

1) (역주) "강제적인 것(das Zwingende)"이란 인간의 의지나 태도와 무관하게 보편타당한 사실로 존재하는 것을 말한다. 가령 낙하의 법칙이나 물의 빙점 등과 같은 자연법칙은 누구에게나 타당한 것이다. 만약 이런 강제성을 부정할 경우에는 생명이 위험에 처할 수도 있다. 이런 의미에서 "강제적인 것"은 "강제력을 지닌 것"으로도 해석할 수 있다. 이 "강제적인 것"은 실존적 현실이나 형이상학적 현실과는 달리 학문적 탐구의 대상이다. "강제적 지식(das zwingende Wissen)"은 학문을 통해서 밝혀진 "강제적인 것"에 대한 것이기 때문에 그것을 대하는 인간의 의지나 태도와 무관하게 누구에게나 타당한 것이다.

시키며 역사적으로 전개하는 성질을 갖는다. 그러나 이 경험적 대상은 그렇기 때문에 어느 때인가는 현실적으로 존재하면서 신화사, 종교사, 철학사의 내용의 일부를 이룬다는 사실은 여전하다. 그러나 배제된 것은 경험적 탐구의 대상으로서는 전에 있던 것으로 남아 있지 않다. 객체로 되면서 이것은 그 혼을 빼앗겨버렸다. 가장 위대한 이해에 의해 그것의 현전화가 행해지는 경우에도 근원적인 견해와 믿음에 비하면 그것은 단순히 바깥쪽에서 보인 것에 지나지 않는다. 따라서 가능적 실존으로서 나는 다음과 같은 사실을 눈치채게 된다. 즉 의식일반으로서의 탐구하는 나의 존재 속에서 나는 이러한 의식일반에게는 결코 다시는 그것 자체로서 접근될 수 없는 것을 배제하였다는 사실을 눈치채게 되고, 그러므로 의식일반 속의 세계가 모든 것은 아니라고 하는 사실을 눈치채게 된다. 학문에 의해 배제된 것이 학문에 대해서는 더 이상 그것 자체로서 알려질 수 없을 뿐 아니라 느껴질 수도 없는 장소인 이 한계에 대해서 우리는 실존해명과 형이상학에서 이야기해보도록 하자.

이에 반해서 이제 우리는 세계정위 속에서 **다른** 한계에 부딪힌다. 이 한계는 순수 객관성의 의미가 어떻게 해도 완결되지 않는다는 사실로부터 이 순수 객관성 그 자체 속에서 경험된다. 나는 강제력 있는 통찰을 획득하지만, 그러나 이 강제적인 것은 절대적인 것으로 되지 않는다. 나는 무한성의 지배자가 되지만, 이 무한성 **또한** 극복되지 않고 남는다. 나는 **여러 통일성**에 도달하지만, 그러나 [단일한] **이 세계 자체**의 통일성에는 도달하지는 않는다.

의식일반으로서 나는 내가 이러한 한계를 극복하기 위해 탐구작업을 함으로써만 이 한계를 걱정한다. 물론 나는 이러한 한계가 결정적이라는 점을 통찰할 수 있다. 그러나 한계가 결정적이라는 점은 중요하지 않다. 나는 탐구의 길이 광대하다고 해서 겁먹지 않고, 사실적으로 전진하며 탐구하면서 그 성과를 발견해가기 때문이다.

그러나 탐구하기 어려운 이 탐구도정 자체가 내게 현재 의식이 된다면, 나는 용기를 잃고 마비될 수 있다. 하지만 내가 탐구하면서 위치를 잡을 때 단지 방향을 지시하는 것에 불과한 것을, 다시 말해서 강제적이고, 그래서 신뢰할 수 있는 지식을 통해 지배된 무한성으로서의 세계 통일성이라는 것을 세계정위의 길을 오해하면서 내가 선취적으로 이미 소유하고 있다고 믿은 경우에만 나는 용기를 잃고 마비되는 것이다. 이때 나는 학문의 대상으로서의 세계현존을 나를 편안하게 하는 존재 그 자체라고 여긴 것이다. 지식에 의해 야기된 이 안락함은 지속될 수 없다. 왜냐하면 거기에서는 위에 서술된 한계들이 잊혀져 있기 때문이다. 지식이 지식으로서가 아니라 이와 같이 자기를 안정시키기 위한 매개로서 생각될 때, 이와 같은 안락함은 흔들려 흐트러지지 않을 수 없다. 그러나 그렇다 해도 학문을 향한 관심까지 마비되는 것은 아니다. 안락함이 흔들려 흐트러진다고 하는 것은 어떤 착각이 파기되는 것이다. 왜냐하면 지식의 세계에서 성취될 수 없는 일인 불안으로부터 편안하게 된다고 하는 일은 단지 실존적으로만 가능하기 때문이다. 즉 이것은 객관적으로 강제력을 지닌 것 속에서가 아니라 자기존재의 신뢰성 속에서만, 세계단일성 속에서가 아니라 일자의 암호 속에서만, 지배된 무한성 속에서가 아니라 선사된 현재의 무한함 속에서만 가능하기 때문이다. 세계정위하는 지식의 의미가 오직 가능적 실존의 실현에 의해서만 현존 속에 들어가는 것과 혼동될 때, 모든 학문들이 이래도 저래도 괜찮은 것처럼 보일 수도 있다. 왜냐하면 그 경우 학문은 그 고유의 충동에 근거해 파악되지 않고, 영속할 수 없는 거짓 안정을 주는 만족에 대한 착각에 근거해서 파악된 것이기 때문이다. 그 경우 사람들은 확실한 것은 그 무엇도 존재하지 않는다든가, 모든 것은 의심스럽다든가, 과다하게 존재하는 것은 지배할 수 없다든가, 모든 것은 단순히 가능성에 지나지 않는다든가, 너무 다양한 원칙들이 어수선하게 행해지고 있으며, 더 이상 자신을 이해할 수 없다든가, 학문은 무의미라든가라고 말하며 한탄한다. 이러한 한탄은 탐구를 조정하면서 탐구에 포함돼 있는 실존적 추진력을 탐구가 잃었을 경우에 그렇게 될 것만 같은 그 객관성에서의 학문의 본질을, 다시 말해서 학문의 자의적인 상대성과 그 무한성과 임의성을 표현하고 있다. 왜냐하면 탐구가 행해지는 계기인 **학문의 의미**는 통찰가능한 지식의 대상이 더 이상 아니며, 이 지식의 한계이기 때문이다.

세계정위의 이런 한계는 가능적 실존에게 중요한 것이다. 이러한 한계는 세계가 존재 그 자체를 향해 그 자체 완결적이지 않다는 사실, 따라서 세계와 함께 모든 것이 이미 인식되어 있지는 않다는 사실, 그리고 세계정위는 학문으로서의 그 의미를 세계정위 자체 속에서 인식할 수 있는 근원과는 다른 근원에서 인식할 수 있다는 사실 등을 끊임없이 나타낸다. 철학적 세계정위에서는 이러한 한계들에 대한 의식이 탐색되는 것이다.

강제적인 것의 상대성

세계정위의 객체들 중 각각의 주관으로부터 독립해 있어서 순수한 객체는 무엇인가라고 묻는다면, 의식일반에 대해 강제력 있게 존립하는 것만이 그와 같은 객체라고 대답해야 할 것이다. 그러나 강제적인 것은 여러 종류이다.

1. 세 가지 강제력을 지닌 것들의 한계

강제적인 것의 종류를 우리는 수학과 형식논리학의 여러 강제력 있는 **관념**에서 보고, 자연과학과 정신과학들에서 경험적이고 객관적인 것의 강제적인 **현실존재**에서 보며, 객체존재의 범주들과 본질들 그리고 가능성이 지닌 강제력 있는 **직관**에서 본다. 수학에는 논리적 통찰과 검산의 명증성이 존재하고, **경험적인 것**에서는 제시하기와 실험하기, 제작하기 그리고 예언하기가 수행된다.(그런데 이 예언하기는 그 출처가 불분명하지 않고, 근거 있는 것이며, 그리고 예언의 근거와 경험에서의 결과가 서로를 포함하고 있어서 공통적으로 조망될 수 있다는 식이어야 한다.) 그리고 **범주론**과 그 현상론에는 현실적이지는 않지만 가능적인 객체들을 현재적으로 소유할 때의 직관이 존재한다. 여기에서는 세계정위의 요소와 구조들 중에 정의하기 어렵지만 완성된 직관 속에서 현재로 불러올 수 있는 자기 동일적이고 혼동불가능한 요소와 구조가 우리에 대한 대상적 세계가 있는 곳인 망으로서 고쳐서 기록되고, 설명되고, 의식된다. 수학적 지식과 형식논리학적 지식, 경험적 지식 그리고 범주적 지식은 강제적인 것의 근원에서나 강제적인 것을 확인하는 방법에서나 서로 간에 이질적이다. 그리고 그 모든 분야의 내부에서는 강제적인 것의 종류를 한층 더 구별하는 분절화가 행해진다. 그러나 세계정위의 "지식" 속에서는 이상의 세 종류 모두가 서로 엮여 있다. 즉 경험적 인식은 다른 둘 없이는 사실상 가능하지 않고, 이 둘은 감각적인 경험들 없이는 심리적으로 불가능하다.

위에 서술한 세 분야 각각에 상응하여 강제적인 것의 한계들이 다시 다음과 같은 특징을 지닌다.

즉 **수학에서** 강제적 지식은 모든 추론이 세워지는 토대인 최종적 전제들로 향한다. 이 최종적 전제들은 어떤 경우에는 자의적이고 임의적으로 (공리적 방법의 규칙들과 제약들 밑에서) 확정될 수 있고, 그러고서는 무한한 것 속으로 향해가고, 그리하여 이것에 근거해 구성된 구축물은 그 자신 속에 어떠한 존재도 갖지 않고, (비유클리드 기하학의 공리들처럼) 단순한 유희적 가치를 갖는 것에 지나지 않게 된다. 다른 경우에는 이들 궁극적인 전제는 근원적인 증명들로 나간다. 이 증명들은 (유클리드 기하학의 공리처럼) 본질직관의 세 번째 영역에 속하기 때문에 이러한 것으로서 이질적인 성질의 것이다. 이때 지식의 방식은 극복되고 또 다른 방식으로 토대가 놓이게 되지만, 이 또 다른 방식은 그쪽 나름대로 자신이 어떤 한계를 갖는가라고 물을 수 있다. 이상의 두 경우에 지식은 "가설적"인 것이다. 가설들 중 일부는 자의적이고 일부는 명증적인 공리들 속의 전제들이다. 이러한 전제로부터 필연적인 공리들을 통해 지식이 발원하는 것이지만, 이 공리들은 예를 들면 모순율과 같이 이러한 확실성의 형식 자체 말고는 어떠한 것도 언표하지 않는 것이다. 이와 같이 해서 타당성을 지닌 하나의 세계가 자체적으로 설정되고 한계가 정해진다. 이 타당성의 세계는 이것을 애써 만드는 필연적 공리들에 의해서 지지되며, 자의적이거나 명증적인 공리들에 의존해 있다. 이 타당성의 세계는 존재를 파악하지 않는 것이다. 이와 같은 것으로서의 이 확실성은 그것에 고유한 강제력 때문에 관심을 끌지만, 동시에 그것이 내용이 공허한 상태로 머물면, 정말 아무래도 상관이 없는 그런 것이 된다.

경험적 학문들에서는 어떠한 현실도 강제적 지식에 의해 완전히 지배되지 않는다.

여기서는 강제력을 지닌 것이 **사실**이 된다. 인식 속에서 사실은 사실 자체로서 현실적으로 존재하고 전개가 되는 한, 한 번 획득되면 상실될 수 없는 확고한 존립이다. 자연과학(Naturwissenschaft)에서 사실들과, 정신과학(Geisteswissenschaft)에서 자료들과 기념물들은 일단 소유물로 획득된 이상은 헤아릴 수 없을 정도의 새로운 의미들을 획득할 수 있지만, 회피할 수 없게 된다. 단순하게 현존하는 객관적인 것의 형태를 하고 있는 이러한 것은 왔다가 물러나는 가능지식의 바다 속에 있는 바위들처럼 서 있는 것이다.

그렇지만 사실들은 확정작업을 필요로 한다. 사실들은 단순한 감성적 지각에 대해 존재하는 것이 아니라, 감성적 지각 속에서 **사유를 통해 접근**될 수 있는 것이다. 사실들의 사실성이 존립하기는 하는 것인지, 그리고 어떤 의미에서 존립하는지가 사실들이 현재에 나타나는 방법에 관한 의식을 통해서 비판적으로 검증된다. 실재적인 감각지각과 감각착각의 구별, 측정의 정밀성, 증거와 자료의 의미, 관찰된 객관의 관찰 그 자체에 의한 변화 등은 방관에 의해서가 아니라 이론과 해석을 매개해서 비판적으로 확정된다. 그렇지만 이로써 사실들은 이미 이론이라고 말할 동기를 준 불확실성이 완전히 사라지는 것은 아니다. 따라서 사실들의 강제적인 성격은 대상의 종류에 따라 변하는 방식으로 불확실성의 한 계기를 품고 있다. 이 불확실성의 계기는 비판적 탐구자의 논리적 의식에서 결코 떨어지지 않는다. 비판적 탐구자는 어떤 하나의 사실의 확실성이 지닌 의미와 척도를 평가해야만 하는 것이다.

임의의 지각내용으로서의 사실들의 맹목적 강제는 무제한한 것 속으로 향해간다. 사실이라는 것이 관심을 끌기 위해서는 어떤 의의를 획득해야만 한다. 관련성들과 전체성들에 관해 사유된 구성체로서의 **이론들**은 사실들이 중요성을 갖기 위한 조건이며, 대체적으로는 사실들을 발견하기 위한 조건이기도 하다. 이론의 강제적 성격은 사실에 대한 이론의 확증에서 자라난다. 이론이 이질적인 것에 통일성을 부여하는 일이 많을수록, 사실이 이 이론과 모순되지 않는 한, 그 이론의 진실성은 그만큼 더 강제적이게 된다. 하지만 그렇다고 해서 그 이론이 최종적인 것이 되는 일은 절대 없다.

이렇게 말하는 이유는 이론들과 다양한 설명들 속에 하나의 **근저에 놓인 것**이 남아 있기 때문이다. 근저에 놓인 이것은 현실과 이론의 어떠한 동일성에도 도달할 수 없게 하는 것이고, 통찰되지 않는 것이며, 자신의 현존을 지배하는 일이 전혀 불가능하여 무엇 하나 강제적 성질을 갖고 있지 않는 것이다. 현실탐구는 어디서나 소재 때문에 끝장이 난다. 이 소재는 이해불가능하고 원초적으로 무질서하여 그 탐구의 한계이기 때문이다. 이렇게 해서 이 근저에 놓인 것 자체는 통계적인 것으로서 파악되는 법칙들의 경우에는 물리학에서도 존재한다. 강제적인 것은 **전체** 현실을 파악하고 있지 않는 것이다. 이러한 강제적인 것이 존재한다는 것은 우리에게 순수한 객관이 현존한다는 사실을 의미한다. 그러나 이러한 객관존재가 모든 존재가 아니다.

만약 강제적이고 경험적인 지식이 **개별적인** 형태 속에 있는 현실을 예견하면서 그 현실을 향해간다면, 그 강제적인 것은 가능한 요인들의 무한성으로 인해 항상 불확실성과 엮여 있다. 예상하거나 기술적으로 제작하는 경우에는 이 둘 사이에 우연들이 개입한다. 가장 확실한 천문학에 대한 계산에서도 실행에서나 확실성을 기대할 수 있을 수준 정도로 크기의 개연성만 타당하다. 이 천문학에 대한 계산에서 반대되는 가능성이 비슷할 정도로 존재하는 예상에 다다를 때까지 그 사이에는 과도기들이 존재한다. 어떠한 영역에서도 현실은 완결된 메커니즘으로서 절대적으로 확실하게 지배될 수 없다. 그러나 한계가 정해진 현실이 어떤 하나의 메커니즘으로서 접근될 수 있게 될 때에는 신뢰할 수 있는 최고의 확실성도 존재한다. 그러나 이 최고의 확실성도 이론적으로는 결코 절대적으로 강제적이지 않고, 단지 확실성에 닿는 한계선을 접하고 있는 개연성만을 갖는다.

그렇기 때문에 **경험적 탐구**에서 강제적인 것은 사실로서는 이론에 묶여 있고, 이론으로서는 사실에 묶여 있다. 그것은 소재의 파악불가능성에 그 한계선을 접하고 있다. 그것은 하나의 현실을 현실 일반으로서도 개별적 형태에서도 결코 완전히 파악하지 않는다. 절대적으로 강제적인 것으로 있기 위해서는 그것은 현실로부터 풀려나서 논리적 확실성 속에 후퇴하여, 여기에 존립하는 특수한 다른 상대성, 즉 전제들에 관련돼 있는 상대성에 빠져 있어야만 할 것이다.

범주적 직관과 본질직관 속에서 강제력을 지닌 것의 셋째 방식은 의식에 대한 그때그때의 통찰 그 자체 속에 한계들을 갖는 것은 아니다. 왜냐하면 이 셋째 방식은 완전히 그 자체로서 현존하기 때문이다. 직관은 현재적이거나 현재적이지 않은 것이며, 따라서 내적으로 충족되어 있다. 왜냐하면 이와 같은 것으로서의 직관은 자신을 넘어서 지시하지 않으며, 현실이나 강제적인 사유과정도 주장하지 않고, 단지 그 자체 안에 있는 자신의 명료성만을 주장하기 때문이다. 여기에서 한계는 **첫째**로 전달 속에서 생긴다. 내가 공허한 잡담을 말할 수 있다는 점과 직관된 내용 대신에 단어들만 진술할 수 있다는 점을 배제하더라도, 내가 타인과 동일한 것을 갖고 있다고 결코 나는 최종적으로 확신하지 않는다. 혼동되지 않는 특징들을 지닌 어떠한 제시행위나 객관적 정의도 불가능하며, 단지 지시와 언표를 위한 온갖 수단들을 조합하는 것만 가능하다. 게다가 이 수단들은 사념된 것을 보다 광범위하게 적용할 경우 시간이 경과해서야 이해의 차이나 직관 속에서 참된 일치를 최초로 드러낸다. 이때 이해의 차이란 단지 같은 명칭으로 불리고 있지만 다른 방법으로 현전화된 어떤 하나의 본질의 요소 속에서 밝혀지는 것이다. **둘째로** 이러한 직관성의 한계는 체계성과 완전성에서 발견된다. 체계성과 완전성은 단지 개별적인 것 속에서만 존재하는 것으로서, 그 자체는 결코 강제적이지 않다. 체계성과 완전성은 자기 안에서 스스로 완결되지 않는다. 직관성들과 가능적 현존의 연결망은 하나의 원리로부터 전개되지 않으며, 또 차후에 어떤 하나의 완전한 전체에로 정비되지도 않는다. 여기서도 강제적인 것은 방향정위에 머물러 있다. 왜냐하면 강제적인 것은 규정된 것으로서 그때그때마다 하나의 타자에 관계 지어져 있다는 사실로 인해서 어디에서나 한계들을 지니기 때문이다.

존립하는 것으로서 순수한 객관이 존재하고, 그것과 같은 것이지만 이 순수한 객관에 관한 강제적 지식이 존재한다는 점은 세계 속에 있는 우리의 현존의 근본사실이다. 그러나 무엇이 이러한 객관인가라는 물음에 대해서는 아무것도 직접 제시된 게 없다. 도리어 이 객관은 단지 비판적이고 학문적인 탐구와 지식 속에서만 순수하게 존재한다. 게다가 이 탐구와 지식 속에서도 이 객관은 항상 여전히 부유하고 있다. 왜냐하면 이 객관은 종결되어 있지 않고, 위에서 제시된 한계들을 지니기 때문이다. 직접적인 현실은 순수한 객관보다 항상 그 이상의 것이다. 직접적인 현실은 가치평가들과 선입견들을 통해서, 그리고 습관화된 기대들과 널리 퍼져 있어서 의문시되지 않는 자명성들에 의해서 불투명해졌다. 실존적으로 채워진 직접적인 현실은 경험적 현실 그 이상의 것이다. 실존적으로 채워진 것으로서의 현실은 직접적인 객관으로서는, 즉 마치 그렇게 소유되고 앞에 있는 것인 양 칭해진 것으로서는 스스로 해체된다. 내가 자연과학들에서 물질과 법칙을 주관으로부터 독립된 순수한 객관이라고 칭하든, 혹은 유기체의 통일을, 혹은 서술이 가능하며 공간적으로나 시간적으로 고정될 수 있는 자연사와 인간사의 개별적이고 역사적인 구성사실들을, 그리고 "본래적으로 존재한 그대로" 역사적 사건들을 순수한 객관이라고 칭하든 간에 그 어느 경우에도 하나의 객관을 이와 같은 방법으로 명명하기는 쉽지만 확정할 수는 없다. 위에서 칭한 어느 경우에도 본질적으로 상이한 종류의 현실존재와 객관존재가 생각되고 있기 때문이다. 각각의 객관에 대한 분석은 이 객관이 객관으로서는 사라지는 것처럼 보이는 장소인 한계점들을 향해 간다. 그러나 이 한계들이 알려지면서 그것들의 안쪽에는 세계정위의 과정 속의 객관이 강제적으로 알 수 있는 존재로서 우리에게 남겨진다. 객관존재에는 존재 일반이 토대를 둘 수 없을 뿐만 아니라, 단 한 차례도 우리의 현존이 토대를 둘 수 없다. 모든 지식과 객관존재는 오히려 의식일반이 대상으로 하는 세계 속에 존재한다. ─객관존재는 결코 전체가 아니며, 모든 것도 아니다.

2. 강제력을 지닌 지식과 실존

강제적이지 않으며, 의식일반에 대한 순수한 객관도 붙들고 있지 않은 진리들은 어떠한 세계정위도 제시하지 않는다. 이 진리들이 가능할 때라도, 강제적 확실성을 갖는 비교불가능한 경험이 한 번 만들어진 이후부터는, 이 진리들 역시도 나에게 중요한 모든 것처럼 이와 같은 확실성의 형태로 파악하려는 경향이 지속된다. 그 동기는 강제적 통찰의 특별한 만족 속에 있다. 그뿐 아니라 그 동기는 나의 자유이자 위험인 무(無) 속에 서는 대신에, 나로부터 독립적으로 존립하며 그 존립을 내가 신뢰할 수 있는 어떤 객관을 어디서나 소유하고 싶다는 소망 속에도 있다. 그 경우 나는 나 자신으로부터 해방될 것이다. 그러나 그 본질상 알려질 수 없는 것을 강제적으로 알려고 하는 이 의지는 실존에 대한 배신이 된다. 모든 불확실성으로 인한 고통은 지식을 현재의 개별사례들에 적용할 때 드러나는 지식의 한계들에 대한 비판적인 의식을 포기하게 만든다. 거기에서는 나에게 중요한 것은 **강압하는 듯이 확실한 것**이어야 한다고 생각된다. 이러한 태도에서 오류가 행해지는데, 그것은 우리를 세계 속에서 방향을 정해주는 학문들에서도 강제력을 지닌 것의 형식이 모든 대상영역들에 걸쳐서 동일하다고 잘못 간주하는 일이다. 그리고 거기서부터 혼란이 생겨나고, 또한 한편에서는 "전문가"의 불손한 권위에 둘러싸인 억측된 지식과 다시 말해서 그들의 독재적 주장을 향한 신앙과, 다른 한편에서는 강제력 있는 확실한 것을 희생하는 일 사이에 동요가 생긴다. 이때 희생은 전복된 상황에서 피할 수 없이 억측된 지식과 묶여 있는 것이다. 실존을 근거로 해서 전개되는 **합리적인 숙고**로만 이 두 잘못된 길을 피할 수 있다. 합리적으로 숙고할 때 우리는 우리가 무엇을 알고, 어떻게 알고, 어떠한 한계들 속에서 아는지 알고 있다. 합리적으로 깊이 생각할 때 진지하게 원하는 모든 사람은 이 지식을 그대로 파악할 수 있게 되고, 이 지식을 그들의 자기통찰로 이끌 수 있다.

철학적 의식에게 이 숙고는 구체적 상황에 직면해서 진실성의 조건이 된다. 서로 번갈아 달라붙고 내버리기도 하는 학문적 미신에 빠지지 않고, 그때그때의 **강제력을 지닌 것을 승인하는 일**은, 그와 동시에 이 강제력을 지닌 것을 그 고유의 **부유 상태** 속에 유지하는 일을 방해하지 않는다. 불안에 의한 현존의 충동이 이 숙고와는 반대로 작용한다. 이 충동은 불확실성으로부터 달아나려고 절대적 지식 속에 고정되려고 갈망하든지, 감추고 덮는 일을 갈망한다. 왜냐하면 이 충동은 사실들과 가능성들을 견디기 힘들기 때문이다.

모든 강제적인 것에 열려 있고, 강제적인 것의 상대성을 습득하고 있다는 점은 가능적 실존이기 위한 조건이다.

극복되지 않는 무한성

고대적 논증에 따르면 **무한성** 안으로 이끄는 어떤 사상은 **거짓**이라고 한다. 이것으로부터 유추해 다음과 같이 생각하는 것이 가능하다. 즉 시간 속에서 시작도 끝도 갖지 않고, 또 공간 속에 어떠한 끝도 중심점도 갖지 않는 세계가 공간적이고 시간적인 차원에 따라서 끝없는 것 속으로 향해 가고 어떤 무(無) 속으로 가라앉는다고 생각할 수 있다. 만약 시간이 시작을 갖지 않는다면, 이 무제한의 시간은 존재할 수 있는 모든 것을 예전에 생겨나게 했어야만 했다. 또 만약 세계가 공간 속에서 무한하게 확장된다면, 세계는 어떤 것도 종결하지 않고, 따라서 그 속에 어떤 존립도 갖지 않을 것이다. 그래서 사람들은 **어떠한 무한성도 현실적이지는 않다**는 결론을 내릴 수 있었다. 반대로 또 다음과 같이 생각하는 것도 가능하다. 만약 세계가 유한히 존재한다면, 열역학함수의 원리에 따라서 세계는 옛날부터 일반적인 냉각상태에 빠져 있었을 것이라고 생각해볼 수 있다. 만약 세계가 유한하다면, 사람들이 세계의 시작에 도달할 수 있을 것이지만, 모든 시작은 곧장 넘어서야만 하는 하나의 한계라고 생각해볼 수도 있다. 여기서부터 사람들은 **무한성이 현실적이어야만 한다**는 결론을 내릴 수 있었다.

이러한 사상에 근거해서 다음과 같은 것은 **진실이다.** 즉 우리는 유한하고 종결된 체계만을 사유하고 탐구할 수 있을 뿐이다. 이에 반해 모든 무한한 것에 대해서는 단지 이 무한한 것 속의 진행 원리만이 실행가능하고,

어떠한 종결도 실행될 수 없다는 것이 진실이다. 그렇더라도 무한성이 무(無)는 아니다. 어디서건 우리는 어떤 하나의 주어진 상태로서의 무한성 속이 아니라 무제한적으로 전진하는 하나의 가능성으로서의 무제한성 속에서 있다. 무한성은 우리에게 대상으로서 주어져 있으며, 이러한 것으로서 유한한 **현존**처럼 현실적이지는 않다. 그러나 무한성은 **무한한 수의 계열**처럼 비현실적인 것도 아니다. 무한성은 현상으로서의 **세계현실의 비완결성**의 표현으로서는 현실적이다. 그것은 가장 단순한 형태에서는 단지 수의 무한성의 도움을 빌려서만 생각될 수 있고 결코 완결되지 않는 시간의 계열과 결코 도달되지 않은 무한대와 무한소로의 공간적 확대의 계열로서 현실적이다. 그런데 이 계열은 새로운 현실 속으로 계속 나아가는 과제를 실제로 도달된 모든 한계들에서 즉시 지시하는 것이다.

그러나 저 논증에 근거해서 다음과 같은 점은 허위이다. 이 논증이 의심스러움을 품지 않는 자명성을 갖고 세계를 객관으로서 전제하고 있다는 점, 또 그것이 논리적 논증에 근거해서 전체에 있는 유한하거나 무한한, 현실에 대해 추론을 행하고 있다고 하는 점이 그것이다. 왜냐하면 전체는 완결되는 무한성 그 자체로서 우리에게 어떠한 대상도 될 수 없고, 이러한 것으로서는 항상 그저 모순에 빠질 뿐이라서 전체존재나 비존재는 증명하는 것이 불가능하고 또 반박할 수도 없기 때문이다. 즉 우리는 세계 속의 유한한 대상들에 대해서만 확신하고 있고, 하나의 **전체로서의 세계**에 대해서는 확신하지 않기 때문이다. 오성의 모든 논리적 논증은 유한한 —실재적이거나 관념적인— 대상들에 관계하는 것이고, 만약 그것이 무한성을 대상으로서 사유하면서 취급할 때는 이 무한성 자체를 오해해서 유한하게 만들 수밖에 없다.

사유에서 어떠한 것을 대상적이게 하고 인식되게 만드는 유일한 것인

종결성을 사유가 끊임없이 **추구한다**는 점은 수긍할 수 있다. 또 사유는 사물의 근거에 다다랐을 것으로 생각되는 인식작용의 승리를 축하하면서, 전체로서의 세계가 그와 같은 하나의 대상이 되는 것이라고 간주하기를 원한다. 그러나 다음의 사실도 수긍할 수 있다. 즉 사유를 **무한성**에서 보다 심각하게 **좌절시킬** 목적에서만, 즉 현상으로서의 세계가 존립을 잃어버린다는 것을 항상 새로운 내용을 갖고 경험시킬 목적에서만 **철학적 충동**은 이러한 사유를 위와 같은 방향으로 몰아세운다는 사실을 수긍할 수 있는 것이다.

순수한 인식은 **무한성**에서 **공간을 획득**하며 진행된다. 누군가 무한성이 지속되는 방식을 파악하고, 계열의 모든 위치에 대해 매 순간에 그 위치에서 만날 수 있는 것을 규정할 수 있기 때문에 어떤 무한성을 사유에 의해 지배할 때, 그는 현실적인 정복을 성취한 것이다. 그러나 **방식**에서도 **현실** 자체에서도 **무한성**들은 **흘러넘쳐서**, 전체를 장악하는 일을 방해한다.

1. 방법에서의 무한성의 극복

인식은 무한성들을 극복하기를 바란다. 만약 인식이 무한히 많은 다른 대상들 중에서 하나의 대상만을 파악한다고 해도, 그 인식행위는 그다지 중요하지 않다. 왜냐하면 이러한 종류의 모든 대상들의 공속적인 다수성으로서의 일반자는 이 인식행위 속에서는 파악될 수 없기 때문이다. 의심해서는 안 될 올바름을 쌓는 일은 인식 속에서 추구되는 것을 획득하는 데로 나가지 않는다. 무한한 것 속에 미끄러지는 일은 물론 어떤 한 인식의 올바름에 반대하는 것은 아니지만, 그 인식의 본질적 성격에 대한 반대이다. 무한한 것을 극복하지 않은 지식이란 중심을 빼놓은 채 확정하는 작업으로 변질된다. 어떻게 사람들이 무한한 것의 미로에 방법적으로 빠질 수 있는지의 **사례들**은 다음과 같다.

개인의 성격특징들이나 특정한 심리적 과정들의 잡다한 징후들이 개별적인 사례에서 어떻게 서로가 서로에게 속하고 있는가라는 심리학적 질문은 만약 사람들이 이해가 가능하고 선천적으로 납득할 수 있는 구성물에서 충분한 것을 수행할 수 없는 한, 경험적이고 결의론적인 탐구로 나간다. 사람들은 성격특징과 징후들이 어떻게 현실적으로 함께 나타나는지 알고 싶어 한다. 사람들은 **통계적** 방법에 근거해서 성격특징과 징후들의 **조합** 정도를 계산하여 이것을 시도한다. 그러나 이 요소들("성격특징들"과 "징후들")이, 정의가 가능하고, 경험적으로 확실하게 동일하다고 인정될 수 있는 어떠한 규정성에도 다다르지 못한다는 사실은 제외하더라도, **통계적으로** 계산가능한 **조합들** 자체는 무한한 것 속으로 가고, 이에 따라서 어떤 인식도 제시하지 않는다. 이 요소들은 확실하게 종결할 수 있는 어떤 수량을 형성하는 것이 아니고, 또 균등하고 평평하게 확장된 여러 요소들의 임의의 치환가능성으로부터 이끌어지는 형식들과 질서들을 형성하는 것도 아니다. 이 요소들은 (가령 고정할 수 있는 하나의 형상을 후일의 관찰을 위해 시간적으로 보존하는 별자리표와 같이) 나중에 비교할 수 있는 고정된 어떤 존재를 부여하지 않고, 그리고 무언가 그 이상의 어떠한 것이 무한한 수의 상관계수로부터 생겨나는 것도 아니다. 경험적으로 지배하려는 이러한 시도는 허공을, 빈껍데기 속을 붙잡는다. 왜냐하면 이러한 시도는 처음부터 어떠한 무한성도 넘어서지 않았기 때문이다.

비슷한 종류의 사례는 **유전학**의 몇 가지 형식들을 정신의학에 적용한 경우에도 보인다. 이 경우 처음에는 의미가 풍부했던 인식이 무한성에 의해 마지막에는 뒤집어지게 된다. 거기에서는 지극히 많은 규칙과 가능성과 가설이 전개되고, 또 임의적으로 많은 가능한 유전적 통일성을 생각할 수 있어서, 구체적인 개별사례는 그것이 어떻게 전망되든 해석될 수 있게 된다. 어떤 현실적인 사례도 부정하는 재판절차로 등장할 수 없다. 겉보기에 사람들이 모든 것을 전망할 수 있더라도, 그것을 통해서 사람들이 강제력을 갖고 주장도 반박도 할 수 없으며, 무엇인가를 예언할 수도 없다. 모든 것이 가능하기 때문이다. 모든 것이 가능하기 때문에 사람들은 어떤 탐구작업 속에서 임의적으로 확정하는 무제한의 과정에 빠져들게 된 것이고, 이 탐구작업에는 이미 그 시작단계부터 무한성을 가능하게 만들고 그렇게 해서 탐구를 통해 결정적인 해답도 가능하게 만드는 문제제기가 빠져 있다.

생물학적 탐구에서 제시된 이 마지막 사례는 반사탐구이다. 즉 사람들은 단순한 **반사현상들**에서부터 출발해서 중첩에 의한 반사의 변형가능성들을 지나는 길에 서고, 경쟁하는 다른 요소들에서는 복합현상의 "전체성"이라고 하는 관념을 파악해왔었다. 그리고 사람들은 모든 개별적 연관은 새로운 자극들과 조합되면서 변화하기도 하고 자신과 반대되는 것으로 전환되기도 한다는 전제를 세워왔다. 전체가 전체로서 인식되지 않고, 전체가 조합 속에 존립하는 요소들과 기능들의 신경장치의 모델에 의해 오히려 대체되어서 기계론적으로 변질되는 한, 이러한 조합들은 무한한 것 속으로 향한다. 거기에서는 치환들이 확정되는 일이 결코 종료될 수 없다.

순수하게 추상적인 수 계열의 무한성은 규칙들을 통해 **수학적으로** 지배될 수 있다. 이 규칙들은 무한한 계열의 각각의 위치에 대해서 여러 성질과 관계를 최종적으로 규정하고, 이로써 아마도 아직 누구에 의해서도 생각되지 않았을 각 위치를 이 무한성 속에 만들어내는 수단을 제공하는 것이다. 가능한 모든 경우의 총체로서 어떠한 때에도 사실적으로 찾아내어지고 언표될 수 없는 것이 각각의 경우를 위한 규칙에 근거해서 필요에 따라서 알려져 있다. 그럼에도 불구하고 무한한 것은 인식된 어떠한 대상이 되지 않는다. 왜냐하면 무한성을 지배하기 위한 수단은 각자에게는 각자에게 나타나는 사례 속에서 발견되는 것이기 때문이다. 무제한한 것은 마치 그것이 완결이라도 된 것처럼 현존을 갖고 있지는 않다.

수학적 사유 속에서 순수하게 형식화된 명제들을 수단으로 해서 **경험적 탐구에서도 무한한 것은 극복될 수 있다.** 인식이 예측을 함으로써 유한한 모든 대상을 하나의 계획에 따라서 만들어낼 수 있다. 인식은 세계 속에서 무엇이 현실적이 되는가 하는 것을 이 현실이 양적이고 기계론적 사유에서 가까워질 수 있는 것인 한, 규칙들에 따라 예언하는 것이 가능하다. 모든 사물을 일반적 유개념의 밑에 포섭해서 명명하기 위한 지식의 도식이 유용할 뿐 아니라, 사람들이 임의의 목적을 위해 원하는 그런 경우가 무한성 속에서 구체적으로 취해져 전개될 수 있을 때, 제작의 원리를 확립하는 것은 현실적 인식이다. 어떤 한 무한성을 극복하는 일은 이론적인 인식 속에서 달성된다. 그렇지만 이와 같이 무한성의 극복이 실현되는 그때그때의 경우를 선택하는 일은 여전히 실천에 맡겨져 있다. 이러한 무한성의 극복은 양적으로 무한한 것을 수학에 이끌려 지배하는 것이다. 이 모든 성취는 하나의 발견이다. 이 경우의 절차는 **자연과학적이다.**

무한한 것에 접근은 무한한 것을 이렇게 극복하는 일과는 본질적으로 다르다. 여러 연관들이 공허한 반복으로서 그저 하나의 여전히-한 번-더(ein Immer-noch-einmal)로 존재하는 것이 아니라, 심화와 향상을 의미하는 것인 경우, 이 연관들은 그것의 무한성 속에 무한하게 있는 것이다. 거기에서는 임의로 반복되는 전진이 아니라 하나의 전체를 향한 길 위에 구축된 전진이 가능하다. 이 전체는 개별적인 것에 있어서의 양적 질서를 통해 선취될 수 없을 뿐 아니라, 시간적 현존으로서의 질적 무한성 속에서도 충족될 수 없고, 합리적으로 예언되는 것도 불가능하다. 여기서는 수학적 방법이 유용하지 않다. 여기서는 여러 연관들을 지배하게 될 어떠한 형식적 원리도 발견될 수 없다. 또 여기서는 무한성을 소유하게 될 계기가 되는 어떠한 결론도 존재하지 않는다. 무한한 것을 극복하는 일은 여기서 오히려 탐구의 도정이고, 이 도정에서 유한하게 하는 모든 일은 이 무한성의 다음 국면을 위한 단계가 된다. 무한성 속에 흘러가지 않고 오히려 무한성을 파악하는 일은 여기에서는 단지 연기되었던 것으로서 새로운 형태 속에서 다시 나타나는 어떤 한계를 결코 가르쳐줄 수 있는 것도 기술화하는 것도 불가능한 방법으로 극복하는 일이다. 정신과 정신의 산출작용을 이해적 정신에 이끌려 조명하고, 그리고 그것들을 나의 것으로 만드는 일은 이와 같이 수행된다. 이 경우 모든 성취는 **고유한 본질**을 창조적으로 **확대**하는 일 중 하나이다. 이 경우의 절차는 **정신과학적**이다.

방법적으로 우리가 **무한성의 지배자**가 되길 원할 때 수단이 되는 탐구에서 우리는 그것을 지배하지 못하고 항상 이 무한성 속에 **끌려들어 가게** 된다. 그 속으로 끌려들어 가 어디로 갈지 알기 위해서는 항상 새로운 것으로 시도하고 경험해야만 한다. 그 경우 무한한 것 속에 미끄러져 떨어져 가는 것을 무서워하거나 혹은 공허한 무한성을 지배하는 **수학적 원리**가 그때마다 적용되든지 —이러한 원리를 적용할 수 있는 공간에 필요한 것이 사유를 통해 최종적으로 성취된다— 혹은 인식을 무한한 것으로 변형하는 일에 대한 **이념적 집중**이 수행될 수 있을 것이다. —이 이념적 집중은 완결을 노리고 상승하는 과정이 된다. 그러나 방법에 의해서 지배되지 않았던 **무한성**이 한계에 머물게 된다.

현실파악이 진행되는 동안에 절대적인 무한성과 거대하지만 유한한 수는 사실상 동일한 것이다. 시실리 해변가의 모래알 수는 이처럼 거대하지만 유한한 하나의 수이고, 실제 계산에서 그 한계가 정해지지 않은 것 같은 하나의 수이다. 어느 한 특정한 물체 속의 원자의 수는 거대하지만 유한한 하나의 수이다. 실제상으로는 한 생애에서 혹은 인류의 모든 역사에서 통괄되지 않을 것은, 설령 이것의 요소들과 가능성이 외면상 수학적으로 계산될 수 있을지라도, 우리는 **실질적으로는 무한한 것**이라고 칭한다. 우리한테 무한성이라는 것은 오직 실질적 완결불가능성으로서만 현실적인 것이다.

2. 현실에서의 무한성의 극복

만약 현실 그 자체 속에서 무한성이 이미 한계 지어지고 또 그런 한에서 극복되어 있지 않다면, 무한성을 방법적으로 극복하는 일은 불가능할 것이다. **공허한 무한성**은 방법적으로는 수학적으로 극복될 수 있다.(그리고 이와 같은 방법적 과정 자체는 탐구하는 정신에서 현실이다.) 무한성은 현실 속에서는 **내용이 풍부한 무한성**에로 극복되어 있고, 그리고 이 내용이 풍부한 무한성은 이념을 통한 인식에서 접근될 수 있는 것이다. 그러나 이러한 극복은 단적으로 무한한 것의 한계에서 난파된다. 현재하는 내면적 무한성으로서의 현실적 **정신**은 이 현실적 정신에게는 이미 외면적이고 분산된 활력으로 존재하는 단순한 **생명**에 대립한다. 현실적 정신 자신은 이러한 활력의 무한성에 묶여 있어서 완전한 것이 될 수 없다. 게다가 개개의 유기체의 자기 속에 관계 지어진 무한성으로서의 **생명**은 무한성으로서의 비유기적 **물질**에 대립해서 이 물질에 대해 스스로를 생명으로서 주장하고, 그리고 죽음에 의해 이 물질 속에 녹아들어 간다. 그리고 이 **물질**은 자연과학적으로 생각되고 있듯이 오직 수학적으로만 생각할 수 있는 절대적인 **무한성**

을 이 물질의 그때그때의 형태화의 근거와 한계로서 갖는다. 따라서 무한성은 어디에서도 순수하고 **완결된** 채 나타나지 않는다. 무한성은 이 무한성이 항상 반복해서 빠져드는 어떤 하나의 무한한 것에 묶여 있는 것이다.

생명과 정신 속에는 공허한 무한성 속에서와는 다른 탐구의 종결불가능성이 존립한다. 생명과 정신 속에는 무한하게 이어지는 **목적과 의미의 연관들**이 완결된 것으로 자신을 제시하는 유한화하는 모든 전체성을 포괄한다. 어떠한 목적도 그 자체에서 객관적으로 현실적인 것으로서 존립하는 것이 아니고, 우리에게 목적은 이중의 한계를 갖는다. 즉 **목적에 역행하는 무한성의 한계와 목적에 근거를 주는** 무한성의 한계를 갖고 있다. ─ 그러나 무제한성(Endlosigkeit)이 충족된 것으로서 현존하지 않고 있는 데 반해서, 살아 있는 유기체들과 정신은 무한성(Unendlichkeit)으로서 현실적이다. 단지 수들과 비슷한 무종결성(Endlosigkeit)이 아닌 이러한 무한성(Unendlichkeit)은 개개의 유기체와 개개의 정신 속에 있는 **전체**로서 우리에게 물론 현실적으로 존재한다. 그러나 이러한 전체는 이 전체 속에 현재하는 무한성에서도 또 생명과 정신의 전체 과거와 관계된 무한성에서도 그 무한성에서 간파되지 않을 것이다.

기계적인 **무종결성**(Endlosigkeit)에 반해서 정신적인 무한성(Unendlichkeit)이 어떻게 현실적인지는 유명한 사상구성물을 대조하면 확실해질 것이다.

즉 언어에서 정신의 외적 표현은 25개의 [독일어] 문자에 의해 가능하다. 이제 일정한 문자수에 제한된 어떤 알파벳의 한정된 문자 집합을 지닌 특정한 페이지의 책들은 단지 엄청나게 큰 수치라고는 하더라도 유한하고 명명할 수 있는 하나의 수(실제상으로는 무한성의 수)에서만 존재할 수 있는 것이기 때문에, 사라져가는 하나의 수로서의 이들 무의미한 문자의 축적들 중에는 풍부한 의미의 책들도 존재할 것이고, 또 이 풍부한 의미의 책들 중에는 가능한 여러 언어로 창작된 작품들과 그저 가능적인 작품들이 존재할 것이다. 만약 사람들이 여러 문자의 순열에서 이들 모든 작품을 기계적으로 만들어내는 하나의 장치를 발명한다면, 이 장치는 여러 가능성을 모조리 실현하기 위해서는 실로 거대한 시간을 소비할 것이다. 그리고 아마도 아인슈타인적인 세계조차 이런 서적들 더미에서 장소를 충분히 확보하지 못할 것이다. 그러나 순열의 여러 가능성 속의 결국에 있어서 계산가능한 우연으로서의 풍부한 의미의 언어적 작품들이 극히 드문 경우로 등장할 수밖에 없다는 사실을 이러한 추상적인 생각은 보여준다. 그러나 이 생각은 실제로는 실행이 불가능한 것이다. 왜냐하면 저 정신적 작품들은 확실히 단지 문자의 집적으로서만 눈앞에 존재할 것이기 때문이다. 그런데 사람들은 이 상당히 많은 문자의 집적 중에서 의미를 갖는 문자의 집적을 골라낼 수 있는 장치를 발명할 수는 없을 것이다. 문자의 여러 순열 속에서 하나의 풍부한 의미의 서적을 찾아내기 위해서는, 어떤 하나의 살아 있는 정신이 필요할 것이다. 그러나 유한한 정신적 존재자는 어떤 하나의 풍부한 의미의 서적을 발견하는 일에 결코 성공할 수 없을지 모른다. 사람들은 풍부한 의미의 한 서적과 만나는 현저한 기회를 갖지 않고, 실로 지구의 전 표면을 어떤 수의 이 책들로 가득 채울 수도 있을 것이다. 그러나 만약 유한한 정신적 존재자들이 어딘가에서 하나의 풍부한 의미의 서적을 사실상 발견한다면, 유한한 정신적 존재자는 의심할 여지없는 확신을 갖고 이 서적을 하나의 이성적 존재자의 생산물로서 말을 걸 것이다. 그러므로 사람은 이미 실제상 무한성 때문에 이러한 장치를 제작하는 일을 단념해야만 할 것이다. 왜냐하면 현실적으로 가능한 생명이 견뎌낼 수 있는 어떠한 시간의 지속도 외면적인 방법으로 이 목표에 다다르는 것은 불가능하기 때문이다.

물론 생명과 정신의 현실에서는 어디에서도 이 장치의 귀결인 실제상의 무한성(그것은 더욱 수학적 무한성으로 존재할 수 있다.)이 현실적이지는 않다. 그러나 이 무한성은 세계 속의 우리에게 이래도 저래도 괜찮은 것의 공허한 덩어리로서 **간과할 수 없는 조합들**에서 **반복적으로** 나타난다. 정신적인 의미형성체들의 집중하는 관계에 **복종 않는** 것으로 보이는 소재로서 무한한 것이 우리를 위해 존재한다. 실제상의 무한성은 물론 한계 지어지며 상대적으로 극복되지만, 배제되지는 않는다. 그러나 의미와 목적은 무의미한 것 속의 하나의 우연으로서 외면적인 어떠한 메커니즘을 통해 세계 속에 성립하는 것이 아니다. 생명과 정신은 오히려 창조적인 것의 하나의 도정으로서 우리들에 대해 나타나는 것이며, 이 도정에서는 풍부한 의미를 가진 것이 무한한 것에서부터 선택되는 것이 아니라 완전히 **다른 뿌리**로부터의 **비약** 속에서 실현되는 것이다.

그러나 창조의 과정에서 이와 같이 중심이 되는 것은 **무한성이다.** 그때마다 정해진 어떠한 문자수의 순열들을 작성하는 그 장치가 그 스스로 완전히 유한하며 전망될 수 있는 것이고, 또 이 장치의 산물이 우리들에게 거대하지만 그러나 실제로는 수적으로 계산가능하게 남아 있을 뿐 아니라, 또 그 속에 언어상의 작품들이 문자의 여러 집적으로서 외면적으로 포함되어 있다. 이에 반해서 생산력에서의 무한성은 전망될 수 없는 것이다. 생산력에서의 무한성은 계산가능한 방법으로 변화하는 기계적인 것의 무한성이 아니라 **가능성을 선택과 일치시키는** 하나의 무한성이다. 즉 이러한 무한성은 처음에 만들어내고, 그 후에 선택하는 것이 아니다. 이러한 무한성은 아직 실현되지 않은 여러 가능성 속에서부터 그것들이 나타나기 이전에 이미 선택하고, 또 무제한적으로 심화하고 향상하는 관계 속에서 창조한다. 아무리 크더라도 유한한 조합으로는 이 무한성은 충분히 생각될 수 없다. 이 무한성(Unendlichkeit)은 이 무한성의 샛길이라고 회피하는 무종결성(Endlosigkeit)마저도 포괄한다. 유한한 가능성들에서 (설령 그것이 실제상으로는 무한하여도) 문자 작품 속에 외면적으로 포함되어 있던 것이 이들 외면성을 자기 밑에 두면서, 게다가 어떠한 작품 속에서도 자기 자신을 완결시키지 않는 생산적이고 집중시키는 정신의 무한성의 창조물이 된다. 이 생산적이고 집중적인 정신은 유한한 형태들 속에 스스로를 개시하며, 게다가 동시에 이들 형태 그 이상의 것으로서 시간 속의 운동으로 존재한다. 그것은 현실적인 것 속에 있는 무한성이며, 이 무한성은 무한한 것을 극복하는 과정이다.

3. 이념과 이율배반

정신의 현실에서 무한성의 양태들은 **이념들**이다. 비대상적이기 때문에 직접적으로 인식될 수 없고, 간접적으로 스스로의 여러 창조물과 형태들 안에 나타나는 이념들은 스스로 본인임을 밝힌다. 그러나 그때 사람들이 이 이념들을 파악하며 정당하게 식별하고 있는지 어떤지, 또 이 이념들이 근본에서 하나인지 혹은 다수인지, 다수라면 얼마나 많은지 혹은 무한히 많은지에 대해서 우리는 아직 확신을 갖지 못할 것이다. 우리는 이념들을 알지 못하기 때문에, 이념들의 객관성이 우리들 속에서 불러일으킨 메아리로 알아차리면서 이념들을 조명한다. 이념들에 참여하는 일은 개별적이고 대상적인 세계정위 그 이상의 것이다. 우리는 이념들 속에서 초월하는 것이지만, 이런 초월함을 우리는 보다 투철한 세계정위를 통해서만 실현한다. 무한성이 이념 속에 상대적으로 극복된 후에도 이러한 세계정위 속에는 객관적 인식이 극복할 수 없는 무한성이 한계로서 남는다.

이념들 속에서 수행되는 인식과정이 실현됨으로써 가능해지는 것이 자연과 생명에서 정신과 영합하는 한, 이념들은 객관적인 의의를 갖는다. 그러나 이로 인해서 이념들이 그 자체로서 세계정위 속에서 대상적으로 인식될 수 있게 되지는 않는다. 그 경우 무한성으로서의 이념은 세계정위의 충동임과 동시에 한계이다. 만약 사람들이 이념들에 객관적 현존을 부여하려 하면, 풀지 못할 모순들에 빠질 것이다.

이러한 모순들은 **무종결성(Endlosigkeit)**을 현실과 관련시키고, 무한한 것의 현실적인 존재나 비존재가 주장될 때는 어디서나 이미 명료한 것이다. 무한성과 현실의 관계를 묻는다고 하는 것은 한계들을 탐구하는 세계정위의 근본문제이다. 무한성과 현실(세계 속의 사물의 현존의 객관적 존립으로서의 현실)이 동행하는 것이 아니라는 것을 칸트는 그의 이율배반론에서 파악했다.[2] 우리는 현실이 최소의 부분으로부터 성립하는 것인가, 그렇지 않으면 무한하게 분할가능한 것인가, 완결된 세계로서 존립하는 것인가, 그렇지 않으면 무한의 세계로서 존립하는 것인가, 최소의 것과 최대의 것은 존재하는 것인가 존재하지 않는 것인가 등을 묻지 않으면 안 된다. 우리는 이 양자택일의 어느 쪽에 대해서도 올바르다고 말할 수 없고, 둘 다를 생각해야만 한다. 그렇기 때문에 우리는 세계정위 속에서는 도상에 있는 것이며, 항상 어떤 한계를 갖고 있으며, 이 한계를 극복한 후에는 새로운 한계를 갖는다. 세계가 안정되는 요소, 시작, 근거는 세계정위 속에서는 발견될 수 없다. 세계정위 속에서는 종말과 궁극적인 것이 도달되지 않는다. 만약 사람들이 **시작과 종말을 사유하려 한다면, 이율배반에 빠진다.** ―이것에

---

2) (역주) 칸트의 『순수이성비판』 후반부에 나오는 이율배반론을 참조할 것.

반해 무한성(Unendlichkeit)과 현실은 육체를 지니고 관통해서 볼 수 없는, 우리 자신인 현재로서 우리에게 하나로 된다. 그러나 우리가 이 무한성을 인식가능한 현존으로서 이것에 객관적 존립을 부여하려고 하자마자, 우리는 모순들에 빠지는 것이며, 이 모순이 여기에서는 현실에서 대립물의 통일체로서 현실 그 자체이고, 세계정위의 한계가 된다. **탐구된 정신적 현실에서의 변증법**은 이 모순들을 드러나게 하거나, 가상적 해결인 변증법적인 완성의 폐쇄성 속에 이 모순들을 은폐한다.

4. 무한성과 초월자

이리하여 세계정위는 무한성들이 다른 형태로 출현하는 것을 보기 위해서 이 무한성들을 **방법적으로** 극복하는 것이고, 세계라는 것은 현존하는 무한성으로서의 유한한 형태들로 무한성을 **현실적으로** 극복하는 것이다. 세계는 유한한 사물들의 집합체가 아니며, 무한성도 아니고, 무제한한 것으로부터 유한적인 것으로 나아가, 또 반대로 유한적인 것으로부터 무제한한 것을 향해 나아가는 이와 같은 과정이다.

무한성은 세계정위의 한계이자 동시에 세계의 한계이기도 하다. 이 때문에 객관적으로는 이러한 한계로서만 부정적으로 느껴질 수 있는 침투하기 어려운 것으로서 항상 새롭게 존재하는 것 속에서 나타나는 이 한계에서 존재는 다른 근원에 근거해서 현재적이게 된다. 이 존재는 세계를 넘어가며 세계 속에서 **초월자와 관련된 실존으로서** 스스로를 파악한다.

이에 반해 만약 무한성이 최종적으로 극복되었다면, 세계와 인식은 그렇게 완결되어버릴 것이다. 무한성이 극복되지 않는다고 하는 바로 그것이 그 내용을 자유로서의 가능적 실존에서 끌어오는 초월함의 이론적인 도약대가 된다. 왜냐하면 만약 세계를 그 자체 내에서 완성하고, 하나의 닫힌 현실로서 전망하는 일이 성공한다면, 세계는 어디까지나 세계 그 자체에 지나지 않고, 또 그 자체로 충분한 것이 되기 때문이다. 그 경우 세계는 초월이 될 수 있는 현상이 어떠한 의미에 있어서도 아닌 게 되고, 오히려 그 스스로를 통해서 존재 그 자체이자 모든 것의 근원이 될 것이다. 규정불가능한 무한성 속에서 항상 다시 다른 세계 현실 속에 그 근거를 갖지 않고, 도리어 그 자체로서 자신의 고유한 시작이며 근원일 어떤 하나의 **폐쇄적인 세계 현실**은 초월자를 지양한다는 것이 철학적, 근본적 통찰이다. 그렇기 때문에 현상에서의 무한성은 초월자에 대한 상관개념이고, 그리고 세계정위에서의 가장 명료한 인식은 그 자신을 통괄해보는 인식으로서 세계를 넘어 초월자를 향하는 길을 열어야만 한다.

한편에서 이 세계정위 속의 현상적 성격, 무종결성(Endlosigkeit), 무한성(Unendlichkeit)이 있고 다른 편에는 초월자가 있는 이러한 상관관계로 인해서 우리는 **세계전체를 유한하게 만들려는 모든 시도**에 대해 철학적으로 당황하게 된다. 그래서 우리는 공간적 세계의 유한성과 시간의 시작에 관한 주장에 대해 당황하고, 또 폐쇄적인 범주론 속에서 그 자신을 완전히 조망하는 세계에 대한 사유에 대해서도 당황한다. 자유가 단순히 지식으로서만 의미를 지닌 채 실존은 되지 못하는 폐쇄적이고 자기 완성적인 세계에 대해 —철학적으로는 아리스토텔레스와 헤겔에서 가장 인상적으로 나타난 이 세계에 대해— 본래적인 자유는 의심스럽고 위험하며 가능성과 창조정신을 지닌 열린 세계에 대한 시선을 갖고 대립한다.

이 본래적 자유의 입장에서 보면, 모든 자기종결적인 것과 따라서 아직 조망될 수 있는 것은 그 한계가 검토된다. 이때 모든 자기종결적인 것과 조망될 수 있는 것은 전진을 위한 단계가 된다. 세계가 너무 비좁지 않게 된다. 실존은 독립적인 것으로 남아 있고, 또 실존은 이 실존에 도움을 줄 모든 세계정위들을 넘어서는 근원적인 현실이다. 정복과 발견의 의미는 실존에게 고유한 것이다. 그러나 정복과 발견의 의미는 임의적이지 않고 건설적이며 그 속에서 실존이 책임을 지는 전진 속에 있다. 이 전진은 합리적으로는 인식과 기획의 진보 속에서 나타나고, 역사적으로는 현존의 어떠한 바닥도 발견될 수 없는 현재적인 심연에 뚫고 들어갈 때 나타난다.

현존으로서의 실존은 무종결적인 것을 극복할 때 한계로서의 무종결성에 대한 의지를 동시에 갖는다. 무종결성은 무종결적인 것의 극복의 시간성이 세계에 대해 초월자를 나타내는 적극적 지표인 것처럼 그 소극적인 지표인 것이다.

세계상 통일의 성취불가능성

인간의 직접적인 의식과 탐구자의 방법적인 의지는 세계의 통일을 추구한다. 미개인에게 세계는 신화적으로 영혼이 부여된 하나의 통일된 전체이고, 근대적 이론가에게 세계는 기본적인 원리들에서 출발해서 일관된 합리적 연관을 지닌 하나의 메커니즘으로서 형성된다. 그러나 시간이 흘러감에 따라서 사유된 통일들은 세계의 통일이 아닌 세계 속의 여러 통일들이라는 점이 입증된다. 세계의 통일은 전체에 대한 하나의 세계상 속에서 인식되는 것으로서는 성취될 수 없다. 그것은 우리에 대해서는 현존하지 않는다. 세계의 통일 그 자체가 현존한다고 말하는 것은 충족될 수 없는 언표이다. 그런데 이와 같은 언표는 세계정위적 탐구를 완성했다고 생각함으로써 이 탐구의 관점을 절대화한다. 하지만 이 탐구는 중단될 수 있을 뿐이지 그

가상의 목표에 도달할 수 없다. 탐구에서 세계의 통일은 이러한 통일의 현존하는 대상으로서가 아니라 단지 길을 지시하는 것으로서만 그때마다 진리를 지닌다.

1. 세계 속의 네 가지 현실영역

탐구의 성과는 한편으로는 예를 들면 물리학에서 통일화가 더욱더 진행되어가는 경우와 같이 아직 예상도 되지 않은 통일들을 증명가능한 연관들에 의해 보여주고, 다른 한편으로는 바로 동시에 이로 인해서 세계를 공통분모로 통일할 개연성을 높이는 대신 항상 그 개연성을 낮추기만 하는 깊은 균열들을 세계 속에서 보여준다. 우리에게 전체가 되지 않는 세계 속에는 네 개의 근원적인 세계들이 존재한다. 이들 세계는 서로 넘나들 수 없게 분리되어 있다. 이 네 세계들은 이들 세계 하나하나가 선행하는 세계를 조건으로 전제하고 있는 그런 하나의 계열을 형성하고 있다는 점에서만 어떤 관련을 맺고 있을 뿐이다. 이들 네 가지 근원적 세계는 다음과 같다. 즉 모든 현실을 포괄하며 자신의 법칙성 속에 있는 **무기적 자연**, 유기체로서의 **생명**, 체험으로서의 **마음(Seele)**, 대상들에 향해진 사유하는 의식으로서의 **정신**이다. 어떤 경우에도 이들 네 세계는 하나가 다른 것으로부터 파생되지 않고, 하나로부터 다른 것으로의 비약이 있을 뿐이다. 따라서 "근원적인 유기조직"이라는 것은 어떠한 무기적 현존으로부터 파악될 수도 없고 만들어질 수도 없다. 그렇기 때문에 칸트는 "풀줄기의 뉴턴"[3]이 불가능하다고 인식했다. 의식으로서의 내면성이나 체험은 어떠한 무의식적 현

---

3) (역주) 자연의 객관적 합목적성에 대해 설명하는 칸트의 『판단력 비판』 75절을 참조할 것.

존으로부터도 이끌어내어질 수 없다. 대상들에 향해진 사유로서의 정신은
이 사유에 의해 가능하게 되는 의식적인 태도설정의 역사성과 계획성을 갖
는 것으로서 단순한 심적 생명과는 비약적으로 다른 것이다. 고립적인 지
적 작용에서의 정신의 최초의 순간적이고 곧바로 소멸하는 불빛은 발전
없이 멈추기 때문에, 아직 정신 그 자체는 아니다. 정신은 자신을 연속적
으로 전개함으로써 처음으로 현존을 갖는 것이다.

현실의 성격은 이러한 계열 속에서 변한다. 탐구는 이 [네 가지] 근원적인
영역 각각 안에서 경험적 현실을 그 고유의 객관성에서 파악한다. 현실의
성격은 **측정가능성**으로서 혹은 살아 있는 것의 객관적 목적론으로서 혹은 마
음의 **표현**으로서 혹은 정신적인 문서들의 이해가능한 의미로서 특별하다.
세계정위가 좀 더 명석하고 좀 더 규정적으로 존재할수록 세계정위 속에서
는 세계의 단일성(Einheit)이 아니라 세계의 다양성이 개시되는 것이다.[4]

어떤 한 세계영역의 현실은 사람들이 출발한 다른 영역의 현실에 준해

---

4) (역주) "세계의 단일성(Einheit)"을 주장하는 사상을 일원론(Monism)이라 칭한다. 유물론
적 환원주의나 버클리식의 유심론적 환원주의가 일원론의 대표적인 형태이다. 그런데 야스
퍼스는 앞에서 설명한 것처럼 세계 안에는 네 가지 영역이 독립적으로 존재한다고 주장한
다. 이런 입장을 다원론(Pluralism)이라 칭한다. 야스퍼스의 실존철학은 흔히 오해하듯 주
관주의나 감상주의에 근거를 둔 것이 아니라 철저히 다원주의에 근거한 것이다. 야스퍼스
의 다원주의 사상은 이 책『철학』(1931)이 출간되기 훨씬 전에 나온 의학교과서인『정신병리
학 총론』(1913)에서부터 확고히 자리 잡은 것이다. 따라서 야스퍼스의 전체 사상을 균형 있
게 이해하려면, 그의 다원주의적 입장을 먼저 파악해야만 한다. 실존주의의 대표적인 저작
인『철학』도 단지 실존에 대해서만 다루지 않고 세계("철학적 세계정위"), 인간("실존조명")
그리고 초월("형이상학") 등 서로 다른 차원 각각을 그 고유성과 다른 영역과의 연관성 속
에서 다루고 있다. 인간에게 엄연한 현실(Wirklichkeit)로 있는 각각의 차원을 어느 한 차원
으로 환원하려는 것은 일원론적 절대화(Verabsolutierung)이며, 철학은 인간이 경험하는 실
제 현실에 맞지 않는 이러한 시도에 맞서서 각각의 영역의 고유성과 연관성을 밝혀야 한다.
이를 통해서 철학은 그 본래의 역할을 수행할 수 있다. 이를 실현하려는 것이『철학』의 저
술 목표이다.

서 측정할 때는 의심스러운 계기를 언제나 지니게 된다. 그래서 무기적 자연에 맞서 있는 유기적 자연으로서의 생명은 유기적 생명인데도 불구하고 물리-화학적 법칙성 밑에 있는 단순한 소재로서 기계론적으로 사유될 것이다. 그로 인해서 생명에 고유한 것이 제거된다. 하지만 유기적 생명을 하나의 복잡한 기계로 제작하는 일은 원리적으로는 몽상이라고 생각될 수 없다. 이렇게 되면 **마음의 표현**은 현실로서는 더 의심스러워질 것이다. 마음의 표현은 크기와 수에서 볼 때 무기적인 것의 감성적 대상들처럼 객관적이지 않고 형식과 목적에서 볼 때는 생명 있는 것의 형태처럼 객관적이지 않다. 거기에서 마음은 유기적 생명 속에 집어넣어질 것이다. 이때 마음은 심적인 과정으로서는 원래 어떤 과잉된 것이며, 증가하지만 더 이상은 탐구될 수 없는 유기적 과정의 수반현상이 된다. 최종적으로 **정신의 현실**이 심적인 현존재 속에 해소될 것이다. 사유작용이 단순한 체험과는 근본적으로 다른 어떤 것인데도 사유작용의 체험이 사유작용의 현실로 간주될 것이다. 이러한 사례들에서는 어떤 하나의 현실이 본래적인 현실로 잘못 간주되고, 다른 현실은 그 고유의 것을 희생하면서 하나의 현실에 갇힐 것이다. 그러나 이와 반대로, **정신이 본래적인 현실로 여겨질 때에는 다른 현실**이 의심될 것이다. 이때는 마음과 생명과 무기적인 자연이 그들의 고유하게 근거 지어진 현존을 잃었고, 자신에 속한 것을 이 세 영역 속에 전제하고 있거나 그 속에서 미완성의 형태로 나타나고 있는 그런 정신의 계기들이 되었다. —그러나 어떤 한 현실영역을 유일한 것으로 간주하는 이들의 입장은 세계정위에서는 근본적으로 옳지 않다. 어떤 한 현실영역을 다른 것에 환원하는 것은 사실적으로 탐구하는 대신에 어떤 특수한 현실에 맞는 탐구언어 속에서 다른 현실의 환상적 도식을 생각해내는 것이 될 수밖에 없다. 이 도식 앞에서는 다른 현실 그 자체가 보이지 않게 되는데도 말이다. 그렇기 때문에 세계정위는 그때마다 특수한 것에 자신을 제한함으로써, 그리고 현실의 양태들 사이의 간극을 인정함으로써 자신의 진리성을 지킨다.

그러나 확실히 네 가지 현실영역이 세계 속에서 그저 병존하는 것만은 아니다. 이들 현실영역 간에는 **관련성과 의존성**이 있다. 사람들이 이 현실영역들을 그 자체로서 함축적인 것으로 파악하는 대신에 이 현실영역들을 서로에게서 파생시키려고 하는 오류와, 그리고 간극이 존재하는 곳에서 연결점을 보려는 착각에 빠지는 오류는 현실영역들 사이의 관련성과 의존성에서 명백해진다. 이러한 **관련성**에 대한 무수한 사례들은 다음과 같다.

즉 언젠가는 죽는 물질로부터 합성적으로 생산될지도 모르는 일이지만 지금까지는 오직 유기체로부터만 생산된 소재들이 마치 죽은 소재처럼 탐구된다. 여기서 생명은 사람이 사용하는 죽은 생산물을 만들어내기 위해 수단으로서 기술적으로 이용된다. 작업곡선과 피로곡선과 기억현상의 경우에서처럼 여기서는 생물학적 메커니즘에 의존하지만 의식과 함께 나타나는 능률이 탐구된다. 따라서 여기서는 동시에 생리적인 질문과 심리학적인 질문이 허용된다. 정신적 작용은 심리학적으로 탐구된다. 이때 도대체 무엇인가가 인식되는 한, 정신적 작용이 정신적 작용으로서 인식될 수 있게 되는 것이 아니라 정신적 작용이 수행되는 장소인 심적인 매개자가 인식될 수 있게 되는 것이다. —각각의 세계는 그 생산물을 통해 **선행된** 세계의 **현존재양태**로 **스스로를 전환시킨다.** 즉 정신적 작용은 그것에 의해 성립된 심적 과정으로, 심적 과정은 무의식적인 생물학적 경과로, 생명은 죽은 소재로 전환된다. 그리고 나중에 오는 각각의 세계는 **선행하는** 세계에 의해 자신의 현실 속에 기초를 마련한다. 즉 생명은 무기적 질료와 그 법칙들에 의해, 마음(Seele)은 생명에 의해, 정신은 마음에 의해 각각 기초를 마련한다. 나중에 오는 어떠한 현실영역도 선행하는 현실영역 없이 그 현존을 갖지 못하고, 또 반대로 선행하는 어떠한 현실영역도 나중에 오는 현실영역 없이 그 현존을 갖지 않는다.

따라서 세계는 서로 전혀 접촉이 없는 상이한 영역들을 모은 것이 아니다. 모든 것이 모든 것과 서로 속해 있다는 우리의 근원적 의식은 유지된다. 그런데 이 의식은 현실적 인식에서는 그 내용이 점점 더 공허해질 수밖에 없다. 왜냐하면 우리의 지식과 관련해서 그 지식이 더 명료해지고 규정적인 것이 되면 될수록 어떤 하나인 것의 한 근원이 타자로부터 나오는 일은 그 어디서도 없기 때문이다. **기초를 마련해주는 공통적인 것은** 세계정위 속의 객관으로서 우리에게 접근될 수 있는 것보다 더 **깊은** 곳에 놓여 있어야만 한다. 이 공통적인 것은 특수성을 지닌 현실영역들의 존재와 똑같은 의미로는 현존할 수 없다. 만약 우리가 네 가지 세계를 공통적으로 사유하려고 시도한다면, 우리는 보다 상세한 탐구에 의해 다시 해소되어버리는 단순한 유비(예를 들어 생명은 메커니즘으로, 정신은 생명으로, 인간사회는 유기체로 보는 유비) 안에서만 그렇게 생각하는 것이다. 인식에서 성과가 많고 포괄적인 **세계 일반에 대한 이론은** 존재하지 않는다. 모든 인식은 오히려 이들 세계 중 하나에 제한하는 것에 의해서 번창하고, 그리고 이 제한 속에서만 가능하고 사태에 맞는 개념구성 속에서 번창한다. 겉보기에 모든 것을 포괄하는 이론들은 이들 세계 중의 하나의 세계에 기여한 것으로서, 그리고 이 세계만을 촉진하는 이론으로서 항상 증명된다. 이 이론들이 다른 세계에 잘못 전용될 때에는 다른 세계의 인식을 해치는 것으로 증명된다. 이렇게 **기계론적** 이론들은 무기적 세계의 탐구에서는 한없이 성과가 많은 것이었지만, 생물학적 인식에서는 개별적으로는 탐구를 촉진했으나 본질적으로는 유해한 것이었다. 그와 마찬가지로 유기적 세계상들에서 전체 세계에 대한 **생물학적** 이론은 죽은 것에 대한 기계론적 인식을 방해하는 것이었지만, 생명의 본질을 위해서는 열려 있었던 것이다. 이와 같이 **정신적인** 이론들은 —특히 헤겔의— 이념과 역사의 인식을 촉진하는 것이었지만, 기계론적이고 생물학적인 것으로서의 자연의 경험적 존재에 대해서는 어두웠다. 낭만파의 사유 속에서 언급된 심리학적 세계는 탐구와 이론 속에서는 아직 독립해 실현된 적이 없다. 왜냐하면 이 세계는 대개의 경우에 유기적 생명이나 정신으로서 파악되었기 때문이다. 이 세계를 사실적으로 규정하려 하면, 탐구 속에서 지금까지도 극복되지 않은 난관에 부딪친다. —보편적인 세계이론들은 그것들이 그 의미를 제한하면서 나중의 영역들의 현존의존성과 그 현존방식들을 앞선 영역들을 매개로 하여 규정적으로 인식하게 하는 경우에만 성과가 충분했던 것이다.

전체 현존에 관한 하나의 이론은 특수한 세계영역들에서 결정적인 인식이 획득되는 만큼 불가능하게 되었다. 의도하지 않았음에도 탐구자는 이와 같은 공상들을 외면한다. 이들 공상은 세계정위의 길로서는 어떠한 의미도 가질 수 없고, 오히려 —만약 그것들이 처음에 무언가의 의미를 가질 수 있다고 한다면— 단지 완전히 별개의 규준들에 의해 그 중요성이 검증될 수 있는 사변적이고 형이상학적인 암호해석으로서만 그렇다.

2. 근저에 놓인 것은 통일성이 없다

직관적으로 부여되어 있는 우리의 세계는 하나의 원리 위에 올려놓을 수 없다. 이 세계는 현존 속에서 무한소의 것과 무한대의 것 사이에 퍼져 있지만, 이 양자는 똑같이 우리의 직관에는 접근될 수 없다. 우리의 직접적인 감각지각은 측정불가능한 별의 세계 속에 다다르지 못하는 것처럼 원자의 운동과정 속에도 다다르지 않는다. 별의 세계와 원자의 운동과정으로부터는 단지 [탐구를 위한 모델과 같은] 감각적인 기호만 우리에게 전달된다. 그러나 근저에 놓인 현실은 탐구의지에게는 단 하나밖에 있을 수 없다. 우리가 근저에 있는 것을 직관적인 것으로 만들려고 시도할 때 수단이 되는 모델 표상방식은 물론 우리의 감각세계로부터 추려내어지지만, 그러나 이 감각세계를 포괄하는 것이며 감각세계를 단지 특수한 경우로서 포함하고 있는 것을 목표하고 있다. 우리가 출현을 기대하고 또 우리의 감각세계 속에서 관찰하거나 놓쳤다가 하는 결론들을 우리는 이 구성된 모델로부터 이끌어낸다. 계산가능한 기대와 실제로 확정된 것들이 일치될 경우, 우리는 이 기대를 제약하며 근저에 놓여 있는 사유된 것을 올바른 이론 속에서 파악된 현실이라고 간주한다.

그러나 모델은 최대의 것에 대해서처럼 최소의 것에 대해서도 아무 일도 못한다. 거대한 것에서는 삼차원적이며 단순히 직관적인 공간의 현실은 의심스럽게 된다. 작은 것에 대해서는 어떠한 원자모델도 기계적으로 서로 연관된 부분요소로부터 성립되고 움직여지는 미분자의 형상으로서는 유지되지 않는다. 모델의 직관은 사라지고 수식만이 잔존한다. 기호 게임이 되어 오랫동안 남아 있는 비직관적인 수학은 물리학에서 적용가능하게 되었다. 자연과 수학의 파악할 수 없는 것이 존재한다. 즉 직관들에는 접근될 수 없고 단지 실험적이고 양적인 데이터들 속에서만 기호로서 증명될 수 있는 현실이 수학적 사유 속에서 파악되는 것이다. 수식의 비직관적인 명석성이 절대적인 암흑을 비추어낸다. 우리 세계의 측정결과는 이 경탄할 만한 수학 속에서 생각된 것의 실재성을 증명하고 있다. 이 수학 속에서 사유된 것은 흡사 마술과 같다. 그러나 그것은 완전한 합리성에 의해서, 비판적인 자기 검증으로 그 계산의 결과를 끊임없이 개선함으로 인해서, 그때마다 달성된 것의 상대성에 의해서, 모든 주관성을 벗어던진 지성 일반에 대한 투명성에 의해서 마술과는 구별된다. 어떠한 선택의지도 어떠한 권위도 통용되지 않는다. 거기서는 확실하게 될 때까지는 모든 것이 정정가능하며, 일반적 인식의 연속성 속에 모든 것이 검증가능하고, 따라서 그것은 마술과는 정반대의 것이고, 그렇기 때문에 또 마술의 무기력함과 달리 간과할 수 없는 효력을 갖는다.

다음과 같이 물을 수 있다. 근저에 놓인 이것은 즉자적으로 존재하는 세계의 본래적인 현실인 것인가? 근저에 놓인 이것은 우리의 주관성으로부터 독립해 있는 것으로서 사유되고 있다. 그것은 저항으로서, 그리고 기술적으로 지배가능한 것으로서 우리에게 나타나는 현존으로서 우리에게 현상한다. 그러나 그것은 본래적 현실로서는 결함을 지닌다. 왜냐하면 그것 또한 물질적인 공간적, 시간적 현존인 한에서만 비물질적인 현존과 다른 현존만의 현실이기 때문이다. 더욱이 이론들의 불일치가 재현되어, 이론이 광범위하게 맞고 사용되었더라도 이론이 현실에 관한 부동의 지식이 될 수 없는 어떤 경우에는 근저에 놓인 이것 자체는 어떠한 통일이 되지 않고, 상대적인 올바름 속에서 서로 투쟁하는 이론들 속에서 분열하게 된다. 현실은 무기적 세계의 인식에서 일정한 방법들에 따른 경험을 위해서 이러한 수학적인 형태들을 취한다. 그러나 단지 그게 전부이다. 대개의 현실은 여전히 파악될 수 없는 것으로 남는다.

장래 어느 날엔가 탐구작업이 마비되어, 그 자리에 학문에 의해 이전에 획득되어 남아 있는 것에 대한 믿음이 전면에 나오게 되는 일이 가능할지도 모른다. 물론 그럴 경우에 통일적 이념은 그 유래가 더 이상 이해될 수 없게 되어버리고 기만적인 존재지식으로 굳어질 수 있을 것이다. 사람들은 작고 겉보기에 아무렇지도 않은 불일치를 잊게 되거나 주목하지 못하게 되지만, 그러나 그 대신에 이러한 지식과 환상을 혼합할 것이다. 왜냐하면 움직여가는 탐구 속에서만 존재하는 지식의 방법적 의미가 상실될 때, 지식의 성과들의 순수성도 상실되기 때문이다.

이렇게 하여 근저에 놓인 것의 통일은 이 근저에 놓인 것이 사유될 때 그 장소인 무기적 현존에만 국한된 상태에서도 발견될 수 없다. 생명, 마음 그리고 정신의 탐구에서 설령 보다 부적당하게라도 동일한 사상이 반복될 때에는 생명적인 것의 완성작용과 마음의 무의식적인 것과 정신의 불가해한 것이, 사실적인 현실이 인과론적 사유와의 유추에 따라서 파악되어야만 하는 그 근거로서 생각될 것이다. 여기서는 단지 개별적인 관점을 공공연하게 절대화하는 데서만 존재의 통일에 대해 이야기할 수 있을 것이다.

그래서 근저에 놓인 것은 결코 통일이 아니다. 다양한 방향에 따른 탐구의 수단으로서 근저에 놓인 것은 직접적으로 경험되는 발견을 사상적으로 보완하는 것이다. 세계의 통일은 우리에게 그 자체로서 나타났던 어떤 하나의 세계전체 속에 모든 탐구에 앞서 놓여 있어야만 할 것이다. 그래서 탐구 이후에 세계의 통일은 더 이상 발견될 수가 없다.

3. 이념으로서의 통일성

통일체로서의 세계가 세계정위의 필수적인 전제도 아니고 도달가능한 목표도 아니라고 할지라도, 세계정위 속의 모든 탐구는 통일을 탐구하는 것에 의해서만 존재하는 것이며, 모든 진보는 통일체로 되어가는 현실을 발견하는 일이다. 단지 표상하는 환상일지라도 현실적인 발견의 심리적 기초가 될 수 있는 유추와 비유를 이러한 현실과 구별하는 일은 그때그때 경험적 증명이 해야 할 사항이다.

이러한 통일성들은 **유한한 완전성들**로서 증명된다. 그러나 이 유한한 완전성들은 그 자체로서는 저 무한한 통일성들이나 이념들을 향해가는 길 위의 걸음일 뿐이며, 저 무한한 통일성들이나 이념들은 탐구적 세계정위에서 힘으로서 우리를 이끌어주고 동시에 목표로서 우리들의 시선을 붙잡는다. 무한한 통일성들이나 이념들은 세계 속의 대상을 지니지 않기 때문에 내용이 풍부한 대상적 통일성들과 체계성의 근거로서, 주관적임과 동시에 객관적이다. 무한한 통일성들이나 이념들에 대한 증명은 직접적인 것이 아니고 그들을 통해 진보하는 인식의 성과에서 간접적으로 성립한다. 무한한 통일성들이나 이념들은 진보하는 탐구의 각각의 단계에서 도식들과 원리들인 상대적 질서의 형태 속에서 언표된다. 무한한 통일성들이나 이념들을 배후에 숨겨두고 있는 비유와 형상화를 통해서 무한한 통일성들이나 이념들은 충족된 기능으로서 의식에 대해 현존하지만, 그러나 세계 속에서 완결되어 현존하지는 않는다. 무한한 통일성들이나 이념들은 그들 자체로서는 그때마다 대상적으로 되지 않는다. 그러면서도 이것들은 무한한 진보 속에서 드러나지만 결코 완전히 나타나지 않는 통일성으로서 대상적 세계 속에서 스스로를 육화한다. 무한한 통일성들이나 이념들은 세계정위하는 지식의 구성요소가 아니라 그것을 움직이는 충동이자 그것의 한계이다. 이념들을 사유하면서 나는 세계정위를 초월한다.

이념은 유한한 대상적 전체성과 질서를 잡는 조망되는 도식과는 반대이며 완결될 수 없는 것이다. 이 때문에 이념은 이념의 그때그때의 현상형태인 모든 규정된 전체성과 도식상태의 무한한 근원으로서 남는다. 이 근원은 초월함 속에 확실해지는 것이다. 그렇기 때문에 학문적 세계정위의 특수하고 진실하며 우연적이지 않은 체계성은 이 체계성 속에서 체계화되는 것을 초월하는 것을 뜻한다. 잘못 대상화되어 사태에 관한 최종적인 지식으로서 고정화될 때 이 체계성은 체계성 속에서 이해된 이전의 초월함의 폐기물이 될 것이다. 이제 이 체계성은 그 근원을 **빼앗기고** 임의적 질서가 갖는 의미 이외에 어떠한 의미도 갖지 않는 공허한 도식이 된다.

모든 폐쇄적이며 완전한 통일성이 이념이 나가는 길에서 하나의 발걸음일 뿐 그 자체가 이념일 수 없음을 보여주는 다음의 사례들은 세계정위에서의 이념의 길을 보여준다.

a) **분광기** 속에서 가능한 모든 색채는 그 현상학적인 질서 속에서 완전히 조망될 수 있는 것이 된다. 분광기는 모든 광학적인 성질들의 통합체로서 하나의 유한한 완결이다. 이 분광기와 필적해서 우리에게 접근될 수 있는 다른 종류의 감각세계들, 즉 청각, 후각 등이 그 자체에서 많든 적든 조망될 수 있는 것으로서 있다. 개개의 전체성들은 감각의 총체성이라는 이념을 향해서 움직여간다. 이 감각의 총체성은 적어도 생명 있는 존재자의 가능한 감성적 직관들을 완전히 조망할 수 있게 만들 그런 것이다. 그러나 이 감각의 총체성이라는 이념은 우리에게 접근되기 어려운 전체이고, 이 전체로부터 보면 개개의 감각세계의 유한한 전체성들은 상대적으로 종결되어 있는 그때그때의 단편일 뿐이다. 이제 가령 모든 감각이 단 하나의 감각으로부터 유래하는 과정에 관한 탐구에서나 우리에게 알려진 감각세계들의 단계적이고 상호공속적인 질서들에 관한 탐구에서 발생에 관한 사변은 이러한 전체를 향해 돌진한다. 이념은 앞을 향해 나간다. 도달된 통일성들은 이념이 가는 길 위의 걸음이다. 즉 이 통일성들은 이념의 통일성이 아니라 단지 이념들의 생산물이다.

화학은 그 여러 위대한 발견 중 하나로서 **원소들의 주기적 체계**를 발견했다. 완전성을 보증하고, 그때까지 알려져 있지 않았던 원소들의 존재를 이 주기율표 중 틈난 곳을 채우며 효과적으로 예언할 수 있게 한 하나의 질서는 완결된 어떤 것처럼 작용한다. 그럼에도 불구하고 이 체계는 단지 한 걸음에 지나지 않는다. 완전성은, 즉 가장 무거운 원소인 우라늄으로 [원소들의 체계를] 마감하는 것은 내적인 필연성에 근거해서 파악되지는 않는다. 만약 이 체계가 전체라면, 계열이 종결되는 경우 계열은 파악가능한 무언가의 근거에 의존해서 끝나야만 한다. 설령 언젠가는 [주기율표가] 종결될 것이라고 가정하더라도 —이것은 아마도 원자구조에 관한 근대적 이론을 토대로 가능한 인식의 도달범위 내에 있을 것이지만— 그렇게 해서는 계속 새로운 불완전성이 발생한다. 즉 원소들의 계열 속에서 질적인 것의 이질성, 서로에게 속하는 원소들의 계열을 형성하기 위한 단지 부분적으로만 주기성에서 유사함을 지닌 성질들, 그리고 탄소의 (유기체적 연결의 근간으로서의) [다른 원소로부터] 완전히 떨어져 나온 특별함은 원소들의 이 주기적 체계로부터는 파악될 수 없다. 원소들의 이 주기적 체계는 차이들이 거기로부터 발생하며 그 속에서 다시 통일에까지 지양되는 총괄적인 근거로서의 물질의 이념에 따르는 탐구과정 중 한 걸음에 지나지 않는다. 이념으로서의 물질은 기계론적인 세계상의 소재가 아니라 객관적 존재의 총체이고, 이 객관적 존재는 물리와 화학이라는 학문들이 이 이념으로서 물질에 의해 인도되는 것에 의해서 방법적 탐구와 무한한 문제제기에서 이 학문들에 접근될 수 있는 것이 된다. 이들 학문에서의 탐구는 이 탐구가 하나의 도식이나 기계장치를 궁극적인 것으로서 절대화하게 되자마자 이념을 상실한 것이 될 것이다. 스스로를 증명하는 새로운 체계성과 질서에서 학문적 탐구는 항상 아직도 불분명한 그대로 남아 있는 이념의 지도로 부적당함과 불가해성을 반복해서 지적함으로써 계속 움직이고 있다.

b) 이상 두 가지 사례에는 이념이 나가는 과정 중 자연인식에서 전망가능하거나 계산가능한 도식과 상대적 완전성이 존재했다. 그러나 정신과학

들에서 이념들 자체가 경험적 탐구의 대상이 되는 경우에는 사정이 다르다. 이리하여 학문들의 역사는 이 역사에서 목표이자 지도자였던 이념들을 탐구의 사실성 속에 찾는다. 그러나 이 이념들과, 그리고 다른 모든 정신적 이념들은 그 자체로서가 아니라 단지 그들의 객관적인 현상에서만 탐구의 대상이 된다. 여기에서 탐구의 목표는 다른 근원으로부터 파악되고, 객관성의 의미는 별개의 것이 된다. 여기서 정신은 자연과학들에서처럼 정신에서 결국은 침투하기 어려운 것을 탐구하는 것이 아니라 정신 자체에 머물러 있다. 경험적이고 역사적인 탐구에서 정신은 자신을 이해하려 하는 것이지, 자기에게 낯선 세계를 탐구하려는 것이 아니다.

그러므로 한계 역시도 여기에서는 어떤 다른 의미를 갖는다. 정신을 자기 완성적인 우주인 양 만드는 통일성이 여기서는 달성되지 않는다. 물론 마치 역사적 이념의 완전한 현재가 정신과학들 속에 획득되어 있는 양, 정신과학들 속에서 획득된 통찰의 형식은 하나의 통일이기는 하다. 그러나 이러한 통일은 첫째로 항상 다른 이념들 중 하나의 이념에 지나지 않는 것이지 결코 정신 전체가 아니다. 둘째로 이것은 이 통일의 현전화가 설령 순간적으로는 만족되는 것이어도 동시에 항상 부적당한 것이며, 최종적인 것도 완전무결한 것도 아니다. 왜냐하면 역사적 형태의 모든 현실적 이념은 세계정위적 지식에 대해서 객관적 확장에서 무제한적으로 현존하기 때문에 이 이념의 통일은 단지 추론적인 구성에 의해서만 파악되는 것이지만, 이러한 구성의 한계들에는 이 이념의 통일의 현실성을 좀 더 진실하게 해석할 과제가 또다시 발생할 수 있기 때문이다. 그때 이념들은 실존들 속에 있는 자기의 근거를 지시한다는 사실이 그때그때마다 느껴질 수 있게 된다. 각각의 이념은 자기 자신에 의해 존립하는 것도 아니고, 또 각 이념의 역사적 현상으로서의 경험적 존립이 그 자체 속에서 근거 지어지며 샅샅이 서로 관련되어 있는 한 존재의 통일로 되는 세계정위에 의해서 야기될 수 있는 것도 아니다.

정신적 이념에 대한 탐구에서 통일성의 한계는 역사적인 이념으로서의 현실적인 이념이 시간적으로 전개되고 있다는 점에서 드러난다. 이 시간적 전개는 예술, 시, 철학, 개별적 학문들에서 그 자체에서 상대적으로 완결된 발전의 계열이라는 외관을 취하는 경우가 가끔 있다.(아이스킬로스로부터 유리피데스에 이르는 그리스 비극, 기원전 6세기부터 4세기에 이르는 그리스 조각, 칸트로부터 헤겔 그리고 셸링에 이르는 철학, 르네상스로부터 바로크와 로코코에 이르는 예술) 거기에서는 마치 상대적으로 갑작스러운 번영에 의해 특정한 국면들이 마무리 지어지고 나서 끝나려고 하는 것 같다. 그러한 것이 없다면 자기 자신에 의지하고, 혼자서는 어떠한 전체도 지배할 수 없는 개별자는 그를 운반해가는 것에 의해 그를 한층 위대하게 하는 하나의 발전에 참여한다. 그런데 그 자신은 이 발전을 근원적으로 함께 규정한다. 역사적으로 현실적인 것으로서 시간 속에 확산되는 이 통일성이 탐구에서 대상적으로도 스스로를 완성하고, 기술할 수 있고, 알 수 있게 되는 듯이 보인다고 할지라도, 거기에는 즉시 한계가 드러나고, 또다시 통일성을 무한히 문제적인 것으로 만들어버린다.

즉 어떤 한 이념의 통일성을 향한 모든 구성은 실존이 짊어진 정신적 현실과 달리 비딱하고 일방적인 것이 되지 않을 수 없다. 이러한 구성이 명확하고 효과적이며 유익하게 되면 될수록, 그것이 다 밝혀질 수 없다는 사실이 더욱 명백해진다. —더욱이 이념은 역사적 현실로서는 동시에 이념 자신의 미완의 조각에 머문다. 실존이 짊어지고 있는 이념은 탐구를 토대로 해서 오로지 자기 고유의 역사성 속에서 실존하는 정신에 대해서만 이 정신 자체에서 각성된 이념으로서 접근할 수 있는 것이 되며, 이 각성된 이념만이 역사적인 미완의 조각에 척도를 줄 수 있다. 그런데도 객관적인 통찰에는 무한성과 비통일성이 궁극적인 것으로서 남는 것이다. ─마지막으로 하나의 역사적 이념은 보다 포괄적이고 정신적인 생애에 깃들어 있기 때문에 이 역사적 이념의 완결성은 결코 존재하지 않는다. 하나의 역사적 이념은 단지 근원적이지 않을 뿐만 아니라 그 자체가 의존적이기 때문에, 이 이념은 도래하는 것을 일깨우고 이것에 영향을 끼친다. 이 이념의 시작과 끝 자체가 의문시된다. 즉 이 이념의 시작과 끝은 도대체 현존하는지, 그리고 어떤 때에 현존하는지, 그리고 그 끝은 내적으로 필연적인 것으로서 파악될 수 있는지, 그렇지 않으면 그 끝이 외부로부터 강제된 것인지가 의문시되는 것이다.

그중에서도 획득된 모든 종류의 통일성이 다음과 같은 방법적 사실에 의해 다시 부유하는 상태가 되고 만다. 즉 한편에서는 물론 이와 같은 모든 발전계열이 이 계열로부터 규정되어야 할 대상이 한계 지어져 있으면 있을수록 그만큼 더 강제적이며 현실적이게 되지만, 그러나 다른 한편에서는 모든 개별적인 것은 그럼에도 불구하고 다시 일반적이고 전체적인 정신적인 세계의 공통의 변화 속에서만 제대로 이해되고, 게다가 이 정신적인 세계의 통일성은 이 세계의 현실의 모든 측면을 넘어서 확대되고 있다는 방법적인 사실에 의해서 모든 종류의 획득된 통일성이 부유하는 상태가 되고 마는 것이다. 예를 들면 북유럽의 이음쇠의 변천에 나타난 장식형식의 발전을 고찰하는 경우 명확히 한계 지어진 것이 마치 식물형태학같이 일목요연하여 눈을 즐겁게 한다. 이와 같이 한계 지어진 것은 명료하게 탐구될 수 있다. 그러나 그림과 건축의 어떤 한 시대의 내용이 보다 본질적인 것이 될수록, 유사품은 점점 더 성공하기가 곤란해진다. 그때그때의 세계의 정신의 "원리"로서의 전체는, 이 전체가 직접적으로 언표되는 한, 특수한 것과 규정된 것에 비해 경험적 의미에서는 보다 비현실적이다. 이러한 하나의 전체에 대한 언표는 세계정위적 지식의 표현으로서가 아니라 실존적으로 내 것으로 만드는 일의 표현으로서만 진실성을 갖는다. 그러므로 이념의 통일성이 어디에 존재하는가 하는 것이 대단히 모호하기 때문에, 한편에서는 단적으로 해명하는 개별적이고 경험적인 사태탐구와 다른 한편에서는 역사적 현상들 속에서 접근될 수 있게 되는 근원들을 실존적으로 내 것으로 만드는 일 사이의 중간에 멈추는 것은 모두 의심스러운 것이다.

그렇기 때문에 이념들은 **정신적 현실**이다. 세계정위 속에서 정신의 타자가 자연으로서 탐구되는 한, 세계정위 속에서 이념들은 내용이 아닌 한계이고, 대상이 아닌 충동이며, 객관이 아닌 과제였다. 그러나 세계정위가 정신적 현실도 그 객관적이고 역사적인 현상에서 파악하는 한, 이념들 자체가 위에 서술된 것과 같은 방법으로 내용이 된다. 그러나 이념들은 여기서도 한계로 남는다. 왜냐하면 이념들은 이론적 세계정위 속에서는 그들 자체로서가 아니라 단지 현상하는 그들의 객관성에서만 대상적으로 되기 때문이다. 이념은 단지 실존하는 정신에 의해서만 적절하게 파악되는 것이지만, 그러나 이 경우 이념은 더 이상 단순히 이론적이고 세계정위적으로만 파악되는 것이 아니다. 그리고 여기에 모든 정신과학들의 지양하기 어려운 양면성이 뿌리내려 있다. 즉 한편에서 정신과학들은 세계정위의 학문으로서 순수하지 않다. 왜냐하면 거기에서는 탐구하는 자의 이념과 탐구되는 것의 이념이 객관성과 주관성이라는 두 극단 속에서 함께 울리고, 그 결과 단순한 세계정위는 포기하기 때문이다. 모든 위대한 정신과학적 작품에 있는 인격적인 것과 일회적인 것은 여기에 근거한다. 그러나 안 좋은 경우에는 **객관성을 배신하며** 주관적인 것의 공허에로의 변종이 일어난다. 혹은 다른 편으로는 여기에 근거해서 정신과학이 학문으로서 "순수"하게 될 가능성이 성립한다. 이 경우 정신과학은 문서들과 기념물들을 수집하고 순화하면서 이념과 이념의 참된 관계를 준비하는 일에 머물지만, 그러나 안좋은 경우에 정신과학은 **모든 주관성을 상실하며** 객관적인 소재인 것의 끝없는 공허와 무관심으로 변종되어버리기 때문이다.

이념들을 사유할 때 무수한 한계들에서 세계정위가 극복된다. 이념 없이는 어떠한 체계적인 세계정위도 없고, 게다가 이념은 결코 하나의 사물로서 세계 속에 나타나는 것이 아니다. 이 때문에 세계정위는 이념에 근거해 그 존립과 연관을 갖지만 이념 자체는 세계를 초월하는 것이라는 이중의 의미에서 이념은 항상 세계정위의 한계이다.

이념은 세계 속에서 충족되지만, 결코 스스로를 완결시키지 않는다. 자기종결적인, 완전하고 전망할 수 있는 것이 되는 하나의 인식이 흡사 하나의 이념의 최종적인 충족처럼 요청되는 경우에는 항상 어떤 하나의 순간적인 오류가 존재한다. 이와 같은 체계적인 완전성 속에서 이념은 단지 새로운 과제가 명확해지는 출발점이 되는 하나의 한계를 자신에게 창조해낼 뿐이다. 이러한 과제에 대해서 저 체계적인 완성은 단지 하나의 단계일 뿐이었다.

4. 세계와 초월자의 통일

만약 세계가 통일로서 그 자체에 근거해 현존하고 인식될 수 있는 하나의 객관으로서 자기 완료적이라면, 세계인식으로 모든 것이 인식된 것일 것이다. 그러나 세계는 기계로 되는 것도 아니고 혹은 항상 스스로를 만들어내는 생명이 되는 것도 아니며 혹은 존재하는 것이 도출되는 장소인 정신이 의식한 존재가 되는 것도 아니다. 이러한 것들은 모두 오직 세계 속에서만 존재하고, 우리의 인식에 대해 완성되지 않는 것이다. 세계정위 속에 나타나는 모든 것을, 즉 자연과 정신을 하나의 원리에 근거하게 하려는 시도들은 유희적으로 비유하는 일 이외에 다른 어떤 것도 아니다. 세계정위에 대해 세계는 다양한 것, 그 자신 속에서 완결되지 않는 것으로서 남는다.

그런 까닭으로 세계정위 속에서는 다음과 같은 것이 철학적인 태도가된다. 즉 절대적 존재로서의 전체 세계를 구성하는 것을 피하는 것, 개별적인 인식들과 전망들을 모든 것에 떠맡기지 않는 것, 우리에게 "전체 일반"이라는 것은 현존하지 않는다는 것을 아는 것이 철학적 태도가 된다. 이미 우리는 여러 일반화와 절대화에 의해 속지 않고, 또한 여러 차례 행해지는 전체에 대한 주장들에 의해서도 속지 않는다. 이들 전체에 대한 주장들 속에는 알려져 있는 것 이상의 것이 주장되고 있을 뿐 아니라 주장의 의미에 대해서 어떠한 지식도 성립하지 않는다.

그 대신 우리는 세계 속에서 우리에게 현존하며 가능적 실존으로 남아있다. 우리에게는 일반적인 것으로서의 지식은 종결되지 않는 이러한 세계정위이다. 우리는 어떠한 절대적 세계인식도 알고 있지 않다. 그러나 현실적 인식이 존재하는 곳에서 우리는 파악하려 노력하고, 게다가 모든 인식의 특수한 의미와 한계를 알고 있음으로써 우리의 자유를 유지하는 것이다.

세계 내 합목적적 행위의 한계

세계 속의 어떠한 성과를 목표하는 합목적적인 행동은 존립하는 것과 가능적인 것으로서 주어진 것에 방향을 맞춘다. 세계정위는 무엇이 존재하는지 알고 싶어 할 뿐만 아니라 무엇을 변경할 수 있는지도 알고 싶어 한다. 세계는 존재하는 것에 대한 인식의 장소일 뿐만 아니라 형성과 변형의 장소이기도 하다. 우리는 가능적인 것을 명석하게 파악하기 위해 변화하지 않는 것에 방향을 맞춘다.

세계 속에서 목적을 갖는 행동은 각 개인의 상황에 의해서 개별적으로 한계 지어져 있다. 이 한계는 가변적이다. 그러나 이 지구의 인간들을 복종시키며 가장 위대한 기술적 통찰을 구사하는 세계지배자가 마음에 그리는 가장 극단적인 권력의 확대마저도 단적으로 불변적으로 존립하며 세계 속의 모든 행동에 닿아 있는 원리적인 한계들에 부딪힌다.

1. 기술적인 제작, 양육, 교육, 정치적인 행위에서의 한계

우리의 인식은 단지 세계 변혁에서 유효성으로만 그 진리성을 확증한다는 명제나 여러 통찰은 설령 그 자체로서는 타당하며 강제력이 있다고 하더라도 생활의 목적을 위해 세계를 변혁하는 수단으로서만 추구하게 되거나 심지어 추구하게 허용된다는 명제가 주장되고 있다. 이 경우에 **인과범주**에서의 인식만이 유일하게 중요한 인식처럼 보인다. 왜냐하면 자연법칙들에 따라서 인과적으로 작용하는 것만이 행위에 기여할 수 있는 것처럼 보이기 때문이다. 그러나 행위는 기술적인 제작일 뿐만 아니라, 이성적인 존재자가 협동해 투쟁하는 경우의 행위로서는 돌봄이자 교육이고 또한 정치적 행위이다. 세계의 변혁은 기술적 생산일 뿐만 아니라, 인간이 스스로를 변화시키며 자신을 만들어내는 것이기도 하다. 그러므로 행위는 인과범주 속에서 알려진 것에 방향을 맞출 뿐만 아니라, 세계정위에 의해 명석하게 된 존립의 형식들에 방향을 맞춘다. 우리에 대해서 실재하는 대상적인 것은 세계정위 속에서는 현상의 형식들인 **범주적 불가피성** 일반에 묶인 것으로서 나타난다. 거기에서는 이 범주적 불가피성은 궤도들과 형식들의 **법칙들**이나 형태들과 유형들의 **법칙들**로서 존재한다. 이런 법칙들 속에서 모든 효력은 이들에 의해 인과적으로 일어나지 않으면서 이행되는 것이다. 전체 세계정위는 말하자면 행위의 공간을 세계 속에 창조해낸다. 행위에서 특징적인 것은 **기술적인 준비행사**로서, **돌봄과 교육**으로서, **정치적 행위**로서 그 공간과 관련된다. 행위는 사물들에 대한 지식에 의해 제약되어 있을 뿐만 아니라, 행위 자체인 현실의식 속에 자신의 근원을 갖는다.

목적을 갖는 행위의 한계들은 이상 세 가지 방향에 따라서 현전화될 수 있다. 즉 **기술적 제작**은 어떠한 행위에 의해서도 변화시킬 수 없는 하나의 세계(자연법칙들의 총체로서의 세계)와 순간적인 상태 속에 존재하는 세계 사이의 차이를 본다. 순간적인 상태 속에 존재하는 이 세계는 자연법칙들에 대한 지식 밑에서 개별자 속에서 선택에 의해 결정해야 하는 여러 방향들 안에서 목적들에 따라서 형성될 수 있는 그런 것이다. 나는 세계를 있는 그대로로 본다. 그리고 나는 내가 세계를 있는 그대로로 알기 때문에, 그리고 내가 아는 한에서, 세계 속에서 내가 바꿀 수 있는 것을 발견한다. 나는 내가 무엇을 만들 수 있는지에 대해서 내가 행하는 것에 의해 인식한다. 나는 나에 관계없이 존립하는 것을 나의 제작능력의 그때그때의 한계나 원리적인 한계로서 인식한다. 이 제작능력은 불가피한 사건들에 대한 확정적이고 근거가 제시된 예언능력에 상응한다. 그런 다음 나는 이 일들을 준비할 수 있다.

기술의 **한계들**은 다음과 같다.

a) 내가 어떠한 것을 만들어내는 원료가 주어져 있어야만 한다. 무로부터의 산출도 무한 운동체도 불가능하다.

b) 극복될 수 없는 양적인 한계들이 있다. 예를 들면 빛의 속도, 주어진 물질과 에너지의 양, 일정의 재료로부터 일정의 모델에 따라 제작될 수 있는 기계의 크기 등이 그것이다.

c) 나는 나의 현존에서 생물학적 현실로서의 생명의 한계들에 묶여 있다. 즉 온도, 영양소 공급과 산소공급, 대기압, 수면가능성 등의 한계들에 구속되어 있다. 따라서 나는 모든 기술적인 행위에서 이러한 생존가능성들을 내게서 지키든가 혹은 더 이상 자연 그대로는 이들의 생존가능성을 제공하지 않는 세계 속에서 이러한 생존가능성들을 나의 작은 세계가 현존하기 위한 조건으로 만들어야만 한다.

기술의 한계들은 종종 논의되고, 가끔 잘못 설정되고, 또 가끔 무시되어 왔다. 그러나 예를 들면 비행선의 불가능성에 대한 예전의 의견들은 가령 무한 운동체의 불가능성에 대한 주장과 다른 종류의 것이다.

설령 무언가 손에 잡히는 근거가 눈앞에 존재하지 않다고 하더라도, 우주를 운행하는 배가 불가능하다고 주장될 수 있지는 않을 것이다. 그리고 물론 사람이 언젠가는 지구를 폭발시키고 우주 속에 흩어질 수 있다고 오늘날은 생각할 수 없지만, 그럼에도 그 가능성이 배제되지 않는다. 나아가 우리는 지금 우리가 접근할 수 있는 에너지 저장량에 우리가 구속되어 있는지 아닌지를 모른다. 이미 원자 에너지 활용기술은 에너지 공급

량의 놀랄 만한 확대를 가능하게 하고 있다. 원리적으로 가능한 것보다는 불가능하게 보이는 것을 결정적으로 파악하는 일이 더 어렵다. 우주공간을 인간이 지배한다고 하는 공상적인 그림을 제시해볼 수 있지만, 그 이상 또 무엇이 가능할지는 아무도 모른다. 왜냐하면 불가능성이 강제력을 지닌 것으로 파악될 수 없는 경우에 거기에는 가능성이 존재하고 있기 때문이다. 그러므로 그때그때의 원리적인 한계로서 기술적인 능력과 행동을 항상 구속하고 있는 한계들에 대한 물음은 철학적으로는 항상 의의가 있는 것이고, 단지 하나의 꿈에 불과했던 마술과는 본질적으로 다른 것이다. 제작능력이라는 의미의 기술적 행위는 생명과 마음과 정신의 현실을 마주할 때 그 한계를 갖는다. 메커니즘으로서 간파될 수 있고 그 단순한 질료 자체에 의해서 전적으로 다른 것이 되어도 상관이 없는 것만이 제작될 수 있다. 이에 반해서 생명, 마음 그리고 정신은 물론 기술적으로 제작되는 것이 불가능한 것이지만, 조건들의 영향을 받는 것이기는 하다. 그러므로 기계장치 자체와 이 장치의 목적으로 존재하는 것 사이를 계속 갈라놓는 일은 본질적으로 중요하다. 내가 그 장치 속에서 변화시킬 수 있고 그 장치로 현실화할 수 있는 것 일반의 한계는 물론 기술적 제작의 한계이지만 아직 행동 일반의 한계는 아니다.

사물을 기술적으로 지배하는 일과 실존들의 자유로운 의사소통 사이에는 여전히 **양육과 교육**의 분야가 놓여 있다. 즉 이 분야에서 타자는 물론 여전히 객관으로서 취급되지만, 동시에 그 고유의 본질에서 승인된다. 양육과 교육에서 사람들은 타자 안에 있는 어떤 근원성을 기대하고, 양육되는 것(식물, 동물)에 대해서는 언어를 사용하지 않지만 물음과 대답과 유사한 그런 종류의 교제에 들어선다. 그래서 교육되는 자에 대해서는 이 교육되는 자에 귀를 기울이고 스스로 이끌게 하는 것을 통해서 그가 알지 못하면서도 목표와 방법이 자란다.

이와 같은 '양육과 교육'이라는 행위의 한계는 그 원리 안에 함께 설정되어 있다. 즉 타자의 자립성이 양육하거나 교육하는 자 쪽에서의 합목적적인 목표설정의 조건으로 남아 있는 것이다. 양육하고 교육하는 자는 그의 행위의 경과에 따라서 그 방법을 변화시킬 수 있을 뿐만 아니라 그의 대상의 자립성이 새롭게 개시되는 것에 의해서 그의 목표도 변경할 수 있다.

그러나 그 자체가 생명, 마음, 정신으로 존재하는 것을 기계적으로 이용할 수 있는 재료로서 취급하는 일도 여전히 가능하다. 이때 방법과 재료가 부적당하다는 것에 근거한 특수한 한계가 전형적인 기대에 어긋남(교육되는 자가 반항하는)과 자립성의 파괴(이 경우에 생명은 파멸하고, 교육되는 자는 길들여진 것에 지나지 않는다.)에 의해 명확해진다. 물론 대부분의 경우에 생물학에서이지만, 모방될 수 있는 절차가 어떤 하나의 특정한 성과를 지닌다는 한정된 확실성이 존재한다. 즉 식물과 동물을 사육하는 행위는 기술적 행동에 가까워지는 것이지만, 이때도 그 행위는 사육자에게 특수한 자질에 의해서 단순히 기술적인 것과는 여전히 구별된 채로 있다. 역사적 존재자로서 그가 행하고 의식하게 된 경험들을 갖고 그 자신도 바꾸고, 그러면서 그 자신이 고정된 객관도 되지 않는 인간에 대해서는 확실성이 최소이다. 인간의 본질 속에서는 인간의 인식이 인간의 본질을 계산할 수 없는 방법으로 변화시킨다는 점이 있는 것이다.

다른 사람의 행동이 우리의 세계를 만들어내는 일에 중요하게 참여하고 있는 한, 우리는 다른 사람들의 의지와 관련된 **행위를 정치적**이라고 부른다. 이 정치적 행위에서 협력자의 의지는 일깨워져 형성되고, 반대자에 대해서는, 즉 어떠한 의지 속에서 존립하는 저항에 대해서는 맞서는 것으로 작용한다. 이러한 정치적 행위의 **한계**들은 다음과 같다.

a) 주관과 객관으로서 행위에 관여하는 모든 것의 실재적 제약들이, 그리고 그 사실적인 의욕과 가능적인 의욕이 조망되기 어렵다는 사실로부터 다음의 결과가 생겨난다. 즉 가능적인 것과 계획된 것은 항상 무한히 다면적일 수 있다는 사실, 그리고 그 결과물들과 함께 전체로서의 현실의 출현은 당초 몇 사람이 원한 것과는 항상 다른 것이라는 사실이 그 결과이다.

b) 그것으로 행위가 행해지는 현실은 마치 하나의 재료로부터 출발한 것같이 출발할 수 있는 하나의 고정된 기반으로서 그 자체가 종국적인 것이 아니다. 오히려 이러한 현실은 현실에 대해 세워지는 목표들에 의해서 반작용을 받으면서 변하게 된다. 나는 이 현실에 관해서는 객관적으로 고정된 것으로서의 어떠한 예상도 언표할 수 없다. 왜냐하면 예상이 알려지는 일과 위협적이거나 소망한 가능성이 의식되는 일이 이미 사건을 변화시키기 때문이다. —아마 그 결과 모든 것이 무의식적으로 애호될 경우에 발생했을 그것이 이 경우에는 발생하지 않는 것이다.

c) 심리학적이고 사회학적으로 파악가능한 동기들과 상황들 이외에 실존의 무제약적인 것과 이념들의 정신성이 이 세계 속으로 작용한다. 이러한 것들은 계산이 전혀 불가능하고, 단지 영속적이고 끊임없이 스스로를 새롭게 하며 변화시키는 감정 속에서 **감행**될 수 있을 뿐이다. 일반적으로 이해가능한 동기들과 합리적으로 객관화할 수 있는 의미가능성들은 이해불가능한 것을 한계로 지닌다. 이 이해불가능한 것은 지리학적, 기술적, 기상학적, 심리학적 요인들 속에서 제약되는 것으로서 바깥쪽에서 부분적으로 인식될 수 있고, 그리고 한정된 범위 안에서는 기술적 행위양식에 따라서 조정될 수 있다. 그러나 다른 면에서 이념으로서, 그리고 실존으로서이 이해불가능한 것은 참여와 소통 속에서 파악될 것이지만 단순한 고찰에서는 객관적으로 접근가능한 것은 아니다. 정치적 행위에서 나는 자유

로운 존재자로서 어떠한 구체적 능동성에 근거해 다른 자유로운 존재자에 대한 관계 속에 들어가는 것이지만, 이 관계가 동시에 이 정치적 행동의 한계이며 근원이다.

d) 정치적으로 행위자는 객관적으로는 마치 사건들의 연속처럼 보이지만, 그러나 동시에 자유로운 결의에 의해 규정되어 있는 하나의 흐름 속을 움직인다. 그의 의지는 그를 몰아세워서 **본래적으로 결정된** 곳을 향해가도록 한다. 그리고 상황 전개는 일시적으로 그를 조정자로 만들 수 있다. 거기서 그는 한 세계를 좌지우지할 가능성이 있지만, 그러나 설령 객관적으로는 결코 성과가 없지는 않을지라도 아마도 이 권력을 공허하게 탕진해버릴 것이다. 혹은 그는 열심히 노력하면서 그의 삶이 말하자면 역사적 과정과 함께 성장하도록 하는 것도 가능하다. 그러나 가장 좋은 경우에도 그 자신의 영역과 반대자 속에 저항이 남고, 개인의 생명은 여전히 짧고, 모든 상황은 여전히 가변적이다. 이로 인해서 자신의 사업은 완결되지 않고, 다른 사람의 손에 전달되고, 또 근원적으로 다른 것이 된다.

2. 완결된 세계건설이라는 유토피아와 초월자

세계는 하나의 전체이며 완결가능한 것이라는 유토피아 사상은 사람들이 이것을 고백하려 할 때는 마치 자명한 전제처럼 기만적으로 종종 떠오르지만, 이 사상이 명료하게 언표될 때는 이 사상은 결코 동의되지 않는다. 이 사상에 의해서는, 설령 현재의 지식 상태에서는 아직 현실적이지 않다고 할지라도 원리적으로 세계는 한 눈에 들어올 수 있으며, 따라서 세계는 우리가 관련되는 한에서 완결된 인식과 보편타당한 이상에 근거해 올바로 **꾸며질 수 있다**고 생각된다. 물론 이러한 일은 무한한 과제이지만, 이 과제는 참된 이념으로서 원리적으로 가능한 과제라고 생각된다. 거기에서 사람들은 죽음을 없애든가 혹은 현존의 의지도 더 이상은 없는 최고령 때에 최소한 아무렇지도 않고 고통도 없이 사라지게 되길 원한다. 이때 사람들은 투쟁을 폐지하고, 현존배려의 완결된 질서 속에서 인류를 어떤 종국적인 존재상태로 데려가려 한다. 거기에서 사람들은 세계를 기술적으로 지배하길 원하고, 모든 자원을 인간의 의지에 따라 한 가지 의미로 관리하길 원한다.

이러한 사상의 의미는 진실이 아니다. 왜냐하면 모든 행위가 한계들에서 좌초되는 듯이, 세계도 사실적으로뿐 아니라 원리적으로도 조망될 수 있는 것이 아니기 때문이다. 모든 인식과 행위는 세계 속에 존재하기 때문에 세계를 단지 상상 속에서 말고는 한 눈에 살펴볼 수도 지배할 수도 없는 것이다.

하나의 올바른 세계설립이라는 무한한 과제의 이념으로서의 그 사상은 세계 속에서의 한정된 현상에 관해서는 그때그때마다 진실이지만, 가능적 대상과 가능적 목표로서는 존재하지 않는 세계 일반에 관해서는 진실이 아닌 것이다.

만약 완전하고 최종적인 세계설립이 현존의 풍성한 의미를 지닌 목표라면, 이 세계설립은 내재적으로 충족으로서의 절대적 존재일 것이다. 거기에서 초월자는 절대적인 무(無) 속으로 들어가는 시선이 될 것이다. 그 경우 가능적 실존이 존재를 확신하며 현존 속에서 자기 자신을 향해 초월하는 것으로서 나타나는 **무제약적** 행위는 이해하기 어려운 것이 아니라 단지 무의미한 착각이 될 것이다. 왜냐하면 목적을 갖는 행위는 그 목표에 의해서 이해되고, 그리고 그 성과에 의해서 정당화되기 때문이다. 그리하여 안정되고 완전한 세계설립이라는 최종목적은 하나의 알려진 목적으로서 모든 행위에 충분한 객관적 규준과 객관적 의미를 부여하는 것이 가능할 것이다. 그러나 무제약적 행위는 목적을 갖는 행위를 매개로 해서만 행해지지만, 이 목적을 갖는 행동의 목적 그 자체에 의해 충분히 규정되고 근거가 제시될 수 있는 것도 아니다. 무제약적 행위는 그 성과나 좌절을 그 행위의 진리의 최종적 규준으로 삼고 있지 않은 것이며, 본래적 존재로서 자기의 초월자의 앞에 서 있는 것이다.

세계 속에서의 목적 있는 행동의 한계들에 의해서 존재 그 자체의 가능성이 개시된다. 존재 그 자체는 최종목적으로서의 모든 목적을 초월하면서 현상하는 세계현존으로서의 자신을 확신하는 것이다.

3. 사례: 의사의 치료

인간과 관계를 가질 때의 모든 행동이 나타내는 이론적이고 실천적인 세계정위의 한계들이 의사와 환자의 관계에서 그 한계들의 상관관계 속에서 예시적으로 명확해진다. 치료는 붕대를 두르는 경우와 같은 기술적 지원으로부터 소위 정신요법에 이르기까지 넓은 영역을 포괄한다. 그 이질성으로 인해 하나가 다른 것의 한계로 있는 이질적인 것이 치료라는 같은 명칭 아래서 만나는 것이다.

a) 아픈 육체는 모든 생명처럼 뒤죽박죽된 메커니즘에 의해서 성립하고, 이 메커니즘은 그 기능과 관련해서는 생리학의 관점들에 따라서, 그리고 그 기반과 관련해서는 물리적이고 화학적인 관점들에 따라서, 설령 항상 개별적일지라도, 간파할 수 있다. 이 메커니즘이 장애를 겪는 한, 이 메커니즘을 흡사 하나의 기계장치와 같이 기술적으로 다시 작동되게 하는 일은 —설령 항상 생명의 협력 밑에서일지라도— 어떤 일련의 과정 안에서

성취된다. 의료수술은 메커니즘 관련 장애를 제거하고 메커니즘과 관련된 새로운 가능성을 창출하고, 위험 요소를 적출하거나 발육과 더불어 파괴적으로 작용하는 물질들을 제거한다. 생명에 필요한 요소가 탈락하면 이 요소를 강화제 형태로 삽입하여 보충한다는 등등이 그것이다.

b) 그러나 생명으로서의 육체는 먼저 자신의 메커니즘을 스스로 낳는다. 물론 생명은 그 자체로서는 어디서도 간파될 수 있는 것이 아니다. 그렇지만 생명은 부분적으로는 일정한 예상이 그때마다 근거가 제시되는 한에서는 생명의 규칙성이 나타나는 방법 속에서 관찰되고 있다. 이 생명은 화학적이고 물리적인 작용에 의해서 배양되고, 다루어지며, 자극되는 것이지만, 이들 화학적이고 물리학적인 작용은 동시에 생명이 희망된 방향을 향해 스스로 변화한다는 예상 밑에서 생명의 환경조건들을 계획적으로 변경한다. 일반적이고 경험적인 인식에 근거해서 이와 같은 방법으로 생명으로서의 육체는 알려진 수단을 갖고 객관적인 목적들에 따라서 다루어진다. 그러나 기술적으로 조작할 때도 결코 전부 계산할 수 없는 생명이 동시에 다루어진다는 모험적인 측면이 여전히 남아 있다. 생명 그 자체에 호소하는 모든 치료에서 각각의 처치는 좀 더 원칙적인 의미에서 그 효과에 따라 순간순간 바뀌어야만 하는 시도로 남는다. 무기물적인 것에 국한된 기술적인 조치에서도 이미 사유와 계산뿐만 아니라 이것들과 병행하여 어떤 기교가 필요하다. 즉 계산가능성에 기초한 종합적인 계획 속에서 알려지는 그런 기교도 필요한 것이다. 특수한 생물학적인 조치에서는 어떤 다른 기교가 중요하다. 즉 남김없이 합리화될 수 없는 살아 있는 것에 대한 관점을 지닌 채 생명 그 자체의 본능적 느낌에 토대한 어떤 다른 기교가 중요한 것이다. 사람들에 따라서 극단적으로 다른 정도로 습득되는 이러한 능력은 천성을 타고난 의사의 경우에는 매우 드물게 근본적으로 확실

하다.

게다가 인간의 생명은 동물의 생명처럼 순수하게 객관적인 것이 아니다. 인간의 생명은 육체에 의존하는 것과 마찬가지로 이 육체를 규정하고 있는 이해가능한 마음과 하나로 있다. 그러나 마음을 적중시키는 일은 다시 하나의 원리적으로 새로운 조치이고, 이 조치는 환자에 대한 의사의 어떤 의사소통을 이용하는 것이며 원리적으로 구별될 수 있는 보다 많은 형태를 취한다.

c) 즉 완전히 개인적인 일과 무관하게 환자는 그의 육체의 경과에 관한 보고를 알고 싶어 하는 자립적인 이성존재로서 인식된다. 의사는 그의 지식에 근거해서 일반적 지식을 한 사례인 환자의 육체에 적용했을 때 그가 진찰에서 발견한 것들과 그 의의를 합리적으로 전달한다. 의사는 이러한 지식이 그 자신에게 제시되는 것처럼 망설임 없이 제시하고, 이 지식을 자립적이고 자유로운 타자인 환자가 이 지식을 이용하고 내면적으로 가공할 수 있게 맡기면서 제시하는 것이다.

그러나 여기에서 어려움이 발생한다. 이 경우 타자인 환자는 그의 육체의 생명력 있는 현존으로부터 해방되어 있지 않다. 따라서 그는 [의사에게] 들은 것을 그 자신만의 사고학습과 사고습성에 따라서 해석하고, 더 나아가 자신만의 방식으로 해석하며 걱정한다. 환자가 그의 질병상태에 대해 파악한 것은 육체적 현존 그 자체에 대해 의의가 없는 것은 아니다. 지식과 기분, 기대와 공포, 관찰과 의견은 신체의 생명에 간과할 수 없는 영향을 끼친다. 그 스스로 병적이거나 건강하게 기능하는 자신의 육체로부터 말하자면 해방되어 이것을 향해 독립해 자유롭게 맞서서 존재하는 [환자의] 인격성을 의사는 단지 짐짓 상상하면서 대할 뿐이다. 의사는 그의 [진찰내용]을 전달함으로써 이러한 육체 그 자체에 영향을 미친다. 그러나 어떤 자유로운 인격성이 그에게 전달된 진찰결과에도 불구하고, 그리고 그로 인해 그에게 흘러들어 온 정보를 갖고도 자신의 육체에 침착함과 의지로써 오직 좋은 생명의 영향만을 준다는 것은 매우 이상적인 특수사례이다.

더군다나 대부분의 경우에 지식의 양태들이 의사로부터도 환자로부터도 알려질 수 없다고 하는 두 번째 어려움이 더해진다. 무엇이 단지 가능성으로만 존재하는가, 지식은 어떠한 근거를 갖는가, 어떠한 가능성이 성립하는가, 자명하게 인정되고 있는 일반적인 생명관이 어떻게 해서 불확실하고 상대적인가 등등 이러한 모든 것은 판별되지 않을 것이다. 그럼에도 불구하고 완전히 규정된 상대성의 계기를 지닌 것이 억측적인 지식으로서, 그리고 불가피한 것으로서 인정되는 것이다.

객관적인 지식을 부유 상태에 있어서 비판적으로 파악하고, 참된 학문에 대해서 명료하게 신봉하면서도 학문에 대한 미신에 빠지지 않는 상태의 마음을 지닌 사람만이 자기 지식의 주인일 수 있다. 지푸라기라도 잡으려고 하지 않고 단지 경험적이기만 한 모든 것에 붙어 있는 불확실성의 잔재 속에서도 피할 수 없는 것을 여전히 응시하는 사람, 위험가능성을 직시하는 데 익숙한 사람, 이런 사람만이 이와 같은 불확실성과 위험에도 불구하고 충분히 의미 있게 근거가 제시된 것을 미래를 향해 계획적으로 행하는 것이 가능하고, 그리고 그런 사람만이 가능하거나 확실한 멸망에 직면해서 현재적으로 살아가는 것이 가능하다.

[환자의] 질병 상태에 대한 불안과 의사가 자신의 중요성을 객관적으로 확인하려는 줄곧 피하기 힘든 욕망이 어떤 치료조치를 취할 때 이 둘은 시간과 힘의 끝없는 낭비를 초래한다. 즉 그 치료조치가 그 자체로는 있어도 그만 없어도 그만이거나 심지어 해로운 것이지만, 암시효과와 무언가 일어나긴 한다는 것에 대한 만족을 통해서만 유익한 것일 때 그렇다. 그것

은 의사와 환자 사이의 악순환이다. 즉 의사는 그의 [진단결과] 전달을 병자에 의해 인정된 권위적 형식 속에 제한한다. 의사에 대해 이러한 권위가 용인되는 조건은 한편에서는 병자의 불안에 대한 고려이고 다른 한편에서는 의사와 환자가 함께 원하고 있는 전문지식과 숙련이 이 지식과 숙련에 대한 맹목적 신뢰와 알게 모르게 섞인다는 것이다. [환자의 질병] 불안과 의사의 권위는 서로를 몰아세운다. 불안이 진압되지 않으면, 의사의 권위는 상처를 입는다. 객관적인 전문지식이 같은 경우에도 의사는 불확실해진다. 그러나 만약 의사가 이와 같은 객관적 전문지식으로부터 권위적 가면을 벗어버린다고 한다면, 불안이 —아마 추측할 수 없을 정도로— 다시 증대되고, 그리고 그 상황에서 의사는 무력하게 되어버릴 것이다. 환자가 의사를 철저히 따르지 않을 때 권위적인 의사의 감수성과 의사가 불확실할 때 병자의 감수성은 서로가 서로를 제약한다. 게다가 이러한 순환 속에서는 환자가 의사의 감수성이나 둔감함 때문에 그의 의사에게 조치를 취해야만 하거나 의사가 환자를 불안으로부터 해방시키기 위해 자신이 내렸던 처방과 다시 싸워야만 하는 역전현상이 일어날 수 있다. 이 순환으로 인해 다음과 같은 일이 가능해진다. 즉 어떤 한 의사는 병을 환자의 생활내용이 되게 만드는 경향이 있고, 다른 의사는 자기 자신을 불필요한 존재로 만들어서 이 순환을 돌파하려는 데 전력한다. 치료현실에서는 참되고 근거가 제시된 합리적인 돌봄이 훌륭한 경우에 확실히 경탄할 만한 효과만을 갖지만, 치료현실에서의 이상하게 다양한 전개는, 즉 부조리성은 이전부터 다음과 같은 결과를 낳았다. 즉 의사의 발견과 의견을 공개적으로 말하는 것은 물론이고 환자를 그의 마음에서 적극적으로 "조치한다(behandeln)"는 결과를 낳았다.

즉 d) 이제 육체와 마음으로부터 성취되는 하나의 전체로서의 환자가 의학적 지식의 입장에서 추정적으로 조망되는 게 허용된다. 심적인 처치가 치료의 일부분이 된다. 환자에 대해서는 의사가 알고 있고 생각하는 것이 더 이상 자유롭게 이야기되지 않을 뿐만 아니라 모든 언어, 모든 행사, 모든 처치는 원칙적으로 환자의 심적인 작용을 계산에 넣어야만 한다. 어떤 특정한 근본적 인생관 —그것은 많은 경우 해명되어 있지 않다— 에 따라서, 즉 인간에게 바람직스러운 것과 유익한 것과 행복에 관한 관례적인 규칙들이나 만들어진 여러 표상에 따라서 겉보기에 전체로서의 의사는 모든 행위가 목적을 위한 수단으로서 측정되어야만 한다는 의미에서 [하나의 수단으로 여겨져] 의료적 작용의 객체가 된다. 이 경우 의사와 환자는 진실과는 완전히 거리가 멀어진 상태이고, 환자가 인간과 인간의 친근함을 느낀다고 생각할 때도 의사는 소통이 내면적으로는 단절될 정도로 거리를 설정한다. 왜냐하면 의사는 더 이상 그 자신으로서 말하는 것이 아니라 스스로를 의료과정의 하나의 기능으로 만들기 때문이다. 그러나 이것은 사실상 철저하게 행해질 수는 없다. 왜냐하면 이때도 동정과 반감이라고 하는 주관성이 항상 그 사이에 끼어들기 때문이다. 무엇보다도 의사는 심적 효과라고 하는 목적을 위해 그 자신도 활기차게 현존하며 자연스러운 것처럼 보여야만 하기 때문이다. 의사는 이런 것을 몸짓과 위장술에 탁월한 재능이 있어야 성공시킨다.

객관화는 그 의미가 다르지만 다른 치료규칙처럼 결국 의사에 의해서 이용되는 규칙이 된다. 이른바 "기습요법",[5] 전기요술 —학문에 대한 미신

---

5) (역주) 발치의 공포를 없애기 위해 이야기를 나누다 갑자기 이마를 탁 치며 실에 묶였던 이를 뽑는다거나 딸꾹질을 멈추게 하려고 갑자기 소리를 질러 놀라게 하는 등의 행동이 "기습요법"이다.

이나 학문에 맞서는 방향의 미신에 의해서 이 요법들에 대한 인상을 통해 암시적인 효과를 목표로 할 수 있다―, 강제적인 환경변경 등은 이와 같은 노력을 시험 삼아 해보거나 우연한 성공을 목표로 하는 처방이다. 이러한 조치들은 그 이상 진전된 개발이나 숙련의 가능성은 없지만 그 자체로는 제한된 실천적인 이용가치가 있다.

풍부하게 전개된 이해심리학이 내면적인 것과 본래적 근거에 침투해가는 듯이 보이는 것처럼 객관화와 규칙이 겉보기에는 보다 더 자유롭게 될 때도 인간이 대상으로서 수용된다는 부적합성이 계속해서 남는다. 물론 얼핏 보면 인간이 물론 의사소통을 매개로 하고 있지만, 그러나 인간이 결코 그 자신으로서가 아니라 하나의 사례로서 통용된다는 부적합성이 남는 것이다. 여기에서 고대의 고문실과 유사한 근대적인 것이 전개된다. 이제 전쟁에서처럼 인간을 그의 의지에 반해 전류에 의한 견디기 어려운 고통과 강제적 단련이나 최면술이 조합된 것에 실제로 내맡겨서 신경장애를 치료하려 하거나, 혹은 명료하게 상기함으로써 신경장애가 치료된다는 생각에서 인간이 완전히 자발적으로 혹은 어느 정도 자발적으로 유년시절의 체험과 야성적인 성욕과 이와 유사한 것에 내몰리거나 고대의 고문실과 유사한 근대적인 것이 전개되는 것이다.

여기에서 다시 의사는 그가 [객관적인 의학지식이 지닌] 어떤 한계에 부딪쳤고, 무지의 소박함에서 그 한계를 한순간 극복했다는 사실을 의식하게 된다. 인간은 전체로서는 객관화될 수 없는 것이다. 인간이 객관화될 수 있는 것인 한, 인간은 세계정위 속의 대상이지만, 그러나 인간은 이러한 것으로서는 인간 그 자신이 아니다. 객관으로서의 인간에 관해서는 규칙들과 경험에 따라 합리적이고 외적인 배열에 의해서 조치가 취해진다. 그러나 인간 **자체**에 관해서는―즉 가능실존으로서의 인간에 관해서는 누구도 더 이상 단지 "사례"이지 않고 한 운명과 운명의 조명이 행해지는 장소인 역사적 구체성 속에서 나는 조치를 내릴 수 있을 뿐이다. 이제는 경험적인 의미에 있어서 현실적인 것으로서의 인간에서의 객관적으로 대상적인 것과 의사소통 속에 나타난 실존으로서의 인간을 혼동하는 일은 더 이상 허용되지 않는다. 전자는 탐구될 수 있고, 일반화될 수 있으며, 규칙의 지배를 받게 할 수 있다. 그러나 후자는 항상 오로지 역사적인 것이고, 일반화될 수 없다. 전자는 기술과 양육과 교육에 의해 다룰 수 있고, 후자는 오로지 운명공동체 속에서만 전개될 수 있다.

e) 그러므로 의사와 환자에게 궁극적인 것으로서 실존적인 소통이 존재한다. 즉 의사는 환자의 운명을 자기 위에 함께 떠맡는다. 이제 그는 하나의 새로운 태도를 취한다. 즉 그는 이전의 모든 처리방식을 상대적인 것으로 여기면서 규칙에 의해 토대가 놓여 전달이 가능한 침묵과 말이 아니라 실존적으로 근원적인 침묵과 말을 아는 것이다. 이제 의사에게 환자는 전체로서 조망되고 처리할 수 있고, 또 전적으로 비개인적으로 따로 분리된 인격으로서 아무래도 괜찮다는 식으로 인정되거나 방임되는 것도 아니다. 거기에서는 자유로부터 자유가 추구되고 탐구되는 것이지, 후견을 받거나 추상적으로 요구되는 것도 아니다. 의사는 자신이 침묵을 유지하거나 말을 계속한다는 사실에 대해 책임감을 갖고 의식한다. —그런데 전에는 의사가 그가 타자인 환자를 방임하고, 그의 말이 지닌 온갖 영향의 책임을 환자에게 전가하고, 그 자신의 책임을 완전히 배제해버리면서도 숨김없이 이야기할 권리를 자신이 지닌다고 믿었거나, 그렇지 않으면 반대로 환자는 스스로의 치유를 위해 무엇이 절대적으로 필요한가에 대해 어떤 것도 알 필요는 없다는 이유로 의사가 모든 경우에 침묵을 지킬 권리가 있다고 믿었다. 후자의 경우에 타자인 환자의 자유는 더 이상 인정되지 않고, 오히려

의사는 환자를 무시할 조건을 만들었다. 그러나 지금은 만약 말과 침묵이 운명공동체도 역사적 의식도 없이 단순한 오성에 따라 행해진다면, 말과 마찬가지로 침묵도 죄를 짓는 게 될 것이다. 침묵과 말뿐만 아니라 모든 요구와 기대, 모든 물음과 목표설정도 의사와 환자로서 마주서 있는 두 실존의 의사소통의 이러한 역사적 과정 속에서 일어난다. 이 경우에도 목적-수단의 관계에 따른 행동이 기반이 되고 매개도 된다. 객관적으로는 시도인 것이 실존적으로는 현존의 공동체적 과정 속에서의 감행이 된다. 거기에는 역사적 순간과 성숙됨이 존재한다. 의사는 기술자나 구세주가 아니고, 실존에 대한 실존이며, 또 다른 인간과 자기 자신 속에 존엄성과 자유를 존재하게 만들어 이것들을 규준으로서 승인하면서 있다. 거기에는 더 이상 어떠한 최종적 해결이나 올바른 것도 존재하지 않고, 단지 우리 내면의 고귀한 것을 향한 사랑이 있을 뿐이다. 그러나 이 사랑은 피조물에 대한 단순한 동정적인 사랑이 아니다. 피조물에 대한 이와 같은 단순한 동정적인 사랑은 진실하게 참여하는 일이 결여된 경우에는 자기 자신을 투입하지 않고 단순히 자선적으로 기능하고—그래서 다른 사람을 경멸하고 상처를 주게 되는 것이다.

이처럼 치료라는 공동의 명칭 밑에서 단지 우연처럼 함께 행해지는 의료적인 행위의 이러한 방향들을 전체적으로 살펴볼 때, 우리는 이들 방향 각각이 장애를 겪는 곳에서 자신들의 한계에 부딪치는 것을 본다. 왜냐하면 그쪽에서는 새로운 행동을 가능하게 하는 다른 어떠한 것이 [여러 방향의 의료적인 행위를] 방해를 하기 때문이다. 즉 단순히 기술적이고 기계적인 것에서는 생명이, 생명에서는 마음이, 마음에서는 가능적 실존이 방해를 하기 때문이다. 그러나 이 가능적 실존은 어떠한 형태로도 세계정위의 대상이 아니다. 세계정위는 마음에 대해 이해적으로 고찰하면서 세계정위에 가능한 종점에 다다르지만, 완결되지는 않는다. 왜냐하면 인간은 마음에 대한 세계정위의 이해적 고찰로는 다 밝혀질 수 없기 때문이다.

그러나 더군다나 치료적 행위에 대해서는 어떠한 의사도 명석하게 구별된 이러한 방향들의 총체 속에서 그의 환자들을 육체적으로나 실존적으로 파악할 수 있는 상태는 아니라는 일반적인 한계가 덧붙여진다. 물론 의사는 순전히 기술적이고 기계적인 행위에서 성과를 불러오는 데 도움을 줘야만 하는 생명을 생각하지 않으면 안 된다. 이것을 수행하는 일은 가능하다. 그러나 의사는 모든 처치와 수술에서 만나게 되는 마음을 생명에서 생각해야만 한다. 이것만으로 이미 힘들다. 그러나 의사가 그의 모든 환자들과 실존적인 의사소통을 시작한다는 것은 완전히 불가능하다. 그러므로 치료적 행위는 항상 실천적인 절충안으로 내몰린다. 즉 이후의 방향들은 제외하고 많든 적든 오로지 기술적이고 생물학적으로만 생각하고 행동하는 것이다. 실제로 하찮고 환자가 파악하기에도 하찮은 신체적 삶의 장애가 문제되는 경우가 아니라 전체로서의 인간이 관련될 경우에 의사는 어디서나 부족하다는 점을 감수해야만 하고, 그의 행위가 어쩔 수 없이 부당하다는 점에 괴로워해야만 한다. 즉 의사는 마음을 손대지 않고 내버려두고, 마음에 대해 알지도 못하면서 영향을 주고 있는 것이다. 의사는 마음에 조치를 취하고, 결코 대상이 될 수 없는 실존적인 것을 형식적으로 대상적으로 만든다. 그리고 의사는 인간 안에 무언가 본질적인 것이, 즉 모든 세계정위 너머에 있는 본래적인 것이 있다는 사실을 목격한다. 즉 가능적 실존을 보는 것이다. 지식과 분별력이 명석한 경우에만 의사는 개방성을 유지할 수 있고, 실존적인 소통이 그에게 가능하고 필요할 때 실존적으로 소통할 준비가 된 것이다. 이렇게 할 경우 의사는 그가 최상의 것을 실현할 수 없는 곳에서는 자신의 한계들을 유지할 수 있고, 고문행위를 피할 수 있는 것이다.

　그러나 환자에게 의사는 건강을 불러와 그 대가를 지불하게 되는 하나의 기계장치가 아니다. 환자가 의사를 내면적으로 어떻게 대하나, 그리고 환자가 의사에게 무엇을 기대하나 하는 것은 발전하는 소통방식의 근거이다. 권위와 강제적인 확실성에 대한 의지, 도움에 대한 맹목적인 충동, 이런 것들이 남김없이 가능할 것이라는 맹목적인 믿음, 절대화되는 불안 등은 의사를 압박하여 모든 사례에서 실존을 생각하지 않고 환자에게 "조치를 취하며", 환자를 순전히 자선하듯 불쌍히 여기고, 그러면서 어쩔 수 없이 업신여기게 만든다. 그러나 환자의 명석함과 사려 깊음, 그리고 이론과 선입견과 단순한 관습에 관계없이 합리적으로 취급되고 싶은 환자의 정당한 의지는 의사를 압박하여 이야기를 시작하게 만들고 의사의 행위에 근거를 제시하게 만들고, 또 자주 그리고 대개의 경우에는 아무것도 못하게 하고, 의사를 관찰만 하게 묶어놓는다. 아리스토텔레스가 그의 의사의 지시를 듣고 "만약 네가 너의 제안의 근거를 나에게 전달하고, 내가 그것을 이해한다면, 나는 그것을 실행할 것이다."라고 응수했다는 일화가 있다. 이 일화는 이상과 같은 태도가 무엇인지 보여주고 이와 마찬가지로 불확실한 상황에서 다른 의사와 상의하고, 형편을 자유롭게 논의하려는 의사와 환자의 단지 충동적이지 않고 근거가 제시된 바람이 무엇인지도 보여준다. 이때 의사는 이전에 의지에 반해서 권위적으로 존재해야만 했을 것처럼 권위적으로 존재하기를 멈춘다. 권위가 없어지는 이러한 경우에만 실존적 소통의 가능성이 시작되는 것이다.

　현실에서 의사와 환자의 관계는 매우 다양하다. 그러나 환자는 운명을 일부분을 자기 자신이 인도하고, 다른 일부는 그를 만나는 의사의 존재로 본다는 의미에서 의사 자신이 환자에게 하나의 운명이라는 명제를 이해시키는 데는 사소한 예만으로도 충분하다.

과학의 의미

인식된 것이 의도와 비판적 방법에 따라서 강제적인 한, 세계정위는 학문[6]이다. 강제력 있는 정답 그 자체는 임의적인 규모와 무제한성에서 성립된다. 강제력 있는 정답은 과학에 대해서는 여전히 어찌되든 괜찮은 것이다. 강제력 있는 정답 그 자체를 알고 싶어 하는 것은 의미가 없다. 그러나 학문의 의미는 설령 탐구가 열정적으로 수행되는 경우에 확실히 현재하지 않으면 안 된다고 해도, 그 자체를 더 이상 학문적으로 증명할 수는 없는 것이다. 학문의 의미를 향한 물음에 대한 답을 원하고, 그리고 증명가능한 답 밖에 머물면서 학문의 의미를 부인하고, 학문을 챙기지 않는 사람은 논박되지 않는다. 사실적으로 수행된 학문의 의미를 조명하는 일은 오직 철학적으로만 가능하다. 객관적인 것으로서의 세계가 그 자체 속에서 완성되지 않고, 또 그 자체에 의해서는 통찰가능한 존립을 가지지 않듯이 이 세계에 관한 지식도 그 자체 속에 어떠한 발판도 갖고 있지 않다. 이 지식은 그 자신을 넘어서 [무엇인가를] 지시하는 것이다. 물론 학문은 오로지 강제적 지식이 다다르는 곳까지밖에 다다르지 못하는 것이지만, 그러나 동

---

6) (역주) 이하에서 우리는 독일어 원전의 "Wissenschaft"를 전후 문맥에 따라 "과학"이나 "학문"으로 번역하였다. 그런데 "Wissenschaft"를 "과학"으로 번역하건 "학문"으로 번역하건 그것은 공통적으로 형이상학적 사유내용이나 실존적 사유내용과는 달리 강제력을 지닌 지식 체계를 의미한다. 이하에서 "과학"이라는 번역을 선택한 경우는, 이 번역어가 "자연과학"이라는 의미를 연상시키는 것이 필요하다고 판단될 때이다.

시에 그 이상이기도 하다. 이 "그 이상"을 탐색하는 일은 증명으로 나가지 않고, 학문의 의미를 파악하려는 호소로 나간다.

1. 지식의 통일로서 학문

고대에 민간요법으로부터 의학이, 건축으로부터 기술과 수학이, 항해로 부터 지리학이 성립되었다. 중세에서 르네상스로 넘어갈 때는 장인들의 작업장과 광산이 지식획득과 발견의 장소였다. 고대의 공공생활에서부터 실용적인 지식이 수사학, 정치학, 법학 속에서 결정체를 형성했다. 우리 시대 국가의 학문들은 현대사회의 과제들과 여기에 뿌리를 두고 있다. 또 세계관적으로 규정된 동기들로부터는 특수한 학문들이 발생했다. 즉 인본주의로부터는 언어학이, 교회종교로부터는 신학이 발생했다.

이와 같이 지식은 하나의 특수한 현존의 그때그때의 실천에서 발생된 것이다. 지식욕과 특정한 목적은 근원적이다. 이와는 반대로 학문들이 서로 속해 있다는 것은 근원적인 사상도 아니다. 지식이 누적되고 난 이후에야 비로소 **철학적인 물음**이 모든 지식이 서로 속해 있다는 것을 파악한다. 그 경우 모든 지식은 철학적 우주에서 하나의 전체가 되고, 이 전체에서부터 그 후로는 다시 학문들이 차례로 분열하는데, 최종적으로는 겉보기에 철학 없이도 그들의 고유한 전진을 행하기 위해서 그렇게 한다. 이후의 개별학문들은 역사적으로는 실천에 뿌리를 두고 이와 마찬가지로 철학적인 세계구축물에 근거한 사유의 구성물에 뿌리를 두고 있다.

지식이 한 특수한 현존의 목적과 협소함에 속박된 곳에서 지식은 그 고유한 의미에 대해 질문할 계기를 못 갖는다. 왜냐하면 거기에서는 지식의 의미가 현장에서 이미 충족되어 있기 때문이다. 지식 자체로서의 지식은 철학을 통해 처음으로 의의를 갖게 되고, 지식의 의미를 구하는 물음에 대한 대답이 지식의 보편적인 공속성을 통해서 주어진다.

실천현장에서 지식은 객관적인 것과 사실적인 것에 의존하고 행동을 계산된 예상에 방향을 맞출 수 있도록 **확실성**(Sicherheit)을 추구한다. 내 존재와 존재 일반에 대한 **확신**(Vergewisserung)으로서의 지식은 모든 현실적인 것과 특수한 것을 넘어가는 도중에 그 자신을 찾는다. **확실성**은 항상 단지 개별적이며 제한된 것이다. 종국에 가서 그것은 곤경에 빠뜨린다. 확실성 속에서 존재를 믿으면 실망하여 절망에 빠지게 된다. 이에 반해서 확신은 어떠한 것도 제외하지 않지만 결코 최종적인 것으로서는 파악될 수 없는 총체성을 추구한다. 본래적인 자기확신 욕구에서는 존재를 향한 어떠한 본질적 특징도 상실되지 않아야만 하기 때문에 **모든** 지식에 대한 의지는 단지 이 본래적인 자기확신 욕구에서만 태어나고, 그리고 학문들의 통일성이라는 이념도 이 본래적인 자기확신 욕구에서 탄생한다. 지식이 이 항상 제한된 확실성을 성취하는 한, 확실성을 향한 의지에서 지식에 대한 관심이 생긴다. 그런데 철학함에서 확실성은 단지 단계에 지나지 않는 것이다.

따라서 학문의 의미는 학문들의 **통일성**에 묶여 있다. 학문들의 통일성 없이는 학문들의 의미는 하나의 목적에 근거한 개별적이고 기술적인 관점에서 오직 상대적으로만 획득될 수 있다. 그러므로 이 통일성에 대한 질문은 학문의 의미에 대한 철학함에서 근본문제이다. 표면적으로 이 통일성은 **모든** 지식의 **공통적인** 특징을 지적함으로써 획득된다. 만약 지식이 형식논리학의 법칙들에 따르는 **판단들** 속의 표현에 묶여 있다면, 확실히 이것은 형식논리학의 법칙들이 논리적 형식으로서 모든 지식의 불가결한 조건이라는 것을 의미한다. 그러나 이것은 진리를 판단 속에서 찾는 오류로 잘못 이끌고, 결국에 가서는 형식적이고 논리적인 논의에 의해서 학문들의 통일성을 성격 짓도록 잘못 이끈다. 그러나 이와 같은 공통성은 아직 통일성이 아니다. 특수한 목적을 위한 개개의 지식을 장악하는 일과는 구분하여 **지식 자체로서의** 지식을 향한 저 강력한 충동은 거기에서부터는 파악될 수 없다. 지식으로서의 지식을 향한 그 충동은 형식적인 일반성에 근거해서가 아니라 오로지 실체적인 내용에 근거해서만 발생할 수 있다.

또 다른 하나의 공통점은 **사실과 꿈**의 비판적 **구별**이다. 그러나 첫째로 이 공통점은 모든 지식에 해당하는 것이 아니고, 다음으로 이 공통점은 경험적 인식에서 근본적 의의를 갖는다고 하더라도 이 지식의 통일성의 본질은 아직 아니다. 하나의 사실 그 자체는 학문적으로 아직 중요하지 않다. 그러나 그것은 모든 상황에서 존재의 형이상학적 확인에서 중요한 것이 될 수 있다. 왜냐하면 경험적 지식의 의미는, 그때그때의 확정작업에 의해서 존재를 확인하는 물음에 근거해 처음으로 자기의 통일성을 유지하기 때문이다. 즉 이 존재는 이러한 사실이 그 속에서 **가능하고 현실적인 방식으**로 존재하는 것이다.

모든 특수한 것 속에서 **존재**가 지향될 때, 즉 내가 다수의 것에 대한 호기심에서가 아니라 **일자** 파악에서의 존재확신에서 모든 것을 알고자 할 때, 학문들은 진실로 서로서로 속하게 된다. 나는 존재에 접근하기 위해서 세계 속에 보편적으로 방향을 잡는 것에 의해서 학문들 속에서 현존을 알려고 한다. 이것은 세계정위가 **형이상학을 향한** 길을 준비하는 것에 의해 학문들의 통일성 속에서 세계정위의 의미를 갖는다는 사실을 의미한다. 형이상학만이 지식으로서의 지식에게 이 지식을 포괄하는 의미의 의존할 곳을 부여하는 것이다.

개별적 학문들이 곧장 기술적인 관점들에서 번영한다는 사실, 그리고 개별적 학문들이 하나의 한정된 학문의 세계로서 성립되었다는 사실은 부인할 수 없다. 그래서 가령 스스로를 고립시키는 자연과학들의 '정신과학들은 원래 학문이 아니다.'는 주장에서처럼 이러한 학문의 통일성이 그릇되게도 학문들 전체의 통일성의 자리를 차지하게 된다. 한정된 방법의 절대화와 개별적 대상들의 절대화가 왕위쟁탈전을 벌인다. 왜냐하면 거기에서는 소박한 형이상학이 본래적 존재에 관한 억측적인 지식으로서 암암리에, 그리고 무비판적으로 이 절대화와 결합돼 있기 때문이다.

학문들의 생명은 유동적이다. 학문들의 생명은 그때그때마다 본질적인 것으로서 타당한 특수성들에 집중할 수 있고, 한 시대의 지배적인 학문들이 형성된다. 학문들의 생명은 다수의 학문들 사이의 관계가 상실되면서 붕괴될 수 있다. 최종적으로 학문들의 생명은 이제 유일하게 여전히 중요한 철학 속으로 녹아들어 갈 수 있다. 그러나 학문들은 그것을 움직이고 있는 철학함에 대한 긴장 속에서 자율적으로 서 있을 때만 현실성을 갖는다. 학문들은 단지 지식 전체와의 관계에서만 진짜일 수 있는 하나의 의미의식에 의해 생존한다. 그렇지 않을 경우 이 의미의식은 단지 외면적으로만 목적과 관련된 것일 테고, 깨지고 말 것이다.

2. 과학과 형이상학

존재의 약도로서의 형이상학이 역사적으로 반복해서 세계정위적 학문의 산파가 되었다. 데모크리토스의 원자론은 새로운 자연과학을 위한 매개사상이 되었고, 헤겔의 변증법은 역사학을 위한 매개사상이 되었다. 케플러의 우주적이고 형이상학적인 조화론은 그의 천문학적 발견들의 근원이었다. 페히너의 형이상학은 그의 정신물리학의 문제설정의 기초를 이루었다.

학문적 사상은 번번이 그것의 형이상학적인 뿌리로부터 풀려났다. 그 경우 객관적 형이상학으로서 본래적 존재의 약도였으며 또한 그런 것으로서 믿어지던 것은 단순한 사유가능성으로서의 가설로 평가절하되고, 그리고 모든 형이상학으로부터 정화된 채 그 증명력이 증대될 때 효과 많은 이론의 가치로 상승해간다. 형이상학적 충동에서 범주들과 사유수단이 창조되고, 범주들과 사유수단이 처음에는 말하자면 개념의 형이상학적 음악으로 들렸지만, 그 다음에는 형이상학적인 내용이 없는 세계관련 사상으로 세속화되고, 효과적인 탐구수단으로서 시도되었던 것이다.

그러나 학문에 대한 형이상학의 역사적으로는 한정되고 사실상으로는 우연적인 관계가 형이상학적인 충동에 의한 학문적 탐구의 본래적인 또 그렇기 때문에 지속적인 운동을 이루는 것은 아니다. 학문적 세계정위의 순수성 속에서 바로 이 의존성을 극복하는 것이 형이상학에서 학문적 의미에 대한 변하지 않고 본래적인 토대작업을 이 새로운 방법으로 명확히 했다.

수백 년 이래 세계정위 속의 객관적 존립으로 있는 강력력을 지닌 것을 형이상학적 관점들로부터 의식적이고 엄밀하게 구별하기 위한 시기가 무르익어왔다. 경험적 탐구자의 이론적 표상들의 내용은 여전히 그저 가설로서만 방법적 기능을 지니고, 그 형이상학적 의미로부터는 분리된다. 한 사람의 탐구자가 상대적 의미에서가 아니라 절대적인 의미에서 이들의 이론적 표상들의 객관적 실재성을 믿는 일은 심리학적으로는 발생할 수 있을 것이다. 그러나 이것은 사실상으로는 아무렇지도 않거나 방해가 되는 것이다. 철학적 충동은 이제 모든 무익한 주술로부터 해방된 순수한 기술과 이론을 통해서 가능하게 된 대상성들로부터 해방되어 있다. 원시적인 실천이 (예를 들면 의학에 있어서와 같이) 신화적 표상들 속에서 이해되는 기술적이고 목적이 있는 행위와 마술적인 행위로 이루어진 하나의 전체였다고 한다면—여기서 객관적인 성과는 번번이 실패할 수밖에 없었을 것이지만 그러나 동시에 형이상학은 가장 최종적인 것과 가장 외면적인 것 속에 뒤엉킨 채 멈췄다. —지금 이 전체는 이성적 존재자로서 인간의 품격이 되었고, 이 전체가 사상에 맞게 있는 한, 지식과 계획능력에서 접근될 수 있는 모든 것에 대해서 일상성 속에서 명료하고 목적에 적합하게 행해지고 파악될 수 있을 정도로 되었다. 확실히 오늘날에도 각 개인은 노력해서 획득할 수 있을 교양과정을 통해서만 이 지식의 양태와 한계에 관한 비판적인 지식을 갖고 강제적인 것과 사실적인 것을 순수하게 파악하는 것이 가능하다. 현대의 생활도 미신과 신경질적인 불안과 정치적 유토피아와 현실적인 것에 대한 맹목성과 목적에 반하는 거동이 침투해 있다는 것은 그만큼 그때그때의 개인적인 실천현장에서 학문적인 객관성을 실현할 때의 어려움을 보여줄 따름이다.

그러나 순수하고 학문적인 세계정위가 실현된 곳에서는 초월자를 향한 시선 속에서 실존을 가능하게 하면서 자신의 진리성을 갖는 **결과들**이 등장한다. 이 진실성은 실존을 가능하게 하는 일 없이는 허위가 되지만, 이 결과들은 다음과 같은 것이다.

a) 하나의 **세계상의 총체성**은 해체되었다. 스콜라철학의 존재론적 전체에서는 물론이고 범주들과 법칙들이 기계론적으로나 유기체론적으로, 그리고 다른 특수한 식으로 절대화된 전체에서도 또 헤겔의 변증법적 전체에서도 모든 것이 자신의 위치를 잡고 있는 장소가 되는 그런 전체는 더 이상 존재하지 않는 것이다.

b) 전체의 한 **체계** 대신에 참된 것으로서 **체계성**만이, 즉 범주적이고 방법론적인 상대적 질서만이 여전히 존재한다. 이 체계성 속에는 진리가 이념으로서 존재한다. 그러나 거기에는 많은 이념들이 존재하는 것이지, 결

코 이념들의 이념인 이념 일반이 존재하는 것은 아니다. 이념들은 우리의 세계정위적 현존 속에 존재하지만, 그러나 현존 일반의 이념은 존재하지 않는다. 이념들의 세계 자체와 같이 개개의 이념도 종결될 수 없는 것이다. 겉으로 보기에는 한계에 육박하는 것 같은 모든 포괄적 질서들도 세계 속의 질서들로 전락해버린다. 가장 포괄적인 질서들로서 학문들의 체계와 정신영역들의 체계는 그 자체가 가장 불확실한 것이자 가장 상대적인 것이다.

그렇지만 이 순수화된 세계정위는 학문의 의미라고 하는 그의 **철학적 근거**를 **형이상학적 충동** 속에 유지한다. 이 형이상학적 충동은 형이상학으로부터 학문이 그렇게 순화됨으로써 중단되지 않고, 오히려 이 충동의 자기 확신 속에 단지 좀 더 참된 것이 된다. 이 형이상학적 충동은 지식으로서의 지식이 학문들의 통일성 속에서 함께 속해 있는 지식욕의 배후이다. 왜냐하면 이 충동은 모든 지식들 속에서 **한계들에 육박하려고 하기** 때문이며, 그리고 이 한계들에서는 무지의 지가 특별히 성취될 수 있기 때문이다. 이것을 통해서 이 충동은 점진적으로 내용이 풍부해지는 방식으로 초월함을 획득한다. 한계 없는 세계정위를 초월해가는 도중에 실존은 현존하는 것을 **존재의 암호**로서 해석하려는 어쩔 수 없는 갈망으로부터 이 초월함 속에서 현존하는 것을 통해 존재에 다다르려고 노력한다. 학문은 그것이 지식의 통일성 속에 있는 지식으로서 철학적으로 생각되는 한, 그 스스로에 의해서 충족되지 않고, 세계정위를 통해서 자기 자신에게 되던져진 실존이 세계정위 속에서 초월자에 개방됨으로써 처음으로 충족되는 것이다.

그러므로 이 세계정위는 어떠한 것에 관한 단순한 지식으로 머물지 않고 **세계 속의 자기 발견**이 된다. 그러나 이것은 다음과 같은 것을 뜻한다. 즉 의식일반이 그의 범주들을 갖고 상응하는 세계의 질서 속에서 상대적인 인식가능성에 의해서 스스로 충족됨으로써 실존은 세계전체의 역사성 속에 있는 실존의 절대적 역사성 속에서 스스로를 파악한다는 것이다. 의식일반의 세계정위를 통해 실존은 스스로를 형이상학적으로 해명하기 위한 장소를 획득하는 것이다.

확실히 모든 학문 속에는 예를 들면 생물학에서, 역사학에서 그리고 수학에서마저도 탐구자가 그의 이런 탐구 속에서 흡사 실제로 **현실**에서 **신화**에 의해 움직여지고 있는 것 같은 철학적 의의를 가진 놀라운 유동성이 존재한다. 이것은 탐구자가 완전히 강제적이고 경험적인 탐구에 헌신하고 있는 경우에 가장 잘 들어맞는다. 그러나 그 신화 그 자체가 반성의 대상으로서 취급되고, 그리고 탐구가 ─겉으로 보기에 여기에서는 의식일반에 대해서는 접근하기 어려울 법한 것으로 보이는 현존의 암호에 관한, 말하자면 하나의 객관적 학설로서─ 이 신화를 위한 탐구라고 생각될 때에는, 강제적 경험적 탐구는 곧바로 샛길로 빠졌고, 참된 학문과 형이상학을 함께 상실하였다. 확실히 탐구적 세계정위는 형이상학 속에서 발생할 수 있고 형이상학에 의해 영속적으로 움직여질 수 있지만, 그러나 세계정위는 형이상학을 대상적으로 배제하는 것에 의해서만 탐구가 될 수 있고, 탐구로 남아 있을 수 있다. 그러므로 탐구 이외의 다른 어떤 것을 원하거나 직접 부여하지 않으면서도 역사학적 내용과 생물학적 내용, 그리고 정확한 내용을 지닌 학문적 작품들은 철학으로서 우리에게 말할 수 있다는 것이 가능하다. 이것은 어떤 혼동이 아니라 학문의 현실이다. 이 학문의 현실은 모든 지식의 통일성에 속해 있다는 것을 아는 의미 충족된 것으로 존재하는 그런 것이다.

이상의 논의로부터 "의미가 **풍부한 학문**은 형이상학을 통해 존재한다."는, 언뜻 보아 모순되는 명제가 타당성함과 동시에(즉 형이상학은 본질적인 것을 비본질적인 것으로부터 구별하고, 본질적인 것은 형이상학을 통해 동기가 되고 목표도 되며, 그래서 형이상학은 스스로는 학문이지 않으면서 학문의 근거이기 때문이다.) "진짜 학문은 형이상학 없이 존재한다."는 다른 명제도 타당성하다.(즉 학문은 강제적이고, 그리고 그 증명, 방법, 성과에 있어서 모든 형이상학으로부터 독립한 채 정당한 것으로서 계속 타당한 것이기 때문이다.) 학문으로서의 세계정위가 순수하게 설정되면 될수록, 그리고 그것이 형이상학을 대상적으로 배제하면 할수록, 그만큼 세계정위는 학문으로서 명확해지고, 그리고 동시에 형이상학적으로 중요한 것이 된다. 세계정위의 신화적 의의가 결코 객관적으로 제시될 수 없다는 사실은 의식일반에게는 유일한 것으로 남아 있는 세계정위의 본질에 속하는 것이다. 이에 비해서 세계정위 속에서 신화는 단지 실존에게만 접근될 수 있는 것이다. 이 명백한 비밀은 세계정위적 학문의 본질에 속한다. 이 세계정위적 학문은 실존을 뺀 단순한 의식으로서는 공허하고 아무래도 상관없는 것이지만 가능적 실존을 위한 비약을 준비하는 것이 될 수 있다. 강력하고 의식된 실존이 강제력을 지닌 것으로서의 학문의 순수성을 향해 가장 결정적으로 육박해온다는 사실은 이 비밀에 근거해 있다. 가치로부터 자유로운 이 학문이 가장 결정적으로 평가하는 실존에 의해 촉진되며 실현되는 것처럼 형이상학으로부터 해방된 학문도 실존의 초월자에 의해 채워진 실존에 의해 촉진되며 실현되는 것이다. 자립적인 강제적 지성(ratio)의 요청들과 이 지성의 비판적 요구들과 이 점에서 실존이 일치한다는 사실은 실존이 이 비판적 요구들과 신뢰할 만한 동맹을 가능하게 해주지만 또 다음과 같은 학문의 거대한 이중성으로 이끈다. 즉 이 지성의 규준들에 따르면 학문은 단 하나의 유일한 평면 위에 덧없이 병존하는 업적들 속에서 존재할 수 있지만, 실존에 대해서 학문은 어떨 때는 공허하고, 또 어떤 때에는 내용이 풍부한 무지인 것이다. 이래서 순수한 학문의 이상은 강제력을 지닌 것을 법정으로 삼는 재판관의 이상으로서는 물론 의미가 충분하지만, 그러나 만약 이 이상이 자신의 전권에 근거해서 그 자신 스스로 속에 존립해야만 할 때에는 무의미한 것이 되어버릴 것이다. 순수한 학문의 이상은 구체적 내용을 창조할 수도 자극을 줄 수도 없다. 형이상학 없이는 올바른 것의 임의성만 존재할 뿐이다. 강제력을 지닌 것이 그 스스로 속에 편안히 있으라고 주장하는 허구적인 순수한 학문의 이상은 가지가지의 **착오**를 낳는다. 그런 허구적인 순수한 학문의 이상은 특히 진실로는 확신들이 서로 대립해 있을 때 보편타당하고 강제적인 올바름을 놓고 투쟁하는 시늉을 하게 한다. 이러한 착오들은 학문이란 필요에 따라서 모든 것을 증명하며 반박하는 것이기 때문에 모든 것에 봉사할 준비가 되어 있다고 말하는 자포자기적 명제를 낳는다. 그러나 학문이 이러한 명제를 실행한다고 하면, 그것은 비판적 사유를 위해서도 내용이 풍부한 탐구를 위해서도 아니고 단지 공허한 반성의 근거 없는 궤변적 자기 운동 속에서 그렇게 하는 것이다.

3. 탐구자에게 특별한 만족을 주는 과학

그때그때마다 특수한 학문적 지식 및 탐구와 형이상학적 충동 사이에는 중간 항들이 존재한다. 학문이 만족시키는 방법들이 이 중간 항들을 현전화한다. 학문의 의미는 가장 원시적인 실용적 만족에서부터 지금까지 파악된 형이상학적 준비태세에 이르기까지의 분절화 속에서 의식된다.

a) **실용적 만족**—하나의 만족은 지식 그 자체 속에서가 아니라 지식으로부터 분리된 목적 속에 놓여 있다. 지식은 지식 그 자체 때문에 추구되는 것이 아니라 이 지식을 갖고 착수할 수 있는 것 때문에 추구된다. 단지 기

술적으로 이용하려는 의지(즉 사물들을 유용한 것으로 만들기 위해서 사물들을 지배하려는 의지) 속에서뿐 아니라 논증, 설득수단, 효과적인 전문지식 등을 제시해 사람을 지배하는 수사적인 의지 속에서, 그리고 최종적으로는 순수하게 지적으로 약화된 상태에서 모든 것을 지배하는 하나의 체계 속에서 사물들을 전망하고 알려는 단순한 의지 속에서 권력을 향한 의지가 알려진다. 지식 속에서가 아니라 **지식**을 적용하는 데서 만족하는 힘을 향한 의지가 알려진다.

지식과 그 적용의 이러한 분리 대신에 보다 깊은 실용적 만족 속에는 **인식과 행동**의 분리될 수 없는 **통일**이 존재한다. 생활의 능동성 속에서의 사유는 인간이 그것을 통해 그때그때마다 그의 상황 속에서 스스로를 이해하는 것이며, 게다가 그것을 통해서 상황 그 자체를 형성하는 방식으로 스스로를 이해하는 것이다. 이러한 사유는 하나의 존립하는 대상을 인식하여 이 인식을 이용하는 것이 아니라, 이론적으로 조망하기 어려운 존립하는 것 속에 이 사유가 인식하는 **대상**을 그때그때마다 **함께 창조한**다는 특징이 있다. 이것은 외면적인 생활실천의 경우에도 이미 들어맞지만, 그러나 개인의 내면적 발전에서는 보다 깊이 들어맞는다. 외면적인 생활실천과 개인의 내면적 발전은 순수한 행위도 순수한 고찰도 아니라 사물들을 있는 그대로 이해하기 위해 사물들로부터 물러설 때 항상, 그리고 어디로 이끌고 가는지 아직 모르는 파악하는 활동성에서 항상 인식행위 속에서 밝혀지는 효과이상형을 갖는다. 외면적인 생활실천과 개인의 내면적 발전은 이들의 인식작용에 의해 이들의 세계를 변혁시키고, 가능한 최고의 객관성을 지키며 자신들의 깊이 안에서 양자 사이의 긴장을 오직 그만큼 더 진실하게 만들 뿐이다. **효과적인 것이 진리라는** 것이 여기에서는 실용적 명제이다. 이 명제가 모든 진리에 들어맞아야만 한다고 할 때는 의심스러운 것이지만, 그러나 지식 속에서 획득되는 어떤 내용이 풍부한 특수한 만족을 특징짓는다면 적절하다.

b) **강제력을 지닌 것의 자극**—적용성과 효과성 속에서 지식은 지식 그 자체로서는 생각되지 않는 것이지만, 이 적용성과 효과성이라는 대립 속에는 알려진 것의 강제적 객관성을 파악하는 일이 역사적으로, 그리고 각 개인의 발전과정에서 모든 개인에게 의식의 추진사항이다. 실천의 주관성 속에 연루되는 데 반해서, 파악된 것인 한 다른 모든 사람들로부터 타당한 것으로 인정되어야만 하는 것인 완전히 확실한 것, 즉 불가피한 것이 순수한 지식으로서 전면에 나아온다. 이 확실한 것을 스스로 검증하는 비판적 방법들, 그것의 그때그때의 전제들과 한계들에 관한 지식, 그리고 불확실성과 개연성의 척도 자체에 관한 지식 등 이 모든 것은 역사적으로, 그리고 자기형성의 과정에서 서서히 좀 더 분명해질 것이다. 나의 조력도 협력도 없이 존립하는 것이며, 그 앞에서 나의 주관성의 모든 형태가 원칙적으로 소멸되는 것인 이 객관적인 확실성은 모든 확고한 것의 원형으로서 현존 속에서 하나의 위대한 근본사실이다. 이 객관적 확실성을 파악하는 일은 어떠한 것으로도 대체될 수 없고 어떠한 것과도 비교될 수 없는 그때그때의 만족을 준다.

형식적 논리성과 수학을 매개로 해서 근원적으로 발견된 강제적 통찰은 경험적 탐구 속에서 실현되고, 그리고 이 경험적 탐구 속에서 자연법칙들에 관한 지식으로 이끌어왔다. 이들 자연법칙은 최초에는 큰 노력을 지불하고, 게다가 총괄적 세계상을 소유하고 있다고 믿는 사람들로부터 경멸당하면서 강제적인 통찰을 획득하기 위해서 현존에 대해서는 중요하지 않은 대상들에서 탐구되었다. 이들 자연법칙의 확실성에 의해 판단될 때에는 이전까지의 지식이란 마치 꿈이나 자의적인 환상처럼 보였다. 이제 현실적으로 타당한 것의 발자국을 추적하면서 사람들은 예전에 증명불가능한 심정의 고양과 환각 속에서 기만적으로만 고지되는 것에 지나지 않았던 신의 사유를 이제 최초로 인식하는 것이 가능하다고 믿게 되었던 것이다.

자연법칙들의 탐구는 미리 아는 것에 의해 준비되기 위해 안다(콩트)는 실용적 동기를 일차적으로 따르는 것이 아니지만, 자연법칙들의 결과물들은 아직 예견되지 않은 것 같은 방식으로 적용가능한 것으로 증명된다. 신뢰할 수 있는 적용가능성과 강제적 지식은 서로에게 속한 것으로 되었다. 기술적 발전은 물론 탐구를 기초로서 성장된 것이라고는 해도, 그 자체는 특히 이것에 적합한 세력에서의 사회학적 기회를 통해 처음으로 무수한 발명자와 발견자의 협력 속에 현재와 같은 거대한 모습을 성취한 것이다. 이와 같은 기술적 발전은 실용적 동기 없이는 시작될 수 없었을 것이다. 그러나 이들 발명자와 발견자는 오로지 그 이전에 본래적인 창조자들의 완전히 다른 동기에 근거한 이 학문적 발전의 큰 수레바퀴가 영원히 생각해볼 가치가 있는 방식으로 움직이고 있었기 때문에 그들의 일을 하는 것이 가능했던 것이다.

확실한 객관성에 의해 강제력을 지닌 것에 대해 만족하는 일이 여태까지는 오해를 초래했다. 즉 진리 일반을 강제력을 지닌 올바름과 혼동하는 데로, 그리고 이에 따라서 지식에 의한 모든 만족을 강제력을 지닌 것을 인정하는 것에 의해 소진시키려는 경향에로 이끌어왔다. 그러나 강제력을 지닌 것이 세계정위의 논박할 수 없는 주춧돌이라는 것이 확실하다고 하더라도, 이 강제력을 지닌 것이 자신의 한계들도 갖는다는 것도 확실하다. 전체로서의 세계가 아니라 세계 속의 하나의 세계만이 강제적 통찰에서 접근될 수 있다. 이뿐만 아니라 이 강제적 통찰 그 자체가 시간의 경과와 함께 실망을 줄 수 있는 것이다. 최초에 발견되었을 때 매혹적이던 여러 정당성의 무한한 가능성이 된다. 가장 단순한 통찰의 경우에도 만약 그것이 정말 만족을 주는 것이라고 한다면, 그 이상의 것이 덧붙여지지 않으면 안된다는 사실이 입증된다. 그 발명과 발견과 그 후에 오는 것은 설령 강제력을 지닌 것 없이는 전혀 만족을 주지 않는다 하더라도 그것만으로는 이와 같이 만족을 주는 것이 아니다. 그것들은 개개의 발견이 내용 충만한 의미를 갖는 기반인 하나의 포괄자를 통해 만족을 주는 것이 된다. 그러나 이 포괄자 그 자체는 강제적인 것으로도 대상적인 것으로도 알려지지 않고 그때그때의 질서들, 원리들, 통일성, 체계성 속에 스스로를 고지하면서 이념으로 남아 있다.

c) 이념에 의한 만족—그때까지 조망될 수 없었던 일군의 현상들이 그들의 원리와 규칙에 의해 전망하는 일은 통일의 이념 밑에서 행해진다. 지식은 단지 외적으로 쌓이면서 증가할 뿐만 아니라 단순화되기도 한다. 이러한 단순화는 결코 종료되지 않는다. 물리학과 화학에서 특별히 두드러진 가장 포괄적인 이론들도 결코 전체로서 전망될 수 있는 기계적인 것으로 그들의 대상을 전환시키지 않는다. 이 이론들은 무한한 어떤 통일성의 이념 밑에 있는 중간과정들이고, 그때그때 반복되어 나타나는 모순들을 통해 그 다음 과정들로 이끈다. 그러나 거기에서 하나의 진보가 시작된다는 사실은 이러한 통일의 이념이 방법적으로 효과적인 탐구수단이라는 점을 가리킬 뿐만 아니라, 칸트가 말하듯이 "마치 어디서든 무한한 것 속으로의 체계적이고 합목적적인 통일을 최대한의 다양성에서도 만나게 되기라도 하는 듯이"[7] 이념을 통해 무한히 접근하면서 추구되는 것이 사물들의 본성

---

7) (역주) 칸트의 『순수이성비판』의 "초월적 변증론" 중 "자연적 변증론의 궁극목적에 관하여" A700 = B728. "마치"는 독일어 원전의 "als ob"을 번역한 것인데, 야스퍼스가 위 문장에서

속에 놓여 있다는 사실도 가리킨다. 그때그때의 이념의 통일은 객관적으로 존립하는 것으로 혹은 완전히 강제력을 지닌 것으로 존재하지 않고, 추구되는 것으로서 존재한다. 그때그때의 이념의 통일은 분열된 통일이 아니라 통일을 향해 육박해가는 다양성이다. 이러한 이념의 이 통일은 결코 단지 하나의 형식적인 것이 아니고, 내용으로 가득한 것이다. 이념들에 참여한다는 것은 학문의 의미를 형성하는 하나의 새로운 만족을 의미하고, 그리고 강제력을 지닌 것의 내부에서 본질적인 것과 비본질적인 것을 구별하는 하나의 근원이다. 이념은 주관성으로서는 탐구를 이끄는 충동이고, 이 충동은 발견의 순간 그때그때마다 만족된다. 이러한 만족은 재미로 수수께끼를 풀 때의 만족보다 크다. 왜냐하면 이념은 발견된 것에 이것의 내용을 부여하는 이념 특유의 객관성을 갖기 때문이다.

d) **관조적 만족**—세계의 사물들에 관여한다는 충실한 직관 속에서 사실적인 것을 알려고 하는 의욕으로서 하나의 특수한 만족에 다다르는 길이다. 물론 단순한 호기심으로서의 보는 즐거움과 생각하는 즐거움은 충족되지 않고 불안에 빠질 수 있다. 그러나 단순히 추상적으로 사실들에 대해 아는 대신에 사물들 속에 스스로 들어가 현재해 있는 것은 흡사 세계 속에서 자기를 발견하는 것과 같다. 세계는 확대되고 심화된다. 이제 세계는 붕괴되는 것같이 보이고, 그리고 수수께끼로 가득한 자신의 언어를 말한다. 이 목소리는 사실로서 존재한다.

물론 사실 그 자체는 죽어서 거기에 놓여 있는 어떤 것처럼 간단히 손에 넣을 수 있는 것이 아니다. 나는 지극히 많은 것을 구경할 수 있고, 게다가 하나의 사실도 나에게서 현재화하지 않으면서 단지 녹아 없어지는 의

강조하지 않았지만 칸트의 원전에서는 강조되어 있어서 역자가 고딕체로 강조하였다.

식내용만을 가질 수 있다. 직관 속에서 분절된 사유의 연관 속에서만 하나의 사실이 내게 떠오르는 것이다. 외적 사실에 대한 단순한 명명은 아직 현실적인 세계정위의 요소가 되지는 않는다. 왜냐하면 사실들은 만약 그것들이 하나의 인식에서의 증명근거나 존재의 암호가 아니라 단지 침묵한 채 있는 것일 때는 사실들 자체로서 어떠한 만족도 보장하지 않기 때문이다. 내가 그 사실들로는 어떠한 것도 시작할 수 없는 그런 의미 없는 사실들 속에 고립되는 일이 존재한다. 인식의 연관 속에서 파악된 사실만이 처음으로 하나의 세계를 연다. 즉 본래적 존재의 표현으로서 나에게 말을 거는 사실만이 나 자신이 이 사실에 의해 확대되는 것을 아는 정도만큼 처음으로 나의 마음을 사로잡는다. 그럼에도 불구하고 그 자체로서의 사실들은 사라지지 않을 것을 위한 하나의 계기를 이미 갖고 있다. 사실들은 설령 해석되지 않은 채 있고, 오직 해석가능성만이 사실들을 고정화하는 일을 가치 있게 하는 경우에도 여전히 **존재한다**. 사실들 자체는 무한성 속에서도 그들만으로 자신의 현존을 지닌다. 현존은 존재하기 때문에 이런 현존을 단지 그렇게 존재하는 것으로서 경험적으로 알려고 하는 태도로 나는 이러한 사실들에 맞선다. 왜냐하면 인식의 모든 자료들은 하나의 한계상황에서 본질적으로 의식 앞에 나타나는 한, 이 자료들은 그것들의 사실성에서 **초월을 향한 비약의 가능적 출발점**이 되기 때문이다. 현실로서의 현실이 나에게 중요하다는 현실적인 것에 대한 이 존경은 그 근거를 단지 어떤 하나의 형이상학적 지향 속에서만 갖는 것이고, 이 형이상학적 지향에게는 모든 현실적인 것들이, 그리고 오직 이것들만이 아마도 본래적 존재의 암호문자일 수 있는 것이다. 거기에는 자연과 역사에서 현실의 인식의 진보를 이끄는 존재사랑이 있다. 거기에는 또 현실적인 것의 한계를 찾아내고, 규범에 반하는 것, 먼 것, 병적인 것을 찾아내는 공포가 존재한다.

왜냐하면 이것들은 현실적으로 존재하며, 그렇기 때문에 또한 알려지지 않으면 안 되기 때문이다.

이렇게 사실성 그 자체 속에서 관조적 만족을 향한 이러한 충동을 경험주의라고 칭한다. 관조를 향해 열린 이 준비상태는 항상 새로운 것의 경이적인 발견에 의해 실현되고, 그리고 발견된 이 새로운 것은 이전에 획득된 것과 비교되고 하나로 여겨지는 것이다. 그렇지만 가져온 도식에 따라 사물들을 관조하는 일이, 즉 이용가능한 현실들을 표시하는 빈약한 집합으로 세계를 줄여버리는 일이 이런 관조를 향해 열린 준비상태보다는 훨씬 빈번하다. 그 때때의 현실적인 것에 전념하면서 사실적인 것을 파악하는 능력은 사려 깊은 의식이 생생히 현재하지 않고는 불가능하다. 그러나 이 능력은 현존하는 개념들 밑에 지적으로 포섭됨으로써 항상 위협받는다.

경험주의는 언뜻 보기에 자명한 것으로 보이지만, 그것은 쉽게 접근될 수 있는 것이 아니다. 경험주의의 확장은 기만적이다. 왜냐하면 통속적인 것으로서는 경험주의는 단지 독단적인 것이고, 자유로운 관조가 아니라 이해되지 않고 억압적인 권위로 실증적인 학문을 고정화하는 것이기 때문이다. 이러한 사실성의 미신은 사실을 완전한 현실로서 보지 않는다. 이와 같은 미신은 내용이 빈약한 의견을 주장하는 방법이지 사실적인 것을 현재적으로 획득하는 것이 아니다. 그 미신은 시야를 덮고, 사물들에 대해 열려 있지 않다. 사물들에 대한 지식은 그 원천에 대한 고유의 직관에서 성취될 때만 지식이다. 지식은 스스로를 책임지려고 하는 것이다. 이와 같은 지식과 다르게 독단적인 경험주의는 사실적으로 알 수 있는 것에 대해 스스로 눈을 감으면서도 지식의 한계들을 넘어서 버린다. 독단적인 경험주의는 기술의 전능에 대한 공허한 신앙에 근거해서 스스로를 기술적 목적들에 묶어놓기 마련이다. 사실적인 것의 충족을 향해 열려 있으면서 의식이 만족하는 대신에 여기에서는 학문의 의미에 대한 절망이 우리를 위협한다. 지적인 개념지식을 대체하기 위해 근거 없이 자신 속에서 움직이는 우둔한 관조의 결과로서 생기는 이러한 절망으로부터 사실과 학문에 대해 적대적인 휩쓸림과 모든 미신을 향한 각오가 생기는 것이다.

그러므로 경험주의의 통속화에 의해 상실돼버린 것을 다시 획득하는 일이 과제로서 항상 남는다. 즉 학문적 성과의 조합으로서가 아니라 학문 속에 있는 철학으로서 실현되는 초월하는 철학과 경험적 학문의 종합하는 일이 항상 과제로 남는 것이다.

e) **만족의 한계**──특별한 지식과 형이상학적 충족 사이의 중간 항인 학문에 대한 모든 만족은 이 만족이 잊어야만 하는 어떤 현실적인 것을 상실한 상태에서 내적으로 종결될 수 있는 한에서만 과도적인 것으로 남는다. 이때 이 만족은 순간적으로는 내적으로 평온한 것처럼 보이지만, 이 만족이 상대적으로 존재한다는 것이 느껴지게 되든지 그렇지 않든지, 진리의 가치에 대한 질문으로서의 학문의 의미에 대한 질문 앞에 다시 선다.

이들 만족은 중간단계들로서 존재하는 것이고, 이들 단계 중에서 하나의 지식이 좀 더 분절되어 현재화되면 될수록, 그만큼 이 단계들이 초월될 수 있는 가능성이 결정적으로 된다.

4. 진리의 가치

진리는 가치를 지니는가, 그렇지 않다면 지식은 결국 파괴적으로 작용하는 것인가라는 물음은 오래된 것이다. 지식을 늘리는 자는 고통을 늘린다. 그래서 지식은 행동을 마비시키고, 의식은 불안에 사로잡혀서 생명과정의 자연스러운 진행을 저해한다. 인식을 손에 쥐는 것은 타락이다. 이런 것이나 이와 유사한 것이 자주 이야기되었다. 안다는 것은 무익한 것이라는 단순한 명제로 학문의 무의미성이 더는 주장되지 않고, 지식이 불행한 운명으로 간주된다. 여기에서 생각되고 있는 것은 나와 무관한 것으로서 불가피하게 존립하는 강제적인 지식이다. 나는 이 지식을 승인하지 않으면 안 된다. 왜냐하면 나는 이 지식으로부터 도망칠 수 없기 때문이다. 이때 가장 확고한 객관적 발판과 그 필연성으로 나는 절멸시키려는 근절할 수 없는 부담이 동시에 나타나고, 그리고 거기에서 나는 후자에 의해 압도되기 위해 전자에 의해 유혹받고 있는 것이다.

지식의 모든 가치에 대한 이러한 의혹은 다음과 같이 전개된다. 즉 먼저 지식의 확실성을 의심하고, 지식의 가능성을 부정한다. 그 다음은 지식을 현존으로부터 즐거움을 빼앗는 원인으로 볼 수 있다고 믿는다. 결국에 가서는 지식이 인식하는 것을 지식이 파괴한다고 주장하는 것이다.

첫 번째 비난은 다음과 같다. 즉 어차피 사람들은 아무것도 원래대로 모르기 때문에 지식이란 속이는 짓이라고 말한다. **모든 지식이 의심스럽다는 것**이다. 그래서 지식욕의 결과는 우리가 어차피 아무것도 알 수 없다는 절망이 된다는 것이다. 우리는 확실히 알기 위해 탐구했다. 그러나 종국에 가서 우리는 심연 앞에 서는 것이고, 우리가 우리의 존재를 소박하게 소유하고 있는 것도 아니며, 확실한 지식을 갖고 있는 것도 아니라는 것이다. 지식욕은 사람들이 회의주의와 허무주의로 특징짓는 것을 향해간다는 것이다.

이러한 비난은 하나의 잘못된 전제로부터, 즉 진리개념들의 혼동으로부터 발생한다. 즉 사람들은 **모든** 진리를 객관적이고 강제적인 지식의 형태로 소유하려 하고, 그래서 실망하지 않을 수 없게 된다. 왜냐하면 어떠한 강제적 지식도 무제약적이지 않고, 각각의 사람들은 그에게 속한 전제들을 갖고 세계 속에서 그때그때의 유한자와 만나는 것이기 때문이다. 그러나 실존적으로 정초된 진리개념들의 관점에서 보면 강제적인 지식은 단지 하나의 지나가는 길일 뿐이다. 만약 사람들이 자신들이 의지할 곳을 소유하려고 강제적 지식을 목표로 하고, 이 지식으로부터 하나의 세계관마저 생겨나게 하길 바란다면, 절망하지 않을 수 없을 것이다. 왜냐하면 이 절망은 강제적 지식에 대한 잘못된 요구 속에 이미 놓여 있기 때문이다. 거기서 지식은 지식 속에 없는 것을 성취해야만 하고 이와 동시에 지식이 제기하는 요구들 앞에서 도망친다.

지식은 삶의 즐거움과 희망을 없애는 토대라고 말하는 두 번째 비난은 인간의 현존감정 속에 있는 자연스러운 지지대가 지식 속에서 붕괴한다고 본다. 모든 것을 알려는 열망은 다른 경우에는 인간의 고귀함으로 인정되지만, 여기에서는 생활의 모든 쾌감을 파괴하는 오만함으로 간주된다. 자주 어떤 사람은 그가 접한 현실에 대해서 '내가 그것을 알고 있지도 못한다면'이라고 생각할 수 있기 때문에, 이런 생각에서 사람들은 지식일반을 평가한다. 사람들은 잊은 것에 의해서만 즐겁게 될 수 있다고 말하고, 기만에 빠질 경우에만 살아갈 수 있다고 말한다. 각 개인이 허구적으로 생활할 필요가 있듯이 우리가 그 속에서 사는 정신적인 운동도 환상을 필요로 한다고 말한다. 인간이란 불유쾌한 사실들과 그에게 부담을 주는 모든 지식을 배제한다는 점과 인간이란 위험에 처해서는 억측적인 지식에 매달린다는 점이 살아가기 위한 조건으로 간주된다. 개인들은 허구적으로 생활할 필요가 있고 집단의 정신적 운동은 집단의 환상을 필요로 한다.

이러한 비난은 지식이 삶을 어렵게 만든다고 주장하는 한에서 옳다. 어떤 특정한 지식은 개개의 인간에게는 견디기 힘든 것이 될 수 있고, 그를 사실상 파멸시킬 수도 있다. 그러나 이 비난 자체는 지식에 절대적인 성격을 부여하고, 지식을 단순한 결과로서 움직이기 어렵게 고정하고, 원리적으로는 지식을 모든 것에 확대하는 지식미신을 전제하고 있다. 그렇지만 강제적 지식은 항상 개별적이고 상대적이다. 그것은 예를 들면 절대적으로 확실한 어떠한 예측도 제시할 수 없다. 그러나 만약 예측이 인간의 행동에 함께 의존하는 사건에 대해서 행해진다면, 예측이 사유하고 언표하는 일 자체가 그때그때 상황에 따라서 완전히 사건을 야기하거나 혹은 방해할 수 있는 한 요인이다. 알 수 있는 것을 알려고 요구하는 자는 만약 그가 방법을 갖고, 즉 오류원인에 대한 지식을 갖고 지식을 구하는 경우에만, 그리고 그가 항상 존속하는 불확실성요인에서도 위협적인 예측에 직면해서 그래도 역시 다음과 같이 말하는 것이 가능한 경우에만 진실로 이것을 행할 수 있는 것이다. 즉 결국에 가서는 사멸에 빠진 상태에서도 모든 결의가 최종적으로 무기력으로 발산될 때까지 나는 묘지에서도 희망을 심는다고 말이다. 이와 같은 희망은 더 이상 객관적인 희망 속에서 빠져나올 수 없는 것이 아니라 실존적으로 짊어지면서 비약하는 것이다. 그렇더라도 아직 살아 있는 현존에서 지식은 '알 수 있는지 그렇지 않으면 알 수 없는지'라는 양자택일에 직면하는 일은 드물고, 현존에 중요한 지식은 다소나마 오로지 개연적인 것으로 존재하는 것이 흔한 일이다. 지식 자체는 항상 움직임 속에 있고, 경화되는 대신에 스스로에 대해 의문을 품고 있다. 그러나 이러한 비판적인 형태에서도 지식은 생활을 어렵게 만들고, 극단적인 경우에는 견디지 못할 정도로 어렵게 만든다. 지식 없이 안락함을 유지하느냐 그렇지 않으면 가장 극단적인 한계상황을 감행하느냐 중 그 어느 편을 원하느냐는 실존이 결의한다. 이 결의는 누구에게도 요구될 수 없고, 금지될 수도 없다. 그러나 지식이 파괴할 수 있듯이 실존을 실존의 진정한 초월자에로 이끄는 것이라서 실존의 깊이에로 이끄는 것도 가능한 것이다.

그런데 이 비난의 본래적인 결함은 이 비난이 그 자체로서는 어떠한 강제적 지식도 아닌 지식일반으로서의 지식에 반대하고 있다는 점이다. 이 비난은 개개의 사례에는 타당할 수 있으나 모든 사례에 대해서는 단지 상대적인 타당성밖에 갖지 않을 그런 어떤 것을 전체적이고 일반적으로 주장하는 절대화된 형식을 갖고 있는 것이다.

더욱이 지식에 의해 결국에 있어서 파괴될 것이, 즉 직접적인 현존의 행복이 그 자체로 지극히 다의적이며 의심스러운 것이기 때문에, 하나의 통찰로서 존립하기 위해서는 이 비난은 자신이 무엇을 이러한 행복으로서 지키려고 하는지 알지 않으면 안 된다. 지식의 곤란함을 감행한 후에는, 현실적으로 존재한다는 의미에서 볼 때 잃어버린 것으로서 그저 잘못 생각될 수 있는 존재가 오히려 시작되는 것이다.

세 번째 비난은 삶과 체험을 분석하는 일은 분석되는 것 자체를 지양하는 것이 동기이자 목표라고 말한다. 결국은 모든 것에 대해서 "그것은 ~ 이상의 그 어떤 것도 아니다."라는 것이 타당하다고 권력의지, 성욕, 현존욕구 등등을 고려하며 말한다. 그렇기 때문에 사람은 '건전한 본능'의 보존을 요구하고 분석을 멈추도록, 무엇보다도 심리학적인 분석과 사회학적인 분석을 멈추도록 요청한다. 반성이란 반성이 적중시키고 있는 것도 무가치한 어떤 것으로 바꿔버리는 것이라 한다. 반성이란 모든 사람들의 배후에 무언가 다른 것을 발견하며, 그리고 결코 핵심에 다다르지 않음으로써 본래적 자기의식을 파헤쳐 내버린다고 한다.

이러한 비난은 어떤 특정한 방식의 지식에 대해서는 들어맞는다. 즉 분석이 분석되는 것을 지양한다는 주장은 단지 착각할 경우에만 타당하다. 이 비난은 분석에 있는 지식을 너무 과하게 믿어서 분석의 결과물에 잘못된 믿음을 바치고 있다. 분석은 항상 단지 가능성들과 유형들만을 설계하는 것이며, 사람들은 이러한 가능성들과 유형들을 갖고 현실에 접근하지만, 그렇다고 그 가능성들과 유형들로써 현실이 다 설명되는 것은 아니다. 그렇기 때문에 이 비난은 불가능한 것을 전제하고 있다. 분석이란 분석을 통해서 표면상 지양된 것처럼 보이는 것에는 결코 도달할 수 없기 때문에, 분석은 본래적으로 존재하는 어떠한 존재자에 관한 강제적 지식일 수 없다. 실제로는 자유로부터의 회피일 뿐인 분석이 존재한다. 이런 분석은 출발에서부터 진실하지 않은 것이다. 그러나 인간은 하나의 지식을 넘어서는 과정에서 결코 발견가능한 것으로서가 아니라 실존으로서 스스로 나서면 오직 자유를 통해서만 존재하는 것을 확신하길 원한다. 분석은 나 자신에까지 뚫고 들어오지 않는다. 실망이 부당하게 지식을 비난하게 한다. 조명하는 분석은 실존적인 중요성을 지니지만, 그러나 그것은 가능적 실존으로서의 존재를 창조하지도 파괴하지도 못한다. 조명하는 분석은 객관화가 가능한 것인 현상들이라는 매개물 속에 머무는 것이다.

지식의 가치에 대한 의혹에 대해 말하자면, 이 의혹은 지식의 적극적 가치에 대한 주장과 대립할 수 있는 것이 아니다. 지식을 향한 의지가 무조건적인 곳에서는 그 의지를 정당화하기 위해 어떤 것도 말할 필요가 없다. 도대체 지식이 우리를 어디로 이끌고 가는지에 대해서는 사실상 알 수가 없다. 지적 능력과 지식은 우리의 운명이다. 우리는 이 운명에 역행할 수 없다. 사람들은 이 운명을 완결시키든지 이것을 회피하든지 둘 중 어느 한 가지만 선택할 수 있다.

실존의 진실성에도 불구하고 이러한 운명을 회피하는 일이 가능한지가 하나의 새로운 문제이다. 강제적 지식을 '이념', '실존', '초월자'라는 진리개념들과 함께 진리라는 하나의 명칭 밑에 총괄하는 것은 도대체 어떠한 의미를 갖는가? 이 질문에 대해서는 어떠한 증명도 불가능하다. 왜냐하면 증명이라는 것은 강제적 지식의 내부에만 머무는 것이기 때문이다. 그러나 이념, 실존 그리고 초월자는 세계 속에 현존하는 대상이 아니다. 나는 오로지 간접적으로 현전화하는 조명에 의해서만 이것들에 도달한다.

그럼에도 불구하고 언어들이 다양한 의미에서 진리라는 단어를 수백 년 동안 사용해왔다는 사실은 연관성을 시사한다. 만약 실존이 강제적 지식을 회피하거나 배척할 경우에 실존의 진리성은 실존에게 불확실해진다. "감히 알려고 하라.(sapere aude)"[8]라는 말 속에는 한 가지 특별한 열정이 존재한다. 즉 그 말 속에는 정당성이 타당성으로부터는 이끌어내어질 수 없다는 지식욕의 무조건성이 존재하는 것이다. 근원적인 지식욕은 결과물에서 절망의 위험을 갖기 때문에 모험이다. 제한되지 않은 지식을 통해서는 나는 현실적인 것에서 내가 그 앞에 선 채 꼼짝 못할 수 있는 것 같은 모습을 들여다본다. 한계상황들에서 밝혀진 것은 오직 인식작용을 통해서만 그것의 모든 현실에서 파악된다. 위대하고 정열적인 탐구자는 —학문의 의미가 그에게 무엇이냐고 질문을 받은 경우에— 그것은 한 인간이 무엇을 참을 수 있는지를 보는 것이라고 답할 수 있을 것이다. 강제력을 지닌 것을 회피하는 것은 그보다도 더 심오한 진리를 배신하는 일이다. 강제적 지식이란 모든 형태들 속에서 존립하는 것을 우리의 본질이 의식하게 해주는 형식이다. 이 강제적 지식의 저항 없이 자유는 현존에 도달할 수 없고, 내용 없이 멈춰야만 한다.

막스 베버가 임종에 즈음하여 마치 비밀을 진술하듯이 이야기한 "진실한 것이 진리이다."[9]는 말은 모순율에서만 나오는 것도 강제적인 것에 대

---

8) (역주) 이것은 칸트가 자신의 글 『계몽이란 무엇인가에 대한 대답』의 첫 페이지에 소개한 계몽시대의 구호이다.

한 인정욕구에서만 나오는 것도 아니다. 이 말은 진리 전체에 타당하다. 이 진리 전체가 저 강제적 지식도 하나의 과정으로서 포함되어 그 속에 포함되어 있는 진리이며, 실존으로서의 내가 생사를 함께하는 진리인 것이며, 그리고 또 학문의 강제적인 것이 그 파생적 열정을 가질 수 있는 유일한 근거가 되는 진리이다.

학문이 그 의미를 확신했노라고 학문을 고정시킬 수 있을 것 같은 말뚝은 세계정위를 통해 세계 속에서 발견될 수는 없다. 지식이 정지하고, 그리하여 지식이 무의 심연 앞에서 실존에게 초월의 가능성이 된다는 사실이 세계정위의 실존적 의의이다. 지식은 어떠한 궁극적인 만족도 주지 않는다. 그러나 지식은 실존이 그것을 지나서 자신에 도달할 수 있는 길이다. 세계정위 속에서 실존은 지식을 향해 돌진하지만, 그러나 최종적으로 학문의 의미는 실존이 세계를 초월할 가능성을 준비하는 기반에 의존해 있다.

세계를 초월함

어떠한 지식도 그 자체 속에 완결된 채 존립하지 않는다. 어디에나 한계로서 어떤 잔존물이 존재한다. 내가 사유하며 인식하는 것은 특수한 범주들 속에 있지만, 절대적인 것이 아니다. 그 어떤 것도 최초의 것이 아니고, 그 어떤 것도 최후의 것이 아니다. 세계 속의 모든 것은 이 가상적인 양극

---

9) (역주) 칼 야스퍼스의 학문이론에 지대한 영향을 준 막스 베버가 죽기 직전 침상에서 자신의 학문상과 관련하여 언급했다는 이 말의 독일어 원문은 다음과 같다. "Das Wahre ist die Wahrheit."

사이에 존재한다. 또 내가 세계 속에서 파악하는 것은 기계적으로 관통해 갈 수 있는 것, 직관적으로 현재하는 것, 장치, 생명, 합리적인 목적관념, 무의식적인 동기, 계산가능한 것과 규정되지 않은 것과 가능적인 것 등 이 모든 것은 하나의 특수한 것이지, 그 자체에 토대가 놓인 것은 아니다.

만약 내가 전체로서의 세계에 대해 무언가를 알기를 원한다면, 나는 실재적 현존으로서의 모든 것이나 무한한 것에 대해서 무언가 공표하는 판단을 진술하지 않으면 안 될 것이다. 그런데도 이러한 현존은 나에 대해 존재하지 않는다. 왜냐하면 나는 이 현존을 충족된 현재에 이르는 대상으로서 내게 가져올 수 없기 때문이다. 이 현존을 공표하는 일은 해결할 수 없는 모순들 속으로 뒤엉켜 들어간다.

모든 탐구 속에서 나는 세계를 향하고 있다. 세계는 실체를 지닌 현재 속에서 포괄하는 것이며, 그리고 개별적인 것 속에서 현재하는 것이다. 그러나 세계는 절대적인 것이 아니다. 물론 세계 속에서 나에게 나타나는 것은 세계가 아니지만, 그럼에도 불구하고 세계 속에 존재하는 것이고, 이 세계를 나는 모든 특수한 것 속에서 파악한다. 나에게 세계의 존재는 하나의 인식이념일 수 있다. 그렇다고 해도 이 인식이념도 세계 속에서 하나의 세계를 향해 스스로를 단지 다시 구체화한다. 나는 전체 속에 존재하는 것을 탐구함으로써, 그리고 다른 전체들 중에 하나의 전체만을 경험함으로써 내가 전체에 접근하는 것처럼 보이는 것이다.

그렇기 때문에 세계가 이념으로서 어떠한 참된 구체성을 획득하지 않는 한, 세계의 **전체**는 진짜 전체가 아니라 **한계관념**이다.

그러나 이 한계관념이 인식이 접근해갔던 현실적으로 존재하는 현존에 관한 관념일 경우라도, 목표는 무한한 것 속에 놓여 있는 것이기에 **달성이 불가능한** 것이다. 인식은 그때그때마다 한정된 하나의 삶의 문제이며, 그리고 전체적으로 한정된 인간의 역사적 삶의 일이다.

그러나 사실적으로 접근하기 어려울 것 같은 것도 증명가능한 현존 그 자체를 갖고 있지 않다. 세계는 언젠가 우리가 인식하는 존재자로서 스며들고 있는 한에서도, 그 스스로 속에서 **종결되어** 있는 것은 아니다. 강제력을 지닌 것의 상대성, 극복될 수 없는 무한성, 세계상 통일의 성취불가능성은 이것을 증명한다. 세계 속에서 합목적적인 행동의 한계들은 이것을 실천적으로 경험시켜준다.

실재적으로 존립하는 세계가 우리의 인식에 대해서 단지 개별적인 객관성과 보편적이고 단순한 이념들을 위해 축소돼 있다면, 탐구의 즐거움은 마비될지도 모른다. 그러나 만약 탐구가 **한계들에 다가가려** 노력하는 것에 의해 탐구에 혼을 불어넣는 의미에서 충족되어 있다면, 탐구의 즐거움이 마비되는 일은 없을 것이다. 만약 탐구에서의 이 의미가 탐구 속에서 **존재 그 자체**에 관한 어떠한 것이 개시되길 원한다면, 하나의 독립적인 현존이 드러나는 한에서 탐구에 의해서 물론 그 **독립적인 현존**이 파악되는 것이다. 그러나 이 독립적인 현존 그 자체는 달리 말해서 실존이 형이상학적으로 초월하며 독해하는 존재의 **가능적인 암호**일 뿐이다. 탐구는 무한성들을 지배하는 것을 가르치고 통일성들을 파악하는 것을 허용하는 하나의 강제력을 지닌 것을 확인한다. 그것은 생성되는 탐구로서 의식이 예상할 수 없을 정도로 공간을 확대해간다. 이러한 탐구생성과정 속의 자기비판으로 탐구는 확고하지 않은 것 속의 확고한 것을 전혀 잃지 않게 되고, 오히려 이것을 좀 더 날카롭게 규정해간다. 탐구는 아직 다 사유될 수 없는 가능성들이 존립해 있다는 의식 속에서 살아간다. 물론 탐구가 유일하고 본래적이며, 그리고 절대적인 존재로서의 세계를 결코 파악하지 않을 것이라는 점은 알고 있지만, 그러나 탐구는 동시에 현존이 이 현존 속에서 강제력 있게 알 수 있는 것이 다양한 의미에서 인식될 수 있는 것으로서 나타나는 방식으로 존재한다는 점도 알고 있다. 논박할 수 없는 것을 발견하기 위해 이러한 길을 가는 일은 흡사 인류의 가장 위대한 모험인 것같이 생각된다. 인류는 그것에 의해 혼을 받아 앞을 향해 내몰렸지만, 그 목표와 의미를 모르는 것을 감행하는 것이다.

탐구가 세계 속에서 의식하는 모든 한계들은 초월함을 한 가지씩 가능하게 한다. 한계들은 두 개의 측면으로 나뉜다. 즉 소극적으로는 물리학상의 여러 '상수'와 원자들의 운동과 자연법칙들의 모든 '우발적 사건' 속에서 나타나는 계산불가능한 것의 비합리성이, 다시 말해서 파악불가능한 것이 존재한다. 그것은 로고스에 의해 침투되어 있지 않은 타자, 즉 물질이다. 그런데 적극적으로 한계는 자유 속에 있다. 여기에서 나는 앞의 경우 단지 소극적으로 규정된 것에 지나지 않으며 우리들에 대해 단지 저항으로서만 존재하는, 하나의 존재 자체를 확신하고 있다. 자연과학들은 침투하기 어려운 것을 법칙성과 이론 속에서 포착하려고 노력하고, 정신과학들은 자유에 근거한 작품들과 현상들을 그들의 법칙성과 규범적 의의가 의식적으로 현전화되도록 구성한다. 그러나 절대적 한계들은 자연과학에서는 암흑의 완전한 타자이고, 정신과학들에서는 소통의 근원으로서의 실존의 자유이다.

이러한 절대적 한계들은 나를 나 자신에게로 이끌어간다. 내가 단지 나에 의해 대표되는 것에 지나지 않는 하나의 객관적 입장의 배후로 더 이상 나를 되돌려가지 않은 곳에서, 그리고 내가 그렇듯이 다른 실존도 나에게 더 이상은 객관이 될 수 없을 때, 나는 나 자신이다. 여기에 사람들이 적절하게도 직접성이라고 이름을 붙였던 현재가 있다. 그러나 현재라는 것은 자연 그대로의 수동적인 최초의 것이 아니라 객관화될 수 없는 현실로서 현재적으로 존재하는 것이다. 사람들은 다음과 같이 말할 수 있다. 즉 본래적으로 현재가 되지 않음은 단순한 객관적 존재와 동일한 것이고 단순한 객관으로서의 존재를 관조하는 것과 동일한 것이다. 그러나 진실로 현재적으로 존재함은 실존함이라고 말할 수 있다. 진실로 현재적으로 존재한다고 하는 것은 순간에 대한 단순한 체험의 능력이 아니라 순간에 대한 의욕, 결의 그리고 충족의 능력이다.

이 절대적 한계를 극복하는 일은 **세계정위**로부터 **자유를 향한 비약**을 의미한다. 세계정위에서는 어디에서도 자유는 경험적으로 알 수 있는 것으로서는 접근할 수 있는 것이 아니다. 오히려 **사유하는** 인식 속에서 실존에게는 실존 자신을 향한 다음과 같은 두 가지 가능한 길이 존재한다. 이 두 길은 서로가 서로를 규정하고 있다.

첫째 길은 알 수 있는 것과 알 수 없는 것을 비판적으로 분리하면서 어떠한 착각도 동반하지 않은 채 무한히 진보하는 도정으로서의 여기에 서술된 순수한 **세계정위**이다. 세계는 거기에서는 그 독립성에서 파악되고, 그럼에도 불구하고 동시에 전체로서는 그 자체에 의해 존립하지 않는 것으로서, 그리고 특수한 것에서는 어디서나 상대적인 것이며 관점에 따른 것으로서 한계들에서 파악된다.

둘째 길은 어떠한 대상에서도 적절히 충족될 수 없기 때문에 세계정위에 대해서는 어떠한 것도 의미하지 않는 그런 사유의 가능성을 향해간다. 이 사유는 세계를 형상화하고, 그리고 모든 형상들을 재차 소멸시킨다. 이 사유는 세계를 자유롭게 뒤집으며, 그리고 마치(als ob) 그 자신 스스로가 세계와의 소통 속에서 세계로부터 응답을 얻은 것처럼 세계를 본다. 이 사유는 자유를 조명하면서 가능적 실존에 호소한다. 이러한 사유는 현존의 암호해독 속에 초월자를 간청한다. 이 사유가 행하는 것은 강제적이거나 가설적이지 않고, 그럴싸하거나 개연적이지도 않으며, 도리어 **역사적 충족**

으로서 하나의 객관성 속에 있고, 게다가 이 객관성은 그것에 고유한 방법으로 형상화될 때 다시 **극복되는** 것이다. 이 사유는 어떠한 진보과정으로 나아가지 않으나, 하나의 변천과정으로 나아간다. 이 사유는 존재하는 한, 완전히 현재적인 것이며, 장래의 완결을 기대하는 것이 아니다.

이 초월하는 사유의 가능적 내용에 들어가기 전에 —이것은 실존해명과 형이상학에 있어서 행해진다— 존재 그 자체일 수가 없이 현상인 모든 세계를 초월하는 칸트적 초월이 여전히 놓여 있다. 학문적 세계정위의 한계들에서 구체적이며 변화된 형태들로 우리에게 나타나는 이러한 초월함은 모든 철학적 세계정위의 사상적 근거이다.

제3장

과학의 체계학

세계정위의 한계들은 폐쇄적인 하나의 세계존재가 허위임을 알려주었다. 세계전체를 향한 물음은 현존의 하나의 타당한 체계가 아니라 지식의 하나의 포괄적인 체계로서 하나의 과학의 체계가 존재하는가라는 형태로 우리들에게 되돌아온다. 세계를 하나의 형상으로 파악하는 것이 불가능하다는 것이 판명된 이후 또한 현존의 자기 폐쇄적인 체계가 인식과 실존에 동시에 걸림돌이 되는 것으로 파악된 이후 과학의 현상에서 세계정위의 체계가 폐쇄적인 세계상을 대신하게 되었다.

대학의 강의 목록은 과학을 체계적으로 분류하고 있는 듯이 보인다. 우리들은 학부에 따른 배열을 발견하고, 학부 내에서 다시 특별한 소그룹을 발견하며, 마지막으로 지식의 모든 소재가 그 속에 펼쳐져 있는 듯이 보이는 강의 주제가 열거되어 있음을 발견한다. 그러나 우리들이 근간을 이루는 구분을 파악하려고 하면, 우리들은 그러한 구분을 가능케 하는 일관된 원리를 찾아내지 못할 것이다. 이러한 구분은 과학연구 활동 속에서 역사적으로 생성되어온 것이고, 전체로부터 이론적으로 고안된 것이 아니다.

성직자, 공무원, 의사라고 하는 실제적 직업에서 과학의 적용은 먼저 신학, 법학, 의학과의 현존에서 설명된다. 다만 철학만이 사회의 특수한 목적을 위한 직접적인 규정을 가지지 않고 자신의 본래적 의미에서 이론적 지식의 전체를 포괄하는 것처럼 보인다. 다른 세 학과의 이론적 내용 역시 철학에서 설자리를 갖는다. 이들 세 학과의 대표자들이 과학적으로 수행하는 것 역시 철학과의 구성원들은 자신들에게 속하는 것으로 간주한다. 오늘날에는 확실히 철학부도 부분적으로는 교사, 경제학자, 공장화학자를 양성하는 직업준비교육의 과제의 영향을 받게 되었으며, 이러한 과제를 수행하기 위해서는 특정한 지식의 매개에 대한 욕구를 충족시켜주어야 한다. 그러므로 오늘날에는 철학부도 역시 다양하게 학사일정을 그것을 받쳐주는 적절하고 동시적인 연구 없이, 실행하고 있다. 왜냐하면 대학이라는 제도는 교육이라는 과제와 실용적이고 기술적인 과제를 통해, 이미 상대적으로 완결성을 가지는 연구분야인 과학영역(예를 들면 인체 해부학) 혹은 본래 어떠한 고유의 이론적 이념도 갖고 있지 않는 과학영역(예를 들면 위생학)을 구축하는 것에 도움을 주고 있으며, 또한 그 자체로는 완전히 존립할 수 없지만 정치적 목표에 봉사하는 것에 의해 유행되고 있는 과학(사회학 같은)을 구축하는 것에 도움을 주고 있기 때문이다. 더구나 개별적인 대학 교원의 전문영역에서의 과학의 분류는 실재하는 연구대상의 현존(환자, 수집의 대상물 등등) 혹은 각각의 연구기관이 필요로 하는 필수적인 기술적 연구준비(실험적 내지 통계적인 계획들)에 근거해 행해지는 경우가 있고 혹은 예를 들면 동아시아, 인도, 근동, 고대 등의 역사적 권역에서 특별한 재료의 집합(수량)으로부터 시작되어, 비교적 사소한 연구대상이라도 그것이 문서에 의해 전승되어 수 세대에 걸쳐 필생의 사업의 대상이 될 수 있는 한, 임의의 전문화에까지 행해지는 경우가 있고 혹은 교육, 행정, 형사소송 등과 같은 활동영역에 근거해 행해질 수 있다. 그러므로 전문분야들은 상호 병존하지 않으며, 또 각각이 일정한 위치를 그 속에 점할 수 있는 계층질서 없이 존재하는 것도 아니다. 과학이 존재하는 바와 같이 과학은 각각 완전히 다른 의미로 전문분야인 모든 부분으로부터 이루어지는 하나의 집합체이다. 왜냐하면 과학은 결코 서로 명백하게 분리되어 있지 않고 오히려 동일한 내용이 다양한 전문분야의 대표자들에 의해 연구되는 것이 가능하기 때문이다.

확실히 무언가의 지식의 영역에 관여하고 있는 사람은 그의 지식과 연구가 지식일반에 귀속되어 있다는 의식과 하나의 전체에 있어서의 위치에 대한 의식을 갖고 있다. 이러한 의식은 과학에 있어서 철학적 내용의 최소한이며 과학은 이것 없이는 순수한 기술 내지 노선이 되어버린다. 그러나 이러한 공속성을 의식적으로 소유하고 실현하는 것은 결코 자명한 것이 아니다. 지식의 이념적 전체에 대한 철학적 귀속성의 입장에는 대학에 대한 제도적 내지 사회적인 귀속성으로 나아갈 위험이 있다. 이러한 대학이라는 제도가 구축되는 지점은 전문분야의 대표자의 집단이 모여 있는 장소이며, 여기에는 제도와 경영에 관한 가시적인 명백함이 부지불식간에 전면에 나타나는 것이다. 그러나 가시적인 과학의 다수성에는, 그리고 과학의 역사적이고 사회학적인 외관에는 보이지 않는 다자와 일자가 정립해 있으며, 보이지 않는 다자와 일자는 각 개인이 외면성을 통해서가 아니라 단지 철학적 세계정위에 있어서만 확인할 수 있다. 이러한 보이지 않는 다자와 일자는 모든 과학의 공속성으로서, 철학적 세계정위의 철학적 동기에 근거한 과학의 분류에서 구해진다. 역사적으로 우연히 주어진 과학의 분류에서 살아 있는 중심은 어떠한 규정성도 없이 즉물적이고 내면적인 그때마다의(당시의) 위치의식(Ortsbewußtsein)으로서 개별적인 연구자에 존재한다. 그러나 과학의 정신적 구조물을, 그리고 이 구조물 속에서 각각의 위치의식에 확실성을 부여하는 과학의 구분은 언제나 철학적인 과제였다. 지금까지 성취된 구분의 방법은 그것이 속해 있는 철학의 성격과 관련되어 있다. 철학은 지식에서의 상호연관을 모든 지식의 통일성으로서 명백하게 하려고 한다. 철학사에서 과학의 구분은 세 가지 종류로 유형화된다. 즉

변증법, 자연학 및 **신학**이라는 세 가지 형태로 가장 잘 알려져 있는 고대의 분류는 본질적으로 단지 철학 자체 내의 구분이며, 그리고 이것에 의해 지금 더욱 우리들에게 자극을 주고 있다. 그러나 이러한 고대의 분류는 세계정위적인 과학을 우리들이 그 속에서 우리들의 개념에 의해 사실적으로 인식하는 것으로는, 파악하지 않는다.

이에 비해 실증적인 지식을 심리학 혹은 방법론적인 원리에 근거해 조망할 수 있게 하려는 **베이컨에서 콩트에 이르기까지 과학의 분류**는 경험과학에 멈추어 있다. 이러한 분류는 경험과학을 정리하여 아마도 장래에 새롭게 추가되는 강령을 설계하려 한 것이다. 그러나 이러한 분류는 모든 방황에서 단순히 골조 혹은 일차원적인 구조만을 부여하고 있다. 이러한 분류의 도식에 (예를 들면 수학, 물리학, 생물학, 심리학, 사회학이라고 하는 계열) 상응하는 것은, 그것이 고안되었을 때부터 이미 부적당한 것이었으며, 그리고 철학적으로 중요하지 않은 것이었다.

낭만파 사람들에 의해 의도되고 셸링의 학문 연구에 관한 강의에서 처음으로 구상되고, 헤겔의 엔티클로페디에서 충족되고 완결된, **독일 관념론의 학문체계**들은 하나의 완성된 전체의 내부에서 나온 지식들을 또다시 본질상 철학적인 것으로서 유익하게 발전시켰다.

이들 독일 관념론의 학문체계는 통일적으로 사유된 지식세계의 현상으로서 오늘날까지 가장 위대한 것이긴 하다. 그러나 우리들에게는 이미 붕괴되어버린 것이다. 왜냐하면 거기에는 본래적인 과학의 경험적 연구가 충분히 가치를 인정받지 않고 있으며, 그리고 거기에는 지식의 세계가 확실히 완결성의 암호로 이야기되기는 하지만 이 암호를 믿는 자로서의 우리들

에게 이야기를 거는 것은 아니기 때문이다.

모든 위의 세 가지 형식에 있어서는 지식의 체계적 전체성의 확실성은, 마치 우리들이 그것을 경탄하지만 그 속에 안주할 수 없는 고정된 건조물에 부딪히는 경우와 같은 결정적 성격을 갖는 것이었다.

세계정위에 대해서는 그때마다의 체계성이 부여된다. 그것은 하나의 주제를 조망하기 위한 기술적으로 편리한 외면적 질서일 경우도 있고 혹은 항상 극복될 수 있지만 우리들이 그것에 근거해 사상의 본질에 다가서는 단계로서, 이념의 지도 아래 그때마다 인식 속에서 실현되는 경우와 같이, 사물의 본질에서 유래한 체계성일 경우도 있다.

우리들은 체계적 관점이 자신의 모습을 나타내 보이는 경우 이러한 체계적 관점을 파악해야만 한다. 이들 체계적 관점의 의미를 자신의 의미에서 한계 짓고 이들 관점을 통일하거나 혹은 연관 지으려는 시도는 만약 지식이 불구속적인 부분에서 사소한 것으로 분산되지 않아야 한다면 지식의 이념으로부터 그때마다의 과제를 고수해야 한다. 우리들의 시도는 인식이 자신의 완결되지 않는 총체성을 인식의 역사적 과정 자체로서 의식하게 되는, 과학의 체계성에 스스로를 바칠 것이다.

과학의 근원적 구분

1. 과제

내가 그 자신 내에서 완결되는 하나의 무한한 세계가 객관으로서 현존한다고 하는 것을 믿는다고 한다면 과학은 세계를 장악하고 자신의 프로

그램에 따라 세계를 구분한다. 과학은 세계의 부분, 즉 **대상에 따라** 세계를 분할한다. 과학의 분류는 각각의 과학이 그 위에 (또 각각의 대상이 그 속에) 위치를 차지하는 세계의 구도를 그리는 것이다.

그러나 세계의 통일이 해소되어버린다면, 과학은 객관적으로 구획된 대상의 영역을 설정하는 것이 아니라 단지 선천적으로 부여되는 의식일반의 사유형식 속에 설정되는 것에 지나지 않는다. 의식일반의 사유형식은 아마도 범주와 방법의 설계에서 가능적 인식의 총체성으로서 형식적으로는 완전히 전개되는 것이다. 이와 같이 과학은 **방법**에 따라서 구분된다. 과학의 구분은 인식의 대상이 사유형식에 의해 만들어지는 가능적 방법들의 프로그램을 전개시킨 것이다.

양자의 경우 과학은 이미 알려져 있는 통일성에, 즉 세계의 객관 혹은 의식일반에 고착되어 있다.

하나의 객관적 세계가 이념으로서 아직 눈앞에 똑똑히 보여주지 않음에도 불구하고 모든 이념이 세계 속의 단지 하나의 세계가 된다 하더라도, 하나의 세계라는 이념은 완전히 공허한 것은 아니다. 왜냐하면 그 속에서 모든 것이 모든 것과 연관 맺을 수 있는 가능성인 유일한 경험적 현실성이 존재하기 때문이며, 전혀 관계하지 않는 다수의 세계가 존재하는 것이 아니기 때문이다. 만약 다수의 세계가 존재한다면 우리들은 이들 세계에 대해 어떠한 지식도 가질 수 없을 것이다. 왜냐하면 우리들의 지식 속에서 결합하는 것만이 지식에 의해 관계 맺기 때문이다. 표면상 가장 이질적인 것을 상호연관 맺도록 준비한다는 것은 의미 있는 경험적 연구의 요청이다. 그러나 어디에서도 한계 지어져 있지 않은 이 가능성은 풍부하고 유익한 하나의 세계라는 전체의 이념에 의해 실현되지 않고 오히려 특수한 이념에 의해 그때마다 실현된다. 하나의 세계라는 이념이 존재할 수 없다는 것에 대한 본래적인 근거는 세계가 그 스스로는 존속하지 못한다는 것이다. 전체의 이념은 자유, 실존 및 초월자를 함께 포함해야 하며, 그리고 이들은 결코 세계 속의 그러한 객관이 아닌 것이다.

의식일반은 확실히 "나는 사유한다."와 "모든 우리들의 표상에 동반해야만 하는" 것에 의한 **통일성**이다. 의식일반은 대상적인 것 일반과 그 조직망의 형식적 구조에 있어서의 통일성이다. 그러나 이러한 통일성으로부터 지식의 다양성으로 인도하는 길은 전혀 없다. 그러나 오늘날까지 정당하지 않게 성취할 수 있는 것, 즉 가장 외면적인 것은 범주와 방법의 스스로 완전한 체계일 것이다. 그러나 이러한 범주와 방법은 사실적으로 단지 수집되어 정리되어야 할 것이고, 연역되어야 할 것은 아니다. 만약 범주와 방법이 연역되어야 할 것이 아니라면, 이것은 단순히 상징적 의의를 가질 수 있을지 모르지만 세계정위에 있어서는 통용되지 않는 하나의 조리 있는 신화 속에서 행해질 뿐이다.

따라서 세계정위는 서로 다른 의미로 두 개의 가상적인 목표점, 즉 한편으로는 객관으로서의 세계와 다른 한편으로는 의식일반을 갖고 있다. 전자는 그 자체로 존속하지 못하며 후자는 현실성의 내용이 없는 형식적인 계기이다. 세계정위는 이 두 지점에 고착되어 있지 않다. 세계정위는 이 두 지점에 직접적으로 접촉하지 않고 이 두 지점 사이에서 전체로서 무규정적이며 다차원적으로 스스로를 전개한다. 과학적이고 강제적인 모든 인식은 중간에 멈추어져 있다. 그것은 전체적인 구조가 놓여 있는 기반인 절대적으로 궁극적인 근원으로 돌입하지 못하고 또한 이 구조를 완결시키는, 단순히 이념에서 그렇다고 할지라도, 전체에 있어서의 완성을 향해 돌입하지도 못한다.

따라서 과학을 분류하는 **과제**는 처음부터 제한받고 있다. 즉 과학은 각 개별과학이 각자의 문제를 조용하게 소유하거나 명백하게 상호관계하며, 그들의 고정된 위치를 점하는 어떠한 장소도 아니다. 그때마다 서로 동시에 존재하는 과학은 그 공동체에서 하나의 세계의 모사인 것 같은 하나의 완성된 인식 세계를 형성하는 것이 아니다. 과학은 모두 한계에 부딪힌다. 이러한 한계에서 연구자는 자신의 과학이 그 자체에서 종결불가능하며 그 반면 모든 지식이 정당화와 의미와, 그리고 근거를 획득할 수 있는 폐쇄된 안정성인 모든 과학의 전체성을 알지 못한다는 의식에 도달한다.

과학들 사이에 예리한 한계를 끌어낸다는 것은 그때마다의 관점에 따라 대상들을 구별하고 분할하거나 혹은 방법적 내지 범주적 분리를 성취하는 것을 의미한다. 그러나 그것은 세계를 마치 분할한다든지 혹은 인식의 원리에 근거하여 세계를 근원적으로 가지치기하여 모든 인식가능성을 파악한다는 의미는 아니다.

서로 얽혀 있으며 다차원적인 연관성과, 그리고 모든 현실적인 과학의 상호은폐는, 원리적인 것으로 나타나는 모든 구분은, 그 자체가 재차 원리적인 것으로 나타나는 다른 구분의 부분이 될 수 있거나 혹은 이전에는 하위의 분류에 있었던 것을 원리로 하는 하나의 구분의 부분이 될 수 있는 것으로 인도한다. 예를 들면 세계정위인 하나의 과학적 인식의 영역에서 정신적 현존의 근원적 분류는 그 자체가 과학의 내부에서 정신과학의 특수한 영역을 분류하기 위한 하나의 원리이다.

우리들에게 있어서 전체가 아닌 것은 분할될 수 없는 것같이 보인다. 가장 근원적인 구분에 이르기 위해서 우리는 전체를 알아야만 한다. 그러나 우리들의 활동은 하나의 전체에서 출발하기보다는 오히려 이 전체를 향해 나아간다. 그러므로 가장 근원적인 구분은 우리들에 있어서는 단지 하나의 전체라고 하는 무규정인 이념을 겨우 전제로서 갖는 최초의 입증일 뿐이다.

그러므로 과학의 체계성에 관한 성찰은 이중의 긴장 속에 있다. 즉 그것은 한편으로는 소위 전체로 알려진 고정화에 대한 대립 긴장 속에 있으며, 다른 한편으로는 흩어진 다자에서의 분산에 대한 대립 긴장 속에 있다.

그러므로 과학 분류의 기획은 세계와 세계정위의 종결불가능성에서, 특수한 가능성에서와 마찬가지로 궁극적인 원리에서도, 그때마다의 것으로 되지 않을 수 없다. 과학 분류의 기획은 오늘날, 분할에서 끊임없이 지식 일반에 존재하는 공속성의 잉여를 인식하기 위하여 가장 근본적인 분할을 파악하려고 시도한다. 여기에 남아 있는 공속성의 잉여는 지식의 시원에는 존재하지 않았던 것이고, 그리고 또 설령 그것이 항상 거기에 존재하는 것처럼 보인다 하더라도 또다시 잃어버릴 위험에 노출되어 있는 것이다. 이 잉여는 오늘날까지 수행된 세계정위의 역사적 활동 속에서 발견된다. **역사적 의식을 갖고 그때마다 세계정위의 근원적인 입장에 선다는 것**, 그리고 이미 성취된 세계정위의 의미를 특수한 것의 충만함이 아닌 전체적으로 파악하는 것은 과학 분류의 이상이다.

2. 과학과 교리론

강제적인 대상 인식은 하나의 신앙의 내용을 합리화하는 교리론과 대립한다. 전자는 모든 사람에게 타당한 과학인 세계정위이며, 후자는 이들 자신들에게 역사적인 생명의 힘의 사유실험이다. 이러한 구별을 포괄하는 모든 것이 과학이 아닌가라는 질문에 대해서는 다음과 같이 대답할 수 있다. 즉 여기서 어디에서나 언급되는 과학의 공통성은 그때마다 변화하는 전제에서 합리적인 강제적인 것의 계기이다. 이러한 공통성은 이제 그 자체가 일반적으로 자명해지려고 하거나 혹은 역사적으로 특정한 신앙의 객관화가 되려고 한다. 그러므로 공통성은 합리적인 타당성에 대한 요구이며, 게다가 또, 시험에 대한 가능성과 준비, 그리고 토론에 있어서 비판을 의미하는, 방법적 내지 체계적 형식이다. 그러므로 이들 두 개의 과학군은 확실히 어떠한 객관적 통일체도 아니고 오히려 세계정위의 과학은 교리론적인 과학과 근본적인 의미에서 구분되어 있다. 그러나 이들 두 개의 과학군의 공동체는 이념에 근거해 세계정위적인 연구를 향한 충동과 역사적인 자기 해명을 향한 충동을 동시에 부여하는 실존 속에서 현실적이며, 그리고 이 공동체는 과학의 사실적인 진행과정에서 느껴질 수 있다. 다시 말하자면 과학은 보편타당한 것을 향한 순수한 의지에 근거해 발생하는 경우가 있다. 그것의 가장 완전한 실례는 수학 및 정밀 자연과학이다. 혹은 동화에의 의지로부터, 그리고 투쟁과 행동에서 나타나는 삶에의 의지로부터, 그리고 고유한 실존의 현재적인 참여에서 생겨나는 사랑과 미움으로부터 발생하기도 한다, 그것의 실례는 역사학이다. 역사학은 그 위대한 인물에 있어서 동시에 인간의 자기의식에 의도된 영향을 부여하는 연구 내지 고찰이다.

정신과학에 있어서는 사실의 확인과 강제적 객관성이 현재적으로 작용하고 있다. 반대로 또 정밀과학에 있어서는 입 밖에 내지 않은 자연의 신비에 대한 실존 연관적 계기가 남아 있거나 혹은 필연성의 주시에 의한 만족 속에 불가피한 것을 향한 귀의에 의한 의연함이 남는다. 세계정위적 과학 속에는 단지 교리론에 의해서만 과학의 의미로서 해명될 수 있는 최소한의 신앙이 의지에 반해 남아 있다. 반대로 신앙의 자기 설명은 사유 속에서 강제적 연관에 구속되어, 단지 세계정위의 재료 속에서만 스스로를 수행하고 스스로 세계정위 속에 들어가며, 그리고 세계정위를 촉진한다. 세계가 자기 속에 완결된 존속을 갖지 않는 것과 같이 세계정위도 또한 이와 같은 존속을 과학의 계열 속에서 갖지 않는다. 자신의 근원에서의 신앙이 비록 그것이 내용적으로 이해된다고 해도, 세계성의 형식에서 대상적으로 되는 것과 같이, 모든 교리론은 그 진행과정에서 이러한 세계의 재료와 결합되어 있다. 모든 과학들은 만약 그들이 스스로의 근원과 한계를 깨닫는다면 그들 역시 자신을 초월하는 방법으로 상호연관되어 있다.

모든 과학에서의 정신적 작품은 그에 대한 객관적 기준이 존재하지는 않지만 다음과 같은 점에서 구별된다. 즉 그 하나는 다소간 개별적인 흥미로부터 혹은 더 나아가 우선 유희적인 흥미로부터 기인하며 어느 정도 오성의 조작을 즐기는 것으로부터, 그리고 풀리지 않은 임의의 과제를 해결하는 것을 즐기는 것으로부터 기인한다. 그러나 다른 하나는 한계상황 속에서 생활 그 자체의 실체로부터 유래한다. 이러한 구별은 자연과학에 있어서는 비교적 불분명하며 그것은 과학의 위기에 직면하여 자연철학적인 논의에서 원리적인 사유에 의해, 예를 들면 천문학 분야에서 세계의 유한성 문제, 생기론과 심신상관의 문제에서 처음으로 명백하게 된다. 그러므로 자연과학에 있어서는 많은 경우 목표 설정의 자명성에 대해 하나의 전체적이고 공통된 영역이 성립하는 데 반해, 정신과학에 있어서는 좀처럼 그 자체가 명백하게 되지 않으면서 간접적으로 현상되는 내밀한 세계관의 투쟁이 행해지는 것이다.

그럼에도 불구하고 세계정위로서의 과학은 그때마다의 연구성과의 타당성에 있어서, 그리고 직접적인 의도에 있어서 과학을 항상 초월하는 측면으로부터, 즉 과학에 충동을 부여하며, 그리고 스스로는 한층 더 교리론적 사유에 의해 합리화될 수 있는 측면으로부터 독립되어 있다. 세계정위로서의 과학의 한계는 정위의 가능성인 대상성의 종결이다. 이러한 한계의 다른 편에는 그때마다 사라져가는 대상성에서의 해명이 남을 뿐이다. 합리적 형식 속에 고정시키고, 그리고 대상적 지식인 세계정위의 한계의 극복을 무시하고 주장과 요청 속에서 진술되는 그러한 해명이 교리론이다. 교리론은 그 실증성에 있어서 항상 역사적이다. 말하자면 그것은 결코 무시간적으로 보편타당하게 될 수 없다. 교리론은 역사적인 것으로서 신학 혹은 철학에서 실존의 그때마다의 현상이다. 거기에서 교리론은 연구에 의한 현실성의 인식이 아니라 합리적 정식화와 형상적인 대상성에 있어서 근원의 해명일 뿐이다. 이러한 대상성이 존속하는 존재라고 오해되면, 논리적인 귀결, 응용, 모든 모순의 지양, 다른 지식과의 결합이라고 하는 길을 통해, 조직적인 체계가 대상성으로부터 구축될 것이다. 신학적 혹은 철학적 교리론으로서 근원적으로 순수한 교리론은 실존의 초월자 연관과 같은 뿌리에서 성장하는 것이다. 그러나 단지 철학만이 스스로가 만든 결정에서 나와서 언제나 다시 그들의 근원으로 되돌아가 자신의 교리론을 지양하려고 노력한다. 그러면 철학은 자신의 합리적 형식에서 하나의 존재에 대한 고정된 지식이 ―자신의 방식대로 세계정위에 제한된― 아니라 가능성만을 구한다. 이러한 가능성의 현실성은 비교리적인 철학을 지식에서가 아니라 ―철학은 그것에서 유래하며, 그리고 철학이 그것에 호소하는― 실존에서 갖는다.

본래적인 교리론은 현존과 자신의 초월자와 함께 있는 실존의 전체를 향한다. 우리들은 교리론이라는 명칭을 합리적으로 유사한 형식이라는 이유로 완전히 다른 내용에서뿐만 아니라 상대적으로 개별적인 삶과 관련되는 부분에까지도 적극적이고 단정적으로 사용한다. 이러한 의미의 교리론은 가장 이질적인 영역에서 발견된다. 즉 그것은 국가적 그리고 사회적 현존의 질서로서의 법률적 교리론 속에서 발견된다. 다시 말하면 스포츠의 경기 규칙 속에서, 경제 운영의 규범 속에서, 아카데믹한 규칙에 따른 언어의 법칙 속에서, 그리고 예술에 있어서 정통 내지 고전의 기준을 확립하려 하는 시도 속에서 발견된다.

그러므로 교리론은 고정된 사유상으로서 혹은 철학적으로 자유로운 하나의 근원성으로서 어디에서나 연구적인 정신과학의 한계가 된다. 이와 동시에 교리론은 정신과학의 대상이다. 교리론은 정신과학에 의해 그 성립과정을 역사적으로 추궁받고 정신과학 안에서 그 외면적인 내용이 알려지며, 그리고 일찍이 존재한 그 타당성을 경험적으로 관찰당한다. 그러나 교리론은 자신이 또다시 근원에 돌입할 때에만 자신의 의미를 밝힌다. 왜냐하면 자신의 고정화에서는 자신의 뿌리가 상실되기 때문이다. 따라서 교리론은 이와 같은 것으로서 어디에도 경험적 정신과학의 부분이 아니다. 교리론은 경험적 정신과학의 대상이든지 혹은 그것의 한계이든지 둘 중에 하나이다. 교리론의 가능성을 명백히 하는 것은 정신과학적 인식의 조건이며, 그리고 역사적으로 기초 지어진 철학함의 조건이기도 하다.

형식논리학은 절대적 교리론에도 상대적 교리론에도 교리론에 속하는 것이 아니다. 왜냐하면 형식논리학은 모든 과학 및 철학함 속에 있는 재료와 경험을 통해 비로소 숙달되는 모든 실증성, 모든 내용을 피하고 싶어하는 것이기 때문이다. 형식논리학은 그 의미에 의하면 무시간적이며, 그리고 공허하다. 이에 반해 논리학은 교리론적 세계상이 가능하게 하기 위해 스스로의 한계를 극복하는 것이 가능하며, 그리고 오랫동안 교리론적으로 지배해온 것 같은 세계의 체계를 명백히 하는 객관적 형이상학으로 인도하는 것이 가능한 것이다. 오늘날 우리들이 비교리론적으로 세계정위를 수행하고 있는 것은 다음과 같은 의식에 근거한다. 세계정위의 영역은 그 자체로 종결되지 않는다. 왜냐하면 세계정위 그 자체가 자신의 현존에서 의존하는 것, 즉 실존과 초월자는 세계정위에 있어서 다른 객관성과 구별되는 현상에서만 세계정위에 대해 가까워질 수 있는 것이기 때문이다.

그러므로 세계정위로서의 과학과 교리론으로서의 과학은 원리적으로 대립되어 있다. 양자를 구별한다고 하는 것은 세계정위의 순수성을 위한 조건이다. 그러나 이 구별은 결코 **절대적**이지 않으며, 그리고 사유적 인식의 이들 두 가지 양식이 현재하며 알려져 있는 경우에만 명백해질 수 있다. 이 양자 각각은 상호간에 서로 다른 것에 대해 명확한 대조를 하면 할수록 그만큼 명백하게 된다. 이렇게 세계정위의 과학을 분류하는 것에 있어서 최초의 기본적 구별은 구별에도 불구하고 동시에 그때마다 단순히 상대적이고 최종적인 것은 될 수 없는 하나의 **배타성**을 의미한다.

3. 개별과학과 보편과학

모든 지식이 함께 하나의 전체를 이루며, 그리고 하나라고 한다면, 유일무이한 보편적인 과학이라고 하는 막연한 생각이 떠오른다. 이 사상에 의하면, 적어도 구분이 가능한 한 다수의 개별과학에서 이러한 보편과학의 근원적 구분이 유효하며, 보편과학에서 개별과학의 합류가 유효하다.

하지만 **본래적 지식**은 항상 **개별적 지식**으로서 나타난다. 진실로 아는 자는 지식과 역량에 의해 **하나의 전문분야**에 통달해 있다. **지식**에 의해 그는 하나의 영역에 있어서 보이고 사유되며 달성된 것을 조망한다. **역량**에 의해 그는 이해, 적용, 진보의 수단에 통달해 있다.(예를 들면 언어와 기술적 숙련에 있어서 훈련에 의해, 정밀히 지각하며 관찰하면서 얽혀 있는 사유형식을 확실히 이용하는 능력에 있어서 훈련에 의해) 지식과 역량의 성과는 그때마다의 **특수한 방법**에서 유래한다. 이들 방법은 확실히 사실적 생활에 뿌리내려 있다. 그러나 사실적 생활 속에서는 아직 비체계적으로 행해진다. 또 특수한 것에 있어서는 모든 가능적인 명증의 정확성이 있음에도 불구하고 과학이 처음으로 방법적으로 발전시키며, 그리고 비범한 역량에까지 고양되는 것은, 전체로서는 아직 불명확하게 행해지는 것에 지나지 않는다. 여기에는 많은 예들이 있다. 예를 들면 **읽기**와 **이해**는 언어 문서의 비판적 고찰로서 **언어학**이 된다. 왜냐하면 참조와 발견에서부터 모든 단어와 전체적인 문장구조의 확실한 이해에 이르기까지 서적과 친숙한 관계는 확실히 일단은 무언가 자명한 것이며 모두에게 숙달된 것이다. 그러나 의도된 방법적 발전에 의해 비로소 언어의 작품에 침투하는 것이며 직접적인 면전에서 단지 조잡한 의견을 배제하고 사실 그 자체를 명확하게 가르쳐주는 것이다. 어떤 사건이 확정되어야만 할 모든 상황에서, 법률 소송에서 가장 발전된 법정의 **증인심문**은 제한된 형식으로부터 해방되어 **역사학**의 방법이 된다. 누가 심문받아야 할 것인가, 무엇이 물어져야 할 것인가, 그 답은 어떻게 판정되어야 할 것인가, 그 답은 어떻게 새로운 질문의 근거가 되는가 하는 것은 확실히 구체적인 개개의 경우에는 재능과 행운에 의해 완벽히 알아맞혀질 수 있다. 하지만 그것은 훈련과 비판적 의식을 통해 비로소 방법에까지 고양되는 것이다. **의도의 확인**, **의도의 표현**, 그리고 **인간관계에서의 사태**는 인간들 사이에서, 그리고 사물에 대한 하나의 설명적 구성이며 그 구성의 방법은 인간이 상호간 실행을 약속하는 곳 어디에서나 현실성을 결정적으로 규정한다. 그러나 **사물의 법률학적 구성**에서야 비로소 이러한 구성은, 단순화된 사유도 명석성 속에서 다시 실현된 사유도 해명적 사유가 된다. 그리고 해명적 사유는 인간적 사물의 현실성으로부터 마치 다시 한 번 더 출현되는 것처럼 보인다. **셈하는 것과 계산하는 것**, **재는 것과 비교하는 것**들은 수학적 사유의 근원이 된다. 이 수학적 사유는 더욱이 관찰과 결합되어 **실험적인 정밀 자연과학**의 원천이 된다. 사물을 그들의 형태에 있어서 직접적으로 보는 것은 광물, 식물 및 동물의 형태론과 예술작품의 가시성의 분석에 있어서와 같이 **형태론적** 방법 속에서 처음으로 전개된다. 모든 이러한 사례에 있어서 인식의 방법은 다음의 것을 알게 한다. 즉 첫눈에는 인간에게 어떠한 것도 알리지 않지만, 그 반대로 방법에 의해 이끌어내어지지만, 그러나 그럼에도 불구하고 단순히 만들어지는 것이 아니고 발견되는 방법에 의해 비로소 인식하게 된다. 모든 본래적인 방법은 그것이 최초로 알려지며 영향을 끼치게 되면, 어떤 하나의 개별적 지식 이상으로, 열정을 불러일으킨다. 본래적인 방법은 아직 숨겨져 있는 지식의 무한한 가능성의 문을 열 수 있는 열쇠와 같은 기능을 한다. 모든 방법 속에는 무언가 이것과 비슷한 종류의 것이 포함되어 있다. 이들 방법은 극히 이질적임에도 불구하고 상호간에 서로 밝히는 것이다. 그렇기 때문에 언어학자 리첼의 세미나에 의학자와 자연과학자가 '방법을 배우기 위해' 모여들었다고 하는 것과 같은 일이 보고되는 것이다. 형식적인 사유의 단순한 유희를 말하는 것이 아니라면, 방법의 내용 속에는 하나의 방법이 결정적으로 실현되는 곳에서는 어디에서도 사람의 마음을 불러오는 매력적인 어떠한 것이 포함되어 있는 것이다.

그렇지만 방법만으로는 아직 어떠한 과학도 형성되지 않는다. 개별과학은 **규정불가능한 객관성**으로서 과학의 전개과정 속에서 간접적으로 발현하는 이념을 통해 스스로를 구성한다. 개별과학은 세계전체로부터 출발하는 것이 아니고 세계전체의 유사성이다, 하는 것은 개별과학이 스스로를 세계 속의 어떠한 하나의 세계로서 만들어내기 때문이다. 이념은 과학에게 체계성을 부여하고 과학은 이념에서 자신의 내용을 수용한다. 개별과학은 개별과학이 가까운 곳에서 가능한 지식의 원천으로 흘러가도록 하는 특수한 **수공업**의 방법에 의해 **현실성**을 갖는다. 그리고 개별과학은 그것을 다른 과학으로부터 구별하게 하며 고유한 영역에서 가능하게 하는 범주적 사유를 통해 분명한 **표현**을 갖는다. 더욱이 또 개별과학은 인식된 것 속에서 초월자의 존재에 닿고자 하는 **실존적 관심**의 이념을 매개로 하여 **움직여진다.**

개별과학은 거의 모두가 언제고 한 번은 스스로를 **보편적인 것**이라고 주장해왔다. 법률학은 인간적 내지 신적인 모든 사물에 관계하는 과학이라고 칭해졌다. 수학은 보편수학(mathesis universalis)이 되고 싶어 했다. 자연과학은 스스로를 모든 존재에 접근할 수 있는 유일한 현실적 인식이라고 간주했다. 언어학은 근원적인 이해와 창조가 쇠락해버린 경우, 사유능력의 이해로서 전 세계를 장악하고자 했다.

개별과학이 이와 같은 형태로 스스로를 절대화하는 것은 **철학적 충동**에 근거한다. 진정한 과학성에 대한 겸허함이 발생하기 이전에는 전체에 대한 지식이 가능하다고 생각되었고, 그리고 이러한 과학 속에서 이것을 실현하려 하는 시도가 행해진다. 이 충동은 개별적인 영역에 정착하는 것이 아니라 오히려 구체적 철학으로서 존재의 총체에 관한 보편과학이 되려고 한다.

하지만 이와 같은 것은 **불가능**하다. 상호간에 서로 해명하는 여러 방법은 위의 충동에도 불구하고 서로 분리된 채 있다. 방법이 명석하며 효과적으로 시도되는 경우에 이들 방법은 특수화되고 자신의 대상에 적합하며, 다른 대상에 전용될 때에는 항상 일그러지고, 유희적인 것이 되어버린다. **구체적 내용이 풍부한 인식의 보편적 방법은 존재하지 않는다.** 이와 같은 절대화는 여러 방법들이 상호간에 만나며 구별되는 경우에는 오해라고 하는 것이 인식될 것이다. 이뿐만이 아니라 전체를 파악하고 싶어 하는 모든 과학은 그것이 완전히 공허한 것이 아닌 이상, 어디까지나 단순히 세계 속의 하나의 특수한 인식임에 지나지 않는 것이다. 마지막으로 세계정위의 한계가 보편과학의 불가능성을 소극적으로 지시하는 것임에 반해, 실존해명과 형이상학적 초월은 이 불가능성을 적극적으로 확인하는 것이 된다. 확실히 강제적 사유에 의해 이 불가능성은 객관적으로 개연적이게 되지만, 실존을 향한 호소를 통해 그것은 자유의 확신이 된다. 명석한 과학적 사유는 과학으로서 항상 스스로를 특수한 것 속에 실현하기 위해 **보편과학을 배제한다. 개별과학만이 존재한다.** 그럼에도 불구하고 보편과학의 문제가 항상 반복되어 일어난다. 설령 보편과학이 존재하지 않는다고 해도, 보편과학을 향한 오류로 이끄는 강력한 **동기** 속에는 보편과학에로의 잘못된 길에 **빠**지지 않고 보호해야 할 **진실한 무언가**가 존재할 수 있다.

다시 말하면 이 진실한 것이라고 하는 것은 무엇보다도 먼저 개별과학들이 그것의 부분이 아무것도 시작하지 않는 임의의 집합체가 아니라, **그것의 부분을 상호연관 짓도록** 노력하는 것이다. 우리들에게 있어서 지식의 통일성은 본질적으로는 단지 초월자 속에서만 존재할 수 있고, 세계정위 속에서는 단지 비지식으로서만 존재한다고 해도 그럼에도 또 이 통일성은 인식가능한 것의 보편적인 연관가능성 속에서 상호 출현한다. 하지만 이 보편적 연관가능성을 바로 다시 하나의 보편과학의 대상으로 만드는 것은 어디까지나 공허한 시도에 지나지 않는 것이고, 이와 같은 시도 속에는 관계 지어진 것의 실체가 상실됨과 동시에 모든 인식가능한 것의 통일을 지향하는 불안으로서 과학 속에서 구체적 내용을 갖는 것도 또한 상실되고 만다. **전체**는 결국 하나의 새로운 과학에 있어서 개별과학을 파악하는 것이 아니다. 전체는 서로 바라보며 서로 자극하고, 그리고 이러한 상호작용 속에서 각자 고유의 기초를 변화시키는 개별과학 속에 존재한다.

그 외에 또 계속하여 **보편적 연관성을 가능하게 하는 현존의 매개체들이** 실제로 존재한다. 현존을 이들 매개체 속에 있는 것으로 파악하는 과학은 다른 의미에서, 유일한 보편과학이라는 보편의 의미가 아니라 **다수의 보편과학**이라는 보편의 의미에서, 스스로를 보편적으로 설정한다. 매개체들 자체는 다음과 같은 것들이다. 즉 그것은 우리들의 의식에 대하여 모든 대상성의 조건인 **사유가능성** 일반의 형태들이다. 다시 말하면 **논리학**은 이들 모든 형태를 확인하고 싶어 한다. 외부적 현존 속에는 우리들에 대해 하나의 세계를 구성하는 **공간성**이 존재한다. 이 세계 속에서는 모든 위치로부터 다른 모든 위치를 향해 연속적인 이행이 가능하다. 여기에서 모든 위치는 단순히 하나의 위치에 지나지 않으며, 그리고 모든 현존은 공간적 상태와 공간적 형태를 통해 스스로의 현상의 양태를 갖는다. 즉 현실성으로서의 이 공간성은 천문학적인 우주 구조로부터 인간적 현존의 **지리학**에 이르기까지 모든 것에 대해 인정된다. 마지막으로 **인간의 현존**은, 존재하는 것이 그 속에 있어서만 우리들에 대해 존재하는 현상이다. 우리들이 자연에 대해 인식하는 것은 다시 사회적, 역사적 조건들에 의해 규정되는 심적 현실성이 되어야 하는 지식으로서 지식의 대상이다. 이렇게 인간의 정신은 마치 모든 것인 것같이 보인다. 그리고 **심리학과 사회학**은 이 인간의 정신을 지식적으로 장악하려고 한다. 보편적인 연관가능성을 매개체로부터 이끌어내고, 그리고 대상들을 향하는 것과 같이 보편적인 연관가능성을 향하는 모든 과학은 대단한 정도로 의심스러운 것이다. 수학, 물리학, 생물학이 의심 없이 발전적이며, 한층 명확한 협력관계 속에서 방법적으로 촉진되는 본래적인 과학임에 반하여, **논리학, 지리학, 심리학 및 사회학**은 다른 모든 과학으로부터 이들 과학을 구별하는 어떠한 공통성을 갖고 있다. 이들 과학에 있어서는 하나의 방법적 발전이 수 세대에 걸쳐 오직 인위적으로만 구성될 수 있다. 이들 과학은 개인적 업적들에서 그때마다 완성된 어떠한 것으로서 세계 속에 나타난다. 여기에서는 본래적인 과학적 연구의 경영이 이들 과학에 봉사하는 모든 사람들의 상호이해와 협력에서, 그리고 전승될 수 있는 고정된 것을 갖고 여기저기서 활동, 재료의 수집, 혹은 잡담으로 해소되지만 방법적인 방식을 갖고 실현되는 것은 아니다. 이들 과학은 그런 위대한 개개의 업적에 의해 사람들을 매료시키고 덧없이 사소한 것에 의해 사람들을 실망시킨다. 이들 과학은 그들의 보편적 성격에 의해 우리들을 현혹시킨다. 즉 사람들은 실제로 모든 것이 의존해 있는 궁극적 인식이, 이들 과학 속에 보존되는 것을 믿으며, 그리고 이들 과학은 그 천박함에 의해 사람들을 실망시키는 것이다. 이들 과학은 다른 모든 과학으로부터 그들의 재료를 가져오는 것같이 보인다. 다시 말하면 이들 과학의 이름 아래 사실적으로 연구되는 것은 무언가 개별적인 것, 분산된 것이고, 이들 과학의 통일성의 근거가 되는 것이 아니다. 이들 과학은 그들이 철학이 아닌 경우에는 집합체에 머무른다. 이들 과학에는 현실적으로 구성되는 체계성이 결여되어 있다. 이들 과학의 교과서는 연구성과를 적절하게 재현하도록 이들 과학의 연구영역을 총괄하는 것이 불가능하며, 그리고 또한 특수한 과학의 교과서일 수도 없다. 왜냐하면 이들 과학이 그 속에서 모든 것을 보는 매개체는 보편적인 것이기 때문에, 이들 과학은 모든 것을 그들 자신의 대상으로 삼는다. 하나의 보편적 대상은 존재하지 않는다. 그러나 모든 것을 모든 방법으로 이들 과학의 범위 속에 끌어들이는 것은 가능하다.

4. 현실성의 과학과 구성적 과학

과학은 현실성을 상대하지 않으면 안 된다. 하지만 현실성을 인식하기 위해서는 비현실적인 것에 대한 지식이 조건이 된다. 이해가능한 현실적인 것은, 정신 그 스스로가 아직도 여전히 비현실적인 의미의 명증한 구성을 통해 그때마다 이해된다. 이해불가능한 현실적인 것은, 자연 그 자체로서 아직도 여전히 비현실적인 대상들에 해당하는 수학적 구성의 도움을 빌려 설명된다. 이 비현실적인 의미와 이 수학적 대상은 확실히 현실적인 것에 대해서는 단순히 가능성들에 지나지 않지만, 이들 가능성의 명백한 현재는 본래적인 현실성 인식을 위한 조건이다. 이들 비현실적인 대상은 비록 무한히 간과할 수 없는 것이라고 해도 자의적인 것은 아니다. 이들 대상은 자의적인 환상이 아니라 그때마다 첨가된 전제에서 필연적인 구조를 제시하는 구성적인 형상물이다. 이들 대상은 그런 특수한 명증성에 있어서 발견될 수 있는 것이고, 그것들이 발견되는 과정에 있어서는 완전히 자명하지는 않은 것으로서 빛나는 것이다. 다시 말하면 이들 대상은 확실히 현실적인 것의 어떠한 경험에 의해서 존재하는 것이 아니지만 구성의 수행에 의해서 단적으로 확신된다. 하지만 이해 심리학도, 의미 구성도, 유형학들도, 그 스스로 속에서 기초 지어진 과학으로서의 의의를 갖는 것은 아니다. 이러한 것들은 의도된 현실성과 연관되어 개별적인 기획에 머무른다. 이러한 것들의 가치의 기준은 응용에서의 유용성이다.

단지 수학만이 관념적 대상들에 관한 자립적인 과학으로서 순수하며, 그리고 모든 현실성으로부터 분리되어 완전히 자유로우며 자기 충족적으로 발전해왔다. 수학은 과학 중에서 유일한 것이고 수수께끼이다. 모든 원소들 가운데 바로 탄소만이 유기적 결합의 기초이고, 그리고 그래서 모든 생명의 기초가 되기에 적합하다는 것이 불가사의한 것과 같이, 모든 범주 가운데 양만이 수천 년에 걸쳐 일관성 있게 흡사 의심해서는 안 될 유일한 과학 그 자체로서 존속해온, 유일무이하고 무한히 분화된 과학에 대해 재료를 제공하는 것 또한 불가사의한 일이다. 이 양의 범주만이 표준이라고 하는 것은 확실히 문제시된다. 예를 들면 수학에 있어서도 역시 근본적 위기에 대해 이야기될 것이다. 하지만 그것에 의해서는 수학의 현존에 대한 어떠한 반격이나 수학의 진리에 대한 어떠한 위험도 주지 못하고, 단지 수학의 진리의 성질과 수학의 현존의 방법이 문제될 뿐이다.

수학은 강제적 지식의 원형이다. 수학은 그 투명성이라고 하는 점에서 다른 여러 인식을 능가해 있다. 왜냐하면 수학은 능동적으로 행하는 조작에 있어서 완전히 자신의 구성에 입각해 있기 때문이다. 그리고 이러한 조작의 수행은 수학의 투명성의 조건이 된다. 왜냐하면 나는 온전히 나 자신이 만들어낸 것만을 이해하기 때문이다. 그렇다고 해도 수학은 그 수행과정에 있어서 놀라우며 결코 평범하지 않다. 수학은 탁월한 인간을 열광시키는 것이 되어 있다. 하지만 수학은 그 도달하기 어려운 차원 높은 수준을 완전한 무내용성이라고 하는 대가를 지불하고 획득한다. 철학이 스스로 강제적 지식이 되고자 한 경우에는, 철학은 확실히 수학과 친근성을 갖는 것으로서 스스로를 느껴왔다. 그러면 철학은 스스로를 수학화하려 시도하거나 혹은 철학은 확실성이라고 하는 점에서 수학보다 우수하다는, 왜냐하면 수학은 단순히 보다 깊은 철학적 근원으로부터 발생하는 하나의 최초의 구체화를 의미하는 것에 지나지 않기 때문에, 교만한 의식으로부터 스스로를 수학화하는 것을 단순히 방치한다. 하지만 철학은 자신의 실존적인 기능에 있어서 스스로를 파악하고는 과학 중에서도 실존적 관련이 가장 희박한 수학의 반대의 극이 되었다. 그러므로 홀로 수학에 있어서만, 인간이 아직 현존의 경험과 가능실존의 의식에 본래적으로 들어가기 이전의 유년시절에 가장 위대한 발견들이 가능한 것이다. 수학은 결코 철학함의 적이 아니라 오히려 그 대비가 되는 것이고 또 그렇게 되는 것에 의해 철학함과 연대하는 것이다.

5. 과학의 구분과 연관성

모든 지식의 공속성은 우리들은 다만 궁극적 근원으로부터 지식으로서
의 지식을 추구하지만 그것의 궁극적 근원을 모른다. 특수 과학에 있어서
대상성의 모든 양태가 구분된 후 다시 서로 얽힌다는 것 속에서 나타내어
진다. 이러한 양태들의 분명한 구별의 정도가 이들의 불가피한 결합을 지
시한다. 이것은 모든 세 개의 근원적 구분에 있어서 발생했다. 현실성의 인
식과 비현실적이기는 하지만 명증적인 가능성의 인식과의 불가분의 연관
성은 이것에 대한 가장 가시적인 증거이다. 개별과학에 있어서의 보편과
학적 경향은 원인으로서 이것을 지시한다. 객관적으로 고정화된 것으로서
분리된 교리론은 또다시 연구의 대상으로서 파악되고, 근원으로서 나의
것으로 취해진다. 마지막으로 역사적으로 현실적인 활동으로서 모든 과학
적 인식 그 자체가 이해가능한 정신의 하나의 영역이며, 그 스스로 과학사
및 철학사에 있어서 또다시 경험적 연구의 하나의 대상이 된다. 다시 말하
면 그것은 논리적 분석에서는 정신의 자기 해명의 대상이다. 이렇게 인식
작용 속에서 분열된 것이 여러 형태의 방법으로 서로 얽혀서 또다시 전체
가 개시되지 않고, 자신 내에서 집어삼켜진다.

현실성 구분의 원리

1. 자연과 정신

세계 속의 현실성은 자연과 정신이라고 하는 양극 속에서 나에 대해 나타난다. 현실성은 자연으로서는 침투하기 어려운 것, 단적인 타자, 낯선 것이며, 정신으로서는 내부로부터 접근할 수 있는 것이고, 거기에서 나는 나 자신의 하나의 타자로서 나 자신과 가까운 곳에 머물러 있다. **자연의 현존**은 그 단순한 객관적 존재 속에서 존립해 있다. 이 객관적 존재는 확실히 나에게 있어서 객관이기는 하지만 그 즉자적 존재는 나에게 있어서 항상 접근하기 어려운 것일 것이다. **정신의 현존**은 주체의 대상적 지향을 매개로서 존립한다. 나는 이들 주체를 이해하고 그렇게 하는 것에 의해 이들 주체를 나에 대한 객관으로 삼는 것이지만, 하지만 그 경우, 이 객관적 존재가 동시에 정신의 즉자적 존재와 같이 접근할 수 있는 방법으로 이 객관적 존재는 세계정위적 연구에 있어서, 정신의 즉자적 존재는 나 자신이 현실적으로 생성되는 것을 통해, 이들 주관을 나에 대한 객관으로 삼는 것이고 또 이 객관적 존재와 정신의 즉자적 존재가 나에게 있어서 상호간에 관계 지어질 수 있는 방법으로 그렇게 하는 것이다. 자연의 현존에 대해 나는 자연을 인과적 설명에 의해 **파악하려** 접근한다. 이들 인과적 설명을 갖고 나는, 마치 내가 자연을 **만들어낼** 수 있는 것같이, 자연 속에서 행동한다. 그런데도 실제상은 나는 그때마다 다른 방법으로, 자연을 단순히 **외부로부터 취급하는** 것에 지나지 않는 것이다. 역사적으로 **나와 만나지는** 것으로서의 정신의 현존에 대해, 나는 이 현존을 **이해하고자** 접근한다. 이 경우 나는 이 현존을 자기화와 반발에 의해 나 자신에게 도달하게 하고 또 나의 고유한 이념에 재촉당해 나를 받아들이는 것에 스스로 **참여하는 것이** 다. 자연 속에서 나는 그 자체가 대자존재가 아닌 낯선 것을 인식한다. 정신 속에서 나는, 그 자체가 하나의 인식하는 자로서 나에 의해 인식되는 친근한 것을 인식한다. 자연 인식에 대해서는 이념은 인식하는 자로서의 나의 속 에 존재하지만, 이에 반해 자연 속에는 이념의 유익한 진보에 있어서 자연 을 인식할 수 있는 그 불가해한 상관개념이 존재함에 지나지 않는다. 정신 의 인식에 대해서는, 인식되는 것 자체 속에서 정신적인 힘으로서의 이념 이 존재한다. 그리고 나는 인식에서 이 이념에 참여하고 또 인식의 도상에 서 이것을 만족할 만하게 변화시키는 것이 가능한 것이다.

2. 도달할 수 없는 것에서 한계

세계정위는 즉자적 존재와 상대하는 것이 아니기 때문에, 우리들은 세 계정위가 자연과 정신에 관해 한계에 직면하는 것을 보았다. **자연의 인식** 은 그것이 제압할 수 없는 무제한성을 마주 보고 있었다. 자연의 인식에 대해서는, 침투하기 어려운 것과 무질서한 것이 겨우 통계적 규칙성 속에 서 질서로서 나타나는 것에 지나지 않는다. 이 무한성과 무질서 속에서 존 재하는 것 그 자체는 자연의 인식에 있어서는 수수께끼로서 남는다. **정신** 과학은 이해불가능한 것의 한계에 부딪힌다. 이 이해불가능한 것은 정신과 학에 있어서 단적으로 역사적인 것으로서 객관화를 비웃는 것이지만, 세계 정위의 모든 것을 넘어 가까워질 수 있는 것을 지나서 자유와 상호소통 속 에서 스스로 근원적인 나 자신으로 존재하는 것이다. 무한성도 실존도 연 구가능성과 지식가능성 속에 들어가는 것은 아니다. 모든 객관적 지식은 무한성을 극복 혹은 배제하는 것에 의해 또 실존을 배제하는 것에 의해 스스로를 실현한다. 무한성을 극복 혹은 배제한다고 하는 것은 그때마다 특정되고 제한된 대상을 설정하는 방법적 진보를 통해 일어난다. 실존을 극복 혹은 배제한다고 하는 것은 대상적인 것을 일반적인 것 및 보편타당한 것으로 흐리게 하는, 모든 충동의 저지를 통해 일어난다. 이와 같은 방법적 자기 억제는 모든 가치판단과 평가 없이 사실 자체에 주의를 기울이라는 요구 속에서 표현된다.

세계정위의 한계는 세계정위에 있어서 인식된 것이 그 자체에 있어서는 존립하지 않는다라는 것을 의미한다. 자연은 현실적인 것으로서는 항상 인식된 것 이상의 것이다. 말하자면 자연 속에는 인식이 이 근거에서 안쪽으로 빛을 비추지만 객관에 빛을 보낼 수는 없는 하나의 어두운 근거가 있다. 이해할 수 없이 무근거한 것은 유의미하게 질문되어야 할 것은 아니다. 그것은 각각의 상황에 따라 공포를 불러일으키거나 혹은 근거 없는 신뢰를 불러일으킨다. **정신의 삶**은 단지 실존을 근거로 해서만 존재하지만, 실존 그 자체는 정신과학에 있어서는 객관적으로 인식될 수 없는 것이다. 확실히 정신은 올바른 것, 규칙, 방법과 같은 것에서 자신의 어두운 근거로부터 가상의 밝음으로 이끌어져, 완전히 이해될 수 있는 운동의 공허한 메커니즘으로 되는 것이 가능하다. 자연과 정신의 인식에 있어서 인식불가능한 것은 인식가능한 것에 침투하려는 모든 노력을 끌어당기는 자석이다. 하지만 자연 인식의 한계에는 단적으로 불가해한 것의 심연이 입을 열지만 이에 반해 정신과학의 한계에서는, 이들 정신과학 그 자체에 충동을 부여하는 실존으로부터 실존을 향한 상호소통이 수행되는 것이다.

3. 사중의 현실태

단순한 대립으로서의 자연과 정신은, 현실성의 분류를 보기 위해서는 불충분하다. 현실성은 다중적으로 분열되어 있다. 이와 같은 현실성의 분류는 연역되어야 할 것은 아니고 단지 찾아내야 할 것이다. 현실성의 어딘가에 가장 깊은 도약이, 사람이 언제나 다시 건너뛰어 은폐하고자 하는 것에도 불구하고 언제나 새로운 근원성을 갖고 반복해 스스로를 관철하고 있는 그 모든 도약, 존재하는가 하는 것이 질문되어야 할 것이다. 이들 도약은 단 하나의 원리로 현실성을 환원하는 것을 불가능하게 하고 또 하나의 포괄적인 이론이라고 하는 이념에 근거한 현실성의 인식을 불가능하게 한다. 하지만 동시에 이들 도약은 상호간에 관련되어 있는 방법과 범주에 의해 총괄할 수 있는 것같이 보이는 세계 속의 모든 세계의 경계를 정한다. 이들 도약은 긴 시간 동안 사유되어왔음에도 불구하고, 오늘날까지 더욱이 일반적으로는 승인되어 있지 않고 또 사실적으로 완전히 해명될 수 있지는 않기 때문에, 이들 도약의 설계도를 그린다는 것은 단지 여태까지 성취된 세계정위 속에서만 가능한 것에 지나지 않는다. 다시 말하면 이와 같은 설계도는 언제나 존재하는 것에 대한 궁극적 통찰은 아닌 것이다.

세계정위에서 객관이 되는 현실성은 사중의 것이다. **물질, 생명, 영혼 및 정신**은 현실적인 대상성의 이질적인 양태들이다. 이들 네 개의 것은 이와 같은 현실적 대상성의 이질적 양태들로서, 그 자체로 대상으로서가 아닌 세계 속에 있어서 각각 서로 관련해 있는 여러 세계들로서 존재한다. 도약들을 말소시키고 이들 여러 현실성 속의 하나를 본래적인 것이라 간주하고, 그것을 기준으로 다른 현실성을 비현실적인 것 혹은 그것의 산물 내지 결합체라고 간주하는 경향은 현실성 자체에서 좌절된다.

물질은 죽은 자연이다. 물질은 단지 양적으로만 파악될 수 있다. 물질적 과정의 질서는 역학적인 모델 표상의 도움에 의해서든 장의 구조 안에 있든지 불문하고 여러 메커니즘에 있어서의 수학적 형식을 통해 파악된다. 거기에서는 측정가능한 것이 객관적으로 현실적인 것이다. 거기에서는 죽은 현존이 스스로에게 있어서 외적인 법칙 밑에서 흘러가며 산란되는 것이다.

생명은 그때마다 변화하며 스스로를 유지해가는 태어나서 죽어가는 전체로서 존재한다. 생명은 물질과 유사한 것으로서 스스로의 존립을 위한 물리·화학적 과정을 갖는다. 수학적으로 파악된 질서는 형성되면서 동시에 스스로 형성하는, 자기 보존적인 대자존재의 현존의 총체와 대응하는 것이다. 생명은 자기운동, 신진대사, 성장, 번식이라고 하는 생명의 모든 표식을 통해 객관적인 현실성으로서 존재한다. 생명 있는 현존은 스스로의 환경에 관계하며 고유한 법칙에 근거해 스스로를 발전시켜가는, 하나의 전체 존재이다.

영혼은 내면성 혹은 체험의 현존으로서의 의식이다. 물질의 유사물인 체험의 현존으로서의 이 의식은 긴장하고 이완하는 만족 혹은 불만족으로서의 주관적 현존의 총체 속에서 질서 지어진다. 마음은 표현 속에서 객관적 현실성을 갖는다. 영혼의 현존은 현존의 감정으로서 스스로의 환경을 내면적인 것의 의식으로 삼는다.

정신은 자기의식적인 대상적 생각 내지 의도이다. 이 대상적 생각 내지 의도는 상호간에 무관계하고, 고립되고 분산된 모든 행위 속에서 물질의 유사체로서 존재한다. 즉 정신은 이념을 통해 처음으로 정신 그 자체로서 질서 지어진다. 말하자면 정신의 현실성은 언어, 저서 및 행위 속에서 전달되는 표현을 통해 객관적으로 존재한다. 정신적 현존은 스스로가 만들어낸 하나의 세계 속에서 발견된다.

이들 현실성의 각각은 각각 선행하는 현실성을 스스로의 **현존의 전제 조**건으로 삼고 있다. 공간과 시간 안에 있는 모든 것은 물질이며 단지 그중에 약간의 객관만이 생명이다. 더욱이 이들 객관 중의 약간의 것이 표현을 통해 영혼으로서 접근할 수 있는 것이 되고 더욱이 또 이와 같이 영혼이 된 객관 중의 어떠한 것이 전달을 통해 정신적인 교제 속에 들어가는 것이 가능하다. 정신은 영혼 없이는 비현실적이고, 영혼은 생명 없이는 비현실적이며, 생명은 물질 없이는 비현실적이다.

따라서 각각의 현실성의 인식도 또 각자 그 대상에 대응해 또 변동하는 정도에 따라 선행의 현실성의 **인식**을 전제 조건으로 삼고 있다. 그렇다고 선행하는 것이 보다 포괄적인 것으로서 나중에 오는 것의 인식을 감싼다는 것을 의미하는 것은 아니다. 오히려 나중에 오는 것은 현실성으로서도 그러함과 같이, 인식에 대해서도 고유한 근원을 갖고 있는 것이다.

4. 세 가지 도약

인접한 두 가지의 현실성 사이의 도약은 그때마다 특수한 것이다. 어떠한 경우에도 이 도약은 하나의 단계 계열에 있어서의 규칙적인 진행이 아니고 완전히 새로운 차원이 밝혀지는 것이다. 이 도약이 그때마다 거기에 이끌어가는 모든 현실성은 동일한 의미로 존재하는 것은 아니다. 세계정위 속에서 모든 현실적인 것에 공통되는 것은, 즉 공간과 시간 속에 존재한다고 하는 것은 확실히 이들 현실성의 모두에 고유한 것이다. 하지만 측정가능성으로서의, 생명으로서의, 표현으로서의, 또 전달로서의, 이들 현실성 객관성은 어떠한 추리로부터도, 오랫동안의 발전으로부터도 이끌어 내어질 수 없고, 그때마다 근원적인 것이다.

물질과 생명 사이에서 비약은 여전히 공간 속의 포착가능한 객관 사이의 구별을 통해 나타난다. 더욱이 실제로 있는 객관으로서의 유기체는 물질을 포함하고 있고 또 물질적 현실성이라고 하는 관점에서는 특수한 형식에서의 물질임에 지나지 않는다. 그럼에도 불구하고 도약은 절대적이다. 생명을 다르게 환원할 수 없는 고유한 현실성이라고 보는 것을 거부하는 사람은, 물리·화학적 대상의 현실성을, 이들 대상이 모든 존재자의 소재를 결정짓는다는 이유로 동시에 유일한 현실성이라고 간주하는 사람이다. 이와 같은 사람에게 있어서는 생명을 유기적 물질로부터 만들어내며, 생명의 과정을 화학적, 물리적 과정으로 남김없이 해소하는 것을 아직 허용하지 않는다고 하는 것은 현재의 인식의 상황일 뿐이다. 그는 생각한다. 자연 속에서 유기체에 의해 생성되는 화학물을 인공적으로 만들어내는 것이 가능했던 것과 같이 생명을 유기적 물질로부터 만들어내거나, 생명의 모든 과정을 화학적, 물리학적 과정에 남김없이 해소하거나 하는 것은 왜 성공할 수 없는가라고. 하지만 일단 생명을 생명으로서 보게 된 사람에게 생명은 소재와 동일한 의미의 현실성이 아니라 하나의 고유한 현실성이다. 그에게 있어 모든 살아 있는 것의 전제로서의 원시적인 유기조직체에 관한 명제는 생명을 이미 다른 것으로부터는 이끌어내어질 수 없는 것으로서, 생명 그 자체로부터 이해한다. 이 전제 밖으로 나가는 것이 아니라 이 전제에서 탐구해간다고 하는 것이 연구가 행해야 할 사항으로서 남는 것이다.

생명과 영혼 사이의 도약은 공간의 차원을 남겨둔다. 우리들이 모든 현존재자 속에서 공간으로부터 벗어나는 것이 불가능한 이상, 우리들은 약간의 정당함을 갖고, 비유기적 세계와 유기적 세계라고 하는 두 개의 현실성밖에 존재하지 않는다라고 말할 수 있다. 왜냐하면 생명, 영혼 및 정신은, 현실성으로서는 공간적으로 하나 속에 존재하기 때문이다. 생명과 영혼이 긴 세월 동안 동일시되어왔다고 하는 것은 이해할 수 있다. 다시 말하면 목적을 갖고 시간 속에서 실현되는 일련의 형태를 갖는 유기조직체와 내면적인 것의 주관적인 현존 양태라고 하는 것은 원리적으로 동일한 것으로서 병렬적으로 나타나는 것이 가능하기 때문이다. 하지만 살아 있는 유기조직체의 외면적인 객관적 현실성으로부터 체험하는 **의식**의 내면성에 이르기까지에는 도약이 존재한다. 생명으로서의 현존과 의식으로서의 현존이라고 하는 것은 서로 떨어져 끌어내어질 수 없는 것이다.

영혼과 정신 사이의 도약은 체험하는 의식으로부터 지향적(대상들에게 향해진) 의식을 향한 도약이다. 이 지향적 의식은 **말로 표현된 사유의 연속성**에서 언어의 도움으로 있으며 또 **자기의식**과 맺어져 있다. 모호한 것은 개념적으로 파악되지도 않고 또 반성도 되지 않은 표상이기 때문에 이미 의식된 영혼에 고유한 것이다.

영혼으로부터 정신을 향한 비약은 보다 명백한 대비적인 고찰을 요구한다. 다시 말하면 영혼은 체험으로서 감각, 감정, 충동, 욕구이며, 정신은 개관과 계획을 자유롭게 수행하는 기능으로서 **오성과 의지**이기 때문이다. 현실성으로서의 영혼이 현존을 유지하고 충실하게 하는 근원적 통일성을 가지는 것과 같이, 정신은 그 통일을 만들어내는 실체로서 **이념**을 갖는다. 그리고 이념의 현실성은 단지 오성과 의지의 매개에서 존재할 뿐이며 오성과 의지로서 이미 존재하는 것은 아니다.

영혼은 고립적으로 사유된 개인 속에 비역사적으로도 현존하지만, 정신은 개인이 **사회와 역사** 속에 들어가는 한에서만 개인 속에 현존한다. 영혼은 유전가능한 것으로서 사유될 수 있으며, 정신은 **전통**에서 유래하는 것으로부터 역사적인 자기 창조의 과정에 있어서만 사유될 수 있다. 확실히 정신도 영혼과 같이 개인 속에서만 현실적이다. 그러나 그럼에도 불구하고 개인이 객관적 형상 속에서 일반적인 것으로서 자기의 **의미를 표시하는** 한에서 그러하다. 개인의 주관성으로서의 정신은 객관적 정신에 참여하는 것에 의해서만 존재한다. 이 경우 각 개인은 설령 하나의 연결체의 부분으로서 객관적 정신의 공동근원이 된다고는 해도 이 객관적 정신을 만들어내는 것은 불가능한 것이다. 정신적 존재자로서 나는 **역사적으로 나에게 접근해오는 이념** 속에서 그때마다 통일되는, 하나의 일반적인 것으로서의 객관적 정신으로부터 이야기 걸어진다. 영혼의 현실성은 정신과 비교하면, 단순히 비역사적으로 일어나며 무시간적인 법칙성을 따르는 것으로서 자연에 가까운 것이다. 하지만 영혼의 현실성은 구체적 내용을 수용할 준비가 되어 있고 또 정신의 토대로서 이들 내용을 실현하는 능력이 있다.

영혼과 정신 사이의 도약을 파악하기 위해서는 엄밀한 의미와 **전달**에서 **표현**의 날카로운 구분이 필요하다. 양자는 모두 신체성, 가시성, 경청가능성, 영혼과 정신의 경험적 현실성이다. 하지만 영혼의 표현은 사념되지도 의욕되지도 않고 단순히 거기에 존재한다. 이에 비해 정신은 질문받아야 할 것이고, 또 답을 주는 것이다. 영혼은 자기의식을 동반하지 않는 직접적 무규정적인 감정 속에서만, 즉 동정과 반감 속에서만 상호소통으로 들어간다. 이에 비해 정신은 일반적 내지 객관적인 것의 상호소통 속에서 자기를 전달한다.[1] 확실히 모든 전달 속에는 동시에 표현이 존재한다. 왜냐

---

1) (원주) 이에 반해 실존의 상호소통은 충동적, 심적인 상호소통이 아니며 일반적, 정신적인 상호소통도 아니다. 그것은 이 양자를 매개로 삼아 현재적 공동생활에서 근원적 해명이다. 영혼은 이미 수동적이지 않고 실존에 의해 감동된 영혼으로서 자유롭게 떠맡아지고 또 형성된다. 정신의 역사성은 더 이상 객관적 내지 일반적인 것이 아니고 실존으로서 현실적이다. 이 경우 실존은 다른 실존과 함께 그 자신 스스로의 속에서는 모든 밝음을 넘어 포괄적이고 어두운 근거에 멈추어 있고, 그것의 편에서는 단지 정신의 현상 속에서만 객관적으로 된다.

하면 정신은 단지 영혼 속에서만 현실적이기 때문이다. 하지만 표현은 아직 전달은 아니다. 표현은 무의식적인 것이고 이러한 것으로서 의도되어 있지는 않다. 정신은 2차적으로만 비로소 표현에 대해 사념하는 것이 가능하다. 그 경우 표현은 정신에 의한 영혼의 작위적이고 불순한 기만이 될 수 있는 것이다. 하지만 정신적 사념에 의해 침투되어 있는 표현은 정신성에 의해 비로소 가능하게 된 영혼의 현존의 가시성으로 된다. 이와 같이 정신성에 의해 가능하게 된 영혼의 현존은 정신적인 밝음의 근거 내지 결과로서 무한히 풍요로운 것이 되는 것이다.

5. 도약과 이행

현실적인 것에 있어서의 객관적 한계는 죽은 물질과 생명 사이에서만 예리하며 비약적이고 그 후에 오는 도약들은 기만적으로 은폐되어 있다. 생명과 나란히 이미 영혼이 현존하는가, 또 영혼과 나란히 이미 정신이 현존하는가라고 하는 것을 사람들이 모르는 경우에는, 모든 한계는 객관적으로는 확실하지 않다. 사람들이 예를 들면 신체적 유기조직이라고 하는 의미에 있어서의 생명을 식물 속에서, 생명과 영혼을 동물 속에서, 생명과 영혼과 정신을 인간 속에서 각각 본다고 하면, 연구가능한 현실성 속에서 근본적으로 생각된 도약이 이행인 것과 같은 시각을 나타낸다는 것을 알아차릴 것이다. 단순한 생명에 비하여 **영혼적인 것의 표현의 한계**는 예리한 객관적 기준에 의해 존재하는 것이 아니다. 마치 죄를 의식하고 있는 것과 같이 두려워하면서, 화를 내는 주인에게 다가오는 개와 인간 사이에는 이미 현저한 간격이 있다, 그리고 이 개와 꾸물거리는 지렁이 사이 또한 지렁이와, 그것의 운동을 더 이상 말로써 체감할 수 없는, 살아 있는 것의 사이에는 엄청난 간격이 있다. 동물에게 있어 객관적 연구는 영혼적인 것의 표현을 이해하는 것이 아니라 완전히 납득하는 것, 행동을 기술하는 것이어야 한다. 우리들은 동물 행동의 내면성을 물을 수도, 주장할 수도, 반박할 수도 없다. 일체 모든 생명이 영혼적인 내면성을 갖고 있는가 여부는 완전히 연구할 수 없는 것이다. 양쪽 경우 모두 외면적으로 파악가능한 생물학적 현존과 이 내면적인 것 사이에는 하나의 도약이 존재할 것이다.

정신적 현존의 한계는 인간과 동물 사이의 도약과 동시에 일어난다. 하지만 객관적 연구에서는 착상 내지 고안, 개인적 재능에 의한 성공의 차이, 다른 개체들에 의해 발견된 것의 모방의 가능성 등에 의한 침팬지의 지적 활동은 단순한 영혼적 현존으로부터 정신적 활동성으로의 이행인 것처럼 보인다. 확실히 거기에서는 최초의, 그때마다 매번 급속히 소진해가는, 결합된 활동의 순간적인 빛의 번쩍임이 보이기는 하지만, 이들 활동에는 언어와 사유의 전개에 의한 연속성이 빠져 있다. 그런데도 고찰에서는, 단순한 동물적 현존과 인간과의 친근성 사이에는 이행이 나타날 수도 있는 것 같이 보이는 현격한 거리가 있다. 하지만 이와 같은 **이행**을 현실적으로 사유하는 것은 성취될 수 있는 것이 아니다. 사람들은 인간이 육체적으로 동물로부터 생기며, 그리고 자신의 혈통의 모든 표식을 근본적으로 새로운 것임에도 불구하고 육체상의 외관에서 역시 지니고 가는 것과 같이, 단순한 생명의 자연적인 후예로부터 정신이 생성되는 완만한 과정에서 중간 부분이 소멸될 수 있다는 미사여구로 도약을 은폐한다. 이와 같은 방법으로는 결코 도약을 이해할 수 없다.

가장 일반적인 형태에서 후예의 혈통에 대한 사유는 **세계정위적 연구**에 있어서는 자명하다. 그러나 그것은 근원적인 자기존재의 장의 의식으로서 정신의 의식에게는 **이율배반**에 빠진다. 연구는 이행을 구하며, 그리고 경탄할 만한 굉장히 많은 형태 연관을 발견한다. 그러나 사실이 강제적으로 이야기하는 것 이상의 것을 알고자 하는 경우에는 쉽게 착각에 빠진다는 것은 자기존재가 단순히 도약의 사실성에 대한 객관적 통찰에 근거해서만 존립해야만 한다는 것은 아니다. 다시 말하면 자기존재는 인간의 영혼으로서, 이미 정신적 현실성의 공간 속에서 스스로가 심연과 같이 깊이 동물로부터 분리되어 있는 것을 알고 있으며 또 자신의 육체성 속에서 도약을 확신할 때까지 거기에 멈추어 있다. 그런데도 모든 생물의 통일성에 관한 불명료한 자연적 감정은 이 도약을 은폐해버릴지도 모른다. 인간의 영혼과 인간의 육체를 마치 거기서 다른 형태로 동일한 것처럼 동물의 세계에 빌려줄 수는 없다. 그렇기 때문에 살아 있는 동물에 대한 진정이 아닌 친근함은, 그것이 자연적 존재자에 대한 순수한 태도가 아닌 경우에는 인간에의 배신 혹은 절망의 표현인 것이기 마련이다. 그런데도 자연적 존재자에 대한 순정한 태도가 취해지는 경우에는 비이성적 현존도 또 그에 상응하는 방법으로 사랑 혹은 혐오의 대상이 되고 또 초월하는 기능 속에서만 독해될 수 있는 존재의 언어가 되는 것이다.

어떤 통찰에 의해서도 기초 지어져 있지 않은 이행에 의해 모든 것을 하나로 만들어버리는 것이 아닌 단지 현실성 영역의 관계만이 세계정위적 연구의 대상이다. 확실히 후행하는 영역의 각각이 선행의 영역을 항상 스스로의 고유한 현존의 조건으로 삼고 있다, 반면에 후행하는 영역의 모든 성과는 선행하는 모든 영역의 현존 양태 속에도 존속할 수 있다. 이렇게 유기적 생명의 산물이 죽은 지질학적 성층으로서 남는 것이다. 영혼적 과정은 예를 들면 신경계통의 의사가 발견하는 것과 같이 신체상의 잔재를 남긴다. 정신적으로 획득된 것은 영혼적 형태 속에 존속하고, 그 결과 명료한 정신적 의식 속에서 그 최초의 현실성을 발견한 것이, 후에는 무의식적인 습성이 되어버린다. 다시 말하면 자유가 영혼의 충동적 행위로 변형되어버리는 것이다. 정신은 영혼이 되고, 영혼은 유기적 생명이 되고, 유기적 생명은 죽은 물질이 된다. 하지만 모든 순간 정신은 하나의 영혼 속에서만, 영혼은 단지 생명 속에서만, 생명은 단지 물질을 통해서만 존재한다.

그렇기 때문에 그때마다 선행하는 현실성의 인식은 나중에 오는 현실성을 미리 추측할 수 있다. 이것은 예를 들면 생명에 의해 낳아진 죽은 물질의 연구와 생명이 그것에 의해 하나의 규정적, 인과적 요인인 지구의 역사 연구를 불명확성으로 이끄는 것은 아니다. 왜냐하면 죽은 것과 생명이 있는 것의 한계는 설령 최근 백 년간에 처음으로 그렇게 되었다고는 해도 대개 명석하게 되어 있기 때문이다. 생물학적 연구가 이미 동물의 거동을 연구하는 즈음에 심리학에 부딪힘과 같이, 신체 병리학은 원인으로서의 심리적 모든 요인에 부딪히는 것이고, 그 결과 양자는 함께 불가피하게 불명확한 것이 된다. 영혼의 경험적 연구는 인간의 심리학으로서 가장 넓은 범위에 걸쳐서 정신적 생을 미리 생각하지 않을 수 없지만, 그 경우 정신은 정신 그 자체로서가 아닌 그 영혼적 형태에 있어서 영혼에 종속하는 부자유한 것으로서 관찰되는 것이다.

6. 이들 현실성의 부인, 절대화 및 단순화

정신을 어떤 비현실적인 것, 현실성에 붙어 있기는 하지만 그 자체로는 현실적이지 않은 단순히 의미 내지 가치를 갖는 것에 지나지 않는 것이라고 간주하려는 **경향**이 있다. 사실 정신의 현실성은, 그것이 단순히 공간적으로 측정불가능할 뿐 아니라 영혼적 현실성으로부터 비약적으로 분리된 것으로서 사유되는 경우에만 관찰될 수 있는 방식으로 존재한다. 정신은 단순한 관념적 내지 무시간적 가치와 대립하여 존재하는, 정신이 그것을 생각하며, 그리고 정신이 거기서 자기 자신을 형성하는 자신의 매개체인 현실성이다. 정신은 시간 속에서, 그리고 공간적 개체에서 현존 내지 운동이고, (자기 자신과 관련된 존재)이며 또 그렇다고 하는 것에 의해 현실적임에도 불구하고 자유로우며 역사적이다. 다른 여러 현실성은 확실히 시간 속의 사건의 연속으로서 수동적이고 역사적이라고 해도, 본질적으로는 그들의 무시간적인 법칙 내지 질서 속에서 인식된다. 역사적인 것의 계기는 확실히 생명에 있어서 의미가 있고 영혼에 있어서는 더욱 한층 그러하다. 그러나 거기에서 이 계기는 어디까지나 이 역사적 현존의 객관적 측면에 멈춘다. 그리고 단지 정신만이 본질적으로 역사적이다. 왜냐하면 정신은 가능실존에 대해, 전통과 변화 속에서 그 자신 스스로에게 관계 지어져 있기 때문이다. 정신에 있어서 무시간적인 것 내지 법칙적인 것은, 그것이 인식되는 이상 역사적 현존의 계기이기는 하지만, 이 현존의 핵심 내지 본질은 아닌 것이다. 정신의 역사성은 정신을 짊어지고 가는 실존에서 자신의 근원을 갖는다. 실존에 있어서 정신의 자유는 단순한 공간에 지나지 않지만, 이 실존은 세계정위에 있어서는 접근하기 어려운 것이다. 그리고 그것은 철학적 실존해명에 있어서 처음으로 자기확신에 도달한다. 이 실존의 자기확신은 세계정위를 초월해가는 도상에 있어서의 정신의 객관성 속에서 단지 그때마다 실존으로부터 실존에게 만나질 수 있다.

정신의 현실성의 부인은 **자연을 무언가 종국적인 것, 존립하는 것, 완결된 것이라고 간주하는 경향**, 즉 본래적인 현실성이라고 간주하는 경향과 조응한다. 그 다음에 우리들의 인식은 접근하기 어려운 것의 한계 **사이에** 항상 멈추어 있다고 하는 것이 잊혀져 있다. 다시 말하면 우리들의 인식은 다른 것 사이의 하나의 존재인 하나의 공간으로 나아간다. 이렇게 우리들의 인식은 정신을 넘어서 실존에 다다르는 것이 아니며 또 자연의 궁극적인 근거에 다다르지도 않고 그들 앞에 정지해 단지 세계정위에 대해 나타나는, 그 모든 규칙성 내지 법칙을 파악하는 것에 지나지 않는 것이다.

이와 같은 허위의 경향 내지 그 외에 다른 경향은 단순히 세계정위 속의 구별을 의미하는 것에 지나지 않는 것을 하나의 **생활신조의 존재의식으로 표현**하게 한다. 이 경우 이들 허위의 경향은 단순히 하나의 현실성의 존재를 향해서만 몰려가고, 모든 다른 현실성을 이 유일한 현실성의 형태로 강요하고, 현실성을 존재 자체로 절대화한다. 혹은 현실적인 것과 비현실적인 것, 자연과 정신 등의 공인되지 않은 최종적인 두 가지의 구분을 고착시킨다.

사려 깊은 세계정위는 이것과 다르게, 사실적인 존립의 인지를 다양하게 구분한다. 하지만 이와 같은 세계정위에 있어서 설령 현실성이 네 개로 구분된다고는 해도, 한정된 관점 밑에서는 그때마다의 두 개의 구분은 보존된다. 이렇게 사람들은 영혼과 정신을 생명과 같이 취급하여, 죽은 물질의 자연을 생명으로부터 구분하고, 혹은 물질과 생명을 물적 자연으로 같이 취급하여, 심적 세계로서의 영혼과 정신에 대립시키고 또 사람들은 정신과 영혼, 생명과 물질적 자연을 나누고, 이러한 모든 것을 수동적인 생기로 취급하여 능동적이고 자유로운 정신성과 대비시킨다. 모두 이와 같은 구분은 상대적으로는 옳은 것이지만 그 이상의 것은 아니다. 객관적, 물적으로는 비유기적 자연과 생명의 최초의 구별이 권위 있는 것이고, 이 구분만이 거기에서 구분된 것을 공간 속의 물체로서 나란히 놓게 하는 것이다. 외적으로 지각가능한 것으로서의 물적인 것과, 내적이며, 외적으로는 지각불가능하며, 단지 표현에서만 고지되는 것으로서의 심적인 것의 구별은 생명으로부터 영혼으로의 도약에 해당하는 것이고 동시에 또 이것에만 한정되어 있는 것이다. 다른 세 개의 현실성의 영역으로부터 정신의 구별은, 오성, 의지, 그리고 그것을 꿰뚫는 이념 속에 나타나는 자유의 단일성 속에 그 근거를 갖고 있다.

모든 세계정위적 인식이 **중간적 존재**라고 하는 것은 정신의 현실성 속에서 다음의 점에서 명확해진다. 즉 정신의 자유는, 이해적 연구의 대상이 되는 경우와 같이, 단순히 실존적 자유의 최초의 단계에 지나지 않는다고 하는 점에서, 바꾸어 말하면 단순히 지식으로서의 자기의식의 자유와, 그리고 단순히 관념적 법칙성의 자유에 지나지 않는다고 하는 점에서 명확해지는 것이다. 실존은 모든 세계정위의 밖에 있으며, 그리고 게다가 세계정위를 스스로의 충동에 의해 성취시킨다. 그러나 실존 자체는 그것이 동시에 정신적 이념의 담당자이기도 한 경우에 **영혼과 생명** 속에서 운동하는 것과 같이 **정신** 속에서도 운동한다. 실존은 하나의 새로운 현실성이 아니며, 인식에 대한 하나의 다른 차원도 아니고, 다른 세계도 아니다, 세계정위를 초월하는 도상에 있어서 그때마다 자기 자신을 해명해 자기 자신을 영혼 내지 정신으로서 단지 현상에서만 세계정위의 가시성 속에 몰아넣는 그 근원이며 근거이다. 이렇게 모든 개별적인 현실성 영역이, 하나의 도약에 의해 분리된 인접한 현실성 영역 속에서 그 한계에 부딪히는 것에 반해, 자연과 정신이라고 하는 경계 영역은, 그 배후에는 세계정위의 어떠한 새로운 현실성도 나타내지 않고 그곳에서는 파악하기 어려운 암흑, 여기에서는 불가능한, 하지만 스스로 현재하는 실존이 나타나는 것과 같은 한계에 부딪히는 것이다.

정신의 영역

현실성을 구분하는 문제는 정신 자체를 그 객관성 속에서 구분하는 문제 속에서 하나의 새로운 형태를 취한다. 철학에서 논리학, 미학, 종교철학, 윤리학 등은 정신적 생의 영역으로서의 지식, 예술, 종교, 행위 등을 연구하는 과학으로서 취급되었다. 다시 말하면 이들 과학 속에는 존재하고 있는 하나의 전체가 그 안에 포함되고 확증되어야 할 것이라고 생각되었다. 혹은 이들 영역은 이러한 철학에 대립하며 하나의 체계성으로서 단지 세계정위적 과학에 대해서만 인식되며, 그리고 다시 그곳으로 넘겨주어야 할 것이라고 생각되었다.

실존에서 자신을 실현하는 개시 가능성으로서의 정신은, 흡사 그것이 자기 자신 속에서 자족하는 현존을 갖는 것같이 그 보편성에서 고찰될 수 있다. 그 경우 모든 영역의 구분은, 관찰자에 의해 정신과는 무관한 대상을 구분하는 것이 아니고, 자기 자신에서 자기를 구별하는 정신의 자기이해라고 하는 근원적 의미를 갖는다. 정신은 자신의 현실성에서 정신의 기능의 하나의 영역으로서의 이 정신 스스로에 대한 지식을 지식에 의해 파악한다. 정신은 모든 영역 속에서 스스로를 명확하게 식별하는 것에 의해 이 하나의 영역 속에서 스스로를 완전히 포괄시키는 것이다. 이것은 정신의 자기 자신에 대한 근원적 태도를 표현하는 것이다. 나는 단순히 역사를 배울 뿐 아니라 정신과학의 역사 또한 배운다. 하지만 이러한 자기이해 속에는 거기에서 이해되는 정신의 정지된 존재를 똑똑히 보여주는 것은 아니다. 거기에서는 정신 고유의 존재가 정신의 생성의 역사적 과정에서의 하나의 요인으로서 변화해가는 것이다.

그렇기 때문에 정신의 자기 분류는 첫째로 체계적인 경직에서 최종적인 것은 아니다. 다시 말하면 영역의 구분은 고정된 구분으로서는 모든 것의 편리한 도식적 분류를 제공하며 반복적으로 서로 교차하는 방법으로 가능하다. 둘째로 정신의 자기 분류는 세계정위의 과정에 있어서 영역에 맞서서 이해되는 **정신의 자기 자신과의 투쟁** 속에서 본질적인 근원을 갖는다.

1. 영역의 가능적인 구분

정신의 분류는 매번 하나의 고정된 역사적 관점에서 한정된 타당성을 갖는 상대적 도식으로서 수행되는 것이고, 결코 정당하며 최종적인 구분으로서 수행되는 것은 아니다. 또 모든 역사적 관점의 종합은 단지 무한성으로 실현될 수 있다. 왜냐하면 자체 속에 자신을 포함시킨다는 것은 정신의 의미에 반하기 때문이다. 정신은 오히려 끊임없는 동요 속에서 스스로를 발견하는 것이고, 그것은 확실히 그때마다의 규정된 현상 속에서 스스로를 무한한 것으로서 발견하지만, 그 경우에도 새로운 분류의 가능성에서 변하기 쉬운 전체로서 스스로를 발견하는 것이다. 홀로 이들의 새로운 분류 속에서만 정신은 그 자신 스스로를 상대적이며 가변적인 구별 속에 있는 것으로서 사유한다. 그럼에도 이것의 상대적이며 가변적인 구별은 세계정위적인 통찰로서 확실히 곧바로 고정화로 유혹하는 것이다.

이와 같은 분류의 가능성을 상호간에 서로 상대화되도록 하는 목적을 위해 이들 가능성의 몇 가지를 도식적으로 간단하게 예시하도록 해보자. 먼저 처음으로 정신의 의식형태라고 하는 관점으로부터 정신의 분류가 있고, 이어서 그 자신의 현실성에 대해 정신의 만족하는 방식에 의한 분류가 있으며, 마지막으로 정신의 현존이 정지된 형태인가 운동하는 형태인가에 의한 정신의 분류가 있다. 다시 말하면,

A. 사람들은 주객 분열의 의식 속에서 정신의 **형태**를 묻는 것이 가능하다. 이들 형태 속에서 정신은 대상을 향해져 있는 활동을 통해 스스로를 실현한다. 그러므로 **대상과 능동성**이 형식적으로 대립된다. 그리고 이어서 대상의 영역과 능동성의 영역이 계속 다음과 같이 구분된다.

1. 대상적 영역

a) 논리적 범주 속에서 파악된 개념으로서의 **사유가능한** 대상. 이것은 무수히 많은 모든 관계에서 또 한없는 연관으로부터 이루어지는 세계에서 존립한다.

b) 자기 안에서 완결된 것으로서의 또 그때마다의 대자 세계로서의 **미적 대상.**

c) 상징으로서의 **신화적 대상,** 이것은 현재적이며 충실한 것이기는 하지만 동시에 미완결적인 것이기도 하고 또 사라져가는 것이다.

대상적인 영역에 있어서는 정과 오, 미와 추, 성과 속이라고 하는 구별이 들어맞는다.

2. **능동성의 영역**

a) 인간 사회의 세계에서 목적을 갖는 **행동.**

b) 직관, 자기화, 자기확신, 내적 행위로서의 **관조.**

c) 저작의 창작으로서의 **모사.**

능동성의 영역에서는 선과 악, 참과 거짓, 순수와 불순이라고 하는 구별이 타당하다. 능동성은 실체적인 것으로부터 형식화된 것으로 타락할 수 있다. 즉 행동이 이념이 없는 행위가 되고, 관조가 구속이 없는 수동적 고찰이 되고, 작품의 창작이 단순한 제작 내지 업적이 되어버리는 것이 가능한 것이다.

B. 사람들이 정신의 현실성에 대한 정신의 만족 내지 불만족에 눈을 돌릴

때에는 다음과 같은 세 개의 경우에 따라 세 가지 분류가 가능하다. 정신이 언제나 지속하는 미래에서 자신의 성취를 실현하는가(무제한성), 현재에서 자신의 성취를 실현하는가(완결성), 아니면 충만하게 된 과정에서 자신의 성취를 실현하는가(무한성). 정신은 주로 개별과학적, 강제적 연구에서, 더 나아가 목적을 갖는 행동에서 권력을 추구하는 데서 무제한의 길에 이르게 된다. 정신은 가능적인 미적 종결에서, 예술작품의 창조와 향유에서, 모든 현재적인 것이 완성된 경우와 같은 아름다운 순간에서 완결성을 갖는다. 정신은 여러 현실적 순간에 있어서 스스로를 완결시키며 중단을 모르는 도정으로서의 충족된 과정에서 무한성을 갖는다. 이러한 것으로서 정신은 도덕적 행위에서, 진정한 철학함에서, 이념과 실존의 현상에서 존재한다. 다시 말하면 정신은 이것으로부터 자신에 대해서 이미 정신의 현실성의 타락된 형태인 자신의 무제한성과 완결성에 혼을 불어넣는 것이다.

C. 사람들은 **정신의 현존 영역**을 묻는 것이 가능하다. 그리고 먼저 **인격의 영역**으로서의 정신의 현존을, **사실의 영역**으로서 정신과는 무관한 현존을 구별하는 것이 가능하다. 인격의 영역은 개별적인 인격성으로서의 현존과 공동체로서의 현존으로 구분된다. 이 두 개의 현존은 상호간에 의존하면서도 상이한 양태의 현실성을 갖는다. 인격성의 본래적인 현실성에 있어서 정신적 현존은 자신에 대해 의식하고 있으면서 동시에 다른 사람을 보고 있다. 공동체의 현실성에 있어서 정신적 현존은 만들어지고, 생각되고, 믿어지고, 느껴지고, 행위되는 것으로서 인격적 객체로부터 분리될 수 없는 자기의식과 관계되지 않고 존재해 있다. 이러한 자기의식으로서는 공동체는 오히려 항상 단지 개인 속에서만 현실적으로 존재하는 것이다. **인격성의 영역과 공동체의 영역**은, 인격의 현존하는 현실성의 두 가지 존재하는 방식이다.

하지만 정신은 타자로서의 자연을 지배하며, 그리고 정신의 현존의 목적을 위해 혹은 정신의 본질을 표현 내지 전달하는 것으로서 자연을 이용함으로써, 정신은 말하자면 제2의 자연을 사실의 영역으로서 세운다. 이제 이 제2의 자연은 그 이후의 정신의 생활에서 부여된 것이 된다. 자연의 영역은 그것이 사유에 의해 지배되든가 혹은 사유에 의해 정신의 타자로서 인식되어 정신의 한계 내지 장애가 되는 한에서, 동시에 정신적인 하나의 영역이 된다. 이와 같이 비정신적인 것이 정신에 대해 하나의 현존을 획득하는 것에 의해 정신은 그 자신 스스로를 넘어서 밖으로 내다본다. 하지만 정신은 스스로가 포착한 것을 이미 정신적으로 확실한 것으로서 파악한다. 정신에 있어서는 침투하기 어려운 것, 영원히 타자가 되는 것은 단순한 저항 내지 재료임에 지나지 않는다. 단순히 알려진 것으로서 그것은 **자연의 영역**이고, 만들어진 것으로서 그것은 **저작의 영역**이다.

D. **정신의 현존 영역**은 만약 사람들이 정신의 **발전**에 주목한다고 하면, 정지된 형태에서가 아닌 더욱 나아가 운동하는 형태에서, 구별되어야 할 것이다.

정신은 하나의 **반성되지 않은 생활형태**로서의 현존을 갖는다. 즉 정신은 스스로의 현실성을 묻는 것 없이 현실적이다. 정신은 의도적으로 행해지지 않고 창조한다. 정신은 끊임없는 변화로부터 오는 불안을 눈치채지 못하고 자신 안에 조용하게 숨겨져 있다. 이와 같이 반성되지 않은 현실성에서 정신은 언어사, 풍속사, 종교사의 대상이 된다.

다른 편에서 정신은 **자신의 세계의 물질적 현실성**을 통해 현존을 갖는다. 이 물질적 현실성은 생산의 질서와 사회학적 의존관계와, 그리고 공동체적 행위의 고정화를 매개로 인간의 공동체에서 그 객관성을 갖는다. 정신은 자신의 물질적 현실성의 이와 같은 형태에서 경제사, 법률사, 교회사, 정치사의 대상이 된다.

정신의 현존의 이들 두 개의 뿌리에 비하여, 정신은 어떠한 종말에도 다다르지 않는 하나의 과정에 의한 자기해명 속에서 자기 자신에 도달한다. 정신은 자신의 어두운 존재를 대상적 창조 속에서 명백하게 하며, 그 자신 스스로를 반성하며, 자신의 현실성의 모든 형태를 문제 삼는다. 정신은 이러한 것을 그때마다의 개별적인 인격성을 통해 행한다. 이들 개별적인 인격성은 자기의 환상과 지식을 갖고 다른 사람들이 자신들을 재인식하는 공간을 해명하는 것이다. 정신은 스스로의 자기이해의 이와 같은 형태에서 미술사, 문학사, 철학사, 과학사의 대상이 된다.

이러한 분류는 더욱이 **확장되고, 증가되며**, 부분적으로는 **평행선**을 만나고 또 다른 점에서는 서로 **결합**되고 이어서 상위와 하위의 질서 속에서 **치환된다**. 하지만 거기에서는 항상 어떠한 하나의 의미가 명백해질 뿐이고 결코 **전체**가 명백해지지는 않는다. 분류는 그때마다 단순히 논리적으로 완성일 수 있음에 지나지 않고 자기 속에서 완결적인 실체를 파악하는 것은 불가능하다.

정신의 전통적인 모든 영역, 즉 인식, 윤리, 예술 및 종교는 위에 특징지어진 구별에 따르면 복합적인 구성체가 될 것이다. 예를 들면 윤리학에서는 정신적 현존의 이와 같이 규정된 모든 영역이 행동하는 활동을 매개로 하여 존재한다. 설령 언뜻 보았을 때, 혹은 하나의 고정된 관점에서는 세 개의 측면 중 하나만이 중요하게 보인다고 해도 무제한성, 완결성 및 무한성은 모든 정신성 속에, 즉 과학, 예술, 윤리의 어느 것에서도 발견된다. 즉 정신적인 생활은 이들 세 개 측면의 부단한 종합인가, 그렇지 않으면 단순히 무제한한 것 혹은 단순히 완결된 것을 향한 공허화인가, 그중 하나이다.

설령 전통적인 네 개 영역이 종국적인 것은 아니라고 해도 이들 영역은 단순히 해소되어야 할 것은 아니다. 이들 모든 영역은 생성된 것으로서 역사적이다. 하지만 이들 모든 영역도, 그것들을 수정한 것도, 또 다른 질서도 우리들에게 결정적으로 중요하지는 않다. 이러한 것들은 단지 언제나 구체적인 정위도식에 머문다. 그것들은 어디에서든지 효력이 없는 것이다. 설령 이 도식이 —모든 영역을 명목상 최종적으로 보이는 것으로 고정화하며— **전승된 교양 있는 현존에서 본래적 관조를 향한 내적 행위를 결여하고** 있기 때문에 스스로를 더 이상 비상시키지 않는 본질적으로 고찰적인 하나의 생활 태도에 대해 잠시 동안 세계관적 타당성을 갖고 있었고, 그리고 현재도 또 확실한 의사 표시에서 이것을 갖고 있다고 해도, 그래서 그럼에도 불구하고 다음과 같이 명백하게 말해질 수 있을 것이다. 즉 확실히 단순한 비판에 의해서는 아니지만, 진리의 현재를 우리들이 한층 만족하게 되는 방법으로 스스로의 내용 속에서 표현하고 있는 이념에 근거한 창조에 의해 이와 같은 도식은 언젠가는 돌파될 것이다. 예전의 분류는 우리들 자신이 아직도 여전히 뿌리내리고 있는 과거의 그 정신적 교양의 형식으로서 그 의의를 지킬 것이다. 최종적이며 명석한 한계 설정은 불가능하다. 왜냐하면 정신은 자신의 가능적인 형식에 있어서와 마찬가지로 종결불가능하기 때문이다. 정신은 실존에 의해 유지되며 게다가 실존은 정신의 전체화의 모든 양식을 또다시 돌파해가는 것이다.

2. 영역의 투쟁

단 하나의 것이 정신의 근본 현상으로서 남는다. 즉 정신일반은 자기를 **자신 속에서 분류하는** 것이고, 근원적으로는 정신의 가능성의 조화로운 총체 속에서 존재하는 것은 아니다. 정신은 **투쟁상태에** 있는 영역에서 분리된다. 그것은 외견상 하나인 정신과 그 각각의 고유한 필연성이 상호배제하는 다수의 영역과의 문제이다. 관념론적 철학 속에서 전체의 통일과 조화를 전제로 하는 정신적 영역의 모든 정리된 고찰과 분류는, 정신의 개별적 영역의 독립에 대해 경험적으로 관찰하고, 이들 영역의 고유 법칙성을 의미 해석적인 설명에 의해 전체에 대한 이들 영역의 반항을 폭로하고, 모든 영역의 갈등과 투쟁을 먼저 지적하고, 이어서 사실상 내지는 이론적으로 의식된 종합 내지 총체적 형상화를 지적한다고 하는 것은 우월성을 갖고 있는 것이다.

투쟁 일반은 단지 부분적으로만 의미 있고 일반적으로 파악될 수 있는 무수한 현실의 역사적 갈등 속에 근거해 있다. 종교적 계시는 오성에 있어서 부조리한 것을 요구한다, 이에 반해 오성은 무모순성과 수미일관성을 요구한다. 종교적 충동은 성애를 절멸하고자 하지만, 성애의 편에서는 반대로 종교적 충동에 대해 반항한다. 윤리적 규범은 전쟁과 정치적 행동을 부인하지만, 전쟁과 정치적 행동 측면에서는 독자적 근거에 근원한 필연성을 통해 이들 자신에 의미를 부여한다. 정신적 존재자로서의 인간은 자신의 사실상의 투쟁의 의미를 해명하고 이 투쟁에 있어서의 자기 자신을 정당화하려 시도한다. 정신적 존재자로서의 인간은 자신의 현실의 투쟁을 해석하려고 시도하며, 그리고 그것에서 자기 자신을 변호하려고 한다. 다시 말하면 그는 진실한 것으로서 촉진되어야 할 것이 그에게 나타나는 것처럼 생각되는 체계적 사상을 전개하는 것이다.

세계정위적 고찰은 이와 같이 스스로를 **의미 있는 것으로서** 만드는 모든 **관점을 이상형적 구성** 속에서, 그리고 경험적 현실성 속에서 확립하고자 시도한다. 세계정위적 고찰은 현실적 투쟁을 부분적으로는 자신을 절대화하며 자신의 고유 법칙성을 무제한하게 관철하고자 하는 영역의 대립으로부터 이해한다. 이와 같은 고찰은 맨 먼저 **고유 법칙성**을 그들의 **수미일관성**에 있어서 탐구한다. 이들 고유 법칙성은 단순히 논리적 추론으로서 자신을 나타낼 뿐 아니라 상황의 전개로서 혹은 심리학적 필연성으로서 혹은 자신을 자기 속에서 대립시키고 또다시 합일시키며 실현하는 변증법으로서 나타난다.

이와 같은 수미일관성에 근거해 저항하는 것에 대립해 투쟁이 생겨난다. 이 투쟁은 타협에 의해 지양될 수 있지만, 그것에 의해서 수미일관성도 동시에 지양되어버린다. 수미일관성, 투쟁 및 타협은, 합리화가 보다 더 철저해지면 해질수록 그만큼 명석하게 된다. 확실한 순간에 있어서 명석한 사유에게 예리하게 구분되어 있는 것이, 그럼에도 불구하고 역사적으로는 일반적으로 상호간에 얽혀 있다. 때로는 상호간에 서로 점화하며 해명하는 영역의 결정적인 반정립이 투쟁 속에서 일시적으로 섬광을 발하는 경우도 있지만, 합리화라고 하는 관점에서 보면 모호하게 공존해 있는 경우가 한층 더 빈번하다.

사람들은 그가 결합할 수 없는 것을 사유하고, 원하며, 행하고 있다고 하는 것을 완전히 눈치채지 못한다. 예를 들면 그리스인은 어떠한 순간에는 제우스를 맹세의 보호자 내지 가정의 수호자로서 숭배하는 것이 가능하며, 다른 순간에는 제우스를 간통자로 인정할 수 있다. 또 사람들은 예수 그리스도를 믿고, 예수의 에토스(ethos)를 승인하고, 이론적인 양심의 동기에 근거해 이것을 표현하면서, 게다가 사실적인 상황 속에서는 다른 동기에 근거해 행동하도록 강요받는다고 생각하는 것과 같은 경우가 있다. 합리적인 명석성이 비로소 모든 영역의 고유 법칙성을 현실적으로 분리한다. 합리적 명석성을 위반하는 것은 이성의 품위를 손상한다고 보기 때문에 이 합리적 명석성에 몸을 바치고 또 그것의 강요에 구속받는 자만이 처음으로 부단한 투쟁의 결과인 정신의 분리가 자체 내에서 해결 없이 나타나는 무수한 곤란을 자신에게 가져오는 것이다.

모든 **영역**이 그들의 고유 법칙성에 따라 인식될 때 이들 영역의 관계가 문제가 된다. 왜냐하면 자기를 자기 자신에서 분리하고 있는 정신은 자기를 절대적으로는 분리하는 것이 불가능하기 때문이다. 다시 말하면 정신은 설령 투쟁 속에 있는 경우에도, 자기 자신과의 분리에 있어서 자기 자신과 맺어져 있다. 고찰에 대해서는 모든 영역의 관계에 대해 수많은 가능성이 부여되어 있으며, 투쟁은 수많은 가능성 중에 단순한 하나의 가능성임에 지나지 않는다. 이들 가능성을 도식적으로 구성하면 다음과 같이 된다. 즉

a) 단순한 **공존**으로서의 관계

여기에서는 모든 영역이 서로 나란히 존재한다. 하나의 영역이 타당함과 같이, 다른 영역도 또 타당하다. 모든 것에 유용할 것 같은 시도가 행해진다. 갈등이 발생한 경우에는 타협이 시도되지만, 이 **타협**은 하나의 영역의 무제약성도 또 그 영역의 지양도, 똑같이 회피하고자 시도한다. 개인은 의식적으로 결단하지 않고 또 수미일관성도 없이 어떨 때에는 이 영역에, 어떨 때에는 저 영역에 봉사한다. 인간이 구분한 모든 영역이 같은 정도로 타당한 것이 된다면 게다가 그 결과로 개인이 어떤 영역에도 봉사하지 않아도 된다면, 거기에는 다음과 같은 하나의 질서가 성립할 것이다. 즉 그 질서 속에서는 인간의 근본적인 불균등에 근거해, 모든 유형의 인간이 다른 유형의 인간에 대해 그 고유의 법칙을 승인하는 것에 의해 현존하는 권리를 부여하는 것이 될 것이다. 공존이 이미 원활하게 이루어지지 않게 되었을 때 타협이 시작된다. 타협은 두 개의 기교를 사용한다. 논리적 논증

에 있어서는 항상 정식화와 증명이 가능하고, 이들 정식화와 증명은 이들 증명에 의해 좁혀진 눈에는 그럴 듯한 하나의 결합을 가능하게 한다. 이와 같은 정식화는 항상 반복되는 갈등에 대해 어려움이 남으면 안 되는 경우에는 일반적인 것으로서 통용된다. 이리하여 예를 들면 루터는 연장자에 대한 복종이라고 하는 정식에 의해 병역을 그리스도교와 결합하였다. 다른 또 하나의 기교는 심리학적인 것이다. 즉 그것은 그 자체에서 괴리된 내적 태도의 원활한 공존과 순서가 임의적인 공존을 제한하는 정식 속에서, 하나의 내적 태도가 다른 것을 항상 잊고 있는 것과 같은 방법으로 일어나도록 한다고 하는 것이다.

b) **수미일관성의 투쟁**으로서의 관계

여기에서 모든 영역은 상호간에 투쟁상태이다. 이들 영역은 그때마다 실재적인 현상을 상호간에 제한하며 파괴한다. 한 사람의 인간이 모든 영역에 연결되는 것은 불가능하다. 그는 본질적으로 한계 지어져 있는 것이기 때문에 하나의 영역을 잡을 때에 다른 영역을 제외한다. 인간은 선택하고 이 선택의 의미를 해명하며, 그리고 이것에 고착된다. 사람은 혼란스러운 다양성에 대해 의미의 수미일관성과 연관성을 선택한다. 이러한 의미의 수미일관성과 연관성이 그에게 본래적으로 일어나는 합리적 파악에서 그는 객관적 의미의 척도를 발견한다. 그가 합리적으로 정식화된 이러한 의식된 의미에 근거해 행동할 때, 그는 "공리공론가"라 불린다.

c) **계층질서로서의 관계**

여기에서 모든 영역은 상하관계로 질서 지어진다. 모든 영역이 타당하고 실현된다. 혹 모든 가능성의 제한된 공간으로서의 현실 세계 속에서 선택되어야 한다면, 단지 갈등의 경우에만 선택의 규칙이 부여될 것이다. 하지만 각각의 영역은 그 영역 자체가 정점에 두어진 경우, 이 영역은 자체의 입장으로부터 보아 하나의 다른 계층질서가 존재하는 것을 안다. 이리하여 모든 영역은 윤리적 절대성에도, 종교적 절대성에도, 미적 절대성에도 똑같이 종속될 수 있는 것이다. 이것은 근본적으로는 모든 영역 사이의 하나의 새로운 투쟁을 의미하는 것이지만 이 경우에는 그 때때에 있어서 절대적인 영역은 다른 영역을 전혀 배제해버리지 않고 그 각각의 위치를 관용한다고 하는 점에서 다른 투쟁들과 구별된다. 이러한 원리는 단계질서를 권리 승인과 일치시키는 것이다.

d) 모든 **영역의 통일**로서의 관계

이 모든 영역의 통일은 세계정위 속에서는 어떻게 해도 발견될 수 없고 또 창조될 수도 없다. 확실히 거기에서는 모든 영역의 관련에 대한 시사가 주어진다. 예를 들면 과학적 인식에 대한 종교적 동기, 신비적인 것을 향한 도약으로서의 지성(ratio), 종교적 직관으로서의 예술, 예술적 내용으로서의 종교적 신화 등이 그것이다. 하지만 이러한 시사는 세계정위에 있어서 가시적이게 되는 객관적 중심을 향해 수렴되지는 않는 것이다.

정신의 모든 영역의 모든 구성은, 세계정위적 연구의 수단으로서 사실적 투쟁의 의미에 접근하는 것에 적절하다. 이와 같은 의미 해명은 정신과학의 효과를 이 투쟁 자체의 하나의 요인이게 한다. 모든 투쟁자는 자기를 정당화함과 동시에 자기 자신을 이해하는 것에 의해 이들 정신과학을 자기를 위해 이용하고자 시도한다. 하지만 정신과학은 그것이 어디까지나 상대적인 정도에 따라 또 그 자신의 가능적인 모든 입장에 근거하는 지식이라고 하는 것을 알고 있는 정도에 따라 바로 그 연구이다. 정신과학은 무제약적인 것을 인식하지는 않지만, 바로 그것에 의해 본래적인 진실성을 향한 길을 여는 것이다. 정신은 궁극적으로는 자기 자신을 빠져나가 실존을 정시하기 위해 자기 분열에서 파악된다. 세계정위는 의미의 한계에까지 나아가는 것은 가능하지만, 거기서부터 실재적 투쟁을 충분히 파악하는 것은 불가능하다. 모든 영역의 투쟁의 근원으로서의 실존의 무제약성은 지식에서는 접근하기 어려운 것이다.

3. 모든 영역의 지양

연구에 있어서 영역론이 정신적으로 현실적인 것에서 상대적으로 탐구하기 위한 수단으로서 적합하다고 해도, 이들 영역론에 의해 얻어진 범주에 **구체적인 정신적 현실성을 포섭**한다고 하는 것은 그럼에도 불구하고 어디에서나 진실은 아니다. 이와 같은 범주는 그것이 해당하는 하나의 측면을 단순히 그때마다 현실성으로서 갖고 있는 것이다. 예를 들면 과학적 저서는 예술작품으로서 보는 것을 허용하는 측면을 갖고 있으며, 예술작품 가운데서도 특히 시는 빈번히 직접적으로 동시에 인식작용이기도 하다. 하나의 행위가 윤리적으로 분석되는 것 같은 측면을 가지면서 게다가 종교적으로 파악되는 것이 가능한 것이다.

인식, 윤리, 예술 및 종교를 **보편적으로 여러 영역**으로서 병치하는 것에 의해 그 구별 속에서 각각의 영역의 본질을 적절히 알아맞힌다고 하는 것도 성취될 수 없다. 각각의 영역은 그 핵심에 있어서는 그때마다의 특수한 형태에서 정신의 전체로서 드러내는 것이고 이 형태를 특수한 것으로 고집하는 것은 공허한 정식 속에서 모든 내용의 상실에 의해서만 가능하다. 그러므로 이와 같이 경계 지어진 각각의 개별적 영역에 관한 철학도 또한 사실상 정신에 관한 하나의 전체적인 철학이 된다. 특수한 형태에 대한 물음은 단지 **그때마다의 고유 법칙성**과 형식적인 구조의 설명만을 답으로서 받아들이지만, 이와 같은 설명은 그 자체에 있어서 **올바른** 것이지만 이들 영역에서 나타나는 정신의 **본질**을 기만하는 것이다. 강제적으로 논리적인 것, 미적 정당성, 형식적, 종교적인 것, 도덕적 법칙의 승인에 근거한 의무에 적합한 행위 등은 진리의 형식 내지 조건이기는 하지만 결코 정신의 진리 그 자체는 아니다. 정신의 진리 그 자체는 이념 속에서 스스로를 확실하게 하는 것이고, 수많은 것에서 저 고유 법칙성의 모순과 관련하여 문제가 되는 것으로서, 모순과 동일시될 수 있다.

모든 영역의 투쟁은 어떠한 최종적인 해결에서도 지양될 수 없었다. 다시 말하면 이 투쟁의 진리는 오히려 정신적 이념을 넘어서 실존을 향해 이끄는 것이었다. 의미에 대한 궁극적 양자택일의 구성적인 가능성의 어떠한 전개도 정신을 매개로 하는 실존의 접촉에서 단지 상대적인 자기이해 이상의 것은 아니다. 여기에서 결정적인 대립이 느껴질 수 있지만 그럼에도 불구하고 이들 대립이 사유되는 경우에, 이들 대립은 이미 절대적이지 않게 되는 것이다. 궁극적인 가능적 양자택일, 즉 다수의 신들로서의 모든 영역의 지양하기 어려운 투쟁인가, 그렇지 않으면 정신의 총체성에 있어서 정신의 완전한 종합에서의 통일인가라고 하는 양자택일이 우리들을 연대하는 것은 아니다. 왜냐하면 정신은 그 자체로서 이미 근원적으로 종국적 완결성을 결코 획득해 있지 않고, 정신을 매개로 하는 갈등의 모든 형태는 역사적 상황에서의 실존적 투쟁의 자기이해의 형태이기 때문이다.

그러므로 모든 영역은 유일한 진리를 향한 도상에 있어서 스스로를 단지 상대적이고 개별적인 형태로서, 그들 자체로서 본래적으로 투쟁하지 않는 모든 형태로서 또다시 지양한다. 그런데도 실존은 이들 모든 영역 속에서 실존 자신에게 있어서 유일한 진리를 향해 다가간다.

하지만 혹 이와 같은 **통일성**이 존재한다 해도, 그것은 단지 자기의 정신적 현상을 떠맡은 하나의 실존에서 교차점으로서만 존재한다. 진정한 통일은 단지 이와 같은 실존의 초월자에서만 존재한다. 이렇게 확실히 거기에는 모든 영역의 분리가 그것에 근거해 지양되는 것같이 보이는 하나의 입장이 부여될지도 모르지만, 그 경우 이 입장은 이미 지식의 입장은 아닌 것이다. 하지만 세계정위에서는 통일성을 향한 이와 같은 추론이 생기지 않는다. 오히려 이와 같은 통일성으로부터 적대자 간의 가장 격렬한 투쟁에서 친화성이 주어지는 것이다. 하지만 논리적 정식화에서 알려진 것으로서의 정신의 모든 통일성은 세계정위에서 사실과 의미가능성에 직면하여 지탱할 수 없는 것이다.

정신의 분류는 자신의 운동, 분열 및 자기 발견에 있어서 정신을 나타낸다. 즉 정신의 분류는 다른 여러 근원을 모든 영역에서 사유될 수 있는 것으로서 느껴질 수 있게 한다. 정신의 분류는 영역이 순수하게 되는 경우에는, 형식화를 나타내고 또 어떠한 고유 법칙성에서도 객관적으로 파악될 수 없는 실체성을 나타낸다. 정신의 분류는 그것의 부분들을 단지 외면적으로만 개개의 정신과학에서 분할에 이용될 수 있게 한다. 정신의 분류는 본래적으로 있는 그대로의 전일한 정신을 파악하는 것에 의해 완결되는 것이 불가능하다. 왜냐하면 정신은 자기 자신에 의해 존재하는 것이 아니기 때문이다.

현실 과학의 분류

1. 현실 과학의 일반적 구분

현실적인 것을 물질, 생명, 영혼, 정신으로 나눈 구분에 따라 현존하는 모든 것의 내용이 그들 밑에서 남김없이 분할되는 네 개의 과학, 즉 물리학, 생물학, 심리학, 정신과학을 병립시키는 것은 용인할 수 있다. 그렇지만 현실적인 것의 객관성의 양태는 네 개의 영역 각각에서 다르며 또 모든 현실성은 서로 밀접한 관련을 맺고 있기 때문에 단순히 병립시키는 것은 불가능하다. **물리학**은 (화학과의 통일성에서) 상대적으로 자기 속에서 연관되어 있는 연구영역이다. **생물학**도 또 그와 같은 것이지만, 동시에 그것은 단지 정밀 자연과학과의 관계를 통해서만 그와 같이 되는 것이다. 생물학은 자신의 고유한 근저를 불분명하게 그대로 남겨두면서, 스스로의 걸음의 각 단계에서 이들 정밀 자연과학을 이용한다. **심리학**은 이미 철두철미하게 의심스러운 것이다. 즉 그것은 사실상 생물학적인 것 내지 정신과학적인 것이 되어 있든가 그렇지 않으면 보편과학으로서 행동한다. 마지막으로 정신과학은 단지 인간의 문서, 작품, 행위, 제도의 연구로부터 야기되는 다양성으로서만 현실적으로 존재한다. 정신과학은 물리학과 생물학과 같은 통일성을 결코 갖지는 않는다. **정신과학**은 세계관적인 투쟁의 무대이고, 이들 세계관적인 투쟁이 문제설정과 연구양식의 의미 내지 가치만이 아닌 연구의 대상 그 자체마저도 비로소 근본적이며 최후적으로 결정된다. 거기서는 어떠한 하나의 분야의 계속적인 공동연구는 공통의 심정을 기반으로서만 설정되어온 것으로, 만인에 대해 결정적인 객관화로서 설정되어왔던 것은 아니다.

대상의 객관성의 양태가 변동된다는 것은 네 개의 과학의 **구체적 내용에 해당하는 어떠한 공통의 규범도 불가능하게** 한다. 이들 과학에서는 단지 이들 과학을 과학이게 하는 것, 즉 객관적 확정을 위한 방법에 의한 경험적 인식의 강제성이 공통되어 있을 뿐이다. 언어학자의 비판적 분석의 형식 속에는, 법학적 사유의 정확한 표현의 형식 속에는, 심리학적 분석의 명석한 이해의 형식 속에는, 자연과학자의 정밀한 사유의 형식 속에는 이들 모든 것에는 철학적인 해명 내지 철학적인 초월하는 기능으로부터 현저히 동떨어진 하나의 동일한 것이 포함되어 있다. 이러한 것들에는 공통적으로 구성적 혹은 교리론적 철학에 대한 혐오가 있다. 왜냐하면 이와 같은 철학은 사실상 모든 대상에 관한 현실적 인식으로서의 강제적 지식을 사실상 증대시키지 않음에도 불구하고 지식과 혼동하기 쉬운 형태를 취하기 때문이다. 정신과학에 있어서 연구자들은 빈번히 자연과학자로서 리비히가 다음과 같이 말한 것과 같은 판정을 철학에 대해 내려왔다. '나도 또 말과 이념에 있어서 이처럼 풍성하면서 진실한 지식과 건실한 연구에 있어서 이렇게나 부족한 헤겔철학의 시대를 살아왔다. 이 시대는 나의 생애의 귀중한 2년간을 나로부터 빼앗아갔다. 내가 꿈에서 깨어나 의식이 각성되었을 때, 경악과 공포를 나는 필설로 다 표현할 수 없다. 가장 뛰어난 천부적인 재능과 풍성한 소질을 가진 사람들이 이 현혹 속에 떨어져가는 것을, 나는 얼마나 많이 보았던가.'

그럼에도 불구하고 경험과학은 하나의 통일성도 또 하나의 명석한 계열을 만드는 것도 아니다. 경험과학은 사실상 **자연과학과 정신과학**이라고 하는 양극성 속에서 운영되고 있다. 실제의 연구 활동에서 경험과학은 언제나 다시 스스로를 이들 두 개와 무관한 전체로서 설정하는 것같이 보인다. 이들 두 개 영역의 각 한편의 연구자들은 문제와 사유에 대한 하나의 공통된 분위기를 갖고 있고 상호간에 서로 이해하고 있다. 자연과학자들은 결정적이며 일의적으로, 정신과학자들은 여러 모든 역사적 한계 속에서, 그런데도 대부분의 경우, 이들 두 개의 과학자군 사이에는 하나의 심연이 가로놓여 있는 것이 보통이고 이 심연을 초월해 다른 쪽에 시선을 향하는 사람은 극히 드물다. 이 심연은 지극히 크기 때문에, 이 두 개의 과학군을 과학(sciences, 이 경우 과학은 자연과학과 동일시된다.)과 문학(lettres, 이 경우 과학은 문학으로서 존재한다.)으로 구별하는 것은, 사실상 행해지고 있는 것을 단순히 명료하게 언표한 것에 지나지 않는 것이다.

그렇다고는 해도 일반적으로 행해지고 있는 이 이분법이 무조건적으로 타당한 것은 아니다. 이와 같은 이분법에 의해서는 순수한 생물학자와 순수한 심리학자에게 고유한 것이 사라지고 말 것이다. 거기에서는 모든 한계의 의심스러움이 은폐되어 있는 것이다. 이와 같은 분리는 연구자들을 이간시키고, 그 결과 전면적인 것에 의해서만 자기 자신을 이해하며 한계 짓는 세계정위의 진리성을 희미하게 하며, 또 실제로는 자기 완결적이지 않은 겉치레의 전체성을 위해 여러 곱의 구별을 모호하게 해버리는 경향이 있다.

현실성의 과학의 구분은 열려진 그대로이다. 그것은 인식되는 세계정위 일반의 종결불가능성 때문에 항상 열려진 채로 계속 있는 것이다.

2. 자연과학

정신과학적 연구는 그 충동을 모든 이념에 참여하는 관심과 실존으로부터 실존에게 대화하는 관심을 통해서 보존한다. 자연과학적 연구는 그 충동을 모든 사물을 그 이해불가능한 외면성에서 알고, 인식가능한 모든 법칙 밑에서 필연적으로 진행되는 하나의 생기로서 이 외면성을 조망함과 동시에, 이 인식의 힘에 의해 모든 한계에서 조망할 수 있는 것을 지배할 수 있다라고 하는 관심에 근거해 갖는다. 그에 더해서 관심은 한계에서 현존 그 자체가 나에게 파악불가능한 존재에 대한 동기가 되는 것을 재촉한다. 확실히 자연인식의 길은 무엇보다 먼저 주술로부터의 세계의 해방을 야기하고, 이리하여 그때마다 도달된 지식의 이 한계에서, 타자 내지 낯선 것으로부터 오는 자극이 인식되지 않은 것으로서의 재현으로서 항상 다른 형태와 직접성을 갖고 느껴질 수 있도록 되는 것이다. 단적으로 타자가 되는 것에 의해 동요된 존재로서의 이 자극은 역시 정신과학의 한계에서 실존이 실존과 접촉한다고 하는 의미를 갖는 것은 아니다. 자연은 대답하지 않는다. 즉 자연은 실존으로서 나에게 말하지 않는다. 자연은 정신이 아닌 것이다. 확실히 자연은 그 침투하기 어려운 으스스함 속에서 나에 대해 정신 이상의 것을 의미할 수 있다. 하지만 이 이상의 것은 밝혀지지 않고 그 자체로 가능실존에 대해 존재의 암호가 되기 때문에 단지 가능실존에 대해서만 명백하다. 정신은 인간의 세계에서 나를 지지하고, 나는 가능적 신앙으로서 정신을 통해 신앙과의 상호소통에 들어간다. 자연은 모든 현존의 근거로 나를 이끌어간다. 이들의 근거는 세계정위 속에서는 이미 유의미하게 질문될 수 있는 것조차 아니지만, 실존에 있어서는 사실성을 통해 초월하는 비약의 가능성 속에서의 도약의 출발점이 되는 것이다.

자연과학에 있어서 그들의 배후에 아마도 숨어 있을 초월을 향한 관심의 이러한 방식의 가능적인 **구분을 연구**에 있어서 **철저하게 수행**될 수 있다고 하는 것은 고유한 것이다. 자연과학은 순수한 세계정위이다. 즉 자연과학 속에서는 실존과 연구가 서로 침투하지 않고, 그래서 거기에는 다소간의 불명석함도 생길 여지가 없다. **절대적인 가치 자유성**은 정신과학에 있어서는 강제적인 것과 관련하여 단순히 제한된 가능성에 지나지 않고, 게다가 이 강제적인 것은 거기에서는 통찰의 하나의 계기이어도 그 전부는 아니다. 이에 비해 자연과학에서는 이 절대적인 가치 자유성이 원리적이며 전체적으로 가능하다. 왜냐하면 자연과학은 사실적인 것에 대한 강제적 지식과 이들 과학의 모든 전제 내지 이론의 방법적 지식에 스스로를 한

정짓는 것이 가능하고, 게다가 이미 그것에 의해 무제한한 사실의 부스러기로 만들어버리는 일은 없기 때문이다. 왜냐하면 자연과학은 그것에 의해 사실이 문제가 되거나 혹은 스스로의 그때마다의 위치를 발견하는, 이론과 체계성에서 객관화되는 연구의 이념에 의해 자신의 의미를 갖기 때문이다. 자연과학은 일반적 법칙을 인식하는 경우에 강함을 갖는다. 이에 비해 시공간적인 확장에 있어서 자연 형식의 다양성으로서의 자연사적인 것은, 여기에서도 무한한 재료가 되어버릴 염려가 있다. 마지막으로 자연과학은 그것들의 기술적 공헌을 통해 실용적인 관점으로부터 정당화될 수 있다. 이들 기술적 공헌은 그들의 성질상 정신과학에 의해서는 이미 원리적으로 성취될 수 없는 것이다. 왜냐하면 정치적 내지 경제적 행위, 발명, 조직화는 아마도 더욱 의학상의 치료법과 비교될 수 있지만, 남김없이 자연과학적으로 근거 지어진 행동과는 비교될 수도 없기 때문이다. 모든 지식과 기술적 요소를 가짐에도 불구하고 이와 같은 행위는 기술을 지배하는 것에 의해 모든 기술로부터 떨어져 스스로의 중점을 역사적 존재로서 하나의 상황 의식에 뿌리내린 능력과 책임 속에 갖는다.

자연과학적 연구는 그때마다 다음과 같이 질문하지 않으면 안 된다. 즉 어떠한 사실이 확정되어 있는가? 어떠한 이론적 이념이 지평이 되는가? 이러한 이념은 어떻게 이론으로서 합리적으로 구성되는가? 이러한 이념의 효과성, 즉 성과에 있어서만 인식될 수 있는, 모든 사실을 발견하며 관련시키는 이 이념의 능력은 어떠한 것인가? 이념이 사실과 모순되는 것같이 되는 한계는 무엇인가? 이에 반해 기술적 유용성이라고 하는 실용적 관점은 자연과학적 인식의 근원이 아니며 또 그것의 진리의 기준도 아니다. 실용적 관점은 자연과학적 인식의 적합적인 성과이고, 이 성과가 소급적으로 자연과학적 인식에 자극을 주는 것이다.

3. 정신과학

정신과학은 동질적이며 자기 폐쇄적인 과학 안에서는 하나의 정신과학으로서 하나의 전체의 분류가 되어야 할 것이다. 그런데도 사실은 그렇지는 않다고 하는 것은 왜인가, 그 이유가 밝혀져야 한다.

마지막에 오는 현실성으로서의 정신은 그 현존에 있어서는 정신을 에워싸며 제약하는 **선행의 현실성에 의존해** 있다. 현존으로서의 정신은 인과적으로 규정되어 있고 또 죽은 물질은 살아 움직이는 현존으로서 말하자면 잠시 동안 존재된 것을, 우리들이 세계정위적으로 보는 시간계열 속에 다져 넣어진 것이라고 해도 동시에 정신은 모든 현실성과 같이 고유한 근원으로부터 존재한다. 이러한 것으로서 정신은 선행의 현실성으로부터는 단적으로 파악불가능하다. 즉 정신은 자신 속에 자기의식으로서의 지식과 모든 이념에 참여해서 스스로를 실현함과 동시에 실존적 자유의 조건도 되고 매개자이기도 한, 그 자유를 갖고 있다. 왜냐하면 정신은 정신 속에서 자기를 실현하는 가능실존에 의해 떠받쳐져 있기 때문에, 이러한 측면으로는 종결되지 않기 때문이다.

정신과학의 과제는 의미로서 이해가능한 것을 경험적으로 연구하는 것이다. 세계정위에 있어서 정신은, 작품과 문서에서 또 전달, 행동, 업적에서 가까워질 수 있는 것이 된다. 이러한 것들을 이해한다고 하는 것은 이미 일상생활에서도 행해지고 있는 일이다. 즉 이러한 것들의 이해를 방법적, 체계적이며 보편적이게 하는 것이 정신과학이 해야 할 일이고, 그 성과는 또다시 현실 생활 속에 들어가는 것이 가능하다. 정신과학의 이와 같은 과제는 이해가 갖는 두 가지 한계로 이끈다. 거기에는 단순히 현존하는 것, 단순히 **자연적 현실성**으로서만 연구가능한 것에 당면함과 동시에 세계정위에 있어서는 어디까지나 불가시적인 실존에 당면한다. 정신은 자연적 현실성과의 관련에 있어서 해명된다고는 해도 종국에는 항상 다른 방법으로 파악불가능한 것으로서 또다시 나타나는 이해불가능한 것 속에 파묻혀 있다. 그리고 정신은 이해가 상호소통에 의해 대신되는 **실존**이 실존에게 느껴질 수 있게 되는 그 한계에, 이해가 다가가는 방법으로만 이해가능하다. 사람들이 정신을 그 자체로 붙잡으려고 할 때에는 두 개의 방향을 향해, 즉 한편으로는 현실성의 이해불가능한 외면성을 향해, 다른 편으로는 실존의 일반적으로 이해불가능한 내면성을 향해 열린 채로 두는 것이다.

a) 이해와 실존

정신과학적 연구는 이해가 갖는 이들 한계에서 정립되는 관점에 따라 질문되어야 할 것이다.

첫 번째 물음은, 이러한 것으로서 존립을 갖는 **경험적 확정**은 어느 정도까지 이루어졌는가 하는 것이다. 이것은 이해에 의해 접근할 수 있는 입증의 복구에 의해 행해진다. 발굴, 재건, 편찬, 문서적 내지 문헌적 증명은 사실적인 것을 모든 시대의 소유물이게 한다.

그 다음 물음은, 문헌적 내지 기념비적 전승의 내용의 의미와 이미 현실적으로 수행된 의견 내지 목적에 대한 합리적으로 규정된 이해의 성과를 묻는 것이며 또 여러 상황, 전제, 동기에 근거해 사건과 행위에 대한 개연적 이해를 묻는 것이다. 여기에서 사람들은 **규정되며 개별적인, 오성** 자체에게 **파악가능한** 구체화가 어느 정도까지 달성되었는가, 그리고 검증가능한 환원이 어느 정도까지 달성되었는가 하는 것을 묻는다.

세 번째 물음은 실현된 정신적 **이념**에 대한 연구자의 이해적 **참여**를 탐구한다. 왜냐하면 개별적인 것의 무제한성을 집중한다고 하는 것은 연구자의 정신으로부터 나와 과거의 정신과 만나는 이념으로부터 획득되는 객관적으로는 결코 정의될 수 없는 하나의 기준에 따라 본질적인 것의 선택에 의해서만 성취되기 때문이다. 이와 같은 과정은 이미 강제적으로 증명 가능한 것의 외부에 있는 것이다.

마지막으로 다음과 같은 물음이 남는다. 즉 연구된 정신성은 어느 정도까지 내가 바라보는 기존의 단순한 형상 내지 형태화에 지나지 않는가 하는 질문 혹은 상호소통과 **실존적 동화**에 대한 근거가 이와 같은 정신성을 갖고 어느 정도까지 만들어지는가 하는 물음이 남는다. 단지 이와 같이 물음에 의해서만 실존으로부터 실존에게 향하는 대화가 정신과학적 연구에서 느껴질 수 있게 된다. 이러한 경우 '개인적인 주석'은 이미 진실하지 못한 주관성이 아니고, 하나의 실존이 아직 모르는 정신과의 정신과학적 교제에서 자기를 자기 자신에게까지 가져왔다는 것을 간접적으로 표현하는 것이다. 세계정위로서의 정신과학은 형상을 갖는 모든 총체적인 것, 그리고 모든 개별적인 것도 초월해, 설령 유일한 표현 수단이 이러한 매개에 있다고는 해도 하나의 실존으로부터 나오며, 그리고 존재한다. 또한 자기 자신에 다다르도록 실존에게 스스로 향하며 이해하는 자에게 호소한다.

이상 네 개의 질문 각각은 각자 다른 이해와 만난다. 즉 첫 번째 물음은 이해될 수 있는 가능성으로서의 하나의 사실적 객관성을, 두 번째 물음은 의식일반에게 자명해질 수 있는 타당한 이해가능한 것을, 세 번째 물음은 하나의 정신의 그때마다의 전체에 이해하는 참여의 가능성을, 네 번째 물음은 단지 이해를 통해서만 획득될 수 있는 자기존재의 본래적인 이해불가능성을 만난다. 앞의 두 개의 물음은 강제적인 과학을 통해 더욱 파악될 수 있는 것을 만나며, 뒤의 두 개의 물음은 그것 없이는 정신과학 특유의 본질이 무의미하게 되는 것 같은 과학 이상의 것을 만난다.

정신의 이념에의 참여와 단독자로서 실존에 대한 상호소통은 정신과학적

연구의 두 개의 실체적인 발걸음이다.

이념에 상응하는 대상성 속에서 모든 이념을 적절하게 재현한다고 하는 것은 세계정위적인 정신과학에 있어서 강제적으로 지식가능한 것을 초월 해가는 최초의 특징적인 가능성이다. 정신은 자기 자신의 기능으로서 단지 간접적이고 지속적으로 역사적으로만 객관성을 획득하고 또 그렇게 하는 것에 의해 스스로 자기를 해명하며 동시에 자기의 고유한 현실성을 만들 어내는 공동요인이 된다. 정신에 있어서는 자신의 세계에서 정위하려는 의 지에 있어서 궁극적으로 타당한 것 혹은 사실적으로 야기되며 승인된 것이 결정적이라는 것이 아니며, 또 반대로 현재도 타당하지 않고 이전에 타당 하게 승인된 적도 없는 것이 결정적인 것도 아니다. 정신과학적 연구의 근 원적인 위대함은 오히려 정신이 잊혀져버린 경우에 이것을 그 본래성에 있어 서 찾아내고 이어서 이것을 눈에 보이도록 소생시킨다는 점에 있다. 정신과학 적 연구는 역사적 의식의 구체적 내용을 규정하기 때문에 이 역사적 의식 을 만들어내는 것에 참여한다. 이렇게 정신과학적 연구는 가능적 자기존 재를 위한 모든 조건을 획득하는 것이다.

실체적인 정신과학의 두 번째 걸음은 모든 이념 밑에 서 있는 세계에서 단독자로서 실존에 귀를 기울이고 또 이 실존으로부터 이야기 걸어진다고 하는 것이다. 이것은 확실히 항상 단순한 특수한 과제이며 결코 보편적 과 제는 아니지만, 이 과제를 충실하게 하는 것은 가장 감동적인 일이 된다. 왜냐하면 자기에게 접근하는 모든 실존과 교제하려는 실존의 의지는 정신 과학의 가장 깊은 의미이기 때문이다. 이 실존의 의지만큼은 진정한 정신 과학의 연구 속에 전인격성을 끌어 넣는 것이다. 진정한 정신과학적 연구 는 그 연구가 아무리 광범위하게 영향을 미치려고 해도, 또 그것이 외면적 인 정밀함을 아무리 노력하려 해도 지식이 될 수는 없지만 현재하는 실존을 향한 장소를 열어둔다.

그러므로 정신과학의 무제한한 소재는 혹 그것이 이미 이와 같은 방법으로 가능적으로 하나의 이념의 요소가 되고 더욱이 또 이와 같은 실존적 대화의 요소가 되는 것이 불가능하다고 한다면 무의미해질 것이다. 정신과학은 그 자신 스스로에게 있어서 명백한 혹은 또다시 명백하게 되는 이념에 참여하는 것에 의해서만 생명을 갖는 것이고 단순히 사실만을 확정하는 것은 아니다. 정신과학은 **서열과 근원**을 구별하고 관찰한다. 정신과학에 있어서 모든 사물은 정신적인 것 내지 정신에 무관한 것에서 근원적으로 존재했던 것과 파생되어 존재하는 것으로 구별된다. 정신과학은 공허한 것을 무시하고 나아간다. 명증적인 이해가능성은 그 무제한한 개별성에서는 단순히 유일한 지평을 가질 뿐이고 이념과 실존적 근원에 의해 처음으로, 서열과 실체로까지 고양되는 것이다.

정신이 정신 자신으로부터 **타락**해서 **실존으로부터 분리**되고, 그 결과 구속되지 않을 수 있다는 것을 확정하는 것은 하나의 특수한 정신적인 현실성에 해당하는 것이다.

확실히 실존으로부터의 분리는 어떠한 세계정위적 지식 속에서도 미리 생기지는 않지만, 퇴락의 양태로서의 **정신적 형식화의 가능성**은 정신과학적 연구의 모든 원리에 속한 사항이다. 정신과학적 연구의 모든 원리에 있어서는 파악가능한 개별적인 것 내지 소박한 경험적인 것은 이러한 것으로서 항상 퇴락, 아니면 가능성 둘 중에 하나이다. 정신과학의 대상으로서의 현실적 정신이 현실적인 동시에 자유일 수 있다고 하는 본래적인 유동상태라고 하는 것은, 이와 같은 사정에서 유래하는 것이다. 이리하여 여기서부터 정신과학에 있어서는 모든 본질적 통찰이 강제적이지 않고 오히려 이념 속에서만 진리를 갖는다고 하는 귀결이 발생한다. 강제적인 것은 개별적인 것, 질료적인 것이고 여기에서 과학을 본래적으로 설정하는 것은 아닌 것이다. 이념 없이는 이해불가능한 것은 공허하게 되고 형식화된 정신으로서, 올바른 것과 잘못된 것으로서, 혹은 목적적인 것과 단순히 형성된 것으로서 무제한한 것이다. 이와 같은 무제한한 것은 불가결한 생활의 목적에 대한 오성의 단순한 수단으로서 고찰될 수 있다. 하지만 이념은 결코 그렇지 않다. 이념과 가능실존으로부터 오는 충동이 결여된다고 하면 정신과학의 소재가 될 수 있을 것은 수천 년에 걸친 인간적 현존의 폐물로서 공허한 것의 축적이 되어버릴 것이다.

이와 같이 이념을 또다시 구체화하는 것으로서 정신과학이 높은 지위를 가질 수 있다고 해도 더욱이 또 그것은 **실존의 분리**에 의해 항상 위험과 맞닥뜨릴 수 있다. 그 경우 정신과학은 대상과 같은 방법으로 이념으로 향하고, 이해된 것을 고유의 생활 속에서 구속적으로 자기화하지 않고 이념을 형상적으로 바라보며, 실존과는 동떨어진 영혼의 운동 속에서, 이것을 누리는 것을 가르친다. 이해가능한 것 속에서 기능하고 있는 이념에 참여한다고 하는 것은 하나의 만족이지만, 이 만족은 이해 그 자체 속에서 획득됨에도 불구하고 혹 그것이 동시에 실존에 대한 요청을 느낄 수 있는 것이 아니면 만족으로서 지속될 수 없는 것이다.

이리하여 내가 단순히 방관적인 의식으로서 지각과 유사한 특수한 재현적인 이해기관을 움직이는 것에 지나지 않을 때에, 나는 실존함이 없이 정신의 세계에서 이해하면서 안주하는 것이 가능하다. 나의 세계정위적 행위의 일부로서 필연적인 이와 같은 태도는 혹 정신과 이념만으로 본질적인 것이 상론된 것 같은 착각이 발생할 경우에는 실존을 불구로 만드는 것이 될 것이다. 사실상 실존은 세계 속에 있어서는 어떠한 영역도 특별히 자신에게 귀속되는 것으로서 갖지 않기 때문에, 피상적 안목을 갖는 자의 눈에 정신적 현실성은 그 스스로 속에서 안주하며 기초 지어져 있는 것같이 보이는 것이다. 또 그렇기 때문에 정신과 이념의 분리도 세계정위 속에서는 나타나지 않는다. 하지만 이 분리는 실존하는 영혼으로서의 '나 자신'을 정신적 교양의 매력에 저항해 구하기 위한 조건이고 또 표현이다. 이 정신적 교양의 매력은 실존을 공허하게 하든지 혹은 단순히 사적인 무가치한 것으로서 오해해버리는 희생을 치르고 파노라마와 같이 전개된 세계를 향유하는 유혹적인 재화를 획득시키는 것이다. 근원적 절대적 의식에서 실존을 향해 초월한다고 하는 것은, 세계정위에서는 정당화되지도 않고 가능하지도 않다. 긍정적 이해는 다른 원천으로부터 나오는 것이다. 확실히 이러한 긍정성은 역사학적 교양으로부터 이끌어내어지는 인위적 내지 허위의 정열적 혹은 감상적인 구속성에 의해 대체되는 것이 가능하다. 하지만 이들 구속성은 한계의식을 결여한 이해 속에서 이미 습득되어 있는 것이기 때문에 실재의 상황에서는 바로 좌절한다. 이와 같은 실재적 상황 속에서는 이들 구속성이 결정적인 순간에 천박한 실증주의와 일반적, 인간적인 자기염려에 배신당하는 것이다.

이렇게 해서 다음과 같은 귀결이 생겨난다. 즉 정신과학은 그것이 이념을 결여한 이해가능성과 사실성을 개별적인 것에 한정하는 경우에만 자신의 인식에서 강제적이다. 이념의 참여에 의해 정신과학의 이해는 순위 매겨지는 것이 된다. 정신과학은 실존적인 자기이해에 이르는 통로가 되지만 동시에 자족적인 교양의 만족에로의 유혹도 된다. 실존을 향한 도상에서 정신과학은 이미 실존에 닿으며, 이념에의 참여를 통해 하나의 현실적인 것의 파악에서 스스로 새로운 현실성을 창조해낸다. 실존해명을 향한 길로서 정신과학은 그때마다 한 번뿐인 것이고 간접적 내지 객관적으로는 파악할 수 없는 것이다.

b) 이해와 현실성

정신의 이해가능성은 한편으로는 이해적 세계정위를 향한 모든 충동이 궁극적으로 유래하는 **실존에서 좌초됨과 동시에**, 다른 한편으로는 그것 없이는 정신이 어떠한 현존도 가질 수 없는 **불투명한 상태로 남는 자연의 생소한 현실성**에서 좌초된다. 실존은 자기 자신에게 도달하기 위하여 정신의 이해가능성에서 공간을 창조해내려고 시도함과 동시에, 그럼에도 불구하고 실존은 현존의 심연에서 정신 스스로를 인식시키기 위하여 이해의 한계인 파악불가능한 것을 향해 대담하게 밀고 나아간다.

확실히 순수한 정신을 사유하기 위해서는 정신과학적 정위의 명석함이 필요하다. 하지만 그 경우 정신적 내용을 그들의 무시간적 타당성의(예를 들면 타당한 판단의 의미의) 방향으로 대상적으로 격리하는 것이 문제인 것은 아니다. 그리고 무시간적인 타당성으로서는 이들 정신적 내용이 정신적 생의 조건이지 결코 그 구체적 내용은 아닌 것이다. 또 거기에서는 예를 들면 살아 있는 이념을 과거에 현실적이었던 대상적 이상으로 변형해 구성하는 것이나, 역사적 과정을 하나의 필연적인 정신적 발전으로 변형시켜 구성하는 것이 문제인 것도 아니다. 즉 마치 정신이 모든 다른 현실성 없이 그것만으로 존재하며 우리들에 의해 인식가능한 자신의 독자적인 법칙에 따라 자신의 역사학적 행로를 나아가는 것과 같은 **정신주의적 구성이 문제**이다. 내가 이들 정신주의적 구성을 방법적 보조수단으로서만 이용하고 또 이들 이상형적 형상에 대해 그것들이 인과적 현실적인 것에 의한 실재적인 몸통과 이 몸통의 제한 없이는 전혀 존재하지 않는다는 것을 알고 있는 경우에는, 항상 단지 잘못된 이런 순수성을 사유한다고 하는 것이 허락되는 것이다. 현실적인 것 속에서 정신이 보다 예리하게 또 가차 없이 인식되며 재인식되면 될수록, 정신과학의 세계정위적 연구는 보다 심화되어간다. 그렇지만 비현실적인 정신에서 생기 없는 존재를 정신주의적으로 퇴색시키려는 유혹에 대해서는 다른 유혹, 즉 선행되는 모든 현실성의 고찰 양식을 정신적 형상에 적용하는 것에 있어서 정신성을 잃고, 그 결과 연구가 그 본래의 대상을 강탈해버리려는 유혹이 대립한다. 내가 예를 들면 사회와 국가의 진로에 있어서 어떠한 사실적인 사건이 결정적이었는가, 어떠한 잔인한 사실과 우연이, 어떠한 자연적 사실이, 어떠한 우둔과 맹목이 또 어떠한 식견과 의지 목표가, 역사의 물질적, 경제적 내지 정치적 현실성에서 또 여러 민족의 흥망에서 역사의 진로를 규정했는가라고 묻는다면, 이들 물음은 단지 정신적 현실성과 연관하여 의미를 갖는다. 왜냐하면 그렇게 하지 않으면 연구는 단지 임의의 현실성에 향해진 것으로서, 하나의 혼돈을 향한 물음이 되어버릴 것이고 또 역사는 단순한 하나의 자연현상 이외의 어떠한 것도 아니게 될 뿐 아니라 역사로서 연구가능한 것조차도 아니게 될 것이기 때문이다. 정신과 무관한 것의 역할, 즉 자연과, 그리고 자연과 유사한 모든 것으로 정신에서 포괄적이며 규정적인 모든 것을 파악한다고 하는 것도 또 단순히 정신을 그 현실성에 있어서 인식하기 위한 조건임에 지나지 않는다. 정신의 현실성은 설령 현존으로서 남김없이 다른 현존에 의존하고 있다고는 해도 그 특이성에 있어서 근원적으로 남는다.

또 다른 예로서는 심리학적인 인과적 요인에 대한 정신적 창조능력의 의존성, 극단적인 경우에는 정신 병리적 과정에 대한 그 의존성이 있다. 이들 모든 요인 내지 과정이 연구될 경우, 여기에서 또 세계정위적 연구로서의 탐구는 정신성에 대한 관심이 경험적, 현실주의적 관점과의 긴장관계를 유지하는 경우에만 가치가 있는 것이 된다. 정신주의적인 태도는 다음과 같은 양자택일, 즉 어떠한 것은 신중히 받아들여야 할 것이고 따라서 또 건전한 것인가, 그렇지 않으면 불건전하고, 따라서 신중히 받아들여져야 할 것은 아닌가라는 양자택일을 제시하는 것이 보통이다. 그럼에도 현실주의적인 태도는 다양성, 규칙성, 법칙성과 더불어 그때마다의 유일한 특수성을 갖는 항상 이해하기 어려운 사실로서의 현실적인 것 속에 정신적인 것이 파묻혀 있는 것을 연구하고, 그렇게 하는 것에 의해 정신적인 것이 현실적으로 어떻게 진행되었는가를 알려 한다. 하지만 이 구속성이 오해되고, 연구자가 정신주의적인 태도를 취하는 대신 자연주의적인 태도를 취할 때에는, 연구자에게 있어서 결과는 다음과 같이 될 것이다. 즉 그 정신성이 '보다 이상의 어떠한 것도 아닌' 것이 되고, 그 결과 연구가 부조리하게 되거나, 어떻게 되든지 관계없는 유희가 되든가, 그렇지 않으면 결국에는 정신적인 위대함을 저하시키는 경향을 단순히 표현하는 것에 지나지 않는 것이 된다.

정신의 포괄적 존재는 다른 현실성에 의해 정신과학에 있어서 이해를 수행하는 중에 그 근원을 갖는 의미 개념과 나란히 **자연인식의 유형에 속하는 모든 개념이**, 자연과학에 있어서와 같이 본질적인 것에 해당하는 것 같은 의의를 가지지 않고, 하나의 역할을 하는 결과가 생겨난다. 메커니즘의 범주는 많은 사회적 내지 국가적 사건에 적합하고 통계와 모든 양적인 것은 정신적 현실성의 외면적 연구에서 하나의 역할을 한다. 즉 거기에서는 법칙 혹은 적어도 여러 규칙이 탐구되고, 그리고 발견된다.(예를 들면 언어학에 있어서와 같이) 하지만 그럼에도 불구하고 거기에서는 자연과학의 법칙과는 다른 법칙이 존재한다. 왜냐하면 거기에서 법칙 아래 있는 것은 그 모든 요소에 있어서 그 자체가 의미로서 현재하는 것이고 소재로서 현재하고 있는 것이 아니기 때문이다. 혹은 또 기계론적 현존의 범주가 도움이 되지 않을 경우에는 유기적 생명의 범주가 사용된다. 이들 유기적 생명의 범주는 정신적인 것을 식물적인 자기발전과 자기형성의 형태에 있어서 사유되도록 한다. 혹 이와 같은 자연화도 또 불충분하다면 충동, 본능, 의식 내지 무의식이라고 하는 심리학적 범주가 활용된다. 하지만 이들 심리학적 범주도 또, 정신과학적 연구의 시점에 있어서 본질로서 존재하는 것에 적중하지 않는다. 하지만 모든 이러한 범주는 그들의 상대적인 권리를 갖고 있다. 정신은 결코 단순히 정신이 아니라 항상 모든 현실성 속에 있는 정신이기 때문이다. 정신에 고유하고 특수한 현실성은 정신을 퇴락시키는 것과 같은 혹은 정신이 그것을 통해 또 그와 함께 처음으로 스스로를 지지하는 것이 가능한 것과 같은, 이러한 다른 현실성을 매개로 또 대조에 의해서만 파악될 수 있는 것이다.

정신과학이 자신의 이해가능한 구체적 내용을 단순한 현존과 실존의 중간에서 파악하는 것으로부터 가능할 수 있지만 무관해야 할 순수 정신과학의 인식 형식이, 이들 두 개의 한계로부터 정신과학에 들어오게 된다. 한 편으로는 현실적 정신은 항상 자연의 계기를 갖고 또 정신과학은 자연에 적합한 인식의 관점을 갖는다. 다른 편으로는 정신적 근원성은 실존에 닻을 내리고 있고 실존은 교리론적으로 스스로를 언표하든지 혹은 자유로운 그때마다 근원적인 철학함 속에서 스스로를 해명한다. 즉 교리론은 단순히 역사학적 정신과학의 대상일 뿐 아니라 교리를 극복하는 교리론과 같은 종류의 철학과 같이 정신과학적 연구자 편에서부터 보면, 그것들 자체가 하나의 뿌리이고 더욱이 또 압도적이기는 하지만 표현될 수 없는 목표이기도 하다. 그러므로 정신과학은 항상 자연화와 교리론적 정열이라고 하는 이중의 위험에 노출되어 있다. 전자의 위험은 정신과학의 관점의 상대성을 의식하는 것에 의해 비판적으로 한계 지어질 수 있지만, 후자의 위험은 단지 모든 사실에 즈음하여 객관적으로 강제적인 것을 이념과 실존적인 동화에 참여하는 경험으로부터 날카로운 분리에 의해서만 한계 지어질 수 있다. 그 객관적으로 강제적인 것 속에서는 가장 이질적인 실존과 이념에서 유래하는 일치가 달성가능하고 또 연구의 의미에 대해서가 아닌 주장의 올바름에 대해서 논의하는 것이 가능하다.

4. 자연과학 및 정신과학의 구분

여기에서는 다층적인 구분의 약간을 일별하는 것이 아니고 이들의 원리적인 의미를 명백하게 그려내는 것이다. 즉

a) 사람들은 늘 자연과학을 다음의 세 개의 큰 그룹으로 상대적으로 구분해서 관찰한다. 즉 일반적 법칙을 인식하는 정밀과학(생물학, 화학, 물리학, 실험심리학), 자연의 형식과 형태를 분석하는 형태학(광물학, 식물학, 동물학, 인류학) 및 모든 사물의 공간적 내지 시간적 현존에 관한 역사학적 지식(천체물리학, 지질학, 지리학)이 이것이다. 이들 세 개 군의 각각의 최후에 위치하는 과학(심리학, 인류학, 지리학)은 더욱 자연과학이라고 간주될 수 있는 것이며, 게다가 동시에 전혀 별개의 것으로 존재하는 특수성을 갖고 있다. 심리학은 정신을 모든 다른 현실성과 대립시키는 관점에서만 재차 자연으로서 타당할 수 있지만 그 다른 점에서는 하나의 도약에 의해 생물학과 분리되는, 그리고 그 스스로의 편에서는 정신을 선취적으로 포괄하고 있는 하나의 현실성 영역에 관계한다. 인류학과 지리학은 인간을 자연적 존재자로서 파악하고 그 역사 속에서 만난다. 이들 한계과학은 물질, 생명, 영혼, 정신이라고 하는 현실적인 것의 단계적 과정에 직면해 만족할 만한 대답에 도달할 수 없는 것 같은 물음을 향해 이끌어간다.

자연 신화는 어떠한 방법에서도 자연과학적 세계정위 속에서 자리를 차지하지 못한다. 오히려 자연신화를 배제하는 것이 실험과 계산, 통계와 결

의론, 수집, 서술, 모사를 방법으로 삼는 자연인식이 나아가는 길이다. 자연과학은 경험적으로 대상적인 것에 스스로를 제한한다. 즉 자연과학의 모든 내용은 그들 자체로서는 의식일반에 대해 존재하며, 단지 명석한 하나의 도약을 지나서 처음으로 이들 내용에 의해 가능하게 되는 새로운 (자연 신화적) 의식의 내용이 되는 것이다.

b) 정신과학은 그것의 대상을 정신의 현존적 의존성을 의미하는 현실성으로부터 분리할 수 없고 또 연구에 의해서 접근하기 어려운 진리에 대한 진리로서 서 있는 담지자로서의 실존으로부터 분리할 수도 없다. 정신의 현실성은 본래적 전체가 될 수 없는 것이기 때문에 정신과학은 근원적으로 역사학적인 과학이다. 정신과학의 대상은 단순히 사실적인, 상위의 것으로부터 이끌어내어질 수 없는 다양성으로서 역사적으로 스스로를 만들어내고 있다. 자연과학은 모든 법칙성의 무시간적 존재와 무제한하게 반복가능한 시간적 생기를 대상으로 삼는다. 이에 반해 정신과학의 실체는 그때마다 하나의 역사적 세계이고, 이 역사적인 세계를 일반적인 것과 법칙적인 것을 매개로써 규정한다고 하는 것은 항상 단지 이 역사적 세계를 보다 결정적으로 역사적 세계 그 자체로서 발현시킬 뿐이다. 또 자연과학에서는 정밀 자연과학이 지도적이며, 자연 대상의 역사학적 다양성이 일반적인 것의 빛 속에서 그들의 의미를 획득한다. 이에 반해 지도적인 정신과학은 인간 존재의 특정한 역사적 현실성의 내용을 고유의 현존에서 중요한 것으로서 또다시 현재의 이해적 직관으로 불러일으키는 정신과학이다. 일반적인 것의 추상마저도 여기에서는 하나의 역사적 색채를 통해 그들의 가치를 갖는 것이다.

확실히 정신과학에서는 **언어학의 방법**이 그것의 인식의 기초이다. 하지만 이 언어학의 연구 도정은 진정한 증거물과 문서의 비판적 생산으로부터 시작되고, 이러한 것들 속에서 현실적으로 사념된 것을 초월해 이념에서 이해를 향해 나아가고, 드디어는 현존하는 실존 속에서 내면적으로 변화된 습득에 이르게 된다. 자연과학의 연구방법은 사상 그 자체를 마치 그것이 누구에게나 동일한 방법으로 가까워질 수 있는 것과 같이 취급한다. 이에 반해 언어학적 방법은 과학적 인식의 도상에 있는 역사적 의식에 대해 과학적 인식으로서가 아닌 그 자체로 역사적인 것으로서 개시되는 사상에 접근하기 위한 단순한 전제조건을 만들어내는 것에 지나지 않는다. 그러므로 언어학의 한계를 이루는 강제적으로 증명가능한 것의 한계는 이해하는 사람의 지각 능력에 따라 유동적인 것이다. 이해하는 사람 자신이 가질 수 있는 구체적 내용은 그 경우 똑같은 내용에 근거해 관찰하는 모든 사람에 대해서 원천에 있어서 증명할 수 있는 것을 이해하는 사람 자신에게 인식시킨다. 객관적인 엄밀성은 순수하게 합리적인 내용에 대해서는 확실히 누구에게나 동일한 것이 될 수 있지만 철학적, 신화적, 종교적, 윤리적 내용에 대해서는 그렇지 않다. 단지 역사적인 공동체 속에서 널리 일치하는 사실적인, 또 언표가능한, 지식이 전제되는 경우에만 여기에서 말하는 강제적인 것의 종류와 그 척도가 한계 지어질 수 있다.

그렇기 때문에 단지 사실적인 것으로서만 열거될 수 있는 정신과학의 지리학적 영역에서 역사적 세계에 의한 정신과학의 가장 외면적인 구분은 하나의 영속적인 근거를 갖고 있다. 이들 역사적 세계는 단순히 객관적으로 병존하는 대상들일 뿐만 아니라 연구자의 입장에 의해 원근의 차가 정해지고 또 그들의 가치가 규정된다. 사람들이 고대, 이것을 기초로 하는 라틴 게르만 민족의 서양, 그와 나란히 동방, 인도, 동부아시아 등등을 열거한다고 하면, 거기에 확실히 가장 무사상적이지만 결국에는 모든 분류가 좌절되며 항상 또다시 거기에 돌아가는 구분을 발견할 것이다.

하지만 세계정위로서의 정신과학적 연구가 이들 세계 중에서 하나에만 몰두한다면, 그것은 맹목적인 것이 되어버릴 것이다. 모든 세계는 상호간에 작용하거나 혹은 공통의 유래를 가지면서 사실상의 관계를 갖고 있을 뿐 아니라, 비교와 대조를 통해서 고찰에 대해서도 상호간에 서로 해명하는 것이다. 즉 이들 세계는 그것들 각각의 고유한 역사성의 본질이 그 앞에서 보다 명료하게 세워지고 있는 배경을 상호간에 만들어내는 것이다.

그렇기 때문에 연구의 길은 **정신일반의 보편성**으로 이동해간다. 사람들은 비교에 의해 공통된 것을 발견하든지 혹은 이것을 전제하기 위해 언어, 습속, 경제양식, 정치형태, 종교, 예술 및 과학, 철학함을 모든 세계에 걸쳐서 추구한다. 일반적인 것 그 자체를 연구의 대상이게 하는 이러한 연구 도정은 확실히 봉사적인 기능을 하는 점에서는 의미 있는 보조수단이기는 하다. 반면에 그것은 목적으로서는 타당한 인식이라고 하는 기만적 성격, 누차 자연과학과의 겉치레뿐인 친근성을 갖는 것을 획득하는 것에 지나지 않는다. 하지만 정밀 자연과학과 나란히, **역사학적 자연과학**이 설령 그 내용의 풍성함에도 불구하고 결코 자연과학의 중심이 될 수 없다고 해도, 사물의 시간적 변화에 있어서의 다양성과 그들의 공간적 형성의 다양성을 서술하는 것과 같이, 반대로 역사학적 정신과학과 나란히 일반적인 것에 있어서의 정신을, 즉 정신적 현실성의 지속적인 형식과 필연성을 계획하는 이들 **체계적 정신과학**이, 가령 정신과학적 연구에 있어서 본질적인 것이 결코 될 수 없다고 해도 나타난다. 이 경우 자연과학의 오르가논으로서의 수학은 하나의 일반적인 정신과학이 대응할 것이다. 하지만 이 일반적 정신과학이 이해 심리학 속에서, 보편적인 구조론 속에서, 모든 요소와 법칙 속에서 시도된다면, 그것은 곧바로 공허한 도식에 떨어져버려야 할 것이다. 그러므로 정신과학의 구분은 어디에서도 독립적인 것이 될 수 없는 오히려 역사학적 연구 자체 속에 포함되어 있는 이들 체계적 정신과학을 주변에 밀어 제쳐버린다. 정신과학의 고유의 대상은 그 다양성에서 단적으로 역사적인 것이고, 이 단적으로 역사적인 것에서는 망각된 것이 또다시 현재하게 되고 또 현재 활동적인 것이 망각된다. 정신과학은 **정신 그 자신의 역사적 의식에서 닫히지 않은 정신의 역사적 운동**이다.

연구의 도정이 마지막으로 이 다양성 속에 스스로를 발현시키는 전일한 정신의 존재를 향할 때 **전체성**의 형상이 구상되겠지만, 이들 형상은 마지막으로 또다시 찢겨져 버릴 것이다. 그 경우 사람들은 전체성이 그때마다 역사적인 민족정신에 있어서 언어, 풍속, 종교, 경제양식, 정치형태 등등의 공속성 속에서, 각각의 역사적 민족정신에서 또다시 다른 민족정신과 함께 자기산출적인 전일한 인류 정신의 부분이 되는 것을 발견할 것이다. 하나의 **전체로서의 정신**을 그 역사 속에서 파악하는 과제는 정신의 보편사의 이념이 되지만, 이 이념은 구체적인 연구가능성을 회피하며 항상 단지 **역사 철학적인** 실현으로만 경험된다. 즉 이 역사 철학적인 실현은 전일한 정신에 관한 지식이 아니고, 도리어 모든 정신이 나 자신 속에 현재하는 경우 그 자체로 역사적인 방법이고, 이와 같은 역사적인 방법으로 나는 나 자신의 세계를 하나의 전체로 완성시키는 것이다. 이 역사 철학적인 실현은 역사적 형태에서 하나의 존재의식의 철학적 객관화이고, 이 철학적 객관화는 동시에 현재적으로 실존하는 인간의 그때마다의 자기화의 형식이기도 하다. 정신과학적 연구자들이 정신의 보편적 전체를 파악하는 근원해명적인 그들의 사상을 언표하는 이상, 그들은 철학 속에 서고 그들의 신앙을 파악하고 있는 것이며, 이 신앙이 없는 연구는 구체적 내용을 결여한 상태에 멈추는 것이다.

c) 자연과학 및 정신과학의 모든 구분은 상대적이라는 것이 드러난다.

각각의 구분은 그것이 유일하게 진실한 것일 것이라고 바랄 때 좌절된다. 그것들은 모두 모든 소재 영역을 열거하고 외면적으로 수집하는 것으로 끝나버린다. 그것들은 모두 이미 규정될 수 없는 보편적인 것에서 발산되든지 혹은 특수한 것의 무제한성에서 발산되어버린다. 사람들은 이들 **구별의 의미**를 묻는다. 즉 이들의 구별은 단순히 해소되고 말 것인가, 그렇지 않으면 이 부정적인 결과는 무언가 긍정적인 것의 나타남인가, 그것을 묻는다.

　세계가 자기 폐쇄적이지 않은 것과 같이 과학에 의한 세계정위도 자기 폐쇄적이지는 않다. 과학의 다원적인 체계성은 초월적인 관계에 근거해 지식의 공속성을 향해 노력하는 현재 연구의 현실성을 그때마다 역사적으로 표현하는 것이다. 그럼에도 불구하고 어떠한 체계성도 종국적인 것이 될 수 없는 것으로부터, 가능성으로서 그 자신이 보편적인 실존은 단순한 지식이 카탈로그의 마지막에 오는 것 또한 승인하는 것에 의해 모든 지식의 가능성을 받아들인다고 하는 태도를 표현한다. 나는 나에게 있어서 가시적인 실존을 사랑해야 하는 것과 같이 모든 가능적인 지식을 파악해야 한다. 근원적인 지식욕은 모든 지식가능한 것의 중요성을 알고 있다. 거기에서는 절대적으로 관심을 불러일으키지 않는 어떠한 것도 존재하지 않는다. 본래적인 것에 대한 실존적 무지의 변증법적 역전으로부터 모든 알려진 사실에 대한 관심이 생겨난다. 모든 과학의 체계성은 완결불가능한 하나의 시도이기는 하지만, 주-객관 분열 속에서 내용적으로 다가설 수 있는 모든 것을 일괄하려는 의지를 나타내는 것이다.

　더욱이 우선은 비지식의 가치에 관한 과학이라고 해도 본질적인 지식의 가능성을 창조해내는 것이다. 거기에서는 실존이 모든 지식가능한 것에서 지식의 가치에 다다르는 것을 발견하는 입각점이 문제이다. 하지만 사실상 이와 같은 입각점은 많은 경우 암흑 속에 놓여 있다. 지식의 가치에 다다르는 것은 역사적으로 규정된 실존의 협역 때문에 어디까지나 한계 지어져 있는 것이다.

5. 경험적 보편과학: 심리학과 사회학

모든 과학의 구분은 사람들이 연구에 있어서 보편적이며 체계적으로 모든 현존을 하나의 현존 속에서 파악하려는 것과 같은 방법에 의해 확산되어 있는 것같이 보인다. 가령 세계정위가 여러 측면을 향해 전진하며 단지 세계 속의 모든 대상만을 파악하는 것이라고 해도 그럼에도 더욱 **보편적인 요구**를 갖고 나타나는 과학이 존재한다.

이와 같은 요구는 고유의 과학의 대상에 대해, 그것이 다른 모든 대상을 포함하고 있다는 것을 나타내는 것에, 스스로를 제한할 수 있다. 이와 같이 자연과학의 고찰은 모든 경험적 존재가 자연적 측면을 갖는 한에서 보편적이다. 이것과 비교하면 정신적 현실성의 고찰은 정신을 함께 포함한다고는 해도 정신으로서 고찰되어야 할 것이 아닌 타자로서의 자연이 주어져 있는 이상 제한되어 있다. 하지만 정신과학적 고찰은 또다시 보편적인 것이 된다. 왜냐하면 이 타자는 그것이 **우리들에 대해** 존재하는 이상 단지 정신 속에서만 존재하기 때문이고 또 이 타자에 관한 지식으로서의 자연과학은 그 자체로 단지 정신적 현실성으로서만 존재하기 때문이다. 그러므로 모든 과학에서 자연의 존재는 정신 속의 타자의 존재로서 또다시 정신과학의 대상이 되는 것이고, 이 정신과학이 모든 과학의 역사에서 자연과학의 본질을 탐구하는 것이다.

그렇지만 보편적 요구는 **보편적인 것 그 자체**를 대상으로 만들며 전면에 나오는 것이 가능하다. 하나의 보편과학은 그것이 모든 것을 그것 없이는 어떠한 것도 존재하지 않는 매개자와 관계 지어 고찰하는 한에서 설정된다. 이렇게 모든 것은 논리학에서 **사유가능한** 것으로서, 지리학에 있어서 **공간적인** 것으로서, 심리학 및 사회학에 있어서 **인간적 현존**으로서 취급되게 된다.

보편과학이라는 명칭은 이들 과학이 그 스스로에 근거해 발전하는 근거 지어진 개별과학으로서는 주어져 있지 않고, 단지 특수한 더욱 탐구되어야 할 의미에서만 부여되어 있는 것에 지나지 않는다는 판단을 선취한다.

심리학과 사회학에서는 **인간적 현존의 전체**는 가까워질 수 있는 것이 되고 또 그것이 객관화될 수 있을 정도에 따라서 경험적으로 인식된다. 인식작용 속에서 인간적 현존전체는 더 이상 나 자신이 아니고, 내가 인식에 대한 대상인 한에서 나를 포함하는 나에 대립하는 하나의 존재가 된다.

하지만 **현존전체**는 이들 보편과학의 **가능적인 대상**도, 그리고 또한 그들의 **단일성의 근거도 아니다.** 전체는 대상적으로 되기 위해 붕괴되지 않을 수 없다. 총괄적인 이론에 의한 전체의 구성은 전체를 항상 미끄러져 떨어뜨려 버리는 것이다.

오히려 심리학과 사회학은 전체로서의 현존이 실존적 관심에 의해 중요한 이상, 세계정위 속에서 전체로서의 현존을 탐구하는 실존적 관심에 의해 결속된다. 여기에서 인식된 것은 거부 혹은 동맹하려는 태도를 불러일으킨다. 그것은 현실생활에 작용된다. 즉 심리학은 **자기 형성과 옆 사람과의 교제에 관계**하고, 사회학은 **정치를 향하며 인간적 현존전체에 있어서 바람직한 것을 명석하게** 하는 것을 의도한다.

그러므로 설령 선취된 모든 소망을 목표로서 시도한다고는 해도, 이들 소망에 의한 영향에서 자유로운 구체적 연구의 에너지는 심리학과 사회학에 있어서는 다른 과학에서보다도 실현이 한층 더 곤란하다. 사실적으로 존재하는 그대로의 현실적인 것을 아무런 제한 없이 볼 수 있는 상태에 있기 위해서, 나는 의지로서의 나의 관심을 끊임없이 침묵시키지 않으면 안 된다. **구체적 연구의 원동력으로서의 실존적 관심을 향한 긴장은** 확실히 이와 같은 연구의 사활적 조건이기는 하지만, 이 관심에 근거한 하나의 의지에 의해 지배된다고 하는 것은 과학으로서의 연구의 종언을 의미한다. 심리학과 사회학 같은 과학이 다수의 개인의 방법적 연구작업 속에서 상호간에 서로 관계하는 걸음을 통해 행해지는, 계속적인 발전을 획득하지 않았다고 하는 것은 이해할 수 있다. 왜냐하면, 이들 과학은 그때마다 한 사람 혹은 소수의 연구자의 개성 속에서 총체성으로서 총괄되든지, 그렇지 않으면 끝없는 인기의 경영 속에서 사라지든지 둘 중 하나이기 때문이다.

이렇게 형식적인 측면에서는 이들 보편과학의 철학에 대한 친근성이 나타난다. 이들 보편과학을 통일성으로 만드는 것은 이들 과학을 **철학의 대용물로서 교리론적 방식으로 경직시키는** 하나의 신앙내용이게 만든다라고 하는 압도적인 **경향을 갖고 있다.** 사유하는 사람은 이와 같은 신앙내용 속에서 존재를 이해할 수 있다고 생각한다. 즉 그는 근본적이며 구체적인 질문으로부터 면제되고, 자유의 심연으로부터 도망쳐 사라지고, 소피스트적인 자의성에서와 같이 광신적인 요구를 갖고 무리하게 스스로를 속이며 자신의 길을 나아간다. 거기에서는 이들 보편적 과학이 주시하는 것, 즉 경험적 인식에 있어서 보편과학이 접근할 수 있는 전체로서의 현존이 철학함 자체에서만 해명되는 자유의 자기존재로서의 현존과 혼동된다. 나의 자기존재와 관련하여 확실히 나는 경험적 현상으로서의 이 자기존재를 심리학과 사회학에서 연구의 객관으로 삼고, 게다가 그 경우 이와 같이 내가 연구하는 것이 이미 그것이 본래 그렇다고 하는 것이 아니라는 것을 잊을 수 있다. 내가 심리학과 사회학에서 인식하는 것은 나 자신이 아니며, 타인 그 자신도 아니고 또 내가 생각하는 전체도 아니며, 하나의 개별적인 규정된 것이다. 인간은 인식의 대상이게 된 인간이 자신에 대해 나타내는 것 이상의 존재이다.

전체에 있어서의 현존으로 향해진 실존적 관심에 의해 제약되어 있는 심리학과 사회학에 관한 과학의 통일은, 그와 다른 개별과학의 통일과는 그 성질을 다르게 하고 있다. 이와 같은 개별과학의 통일이라는 의미에서 는, 심리학과 사회학은 그것들이 다른 것과 분리된 하나의 고유의 현실성 을 스스로에 대해 대상으로서 갖는 경우에만 스스로를 설정할 수 있을 것이 다. 물질, 생명, 영혼, 정신이라고 하는 계열 속에서 영혼이 심리학의 대 상인 것은 확실하다. 하지만 심리학이 단지 의식의 현상 그 자체에만 한정 되어 연구하는 것에 의해, 이들 현상을 생물학적인 것과 정신적인 것으로 부터 분리시켜 인식하려 하는 경우에, 심리학은 사회적 관계를 순수한 형 식성에 있어서 연구하려는 경우의 사회학과 같이 스스로를 잃어버릴 것이 다. 심리학과 사회학은 그들이 생물학적인 것과 정신적인 것을, 그리고 결 국에는 일반적으로 모든 현실적인 것을 동시에 파악하는 경우에만, 의의 가 있는 인식을 획득하고 또 그렇게 하는 것에 의해 그들의 보편성으로 나 아가는 것같이 보인다. 이와 같은 보편적인 것이 그 속에 현재하는 특수한 현실성이 현존한다고 하는 것은 심리학과 사회학을 더욱 경험과학이게 하 는 어긋나게 연결해서 멈추어두는 기초이다. 심리학과 사회학이 개별과학 으로서의 성격이 뚜렷해지려면 이 현실성이 전경에 나타내어지고, 그리고 이들 과학의 통일성의 조건으로서 파악된다. 하지만 이 현실성이 결국에 항상 반복되어 실존의 관심에 의해 현존의 특성, 가능성 및 불가피성을 전체성 으로 성취하는 것은 불충분하다. 우선은 이 실존적 관심에 대해 철학적 실존해명에 있어서 직접적이 아닌, 이 해명에 재료를 공급하는 경험적 연구에 있어서 충분한 것을 손에 넣는다고 하는 것이 심리학과 사회학의 의미이고, 이 의미에 의해서만 이들 과학의 통일성은 가능한 것이다. 심리학과 사회학은 방법 혹은 대상에 의한 통일성을 갖지 않는다. 오히려 심리학과 사회학은 스스로의 영역에서 여러 가능성과 만나고 또 여기에서 투쟁에 들어가는 것이며, 이들 과학은 이들의 투쟁으로부터 거슬러 올라가 본래의 개별과학에서 명석성과 확고 부동성을 획득하는 것이 가능한 것이다.

심리학과 사회학이 경험적 개별과학으로서 그들은 공고할 수는 없다라고 하는 성격과, 실존해명적 사유로서 그것은 과학으로서 존재하는 것을 멈추어버린다는 성격 사이에서 긴장을 유지하고 있다는 것은, 심리학과 사회학의 불안을, 그들의 자기 혼동에서의 현기증을, 가장 깊은 것을 파악하며 가장 절망적인 것에 눈을 뜨는 그들의 능력을 제약한다. 이 긴장 속에 심리학과 사회학의 창조성이 근거해 있고, 그것의 공허함도 근거해 있다. 이 긴장이야말로, 오늘날 아마도 가장 생생한 철학적 충동이, 다른 과학에 앞서서 여기 심리학과 사회학에 그 기능의 장을 구하는 근거이다. 예를 들면 이미 철학자가 수학자였던 것과 같이, 키르케고르와 니체 이후 철학자는 무엇보다도 먼저 심리학자인 것같이 보이고, 또 헤겔, 토크빌, 마르크스 및 막스 베버 이후 철학자는 무엇보다도 먼저 사회학자였던 것같이 보인다. 마지막으로 이 긴장은 심리학과 사회학의 본질을 충분히 규정하는 것을 불가능하게 한다. 보다 상세한 성격 규정은 심리학과 사회학이 어떻게 보편과학인가 또 그것이 어떻게 한계과학인 것인가, 더욱이 또 그들이 자유와 초월자 사이의 하나의 현존으로서 자신들의 대상에 어떻게 관계하는가라고 하는 그 방법의 연구에 의해서만 더욱 가능한 것에 지나지 않는다. 즉

a) 심리학과 사회학의 보편성은 본질적으로는 그들이 다른 모든 과학으

로부터 소재와 관념을 받아들인다는 것에서 나타나 있지 않고, 오히려 이것을 통해 심리학과 사회학이 개별과학 속에서는 나타나지 않지만 최종적으로는 이들 개별과학에 의해 검증되고 결정되는 어떠한 것을 이야기하는 능력이 있다는 것에 나타나 있는 것이다.

예전에는 문화사가 인간적 현존의 보편적 파악에 대한 명칭이었고 오늘날에는 정신사가 그러하다. 여태까지 문화사 내지 정신사가 거의 완전히 개개의 연구자 손에 머물러 있었다고 하는 것은 문화사 내지 정신사의 이념이 확실히 역동적인 충동으로서는 나타나 왔지만, 독립적인 과학상으로서는 나타나지 않았다고 하는 것의 근거이다. 정신사, 사회학 및 심리학 사이에는 어디에도 예리한 한계가 놓여 있지 않다. 이러한 것들은 모두 **보편성이 특수하게 실증적인 것이** 되는 곳에서 한계에 서 있다. 하지만 성과가 풍부한 연구에 있어서 심리학적, 사회학적, 정신사적으로 사유한다고 하는 것은 경험적으로 검증가능한 물음과 대답에 대해 자기의 사유를 실현하는 출발점을 구체적인 소재의 풍부함 속에 갖고 있는, 각 개인의 탁월한 능력에 근거한다. 그러므로 이들 과학은 무언가 지속적인, 개인화될 수 없는 독자적인 경영일 수 없다. 혹 이와 같은 경영이 나타난다면, 거기에는 급히 지나가는 길동무가 이야기하는 것과 같은 본질적 내용이 없는 빈말의 덧없는 흐름이 범람할 것이다.

b) 모든 과학은 인식의 그때마다의 단계에서 한계에 도달하려는 자신의 가장 강한 충동을 경험한다. 여기에서 새로운 근원을 향해 이끌어가는 물음이 생겨난다. **한계과학은** 전방을 향해 전진해가는 성격을 갖고 있다. 맨 처음 한계과학에는 사변적인 것이 오해로 이끌며 본래의 인식의 내용을 상실할 것 같은 위험이 으레 따르기 마련이다. 그럼에도 불구하고 처음에는 한계로서 존재했지만 위험을 무릅쓰고 파악된 것이 후에는 중심이 되는

것이 가능하다. 지금 심리학과 사회학은 **한계과학 그 자체인 것처럼** 보인다. 그렇다고 하는 것은 그들이 한계에 선다고 하는 상태를 완전히 포기할 수 없기 때문이다. 그러므로 심리학과 사회학은 항상 시초에 서 있다. 심리학과 사회학의 대상인 한계는 모든 것을 총괄하는 현존, 즉 우리들 자신이다.

확실히 언뜻 보기에 **모든 한계는 하나의 규정된 개별적인 한계**가 될 수 있는 것같이 보인다. 이리하여 영혼이 한편으로는 생명이고 다른 편으로는 영혼의 현실성으로서 정신을 만나기 때문에, 영혼이 생명과 정신 사이의 한계에 있는 것으로서 파악된다고 한다면, **심리학은 물리학도 아니며** 정신과학도 아니고 이 양자의 한계에서 쌍방에 할당될 것이다. 이와 같이 **사회학**이 사회를 자연적 조건과 정신적인 가능성이라고 하는 시점으로부터 연구하는 경우, 그 대상은 자연과 정신 사이의 한계에 있는 하나의 형상이 될 것이다. 그렇기 때문에 사회학은 한편으로는 자연과학적인 것과 같은 것으로 기대하는 사유과정을 알고 있는 동시에 다른 한편으로는 역사철학에까지 상승해가는 사유과정을 알고 있는 것이다.

하지만 심리학과 사회학에 대해 현존 일반인 한계가 **특수한 성질을 갖는 고유의 현실성의 실체**이게 된다는 것은, 이들이 경험적 개별과학과 연관되어 나타나야 한다는, 이들의 본질의 측면이다. 그렇지만 한계는 심리학과 사회학이 그것을 갖고 채워지는 것 같은, 사실적인 연구대상이 아니다. 즉 심리학과 사회학은 그들이 자신들의 한계로 다른 모든 현실적인 것을 덮을 경우에만 존재하는 것이다. 심리학과 사회학에서는 세계정위의 가장 동떨어진 모든 방향이, 흡사 공통의 기반 위에 있는 것같이 만난다.

하지만 모든 현실성이 현존 그 자체인 모든 것의 그 유일무이한 한계에서 만나는 경우, 거기에서는 고유의 특수한 현실성이 아무것도 존재하지 않는다. 그럼에도 이 전체는 이와 같은 고유의 특수적 현실성으로서는 처음으로, 하나의 개별과학의 개별적 연구대상이 될 수 있는 것이다.

c) 세계정위가 그때마다 규정된 하나의 현존에 관계할 경우, 이 현존은 자유 없이 존재하는 것으로서 나에게 있어서 파악가능하게 된다. 하지만 세계정위가 파악되는 것은 자유가 초월자를 주시하는 것에 의해 스스로를 발견하는 장소이다. 즉 세계존재는 자유와 초월자 사이의 존재이고, 이 중간의 존재 속에서 자유와 초월자가 만나는 것이다.

보편적인 성격을 갖는 한계과학으로서 이제 심리학과 사회학은, **자유와 초월자 사이의 존재를 향한** 가장 현저한 방법으로 실현된다. 왜냐하면, 세계정위가 세계전체에 도달하는 것이 불가능하고 또 모든 **세계 구조**가 하나의 중간적 존재의 개별적인 국면이라고 한다면, 이와 같은 세계전체 대신에 **내가 그 속에 존재하며 나 자신 자체인 세계로서의** 현존이 경험적으로 가까워질 수 있는 유일한 총체성인 것과 같이 보이기 때문이다. 무릇 우리들에게 있어서 존재하는 모든 것이 그 속에 존재하고 있는 세계를 심리학과 사회학은 각각의 방법으로 파악하는 것이다.

하지만 이 세계도 또 중간적 존재인 것이 확실해진다. 사회에서 영혼의 현존에 관한 세계정위적 지식이 총괄된다고 한다면, 어디에서나 존재하는 세계정위의 본래적 한계가 가능실존에 있어서 결정적인 방법으로 달성될 것이다. 즉

나는 인간을 원리적으로는 심리학과 사회학에 의해 개념적으로 파악될 수 있는 것으로서 발견할 수 있는가. 즉 이와 같은 인식을 완결시킨다고 하는 것은 단순히 하나의 무한한 과제임에 지나지 않는다. 그렇지 않으면 나는 개념적 파악에서 더욱이 나 자신으로서 다른 자기와의 가능적인 상호소통에서 현재적인가. 우리들이 무엇인가는 어떠한 세계정위에 있어서

도, 그 모든 이념에 있어서도 가까워질 수 있는 것은 아니지만, 철학적 해명에 있어서는 확실히 가까워질 수 있는 것이다. 우리들은 심리학과 사회학에서 우리들 자신을 인식하는 바로 그것이지만, 우리들은 항상 우리들이 그와 같은 것으로서 우리들을 인식하는 것 이상의 것이다.

이렇게 여기서부터 하나의 알려진 존재에서 자기존재의 **자유의 지양**이 가능하게 된다. 심리학과 사회학이 인간의 본래적 존재에 관한 지식이라고 간주될 때, 그것은 경험과학으로서의 스스로의 성격을 방기해버린다. 즉 심리학과 사회학은 세계정위에 있어서 그들에게 고유한 긴장으로부터 벗어나 철학의 불구대천의 원수가 되어버린다. 심리학과 사회학은 사람을 유혹하는 정당화를 제공한다. 왜냐하면 언뜻 보기에 거기에는 현존전체가 단순히 사념될 뿐 아니라, 인식 속에 파악되어 있는 것같이 보이기 때문이다. 만약 오늘날 존재에 관한 궁극적인 진리가, 정신분석적인 방식 및 마르크스주의적인 방식이 그중에서도 그것을 궁극적으로 나타냄과 같이, 자기존재에서 자유에 뿌리박고 있는 인간의 위엄을 근절하는 방식에서 발견된다고 잘못 생각된다면, 그것은 가능적 자유로부터의 회피를 나타내는 것이고 또 거기에서는 과학적으로 가능한 것이 오해되고 있는 것이다. 심리학과 사회학은 마치 현존 밖에 있는 것과 같은 입장을 현존에서 취하고 있다. 내가 연구하는 의식일반으로서가 아닌 나 자신으로서 어디에서도 무제약적이지는 않은 이 입장에 철저하다고 한다면, 이 입장은 보편적으로 밀어 옮길 수 있기 때문에 나는 가능실존으로서의 나 자신의 척추를 부러뜨려버리는 것이 될 것이다. 그때 나는 본래적으로는 이미 존재하고 있지 않다. 거기에서 나는 상호적으로 존재하기 때문에 자기 자신을 인정하는 자기존재자들의 왕국으로부터 배제되어 무제한한 가능성의 노리갯감이 되고, 어느 때에는 여기, 어느 때에는 저기에 찰나적으로 변하면서 독단적인 지식의 도식의 고정성에 고착될 것이다.

과학의 순위

과학의 체계성 속에서 과학의 순위가 질문된다는 것은 과학의 의미와 양립하지 않는 것처럼 보인다. 구와 원을 다른 수학적 도형보다 더욱 고귀한 것같이 생각하는 관념이 갈릴레이에 의해 부정된 이래, 가치 평가의 배제는 과학성과 동일시되어왔다. 모든 과학의 대상이 과학에 있어서는 **지식 가능한 것의 동일평면상**에 놓여 있는 것이라고 생각된 이래, 모든 과학 자체에 대해서도, 과학의 정밀성의 정도, 즉 과학적 성과의 강제적 명백성의 정도와 나란히 과학적 문제의 종국적 해결가능성의 정도에 따라 결정되는 순위 이외에는, 어떠한 순위의 **차별**도 주어져 있지 않은 것같이 보인다. 하지만 이것에 대해서는, 그때마다의 대상이 인식될 수 있는 방법은 그 대상에게 특유한 것이라고 하는 것에 주목하는 과학적 의식의 다른 측면이 저항한다. 즉 **사상에 적합하게 침투하려 하는 사유**의 전일적인 요구가 이 저항에 가담한다. 대체로 과학이 존재하는 곳에서는 방법적 노력의 이와 같은 엄밀성도 또 특별한 방법으로 가능하지 않으면 안 된다. 그러므로 과학이 아닌 연구자가 그들의 엄밀성에서 나타나는 과학성의 정도에 따라 순위를 갖고 있다. 이와 같은 의식에서는 **정밀하지 않은 과학**이 정밀한 과학보다도 뒤떨어진다고 생각될 수 없는 것이다.

그럼에도 불구하고 다른 관점에서 **과학을** 비교하며 **평가**하는 것은 우리들에게 잘 알려진 사실이다. 내과 의학과 정신 병리학은 그것이 모든 인간을 파악한다고 하는 이유에서, 임상병리학 속에서 우위를 점하고 있는 것처럼 보인다. 안과 의학은 그 분석 내지 방법의 정밀함과 그 대상 기관의 고결함에 의해 사람들의 흥미를 끌고 있다. 고전적 고대에 관한 학문은 그것이 가장 명석한 인간성을 똑똑히 보여준다는 이유에서 문헌학에서 최고의 것으로 생각되고 있다. 고고학은 그 각각의 처음부터 빙켈만의 정신에 의해 이끌어지고 인격으로부터 인격으로 전해진 전통 속에서, 말하자면 선택된 연구자들 그룹이 마치 고가의 보물과 같이 관리되어온 그 대상에 의해 고귀하게 되는 과학이다. 물리학은 그것이 비유기적 세계전체를 자신의 원리에서 파악한다고 하는 이유에서 자연과학에서도 향도적인 것이다. 모든 과학은 본래적으로 이해될 때에는 그 대상과 방법에 의해, 역사적으로 생성된 그 존재에 의해 또 그것에 종사하는 창조적 두뇌의 정신적 성격에 의해 무언가 바꿀 수 없는 가치를 갖는다. 하지만 모든 과학은 그 자신에게 불이익을 주는 측면을 갖고 있다. 치과 의학과 통계학 등이 대학(즉 인식의 실재적 세계)에서 독립된 과학으로서 등장하는 것은 실용적인 요구에 근거한 것이다. 즉 이들 과학은 그때마다 그것들의 통일을 형성해가는 이념을 갖지 않는 것이기 때문에 이들 과학은 실용적인 필요가 없으면 어떠한 권리도 갖지 않는다. 수많은 과학이 흥하고 망하며, 잠깐 동안 뛰어났던 사람들을 불러 모으고, 마침내 호평받는 연구성과를 경직시키며, 잠시 휴지하고, 그리고 또 새로운 고양을 경험한다. 그리고 마지막으로는 그들의 가치에 대한 평가가 반대의 것으로 역전되어버리는 것이다.

하나의 **특정한 과학**이 그때마다 완전히 최고의 과학으로서의 권리를 갖는 것이라고 주장되어왔다. 에를 들면 어떤 때에는 **천문학**이 모든 과학의 여왕이라고 주장되었다. 왜냐하면 천문학은 공간적인 세계전체를 대상으로 삼기 때문이다. 또 어떤 때에는 **수학**이 모든 과학의 여왕이라고 주장되었다. 왜냐하면 수학은 강제적 타당성을 갖고 가장 순수한 과학적 활동을 행하기 때문이다. 더욱이 또 어떤 때에는, 모든 인식작용을 보편적으로 검증하는 법정으로서의 **논리학**이 모든 과학의 여왕이라고 주장되었다. 하지만 우리들은 위에 거론한 각각의 의미에서 이들 과학에 이와 같은 지위를 부여하지는 않을 것이다. 이들 세 개의 과학은 모두 자기 고유의 구체적 내용을 갖고 있지 않다. 이들 과학은 형식으로서 스스로의 형식을 통해서 작용하고 실존적인 구속력을 갖지 않는다. 이들 과학은 모든 자기성으로부터 해방되지만, 그렇게 하는 것에 의해 그들은 현존 속에서 현실적으로 끌려들어 가는 것을 피하는 것이다.

그러므로 **대상의 내용에 따라 순위를 결정한다는 것**이 한층 당연한 것처럼 보인다. 지식의 확실성은 의식된 것이 전혀 관심을 부르지 못한다면 거의 무가치하게 되어버릴 것이다. 하지만 대상의 고차원성은 그것에 접근하는 연구자에 대한 요구를 높인다. 사실에 충실한 예술가가 그가 사랑하는 정물을 그릴 경우, 그에게 있어서 성모마리아는 도달불가능하리라는 것을 알고 있는 것과 같이, 연구자는 그가 행하고 행할 수 있는 곳에서 자신의 목표에 도달가능하다는 것을 알고 있다. 그러므로 완성된 연구자는 오히려 그 내용이 전면에 나타나 있지 않는 과학에서 발견될 수 있다. 최고의 구체적 내용을 향할 때 연구자는 사실의 요구와 그 요구에 대해 불충분한 그의 연구 능력에 대해, 확실히 하나의 정신적인 광막함과 불안에 빠짐과 동시에 자신도 마찬가지로 자신의 현존에서 왜곡될 것이다. 이에 반해 자기에게 있어서 도달가능한 것을 성실하게 고르는 것은, 그 연구 활동에 정통해 있는 것과 같다. 그러므로 구체적 내용이 가장 풍부한 모든 과학은, 인간은 자기 고유의 척도를 넘어서 이들 과학에 맞서기 위해, 이미 연구적 현존이 정착하는 어디에서도 본래적으로 정통해 있지 않기 때문에, 아마도 현실적으로도 끊임없이 움직임 속에 있는 것이 되는 것이다. **심리학과**

사회학은 그 자체가 개별적 형태에서 구체적 내용의 최고의 가능성이 절반의 성공이 되고, 많은 경우 과학성의 침체에서 진행되는 이러한 과학의 예를 나타내는 것이다. 하지만 철학에는 가장 위험한 것이 존재한다. 철학은 '모든 과학의 여왕'이다. 왜냐하면 철학은 모든 과학 중의 하나의 과학이 아닌, 과학 이상의 것, 말하자면 과학 밖에, 그리고 과학 위에 또 과학 안에 그 의미상 편재해 있기 때문이다. 모든 본래적인 연구자는 철학자이다. 철학이 바로 포착하는 것은 인간에게 있어서 과제의 높이를 필연적으로 거부한다고 하는 것을 의미한다. 가장 위대한 철학자들은 그들이 시도한 단편들을 우리들에게 남긴다. 즉 그들의 모든 저서들은 그들의 좌절이 남긴 폐허이며, 그들의 사유상의 객관적 형태가 완결된 것이면 것일수록 이들의 폐허는 그만큼 더 감동적이게 된다.

이렇게 하여 과학의 어떠한 **보편타당한 계층질서**도 성립하지 않는다는 것이 명백하다. 모든 **서열**은 선택된 하나의 관점에 따라 **상대적**으로 보인다. 서열의 가능성의 상대성에서 구체적 내용은 가장 모호한 것이다. 즉 이 구체적 내용만이 홀로 절대적인 서열을 기초 지을 수 있는 것이다. 사람들이 이와 같은 절대적인 서열을 객관적으로 타당하게 파악할 수 있다고 한다면 진실한 것이 될 수도 있다. 하지만 이것은 불가능하다. 왜냐하면 구체적 내용은 홀로 실존에 의해서만 경험되며 행위되는 것이고, 게다가 실존은 하나가 아니기 때문이다. 구체적 내용은 실존적으로 생을 창조하고, 이것을 형성하며 충실하게 되고, 초월자의 존재를 느낄 수 있는 것이게 하는 능력에서 스스로를 고지한다. 하지만 존재 그 자체를 연구한다고 하는 것은 불가능하다. 왜냐하면 존재 그 자체는 단지 초월자로부터만 규정될 수 있는 것이기 때문이다. 그러므로 과학은 하나의 계층질서로 완성되지 않고, **다중적인 각종 서열**에서 움직이는 것을 끝내지 않을 수 없다.

이와 같이 과학의 객관적 서열이 불가능하다고 하는 것은 그것 자체로 오히려 **초월자를 향한 지표**이고, 이 초월자는 인식작용의 시간적 현존 속에서는 연구불가능하지만, 과학의 변하기 쉬운 상호적 존재를 강제적으로 서열 짓는 것이다. 신학 혹은 철학이 초월자의 유일한 진리를 소유하고 있다고 한다면 모든 과학은 이 양자에 봉사하지 않으면 안 될 것이다. 과학이 자주적인 권력을 갖는 하나의 왕국으로서 존재한다는 것은, 초월자의 진리가 과학의 체계에서 유일한 보편타당한 정점이라고 하는 형태가 아니라는 것을 받아들일 수 있게 한다. 초월자의 진리의 나타남은 이것과는 다른 성격을 갖고 있는 것이다.

하지만 어떠한 과학에 있어서도, 자기 부서에서 사실에 적합하게 올바르게 행동하는 연구자는 모든 객관적인 서열 밖에 있으며 비교할 수 없는 것이다.

지식은 자신의 역사에서 스스로를 이해한다

보편타당하며 강제적으로 인식되는 것을 통찰하며 개념적으로 파악하기 위해서는, 이와 같은 인식이 획득되는 역사적 과정에서 어떠한 심화도 필요로 하지 않는다. 이러한 인식의 의의, 그 본질성 혹은 타당성, 이와 같은 인식에 대한 관심, 확실히 이러한 것들은 단지 사실적인 역사적 관련 속에서만 자기화할 수 있지만, 강제적인 것 그 자체는 비역사적인 것이다. 모든 과학은 무시간적으로 타당한 것을 사념하지만, 과학 그 자체는 역사적 현실성으로서 움직이는 것이다. 사람들은 **과학의 고유한 역사에 관한 지식이 과학의 그때마다의 현재적 존립 내용에 얼마만큼 많이 속해 있는가라는**

점으로부터 과학을 평가할 수 있다. 이 점에 관해서 아마도 물리학과 철학은 대극적일 것이다. 물리학에 있어서는 그것의 역사는 무엇도 자신의 일에 속하는 관심사가 아니다.

사람들이 물리학의 역사에 주의할 경우, 거기에서는 오히려 연구의 심리, 미로, 위대한 발견의 번쩍임과 준비 등과 연관해 권위 있는 다른 관점이 지배하고 있다. 물리학에 있어서 사람이 무엇을 아는가라고 하는 것을 알기 위해서 사람들은 현재 및 최근 수십 년의 연구에 대해 배우면 된다. 이에 반하여 철학에 있어서는, 사람들은 이천오백 년에 걸친 과거에 대해 배우지 않으면 안 된다. 철학적 업적은, 그것이 구체적 내용을 갖는 경우, 그것의 근원적인 모든 작용 속에 생생히 남아 있다. 철학적 인식작용은 일반적으로 단지 이 인식작용의 역사 속에서만 스스로를 이해한다. 즉 철학적 인식작용은 고대의 위대한 철학의 연구에 의해 이미 자기 자신이 될 준비가 되어 있다. 그래서 스스로 독자적으로 철학한다고 하는 것이 무가치하게 된다는 것은 아니지만, 고대의 연구로서 경시될 수도 있다. 물리학과 철학의 이와 같은 도식적 대립은 비역사적인 사상의 명백성과 사상 그 자체의 실체의 역사성의 대조를 가장 극단적인 형태로 특징짓는 것이다. 하지만 그럼에도 불구하고 물리학에 있어서도, 이 과학이 자기 고유의 기초를 검토하는 것과 마찬가지로, 그 고유한 역사와의 최소한의 연관이 더욱이 존재한다. 반대로 철학에 있어서도 강제적인 것은 무언가 다른 과학에 있어서와 같이, 이러한 것으로서 비역사적이다. 단지 철학에서는 이 강제적인 것이 결코 철학적으로 본래적인 의의를 갖고 있지 않음에 대하여, 물리학에서는 강제적인 것이 어디까지나 결정적이라고 하는 것에 지나지 않는다.

개별과학의 역사는 그 영역으로서의 강제적인 것과 증명된 것의 진보의 총합을 외면적 소재로서 갖고 있다. 그렇지만 이러한 것들을 단순히 하나하나 열거하는 것은, 무한히 이어져 무의미한 것이 되고, 단지 자의적으로만 중단되는 것이 될 것이다. 이미 종결된 이념과 존재하는 이념의 역사를 이와 같은 소재 속에서 아유화하는 것, 이것이 두 번째의 보다 심원한 과제이다. 하지만 자신의 과학의 역사를 배우는 연구자에게 있어서는, 이 과제의 배후에 궁극에 있어서는 과거 연구자들과의 상호소통이 있다. 그리고 이들 과거 연구자들도 또 그들의 실존을 이념의 참여에서 갖고 있었던 것이다. 개별과학의 역사의 이 궁극적인, 가장 깊은, 간접적인 측면은 동시에 철학사의 구성요소가 되고, 그리고 객관적으로 철학이라고 하는 형태로 나타나는 형상과 하나의 관련을 가지게 된다.

개별과학의 역사적 연구는 과학일반의 역사적인 현실적 분류에서 그 대상을 발견한다. 하나의 과학의 역사는 과학의 분류의 역사로 인도한다. 과학의 분류가 그때마다 현실적으로 어떠했는가에 따라서 특수한 영역에서의 연구의 방법도 결정된다. 사람들은 개개의 과학군에서 지식이 더욱 다양화됨과 동시에 더욱 단순화되어가는 것을 본다. 한편으로는 상이한 과학이 공통의 기초로서 그들을 포괄하는 이론에서 융합되고(예를 들면 정밀 자연과학과 같이), 다른 한편으로는 모든 과학 사이에서 분리되고 상호간에 다른 것을 배제하게 되는 것이다. 과학이 상대적으로 완결된 존재를 항상 획득하는 곳에서는 한계의 영역이 풍부한 성과를 가지게 되고, 그리고 이들 한계의 영역으로부터 마지막에는 포괄적인 원리가 발견된다.(예를 들면 물리적 화학) 확실히 과학의 관념적 총체성을 이론적으로 구상해보는 것에 의해서 아직 완전히 연구되지 않은 가능적인 과학이 결여되어 있다는 것이 밝혀진다. 하지만 이들 가능적인 과학은 방향을 제시하는 과학으로서 각각의 경우에 응해 공허한 수다스러움으로 인도하든지 혹은 새로운 특이한 사상 구조로 인도한다. 이렇게 과학의 사실적 내지 이론적 분류에서부터 과학적 인식과정에 있어서의 충동이 나온다는 것도 또 가능하다. 여러 모든 역사적 상태가 뒤얽히는 것과 자신의 역사적 위치에 대한 자기이해가 연구자를 과학적 발견의 길로 인도한다.

마지막으로 세계정위의 지식은 사회학적 현실성에 있어서의 **정신의 총체적 현존과의 연관**에서 역사적으로 이해된다. 낭만주의 시대에 기초되었던 것과 같은 정신의 역사로서의 백과전서는 과학, 철학, 종교, 문학 및 사회의 역사를 상호간에 해명해야 할 것이고 또 하나의 전체로서 자신의 역사에 근거하여, 현재하는 정신의 백과전서의 자기이해로 인도한다. 이러한 과제는 정신사라고 하는 형태로 오늘날에도 실현되고 있다. 하지만 사회학적인 것에 의존하는 이해는 결국 세계정위의 실체의 근원에도, 철학의 실체의 근원에도 도달할 수 없다. 사실적으로 수행되는 세계정위는 단지 외면적으로만 사회학적, 경제적, 정치적, 교육적으로 제약되어 있다. 즉 사실적으로 수행되는 세계정위는 실존적 충동과 포괄적인 이념에 근거한 것이고, 세계정위적 지식에 의해서는 이미 충분히 파악될 수 없고, 순수한 행위로서 단지 철학적으로 호소하는 것을 통해서만 해명될 수 있다.

제4장

자기 폐쇄적 세계정위
(실증주의와 관념론)

세계정위의 과학 속에서 알려진 것은 스스로를 존재 자체로서 강요한다. 모든 것이 인식가능하다는 전제에 의해 인식된 것의 세계상으로서의 완성이 선취된다. 즉 거기에서는 마치 모든 것이 단순히 개념적으로 파악 가능할 뿐만 아니라, 원리적으로는 이미 개념적으로 파악된 것과 같다. 자신의 특수성에 있어서 상대적인 개별자는 전체의 일부가 되고, 이 전체는 절대자로서 모든 세계정위의 보편적 종합에서 객관적으로 인식된다. 현존의 잡다함은 내적으로 서로 연관되어 있다. 즉 모든 것은 자신의 위치에서 권리를 가지며 어떠한 것도 잃어버려지지 않는다. 세계는 모든 특수한 체계성을 자신에 포함하는 전일한 체계이다. 진실한 것은 전체이다.

세계정위는 자신의 가능성을 극복하고 자신을 절대화할 때, 위에서 서술한 전체의 형상에서 스스로를 완결시킨다. 거기에서는 영원히 질서 지어진 운동의 자기 내 정적인 총체, 모든 대립의 전체로서의 통일성, 질서 있는 세계로서의 세계가 사유된다. 거기에서는 모든 것에 대하여 답이 주어지기 때문에 지식에 대한 욕구가 충족되고, 각 사람은 통찰에 몰두하여 자신의 본래적 존재를 가지게 되며, 통찰이 모든 것을 순수하며 명석한 사실로 만드는 것같이 보이기 때문에 감정은 정지한다. 개별자는 어디에 있어서도 문제가 되지 않는다. 그는 일반적 자유에서 자기 자신으로부터 해방되고, 그리고 이 일반적인 것의 무대로서의 가치를 갖는 것에 지나지 않는다. 각 사람은 전체를 향한 봉사자이고 그 도구임에 지나지 않는다.

전체의 의식된 형태는 다음의 경우 중 하나를 통해서이다. 즉 세계정위가 어떠한 위험을 무릅쓰고 어두운 미래를 향해 전진해가는 대신에 마치 사람들이 **단순한 지식에 머물러 있는** 것이 가능할 것같이, 세계에 대한 하나의 견해로 방향을 꺾을 경우(실증주의)인가, 혹은 이념이 단순히 길을 해명할 뿐만 아니라 **현재적으로 완결된 것으로서 선취되고** 모든 것을 명백하게 알아차리게 하는 것과 같이 보일 경우(관념론)인가.

그럼에도 불구하고 실증주의와 관념론은 동일한 영역에서 격렬하게 상극된다. 즉 실증주의와 관념론은, 자신들에 있어서 자기 폐쇄적인 세계정위의 절대화 속에서 철학을 발견하는 것이다. 그 각각의 암묵적인 전제에 친근성을 갖는 실증주의와 관념론은, 사실적으로 한계를 갖는 양극단으로서 단순 솔직히 특징지어질 수 있는 것이지만, 자기를 방기하지 않는 실존은 이들 양극단을 극복하기 위해 그것들을 나의 것으로 삼지 않으면 안 되는 것이다.

실증주의

실증주의는 존재를 **실증적 과학을 통해 자연과학적으로 인식가능한 것**과 동일시하는 세계관이다. 실증주의에 의하면 공간과 시간 속에서 지각가능한 것만이 현실적이다. 사물의 명백함이 그들의 현실성을 증명한다.

실증주의에 의하면 존재하는 것은 객관으로서 존재한다. **객관적 존재와 존재는 동일하다.** 주관은 그 자체로 객관들 가운데 하나의 객관이다. 객관이 외적 지각을 통해 현실성에 접근할 수 있는 것과 같이, 주관은 내적 지각을 통해 현실성에 접근할 수 있다. 즉 주관 객관 모두 대상으로서 알려져야 할 것이다.

객관을 인식하는 것은 생성되어온 그 존재를 개념적으로 파악한다는 것을 의미한다. 모든 존재는 현실성의 지배적 범주인 **인과범주**의 관할하에 있다. 인과범주는 그 하나의 형태로부터 다른 형태로 변천과정을 미끄러뜨리며, 인식을 인과적 파악과 같은 것으로 만든다. 존재하는 모든 것은 타자를 통해서 존재한다. 인식은 발생적 인식이다. 어떠한 것이 어디를 통해, 어디로부터, 어디를 향해 존재하는가를 내가 알 때, 나는 그것이 무엇인가를 알게 된다. 어떠한 것을 파악한다는 것은 그것이 그 자체를 계획하는 것을 의미하지 않는다. 자기존재는 그것이 어떠한 종류의 것이든지, 발생적으로 물어보아질 때에는 중단된다.

같은 것으로서 혹은 같은 종류의 것으로서 **재인식될 수** 있는 하나의 현실적 객관은 **알려진 것이다.** 경험에 근거하여 그것을 **예견하는 것이** 가능하고 그 조건이 나의 물질적 처리를 할 수 있는 경우 그것을 **만들어낼 수** 있는 하나의 현실적 존재는 **인식된 것이다.** 실증주의적 인식의 이상은, 내가 본래적으로 인식해온 것은 내가 만들어낼 수 있는 것뿐이다라는 명제이고, 이 이상의 실현에 대해 실증주의는 어떠한 원리적 한계도 인정하지 않는다.

지각가능성, 객관적 존재로서의 존재, 인과범주, 거기서부터 발생하는 경험과 제작가능성, 이러한 것들이 서로 연관되어 하나의 타당한 현존을 의미하는 것은 확실하다. 하지만 실증주의에 있어서 이러한 것들은 존재 그 자체를 의미하는 것이다. 즉 실증주의에서는, 존재 그 자체라고 하는 것은 인식가능한 존재 이상의 어떠한 것도 아닌 것이다. 그러므로 실증주의의 발생적 인식은 존재 그 자체를 물질 내지 생명인 객관적 존재로부터 설명하든지, 그렇지 않으면 객관으로서 사유된 주관, 그것의 본능, 욕구 내지 현존의 이용가능성에 대한 그 평가로부터 설명한다. 나는 나 자신을 사실로 만들고, 나 자신을, 인식에 의해 남김없이 침투시키며, 의도적으로 만들어내거나 바꾸거나 할 수 있는 어떠한 것으로서 고찰한다. 객관으로서의 나와 다른 모든 객관 사이에는 본래적으로는 어떠한 구별도 없다. 주관-객관의 분열은 원리적으로는 통일적인 하나의 객관적 존재로 지양되는 것이다.

실증주의는 그 목표를 설정함에 있어서, 현존의 하나의 올바른 조직이 가능하다고 하는 것을 스스로에게 있어서 의심할 여지없는 자명한 전제로 삼는다. 현존은 현존 자체에서 나오는 과제를 실현하기 위해 동시에 모든 수단을 제공한다. 사물의 발생의 법칙을 따르는 현존은 올바른 목표에 대한 의식을 스스로 산출한다. 세계의 필연적 운행은, 동시에 과제로서 설정된 것이기도 하다. 그러므로 실증주의에서는 한편으로 모든 것이 이미 선임과 동시에 다른 한편으로 선한 것은 달성되어야 할 것이다. 실증주의에서는 현실적인 것을 이러한 것으로서 승인하면서, 동시에 목표설정에 의해 이것을 평가하며 변혁시키고자 하는 것은 전혀 모순되지 않는다.

실증적인 것으로서 현실적인 것의 승인은, 무엇보다 먼저 실증주의의 하나의 측면을 이룬다. 모든 현존하는 것은 동시에 권리를 갖는 것으로서 받아들여진다. 인간 자신이 맹목적인 현존으로서의 사실적인 것에 있어서 실제로 이렇게 존재할 법한 하나의 존재이다. 각 개인의 원동력은 현존의지와 이기심, 권세욕과 성애이다. 이러한 것들은 인식가능한 법칙에 따라서 필연적으로 작용하는 자연의 모든 힘으로서 타당한 것이다.

현실성을 그들의 가치에 따라서 구별하고, 그렇게 함으로 또 목표를 설정하는 것을 허용하는 실증주의의 다른 측면은 존재를 인식을 통해 지도되어야 할 것으로서 파악한다. 현실의 삶은 생명적 본능성과 기술적 합리성의 양극 사이에 서 있다. 기술적 합리성은 생명적 본능성을 거부하는 것이 아니라, 오히려 이것을 스스로에게 봉사하게 하는 것이다. 설령 고유의 삶이 영혼의 우연성과 계산불가능성에서 좌절될 우려가 있다고 해도, 영혼은 반드시 그와 같은 것이라고 한정 지을 수 없다. 즉 마음의 우연성과 계산불가능성은 곧바로 인식되거나 관리되거나 할 것이다. 정신분석학은 영혼적 충동의 궁극적 배경을 파악할 수 있다는 생각을 갖고 있으며, 정신기술론은 이들 배경을 이끌어 바람직한 궤도에 따라 완성할 수 있다는 생각을 갖고 있다. 에디슨과 같은 사람이 죽은 자연을 지배하듯이 프로이트는 영혼을 지배하는 것이다.

자연적 현존으로부터 필연적인 것으로서 발원되어오는 **목표**는 대립하는 두 개의 실증주의적인 사유가능성을 통해 파악된다.

그 하나의 사유가능성은 힘으로서, 육체적 내지 지성적 탁월로서, 유능한 것으로서 나타나는 소수자의 가치로부터, 강자의 권리로부터 이끌어내어진다고 하는 경우이다.

이에 대해 다른 사유가능성은 약자가 그들의 고유한 권리를 그들의 수에 의해 부여함과 동시에 **모든 현존이 그들 자체로서 승인된다**고 하는 것에 의해 부여되는 경우이다. 어떠한 것도 거부되어야 할 것은 아니다. 그러나 모든 것은 각각의 현존이 다른 모든 현존과 공존할 수 있도록 제한되어야 한다. 보다 **다수의 사람**에게 도움이 되는 것이 선호된다. 현실성은 그것이 양적으로 크면 클수록 그만큼 가치가 있다. 예를 들면 모든 것이 평등한 권리를 갖는 경우, 양적인 것이 보다 좋은 것의 표식이 되고 다수가 신성한 타당성을 갖는다. 그뿐 아니라 보다 좋은 것이라는 것은 **시간에 있어**

서 존재의 지속을 확보하는 것을 말하며, 올바른 행위라고 하는 것은 장래에도 그 효과가 더욱 현존하든지 혹은 기능하고 있는 것이 나타난다는 의미에서 효과를 갖는 행위를 말한다. 하지만 설령 다수가 결정적이라고는 해도, 모든 삶이 자신의 권리와 가치를 보유하기 때문에, 소수자라도 보호되고 박해로부터 지켜져야 할 것이며 또한 병자라면 간호받고, 그 생명이 보존되어야 할 것이다. 자선은 개인을 염두에 두지 않고 요청된다. 무력한 것은 유린되지 않아야 한다.

이들 두 개의 사상적 경향에 있어서는, 올바른 세계조직이 목표로서 설정되는 것에 의해 모든 현재하는 것은 수단화된다. 산다는 것은 모든 것을 **작용 수단으로 전화시키는 것이다.** 모든 정신적 표현, 모든 행위, 모든 생활태도에 대해서는, 그것에 의해 어떠한 것들이 달성될 수 있는가, 그것이 다수의 사람에게 유용한가, 그것은 강자와 유능한 사람을 후원하는가, 그것은 유용한 것을 창조해내고, 사람들을 행복하게 하는가라는 것이 옳고 그름을 결정하는 올바른 질문이 된다. 어떠한 것은 단지 그것이 무엇을 의미하는가라고 하는 관점으로만 보이는 것이고, 그것이 무엇인가라고 하는 관점으로부터 보이는 것은 아니다. 그것이 유용한 수단이 아니라고 한다면, 그것은 무가치한 것이 되고, 그리고 배제될 것이다. 인간은 올바른 세계조직의 명백한 작용 속에서 스스로의 현존을 확신하기 위해, 양적 의미에서의 효과를 향한 욕구에 의해 몰아세워진다. 삶은 자기 자신과 타인에 대한 관리자적 현존이 되는 것이다.

실증주의는 실증주의가 고유의 방법으로 승인하는 **한계에 부딪힌다.** 확실히 실증주의는 실증적인 것만을 유일한 현실성으로서 설명한다. 하지만 실증주의는 인식불가능한 것이 존재한다는 것을 고백하고, 자신의 고백을 불가지론이라고 이름 붙인다. 하지만 실증주의는 인식불가능한 것을 마치 그것이 실증주의와 아무런 관계도 없는 것같이 한쪽 구석에 두어버린다. 이와 같이 실증주의는 올바른 세계조직이라고 하는 과제가 확실히 세계에서부터 자연 필연적으로 태어나기는 하지만, 아주 오랜 시간이 걸려도 결코 그 목표에 다다를 수 없다는 것을 인정한다. 그럼에도 불구하고 실증주의는 이러한 목표를 향한 **노력이 무제한**하다고 해도 구애받지 않는다. 즉 실증주의는 모든 것이 장래의, 결코 달성될 수 없는 올바른 현존을 위한 수단에 지나지 않음에도 불구하고 그 도정을 나아가는 것 속에서 스스로 만족할 수 있기를 바라는 것이다.

실증주의에 대한 비판

실증주의에 대한 하나의 반박은, 현실성을 단순히 경험적 현실성으로서 보아서는 불충분한 것을 강제적으로 증명하고자 시도한다. 확실히 경험적 현실성을 넘어서는 현실성에 대한 어떠한 인식도 주어져 있지 않다. 즉 이와 같이 경험적 현실성을 넘어서는 현실성이 증명된다고 한다면, 그것은 곧바로 초월되어야 할 것이었던 경험적 현실성에 돌려놓아야 할 것이다. 하지만 경험적 현실성이 미완이라는 것을 소극적으로 밝히고 그렇게 하는 것에 의해, 이러한 세계가 그 스스로 속에서 절대적 존재를 갖는 것이 불가능하다는 것을 증명하는 것은 가능하다. 실증주의에 의해서는 극복할 수 없는 모순이 지시되는 것에 의해, 동시에 실증주의에 의해서는 파악될 수 없는 것이 알아볼 수 있게 되는 것이다.

1. 기계론적으로 사유하는 오성의 절대화

실증주의는 자신이 경험에 근거해 객관적으로 사유하는 공간적-시간적 현존을 전적인 존재로서 고집한다. 그때 실증주의에 의하면 이 공간적-시간적 현존은 동일한 궁극적 구성요소에 환원되는 것이지만, 이들의 구성요소는 인과법칙에 따라서 공간과 시간 속에서 운동하는 것이고, 그리고 현실성은 이들 요소로부터 자동기능으로서 합성되는 것이다. 시간의 경과 속에서 변화하는 것은 지속적으로 불변하는 것의 새로운 정리에 의해서 파악되지 않으면 안 된다. 이렇게 실증주의라는 것은 보다 엄밀하게는 오성에 의해 기계적으로 사유가능한 것을 현실적인 그 자체로 간주하는 경향을 말한다. 설령 실증주의가 이와 같은 방법으로는 이미 질적이고 감성적인 직관마저 파악불가능하고, 더욱이 생명과 의식도 또 파악불가능하다고 하는 것을 알게 되고, 이러한 것들에 대해 실증적 의미에서의 현실성 이외의 다른 현실성의 형식을 부여한다고 해도, 실증주의는 그 본질에 따라서 모든 것을 또다시 기계론적으로 사유하고자 시도한다. 실증주의가 현실적인 것 속에서 더욱 도약이 있는 것을 인정한 경우에서마저도, 그것은 드디어 또다시 하나의 현실성이 다른 현실성으로부터 변화하여 출현하는 것이 가능한 것이라고 모호하게 생각되게 된다. 실증주의는 현존의 한정된 하나의 영역에 있어서 진리성을 갖는 것을 모든 것에 관한 거짓된 인식의 공허한 이야기로 절대화시킨다. 그러므로 실증주의에 대해서는, 그 모든 한계가 다음의 사실을 통해 그 구체적 주장 속에서 나타나야 할 것이다. 즉 사람들은 그가 이미 자연과학적으로 인식하지 않고 단순한 가능성을 충실하게 하는 어떠한 경험도 없이, 즉 실험, 통계, 결의론도 없이 이들 가능성을 필연적인 현실성인 것같이, 단순히 자연과학적인 범주와 유추에서 마치 그가 인식하고 있는 것같이 이야기할 경우, 그때마다 그럴 듯하게 보인다고 하는 사실을 통해서 나타나야 할 것이다. 실증주의는 자신이 특히 애호하는 모든 범위를 모호한 방법으로 편애를 갖고 이용한다. 예를 들면 실증주의가 '발전'과 '이행'에 대해 이야기할 때, 또 '모든 것은 그 원인을' 갖는다든지, '… 보다 이상의 어떠한 것도 아니다' 혹은 '… 에 환원된다' 등을 이야기하는 경우가 그러한 것이다.

2. 특수한 것에서부터 모든 것으로 향하는 방법적으로 잘못된 발걸음

하나의 사례가 이 방법을 구체적으로 나타내고 있다. 예를 들면 인간은 경험적 인식에 있어서 유전과 환경에 의해, 소질과 교육에 의해 제약되어 있다. 이러한 것은 각각의 인간의 경우에 많든 적든 명료하게 나타나 있을 것이다. 유전관계에 대해서 인식은 식물학적 내지 동물학적 인식의 전용에 근거를 두고 있다. 확실히 개개의 경우에 대한 구체적인 예언은 많은 경우 완전히 불확실하기는 하지만, 유망한 경우에는 통계적 개연성에 도달한다. 지금에야 우리들은 실증주의적으로 경험적 연구의 가능성이라고 하는 전제와 개별적인 성공에 근거해, 인간 그 자체의 존재에 대해 다음과 같은 보편적인 주장을 하게 된다. 즉 인간의 **모든** 존재는 이들 인과의 쇠사슬에 의해 불가피하게 규정되어 있다든지, **전체** 인간은 모든 가능성을 모조리 채우는 인과사슬의 결과이다라는 것을 주장하게 되는 것이다.

하지만 이와 같은 것은 전혀 증명되어 있지 않은 것이다. 왜냐하면 이들 주장의 의미는, 각각의 구체적인 인과의 모든 연관의 인식의 의미와 원리적으로 다른 것이기 때문이다. 확실히 인간의 **연구**에서는, 바꾸어 말하자면 인간이 연구의 대상인 한에 있어서 각각의 인간은 모든 가능성을 채우는 인과사슬의 결과다라고 말하는 것이 올바르다. 현실성은 그것이 인과사슬 밑에 있는 한에 있어서만, 우리들의 인식에 있어서의 현실성이다. 그러므로 일반법칙으로부터 그 각각의 경우의 모든 개별적 가능성으로 추론한다는 것은 이론적 인식에서 필연적으로 수반되는 것이다. 하지만 이와 같은 방법적 언표는, 모든 현실성에 대한 어떠한 인식도 의미하지 않는 것이다. 왜냐하면 인식은 단지 규정된 것으로서만, 그러므로 또 개별적인 것으로서만 존재하기 때문이다. 일반적 명제가 단순히 그 적용의 무제한성을 포함할 뿐 아니라, 전체는 '…보다 이상의 어떠한 것도 아니다'라는 주장에까지 확장될 때 **오류가 발생한다.** 오류는 '개별적인 것'으로부터 '모든 것'으로 나아가는 과정에서, 즉 무한하게 발생하는 인식된 유한성의 특수성과 연관해서가 아니라, **규정된 유한적인 것 내지 무한한 것으로부터 무규정적인 전체 내지 무한한 것으로 나아가는 과정에서** 언제나 존립해 있다. 모든 것과 전체는 마치 경험적 대상인 것같이 오해되어 취급된다. 하지만 개개의 인간의 현실성은 첫째로, 모든 개별적 현존과 같이 무제한에 있어서 규정하기 어렵고, 그러므로 또, 시간 속에 있는 인식에 의해서는 채워질 수 없는 것이고, 둘째로, 인간에서는 자기를 파악하며 인식의 어떠한 대상도 될 수 없는 자기존재의 가능성이 존재한다.

　실증주의자도 개개의 주장이 증명되어 있지 않은 것을 승인하면서 스스로의 무지를 용인하는 것을 고백한다고 해도, 만약 그가 그 근본적 오류를 의식하지 못할 때에는, 여러 모든 새로운 주장이 흡사 히드라[1] 뱀의 머리와 같이 그의 앞에 머리를 쳐든다. 보통 실증주의자는 거의 무지를 아직 모르고 있는 공백이라고 생각하는 것에 의해 곤란을 회피한다. 설령 어떠

---

1)　(역주) 헤라클레스가 퇴치한 머리가 아홉 개인 괴물.

한 점에서 실증주의자가 불가지론과 함께 원리적인 지식상의 무능력을 인정하는 경우에마저도 그에게 있어서 이 무지는 어떻게 되어도 상관없는 사항이다. 그가 이와 같은 원리적인 무지로부터 벗어난다고 해도, 거기에서부터는 어떠한 결과도 나타나지 않는다. 즉 그는 의연히 억측적 지식의 절대성에서 내적으로 감금되어 있고, 그때마다 새로운 여러 모든 주장에 의해 자기 자신을 기만하는 것을 계속하는 것이다.

3. 경험적 현실성의 통일을 확정하는 것의 불가능성

실증주의는 모든 것의 연관을 경험적 세계의 보편적 통일 속에서 사유한다. 만약 이와 같은 통일이 존재하지 않는다면 실증주의에 의해서 절대화된 존재 일반이 붕괴되어버릴 것이다. 하지만 실제로는 이와 같은 통일을 사유하려는 시도는 현실성 인식의 약간의 부분에서 **풀기 어려운 모순**으로 이끈다. 이렇게 **신체와 마음의** 연관 문제는 그 가능적인 해결을 조망할 수는 있지만, 이들 해결의 각각이 부조리한 귀결로 이끌어간다. 혹 내가 신체와 마음을 **상호작용**에서 생각한다면, 나는 에너지 불변에 관한 명제와 충돌하게 된다. 왜냐하면 나는 마음속에서 에너지가 소멸하거나 마음에 의해 에너지가 만들어 내어지거나 하는 것과 같이, 물질적 범주에 따라서 마음을 관찰하는 것이 불가능하기 때문이다. 또 혹 내가 신체와 마음을 상호간에 교섭하지 않는 두 개의 자기 폐쇄적 인과 세계의 **병행주의**에서 생각한다면, 나는 이 두 개의 세계가 서로에게 영향을 주고 있다는 나날의 직접적 경험과 충돌하게 되든지 그렇지 않으면 나는 모든 육체적 생기에 대해 각각 하나의 심적 생기를 생각할 수 있지 않으면 안 되게 될 것이다. 즉 광선 자체가 신경-뇌수과정의 원인임에도 불구하고, 상상도 되지 않는 광선의 심적 수반 현상이 체험된 나의 시각의 원인이라고 생각되든지, 그렇지 않으면 나는 신경계통의 어떠한 하나의 부분에서 이유도 없이 시작되거나 끝나거나 하는 단순히 부분적인 병행관계를 생각하지 않으면 안 될 것이다. 혹 내가 이들 사유불가능한 일의 어떠한 것이라도 피하고자 한다면, 나는 결국 육체적 모든 과정을 계기로서 이것에 구속되는 심적 모든 과정을 야기하거나 혹은 반대로 심적 모든 과정을 계기로서 이것에 구속되는 육체적 모든 과정을 야기하거나 하는, 어떤 하나의 낯선 힘의 개입을 전제하지 않을 수 없을 것이다. 이러한 곤란은 내가 세계에서의 개별적 연구에 있어서 불가피한 것으로서 발견하며 승인하는, 신체적 생명과 의식 사이의 도약을 하나의 존재 그 자체에 근거해 전체로서 동시에 파악하며 주장하고자 하는 경우에만, 한마디로 말하자면 내가 경험적 현실성을 절대적인 것으로서 실증주의적으로 정립하는 경우에만 발생하는 것이라는 것은 말할 필요도 없다.

이에 따라서 내가 세계를 전체의 통일로서, 공간에 있어서 유한 혹은 무한한 것으로서, 시간에 있어서 시작이 있는 것 혹은 시작이 없는 것으로서, 요컨대 자기 내 폐쇄적인 것으로서 인식하려 하는 경우, 나는 도처에서 해결불가능한 상태에 빠진다. 왜냐하면 세계가 나에게 완전히 명백하게 알려지기 위해서는, 나는 세계를 그 스스로 속에서 조망할 수 있는 하나의 세계로서, 즉 하나의 유한한 체계로서 사유하지 않으면 안 되기 때문이다. 세계를 이와 같은 조립된 기계와 같은 종류의 것으로서 사유한다고 하는 것은 모순으로 이끌어지지 않을 수 없다. 왜냐하면 이 경우 (내가 세계를 현존하는 무한성으로서 주장하는 경우마저도) 하나의 무한한 것이 유한적으로 성립되기 때문이다. 객관적 현존은 모순이 없는 것으로서는 그때마다의 관점에서 유한성에 있어서 각자 특수한 것이다. 인식에 대해서는 단지 이와 같은 현실성만이 존립하는 것이고, 경험적 현실성 일반 혹은 경험적 현실성 그 자체가 인식에 대해 존립하는 것은 아니다.

4. 강제적 지식의 진리 개념이 잘못 절대화된다

실증주의는 경험적 현실성과 함께 강제적 인식의 진리 개념도 절대화시킨다. 실증주의는 존재하는 것은 이 진리 속에 들어간다라고 하는 전제를 세운다. 이것은 실증주의를 잘못 이끌어 가서, 모든 것을 세계 속의 현실적, 실증적 지식으로부터의 유추에 따라서 사유시키고 전혀 강제적이지 않은 것을 강제적 지식이라고 표현한다. 그 결과 실증주의는 강제적인 것의 상대성 자체에 대해서도 맹목적이게 된다. 그렇다고 하는 것은 실증적인 과학의 개별적 인식에서 강제적 지식이 결정적인 것과 같이, 자기존재와 초월자의 진리가 문제가 되는 곳에는 억측적인 지식이 자의적이며 공허한 것이 되기 때문이다. 전체를 향해 수행된 모든 실증주의가, 이것 때문에 강제적이지 않은 지식의 영역에 사실상 빠지지 않을 수 없다고 하는 것은, 세계정위에서의 한계에 관한 지식의 성과로부터 당연히 이끌어내어지는 것이다.

5. 실증주의는 자기 자신을 이해할 수 없다

실증주의적 절대화가 지각가능하며 경험될 수 있는 객관적 존재로서의 존재를 명백히 하는 것이 좌절되고 있는 현실적 현존에서의 도약은 두 가지가 있다. 즉
실증주의가 인식하는 현실성으로부터는 그 현실성이 인식된다고 하는 것은

설명될 수 없다. 실증주의는 자기 자신을 계산하지 않는 것이다. 세계 속에서 인식된다고 하는 것은 법칙에 따라 존립하는 존재로서 인식된 것에 대해 현실성이라고 하는 의미를 갖고 있다. 전체로서의 주관-객관 관계는 단순히 존립하고 있는 객관보다 이전에 존재하고 있는 것이다.

더욱이 현실성으로부터 인식된 메커니즘이 목적 달성을 위해 이용될 것이라고 하는 것은 설명될 수 없다. 일반적으로 세계 속에서는 목표가 추구된다고 하는 것이 발생적으로 설명될 수 있지 않으며 또 어떠한 하나의 무제약적인 목표의 권리가 발생적으로 충분히 근거 지어질 수 있는 것도 아닌 것이다.

예를 들면 실증주의자는 발생된 것 그 자체에 대한 타당성을 어떠한 기원으로부터도 설명하지 않는다. 사유가 심리학적으로 어떻게 발전해왔는가를 ―나에 대해 타당한 모든 것의 발전에 대해서도 사정은 똑같지만― 나는 모르지만, 가령 내가 그것을 알았다고 해도 그것에 의해서 나는 올바른 사유와 잘못된 사유에 대해 어떠한 것도 알게 되지는 않을 것이다. 올바른 사유와 잘못된 사유의 구별은 내가 나의 발생적 연구에 앞서서 오히려 전제하지 않으면 안 되는 것이다. 실증주의자는 그 자신의 논증의 타당성을 인과적으로 이끌어내는 것이 불가능하고 또 그의 행동의 의미를 인과적으로 이끌어낼 수도 없다. 만약 실증주의자가 그 스스로에 대해 그의 인식작용과 행동에 있어서 인과적으로 조망할 수 있는 과정 이외의 어떠한 것도 아니라고 한다면, 그는 그가 사유하며 생동하는 것으로서 스스로 행하고 있는 것에 대해, 어떠한 것도 설명할 수 없다고 하는 상태에 멈춰지게 될 것이다. 실증주의자는 다음과 같은 기만적인 모호성에 의해 이 딜레마를 은폐한다. 즉 그는 자연적 생기로서 그가 파악하고 있는 것을 '자연적'이라고 이름 붙이고, 동시에 그것을 존재해야 할 것을 생각한다. 어떤 때에는 필연적으로 생기하는 것을 의미하고, 어떤 때에는 존재해야 할 것이지만 결코 항상 생기하는 것은 아닌 것을 의미한다고 하는, 이 모호성은 실증주의자의 근본적 오류이고, 이 오류를 지양할 때 실증주의자 자기 자신을 극복하는 것이다.

6. 실증주의적 삶의 자기변명의 모순

실증주의를 가능하게 하는 세계정위적 연구는 엄정하며 한계가 없는 것이고, 그 자체는 결코 실증주의가 아니다. 현실적으로 연구하는 자는 그 자신이 실증주의적으로 사유하고 있다고 잘못 생각하고 있는 경우에서도, 실증주의적으로는 사유하고 있지 않다. 성실한 세계정위의 강점은 환상과의 투쟁에서 나타난다. 가능실존의 용기와 헌신은 지식을 자신의 것으로 만들 수 있는 근원적 연구자에 고유한 것이다. 이와 같은 근원적 연구자 자신은, 그가 사유하며 인식하는 것 이상의 것이다. 연구내용을 단순히 주장할 뿐 아니라 사실적으로 존재를 절대화하는 하나의 존재의식에 의해서 처음으로, 실증주의적 삶은 가능하게 된다.

실증주의적 삶은 그것이 **스스로를 변명**한다는 것만으로도 이미 그 자체에 있어서 **불가능**하다는 것을 알 수 있다. 만약 내가 인식가능한 인과적 연관 속에 있는 자연 이외의 어떠한 것도 아니라고 한다면, 내가 자연을 인식한다고 하는 것, 그리고 이 인식에 근거해 자연을 간섭한다고 하는 것이 단순히 설명될 수 없을 뿐 아니라, 내가 나를 변명하는 것도 또 부조리하게 된다. 자연법칙에 따라서 필연적으로 실제로 존재하는 것같이 존재하는 것은 **어떠한 변명도 필요로 하지 않는다.** 자연은 자기 자신을 알지 못하고, 자신을 인식하지 못하며, 자신을 변명하지 않고, 오히려 질서정연한 존재에 있어서도, 혼돈에 있어서도, 우리들에 대해서 자명하게 현존하는 것이기는 하지만, 현존으로서의 나도, 또 나 자신이 인식의 객관인 이상, 그와 같이 현존하고 있는 것이다. 자연 생성물은 정신적으로 질문하는 모든 공격에 그것을 들을 수가 없기 때문에 저항하는 것이지만, 나도 또 무언가 의문을 품지 않고 자신의 현존을 원하는 현존으로서는, 이것과 같이 저항하는 것이 된다. 자연 현존은 올바르다 올바르지 않다라고 하는 구별이 없이 파괴하고, 또 다른 것에 의해 파괴되는 것이기는 하지만, 만약 내가 자연이라고 한다면, 나도 이와 같이 파괴하거나 파멸되거나 하는 것이다.

하지만 실증주의자는 스스로를 **변명**한다. 만약 내가 실증주의자로서 연구의 대상으로서 존재하는 모든 것을 그것의 원인으로 충분히 논구하는 것을 중지하면, 나는 나 자신이 그것에 대해 어떠한 것도 할 수 없는 원인을 갖고, 나는 무엇이며, 그리고 나는 무엇을 행하는가를 설명하게 될 것이다. 설령 내가 어떠한 것을 나의 소유로서 이해할 수 있게 되었다고 해도, 나는 나 자신으로서의 나를 거부하고, 그리고 나 자신을 그것만이 존재를 갖고 있는 필연성의 배후에 은폐해버린다. 나는 나 자신에 대해 책임을 갖는 대신에, 언제나 단지 어떻게 해서 그렇게 되었는가라고 말하는 것을 갖고 대답으로 삼는 것에 지나지 않는다. 나는 행위자가 아니며 책임지는 사람도 아니고, 하나의 심리학적 혹은 사회학적 혹은 경제적 혹은 생물학적인 필연성이다. 사실적으로는 단순히 나의 현존을 타인에 대한 주장과 확대를 위해 도움이 되게 하려는 것에 지나지 않는 이러한 변명은, 맹목적인 현존투쟁의 기능이고, 이에 대해 순정한 변명은, 내가 그 변명에서 자유에 근거해 나 자신을 자유로 향하게 하는 경우에만 의미를 갖는다. 혹 변명 자체가 단순히 하나의 필연적인 자연적 생기로서만 타당한 것에 지나지 않는다면, 이 변명에 서로 관계하는 것은 무의미하고 오히려 타인의 권리주장에 대해 자기 자신의 권리주장을 자연 필연성에 근거해 주장하는 쪽이 일관성이 있다. 그가 실제로 그와 같이 존재하고 있기 때문에 다른 식으로는 행동할 수 없었다고 하는 이유로 처벌받는 것을 바라지 않는 형사피고인에 대해서는, 다음과 같이 대답해야 할 것이다. 즉 재판관의 쪽에서도, 그가 (그리고 또 사회 조직이) 실제로 그와 같이 존재하고 있으며 또 자연 필연적으로 현존하는 힘에 의해 강자로서 계속 존재하기 때문에 그와 같이 행동하지 않을 수 없다고 하는 이유에서, 그 형사 피고인을 벌하는 것이라고. 실증주의적 자기변명에서는, 자기존재로서의 나는 나를 향해 오는 모든 요구 앞에서 소멸되고, 그리고 여러 모든 요구를 제기하며 현존으로서의 나를 주장하는 것이다.

내가 실증주의적으로 살아갈 경우에도, 역시 나는 객관적인 것(합리적인 것)과 동물적인 것(본능적인 것)에 있어서 개별적인 상호소통을 가질 수 있는 것같이 보일지도 모른다. 하지만 그럼에도 불구하고 나는 가능실존으로서의 상호소통을 가질 수 없을 것이다. 이 경우 나는 나 자신이 아닐 것이다. 즉 나는 이것을 다소간 의식적으로 알고 있고, 따라서 어떠한 안정도 가지지 않는 것이다. **실증주의의 불가능성**은 절반은 의식적인 절망에 근거하고, 가능실존의 **철학적 비상**이 그 속에서 일어날 수 있는 **존재의식의 위기**를 향해 몰아가든지, 그렇지 않으면 **실체가 없는 궤변**으로 몰아간다. 이와 같은 실체가 없는 궤변에 있어서 연구적 사유의 잔류물을 나타내는 모든 언어 사용은, 그 상태에 있어서 바로 그들의 언어 사용이 유용한 의미를 갖는 것에 의해서 자기 속에 갇혀버린 현존의지의 관심을 은폐하는 논증으로 변해버리는 것이다.

관념론

정신과학에 있어서 이해적으로 연구되는 **정신의 존재를 존재** 그 자체와 동일시하는 세계관으로서의 관념론이 실증주의에 대립한다.

관념론은 모든 **객관이 하나의 주관에 대해서만 존재한다**고 하는 것, 주관-객관 관계에 있어서는 어떤 편도 다른 편을 동시에 없애지 않고서는 제거될 수 없다는 것을 알고 있다. 하지만 거기에서 **주관**은 어떠한 모습에 있어서 **우위**를 갖고 있다. 주관은 자기 자신을 의식하는 정신의 현존 형식이다. 이에 반해 모든 객관에 대해서는, 그것들은 도대체 존재하는가, 또 어떠한 의미로 존재하는가라는 질문을 할 수 있다. 거기에서는 외부 세계의 실재성이 문제가 된다.

만약 존재가 더 이상 객관적 존재와 동일하지 않다면, 존재의 확인은 오성의 대상적 사유에 의해서는, 비록 완전히 이 사유 없이는 아니라고 해도 행해질 수 없을 것이다. 거기에서는 관념론이 이성의 사유 속에서 수행되는 **하나의 다른 사유**가 있다. 예를 들면 이 사유는 오성을 도구로 삼아, 모든 오성을 초월하고 있는 어떠한 것, 즉 주관과 객관으로 이루어진 전체에서 정신의 존재인 이념을 파악한다. 이 사유는 변증법적이다. 즉 이 사유는 고정된 객관적인 것으로서 존립하는 것이 아니고, 하나에서 주조되는 발생학적 분석에서 그것이 무엇인지 파악된다. 이 발생학적 분석은 원환에서 움직이고 인과적 파악과는 어떠한 관계도 갖지 않는다. 이 사유는 사유가 주관적 존재로서의 그 자신 스스로를 또한 모든 존재의 본질로서 파악하는 경우, 자기 자신을 사유하는 사유이다. 이 존재는 실증주의와는 반대로 사유되며 이념에 참여하는 **자유의 존재**이다. 정신과 자유는 동일한 것이다. 즉 내가 존재를, 자신이 자기와 관계하는 주관적 존재로서, 즉 나의 고유의 존재로서 변증법적으로 이해하는 곳에서 나는 자유롭고, 내가 단순히 이방인으로서 타자 앞에 서는 경우에 나는 자유롭지 않다.

정신의 이러한 존재는 원형, 규범, 모범에서 또다시 객관적 형태가 된다. 타당한 진리를 향한 자유의 이와 같은 객관화에 근거해 현존은 하나의 평가, 즉 **본래적 현실성은 이념에 의해 존재한다**고 하는 평가에 굴복한다. 현존에 있어서 이념에 상응하거나 혹은 참여하고 있는 것은 진실하며 동시에 현실적이다. 즉 이념과 무관한 것으로서 탈락되는 것은 진실하지 못하고 본래적으로 비존재이다. 경험적으로 현실적인 것 그 자체는 승인되지 않고, 단지 그것이 이념에 의해 침투되어 있는 한에서만 승인된다. 현존은 이념에 의해 완전히 침투될 때까지 존재의 계단을 올라간다. 원인과 결과가 중요한 것이 아니라 모든 것의 생성이 전체로서 하나의 존재로 되는 것이 중요하다.

이념의 존재는 스스로를 자기 속에서 종결시키는 과정으로서 사유된다. 진리의 인식은 모든 대상적인 것을 재차 지양하는 일련의 사유활동에 의해 이 무시간적인 존재에서 부유하는 것이다. 진실한 것은 이와 같은 무시간적인 존재로서 항상 이미 존재하는 것이기 때문에, 그 밖에 또 산출되어야 할 본질적인 것은 어떠한 것도 존재하지 않는다. 시간 속에 있어서의 행동에 대한 '과제'의 형식은, 현존에 있어서의 하나의 오성 형식이지만, 이 오성 형식은 진리가 사라져가는 하나의 계기로서는 타당하지만, 그것은 무시간적 존재의 진리로부터 고립되어 독립에 이르는 것으로서, 그러므로 또 본래적으로는 존재하지 않는 것으로서 타당한 것에 지나지 않는 것이다. 이념으로서의 존재는 영원히 만들어져 있는 것이고, 그러므로 또 항상 현재하는 것이다. 관념론으로서의 철학은 '시간도, 어떠한 사물 일반도, 그들의 영원한 사명에 따라 무시간적으로 파악하는 것이다.'

자신 속에 안주하고 있는 진리의 변증법적 원환 과정으로서의 이념은, 고정가능하며 정의가능한 어떠한 오성의 대상도 아니기 때문에, 이념은 무엇인가라는 물음은 **구체적인 사유활동의 연속**에서 이념의 그때마다의 특수한 형태로서 전개되든지 혹은 일반적으로 **막연하게 느껴지게 되든가**, 둘 중에 하나이다. 인간 공동체의 현실성 속에서 이념은 어떠한 하나의 세계의 분위기로서 나에게 이야기를 걸어온다. 이념은 마치 모든 것이 전체에 혼을 불어 넣어서, 전체를 단순한 특수 목적을 위한 결합 내지 장치 이상의 것, 즉 현존이 그것으로부터 운동과 의미를 갖는, 정신적 존재이게 하는 눈에 보이지 않는 생명과 같은 것이다. 이념은 계산불가능한 것이고, 그러므로 또 합리화될 수 있는 것도 아니며 의욕할 수 있는 것도 아니다. 즉 이념으로부터 의욕될 뿐이다. 이념은 요구하지 않고 도리어 모든 진실한 것이 그 진실한 정도에 상응하는 장소를 그 속에 갖는 무한한 전체로서, 그때마다의 요구의 근거가 되는 것이다. 이념은 그때마다의 이상 속에서 스스로를 이해하지만 어떠한 이상 속에도 포함되지 않는 공동체의 실체이다. 목적 연합이 목표의 달성에 의해 종말을 고하는 것이고, 세계 속에서 만들어질 수 있는 것을 위한 합리적 수단 이상의 어떠한 것도 아니었던 것에 비해, 이념은 공동체의 절대적 결합으로서 시간 속에서 스스로를 전개한다. 즉 이념은 모든 순간에 있어서 충실한 것으로서 현재적임과 동시에 스스로를 실현하는 경험적 형태 속에서 움직이는 것이다. 하지만 생명적인 공감과 관습적인 생활 질서는, 그들이 현존에 있어서의 이념의 육화를 의미하지 않고 존립하는 현존의 무감각한 타성적 지속에 멈추는 경우에 스스로에 대해 이념을 결여하는 것이다.

오성과 의지에 대한 모든 대상과 목적의 **무제한성**은 총체성으로서의 이념에 의해서 자기 내 폐쇄적인 하나의 무한성을 가져온다. 이 **무한성**은 주관의 자기와 같은 것으로 생각되어야 할 것이다. 왜냐하면 어떠한 객관에 대해서도 아닌 단지 여기 주관에 있어서만, 자기 자신과의 관계, 즉 자기 자신과 대립하며 어디까지나 합일해 있다고 하는 이중의 관계가 실현되기 때문이다. 여기에서는 부정성으로서의 모순과 타자성은, '와(과)'에 의해 단순히 외면적으로 나란히 병행해놓는 것이 아니며, 그리고 '이와 같이 또'에 의해 외면적으로 타협하는 것도 아닌, 하나의 전체 속에서 지양된다. 그런데도 오성은 그것이 분산되는 것과 대립되는 것을 함께하려 하는 경우에, 이와 같은 외면적 병렬과 외면적 타협의 형식에 계속 의지하는 것이다.

내가 참여하는 하나의 구체적 내용으로서의 이념은 이것을 조망할 수 있게 지배하는 것이 아니며 나를 지배하는 무자비한 피안도 아니다. 이러한 것으로서의 이념은 내 안의 **생명**이고, 이러한 생명은 **동시에 객관적**이며, 그리고 세계로부터 나를 마중해주는 것이다. 이러한 이념에의 참여는 두 가지 단계를 거쳐 행해진다. 즉 먼저 나는 내가 자연 인식, 정치적 행동, 교육 등등에 있어서 이념을 실현할 때 이념에 참여하고 있고, 다음으로 나는 정신으로부터 정신을 향한 **이해** 속에서 이미 실현된 것으로서 이념에 참여하고 있다. 첫 번째 단계는 **실천적인 것**의 형태이다. 즉 거기에서는 이념의 존재는 시간적 현상 속에서의 실현이다. 두 번째 단계는 **관상의 형태**이다. 즉 거기에서는 이념의 존재는 시간적 현상에서부터 나에 반사해오는 영원한 존재이다.

이념에의 참여는 오성의 객관으로서의 대상이 무관한 존립으로 존재하는 것을 멈춘다고 하는 것을 의미하는 것이기 때문에, 그 경우 나는 이념의 전체 속에서 지양되고, 타자에 있어서 나 자신에 가까이 있다. 그러므로 이념의 생명이 있는 곳에서는 총체성의 **평온**, 완성의 **평화**가 존재한다. 이념 속에서는 **화해**가 주어지고 모든 개별적인 것은 전체의 계기로서 정당화된다. 본래적으로 선한 것과 악한 것은 존재하지 않고, 특수한 것의 이념에 대한 참여의 등급과 무가치한 것이 되어 떨어져가는 특수한 것의 자기고립화의 등급이 주어져 있는 것이다.

이념은 그 객관적 형태와 자신에 있어서 그 주관적 존재의 양극 사이에서, 즉 시간 속의 힘으로서의 그 존재와 무시간적으로 존립하는 그 의미 사이에서 사유된다. 어떠한 경우에도 이념은 오성에 적합한 방법으로 대상이 될 수 없지만, 그럼에도 불구하고 이념은 부적절하며 불완전하다고 해도, 사유 속에서 대상적이게 된다. 이념은 **척도**로서, 하나의 구성에서의 **전형**으로서, 하나의 과제에 대한 **이상**으로서, 관조에서의 **변증법적 원환**으로서, 이미 존재하는 형식에서 사유된다. 단순히 대상적인 것으로서 이념은 항상 도식이 된다. 관념론은 정신에 관한 과학의 세계정위를 절대화하는 것이고, 이들 과학 속에서 주관적 존재와 이념의 존재는 이해가능한 존재로서 파악된다. 관념론은 이념을 폐쇄적인 형상으로 고정화한다. 관념론은 허위로 종결되어 있으며 형식적으로 완결되어 있는 지식으로서 자기 자신을 완성시킨다. 관념론은 자신의 이상을 결정체로 만들며 현자의 진실한 생활, 진실한 국가의 형태, 진실한 사회의 형태를 안다. 관념론에 있어서 모든 이념은 규정된 객관적인 힘으로서 동시에 절대적인 존재가 된다. 관념론은 자신의 이상을 이상형의 도식으로 전환시키며, 의미를 빼앗긴 자신의 모든 형태를 실증주의적 연구에 대해 방법적 보조수단으로서 제시하는 것이 가능하다.

관념론에서 **진실한 생활**이란 개인을 지양하며 비상해 모든 **이념**에 참여하는 것이다. 관념론자는 단순한 현존의 유한성, 그 협애함, 그 공허함으로부터 탈출해 이념을 직관하려 노력한다. 즉 관념론자는 이와 같은 유한성, 협애함, 공허함을 믿을 수 있으며, 정신의 포괄적인 이념으로서 알게 된 통일성의 세계상에서 자신의 안락함과 만족을 발견한다.

확실히 관념론은 스스로 자신의 한계를 안다. 하지만 관념론이 스스로의 한계를 운운할 경우, 그것은 이 한계를 극복되어야 할 것이라고 생각하든지, 그렇지 않으면 그에게 냉담한 것으로서 배제해버린다. 관념론은 다음의 것, 즉 이념은 이념이 자신 속에 받아들이고 싶어 하며 그것을 지배할 수 없는 하나의 타자를, 즉 현존하는 세계, 무제한성, 조야한 경험적 현실성 등의 소재를 이념 스스로에 대립하는 것으로서 갖고 있다는 것을 알고 있다. 그러므로 헤겔은 개념에 복종하는 능력이 없는 자연에 대해 이야기한다. 즉 그는 단순히 실증적인 것의 우연성에 대해서 이야기한다. 그리고 그는 이 자연과 단순히 실증적인 것의 양자를 본래적으로 존재하지 않기 때문에 철학과는 아무런 관계도 없는 어떠한 것으로서 배제해버린다. 이념은 정신으로서 현실적이다. 경험적으로 현실적인 것으로부터 다음과 같은 것들이 이념과 대립된다. 즉 죽은 자연 속에서 일반적으로 체계적 인식이 가능하다고 하는 것, 생명은 유기적인 것으로서 현실적이라고 하는 것, 영혼은 정신적 이념이 세계 속에서 실현되는 경우로서 존재한다는 것. 이러한 것들이 경험적, 현실적인 것 속에서 이념에 영합하는 것 이외의 타자인 것은 관념론에 있어서 문제가 되지 않는다.

실증주의와 관념론의 대결

설령 관념론이 현실적인 것을 이념의 존재로 간주한다고 해도, 그럼에도 불구하고 경험적 현실성은 침투되기 어려운 것으로서 관념론에 대해 사실적으로 계속 존립하는 것이고, 이 결코 무력하지 않은 경험적 현실성에 대해서 관념론은 오히려 무력하게도 스스로의 고유의 현실성을 이상의 세계로 대치한다. 그러므로 관념론은 관념론이 환상에 달라붙을 수 있게 하는 사상에 빠진다. 관념론은 현실성에 있어서 가능적인 의미에 관해 사실적인 것의 기본적인 실증성을 경시한다. 관념론은 자신의 욕망에 따라서 하나의 왕국을 건설하고, 이 왕국의 형상 속에서 불일치, 분열, 공포를 은폐하면서 개개의 현실성을 고양시키며, 그리고 이들 현실성을 조화가 가득한 광명 속에서 본다. 관념론은 관념론에 있어서 유령과 같이 현실적임에도 불구하고 현실적으로는 존재하지 않는 이념을 물질화한다. 그렇지 않으면 관념론은 이념을 단순한 타당성으로 희석시키고, 그리고 이 타당성을 하나의 다른 현실성으로서 경험적 현실성에 대치시킨다. 하지만 경험적 현실성은 이 다른 세계에 복종해야 할 것이라고 생각되는 것이다. 그러나 이 경우 관념론은 사유된 무력한 당위에서 자신을 상실하며, 관념론이 감히 직시하려고 하지 않는 현실성은 이 당위를 무시하고 떠나버린다.

실증주의의 근저가 현실적인 것을 사실성과 인과성에 있어서 연구하는 이상, 실증주의는 이와 같은 환상적인 모든 귀결에 대해 일단은 강점을 갖고 있다. 실증주의는 있는 그대로의 경험적 현실성을 관념론과 같이 단순히 일반적으로 존립시키지 않으며 또 근본적으로는 중요하지 않은 것으로서 존립시키지도 않고, 스스로 과학으로서 가능한 한 여러 수단을 갖고 경험적 현실성을 그 이해하기 어려운 특수성에서 연구한다. 실증주의는 경험적 현존에 대해 강제적인 확실성이라는 의미에서의 진실을 향한 무제한한 의지를 갖고 있다. 실증주의는 연구에 대해 충동을 부여한다. 왜냐하면 실증주의에 있어서 현실성은 이미 그 자체로서 중요성을 갖고 있기 때문이다. 관념론이 자신의 이상성의 빛나는 안개 속에서 현실성을 은폐하는 경향을 갖는 것에 대해, 실증주의는 모든 현실성을 그 자체로서 알고자 감히 시도한다. 관념론은 인식에 있어서 피할 수 없는 경험적 연구를 멀리한다. 관념론은 스스로의 고찰에 대해서 현실성의 자기 위안적인 도식으로서 만족하고, 또 실용적인 것에 있어서 '전문가'에 의뢰하는 것으로 만족한다. 그리고 이 전문가의 지식에 대해서 관념론은 이 지식이 자신에게 본래적으로 중요함에도 불구하고, 전혀 아무것도 알고자 하지 않는다.

관찰 혹은 증언에 의해 공간과 시간 속에서 감성적으로 지식가능하게 된다고 하는 경험적 현실성의 기준을 엄격하게 고집하는 것은, 실증주의가 그 과학적 근저에서 갖는 강점이다. 우리들에게 대해 현실적인 모든 것이 현상으로서 경험적으로 또 현실적으로 되어야만 한다면, 실증주의는 어떠한 한계도 갖지 않는다. 정신은 공간과 시간에서 현존이 된다. 하지만 이러한 것으로서 정신은 어려움을 야기하며, 그리고 파계되어버린다. 객관적인 자연 인과성의 경험적 현실성은, 대상적이게 된 것에 있어서 단적으로 결정적인 것이다. 하지만 실증주의의 강점은 실증주의가 스스로 자기를 절대화하지 않는 이상에 있어서만, 즉 실증주의가 본래적으로 실증주의가 되지 않고, 경험적 현실성에 있어서 자유로운, 항상 개별적인 연구일 수 있는 한에서만 지켜질 수 있는 것이다.

현실성과 강제적 증명가능성에 대해, 의욕되며 당위적으로 된 비상으로서의 자유가 나타난다. 관념론의 강점은 구체적인 정신적 내용을 근원적으로 명백히 하는 것에 있다. 실증주의가 순수한 연구에 있어서 그 출발점과 유한한 합목적성의 제한을 방기할 때, 관념론은 인간에게 인간이 정신의 전승을 나의 것으로 만들며 그 속에 들어갈 때 인간 자신에게 생겨나는 가능성을 상기시킨다. 실증주의가 진리의 이름으로 관념론의 환상을 공격하고, 관념론이 이상의 이름으로 실증주의의 평균화를 공격하는, 사유의 역사를 꿰뚫는 **적대관계**는 무수한 형태로 존재한다.

이와 같은 논쟁 속에는 자주 논쟁자들의 존재와 사유 사이에서 대립이 나타났다. 즉 사유하는 자 자신의 고유한 현실성이, 그에 의해서 사유된 것과 일치하지 않았던 것이다. 사람은 장중한 관념론자가 실존적으로는 질이 낮다는 것을 발견한 때도 있었고 또 타락한 실증주의자가 본래적 존재를 구하는 고귀한 투쟁자인 것을 발견한 때도 있었다. 사람들은 경험을 고집하는 실증주의자가 환상에 빠져 있는 것을 만나는 경우도 있었고, 또 환상적인 관념론자가 실제로는 통찰력이 뛰어난 현실주의자인 것을 만나는 경우도 있었다. 관념론적이든지, 실증주의적이든지, 항상 직접적이며 명시적으로 관찰되는 것은 그와 같이 사유하는 사람의 생활이 아니다. 거기에서는 오히려 내가 사유하면서 파악한 것을 전도시키는 것과 같은 하나의 경향이 보인다. 즉 나는 내가 사유하면서 파악한 것을 나의 소유물이 된 것이라고 억측해 기꺼이 이것에 만족하면서, 게다가 마치 그것을 보완하는 것같이, 현실적인 현존으로서는 이와 반대되는 것을 실행하는 것이다. 실증주의적 사유는 자신의 영웅적인 엄격성에서 벌거벗은 상태의 현실적인 것을 보려 하는 바로 그것에 의해, 하나의 실존의 진리 이념에서 발원하는 것이 될 수 있지만, 이 실존은 자신의 사유 그 자체 속에서 스스로를 이해하지 않는다. 또 관념론적 사유는 자기 자신을 이해하는 것을 회피하는, 자의적이고 실체가 없는 현존의 환상이 되어버린다.

우리들에게 이 논쟁은 더 이상 결정적이지 않다. 우리들은 이 두 개의 입장이 각각 자기를 절대화할 때 서로에게 다른 것을 예방하는 성격을 갖는 것을 인정하고 또 그들이 상대적인 것으로서 멈추어 있을 때, 각각 진리를 갖는 것을 인정한다. **양 경쟁자**의 입장에 대해 그들을 자기 고유의 전제로서 확보하면서 동시에 그들의 반대자가 되는 것은 **실존해명으로서의 철학**이다. 실존해명으로서의 철학은 모든 본질적인 진리가 보편타당한 것의 영역에서는 결정되지 않는다고 하는 것, 하지만 세계정위 속에서는 보편타당한 것이 사실적인 것에 대한 강제적으로 결정가능한 통찰을 부여함과 함께 이념에 객관적으로 관찰가능한 진리를 부여한다는 것을 알고 있다. 이 세계정위를 절대화하는 곳에서 처음으로 실증주의의 입장과 관념론의 입장의 공통성이 생긴다.

실증주의와 관념론의 공통성

본래적으로 존재하는 것은 무엇인가, 하는 물음에 대해 실증주의와 관념론은 어떠한 의미에 있어서 **전체와 보편**으로 대답한다. 실증주의에 있어서 본질적인 것은 자연의 법칙성이다. 실증주의에 있어서 여러 관심 중에서 일반성의 형태가 우위를 갖고 있다. 관념론에 있어서 본질적인 것은 자기 속에서 무한히 분류된 우주의 세계로서의 전체이다. 관념론에서 일반적인 것은 전체에 근거해 처음으로 의의를 갖는다. 이렇게 예를 들면 타당한 판단의 올바름은 이념적인 진리의 분류이고, 이 이념적 진리에 근거해 처음으로 의의를 갖는 것이다.

실증주의와 관념론은 개체를 특수한 것의 무제한성으로서 혹은 일반적인 것의 특수한 형태화로서, 객관성을 갖는 하나의 대상으로만 생각한다. 실증주의와 관념론에서 보다 좋은 것은 실증주의와 관념론이 각각 자기류로 생각한 일반자 내지 전체이다. 거기에서는 모든 개체가 단순한 무대이고 또 통과점에 지나지 않는다. 즉 모든 개체는 사건으로서 혹은 도구로서 존재한다. 모든 개체는 무시간적인 법칙의 교차점이고, 원리적으로는 발생적으로 파악가능하며, 아무런 독립적인 존재 성격도 갖고 있지 않은 것으로 생각되든가, 그렇지 않으면 이념으로서의 포괄적인 전체가 적용되는 경우와 거부되는 경우를 불문하고 마치 이 이념의 장중한 걸음이 사소한 개인들에게 요구하는 대로, 포괄적인 전체에 근거해 존재하는 것이라고 생각된다.

개체가 보편 내지 전체의 범주를 대표하는 것이 되는 한, 실증주의와 관념론에 있어서는 개체를 신격화하는 것마저 가능하다. 그럼에도 불구하고 실증주의와 관념론이 가능실존으로서의 단독자의 원리를 승인하는 것은 아니다. 이들 양자는 그것들에 의해 개인주의라고 불리는 것에 대한 반대자이고, 실증주의와 관념론은 개별자에게 어떠한 의미도 갖지 않는 다양한 형태에 있어서, 그들의 이른바 개인주의를 갖고 단순한 나의 뜻, 이기주의, 주관적 서정주의라고 상정하는 것이다. 이른바 개인주의는 교란되는 것, 악한 것이고, 단지 일반성에 대한 봉사, 전체를 향한 헌신만이 가치 있는 것이다. 개별자는 포괄적인 조화 속에서 자기 고양에 의해, 그렇지 않으면 당위의 보편타당한 법칙에 복종하는 것에 의해 그 가치를 획득한다. 즉 거기에서는 인격이라는 것이 사상에 몰두하는 것과 동일시된다. 확실히 잔여는 남을 것이지만, 동시에 그것은 '사적' 영역으로서 폄하되어버린다. 즉 이잔여는 어떠한 파토스도 없는 상태이고, 무언가 분쟁이 일어난 경우에는 후퇴해야 한다. 이렇게 실증주의와 관념론은 개별적 현존의 객관적 개체성과, 현존의 자유로서 나타날 수 있는 단독자의 가능실존을 혼동하는 것에 의해, 단순한 개체의 사소한 일과 가능실존이 갖는 본래적인 것을 동일시한다. 이 양자를 구별하기 위한 어떠한 표식도 실증주의와 관념론은 발견할 수 없다. 왜냐하면 이러한 표식은 사실상 세계정위에 대해 결코 객관적이 될 수 없으며, 그때마다 역사적인 절대적 의식에 항상 뿌리내려 있기 때문이다. 실증주의와 관념론은 경험적 현실성의 모조품이 아니라 실존의 부정성의 모조품인 허위를 이해할 수 없다.

실증주의와 관념론은 각각 고유의 현실성으로서 그들의 대상이 되는 **무시간적인 것**을, 즉 실증주의는 자연법칙성을, 관념론은 이념을 갖고 있다. 실증주의와 관념론에 있어서 역사성은 그 자체로서 어떠한 고유의 실체도 갖고 있지 않다. 역사성은 시간적 형태에서 영원한 이념이 되든지, 그렇지 않으면 그 본질이 법칙성에서 명백한 물질이 되어버린다. 시간은 허무한 것이고, 물질은 경멸되어야 할 것이다. 실증주의와 관념론에 있어서, 역사는 연구의 대상으로서 무시간적으로 타당한 것을 확실히 하기 위한 통로이거나 혹은 일반적인 사회학적 필연성을 인식하기 위한 통로이다. 실증주의와 관념론은 이성을 결여한 개인적인 낭비에 반대하는 것으로서 역사성의 깊이에 대항한다. 여기에서는 역사의 전체, 즉 세계사가 중요하든지, 그렇지 않으면 역사의 일반자, 즉 인류가 중요하다. 일반자 내지 전체에 근거해 사용되는 관점에 따른 이 관련 속에 들어가지 않는 것은 중요하지 않은 우연성으로 간주된다. 이와 같은 사유의 소유자는 가능실존으로서의 자기 자신을 잊고 있다. 그들에게는 오로지 무시간적 전체의 환상 혹은 일반자의 지식 속에서부터만 존재에 대한 그들의 확신이 생겨난다.

실증주의와 관념론에서 존재는 **증명된 것 내지 증명가능한 것**이다. 실증주의와 관념론에서 처음에는 수학이 모범이었다. 하지만 관념론에 의해 수학이 관념론 고유의 타당한 방법에 대한 완전한 타자로서 파악된 경우에도, 관념론에서는 진정한 것에 관한 관념론 고유의 지식이 수학과 같이 그것을 통찰하는 개인으로부터 독립되어 타당하며, 이것과는 별개의 의미에 있어서 증명된 것, 연역된 것, 근거 지어진 것으로 계속 존재했다. 관념론은 스스로가 존재로서 알고 있는 것을 비개인적인 과학으로서 안다. 관념론이 존재로서 아는 것은 의식일반의 세계정위이고, 이 의식일반의 세계정위는 설령 경험적이지 않다 해도, 나에게 명증적인 것으로서 세계 속에 나타나는 이념과의 관계에서 선천적인 것이다. 실증주의와 관념론에서 모든 본질은 객관성의 형태 속에서 '사상'이 되는 것이고, 그 경우 이 사상은 하나의 사물인가, 증명된 하나의 명제인가, 그렇지 않으면 해석된, 따라서 또 결정된 하나의 이념인가, 그중 하나이다.

실증주의와 관념론은 하나의 진정한 세계상으로의 요구를 만족시킨다. 지식의 다수성은 모든 존재에 대한 대상적 지식으로서의 하나의 전체로 그것들을 정렬한다. 즉 실증주의의 극에 있어서 전체는 자연히 나타나는 지식의 틈을 가정적으로 보전하면서 과학의 성과를 총괄하는 것에 의해 '현재의 세계상'으로서 그때마다 구상되고, 관념론의 극에 있어서 전체는 모든 존재의 구체적 내용을 자신 속에 파악하고 있는 철학의 체계로서 구상된다. 실증주의와 관념론은 함께 종합을 요청한다. 하지만 종합은 보편타당한 것으로서는 세계정위에서만 주어지는 것이기 때문에, 실증주의와 관념론은 무언가 세계의 구조 내지 계획과 같은 것에 안목을 갖지 않으면 안 된다. 실증주의와 관념론은 이것을 백과전서 속에 서술한다. 즉 실증주의와 관념론은 근저에 있어서 현실적인 전문 과학적 지식과 달리, 그때마다의 모든 사물과 접촉하며 변동하는 문제점에 머물면서 어떤 것을 고정화한다. 실증주의와 관념론은 하나의 전체의 위대한 형상적 환상을 그리는 것은 가능하지만. 이것에 의해 증명가능한 지식을 버리는 것, 아니 이것 자체를 억제하는 것이다.

나는 무엇을 해야 할 것인가, 하는 물음에 대해 실증주의는 유용성과 목적의 발생적 관계로부터, 관념론은 이상적인 법칙으로부터 **보편타당한 것으로서의 당위를 설명하거나 그렇지 않으면 하나의 존재를 위해 당위를 지양**해버린다. 이와 같이 관념론은 다음과 같이 말할 수 있다. 즉 존재해야 할 것은 이미 이념으로서 존재하는 것이고, 이념은 당위에 의해 실현될 때까지 홀로 기다리고 있을 필요는 없다라고. 이와 같이 또 실증주의는 경험적 현실성을 그 자체로서 긍정하는 것이 가능하다. 실증주의에 의하면 경험적 현실성은 자연법칙에 따라서 지금 존재하도록 되어 있는 것이기 때문에, 그것은 동시에 그와 같이 존재해야 할 것이라고 생각된다. 여러 결과를 이러한 것으로서 승인하는 것, 역사에 있어서 승리를 얻은 모든 것에 가담하는 것, 모든 사람이 행하는 것을 함께 행하는 것, 자연스러운 태도로 현존을 향락하는 것, 단순히 현존을 보존하는 것, 모든 이와 같은 태도의 근저에는 경험적 사실성의 긍정이 동일하게 자리 잡고 있다.

실증주의적인 윤리학은 도덕을 사회적 공동생활에 근거해 형성된 것으로서 이해한다. 거기에서는 사적 활동영역과 최대 다수의 최대행복의 확보, 그렇지 않으면 적자의 선택으로서 전체의 존립을 확실하게 하는 태도에 관한 규칙이 존재한다. 거기에서는 잘 이해된 만인 고유의 이익은 사회적인 효용과 목격자의 판단과 역사적으로 획득된 공감을 통해서 실현되는 결정적인 요인이다. **관념론적인 윤리학**은 도덕을 전체의 정신으로서 이해한다. 도덕은 다수 사람들의 공동생활에 있어서 자유의 현실성이고, 이 자유의 현실성은 기계론적으로 파악가능한 체제 속에서는 존재하는 것이 불가능하고, 이념에 근거한 전체의 순수한 실체로서의 어떠한 강제도 없이 존재하는 것이다.

실증주의와 관념론은 그들의 공통성에 있어서 서로에게 속한다. 양자는 서로 맺어지며 상호간에 제한하고, 상호간에 하나이며 또 상호간에 자신을 각성시킨다. 실증주의와 관념론은 그때마다의 그들의 역사적 현상 속에서 상호간에 다른 편의 것을 차용하고, 그리고 중간적인 형태를 만든다. 하지만 실존주의와 관념론은 그들의 공통성에 있어서도, 실증주의와 관념론으로부터 나와 그들을 극복하는 철학함에 의해 제한되어야 할 것이다. 즉 단순한 대상적인 가시성과 사유가능성을 부여할 뿐인 세계정위가 실증주의와 관념론에서 스스로를 폐쇄하는 것에 의해 절대화로 나아갈 때, 모든 세계정위의 한계에서 이와 같은 행동 방식이 불가능하다는 것이 밝혀지는 것이다.

실증주의와 관념론의 한계

1. 실증주의와 관념론은 원리적으로는 모든 것을 아는 것이 가능하다고 생각한다

실증주의와 관념론의 허위는 그들이 스스로를 고립화시켜 자기 자신에만 의지하고 있는 것에 근원한다. 실증주의와 관념론이 알 수 있다고 생각하는 것은 너무나 많다. 실증주의는 사실을 보고 있다. 하지만 결코 모든 사실이 실증주의가 보고 있는 사실과 같은 의미에서 존재하는 것은 아니라고 하는 것을 간과하고 있다. 실증주의는 사실적인 것의 상대성과 만나는 대신에, 존재의 절대성과 만나는 것이 가능하다고 생각한다. 관념론은 과연 진실한 이상을 보고 있다. 하지만 그것에 멈추지 않고 경험적 연구를 혐오하게 된다. 그 때문에 경험적 현실성의 승인이라고 하는 점에서 신뢰하기 어렵다. 전체의 진리를 소유하고 있다는 환상이 실증주의와 관념론으로부터 존재를 은폐하기 때문에, 실증주의와 관념론은 암호를 해독으로서 연구하며, 실존에 있어서는 자기의식의 하나의 기능인 형이상학을 대상적 지식과 같이 취급하고, 그리고 이것을 과학으로서 연구한다. 실증주의와 관념론은 모든 한계에서 사유경험에 근거해 전체에 대한 하나의 가설

혹은 이성의 지식을 만든다. 하지만 실증주의도 관념론도 본래적 의미에서 경이감을 가질 능력은 없다. 즉 이들 철학은 감탄을 추방하는 것이다. 실증주의와 관념론은 고뇌와 반목을 지양해버린다. 실증주의와 관념론은 전체 속에서 보호받기 때문에, 죽음, 우연, 죄책을 본래적으로 알 수 없다. 실증주의와 관념론에서 의심과 절망은 어떠한 진지한 가능성도 아니다. 실증주의와 관념론은 인간적 사실을 수수께끼로서 보는 것이 불가능해진다. 예를 들면 정신병은 실증주의에서 단순히 연구되어야 할 하나의 자연과정에 지나지 않고, 관념론에서는 자신과 아무런 관계도 없는 어떠한 것이고, 또 변태적인 것으로 취급되거나 혹은 그 불성실한 표상 속에서 현실성과 관계하지 않고 교화적이고 재기발랄하게 이용될 어떠한 것이다. 실증주의와 관념론에 의해서는 모든 것이 독특한 방법으로 해결되었다고 하는 것이다.

2. 결단은 그 근원을 잃어버린다

실증주의와 관념론은 존재하는 것과 존재해야 할 것을 알고 있기 때문에 그들에 있어서 모든 결단은 객관적이고, 결단이 일반적인 것과 전체에 유익하도록 행해지는 경우에만 그것은 진실하게 되고, 그들이 특수한 것이라고 생각하는 것을 위해 그들이 일반자라고 생각되는 것과 반대로 행해지는 경우에 그것은 허위가 된다. 이념이 총체성을 향하는 것이며 모든 것을 전체의 계기로서 타협으로 이끄는 것인 이상, 이념 속에서는 어떠한 본래적인 결단도 존재하지 않는다. 왜냐하면 내가 진실한가를 객관적으로 알 수 있는 곳에서는, 결단은 그 자체로 이미 선취된 것으로서 추론될 수 있기 때문이다.

실증주의와 관념론은 당위를 역사적 실존의 당위로서 알지 못한다. 역사적 실존은 경험적, 실증적으로 현존하는 것이 아니며 또 단순히 일반적 법칙에 따라서 당위적으로 존재하는 것도 아니고, 오히려 이와 같은 경험적, 실증적으로 현존하는 것과 당위적으로 존재하는 것을 매개로 삼아 그 자체로 합리적으로는 의중을 알 수 없는 운명이고, 역사적 현상에서의 자유에 근거해 근원적으로, 존재하는 대로 되어라라고 하는 명령을 따르는 것이다. 실증주의와 관념론에 있어서 접근하기 어려운 실존의 의식은, 그 때마다의 현재적인 물음, 즉 본래적인 결단은 역사적으로 어디에서 요구되는가? 총체성의 이념은 어디에서 형성되는 것을 허락받는가, 혹은 일반적 법칙은 결단을 대행하는가, 하는 물음으로 이끌어간다. 역사적인 결단은 하나의 일반적인 것을 돌파하며 아마도 하나의 새로운 일반적인 것을 기초 지을 수 있는 것이기 때문에, 거기에서는 다음과 같은 대립이 존재하는 것같이 보인다. 즉 그 자체로서는 결코 단순히 일반적인 것이 아닌 도처에서 양자택일을 요구하는 자, 즉 결단의 모든 상황을 찾아 구하며 이들 상황을 극단으로 추구하는 자는 완성된 세계의 현존이 자신의 현존을 파괴하지 않는 이상, 이 세계의 현존을 그 자신의 현존으로 파괴하지만, 이에 반해 어떠한 경우에도 타협으로 몰리는 자는, 현실적인 것을 은폐하며 결단을 가능성으로서마저도 베일로 가리기 때문에 실존을 잃어버린다라고 하는 대립이 거기에 존재하는 것같이 보인다. 전체에 자신을 포기하는 것에 의해 운명을 회피하는 것은, 바꾸어 말하자면 운명을 상실한다고 하는 운명을 맹목적인 안락함 속에서 기다리고 싶어 하는 것을 의미하는 것이지만, 그럼에도 불구하고 마지막에는 파멸과 근원적인 돌파가 거기에서 일어난다. 내가 결단이 없는 타협에 의해 종속되는 총체성은 정당하게 보존될 수 없다. 실로 실존이 없는 결단을 단순히 자의적으로 그렇지 않으면 단순히 합리적으로 행하는 것은, 이념의 질서를 교란시키는 것 이외의 그 어떠한 것도 아니다. 하지만 내가 결단하지 않고 방관하면서 모든 사물을 전체 속의 하나의 허위의 존재로 추방하는 것에 의해 이들 사물에 처한다고 하는 것은, 사실상 거기에서는 심리학적 내지 사회학적 추진력만이 강력하며 결정적인 천박함으로 이끌어간다. 자의와 맹목적 본능이 없는 순수한 결단은 개별자가 해야 할 일이고 실존적인 상호소통에서 함께 있는 소수의 사람들 각각이 해야 할 일이다. 모든 결단에는 하나의 상대적인 전체와 일반적인 것이 의문시되거나 혹은 전체에 관한 겉보기뿐인 지식을 위해서 결단이 지양되어버리든지, 둘 중 하나이다.

관념론은 가능실존을 무시함으로써 자유를 오성과 이념 속에 해소시킨다. 또 실증주의는 자유를 거부한다. 양자는 함께 결단에 대한 이해를 갖고 본래적인 책임감과 위험을 차단한다. 자기 기만적인, 언뜻 자유롭게 보이는 심정이 실증주의와 관념론에 의해 전개되는 것이 가능하지만, 이 심정은 결단 앞에서는 단지 불안을 갖는 것에 지나지 않는다. 사람들은 관념론적인 교양과 실증주의적인 지식을 결합시키려는 경향이 있지만, 그것은 단순한 현존과 성과 그 자체와 세계에서의 타당과 영광에 대한 비밀스러운 존경이 의연하게 권위를 계속 가질 수 있는 방법으로 또 형이상학적 몽상이 한계상황의 두려움을 부드럽게 은폐하도록 손을 내미는 것과 같은 방법으로 그렇게 하는 것이다.

3. 인지된 한계는 사실상 잊힌다

사유에 있어서 지식을 제한하는 사람은 오류를 범하지 않고서는 어떠한 전체에도 도달하지 못한다. 그는 그가 알지 못하는 곳에서, 그리고 게다가 무가 존재하지 않는 곳에서 한계에 부딪쳐야 한다. 절대적 진리로서의 지식의 총괄적 체계가 존재하지 않음에도 불구하고, 실증주의와 관념론은 이와 같은 체계를 강제적으로 획득하려고 하거나, 그렇지 않으면 가능성으로서 이것을 믿으려고 한다. 과연 실증주의와 관념론은 모두 한계를 인지하고 이것을 표명한다. 하지만 이 한계를 사실상 망각하는 형태에서 그렇게 하는 것이다.

실증주의자의 **불가지론**은 인식불가능한 것이 존재하지만, 그렇다고 해도 그것은 나와는 어떠한 관계도 없다는 것을 표현한 것이다. 이에 반해 **순수한 철학적 무지**는, 한계의 의식 및 객관적 지식의 도상에서는 접근하기 어렵거나 혹은 존재하지 않는 것으로서 존재하는 것을, 성취된 자유를 해명하는 도상에 있어서 획득하려 하는 호소를 의미한다. 인식불가능한 것에 대한 관계가 끊임없는 자극이 되는 것에 의해 불가지론이 어떠한 안정도 주지 못하는 경우에 실증주의는 종말을 고한다.

관념론에서 **파악불가능하고 단순히 경험적으로 현실적인 것**은 무력하거나 혹은 무가치한 단순한 자연에 지나지 않았던 것이다. 그것은 실증주의에 있어서 무지가 그러한 것처럼, 관념론에 있어서 어떠한 염려를 하지 않아도 좋은 무관심한 한계에 지나지 않았던 것이다. 하지만 현실적인 것으로서의 현실성이 어떠한 안정도 주지 못하는 경우에는 관념론은 파괴되고, 한계상황은 명백해지고, 가능실존에 있어서 자신의 근원이 느껴질 수 있게 된다.

이념은 정신적 세계에 있어서의 정위로서 스스로를 완성시키는 관념론에 있어서의 경우와 가능실존에 근거해 철학함은 다른 의의를 갖고 있다. 관념론에 있어서 이념은 **자기 내 폐쇄적**이고, 가능실존에 근거해 철학하는 경우에 이념은 **종국적으로는 자기 자신에 근거해 존립하는 것은 아니다.** 자기 폐쇄적인 이념은 돌파하는 이념을 망각시켜버린다. 헤겔에 있어서 과연 이념의 각각의 원환은 돌파되지만, 결국 그에게 있어서는 더 이상 돌파되지 않고 오히려 모든 존재의 최종적인 만족과 화해를 의미하는 모든 원환의 원환이 완성된다. 이에 반해 칸트에 있어서 모든 이념은 무한한 과제이고, 형태가 아니고 주관도 아니다. 즉 모든 이념은 연구의 방법적 원리임과 동시에 행동의 실천적 원리이기도 한 두 개의 의의를 포함하고 있고, 또 그렇다는 것에 의해 설령 하나의 무규정적인 것이라 해도 객관적 실존성을 획득함과 함께, 모든 이념 안에, 그리고 모든 이념에 근거해 살아 있는 주관의 힘이 된다고 하는, 양면의 의의를 포함하고 있다. 이것에 의해 칸트에게 있어서는 관념론의 한계가 극복된다. 실증주의에 대해서도 또 자연생기로부터 여러 모든 과제가 무한히 나타난다. 하지만 실증주의는 그 스스로의 걸음에 만족하고 있기 때문에 이 무제한성은 실증주의에게는 어디까지나 무관심한 것에 비하여, 칸트적으로 철학하는 경우에는 모든 과제의 무제한성은 다음과 같은 의식, 즉 내재적으로는 어떠한 절대적 목표도 가능하지 않고, 따라서 또 세계는 자기 자신에서 종결될 수 없다고 하는 의식으로 이끈다.

실증주의와 관념론에 있어서 세계의 절대화는 **연구불가능한 것을 그대로 두고**, 존재로서의 **현존의 겉치레뿐인 조화** 속에서, 이와 같은 자신 안에서의 종결로 이끈다. 하지만 실증주의도 관념론도 하나의 세계상 속에서 인식될 수 있는 하나의 세계의 존재에 대한 신앙을 자명한 것으로 갖고 있기는 하지만, 이것의 **증명은 엄밀할 수 없다.** 실증주의와 관념론은 여러 모든 가정 혹은 정위하는 여러 모든 체계라고 하는 모습으로, 그것의 의미에서 어떠한 목표로서 가능하지 않은 것을 선취해버린다. 혹 증명가능성이 엄밀하게 질문된다면, 실증주의와 관념론이 그리는 전일한 우주라고 하는 아름다운 세계는 붕괴될 것이다. 지나가 버리는 표현 속에서 어떠한 강제적 타당성도 없이 이야기를 걸어오는 철학적 진리의 본래적인 전달형식을 실증주의와 관념론이 자의적인 주관성으로서 포기하는 것에 대하여, 실증주의와 관념론을 극복하는 이 철학적 태도에 근거해 증명이 보편타당하게 주장되는 경우에는 현실적 증명이, 또한 증명이 유의미하게 되지 않을 경우에는 증명의 포기가, 실증주의 내지 관념론 그 자체에 대해서 요구된다. 실증주의의 돌파에 의해 처음으로 철학함의 가능성이 종국적으로 발견될 수 있을 것이다.

4. 한계로서의 실존의 고양

위대한 체계의 양극으로서의 실증주의와 관념론은 존재를 그 확장과 전체성에서 명백하게 나타낸다. 그럼에도 불구하고 거기에는 불가시적인 존재의 평온이 남고, 그리고 존재를 명확하게 하려는 실증주의와 관념론의 이 일이 자기 목적적인 것이 되고자 할 때에는, 존재의 평온이 이 일을 방해한다.

철학함의 고양에서는 목표가 중요하다. 철학함의 고양은 실증적인 것으로부터 이념으로, 이념에서 실존으로, 그리고 실존으로부터 초월자로 행해진다. 관념론은 어디까지나 이념에서 존재할 수 있다. 실증주의는 그것이 관념론의 환상을 전복시킬 때, 실존으로의 초월을 준비하는 것을 돕는다.

철학함의 고양은 각각의 개별자가 각자 자신의 상황에서 행해야 할 사항이다. 즉 각각의 개별자가 성취하는 것은 그의 **특수성**과 분리하기 어렵다. 각각의 개별자는 하나의 일반자의 가능적 형태로부터 나오는 것이기는 하지만, 그의 특수성은 누구에게도 통로가 되지 않고 고작 방향 지어지는 것에 지나지 않는 예외자에까지 다다를 수 있다. 일반자를 파괴하든지 혹은 주어진 역할로부터 떨어져 실증주의와 관념론이 보고 있는 것 같은 일반적인 것으로서의 현존의 존립에 대해 하나의 경고가 되는 특수한 것을, 실증주의와 관념론은 알지 못한다. 하지만 어떠한 예외자도 자신의 편에서는 일반자 내지 전체에 대해 타당한 것으로서 증명될 수 없는 것이다.

이와 같은 존재는 단지 가능적인 **상호소통**에서만 현존으로서 자기 자신에 도달하는 것이 가능한 것이지만, 이 가능적인 상호소통의 본질은 실증주의와 관념론에 대해서는 어디까지나 닫혀 있다. 실증주의와 관념론에 있어서 인간을 대체가능한 추상적인 이성적 존재자로서 결합시키는 것만이 진실이다. 즉 과연 실증주의와 관념론은 인간의 바뀌기 쉬운 자연적인 심적 활동의 영역을, 비록 그것이 단순히 특수한 것의 비본질적인 경험적 현실성으로서 존재하기는 하지만 승인하는 것에 의해, 사적 성질을 갖는 감정으로서의 공감과 반감을 인정하고 있다. 모든 사람이 그것을 이해하기라도 한다면 그것을 확신하지 않을 수 없는 것만을 혹은 보편타당성을 통해 인간을 결합하는 것만을 진실한 것으로 삼는 실증주의와 관념론의 정열은 그 자체에 있어서는 단지 상대적으로만 정당하다. 즉 이와 같은 정열은 실존적 교제의 모든 현상을 기만적으로 거역하는 것이다. 그런데도 이 실존적 교제의 현실성은 실증주의와 관념론의 한계를 이루고, 이 한계는 세계정위에 있어서 접근할 수 없으며 실존해명에 의해서만 접근할 수 있다.

실존주의와 관념론의 철학적 가치

1. 실존적으로 철학함의 유익

나는 거울 속에서 세계를 잡을 수 없고, 또 나는 나 자신을 세계로 변형시킬 수도 없다. 나는 단지 세계 내에서 내가 존재하는 그대로 되기 위해, 나 자신에게 조명을 제공할 뿐이다. 폐쇄적인 세계전체가 산산조각이 될 때 그 후에 남는 것은 세계정위이다.

실증주의와 관념론은 보다 깊은 근원으로부터 나오는 충동과 한계를 유지하고 있는 경우에는 진실하다. 실증주의와 관념론은 우리들에게 있어서 가시적인 역사와 고유의 현존의식 속에서 단순히 현실적인 힘이 있을 뿐 아니라, 이 두 개의 입장이 상대화되어 있는 경우에는 진실의 힘이기도 하다. 실증주의 없이는 가능실존이 객관적이고 구체적 내용이 풍부하게 실현되기 위한 어떠한 육체도 없고, 또 관념론 없이는 그것을 위한 어떠한 장소도 없다. 가능실존은 세계정위에 대한 실증주의와 관념론의 힘을 이용해, 이것을 자기에게 도움이 되게 한다. 하지만 단순한 실증성으로서의 존재가 맹목적인 사물적 존재임에 대해, 암호의 가능적인 언어로서의 존재는 실존에 있어서 초월함의 동기가 된다. 즉 폐쇄성을 향한 도상에 있어서의 단순한 이념으로서의 존재가 딱딱해진 형식임에 대해, 실존에서 그것은 사라져가는 현상 속에서 완결된 형태를 형성하기 위한 장소가 된다.

실증주의와 관념론의 성격을 이상과 같이 확정한다는 것은, 실증주의 내지 관념론이라는 명칭으로 불리는 철학을 자신의 것으로서 갖는 어떠한 진실한 철학자가, 이와 같은 성격을 갖는다는 것을 의미하는 것은 아니다. 내가 혹 역사적으로 나에게 접근해오는 어떠한 하나의 철학에 입문할 때, 나는 도처에서 진리를 발견하지 않을 수 없다. 철학에 있어서는 개별적인 점을 뺀다면, 올바른 사유와 거짓된 사유와의 구분이 존재하지 않고, 단지 근원적인 사유와 고안된 사유와의 구별, 즉 실존적인 사유와 순수하지 않은 사유의 구별이 존재할 뿐이다. 이렇게 초월자와 관계 지어져 있는 것을 대상적으로 표현하는 것으로서, 즉 형이상학으로서 위대한 모든 체계에 있어서의 **관념론**은, 하나의 실존이 그 속에서 자신을 자기 자신에 근거해 존재하지 않는 것으로서 이해하는 구속력 있는 진리로서 파악되어야 할 것이다. 또 현실적인 것을 알고자 하는 엄격한 의지의 표현으로서 효과가 있는 모든 형태에서의 실증주의는, 내가 그 속에서 처음으로 나의 존재를 확인하게 된 한계상황에로의 충동이다. 즉 위대한 실증주의자들은 자기 자신도 알지 못하면서, 가능적인 하나의 자기이해를 미리 준비하고 있었던 것이다.

실존으로부터 유리된 사유가 비로소 실증주의 내지 관념론으로서 특징지어진 허위가 된다. 이러한 허위는 여러 모든 근원을 과거의 철학함과 인식작용의 객관성이 전하고 남긴 습득가능한 수많은 지식으로서의 교양에 의해 바꾸려고 하는 것이다.

2. 가치로서의 교양과 실패로서의 교양

교양이란 개인이 전승된 연구의 모든 종류 내지 방법을 받아들이는 것에 의해, 지식 내용과 존재에 관해 형성된 형상을 획득한 개인의 세계정위를 말한다. 실증주의와 관념론은 세계정위의 양극으로서, 교양이 그때마다 다다를 수 있는 총량을 의미한다. 세계는 뛰어넘을 수 있는 것이 아니다. 왜냐하면 나는 세계를 통해 비로소 현실적이게 될 수 있기 때문이다.

만약 가장 광범위한 교양마저도 개인을 실존이게 하는 것이 아니라, 단지 실존을 실현하기 위한 조건을 만들어내는 것에 지나지 않는다면, 빈곤한 교양은 그것에 상응해 실존의 협애한 현존의 총량을 의미할 것이다.

교양은 현실적 현존이 된 의식일반이다. 교양 있는 인간은 세계와 모든 사물을 혼돈인 채로 보거나, 그들만을 고립시켜 보거나 하지 않고, 명확하게 조성된 관점에서 본다. 그는 기계적인 오성의 원리에 따라서 행동하지 않고, 하나의 비개인적인 이념의 실체에 근거해 행동한다.

교양은 사유형식과 지식의 가능성을 습득하여 소유하는 것으로서는 이론적인 것이고, 역사적으로 타당한 하나의 이상의 형태와 조응되는 태도 내지 행위의 제2의 자연으로서는 실천적인 것이다. 예를 들면,

실증적인 것으로서 교양은 실재성에 관한 지식이다. 하지만 그것은 어떻게, 그리고 왜 나는 아는가, 또 나는 무엇을 모르는가, 라고 하는 것을 내가 그 속에서 알게 되는 근거 지어진 지식이라는 형식에 있어서 그러한 것이다. 이러한 교양은 구체적인 경우에 그때까지 획득된 지식의 도움을 빌려 사상의 근저에 다다를 수 있는 질문의 능력 속에서 증명된다. 이와 같은 교양에는 강제적인 것에 대한 감수성과 사실적인 것의 실증성에 대한 감수성, 그리고 만들어질 수 있는 것의 가능성에 대한 감수성이 포함되어 있다. 관념적인 것으로서 교양은 전체성에 참여로서 모든 형태와 형상에 의해 충만된 존재이다. 이러한 교양에는 경험적으로 증명하기 어려운 이념에 대한 감수성과 이들 이념에 근거해 세계 속에서의 직관적인 기획을 형성하는 능력이 포함되어 있다. 이러한 교양은 강제적인 것을 넘어서 하나의 세계현존의 구체적 내용에서 행해지는 교양 있는 인간 사이의 상호소통을 가능하게 한다. 실증적인 극단에서는, 교양은 내 앞에 나타나는 모든 사물을 목적을 갖고 지배하는 기술적 능력과 본래적인 이해의 조건인 언어학

적 능력을 의미한다. **관념적인 극단에서는,** 이와 같은 이해는 하나의 내면적인 정신적 세계로 충만되고, 그리고 의사의 치료법상의 기능으로부터 시작해 작업의 형태와 내용이 충실하게 된 행동에 이르기까지 창조적인 능력이 된다.

교양은 각각의 개인이 획득하며 새롭게 경작해야 되는 대지이다. 이 대지의 의미 깊은 질서는 실존의 명석성을 위한 조건이다. 이 대지는 일상적인 일의 들판이다. 하지만 교양은 현존으로서의 세계가 궁극적인 것에 있는 경우에만 궁극적인 것이다. 하지만 혹 현존으로서의 세계가 궁극적인 것이 아니라고 한다면, 교양은 나를 포괄하는 것이 아닌 오히려 지배되어야 할 것인 것이다.

교양은 실존에 의해서 근원적으로 창조되고, 운반되고 마지막으로 파괴된다. 교양이 교양 자체에만 의지하고 있을 때 실존은 사라져버린다. 단지 실존이 상실된 경우에만 세계는 절대적 존재를 획득한다. 그와 같은 경우에 **교양 자체의 고유한 생활**이 성립할 수 있지만, 이와 같은 생활에 있어서는 대상적 존재의 항상 새로운 충만을 직관하는 것만이 문제가 된다는 의미에서, 또 모든 것의 형식화와 자기완성이 우위를 갖고 자기존재는 사라져버린다는 의미에서 교양 자체의 고유한 생활은 심미적으로 구속력 없이 성립되는 것이다. 이와 같은 교양을 경시하는 것, 결단의 첨예화, 형식의 파괴, 개별자의 강한 연속성, 여러 종류의 객관성에 대한 의혹, 예외자, 우연과 자의, 이러한 것들은 모두 실존의 가능적인 현상 형식이 되는 것이다, 그럼에도 불구하고 한 개인의 원초적인 독자적 현존은 공허한 단지 부정적인 방향 전환에 멈출 수도 있다.

철학적인 생활 속에서는, 교양은 증가되어야 할 하나의 재산으로서 가치를 인정받는다. 교양에는 인식 일반의 상호소통에 대한 규범 전체가 포함되어 있다. 하지만 꼭 그러함에도 불구하고 교양은, 실존이 그것을 통해 교양에 간섭해오는 한계 설정의 의미 속에서 상대화된다. 확실히 교양이 풍부하게 있으면 있을수록 실존적 가능성은 그만큼 넓어진다. 하지만 실존적인 현실성은 단지 교양이 그 모든 분류에 있어서 교양 이상의 것이고, 실존의 구체적 내용으로서 투명하게 되는 것에 있어서만 존재한다. 실존의 긴장은 교양의 총량과 함께 증대된다. 유치한 상태에 있어서는 무반성적인 실존이 자연적인 확실성에 멈출 수 있지만, 보다 높은 교양이 있는 경우에는 확실히 실존이 해소되는 경향이 있지만, 동시에 거기에서는 실존이 가장 명석한 결단으로 고양되기 위한 조건이 놓여 있는 것이다.

3. 남겨진 두 개의 길

예로부터 과학은 권위, 전통 및 계시를 파괴했다. 과학은 자기 자신으로 독립해 있는 인간의 도구가 되었다. 이어서 실증주의 내지 관념론으로서 과학이 스스로를 절대화하고, 거기에서 과학의 위험이 생겨났다. 과학은 맨 처음 그것이 약속하는 것처럼 보였던 것, 즉 세계관, 가치설정, 목표에 대한 지식을 부여하지 않았다. 과학은 스스로가 주장할 수 있는 것 그 이상의 것을 주장하며, 과학 그 스스로를 배신하고, 스스로를 존재에 관한 교양으로 삼는 것에 의해 책임을 회피했다. 이것에 의해 나타난 위기로부터 양자택일적인 두 개의 길이 우리들을 이끌어갔다. 즉 하나의 길은 이미 의욕된 것으로서 그들이 의문시되기 이전과는 다른 것이 되어 있는, 즉 이제는 순수한 역사성의 성과가 많은 긴장이 없이 생명이 없는 강제가 되어버린 **권위와 계시로**, 전체와 보편의 공동체로 되돌아가는 길이다. 다른 하나의 길은 현존에서 가능적 실존을 각성시키려 하는 **철학함으로** —철학함에 있어서는 단지 이것만큼이 중요한 것이지만— 인도한다. 즉 이 길은 철학함이 어디를 향해 가는지도 알지 못하고 초월자에 관계되어 있는 자유로 인도하는 것이다.

제5장

철학의 근원

철학은 무엇인가, 하는 물음에 대한 수많은 대답 속에서, 사람들은 어떠한 객관적 기준도 들을 수 없다. 왜냐하면 철학은 그 개념을 그때마다 스스로 창조해내고, 자신을 초월하는 어떠한 모범적 답도 갖고 있지 않기 때문이다. 혹 내가 철학이 무엇인가, 라는 것을 안다고 한다면, 그것은 내가 철학 속에 사는 것을 통해서이고, 정의에 의해서는 나는 철학이 무엇인가를 아직 모르고 있는 것이다. 철학에 대해 돌이켜 생각하면서, **정신적 현실성으로서의 세계 내에서 철학을 찾아 구하여 사유를 전개한다고 하는 것은**, 체계화의 도중 우리들이 지금 서 있는 곳에서 그 의미를 갖고 있다. 즉 우리들은 지금에야말로 철학으로 이끄는 모든 길(세계정위의 모든 길)을 나와서, (실존해명 내지 형이상학으로서의) 철학 그 자체의 전방에 들어갈 준비가 되어 있는 것이다.(왜냐하면 철학의 유서 깊은 저택은 사유된 저서의 객관적 구성물로서가 아닌, 개개의 실존하는 인간 속에서만 존재하기 때문이다.)

완전히 생성되는 세계정위에서 완결될 수 없는 철학은 단순히 한계의 지식일 뿐 아니라, **다른 근원으로부터 나오는 존재의식이기도** 하다. 철학적 사유의 양태에서 규명되는 근원 그 자체는 지식이 아니고, 세계에 있어서의 정신생활의 현상에서 느껴질 수 있는 것이 되어야 할 것이다. 이미 철학적 세계정위 속에서 우리들은 비록 해명하면서 이 근원에서 탐구하는 것을 아직 시도하지 않는다 해도, 이 근원에 부딪히려고 시도한다. 이 근원은 지식의 완성을 초월하는 것, 즉 **세계관**이다. 이 근원은 모든 지식의 가능성을 초월하는 것, 즉 신앙과 불신앙의 대립 긴장이다. 더욱이 이 근원은 정신적 현존의 현실성의 영역을 초월하는 것, 즉 이들 영역의 무제약성이 기인하고 있는 **일자**이다.

세계관

철학은 정신과학적 연구의 대상이 되는 언명된 세계관으로서, 정신적 세계 속에서 나타난다. 하지만 철학은 세계 속에 있어서 세계 이상의 것이기 때문에, 연구가능성의 핵심에서 빠져나오는 것이라고 하는 것이 밝혀진다.

1. 세계관의 의미

세계관이라는 말은 모호한 다의적인 의미를 갖고 있다. 세계의 **직관**은 마치 세계가 형상이 되는 것같이, 하나의 전체로서의 세계와 마주치고 있는 것같이 보인다. 즉 그와 동시에 직관은 내가 어떻게 직관하는가, 라고 하는 그 방법으로서 능동적인 계기를 포함하고 있다. 수많은 세계상과 세계를 직관하는 수많은 방법이 가능한 것처럼 보인다. 어떠한 경우에는 하나의 세계상 내지 직관의 방법 혹은 여러 모든 세계상과 세계를 직관하는 수많은 방법이 분류로서 그 속에 존재하고 있는 통일성이 진리가 되어야만 하는 것같이 보이고, 다른 경우에는 수많은 진리가 존재하는 것같이 보인다. 만약 서로에게 배타적인 세계관이 다수 존재하고, 게다가 그들 모두가 진리여야 한다면, 여기에서는 우리들이 보편타당한 과학적 진리에서 생각하고 있는 것과는 별개의 진리개념이 타당하지 않으면 안 될 것이다.

사람들이 세계관에서 무엇을 사유하려 해도, 사실상 그는 지식 이상의 것을 생각하고 있다. 세계관에는 확실히 사람들이 **인생관**으로서 세계관에 대치하는 것, 즉 개인이 모든 사물을 어떻게 평가하는가, 그에게 무조건적으로 중요한 것은 무엇인가, 그에게는 무엇이 단순히 상대적인 의의일 뿐인가, 그 결과 그는 어떠한 태도를 취하고 또 어떻게 행동하는가, 하는 경우의 방식이 포함되어 있다. 세계관이란 개인의 이와 같은 평가, 태도, 행동의 원리를 일반적 형식 속에서 표현한 것이다.

마지막으로 세계관이라는 말 속에는 더욱이 더 이상 세계가 아닌, 이론적으로 사유될 때에는 아마 존재하는지 존재하지 않는지 확실하지 않지만, 그것이 믿어질 때는 존재 그 자체를 의미하는 어떠한 것에 대한 내면적 태도가 표현되어 있다. 즉 세계존재로서 사라져가는 것이 그 속에서 본래적으로 존재할 수 있는 모든 것의 근거, 즉 **초월자**에 대한 내면적 태도가 표현되어 있다. 여기에 있어서도 또 더할 나위 없이 잡다한 것을 믿으며 사유하든지, 그렇지 않으면 완전히 아무것도 믿지 않는다라고 하는 것이 가능한 것같이 보인다.

일상적으로 사용되어 모호해진 이 세계관이라는 독특한 독일어는 원래 무한한 구체적 내용을 갖는 것으로, 이것은 막연하게 하나의 전체를 포함하며 스스로를 하나의 생의 무제약자로서 아는 것이었지만, 그럼에도 불구하고 곧바로 스스로를 각자 고유한 근원을 갖는 여러 모든 타자와 함께 있는 것으로서 아는 것이다.

2. 세계관의 고찰과 그 존재

세계관은 세계정위에서 외부로부터 고찰된다. 즉 거기에서는 다양한 세계관이 그들의 가능성에 있어서 설계되어야 할 것이고, 세계관의 투쟁이 이들 세계관의 모든 귀결 속에 존재하는 모순으로부터 이끌어내어져야 할 것이다. 사람들은 모든 가능적인 세계관을 제시해 타인에게 선택을 맡기는 것에 의해, 이론적으로는 이들 세계관을 모두 통찰할 수 있다는 것을 바라는 것이 가능하다. 하지만 그 경우 사람들은 어떠한 세계관도 언명하는 것이 아닌, 하나의 **세계관학**을 부여하고 있는 것이다. 하지만 인간은 모든 것을 알며 세계관의 여러 현상에 자기존재로서 들어갈 수 있는 것과 같은 존재자는 아니다. 즉 인간은 그가 진지하게 생각하는 경우에 필연적으로 어떠한 하나의 세계관에, 그가 거기서부터 모든 것을 바라보고 또 그것만이 그에게서 진실한 어떤 하나의 세계관에 위치해 있다. 그는 이 세계관을 결코 조망할 수 없다. 왜냐하면 이 세계관은 결코 완결되어 있지 않기 때문이다. 또 누구도 이 세계관을 그 외에 어떠한 하나의 관점으로부터 조망할 수 없다. 왜냐하면 이 세계관은 그것이 고유한 근원에서부터 자기 현시적으로 실현될 경우에만 현실적인 것이기 때문이다. 그러므로 세계관은 인간이 이들 세계관 속에서 살아 있는 경우 이들 세계관이 그러한 것으로서는 결코 고찰되지 않는다. 다수의 세계관은 본래적으로는 이미 세계관이 아니다. 사람들은 이들 세계관을 가능성으로서 이해하지만, 이해에 의해서 포착되지 않는 핵심은 이것을 미끄러져 통과해버린다.

그러므로 사람들은 그가 정신적 형상으로서의 세계관에 대해 자기를 정위하고, 각각의 세계관에 대해 상대적으로 그들의 권리를 인정하며, 스스로 고유한 세계관을 성취하는 일이 없기 때문에 세계관이 무엇인가를 본래적으로 알지 못한다고 하는 경우와 같이, 세계관을 결여한 채로 **고찰**하든지, 그렇지 않으면 타인과의 관용적인 상호소통에서 그것 이외에는 가능적인 다른 것들 중의 하나로서 승인되는 것을 그 자신이 전혀 바라지 않는 하나의 위치에 서든지, 둘 중에 하나가 아니면 안 된다.

현실적 세계관에까지 밀고 나아갈 수 없는 **세계관학**은 단순히 심미적인 감정이입 혹은 논리적 구성을 통해 형상을 기획할 뿐이다. 유일한 것으로서 그 자체로 현실적인 세계관은 다른 세계관과의 투쟁, 이해, 토론을 통해서 상호소통에 들어간다. 이와 같은 세계관은 시간 속에서 완성되어 나타나지 않고 끊임없이 움직이고 있으며, 다른 세계관과의 만남에서 스스로의 고유한 근거에 의해 자기 자신을 추구한다.

만약 세계관이 언명된다면, 그것은 필연적으로 **보편의 형식**에서 언명될 것이다. 세계관의 근거는 바로 이 특정한 상황에서 무제약성을 갖는 한 인간에게 역사적으로 속하는 것임에도 불구하고, 세계관은 상황과 인간 그 자신이 상대적으로 일반적인 것이 된다고 하는 것에 의해서 하나의 객관적인 표현을 획득한다. 즉 인간은 상호간에 연관되어 있고, 같은 상황 속에서, 공통된 하나의 세계 속에서 살아 있는 것이라고 생각된다. 세계가 넓으면 넓을수록, 지평이 한계가 없으면 없을수록, 역사적으로 접근할 수 있는 인간적 현존이 이 세계 속에 함께 깊숙이 들어가면 들어갈수록 그만큼 사람들은, 그것만이 진실하며 일반적인 유일한 세계관에 접근하는 것에 다름없다고 생각된다. 즉 거기에서는 세계상이 유일한 올바른 세계상이고, 무제약성이 인간 일반의 무제약성이며, 초월자가 유일한 진실한 초월자인 것과 같은 단 하나의 세계관에 접근하는 것과 다름없다고 생각되는 것이다.

하지만 보편적인 것으로서 **언명**될 때, 세계관은 곧바로 고찰의 객관이 되는 것이고, 고찰은 세계관을 하나의 가능적인 것으로서 인식한다. 세계관을 가능적인 것으로서 인식한다는 것은 이미 세계관을 상대화한다는 의미이다. 만약 그 세계관이 가능하다면, 다른 세계관도 또 가능하다. 내가 세계관을 언명하는 경우, 고찰의 입장으로부터 보면 나는 언명된 세계관과 함께 어떠한 하나의 유형에 포함될 것이다. 단순한 고찰은 사실의 지배자로서 행동한다. 즉 그것은 나에게 하나의 상표를 붙인다. 이렇게 나는 낭만주의자, 이상주의자, 현실주의자, 유물론자, 비관론자, 낙관론자 등등에 처해진다. 단순한 고찰은 언명된 것을 분류할 뿐이고, 이것에 응답하지는 않는다.

이렇게 나는 항상 다음의 **양자** 모두이다. 즉 나는 자기의 근거에 의하여 탐구하면서 또 명석함을 원하면서 자기를 언명하는 나 자신이며, 그리고 언명된 모든 것을 행해진 것 내지 느껴진 것으로서 방관하는 고찰자로서의 나이기도 하다. 이 양자 어느 쪽도 나는 방기할 수 없다.

3. 상대주의, 광신, 무지반성

오늘날에 고찰은 보편적인 상대주의로서 의식하게 되는 것이 광범위하게 퍼져 있다. 즉 거기에서는 다음과 같이 생각된다. 모든 것은 어떤 하나의 입장 위에서 타당하다. 이 입장에는 명칭이 붙여진다. 나는 이 입장을 받아들일 수도 있고 변경할 수도 있다. 나는 단지 모든 입장을 이해하면서 이들 입장 속에 편안하게 있으면 좋은 것이고, 그들 속의 어떠한 입장에도 서는 것을 필요로 하지 않는다. 거기에서 자유는 여러 모든 입장의 임의의 교체가능성 속에 있다고 생각되는 것이다.

이것으로부터 나오는 결과는, **나는 전혀 나 자신은 아니라는 것이다.** 혹

누군가가 나를 잡기를 원한다고 한다면, 그때 나는 이미 나 자신과는 다른 것이 되어 있을 것이다. 즉 나는 모든 것을 변호하는 것과 동시에 모든 것을 반박하는 것도 가능하다. 또 다른 경우에 나는 무지반성 앞에서 공포를 발견하고, 나를 유일한 입장에 세우고, 그리고 광신적이게 된다. 이 경우에도 나 자신이 거기에 존재하는 것이 아니고, 나는 객관적으로 고정할 수 있는 세계 속의 하나의 위치로서의 나의 입장과의 동일시에서 마비된다. 즉 가령 계급과 직업을 절대화하는 것에 의해 사회학적 세계 속의 위치에서 혹은 하나의 범위를 절대화하는 것에 의해서 논리적 세계 속의 하나의 위치에서, 혹은 하나의 형태의 성격을 절대화하는 것에 의해서 심리학적 세계 속의 하나의 위치에서 나는 마비된다.

이에 반해 내가 고유한 근원에 근거해 자신으로 존재하기 위해서, 모든 것을 녹여버리는 상대주의와 이와 같이 마비된 협애함도, 함께 방기해버린다고 한다면, 나는 일반자의 그 모든 형식과 함께 모든 존재를 점점 상실해버릴 것이다. 왜냐하면 이제 나는 자의와 우연의 현기증 속에서 나를 알아채기 때문이다. 즉 나는 오늘은 이것을 내일은 저것을, 무한히, 그리고 항상 다른 것을 체험하고, 향락하고, 고뇌하고 결국에는 생명력이 쇠하고, 감수성이 없는 권태의 공허함 앞에 서게 된다. 왜냐하면 내가 일반적인 것을 파괴해버릴 때, 나는 나 자신이 되지 않기 때문이다.

4. 관점과 자기존재

세계관은 객관적으로 보일 때에는 이미 세계관 그 자체가 아닌 것이기 때문에, 내가 세계관을 보편적으로 고찰했다 해도, 결국 일반적으로 하나의 세계관에는 결코 도달할 수 없다라고 하는 것이 가능한 것같이 보인다.

왜냐하면 나는 결코 고유의 세계관을 파악하지 않고, 밖에 나타난 일반성을 고유한 세계관 그 자체로 간주하기 때문이다. 만약 내가 더욱 넓은 시야 속에서 가능성으로서의 세계관을 **선택**하도록 제시된다면, 나는 이 선택이 결코 무제약적인 것은 아니라는 것을 경험할 것이다. 왜냐하면 만약 내가 세계관에서 **일반적인 것**의 객관성을 고수하고 싶어 한다면, 그것은 동시에 내가 이들 세계관을 모두 나 자신 속에 받아들이고 싶어 한다는 것도 되기 때문이다. 모든 세계관을 상대화하고 있는 세계관학은 내가 그 속으로부터 어떠한 분류도 없이 끝내는 것을 바라지 않는 것 같은 하나의 다양성을 부여하든지, 그렇지 않으면 단 하나의 세계관, 즉 그 입장으로부터 보면 다른 모든 세계관은 허위인 것으로서 단순히 심리학적 혹은 사회학적으로만 성격 지어질 수 있는 단 하나의 세계관을 부여하든지, 둘 중 하나이다. 내가 객관적으로 언명된 일반성에서 하나의 현실적인 선택을 하고 싶다면, 그것은 기만일 것이다. 왜냐하면 일반적인 것의 진리성에 대해 나는 어디까지나 충돌해 있고, 이것을 전체로 종합하려는 요청을 경험하기 때문이다. 내가 어떠한 하나의 관점을 관점으로서 알 때, 그 관점은 이미 나의 세계관이 아니다. 즉 내가 아는 다른 모든 관점도 또 나에게 있어서 어떠한 방법으로 가능한 관점인 것이다. 하지만 보다 깊은 근원은 이 근원을 하나의 관점으로서 아는 지식을 거부한다. 즉 선택은 단지 **역사적인 것**으로서만 무제약적이다. 선택은 바로 그 특정한 **상황** 속에서 구체적이다. 내가 나 자신을 하나의 현실성 내지 그 근원을 알 수 없는 과제와 동일시할 때, 나는 역사적 상황 속에 있다. 내가 적어도 서 있을 수 있기 위해서 나는 모든 위치에 서는 것이 불가능하고, 어딘가 어떠한 위치에 전적으로 서지 않으면 안 된다. 하지만 이러한 위치는 어떠한 일반적인 관점도 아니다. 나는 단 한 민족에만 속할 수 있으며, 단 한 부모만을 가지며, 단 한 사람의 아내만을 사랑한다. 즉 게다가 그 모든 경우에 이러한 것들에 등을 돌릴 수 있다. 고찰하는 자에 대해서는 다른 가능성도 존재하는 것같이 보인다. 예를 들면 나의 민족의 모습이 일그러지고 거짓되어 나에게 무연한 것으로 보일 경우, 왜 나는 다른 민족에 속하면 안 되는 것인가? 나는 나의 부모를 나의 것으로서 승인하는 것을 바라지 않는다. 그들이 나의 부모라고 하는 것은 나의 책임은 아닌 것이다. 나는 나의 사랑에서 기만당했다 혹은 나의 사랑의 체험은 사라졌다. 나는 역시 다른 여자를 사랑할 수 있다. 생은 풍요로운 것이다. 그것은 항상 새로운 가능성을 갖고 항상 다른 새로운 창조를 현실화한다. 모든 이러한 것은 명백한 것같이 보인다. 하지만 혹 고찰이 이와 같이 이야기한다면, 그것은 잘못 이끌어가는 것이 될 것이다. 고찰은 그것이 일반적인 것의 위치에서 나를 정위하는 경우에 진실성을 갖는다고 해도, 고찰이 그 자체로 나의 존재가 되기 위해서는, 그것은 본래적 존재의 심장을 나에게서 절단해버리는 것이다. 내가 다른 사람들에게 등을 돌릴 때 나의 민족, 나의 부모, 나의 애인을 받아들이려고 무제약적으로 의식하지 않았을 때, 나는 나 자신에게 등을 돌리고 있는 것이다. 왜냐하면 나는 바로 나 자신을 그들에게 신세지고 있기 때문이다.

나 자신과 내가 서 있는 현실성의 지형을 동일화하는 것은, 이 동일화가 나의 존재의 표현이라고는 해도 혹 이 동일화가 단순히 외면적인 귀결에 있어서만 사유된 것으로서 억지로 무리하게 관련 지으려 할 때에는 또다시 허위가 된다. 내가 어떠한 과제도 획득하지 않고 나의 현실성과 불화가 있을 때, 또 외부에서 볼 때 자기 동일화의 실현을 방해한다고 보이는 것이 운명적으로 내 위에 덮쳐올 때, 아마도 자기 동일화는 바로 그것 속에서 객관성도 언명가능성도 결여된 채로 내면적으로 수행될 수 있을 것이다. 이 자기 동일화는 언명될 때 곧바로 일반적인 것으로서 하나의 세계관이 되어버릴 것이다. 즉 근원으로서의 자기 동일화는, 그러나 일반적인 방법으로는 절대 적절하게 파악될 수 없다. 이 자기 동일화는 본질적으로 익명의 세계관으로서 철학함의 원천이다.

일반적인 것을 매개로서 나타나는 나의 자기존재의 명석한 근원으로서의 세계관은 일반적인 것을 갖고는 결코 다 채워지지 않는다. 일반적인 것의 단순한 하나의 경우가 아닌 역사적으로 충만한 자기존재는 일반적인 것을 아마도 돌파할 수 있는 것이기 때문에, 세계관은 어떠한 존립하고 있는 것 내지 완성되어 있는 것일 수 없다. 그러나 아마도 세계관은 그때마다 일반적인 것의 하나의 전체로서 언명될 수 있다. 그 경우 세계관은 정신적 형상이 되지만, 그것은 하나의 단계로서 그러하다. 왜냐하면 세계관은 사실상, 세계관의 가능성과 그들의 유형에 대한 일반적 고찰에서는 결코 완전히 수용될 수 없는, 자기 탐구적인 것이며 따라서 또 동요하고 있는 것이기 때문이다.

그러므로 세계관은 그 세계관 자체에 대해서마저도, 여러 가능성과 나란히 인식가능한 어떠한 가능성도 아니다. 어떠한 고찰에 대해서도 자기 고찰에 대해서마저도, 세계관이 그것으로부터 명백하게 되는 어떠한 외부의 하나의 관점은 주어져 있지 않다. 확실히 경험적 현실성으로서의 세계는, 외부의 하나의 가상적인 관점으로부터, 즉 보편적인 의식일반의 입장으로부터 조망될 수 있다. 즉 자신으로 존재하는 인간의 무제약성으로서의 세계는 그러나 그렇지 않다. 사람들은 이 세계 내에서 스스로 위치하든지, 그렇지 않으면 이 세계를 전혀 보지 못하든지, 둘 중 하나이다. 하지만 만약 사람들이 이 세계 내에 위치해 있다고 하면, 그는 그 자신과 같이 이해할 수 없는 다른 무제약성을 갖는 다른 사람들과 서로 대립해 있는 것이며, 그는 이들 다른 사람들과 묻고 대답을 받으며, 말을 걸고 받으면서 상호소통 속에서 투쟁하는 것이고, 고찰하거나 설명 내지 분류하는 것에 의해 그렇게 하는 것은 아니다.

세계정위의 한계는 설령 세계정위 그 자체가 현실적이라고 해도 더 이상 연구가능한 것이 될 수 없는 사실적인 세계관이다. 즉 사실적인 세계관이 철학함의 근원이다.

신앙과 불신앙

세계관의 핵심은 신앙이다. 적절하게는 지식의 대상이 될 수 없는 이 신앙은 무제약적 진리의 의식으로서 지식가능한 것의 한계에서 자취를 조사할 수 있는 근원이다.

단지 사유에 의해서만 진리를 발견하는 것은 불가능하다. 그 자체로서는 무지반적인 사유는 그것이 진리를 파악할 때, 하나의 타자로부터 충실히 된다. 하지만 이 타자가 경험적인 현존의 현실성일 때에는, 우리들은 이 현실성이 승인되는 자명성을 신앙이라고 부르지 않는다. 왜냐하면 이 자명성은 필요 불가결한 하나의 강제이기 때문이다. 하지만 혹 이 타자가 구체적인 것이 아니며 존립하는 것으로서 증명도 될 수 없는 것으로, 자유에 근거해 사유하는 자의 존재를 통해서 경험되어야 하는 존재일 때에는, 우리들은 다음과 같이 말할 수 있다. 즉 그 자체로 단순히 사유된 것으로서 존재하지 않고 사유 속에서 밝혀지는 것은, 신앙된 것이다. 신앙은 논증에 의해서 강제되어야 할 것이 아니며, 사실성에 의해 증명되어야 할 것도 아니다. 즉 사유한다고 하는 것은 단지 신앙에서부터 혹은 신앙을 향해 사유되어야 할 것이다.

관망적인 고찰 속에서 근원에 도달한다는 것은 가능하다. 왜냐하면 신앙은 표현되고, 불신앙도 이야기하는 것에 의해 신앙에 반대하기 때문이다. 즉 신앙과 불신앙은 가시적인 투쟁 속에 위치해 있고, 그것들은 이 투쟁 속에서 관찰에 의해서 접근할 수 있는 것이다. 물론 이 관찰에 의한 확정은 결코 본질에 적중하는 것은 아니지만, 이들 확정은 철학함의 원천으로 돌아가는 것을 지시하는 것이다.

신앙이 사유에 의해 스스로를 이해하면서 언명하는 이상, 신앙에 대해 어떠한 **의혹**이 일어나지 않는 것은 신앙에서는 존재하지 않는다. 자명한 신앙은 처음으로 의혹을 통해서 의심스럽게 된다. 즉 그와 같은 경우에도 더욱 자기를 주장하는 신앙만이 본래적인 신앙인 것이다. 이 본래적인 신앙은 불확실성을 통해서 의식되며, 투쟁 속에서 신뢰할 수 있고, 이제 비로소 본래적으로 결단된다. 결단을 결여한 상태의 신앙은 단순한 가능성에 지나지 않았던 것이다. 신앙은 의혹과 연결되어 있고, 게다가 의혹은 불신앙에게도 결정적일 수 있기 때문에, 신앙도 불신앙이 존재하는 경우에만 존재한다. 이와 같이 신앙이 불신앙을 조건으로 삼는 것과 같이, 불신앙도 다시 그것이 거부하는 신앙을 고려하는 경우에만 존재한다. 신앙 속에서 불신앙이 중단될 때에는 마음속의 가시는 사라진다. 즉 더 이상 확증되지 않는 신앙은 가수면 상태에 빠져버린다. 즉 신앙만이 불신앙을 직시할 수 있기 때문에, 불신앙이 신앙 자체에 있어서의 가능성이라고 간주하는 신앙만이 현실적이다. 이와 같이 더 이상 어떠한 신앙에 대해서도 싸우지 않는 불신앙은 의식의 둔감함으로 되돌아가 버린다. 의심할 여지가 없는 현존의 자명성이 지배하는 곳에서는 신앙과 불신앙의 긴장이 멈추어버린다. 신앙과 불신앙은 자기존재의 양극이다. 양자의 대립이 지양될 때에는 철학함도 종말을 고해버린다. 즉 왜냐하면 철학함은 신앙으로부터 일어남과 같이, 불신앙으로부터도 일어나기 때문이다. 현존을 지배하는 모든 자명성은 의심되지 않을 것으로서는 맹목적인 것이다. 이들 자명성은 심문에 의해 자기 자신을 이해하는 과정에 깊이 들어간다. 철학함은, 나는 무엇인가, 하는 것에 대한 신앙적 결단이 비로소 의식적으로 가능하게 되는 상황을 창조한다.

1. 정식화된 불신앙의 예시

사람들이 불신앙이 언명된 경위의 귀결을 관찰할 때, 이 불신앙으로부터의 전환에 의해 처음으로 확실하게 되는 신앙이 불신앙과의 대조에 의해 비로소 자신의 확실성을 갖는 것이 명백하게 되는 것이다. 인도, 고대 유대, 고대 그리스, 근대 세계와 같이 인간이 체계적으로 사유해온 곳에서는 정식화된 불신앙이 나타나 있다. 이와 같이 상호간에 아주 멀리 떨어진 여러 모든 시대에 사유적인 불신앙이 나타났다는 것은, 이 불신앙 속에 있는 일반적이고 그 자체로 비역사적인 진리를 지시하고 있다. 불신앙이 그것으로부터 사유되는 극히 일반적인 현존의 상황이 존재하고, 그때 역사적 특수성은 단순히 외관을 바꾼 의복이 될 뿐이다.

인도에서의 회의론은 순세외도(順世外道)[1]라는 이름과 결합되어 있다. 이에 대한 반대자의 보고와 하나의 드라마에 의해 알려져 있는 이 매우 오래된 가르침, 즉 우리들은 단지 지각을 통해서만 안다라는 이 가르침은 수

---

1) (역주) 지수화풍의 4원소와 그 원소의 활동 공간인 허공만을 인정하는 유물론적인 입장의 외도. 인간도 4원소로 이루어져 인간이 죽으면 이들 원소가 흩어지므로 영혼은 없다고 주장하며, 선악이나 인과 과거나 미래도 없다고 주장한다. 따라서 현재의 감각과 쾌락만을 인생의 목표로 한다. 육사외도의 일파이다.

천 년간 교양의 재원이 되어왔고 또 어떠한 변경도 없이 이어져 왔다. 이 가르침에 의하면 권위와 추론에 의한 모든 지식은 부인되어야 할 것이다. 가시적인 네 가지 원소로 이루어진 물질만이 존재한다. 영혼은 마치 사람을 취하게 하는 힘이 일정한 재료의 혼합으로 생기는 것과 같이, 물질적 원소의 결합으로 성립된다. 신체에서 분리된 영혼은 존재하지 않는다. 왜냐하면 영혼은 보이지 않기 때문이다. 초감성적인 사물은 더욱 존재하지 않는다. 죽음과 함께 모든 것은 끝난다. 현세의 향락 이외의 어떠한 것도 남겨져 있지 않다. 단지 어리석은 자만이 거짓된 경전에 속아 희망을 갖고 이것을 받아들이는 것이다. 아름다운 여자를 포용하는 쾌락이, 탁발하거나 단식하거나 금욕하거나 염천에 노출되면서 고행하는 것보다 좋은 것이다. 현명한 것은 고통으로부터 해방되어 가능한 대로 쾌락을 향락하는 것이다. 사람들은 물고기에 뼈가 있기 때문에 물고기를 먹는 것을 기피하는 것이 아니다. 최고의 존재는 사람들이 보거나 들을 수 있는 왕이다. 정치가 모든 것을 결정한다. 이에 반해 베다[2]는 어리석은 공허한 이야기에 지나지 않는다. 공물을 바친다는 것은, 그것을 행하는 자가 대가를 지불하고 실현하는 이익을 바라문승들에게 주는 것이다.

구약 전도서의 전도자 솔로몬의 심정은 이것과 비교되어야 할 것이지만 이와 같지는 않다. 전도서에는 다음과 같이 설명되어 있다. '사람이 해 아래서 수고하는 모든 수고가 자기에게 무엇이 유익한고 … 무엇이든지 내 눈이 원하는 것을 금하지 아니하며 … 노래하는 남녀와 인생들의 기뻐하는 처와 첩들을 많이 두었노라 … 내 손으로 한 모든 일과 수고한 모든 수고가 … 그 후에 본즉 다 헛되어 바람을 잡으려는 것이며 … 지혜가 많으

---

2) (역주) 고대 인도 브라만교의 기본 성전.

면 번뇌도 많으니 지식을 더하는 자는 근심을 더하느니라. 해 아래는 새 것이 없나니 무엇을 가리켜 이르기를 보라 이것이 새 것이라 할 것이 있으랴 … 우리 오래전 세대에도 이미 있었느니라 … 오호라 지혜자의 죽음이 우매자의 죽음과 일반이로다. 이러므로 내가 사는 것을 한하였노니 … 인생에게 임하는 일이 짐승에게도 임하나니—이 둘에게는 임하는 일이 일반이라. 다 동일한 호흡이 있어서 이의 죽음같이 저도 죽으니 … 헛된 생명의 모든 날을 그림자같이 보내는 일평생에 사람에게 무엇이 낙인지 누가 알며 그 사후에 해 아래서 무슨 일이 있을 것을 누가 능히 고하리오 … 지나치게 악인이 되지 말며 우매자도 되지 말라. 어찌하여 기한 전에 죽으려느냐 … 이에 내가 희락을 찬양하노니 이는 사람이 먹고 마시고 즐거워하는 것보다 더 나은 것이 해 아래에는 없음이라 … 이는 산 개가 죽은 사자보다 낫기 때문이니라.'

전도자는 자신의 **분노**에 의해 순세외도와는 구별된다. 전도자의 태도는 신앙의 환멸 속에서의 분노이다. 그는 쾌락으로는 만족하지 않는다. 그는 지식에 의한 고뇌와 또 무지의 비탄을 안다. 그는 올바른 사람도 부정한 사람도 동일한 운명임을 바라본다. 이 불신앙 속에 있는 **가시**는 이미 **가능적인 신앙**이다. 순세외도의 가르침은, 인도적인 쾌락주의의 조용한 향수 속에서 긴 세월을 통해 존립해왔다. 그러나 전도자의 불신앙은, 구약 성서적 신앙의 움직임 중 하나의 요소이다. 전도자의 불신앙이 이와 같은 가능성을 갖는다고 하는 것이 한 사람의 신자에게 유화적인 부대 조항을 유발시켰다. 전도서는 이와 같은 모양으로 성서의 일부가 될 수 있었던 것이다.

그리스 철학의 불신앙은 한층 더 명백히 세 개의 근본사상을 전개해왔다. 즉 그것에 의하면 **본래적인** 현실성은 양, 형, 위치 및 운동에 의해 각각 다른, 궁극적인 **물질적 입자**이다. 모든 것은 이들 입자로부터 이루어지고, 모든 것은 이들 모든 입자 속으로 사라져간다. 그러므로 모든 것은 이 본래적 현실성의 단순한 현상에 지나지 않는 것이고, 본래적 현실성의 이 현상은 변경할 수 없는 필연성과 우연성에 의해 덧없는 변화를 전개해간다.(유물론)

중요한 것은 쾌락이다. 쾌락을 될 수 있는 한 길게, 될 수 있는 한 순수하게 획득하기 위해서는 성찰이 필요하다. 모든 쾌락이 선인 것은 아니다. 이렇게 쾌락의 가치는 먼저 첫째로 그 지속에 의해서 측정된다. 즉 감각적인 쾌락은 급속히 마비되고, 주기적인 권태와 혐오를 불러온다. 그러므로 정신적인 쾌락이 우위를 갖는다. 둘째로 쾌락은, 그것이 얼마만큼의 불행한 결과를 가지는가에 의해 평가된다. 타산에 의해 평가된 쾌락에 관한 가르침이 생활을 규율하는 것이다.(쾌락주의)

어떠한 진리도 존재하지 않는다. 또는 진리가 존재한다 해도 우리들은 그것을 인식할 수 없다. 또는 우리들이 진리를 인식할 수 있다 해도 우리는 그것을 전달할 수 없다. 정의는 존재하지 않는다. 정의는 내가 할 수 있는 것이다. 자의적인 힘이 결정적인 것이다. 도덕은 약자가 고안한 것이다.(회의론)

일정한 주장을 더욱 고수하고 있는 이 독단론에 대해서, 고대의 사유는 모든 주장을 진리는 존재하지 않는다고 하는 주장마저도 기피하는 완전한 회의를 차단했다. 이 회의는 진리에 대한 부정적인 주장이 마치 그 주장 그 자체에도 적용되는 것이고 따라서 진리일 수 없다는 것을 단순히 형식적으로가 아니게 인식했다. 즉 이러한 회의는 탐구를 의연히 계속하고, 판단을 억제하며, 동일하게 유효한 판단을 모순된 것으로서 스스로에게 대립시키며, 그리고 지금 나에게는 그렇게 보인다고 주장한다라고 하는 것에만 스스로를 국한시키는 것은 아니었다. 이 회의는 오히려 이와 같은 생각하는 법을 **생활형태**로서 이해했다. 즉 판단을 완전히 억제하는 것은 영혼의 평온을 야기한다. 즉 이와 같은 판단의 억제는, 모든 상황에 무관심한 강제에 근거해 생활과 고유한 현존의 정신 물리적 상태에 따른 생활의 승인으로 이끌어가는 것이다. 이들 회의론자는 현상하는 것의 있는 그대로의 모습을 고집한다. 그들도 또 전혀 행위하지 않고서는 존재할 수 없다는 것을 고백하는 것이기 때문에, 그들은 정견 없이 살아간다. 즉 그때마다의 상태에 의한 필요가 굶주리면 먹고, 목마르면 마신다고 하는 길을 지시한다. 전승된 도덕과 법률은 생활에 도움이 되는 것을 선이라고 간주하고 생활에 도움이 되지 않는 것을 악이라고 간주하는 것과 같이 관습을 통해 강요한다.

이와 같은 회의는 위대한 귀결과 철저한 자기이해를 갖는 것이다. 단지 모든 주장을 스스로 억제하는 독립성의 확고한 중심점과 완전한 무관심이 야기하는 영혼의 안정만이 뒤에 남고, 구체적 내용이 있는 모든 것은 아무 것도 이것에 참여하지 않고 받아들여진다. 이것은 결단으로서의 적극적 행동을 단념하는 것이고 시간과 미래를 방기하는 것을 의미한다. 즉 그것은 자주적인 중심점과 같은 것 속에서 단순히 존재하는 것이고, 전해져 오는 풍부한 세계 속에서 살아가는 동시에 이 세계에는 아무것에도 참여하는 것 없이 존재하는 것이다. 그러한 것은 거기에서는 모든 것이 비본질적인 것이기 때문이다.

불신앙이 수행하는 주장과 논증을 명백히 하는 것에 의해 일반적인 통찰이 태어난다. 즉

2. 정식화된 불신앙에 있어서 피하기 어려운 잔여

인간의 의식은 그렇게 하는 것을 바라지 않을 경우에도, 무언가 절대적인 것을 설정하지 않고는 끝날 수 없다. 말하자면 거기에는 나에게 있어서 어떻게도 피할 수 없는 최종의 입장이 존재하는 것이다. 내가 나에게 있어서 최종적인 어떠한 것을 말살하면, 다른 것이 그 위치에 자동적으로 대신한다. 정식화된 불신앙이 야기하는 귀결은 근거 없는 무의식적인 불신앙의 혼돈스럽고 바뀌기 쉬운 내용이 아니라, **극도의 결여상태에까지 제한된 절대성**을 완전한 명석함을 갖고 언명하는 것이다. 즉 무감동의 태도는 점과 같이 구체적 내용이 없어진 독립성으로서의 비개인적인 평온이다. 물질은 감성적인 것 혹은 그 근저에 기대어 있는 것을 독단적으로 절대적 객관이라고 주장한다. 쾌락은 모든 내용과 관계없이, 긍정적인 감정의 단순한 형식 혹은 감각적인 쾌락으로 환원시킨다. 모든 경우에서 최종적인 것은 **현실적으로 부여할 수 없는 형식적인 것의 추상**이다. 무감동은 자유를 형식화하고 그렇게 하는 것에 의해서 또 자유를 마비시키는 것이다. 물질은 모든 충만한 사실성을 빼앗긴 현존의 전개이고, 순수하게 감성적인 것으로서의 쾌락은 인간적 존재자가 결코 완전히 성취할 수 없는 것이다.

정식화된 불신앙은 **신앙의 최소한**이 된다. 하지만 그것은 독단적인 신앙이다. 정식화된 불신앙의 세 개의 방향은 각각 체계적인 군을 형성한다. 즉 이 불신앙은 먼저 이미 그 이상 생각될 수 없는 사물의 객관성의 최소한(물질)을, 다음으로 가치평가를 수행하는 데 결정적으로 중요한 심리학적 주관성의 최소한(쾌락)을 각각 독단적으로 정식화하고, 마지막으로 모든 주관적인 것과 객관적인 것의 상대성을 회의 속에서 정식화하며, 그렇게 하여 허무에 근거한 평온에서 흐트러지지 않는 실존을 남겨 가지려고 하는 것이다.

3. 정식화된 불신앙에 대한 반론

불신앙의 합리적인 정식화에 대해서는, 절대화가 지지하기 어려운 것을 그때마다 지적하는 합리적인 반론이 제시된다. 즉

유물론에 대한 반론은 물질로부터 의식과 영혼은 이해될 수 없다. 즉 물질이 모든 것은 아니다.

쾌락주의에 대한 반론은 쾌락 일반이라고 하는 것은 존재하지 않는다. 사실상 나는 내가 그것에 대해서 쾌락을 갖는 것 같은 구체적 내용을 획득하려고 노력한다. 쾌락주의는 쾌락의 종류에 대한 물음에 대해서, 물질적인 감각적 쾌락을 갖고 대답하든가, 그렇지 않으면 형식적으로, 즉 가장 길게 지속되고 고통을 전제로 삼는 것과, 그리고 고통을 수반하는 것은 가장 작은 것 같은 쾌락을 갖고 답한다. 즉 쾌락주의는 감정계산을 행하는 것이다. 앞의 경우에 대하여는 다음과 같이 말할 수 있다. 감각적 쾌락은 최소한의 것이고, 이 최소한의 것의 실재성 속에는 감각적 쾌락 이상의 것이 곧바로 존재한다라고. 뒤의 경우에 대해서는 다음과 같이 말할 수 있다. 쾌락의 정도의 차이(만족, 행복, 정복)에 대해서는 어떠한 기준도 주어져 있지 않다, 왜냐하면 이 차이는 쾌락으로서가 아니라, 단지 구체적 내용으로서만 파악될 수 있는 것이기 때문이다. 이것을 양화시키려는 것은 실패한다.

회의론에 대한 반론은, 회의론은 어떠한 진리도 존재하지 않는다라고 주장하든지, 그렇지 않으면 모든 결정적인 주장을 포함한다. 전자의 경우 회의론은 사실적으로 언명된 그 판단을 통해서 적게나마 이 부정적 판단이

갖는 진리의 형식을 승인한다. 이 경우 회의론은 하나의 순환에 빠져 있다. 즉 이 순환은 합리적으로 주장하는 것으로서의 회의론을 합리적으로 반박한다. 후자의 경우에는 회의론은 어떠한 것도 주장하지 않는 것이기 때문에 반박불가능하다. 하지만 이 경우 회의론은 모든 것을 주장하지 않는 것으로서 상호소통과 관계를 끊고, 마치 그것이 완전히 존재하지 않는 것같이 존재하고 있다. 무감동한 상태에서 모든 구체적 내용은 무심한 것이 아니면 안 될 것이다. 하지만 이 무감동 상태를 체현하는 인간은, 그의 행동을 통해서 어딘가에서 곧바로 이것과 반대되는 것을 증명할 것이다.

불신앙의 주장 속에 있는 긍정적인 잔여에 대한 이와 같은 반박은, 그 자체로서는 단순히 **부정적인** 것이다. 이들 반박은 불신앙이 주장된 경우에 존립하며 이들 주장을 거부하는 여러 모든 난점을 폭로한다. 이들 반박은 충실하게 하는 것이 아니라, 사람들이 그 불신앙을 여러 모든 주장을 피하지 않을 수 없는 올바른 것이라고 생각하는 경우, 이들 주장으로부터 살아날 수 있는 압박으로부터 단순히 해방되는 것에 지나지 않는 것이다. 왜냐하면 이들 반박은 결코 어떠한 적극적 정립도 초래하는 것도 아닌, 단순히 논증적인 것 속에서 움직이고 있는 것에 지나지 않기 때문이다. 신앙은 논증 속에서 자리 잡고 있는 것과 다른 근원을 갖고 있다.

4. 불신앙의 성과

정식화된 불신앙의 절대적 주장에 대한 논박을 갖고 이 불신앙을 정리할 수는 없다. 정식화된 불신앙은 도처에서 많은 성과를 갖고 있다는 것이 입증되었다. 즉

유물론은 실험적 연구의 정밀한 인식에서 접근할 수 있을 것 같은, 그리

고 그것이 연구되는 정도에 상응해 기술적으로 지배할 수 있게 되는, 그러한 세계의 인식을 위한 모든 전제를 자신의 존재 이론으로 창조해왔다. 만약 자연인식과 자연지배의 실현이 역사학적으로는 상당 부분 다른 신앙의 동기로부터 발생한 것이라 해도, 그럼에도 더욱 유물론은 이러한 것들을 실현하는 지속적인 매개자이다. 즉 실재의 인식은 무언가 다른 원리가 깊이 들어올 경우에는 해를 입는다. 세계를 절대적이라고 보는 것이 불신앙의 본질이며, 바로 이 불신앙에 의해 세계는 인간에게 유용하게 된다.

쾌락주의는 생활로부터 모든 현재를 빼앗아가는 생활의 추상화에 대해서는 정당한 것이라는 것이 증명되었다. 확실히 순간적인 생활의 쾌락은 최소한의 것이기는 하지만, 단순히 사유된 것으로서 현재가 될 수 없는 공상적인 것의 허무함에 비하면 무한히 우월한 것이다. 존재하는 것은 그것이 존재할 수 있기 위해서는, 고통 내지 만족으로서 현재 속에서 존재해야만 된다고 하는 것이 망각된 경우에는, 쾌락주의가 생활을 재현시킨다는 올바름을 가진다고 하는 것은 논쟁의 여지가 없는 것이다.

회의론은 모든 개별적 연구에서 비판적인 가시로 전환되는 것에 의해서 이미 많은 성과를 갖는다. 즉 회의론은 의심하는 것에 의해 올바른 것을 발견하려고 하는, 비판으로서의 방법적 회의가 된다. 하지만 회의론은 판단형식에 있어서는 어떠한 진리도 절대적이지 않다는 합리적 절망을 합리적으로 표현하는 것에 의해서 세계관으로서 많은 성과를 갖는다. 신앙의 가시로서의 이 명제는 절대적 진리를 객관적으로 강제적인 통찰로서 소유하려고 하는 잘못된 길에 빠지는 것을 막아준다. 회의론은 물론 신앙 그 자체가 아니라고 해도 신앙의 가능성을 만들어낸다. 방법적 회의가 단순히 개별적 인식의 길인 것에 지나지 않았던 것에 대하여, 여기에서 회의론은 시간적 현존 속에서 전체화되는 완성을 부단히 상대화하는 것이 된다.

이것에 의해 무언가 유한적인 것을 신으로 삼는 것이 방지되고, 가능실존의 원리로서의 신앙을 위한 장소가 열리는 것이다. 회의론은 초월자를 향해 열려 있는 실존이, 실존에 있어서는 모두 허무하다는 의미에까지 승화되고 있는 곳에서 유지되는 것이다.

5. 불신앙 속의 신앙과 신앙 속의 불신앙

불신앙은 단순히 풍성한 성과일 뿐만이 아니다. 불신앙은 그 자체로 하나의 신앙이 된다. 즉 그것은 **모든 것을 무시할 수 있는 품격 속에 있는 독립성의 힘**으로서 그 자체로 하나의 신앙이 된다. 정식화된 불신앙은 불신앙이 무엇이었는가를 언명한다. 하지만 성실하게 불신앙을 언명하는 자는, 동시에 무의식 속에 이 불신앙을 뛰어넘어 나가고 있는 것이다.

조용한 침착함을 갖고 죽음을 직시하고, 불신앙의 배후에서 근원적으로 고귀한 본질을 순수하게 살기 위해 불신앙의 모든 형식을 무심하게 이용하는 사람들이 존재한다는 것은 부정할 수 없다. 이 점과 같은 독립성 속에 있는 신앙은 모든 고난 속에서도 현존의 조용한 행복인 것처럼 보이는 하나의 생활을 길러낸다. 신앙을 용인하지 않는 인간은 악에 굳어 있다든지, 죽음에 직면해 어떠한 불행도 품지 않는 자는 죽음을 잊고 있다든지, 모든 인간은 죽음에 임해 불안으로부터 신앙으로 돌아간다든가 하는 것은 사람들이 즐겨 주장한 것이지만 진실은 아니다. 또 설령 이 불신앙이 모든 감정적인 것을 행위로부터 **빼앗아** 어떠한 중요한 가치도 이것에게 돌려주지 않는다 해도, 이 불신앙을 비도덕적이라 간주하는 것도 진실은 아니다.

하지만 불신앙 속의 신앙은 단순히 편안한 상태를 만들어낼 수 있을 뿐, 실존의 생활을 만들어낼 수 있는 것은 아니다. 즉 불신앙 속의 신앙은 자신 속에 멈춰 있다. 무시간적인 것으로는 자극과 충동이 결여되어 있다. 내가 의기소침하게 있는 경우 이 불신앙 속의 신앙은 태도로서는 역사적으로 성과를 가지지 않는 도피이고, 오늘날에는 사라지려고 하는 한계 선상의 신앙의 최소한이다. 하지만 이 불신앙 속의 신앙은 시간적 현존이 새롭게 나에게 있어서 현실적이게 될 때 또다시 마음을 불태우는 가능성을 유지하기 때문에, 많은 성과를 갖는 것이다. 하지만 불신앙이 독단적이게 될 경우에는, 이 가능성도 또 소멸되는 것같이 보인다. 우리들이 회의론자, 쾌락주의자, 유물론자의 본질과 그들의 가장 탁월한 것을 볼 때, 우리들은 그들에 대해 존경의 생각을 금할 수 없다. 하지만 그럼에도 또 그들에 대해서는, 다음과 같은 괴테의 말의 일정 부분이 들어맞는 것같이 보인다. 즉 괴테는 말한다. 불신앙과 신앙의 갈등에 있어서, 신앙이 지배한 모든 시대는 밝게 빛나고, 마음을 고양시키며, 동시대에 대해서도 후시대에 대해서도 많은 성과를 갖는 것이다. 이에 반해 불신앙이 빈약한 승리를 주장한 모든 시대는, 어느 누구도 기꺼이 성과 없는 것의 인식으로 마음을 번거롭게 하는 것을 바라지 않기 때문에 빠르게 사라진다.

오늘날에는 서로 모순되는 몇 가지 주장이 성립하는 것처럼 보인다. 예를 들면,

불신앙 속에 신앙이 존재한다. 이 불신앙 속의 신앙은 점과 같은 독립성 속에 남아 있는 긍정성의 잔재로서 존재하는 것이고, 또 설령 이미 성과가 풍부하게 발전된 것은 아니라고 해도 이 잔재 속에서 생활이 의지할 곳을 부여하는 것이다. 하지만 불신앙 속에서는, 그 외에 또 순수한 신앙을 획득하기 위해 부정하는 공격적인 부정성이라고 하는 형태에 있어서의 개별의 신앙이 있다. 이 경우에 불신앙은 새로운 성과를 갖는다.

신앙 속에 불신앙이 존재한다. 왜냐하면 불신앙을 알고, 경험하고, 참고

견디는 신앙만이 순수한 것이기 때문이다. 불신앙에 의해서 자신을 곤란하게 하는 신앙만이 진실한 것으로서 남는 것이기 때문에, 신앙은 스스로의 불신앙을 극복하는 것에 의해서 그 자신 스스로를 확실히 하기 위해 불신앙의 현상으로 다가간다. 그러므로 신앙은 불신앙을 하나의 가능성으로서 자신 속에 갖고 있는 것이다.

신앙의 힘은 **양극성** 속에서 존재한다. 이 양극성은 설령 내가 신앙 혹은 불신앙에 대해서 일면적으로 이야기하는 경우에도, 단지 그 위치가 변할 뿐이다. 신앙을 최소의 구체적 내용 혹은 범위로 축소해버린다고 하는 것은, 설령 거기에서는 신앙이 의연히 강력하며 생명을 지키고 있다고는 해도 불신앙을 의미하며, 이에 대해서 불신앙의 가시에 의해서 끊임없이 움직여지고 구체적 내용을 확대하는 것 또 긍정성을 충실하게 하는 것이 신앙을 의미하는 것이다.

6. 본래적인 무신앙

하지만 **양극성 자체**가 이완되거나 **사라지거나** 하는 경우에는 별개의 불신앙, 즉 무신앙이 생긴다. 거기에서는 신앙도 불신앙도 존립하지 않고, 단순히 아직 무의식적인 현존 질서가 관습과 규칙, 심리학적 강제, 의심될 수 없는 객관성 등을 통해서 존립하든지 그렇지 않으면 다른 상황에 있어서는 영혼의 전환, 우연, 혼돈이 태어나든가, 그중의 하나이다. 그 어떠한 경우에 있어서도 완전히 아무 성과도 낳지 못하는 무신앙이 생기는 것이고, 이에 대해서는 앞에서 말한 괴테의 말이 무조건 들어맞는다. 여기에서 질서로서 신앙이라 불리는 것은 현실적인 회의에 대해 방어력을 갖지 않는 것으로부터, 사실은 무신앙이라는 것이 밝혀지고, 혼돈은 생기의 단순한 결과인 것이 밝혀진다.

양극성의 긴장이 없는 이와 같은 불신앙도 또 그것이 교의적 내용으로서의 언명된 신앙내용과 그 부정을 합리적으로 병존할 때, 스스로를 고지하는 것이 가능하다. 이 경우 이 불신앙은 자기존재를 창조해내는 신앙행위 속에서 투쟁하고 결단하는 대신에, 합리적인 타협을 하는 것이 가능하다. 이 타협의 본질은 겉치레뿐인 객관적 타당과 합리적인 진실함을 고집하는, 어떠한 구속력도 갖지 않는 무내용성에 있다.

본래적인 무신앙의 귀결은 명석한 의식 속에 끌어들여질 수 없다. 왜냐하면 그것이 이와 같이 의식 속에 끌어들여진 경우에는, 이미 신앙이 또다시 충동을 부여하고, 그리고 이들 귀결을 지양해버릴 것이기 때문이다. 이와 같은 어중간한 상태를 르낭은 다음과 같이 표현하였다. 즉 그는 다음과 같이 말한다. '세계는, 어떠한 신도 그것에 대해서 신경을 쓰지 않는 하나의 가장무도회 이외의 아무것도 아니다라고 하는 것은 확실히 옳다. 그러므로 우리들은 어떠한 경우에도 우리들이 완전히 부정을 저지르지 않도록 행동하지 않으면 안 된다. 우리들은 보다 높은 목소리에 귀를 기울이지 않으면 안 되지만, 그렇다고 해서 다른 가설이 진실한 것으로 증명된 경우, 우리들이 완전히 이것을 감수하는 것이 불가능한 상태여서는 안 된다. … 그러므로 우리들은, 이중대명(二重待命)의 상태에 있지 않으면 안 된다. … 혹시 우리들이 그때마다의 사정에 응해 신뢰, 의혹, 생의 기쁨, 조롱하는 버릇 등에 몸을 맡긴다면, 그 경우 우리들이 적게나마 어떠한 순간에 있어서는, 진리에 조우해 있다고 하는 것은 확실하다. … 우리들은 덕이 있어야 할 신에 대해 책임을 짊어지고 있다. 하지만 우리들은 일종의 개인적 응보로서의 이 공물에 우리들의 아이러니를 덧붙이는 권리를 갖고 있다. … 신은 우리들이 기만을 참을 때, 우리들이 지식과 의지를 갖고 참는 것이라

는 것을 … 알아야 할 것이다.'

아이러니의 근원적인 철학적인 태도는, 가령 사람들이 이미 어떠한 것도 중대하게 받아들이지 않고 또 어떠한 것도 올바르게 알고 싶어 하지 않는 경우에는 본래적으로 신앙이 없는 것이 된다. 사람은 무거운 짐을 짊어지는 것을 피하고, 무언가 무거운 짐이 될 수 있는 것은 풍자의 원리에 따라서 치부해버리는 것에 의해 이것을 부정한다. 하지만 그럼에도 불구하고 사실상 이와 같은 태도는, 현존의 필수 불가결한 이해를 향한 배려에서부터 무언가 중요한 어떤 것을 날마다 잡아오지 않고서는 끝날 수 없다. 그러므로 이와 같은 태도는 어떠한 책임도 짊어지지 않고 순간적으로, 그리고 스스로의 이익을 목적으로 삼아 살아가고 싶어 하는 자들을 위한 이론이 된다.

인간의 근본적인 물음, 이 물음에 대해 인간은 고찰적인 의견 속에서 답하는 것이 아니라 그의 현실성 속에서 답할 수 있는 것이지만, 이 근본적인 물음이 인간은 신앙과 불신앙의 긴장 속에 들어갈 수 있는가, 그렇지 않으면 무신앙 속에서 안정되고 편안하게 생활하는가, 하고 묻는 것같이 보일 때, 인간은 몽롱한 무의식 상태로부터 나와 그의 신앙에 대한 확신을 얻기 위해 철학함에 의해서 이 긴장을 파악하는 것이다.

정신적 현존 영역의 일자와 다수성

세계정위에 대해서는 정신의 현존이 여러 영역으로 분류되지만, 이들 모든 영역은 고찰에 대해서는 병존하여 있다. 과학, 도덕, 종교, 예술, 정치, 연애, 경제 등등은 각각 자기 속에 근거 지어진 자기 법칙성을 갖고 있다.

이들 모든 영역 속에는 다른 모든 영역 속의 현존을 자신에게 종속시키려는 경향이 있다. 각각의 영역은 다른 모든 영역의 자기 법칙성을 상대적인 것으로 삼고, 자신의 그것을 절대적인 것으로 삼는다. 이와 같은 절대화가 행해지는 각각의 입장에 상응하여, 순위를 갖는 질서로서의 모든 영역의 가능적인 계층질서가 성립하며, 이 계층질서 속에서 이들 영역은 그들이 상호간에 충돌하는 경우에 각각의 위치의 전후가 정해지는 것이다.

하지만 **무제약성**은 이와 같은 고찰을 하나의 의미 구성으로 상대화한다. 영역론은 세계정위의 보조 수단이다. 즉 어떠한 하나의 영역의 자기 법칙성은 이 영역 속의 신앙의 무제약성이 아니다. 그 자기 법칙성이 일반적으로 파악될 수 있는 것임에 대해서, 이 신앙은 단지 그 자체로 해명해야 할 것이다. 자기 법칙성은 다수 존재하지만, 무제약성은 항상 단 하나 있을 수밖에 없다. 나는 자기 법칙성을 따르는 것이 가능하지만, 이것을 상대화하는 것도 가능하다. 무제약성은 그 자체로 절대적인 것으로서 존재한다. 자기 법칙성은 수미일관성을 갖는 의미형상으로서 대상이 되지만, 신앙의 무제약성은 이러한 것으로서는 결코 파악될 수 없다. 모든 영역에서 분류된 자기 법칙성의 자율성은 그 자체로 중립적인 것이다. 즉 무제약성은 분류할 수 없는 것이다. 가령 무제약성이 그 매개자 내지 이 무제약성을 필연적으로 개별화하는 그 표현 양태에 있어서는 분류될 수 있다고 해도, 이들 매개자 내지 표현양태 속에 있는 무제약성은 이미 단적으로 무제약성 그 자체가 아니다. 무제약성 속에는 자유의 근원적 현재에 근거한 자율의 정열이 있다.

철학은 하나의 영역의 자기 법칙성이 아닌, 하나의 신앙의 무제약성의 표현이다. 각각의 자기 법칙성에 있어서의 모든 영역은 아직 신앙의 구체적 내용을 결여하고 있다. 신앙의 구체적 내용은 실존에 의해서 처음으로 이들 영역에 부여된다. 자기 법칙성의 투쟁은 상대적인 투쟁이고, 모든 본래적 투쟁은 신앙의 투쟁이다. 신앙의 투쟁은 철학함 속에서 이해될 수 있으며, 이와 같이 이 철학함은 이들 신앙의 투쟁 속에서 처음으로 점화된다. 철학함의 근원은 자기 법칙성의 긴장 속에 있는 일자이고, 모든 영역의 다수성 속에 있는 무제약성이다. 즉 이 근원은 양자의 대조에 의해서 간접적으로 해명된다. 즉

a) 합리적인 것의 **자기 법칙성**에는 사유의 수미일관성이 속해 있다. 사유의 수미일관성은 주어진 모든 명제로부터 모순된 명제에 뒤이어 다른 명제를 강제적으로 생기게 한다.

적어도 내가 사유하는 경우 또 적어도 하나의 신앙이 모든 명제 속에 언명될 경우, 사유된 것으로서 언명된 것은 이 합리성에 따르게 된다. 하나의 신앙의 구체적 내용으로서의 자유의 근원적 경험은 그 **스스로를 정식화**한다. 이와 같이 성립된 여러 명제의 수미일관성은 맨 처음에는 아마도 사유되지 않든지, 그렇지 않으면 근원적인 신앙에 근거해 곧바로 거부될 것이다. 그러한 것은 합리적인 자기 법칙성은 그만큼 분리되어 생각하면 무언가 강제적인 것을 갖는다고 해도, 최초의 명제가 거기서부터 취해지고 있는 신앙 그 자체의 규제 밑에 있기 때문이다. 신앙과 합리적 수미일관성 사이의 다툼에 있어서는 같은 성질과 같은 지위의 힘이 투쟁하는 것이 아니라, 신앙이 논증을 매개로 하여 스스로를 밝히기 위해 투쟁하는 것이고, 또 신앙이 신앙에 대해 투쟁하는 것이며, 거기에서는 이들 신앙의 의미가 깊이 파악되고, 보다 명료하게 이해되든지, 그렇지 않으면 논증을 위한 논증 속에서 또 자기의 정당함을 주장하려 하는 의욕 속에서 마침내 신앙이 상실될 것이다.

근세에 과학의 이름으로 신학에 대한 투쟁이 행해진 때, 과학의 이름으

로 등장한 것은 합리적인 자기 법칙성 그 자체가 아니라 하나의 새로운 신앙이었다. 과학은 모든 과학에게 혼을 불어 넣는 철학으로부터 버려질 때 또다시 무력하게 되고, 그리고 여러 신앙의 자의적인 장이 되어버렸다. 과학 속에서 무언가 하나의 구체적 내용이 인식될 경우, 과학은 실존하면서 어떤 철학 속에 스스로의 무제약성을 갖고 있는 이념에 의해 이끌어지고 있다. 그러므로 자기 법칙성으로서의 합리적 수미일관성은 갈릴레이의 경우와 같은 강제적, 경험적 확실성에서도 신앙의 투쟁으로 이끄는 것이 아니라, 브루노와 스피노자의 경우와 같은 철학적 신념이 신앙 투쟁으로 이끄는 것이다. 브루노와 스피노자와 같은 경우에는, 설령 스피노자가 칸트에 이르기까지의 모든 철학자와 함께 매개자가 되는 강제적 통찰을 그의 철학의 구체적 내용과 동일시하고 있었다고 해도, 합리적인 것은 단순히 하나의 매개자임에 지나지 않는 것이다.

지식에서 모순은 비난과 자극을 의미한다. 즉 무제약성이 과학에 참여하는 바로 그 경우에, 무제약성은 모순을 감히 범하는 것에 의해 자기 법칙성을 파괴한다. 철학에 있어서는 모순을 합리적 지양에 의해 해소하려는 대신에, 사상 속에서 모순을 수용하는 것에 의해 이것을 **극복하려는** 최대의 노력이 행해진다. 경험과학에 있어서는 모순을 회피하는 것은 동시에 연구의 비생산성을 의미한다. 프랑크는 모순으로부터 절대적으로 해방되는 것을 바라고, 그러므로 또 진보가 없는 자와, 진보해가기 위해서 맨 처음 일단은 모순을 감당해 견디고 단지 그 뒤에 그 정정이 필요하다는 것을 인정하는 자를 물리학자 중에서 구별했다. 하지만 최종점은 결코 달성되지 않는다. 모순은 가시로서 어디까지나 남는 것이다. 하지만 모순이 감히 행해진다고 하는 것은 구체적 내용이 풍부한 경험적 인식의 이념이 요구하고 있는 것이다. 그런데도 이념을 빼고, 따라서 또 구체적 내용을 갖지 않고 사유하는 자는, 허무한 사유를 무한히 쌓기 위해 논리적 자기 법칙성을 아무것도 제약하지 않고 방임한다. 자기 법칙성을 충실하게 하려는 충동은 동시에 이 자기 법칙성을 파괴하는 힘을 갖고 있다.

b) **연애의 자기 법칙성**은 자극과 거리 설정과 이 거리를 지양하기 위해 언제나 새로운 방식과 수많은 유희 등을 구한다. 즉 그것은 단순한 반복에 저항하고 놀라운 것을 구한다. 연애의 자기 법칙성은 존재하는 어떠한 것도 인정하지 않고 단 한 번뿐인 순간을 구한다. 연애의 자기 법칙성의 요구는 생명력을 풍만하게 하고, 그리고 주기적 변화에 의해서 이것을 회복시키는 형태에 향해져 있다. 남김없이 사라져가는 한순간의 완결성 속에서 그때마다 만족되는 것 이외에는 결코 만족되지 않고, 연애의 자기 법칙성은 잡다와 변화와 정복을 구해 전진한다. 연애의 자기 법칙성은 전락하게 되는 것이다. 그것은 불성실한 것이고, 만족할 줄 모르는 것이다.

이와 같은 자기 법칙성은 어떠한 신앙도 아니다. 이와 같은 자기 법칙성은 신앙에 대해서도 반항할 수 있는 강제적인 힘을 갖고 있다. 신앙은 종교적 신앙으로서 금욕 속에서 이 자기 법칙성을 근본적으로 부정하는 것에 의해, 이 자기 법칙성의 지배자가 된다. 확실히 이 자기 법칙성은 단순한 성욕에 하나의 규율을 부여하고, 이 규율을 통해서 신앙과 경쟁관계에 들어가는 하나의 정신적 자기 법칙성으로서, 신앙에 있어서 우려할 만한 것이다. 하지만 이러한 경쟁은 무력할 것이다. 정신적 영역으로서의 연애는 오성의 과학과 같이, 자기 자신에 근거해 살아 있는 것은 아니다. 에로스란 이름에 있어서 신앙에 대한 투쟁이 행해지는 경우에는, 에로스 속에서 하나의 다른 신앙이 이야기하고 있는 것이다. 그리스도교에 대항하는 사랑의 해방은 종교적 신앙에 대한 자기 법칙성의 해방을 의미하지 않고, 무제약성에 대한 무제약성의 해방을 의미한다. 엘로이즈의 경우는 자기 법칙적인 연애가 교회에 반항하는 것이 아니라, 특정의 한 사람의 남자를 향한 그녀의 사랑이 종교에 반항하고 있는 것이다. 즉 이 사랑 자체가 연애의 자기 법칙성을 깨버린다. 이 사랑은 아벨라르의 제거에 의해서는 지양되지 않는다. 그럼에도 아벨라르의 제거는 연애의 치명적인 뿌리를 파괴하는 것이다. 이 사랑은 그 자체가 하나의 신앙이다. 왜냐하면 엘로이즈는 아벨라르와 같이, 그리고 아벨라르와 함께인 경우에만 신에게서 자신을 발견하기 때문이다. 그녀를 아벨라르로부터 분리하려고 하는 것은 그녀의 신이 아니다. 12세기에 그녀가 이와 같은 귀결을 합리적인 엄밀함을 갖고 도출하는 것은 아니다. 그녀는 신앙심이 깊다. 그녀가 아벨라르의 뒤를 쫓아 지옥까지도 가려고 결심했다는 것은 아벨라르가 그녀의 신이었고, 그녀가 신과 아벨라르 중에서 아벨라르를 선택한다는 의미가 아니라, 수녀가 되는 맹세를 한 이유로 아벨라르로부터 이별을 요구하는 신은 어떠한 진실한 신일 수 없다는 것을 의미한다. 하지만 그녀가 아벨라르의 뒤를 쫓아 지옥에까지 가려고 결심했던 것은 전혀 야성적인 감성에 의한 것이 아니다. 이와 같은 야성적 감성은 순간적으로는 극히 강력히 자기를 관철시키려고 해도, 그 본성상 빠르게 지나가는 것이다. 그것은 또 정신적으로 형성된 연애에 의한 것도 아니다. 그런 것이 아니라 그녀가 아벨라르를 쫓아가려고 결심한 것은, 초월자에 관계 지어진 무제약적인 사랑에 근거한 것이었고, 이 무제약적인 사랑을 배신하는 것은 실존 그 자체를 위협하고 또 그렇게 하는 것에 의해 초월자도 해할 우려가 있는 것이다. 지옥마저도 감히 선택하려 했던 것은 엘로이즈의 오만함이 아니라, 교회와 승려의 신에 대한 반항이다. 교회와 승려의 신은 그녀의 신이 아니고, 따라서 또 교회와 승려의 지옥은 그녀에게 들어맞지 않는다. 왜냐하면 신은 신의 요구를 언명하고 신의 은총을 관리하고 있는 완전히 배타적인 하나의 객관성으로서 인간에 대해 현존하는 것이 아니라, 신은 항상 단지 개별적 실존에 대한 신일 뿐이기 때문이다. 이렇게 엘로이즈는 아벨라르를 향한 그녀의 사랑 속에서 신을 포착하였고, 그녀는 단지 철학함에 의해서만 그녀 자신을 이해할 수 있었을 것이라고 생각되는 것이다.

c) 전체를 위해 결단하는 의지가 그 속에서 가능하게 되는 인간 공동사회의 지배구조로서의 국가는, **정치적인 자기 법칙성**을 통해서 존재한다. 이 지배는 확실히 권력 혹은 위협적인 권력 없이는 결코 성취되지 않는다. 하지만 권력에만 의지해서는 단지 일시적으로 가능할 뿐이다. 권력에 대한 대다수 사람들의 내적 동의는, 권력이 이 지배구조 속의 그들의 생활을 본래적으로 발전시켜주었다고 믿는 것과 맺어져 있다. 그러므로 정치적 의지는 모든 생활의 힘을, 정신적인 생활의 힘마저도, 권력 장치의 요인으로서 이용한다. 이 경우 존재하는 모든 것은 목적에 의해 제약된 수단으로서 상대화되어버린다. 모든 기만, 사물을 지배 수단으로 바꾸는 변조는, 어떠한 하나의 지배구조와 이것을 떠받치는 인간 유형을 성립시키며 유지하는 것이 성공할 때에는 정당화된다. 이 영역의 자기 법칙성에 따르는 정치적 행동은 사실상은 본능적인 간교함을 갖고 행해진다. 많은 경우에 이 간교함은 스스로의 고유한 모든 법칙을 그 자신 앞에 숨겨둔다. 왜냐하면 그렇게 하는 것이 위급한 순간에 간교함의 힘과 확실성을 높이기 때문이다. 하지만 어떠한 경우에도 타인의 고유한 권리가 충돌해 오는 이상, 모든 타인의 고유한 권리를 부인하고, 완전히 구성된 지배구조 속에서 권력을 확보하는 경향에는 변함이 없다.

하지만 정치적 투쟁에서 신앙에 대해 독립적 힘으로서 대립할 수 있는 것은 이러한 정치적 자기 법칙성이 아니다. 이 정치적 자기 법칙성 속에는, 이것에 신념의 힘을 부여하는 어떠한 종류의 신앙이 존재하지 않으면 안 된다. 교회는 세속적 국가에 뒤지지 않을 정도로 간교한 마키아벨리즘적 정치를 경영해왔다. 하나의 정치적 의욕이 갖는 신앙의 구체적 내용이야말로 처음으로 다른 신앙과 충돌하는 상태에 들어갈 수 있다. 예를 들면 그 명예가 무제약적인 나의 민족에서의 현존의지는 다른 신앙과 충돌 상태에 들어갈 수 있는 것이다. 이 무제약성은 고유한 본질의 역사성 속에 잠겨 있다. 그것은 다른 민족을 존경하고 또 스스로가 존경하고 싶어 하는 이들 민족에 대해 반대자로서 싸운다. 하지만 객관적이게 된 무제약성으로서 이 무제약성은 교회로서 모든 것을 지배하는 권리를 주장하고 있는 종교적 신앙의 그 특수한 객관성에 대한 적대자이다. 마키아벨리는 교회가 주는 영원의 구원을 이탈리아의 통일을 위해 포기하고 싶어 했다. 시라쿠사에 대적하는 플라톤의 아카데미의 전쟁은 본래적 인간이 그 속에서 처음으로 가능하게 되어야 하는 진정한 국가를 위한 하나의 신앙 전쟁이었다. 정치적 자기 법칙성이 무제약적으로 파악된다면, 이것은 그 신앙이 교회적-종교적 신앙이든지, 그 다른 신앙이든지에 관계없이, 무언가 하나의 신앙에 근거해 행해지는 것이다. 이에 반해 필요와 우연에 근거해 행해지는 신앙 없는 투쟁에서 무제약성은 생명력이 넘치는 존재의지에 의해서 교체된다. 이와 같은 신앙 없는 투쟁은 어떠한 지배구조도 창조해내지 않고, 모든 것을 냉담한 임의성과 잔인한 강제 사이를 한없이 옮겨 다닌다. 즉 이와 같은 투쟁은 어떠한 인간도 그의 국가에 순응시키지 않고, 붕괴되어가는 세계 속에서 각각의 자기존재가 자신에게로 돌아가도록 환기시키는 것이다.

정치적 자기 법칙성을 움직이는 신앙은 이 정치적 자기 법칙성을 파괴할 수 있다. 전우관계는 투쟁의 의미가 그 속에 존재하는 정치에 의한 절대적 결합을 뺀 경우에도 무제약적인 신의가 된다. 절대적인 조건 밑에서 어떠한 하나의 현존에 대해 멸망이 선택될 경우(카르타고), 혹은 그 자체로서는 이익을 야기하는 정치적 활동이 자국민의 품위를 상처 입히는 것으로서 거부되는 경우, 정치적 자기 법칙성은 스스로에게 혼을 불어넣는 근원에서 별개의 한계를 갖는다.

어떠한 경우에도 하나의 영역의 자기 법칙성은 확실히 **객관적으로는** 타당하지만, **실존적으로는** 상대적이다. 합리적, 연애적, 정치적 자기 법칙성이 확실히 세계정위의 입장에서 보면 자율적이라고는 해도 동시에 공허함과 같이, 다른 모든 영역에서도 사정은 같다. 예술에서 심미적 자기 법칙성은 반드시 실존적인 천재에 의해서 또다시 타파될 것이다. 실존적인 천재는 심미적인 올바름 이상의 것을 원한다. 즉 그것은 초월적인 존재를 현시하는 것이다.

확실히 하나의 정신적 영역의 자기 법칙성은 자기의 절대성을 위해 싸우는 것같이 보인다. 과학, 예술, 정치, 연애라고 하는 각각의 이름으로 이러한 투쟁은 행해져 왔다. 하지만 자기 법칙성의 자율성으로부터는 어떠한 실존적인 힘도 솟아나지 않는다. 하지만 이들 자기 법칙성은 각자의 신앙이 매개자가 될 수는 있다. 참된 투쟁일 경우에는 자기 법칙성이 신앙에 대립해 있는 것이 아니라, 신앙이 다른 신앙에 대립해 있다. 역시 무신앙으로서의 불신앙 혹은 공허한 실존은, 한때에는 단순한 자기 법칙성을 의지할수 있다. 즉 실존은 만약 그것이 하나의 영역의 자율성에 대해 이야기할때, 자기의 신앙에 대해 이야기하고 있다고 생각하는 경우 철학적으로 오해할 수 있다.

자기 법칙성의 자율성이 **무제약적이지 않다** 해도, 그러나 실제로 이 자율성이 **중요하지 않은** 것은 아니다. 이 자율성의 모든 법칙은 손실 없이는 결코 상처입지 않을 것이다. 현존에 있어서 우리들의 존재는 단순히 모든 영역의 다수로서 경합하고 있는 모든 규범이 동일 평면에서 충돌하는 경우가 아니라, 자기 법칙성에 대해 근원이 우선하고 있는 경우에 처음으로 본래적으로 현저하게 상처 입는다. 이 상처는 치유되는 것을 갈망한다. 하지만 무조건적으로 그러한 것은 아니다. 긴장은 이 긴장 속에 스스로를 나타내는 존재의 심화가 된다. 즉 **합리적인 모순**은 지양되어야 할 것이지만, 그때에 이 모순에 의해서 오히려 촉진되는 사실적 연구의 구체적 내용이 상처받아야 할 것은 아니고, 또 이 모순에 의해서 오히려 각성되는 자기의식이 마비되어야 할 것도 아니다. **정치적 현존의 상실**은 보상받아야 할 것이지만, 지배구조 속에서 자기 자신에 도달하는 존재의 명예가 거부되는 경우에는 그렇지 않다. 오히려 이 명예는 필연적인 것을 자신의 조건으로 삼는 것에 의해서, 처음으로 자신의 근거에 다다르는 것이다. **악취미는 극복**되어야 할 것이지만, 천재가 이와 같은 정확성 속에서 잃어지는 경우에는 그렇지 않다. 오히려 천재는 이 정확성을 그에게 있어서 가능한 가장 명백한 표현으로 긴장 속에서 추진하는 것이다. **연애의 자기 법칙성을 상처 입히는 것**은 피해야 할 것이지만, 그렇게 하여 사랑이 파멸될 경우에는 그렇지 않다. 오히려 연애가 무제약적인 것의 조건으로 긴장 속에서 자신의 가능적인 깊이에 다다르는 사랑의 표현이 될 경우에는, 유희적인 아름다움의 결여도 감당해야만 한다.

정신적 영역의 자기 법칙성 속에 들어오는 신앙은 이들 영역에 대한 어떠한 고찰에 의해서도 명백하지는 않다. 이 신앙은 모든 영역의 질서 속에는 나타나지 않는 것이다. 하지만 철학하는 생활의 자기 법칙성은 다음과 같은 신앙의 무제약성일 수 있다. 즉 여기에서 말하는 신앙이라는 것은 객관성 속에서 자기 폐쇄적인 어떠한 의미형상이 되는 것이 아니라, 이 신앙의 실현을 위해서 필요하다는 이유에서 자신의 운동 속에서 이 신앙이 그속에서 나타나는 모든 본래적 영역과 대립하는 그러한 신앙이다. 이들 영역의 객관적인 자기 법칙성은 이미 신앙이 아니라, 논리적 수미일관성, 조형적인 형상, 당위의 법칙, 사회적인 현존 질서 등등이다.

하지만 무제약성의 자기 해명으로서의 **철학이 그 자체로 영역으로서 파악되는** 경우 철학은 이미 추락된 형태에 있어서 파악되어 있는 것이다. 의미형상으로서의 모든 영역이 거기에서 처음으로 자신의 생명을 갖는 근원은 그 자체가 영역일 수는 없다. 이 근원은 의식 속에서 명백하게 되는 경우에도 그 자체로 영역일 수는 없다. 근원은 말하자면 배후에 멈추어 있는 것이다.

무제약적인 것은 그때마다 하나의 것이고, 따라서 모든 것은 아니다. 이에 반해 정신적 영역은 수없이 많이 있고, 따라서 정신으로서 이해가능한 의미형상이 되어 있는 모든 것을 포용하는 것이 가능하다. 실존은 그 맨 처음의 결단을 갖고 현상으로서 출발하면서, 자신의 세계현존을 자신의 진리와 관계시킨다. 실존은 다수의 자기 법칙성을 단순히 상대적인 것으로서만 승인하고, 일반적인 것의 형식이 그 자신과 충돌하는 경우에는, 이것을 모두 파괴한다. 실존은 종국적으로는 언명될 수 없는 한 사람만을 절대적으로 엄숙한 것으로서 알고 있다. 실존은 이 영역 또는 저 영역에서 스스로 현실적인 것이 아니라, 자기의 유일한 신을 섬기는 것이다. 이 신을 실존은 자신에게 있어서 무제약적이라는 것을 실천을 통해서 아는 이외에는 알 수가 없다. 신의 응답은 객관적이 될 수 없고, 실존적으로 구해지며 질문되는 것이고, 현존의 입장으로부터는 단지 어중간하게 이해될 수밖에 없고, 비밀에 싸여 있는 것이다. 하지만 무제약성의 이 기준도 아직 종국적인 것으로서는 실현가능하지 않다. 이 기준이 우리들의 실존의 역사성 속에서 우리들에게 나타나는 경우, 오히려 마지막으로 이야기되어야 할 것은 다음의 것이다. 즉 시간 속에서는 어떠한 완결도 유일하게 존재하는 것 속에서는 존재하지 않는다는 것이다.

현존에 있어서의 일자의 자기확인으로서의 철학은 **언명된 사유** 형상이 되고 또 그렇게 되는 것에 의해서 합리성에 따르게 된다. 하지만 그 경우에 철학은 이미 혹은 아직, 철학 그 자체가 아니다. 왜냐하면 철학은 거기에서는 존립하는 것으로서 단지 일반적인 것의 형태 속에 멈추어 있는 것이기 때문이다. 하지만 진리로서의 철학은 실존이 그 속에서 근원으로부터 그 자신의 존재를 파악하는 무제약적인 유일한 진리이다.

철학은 스스로를 퇴락시키지 않고서는, **수단으로서** 다른 것을 위해 일할 수 없다. 철학의 유용성을 문제로 삼는 사람은 이미 철학을 생각하고 있는 것이 아니라, 오히려 물음의 출발점에서 이미 철학으로부터 그 본질을 빼앗는 것이다. 나는 철학 그 자체 속에 서든지, 그렇지 않으면 철학과는 무관하게 철학을 외부로부터 바라보든지, 그 둘 중에 하나이다. 철학의 입장으로부터는 모든 것이 의심될 수 있을 것이다. 하지만 과정으로서 열려 있으며 미완성인 철학은 현존 속에서 나타나는 가능실존의 자기확인이다. 철학은 어떠한 것에 의해서도 기초 지어질 수 없고 또 어떠한 목적에 의해서도 정당화될 수 없다. 철학은 설령 스스로의 무제약적인 실체로서의 본래적 존재에 몰입하는 경우에서도 역시 모든 것이 아닌 일자이다.

제6장

철학의 현존 형식

철학함은 그때마다 개별적인 하나의 생이 충실하게 되는 과정에 있어서 현실적이게 된다. 즉 인간은 가능실존으로서 사유할 때 **철학자**이다. 철학함은 사유의 모든 저서 속에 있는 정신적 형상으로서 **철학**이 된다. 확실히 철학은 그때마다 하나인 자기존재의 유일한 철학으로서 존재하지 않으면 안 되지만, 객관적으로 어떠한 하나의 대상에서, 또 주관적으로 어떠한 하나의 경험적 개체성에서 종결된 것이 아니고, 오히려 체계라고 불리는 포괄적인 전체가 되고 싶어 하는 것이다. 개별자는 설령 그때마다 근원이라고는 해도, 시원에 서 있는 것이 아니라 사유세계로서의 무언가 하나의 **철학적 전승**에 속해 있다. 이 사유세계 속에서 그는 새로운 등장자로서 처음으로 자기 자신을 발견하는 것이다.

그러므로 철학의 현존은 맨 처음에는 개별적 인간의 행위이다. 이러한 것으로서 철학은 **현존**에 있어서의 **상황**으로부터 필연적인 성격을 가져야만 한다. 그 경우 철학은 사유 **구성체**로서 일자에 중심을 두는 체계의 생성과정 속에 존재한다. 마지막으로 철학은 철학함의 **상기에 의한 상호소통**인 **철학의 역사** 속에서 존재한다.

현존에 있어서의 실존에 상황 필연적인 철학의 성격

1. 현존의 좁음과 전체성

철학은 한 인간 속에, 또 잠깐 사이의 한 생 속에 현재할 수 있는 것이 아니면 안 된다. 이 요구가 채워지지 않을 때 철학함의 의미는 폐기되어버릴 것이다.

과학에 있어서 개별자는 그의 현존을 뒤덮는 연구의 과정에 종사한다. 그는 스스로를 전문화하고, 즉 하나의 전문적이고 특수한 과학을 붙잡고, 또 이 특수 과학 속에서 더욱 특수한 문제를 붙잡을 수 있다. 거기에서는 그는 끝을 예측하지 않고서도 곧잘, 또 그 자신의 연구성과가 우선 이용된 후 시대에 뒤지게 되는 것과 같이, 새로운 사람이 나와 연구를 계속 해준다고 하는 의식을 갖고 살아가는 것이 가능하다. 그의 연구성과는 단지 그것이 그 속에서 해소되어가고 있는 새로운 연구성과를 가능하게 하는 것으로서만 존재한 것에 지나지 않는다. 그런데도 **철학함의 현실성**은 객관적인 성과 속에 있는 것이 아니라 하나의 의식태도인 것이다. 철학함이 스스로를 언명하는 경우, 확실히 거기에서는 무언가 궁극적인 것이 놓여 있다. 하지만 철학함이 이와 같이 스스로를 언명하는 것은 단지 다른 모든 개인의 각성을 가능하게 하기 위해서만 그렇게 하는 것이고, 이 언명 속에서 이들 다른 모든 개인은 이미 존재한 것으로서 이 궁극적인 존재로부터 이야기 걸어지는 것이다.

연구자는 생각해내어진 가능성에 대한 구속력이 없는 논의를 통해서 모든 주장의 끝없는 흐름에 참가하는 것보다는, 오히려 이 흐름 속에서 인식의 현실적 진보를 조금이라도 성취하는 것을 원할 것이다. 그럼에도 **철학**

자는 철학하는 근원에 근거해 순수한 담화와 공허한 지성 사이의 어떠한 객관적 구별도 거기에서는 주어져 있지 않은 것 같은 빈 이야기를 감히 한다. 연구자로서의 인간이 그의 연구의 모든 성과에 대해 그때마다 보편타당한 모든 기준을 갖고, 또 이들 연구성과가 불가피하게 타당한 것에 만족을 느끼는 것에 대해, 철학자로서의 인간은 실존을 각성시키는 것 같은 담화와 공허한 담화를 구별하기 위해, 단순히 그의 고유한 존재의 그때마다 주관적인 기준을 갖고 있는 것에 지나지 않는다. 그러므로 모든 과학과 철학 각각 속에는 근저에 있어서 상이한 이론적 활동의 에토스가 존재한다.

과학과 다르게 철학에서는 진보라는 것이 본질적으로 불가능하기 때문에, 철학의 입장에서는 철학은 전체인가 그렇지 않으면 완전히 무인 것인가라고 하는 것이 요구된다. 개별자는 그의 현재의 유한성 속에서 자신에게 있어서 전체를 객관화해야 하는 것이기 때문에, 거기에서는 어떻게 해도 위험을 감수하게 된다. 왜냐하면 모든 나의 행위는 그것이 나에게 있어서 의미를 가져야 할 것이라고 한다면, **존재의 구체적 내용에서 하나의 전체**와 관계해야만 하기 때문이다. 확실히 이 전체는 어두운 충동으로서, 구체적 행동과 개별적 연구에서 현재할 수 있다. 하지만 이 전체가 의식적이게 된 생활의 확실한 연속성 속에 들어가는 것은, 이 전체가 스스로를 객관화한 경우일 뿐이다. 이와 같은 경우에 이 전체는 확실히 모든 지식과 행위의 경직된 질서에 대한 규범이 될 수 있지만, **근원적으로는** 그때마다 절대적인 의식의 표현으로서만 언명되는 것이고, 또 이와 같이 언명되는 것에 의해서 이 전체는 전달과 토의에서 문제가 되면서 스스로를 해명한다. 이와 같은 전체의 표현 속에서 가능실존이 한 사람으로부터 다른 사람으로 시간을 가로질러 점화하는 것이다.

현존에 있어서의 실존이 생명으로서, 시간적으로 또 실존에 주어져 있는 자연의 넓은 공간에 있어서도 한계 지어져 있다고 하는 것은 과학에 있어서 본질적인 사항이 아니다. 왜냐하면 과학은 그 의미를 진보 속에 갖고 있는 것이고, 개인은 단순히 이 진보에 기여하는 것에 지나지 않기 때문이고 또 과학의 본질은 개별자는 중요하지 않으며 객관적 성질을 갖고 있기 때문이다. 하지만 철학하는 경우에는 이와 같은 제한이 본질적이다. 왜냐하면 실존의 객관적 성질을 갖고 있기 때문이다. 철학하는 경우에 실존의 현존을 한계 짓는 이 제한은, 한층 광범한 것이 그 저편에 가로놓여 있는 좁음을 의미하는 것이 아니라, 우리들이 알며 표상할 수 있는 유일한 것인 **현존 형식 일반**을 의미한다. 회상 속에서 수천 년의 과거에 나를 익숙하게 하는 역사를 통해서 이 한계를 초월해간다고 하는 것, 또 내가 아닌 것이 거기서부터 나와 나에게 접근하는 타인의 현존의 근원과 관계하는 것에 의해서 이 한계를 초월해간다고 하는 것은 결코 나의 유한한 현존의 제한을 극복해가는 것을 의미하는 것이 아니다. 역사적 상기와 현재적 상호 소통이 이상적으로 완결된 경우마저도, 또 세계정위의 가능적 지평을 보편적으로 방황하는 경우마저도 고유한 자기존재를 자기 자신으로 초래할 수 있을 뿐이고 존재 일반의 전체 속에서 이 자기존재를 지양해버리는 것은 불가능할 것이다. 이와 같은 존재 일반의 전체의 형상은 오히려 자기존재를 방기해 허무 속에 잠기게 하도록, 기만적인 직관성 속에서 나를 잘못 이끌어갈 뿐일 것이다.

제한되어 있는 것은 설령 자기 자신에 근거해 창조된 것으로서는 아니라고 해도 근원에 있어서는 자신이 자립적인 것을 알고 있는 것이기 때문에 철학함은 하나의 생활 속에, 또 사유 형상으로서는 하나의 두뇌 속에 들어가지 않으면 안 된다. 이렇게 각 사람이 전체를 성취해야 할 경우, 그는 단지 이 전체가 그의 현존의 현상 속에서 그에 대해 생성되는 것 같은 방법으로만 이것을 성취가능한 것에 지나지 않는다. 이와 같은 것으로서 전체는 양도되지 않을 수 없는 단 한 번뿐인 것이다. 철학의 전체도 사람들이 역사 속에서부터 수집할 수 있을 것 같은 **전체성의 전체**가 아니기 때문이며, 실존은 그들 철학적 형상과 함께 지식가능한 하나의 **전체의 부분 혹은 분류**가 아니기 때문이다. 이들 실존은 유일한 철학의 구조가 그 속에서 만들어지고 있는 부분의 요소가 될 수는 없고, 상호존재하는 근원으로 남지 않으면 안 된다. 그리고 이들 근원을 통일하는 일자로서의 궁극적 근거는 연구불가능한 초월자 속에 놓여 있는 것이다. 모든 사람들은 그에게 있어서 전체이며 가능실존에 있어서 가까워질 수 있는 것이 되고 있는 전체를 건설한다. 과학에서는 사람들은 전체를 그대로 내버려두는 것이 가능하다. 왜냐하면 연구의 진보과정에 있어서 전체는 무한한 저편에 가로놓여 있는 것으로서 전제되기 때문이다. 그런데도 철학하는 경우에는, 전체는 그때마다 **현재**가 되지 않으면 안 된다. 왜냐하면 전체 일반은 주어져 있지 않기 때문이다.

2. 단순성

실존이 스스로의 현상 속에서 자기 자신을 확인하는 경우, 현존의 협역과 전체가 되려는 필연성으로부터 실존의 현상에서의 자기확신에서 철학적으로 사유된 것의 형식에 대해 단순성의 요구가 발생한다.

이 단순성은 지식가능한 것의 **접근가능성**과 소재적인 것의 지배가능성과, 그리고 교통 규칙과 모든 사물의 기술적 파악가능성에 대해 정당하게 요구되는 것 같은 단순성과 혼동되지 않아야 한다. 단순성을 이와 같은 의미로 고집할 때, 사람들은 예를 들면 간략한 서적이든지 가르쳐지는 것에 의해 이해되는 것 같은 논점으로의 환원을 요구한다. 이와 같은 단순성은 그 성질상 더욱 단순화 속에서 접근될 수 있는 모든 것, 즉 순수하게 대상적인 것, 감성적으로 인식가능한 것, 오성에 따라서 보편타당하며 동일하게 사유될 수 있는 것에 대해서 우월한 의의를 갖고 있다. 여기에서는 번잡함을 피하려 하는 사물성이 정당한 권리를 갖고 있다.

배울 수 있도록 단순화된 것으로서의 **단순성**은 객관적인 **철학적** 전달로서는 공허한 도식이 되어버릴 것이다. 철학적 전달에는 오히려 실행된 것으로서만 현실적인 것을 학습가능한 것으로서 제시하는 허위의 단순성에 의해 기만되지 않는 표현을 발견하려고 한다. 철학적인 단순성은 각각의 사유에 있어서 명석한 현재로서, 또 내적 행동의 합리적으로는 헤아릴 수 없는 일의성으로서, 절대적 의식의 결단 속에 있는 마치 자연적인 확신과 같은 것이다. 이 철학적인 단순성은 진실한 것으로서는 무시간적이지 않고, 똑같이 반복될 수 있는 것도 아니다. 그것은 전 생활의 긴장 속에 있는 아주 드문 성과이다. 단순화와는 다른 이 진실의 단순성을 획득하기 위해서는 현존을 거는 것이 필요하다. 철학적 단순성은 근원적으로 실존하는 것에 근거한 사유의 솔직함이다. 과학에 있어서는 번잡함을 넘어가는 도상에 있어서 이제 용이하게 가까워질 수 있게 된 것의 단순함이 획득된다. 거기에서는 번잡한 것은 거짓의 발판으로서 마지막에는 퇴락해버린다. 그렇다고 하는 것은 이들 번잡한 것은 단순히 연구자의 수단에 지나지 않았던 것으로, 연구자는 이들 번잡한 것을 통해서 오늘날에 단순화된 것에 이르는 길을 발견한 것이었기 때문이다. 이에 대해 철학적인 단순성은 스스로의 세계를 충실하게 하는 실존하는 기능의 역사적 과정으로부터 태어난 하나의 성과이다. 철학적인 단순성은 알려진 것으로서의 단순히 사유가능한 것이 아니라, 불충분한 언어를 발견하는 존재의 언명으로서의 단순함이다. 인간이 철학함에 의해 자기를 획득한 경우, 철학적인 단순성은 인간의 현존에 있어서의 단순함이다. 철학적인 단순성은 하나의 세계상의 통일화로서의 단순성이 아니다. 철학적인 단순성은 오히려 이와 같은 통일화를 지양하는 것을 요구하는 것이다. 철학적인 단순성은 한계 없는 현존에 있어서의 하나의 자기존재의 존재 확신으로서의 단순성이고, 또 본질에게 공간을 비워두기 위해 하나의 현상이 사라져버려야 한다고 하는 솔직함이다. 예를 들면 칸트의 말이 복잡한 문장 구성을 갖고 다수의 술어를 사용하며 특정한 논리적 장치를 끌어들이고 있는 경우에도, 그가 말하는 것은 진실한 것의 단순성만이 아니고, 그것을 이야기하는 그의 말하는 방식도 착종 속에 있어서 완전한 솔직함을 갖고 있는 것이다.

전체를 빠르게 통과하는 것이 불가피하면서 가능하기도 한 것과 같이, 각각의 개별자에 머무는 것이 이미 하나의 성취이기도 한 것 같은 경우에는, 철학적 사유의 구성체 속에서 진리가 존재한다. 철학적 전달은, 사람들이 각각의 발언에서 철학적 전달을 행하며, 전체가 개별자와 일치되는 단순성을 갖고 있다.

하지만 철학이라는 대단한 이름을 칭하는 하나의 전문 과학에 있어서의 단순한 지성적 사유에 의해 단순하며 명백하게 되려고 하는 철학은, 바로 이 철학적 단순성을 항상 부정하지 않으면 안 된다. 철학적인 단순성이 이념, 정신, 영혼, 실체, 실존, 세계라고 하는 채워질 수 없는 근원적인 말에 스스로를 집중하는 것에 반해, 과학적 철학은 고정화되며 유한한 모든 개념에 대한 단순히 정의가능한 합리적 모든 기호를 보존하기 위해 이들 근원적인 언어에 대해 끊임없이 투쟁한다.

철학함의 단순성은 상황적으로 불가피하게 끊임없이 현재하면서 결코 완결되지 않는 성격을 갖는다. 이 단순성은 변화를 통해서 그때마다 스스로를 충실하게 한다. 철학함은 이미 유아 속에도 움트고 있는 것이고, 단지 그것이 **전체적인 생애**를 통해서 현실적이게 된다. 즉 철학함은 순간의 단순함으로서 이미 존재하는 것이 아니라 전 생애의 전개인 것이다. 철학함은 물음과 그에 대한 최초의 답으로서 아이들에게 있어서도 이미 가까워질 수 있는 것이고, 연령과 함께 점점 깊이 가까워질 수 있는 것이 된다. 철학함은 항상 이미 전체적이고, 자신에 대한 하나의 지식에 멈추지 않고, 시간적 현존이 계속되는 이상 결코 진정될 수 없는 물음에 의해서 위기에 돌입해간다. 소박한 철학적 진리와 현존에 있어서의 존재를 무한하게 파악하려 하는 만족할 줄 모르는 의지는, 상호간에 다른 것을 서로 배제하는 것같이 보인다. 하지만 양자는 하나의 생의 실현과정에 있어서는 일치한다. 그러므로 한 사람의 철학자의 저서에서, 최초의 저서는 중요하며 또 최후의 저서는 그 완성된 형태를 보기 위한 것으로서가 아니라 생애의 귀결에 있어서 표현되는 것에 이르는 이 실존함의 진리를 나타내는 것으로서 중요하다. 이 실존함의 진리는 최후의 저서만을 진실한 것으로서, 거기에서만 표현되어 있을 것은 아니다. 그렇다고는 해도 철학적 단순성은, 우리들이 그것을 제시하고 그것을 지식으로서 소유할 수 있는 완료된 것은 결코 아니다. 가장 순수한 철학자의 모든 저서에 있어서도 이 철학적 단순성이 도처에 현존해 있는 것은 아니다.

철학함의 단순성 속에서 진리에 도달하기 어려움은, 사람들이 너무나 많이 알지 못하면 안 되며 누구도 이미 인식가능성과 복잡한 문제를 지배할 수 없다라고 하는 것에만 있는 것은 아니다. 어려움은 철학함의 단순성이 단순히 사유 속에 있는 것이 아니라, 단지 **행위와 사실적인 정신생활 속에 있는 단순성**에 근거해서만 사유 속에 있다라고 하는 것에 있다. 어떠한 현존에 있어서도 회상에 있어서 역사적으로 가까워질 수 있는 것을 총괄한다고 하는 것만 불가능한 것이 아니라, 현재하는 모든 실존과 상호소통으로 들어간다고 하는 것도 또한 불가능하다. 우리들이 경험적으로 만나는 것은 가능적인 것이 사라져가는 하나의 작은 조각에 지나지 않는다. 현존의 좁음 속에서 사용할 수 있는 힘의 양은 낭비될 수 있다. 즉 사람들은 좋아하고 있는 것에 따라서 우연적인 모든 내용에 종사하고, 또 자기가 우연히 만나는 모든 인간과 상호소통한다. 직관적인 선택이 단순성으로 이끈다. 즉 현실적으로 나에게 속해 있는 현재적인 것을 무제약적으로 파악하는 것도 지나가게 내버려두는 것도 똑같이 가능하고, 또 연기할 수 있는 것도 찰나에 결단하는 것도 이와 같이 가능하다. 오성에 근거한 어떠한 계획도 이것을 결정하는 것은 아니다. 하지만 오성은 실존의 가능성이 그것을 중간에 두고 결단하거나 획득하거나 지연하거나 하는 매개자를 만들어낸다. 무수히 많은 사람들 속에서도 일생을 통해서 서로에게 속하는 것을 자각하고 있는 사람이 극히 근소한 경우에는, 그와 같이 해서 나의 현존 속에 깊이 들어오는 사람은 단순성의 깊이로서 나에게 결정적인 영향을 준다. 내가 계속 읽는 서적과 던져버리는 서적, 각 사람의 생활을 통해서 끝없이, 그리고 우연적으로 일어날 수 있는 순간적 인상에 잡혀 내가 찾아내는 일, 마지막으로 다른 어떠한 철학자들보다도 내가 침잠하려고 선택하는 철학자들, 이러한 모든 것은 자의적인 것에 흩어질 수 없는 실존함의 단순성이 나아가야 할 길이다. 과학적 내지 철학적인 사유에 있어서 단순성은, 연구의 객체로서의 모든 대상과 문제를 마치 그것들이 다 해결되지 않으면 안 되는 것같이 똑같은 수준에서 보고 있는 맹목적인 연구작업과는 다르게 지도하는 것이다. 그런데도 이와 같은 연구작업은 단순성에로의 철학적 생활의 목표 설정에서만 의의가 있는 의미를 가질 수 있다.

3. 중간적 존재로서의 철학

　철학함은 확실히 하나의 생 속에서 수행된다고 해도, 그것이 진실한 경우에는 사유의 상으로서 결코 전체화될 수 없다. 왜냐하면 철학은 언명된 사유로서는 철학 속에서 해명되는 과거의 현실성과 철학을 통해 가능하게 되는 미래의 현실성 **사이**에 존재하기 때문이다. 철학은 인간이 그 속에서 무시간적인 기쁨에 탐닉하며 휴식하는 것이 가능한 저서와 같이 자기 충족적인 것이 아니라, 오히려 단순히 호소하거나 혹은 확인으로서의 기능에 지나지 않는다. 이러한 것으로서 철학은 이미 존재하지 않게 된 하나의 현실성에 대해 이 현실성에 관한 지식을 부여하며 상기에 의해서 이 현실성을 존재 속에 보존하기 위하여 시간을 경과하여 나타나든지, 철학은 한 시대가 종말을 고하는 황혼을 기다려 날기 시작하는 미네르바의 부엉이이다라고 헤겔은 말하고 있다. 그렇지 않으면 철학은 선제적으로 방향을 지시하는 것에 의해 새로운 현실성을 가능하게 하기 위해서 시간에 앞서 나타난다. 니체는 철학을 새로운 불을 붙이는 섬광이라고 부르고 있다. 하지만 그 경우, 본질을 다르게 하는 두 개의 철학이 존재하는 것이 아니라, 철학함은 양자에게 있어서 하나이다. 즉 지나간 것과 존립하는 것의 해명을 통해서 철학함은 가능적인 것에 근거해 현실적인 것을 파악하는 것으로 이끌어져 가는 것이다. 그중에서 제일 먼저 철학함이 이것을 행하는 것은, 현존의 배려가 거기에서는 이와 같은 중간적 존재의 기능을 갖고 있는 유한적인 것 그 자체의 영역에 있어서가 아니라, 시간적인 것의 현상 속에 있어서 자기의 초월자에 직면하고 있는 실존함에 있어서이다. 그리고 이 경우 시간적인 것은 과거의 것과 미래의 것을 불문하고, 이 실존함 속에서 본래적 존재의 영원성으로 지양되는 것이다.

그러므로 사유의 상으로서의 철학에 의해서 이미 이와 같은 지양이 일어나는 것이 아니라, 이와 같은 사유의 상의 **전환**에 있어서 처음으로 이것이 일어나는 것이다. 철학이 '중간적인 것'이라고 하는 것은, 동시에 철학이 개개의 인간적 현존의 전체 속에서만 진리를 가질 수 있다고 하는 것, 이 전체를 초월하는 미래에 진리를 기대하지 않아도 괜찮다고 하는 것을 의미한다. 철학은 확실히 근원적으로는 실존하는 생으로서의 사유라고는 해도, 철학은 사유로서 그 자신 스스로를 성찰하고 비교하고 구별하며, 또 그렇게 하는 것에 의해서 그 자신 스스로를 음미하며 한계 없는 것으로 확대하기 때문에, 실존하는 생의 상황과 이 상황 속의 무제약적 행동으로부터 어떻게 해서도 분리할 수 없다. 이 분리에 의해, 철학함은 가능적인 것과 구속력이 없는 것의 넓음이라고 하는 점에서는 얻을 것이 있지만, 그러나 그만큼 실행력에서는 손상되는 결과가 된다. 철학함은 현재적인 행위로 되돌려져 처음으로 본래적으로 진실한 것이 된다고 하는 결핍의 의식을 보유하고 있다. 왜냐하면, 단순한 사유로서 미완성인 철학함은 언명된 사유의 상으로서는 개별자의 생활과 합치하는 경우에만 끝내는 측면을 갖고 있기 때문이다. 그 경우, 그 개인의 생활이 상기되며 존재하는 것인가, 실현되며 존재하는 것인가라고 하는 것은 질문될 것은 아니지만, 거기에서는 상기 그 자체가 종결이 아니라 새로운 실현의 근거가 아니면 안 되고, 실현은 공허로부터의 출발이 아니라 역사적으로 상기되면서 미래를 붙잡는 것이 아니면 안 된다.

현실에로의 전환은 **객관적으로** 하나의 자기 태도, 연구, 제작, 행동으로 향하고, 주관적으로는 하나의 내적 태도, 존재에 관한 하나의 지식, 불안 속의 하나의 평온으로 향한다. 무언가 규정된 어떠한 것은 그때마다 현실성으로서 존재한다. 하지만 그것은 유한적인 현존으로서, 그 근거에 있어서는 파악불가능이다. 예를 들면, 과학에서는 대상적으로 연구된 것은 확실히 명확하지만, 그것이 왜 연구되었는가, 하는 이유, 의미에 대한 의식, 하나의 사상에 처음으로 부가된 것, 그것이 근원이고 이 근원에 있어서 과학은 하나의 철학함에 다름없는 것이다. 이 경우에는, 철학함이 연구로 전환되고 이 연구를 통해 세계 속의 하나의 현존을 해명하는 것이며, 그러기 위해서 세계 속에서 과학적 인식인 것이 연구자의 자기존재 속에 있는 그 근원으로부터도 해방되어 스스로의 타당성을 갖는다.

4. 자기 자신에 대한 배려로서의 철학

전환의 결과로서 나타나는 현실성은, 한 개별자의 자기존재이다. 철학하는 경우 나는 나 자신에서 존재하는 것이고 결코 단순한 하나의 사실에서 존재하는 것은 아니다. 철학하는 것이 나 자신에 대한 배려라고 하는 것은 현존의 상황에 근거한 결과이다. 현존의 상황 속에서는 나는 나 자신으로서 나의 대상이 될 수 없다. 하지만 내가 근원으로 밀고 들어가고자 하는 경우에는 나는 나로부터 눈을 돌릴 수 없고, 설령 내가 그렇게 하려고 시도한다고 해도 나는 항상 말하자면 나와 만나지 않을 수 없을 것이다. 하지만 내가 이와 같이 하여 나와 만난다고 해도, 나는 나 자신으로서 이미 거기에 존재하고 있는 것이 아니며, 나는 단지 철학하면서 처음으로 내가 가능성으로서 그러한 것이 되고자 하는 것이다. 왜냐하면, 나는 현존 그 자체에 있어서는 아직 본래적 존재를 부여받은 것으로서 갖고 있지는 않고, 나는 단지 나의 자유의 자기존재 속에서만 또 내가 무엇을 행하지 않으며 그 행위를 통해서 무엇이 되는가, 하는 것을 결단하는 것에 의해서만 처음으로 본래적 존재로 들어가는 것이기 때문이다.

현존의 상황 속에서 자기존재는 단 한 번만 현실성을 향해 불타는 가장 얕은 접촉으로부터 자기가 다른 자기를 통해서만 하나의 생활의 상호관계에 들어가는 공동사회에 이르기까지의 상호소통 속에서만 존재한다. 그러므로 어떠한 하나의 시간 속에서 언명된 철학은, 같은 상황 속에 있어서 여기저기에 스스로를 나타내는 말을 발견하는, **자신에 대해 배려하는** 무수히 많은 **자기존재의 상호소통의 성과**일 수밖에 없다. 그러므로 형상으로서의 철학은 근원에 있어서 수많은 사람들에게 속하는 것이고, 이것을 언명하는 개별자는 이 익명으로 이미 존재하는 것을 상호관련하는 명석함을 야기할 뿐이다. 즉 이와 같은 개인은 익명으로 존재하는 것을 아마도 보다 엄밀하며 광범하게 하는 것일 것이다. 확실히 소수의 위대한 철학자들은 각각 하나의 거대한 원천을 의미하는 사유의 상을 창조해내었다. 하지만 이들 철학자가 그렇게 할 수 있었던 것은 그들 앞에서 스스로의 최상의 부분을 재인식 혹은 뚫고 나가는 것이 가능했던 하나의 시대의 대표자가 되었기 때문이다. 거기에서는 이와 같이 자기존재를 지양하지 않고 도리어 자신에게 불러오는 공동체가 존재한다. 하지만 동시에 이와 같은 공동체에 대해서는, 그때마다 일자이며 결코 거기에 존재해 있지 않고 단지 간접적으로만 현상 속에 들어와 공동체를 건설하는 것은 숨겨진 채로 있다. 철학자는 수많은 사람들이 생각하고 있는 것을, 그 자신으로서 이야기한다. 하지만 그것을 듣는 각각의 사람은 일반적인 것은 아니지만 진리에 있어서 본질적인 것인 하나의 충실함 속에서, 그 자신으로서 또다시 생각하는 것이다.

철학함은 자기 자신에 대한 배려이기 때문에, 철학하는 사람은 항상 단지 자기에 대해서만 이야기한다는 비난이 생길지도 모른다. 하지만 실제로는 철학을 구하는 자가 듣고 싶은 것은 가능실존으로서의 자신으로부터,

모든 사유의 이 근원으로부터 이야기되는 언어이고, 위의 비난이 오해하여 말하려 하는 것같이, 심리학적 내지 정신 병리학적 분석의 대상이 될 수 있는 경험적 자기에 대해 이야기하는 언어는 아니다. 왜냐하면 철학하면서 나는 단순한 경험적 현존으로서의 나 자신을 극복하고, 가능실존으로서 함께 상호소통하기 위한 다른 실존을 구하기 때문이다. 확실히 타인도 말하자면 심리학적 대상으로서 흡수해버리기 위해서, 충동적인 호기심에 근거한 악한 의미의 개인적인 상호소통에 빠지는 경우와, 자기 자신을 방기하고 타인에게 귀의하는 상태에 빠져버리는 경우와, 자기 자신의 겉치레 의식이 타인에 대해 효력을 갖는 것을 보기 위해 인기를 얻는 것에 빠지는 경우 등등에 있어서는 혼동의 위험이 있다. 하지만 철학적 사유를 과학적 사유와 같이 그것에 관여하지 않고 사유한다고 하는 것은 불가능하다. 혹 그와 같은 것이 된다면, 사람들은 철학적 사유를 단지 외면적으로만 더욱 교재로서 사유되는 공허한 사유의 재료로 전환시켜버리게 될 것이다. 사유가, 그것 없이는 명석하게 될 수 없는 것 같은 냉정한 사물성을 갖는 말을 발견한 경우에는, 철학적 사유 속에서 자기가 만나지고, 그리고 고양된다. 사람들은 항상 자기에 대해서만 이야기한다고 비난하는 대신에 다음과 같이 말해야 할 것이다. 즉 철학하는 사람은 자기존재에 대해서 이야기한다. 자기존재에 대해서 이야기하지 않는 자는 철학하지 않는다. 그는 자기와 전혀 관여하지 않고 스스로를 폐쇄하고 있기 때문에 자신을 기만하는 것이다.

철학과 체계

사유는 그 본성상 이미 체계적이다. 즉 사유는 덧붙여진 어떠한 하나의 사유내용에 고착되지 않고 또 사유내용을 단순히 늘어놓는 것만이 아니라, 이들의 사유내용을 상호간에 관계 짓고, 사유가능한 것의 모든 가능성이 채워지며 조망될 수 있을 때까지 멈추지 않는다. **철학함**은 유일무이한 의미에 있어서 포괄적 사유로서 전체 그 자체로 향한다. 철학함은 확실히 이 전체 그 자체를 대상으로서 갖고 있는 것은 아니지만, **하나의 전체의 형식을 통해서 체계로서** 이것을 확인하고자 한다.

그렇다고 해도 철학함은 어떠한 체계에서도 해소되는 것은 불가능하다. 즉 철학함은 그것이, 체계는 이 철학함이 갖는 **일반적인 것의 측면**이라는 것을 아는 한에 있어서 체계가 된다. 철학함이 스스로를 체계와 혼동하는 것은 철학함의 죽음을 의미할 것이다. 그러므로 철학함은 자신을 체계로부터 또다시 되돌려놓는 것이다. 철학함은 그것이 사유하면서 스스로 만들어낸 것으로서의 체계와 투쟁 중에 있다. 모든 체계의 파괴는 철학함 속에서 일개의 자기의 현재적 사유의 **현실성의 측면**을 나타낸다.

만약 철학함이, 그것을 통해서 내가 구속에서 벗어나서 나의 자유를 가능하게 하며 파악하게 되는 길이라고 한다면 사유된 것에 대해서는, 역시 그것이 나의 탐구에 날개를 달아주는 것인가, 그렇지 않으면 날개를 꺾는 것인가, 하는 질문이 제기되어야 할 것이다. 스스로의 세계 속에 고립된 자기존재로서의 현존은 마치 하나의 감옥과 같지만, 이 감옥으로부터의 비상은 하나의 새로운 감옥으로서 사유된 것의 체계 속으로 이끌어갈 수 있을 것이다. 스스로를 절대적 진리로서 나타내는 존재 구성에 대해서는, 어떠한 자유도 남겨져 있지 않다. 이와 같은 존재 구성 속에서는, 숨이

막힐 것 같은 영역의 좁음이 나를 엄습하는 것과 다름없다. 그런데도 자유는 모든 사유된 것에 대해서 하나의 여백을 요구한다. 자유는 모든 사유된 것을 그때마다 규정된 방법에서만 지배한다고 해도, 단 하나의 방법에 남김없이 용해되지 않는다. 자유는 사유하면서 하나의 방법과 관여한다. 하지만 절대적으로 그 방법 속에 있는 것은 아니다. 철학함은 체계를 사유로서 계속 추구해야 하지만, 철학함이 이 체계 속에서 완결된 경우에 철학함은 체계에서 모래에 묻힐 것이다. 진실로 철학함은 자신의 지식욕이 종국에 있어서 좌절되는 것을 발견하는 길을 가기를 바란다. 진실로 철학함은 통찰에만 의해서 충실하게 되는 것을 바라지 않고 자유를 위해 공간을 창조해내려 한다. 모든 체계성에 있어서 진실로 철학함은, 근원에서는 전체임에도 불구하고 그래도 종국에는 역시 단편인 체계로서 멈춘다. 이렇게 자유에 대해서는 자유의 열려진 세계 속에 진입하고, 자유에 의해서 실존을 심화하는 것에 의해서 자유 그 자체를 발견하며 자유의 초월적인 깊음 속에 근거를 구한다고 하는, 지극히 차원 높은 요청이 가능하게 된다. 하지만 미완의 시간적 현존에 있어서는 지양이 불가능한 진리의 현상으로서의 이 요청은, 체계 속에서 인식된 진리에 의해서 파괴되어버릴 것이다.

1. 과학에 있어서의 체계와 철학함에 있어서의 체계

과학에 있어서의 체계는 형식적으로는 지식의 대상이 되는 자기 내 연관적인 인식의 전체이다. 하지만 그렇게 하기 위해서 과학에 있어서의 체계는 자기의 출발점이 되는 모든 전제와 타자로부터 일자를 유도하는 방법과 소재의 가능성의 총체를 필요로 하는 것이고, 이러한 것들을 갖는 것에 의해서 이 체계에 있어서의 유도는 하나의 종말에 이르게 된다. 즉 하나의 체계는 그것이 말하자면 새롭게 나타나는 모든 소재에 대하여 위치를 준비해둔다고 하는 것에 의해, 스스로를 자기의 형식 속에 가둬두어야 한다.

모든 과학에는 체계가 있다. 원리는 다수나 소수도 가능하다. 유도는 단순히 정리할 뿐인 분류로 희석될 수 있으며, 또 폐쇄성은 극히 일반적인 공허한 도형으로 환원될 수도 있다.

체계는 지식의 대상의 체계일 수도 있고, 그렇지 않으면 인식이 그것에 의해 스스로의 모든 대상을 파악하는 방법의 체계일 수도 있다. 사람들은 모든 대상 그 자체에 놓여 있는 자연적인 체계성을 구한다. 즉 하나의 원리에 근거한 자연법칙의 체계, 현실적 사물의 형식의 체계, 심적 내지 사회적 힘의 체계 등등을 구한다. 진실한 체계는 해당되는 대상영역의 종국적인 인식을 의미할 것이다. 그런데도 이와 같은 진실의 체계는 어디에 있어서도 달성되지 않고 무한한 과제로서 남는 것이기 때문에, 거기에서는 항상 단지 상대적인 체계가 발견될 뿐이다. 이 상대적인 체계는 하나의 임의의 외면적 질서와 모든 사실의 공상적으로 사유된 궁극적 체계 사이에 있고, 이 후자를 향한 도상에 있어서 하나의 접근을 나타낸다. 하지만 이와 같은 상대적 체계와 함께 마치 사람들이 종국적 인식을 소유하고 있는 것 같은 기만적 신념이 발생하기 쉽다. 그럼에도 더욱 과학적 연구는 그 체계 각각 속에서 과학적 연구가 자기의 수단으로서 수중에 갖고 있는 단순한 하나의 시도이다. 과학적 연구는 체계에 예속되는 대신, 경험적으로 종결되는 것이 불가능한 검증을 통해서 체계를 보다 연구하기 어려운 것으로 전환시키는 것이다.

이제 **철학함에 있어서의 체계도**, 그것이 일반적인 것의 형식인 이상, 위에 서술한 것과 별개의 것은 아니다. 하지만 철학함에 있어서의 체계는 그것이 모든 대상성을 초월해 존재 그 자체를 파악하고자 하는 것인 이상, 게다가 그때에 과학으로서 존립할 수 없는 것인 이상, 근본적으로 새로운 하나의 의미를 갖는다. 철학함의 체계는 자유의 기능이 된다. 모든 과학에 있어서 의식일반의 지적 자유는, 이 자유가 하나의 도구로서 이용되는 시도로서의 체계에 대립해 있다. 그럼에도 자기 자신을 해명하는 기능으로서의 철학함에 있어서 자유는, 그것이 고유한 체계성을 단순히 기술적으로 사용할 수 있을 정도로는 스스로가 사유하는 것으로부터 분리되어 있지 않다. 과학에 있어서는 체계성이 사실 그 자체의 진실한 자연적 체계로의 접근을 의미하고 있는 것과 같이, 철학함에 있어서의 체계성은 그것이 순수하면 할수록 사물성에 근거하지 않는 경우는 그만큼 더 적게, 하지만 그만큼 더 결정적으로 근원적인 존재의식에 뿌리내려 있다. 이렇게 외부에서 보면, 철학함에 있어서의 체계성은 표현의 의의를 갖고 또 그것의 성과에 있어서는, 그것은 자신의 사유의 양식이다. 하지만 내부에서 볼 때에는, 철학함에 있어서의 체계성이 유일무이한 진리를 갖고 있다. 즉 사유하는 자는 이 철학함에 있어서의 체계성을 객관적 형상으로서 기술적 가능성이게 하고, 그렇게 하는 것에 의해 이것을 자기 자신으로부터 멀리해버린다. 그것에 의해서 사유하는 자에 있어서 이 체계성은, 그가 진리라고 확신하고 있는 구체적 내용을 상실한다. 그렇다고는 해도 사유하는 자는 언명되어 개념적으로 파악될 수 있게 된 체계성의 소산으로부터만 멀어지는 것이고, 체계 그 자체로부터 멀어지는 것은 아니다. 사유하는 자는 근원으로서의 체계 그 자체와는 오히려 동일한 것이다. 이렇게 철학함에 있어서의 체계는 이미 단순히 하나의 객관적 형상의 도식에 지나지 않는 것이 아니며, 또 단순히 하나의 대상인식의 진실의 체계성에 지나지 않는 것도 아닌, 이 체계성 속에서 스스로를 의식하게 되는 자유 그 자체이다. 객관화된 경우의 체계는 자신에 대한 자기존재의 명석성이 되지만, 단순히 객관적인 것으로서 분리될 때에는, 그것은 유용한 것 내지 습득가능한 것으로 타락해 버린다.

2. 철학함에 있어서 체계의 다중적인 의미

체계는 철학함 속에서 다중적인 역할을 한다. 체계는 말하자면 수많은 수준에서 가능하고, 그때마다 다른 의미를 갖고 있다. 사유 형상으로서의 철학은 이 사유 형상 그 자체가 하나의 원리를 선택하는 것에 의해서 전체로서 체계적이게 되는 경우에는, 부분으로 나뉘고, 사유 형상을 포괄하는 체계를 자신 안에 갖는다. 사람들이 철학을 저서로서 생각할 때, 이들 철학의 체계 형식은 다음과 같이 유형화될 것이다. 즉

a) 철학적 체계는 **모든 것으로서의 존재를** 그 근거에 있어서 **객관적으로 구성한** 것이다. 이러한 것으로서 철학적 체계는 근원적으로는 현존의 암호의 하나의 형이상학적 해독이고, 현존의 암호의 대상은 초월적인 존재이다. 다음으로 철학적 체계는 근원을 상실하고, 개별적, 과학적인 현존 인식에 있어서의 가설로서 타당성을 획득하는 것이 가능하지만, 이와 같은 타당성은 항상 단지 어떠한 하나의 특수한 존재에 해당하는 것이다.

b) 철학적 체계는 세계에 있어서, 또 인식의 범위 내지 방법에 있어서 **전면적인 정위의 형식이** 된다. 이러한 것으로서 철학적 체계는 학설의 일반적 형식이고, 전해져 온 것과 가능적인 것의 정리이다. 하지만 이 정리는 구속력이 없고, 허위이지는 않지만 아직 적극적으로 진실이 아니고, 따라서 불충분하지만 **빼놓을 수 없는** 정리이다. 이와 같은 철학적 체계는 논리학과 심리학에 있어서 적절한 과학적 체계성이다. 하지만 과학적 체계성이 봉사해야 할 철학함 그 자체에 있어서는 그렇지 않다.

c) 철학적 체계는 사유 속에서 하나의 **역사적 실존의 신앙의 현상형식**이고 싶어 한다. 이러한 것으로서 철학적 체계는 그때마다 한 번뿐인 형식이다. 이 한 번뿐인 형식의 객관적인 발판은 확실히 두 번째의 유형에서 일반적으로 발견되지만, 이 발판의 본래 내용은 상호소통에 있어서의 자기 생성의 연속성에서 존립하는 것이고, 그것은 하나의 바꿀 수 없는 언어이다. 위대한 철학적 체계는 이와 같은 것이고, 작은 철학적 체계도 그들이 진실한 경우에는 이와 같은 것이고 또 모든 순수한 유희적이지 않은 철학함은, 설령 그것이 아무런 역사적으로 영향력 있는 표현을 발견하지 않고 또 새로운 사유의 상을 창조해내지도 않고, 단지 현존 속에서 자기가 만나는 것에 대해 실존이 실존을 향해 이야기하는 것같이 스스로 이야기할 뿐이라고 해도 이와 같은 것이다.

이들 체계 형식 속에서 단지 두 번째 형식만이, 그 무한한 가능성과 보편성에 있어서 모든 오성에 대해 논리적으로 명석하다. 첫 번째 형식과 세 번째 형식은 일반적인 것으로서의 이들 형식 속에서 하나의 타자가 절대적으로 역사적인 것에 말을 걸어오는 것이다. 즉 첫 번째의 체계 형식 속에서는 초월자의 존재가 암호로서 스스로를 말하기 시작하고, 세 번째의 체계 형식 속에서는 실존의 가능성이 호소함으로써 스스로를 이야기하기 시작하는 것이다.

실존적인 존재의식을 창조해내는 것에 의해서 동시에 이것을 언명하는 체계성은, 우리들에게 있어서 가장 근원적인 것이다. 즉 이와 같은 체계성은 사유와 내적 행동이 동일한 가능실존에 대하여, 그 나아가야 할 길을 현존 상태에 근거해 결정한다. 만약 **존재**가 그 **영원성**에 있어서 우리들의 철학함의 대상 내지 출발점이 될 수 있다고 한다면, 이 존재의 체계성은 유일하게 진실한 것이 될 것이다. 이와 같은 체계성은 철학을 완결시킬 것이지만, 그러나 그것에 의해서 철학은 본래적 존재의 지식을 구하는 노력으로서의 철학함으로 존재하는 것을 멈추고, 이 지식을 소유한다는 의미에서의 지혜가 될 것이다. 이와 같은 체계 속에서 철학함은, 그것이 아마도 체계의 마지막 날에 파악할 수 있을 것이지만, 지금은 단지 암호로서만, 역사적으로 부서져 흩어진 모습에서 그때마다 순간적으로 해독하고자 시도하는 것을 시간적 현존 속에서 선취하는 것이다.

3. 시간적 현존의 상태에 있어서의 체계

그러므로 철학함에 있어서의 체계는 단지 시간적 현존의 상태 속에서만 그때마다의 가능성에 따라서 파악될 수 있다. 철학함은 단지 이 시간적 현존의 상황 속에서만 나타나고 또 그 속에서만 의미를 갖는다. 왜냐하면 실존은 항상 단지 길의 과정에만 있는 것이고, 실존이 목표에 도달했다고 근거 없이 판단할 때에는, 실존은 그 자신 스스로를 이미 잃어버렸기 때문이다. 결단의 가능성으로부터 오는 불안으로부터 도망치기 위해서 체계적으로만 파악될 수 있는 무시간적 존재는 존재하지 않는다. 또 내가 올바르게 결단하기 위해서는 단지 내가 따를 필요가 있는, 영구하게 올바른 생활 태도라고 하는 것은 존재하지 않고, 또 나는 무엇이며 무엇을 해야 하는가를, 내가 거기에 단지 포함시킬 필요가 있는 지식가능한 것으로서의 절대적 진리도 존재하지 않는다. 우리들은 세계 속에서 존재하고 세계 그 자체이며, 결코 세계를 향해 단적으로 대립해 있는 것은 아니다. 우리들은 세계에서 역사적 위치에서 우리들이 존재하는 그대로 생성된다. 이 역사적 위치는 우리들의 것이고 모든 사람에게, 그리고 모든 시간에 단순히 동일한 것으로 존재하는 것이 아니다. 절대적인 것은 시간 속에서 우리들에게 대해 존재하고, 따라서 또 사라져가는 것이다. 단순히 무시간적인 모든 것은 단순히 일반적인 것으로서, 단순히 올바른 것으로서, 또 단순히 타당한 것으로서 상대적이다. 우리들에게 있어서의 절대적인 것은 지금 더욱 결단되어야 할 것이다. 즉 그것은 시간 속의 현상으로서 지금 더욱 위험에 노출되어 있다. 그러므로 철학함은 다음과 같은 사유이다. 즉 완결된 하나의 체계에 의해서 모든 것을 끝내버리지 않고 체계성을 통해서 정위하고 해명하며 다의적으로 현시될 수 있고, 그렇게 하는 것에 의해서 실존적 가능성에 근거해 행해지지만 선취될 수 없는 실현을 위해 준비하는 것이다. 실존하는 것의 위험 속에서 철학한다고 하는 것은 이 위험의 극복을 그때마다 확인하는 것이고, 결코 이 위험을 극복해버린다고 하는 것은 아니다. 이와 같이 위험을 극복해버리는 것이 될 때, 철학은 완결된 체계 속에서 표현될 것이다.

존재를 하나로 묶을 수 없으며, 그것을 갈기갈기 찢는 체계성의 근원성이 이와 같은 상황에 근거해 파악할 수 있는 것이 된다. **체계성의 근원성은** 현존에서 스스로 현상하는 것으로서 인식되며, 여기에서 피할 수 없는 존재의식의 밝음이다. 즉

현존의 어떠한 체계도 존재하지 않는다. 왜냐하면, 세계는 그 자체 속에서 이미 찢어져 있고 닫혀 있지 않으며 단지 개별적인 전망에서 상대적으로만 하나의 통일이 되는 것이기 때문이다.

실존의 어떠한 체계도 존재하지 않는다. 왜냐하면 실존은 단지 다른 실존과 함께 존재하는 것이고, 그때 실존을 외부의 하나의 입장으로부터 조망하는 것은 불가능하고, 게다가 실존의 역사성은 채워질 수 없는 가능성을 갖고, 어디까지나 무한하며 조망하기 어려운 것이기 때문이다.

마지막으로 초월자의 어떠한 체계도 존재하지 않는다. 왜냐하면 초월자는

그 자신이 재차 역사적인 형태에 있어서 단지 현존에서 실존에 있어서만 접근할 수 있는 것이기 때문이다. 이 역사적 형태 속에는 일자로서의 이 초월자가 자유에 근거해 실존적으로 파악되지만, 그렇다고는 해도 거기에서는 시간 속에서 우리들에 대해 존재하는 모든 것이 이 일자로부터 파악되지 않는다.

이와 같은 **분열성**은 설령 그것이 도처에서 체계를 지양한다고는 해도 그 자체로 하나의 **체계성**의 근원이다. 이 체계성은 객관적으로 고정된 존재의 영역만을 구별하고 그렇게 하는 것에 의해, 다음으로 이것들의 존재 각각을 자신에 대해서 연구하려는 하나의 체계가 아닌 **초월함의 체계성**이다. 이 체계성은 개별적인 방법에 의한 순수한 질서 형식이 아닌 근원의 형식이다. 즉 이 체계성 속에서는 그 자체로 논리적이지 않은 하나의 원리가 만들어진다. 이 근원은 존재의식 속에 놓여 있다. 그러므로 체계적인 철학함의 근원적인 형식은 현존에 있어서의 존재의 초월함이다.

본래적 존재가 중요한 곳에서는 어디에서나 **이 근원이 의문시되어 다시 돌아온다**. 내 앞에 나타나는 모든 것, 나는 무엇이며 그리고 무엇을 행해야 하는가라는 모든 것은 내가 이것을 사유하는 한, 내가 이것에서 무엇을 사유하는가 또 나는 어디를 향해 초월하는가 그렇지 않으면 전혀 초월하지 않는가 하는 관점에서 질문되어야 할 것이다. 모든 것 속에 현존이 있고 자유가 있으며 초월자가 있다. 이렇게 사유된 것으로서의 존재의식에 있어서의 근원은 철학함과 그 체계성의 **방법적** 원리가 되는 것이지만, 현존과 존재의 **내용**이 거기서부터 이끌어내어지는 원리가 되는 것은 결코 없다. 왜냐하면 **실존적인 존재의식으로서의** 근원은 **존재 그 자체의 근원**은 아니기 때문이다. 존재 일반의 근원을 사유하는 시도는 가능실존을 기저로 해서 형이상학적으로 초월하는 것이다. 혹 이 시도가 단순히 역사적으로만이 아닌 보편타당하게 성취될 수 있다고 한다면, 철학은 단지 존재 그 자체에 근거해서만 세워질 수 있게 될 것이다. 그것에 의해서 철학은 목표에 도달하고, 자유는 지양되며, 시간의 끝이 홀연히 일어날 것이다. 하지만 이것과 완전히 동일하게 유일무이한 것으로서의 **실존적 존재의식**의 근원은, 하나의 사유 형상의 경과 속에서 철학함이 그것을 고정된 출발점으로서 일을 시작하는 것이 가능한 것 같은, 철학함의 **시원**은 아니다. 그렇지 않고 실존적 존재의식의 이 근원은, 철학함이 모든 결정적인 증명에서 거기에 돌아가는 규정불가능한 근거이고 이어서 또 공간이 없는 위치이다. 존재의 확인은 이 근원으로부터 나와 초월함의 모든 양태에서, 현존 상황에서 현재하는 현실성으로서의 초월함에 있어서의 충실은 이 근원으로 돌아간다. 존재의 근원은 단지 근원 그 자체이며, 그리고 단 하나로 존재할 수밖에 없다. 혹시 이와 같은 근원이 알려져 있다고 하면 철학함의 시원은 단순히 서술을 위한 출발점으로서, 그 자체로 많은 가능성을 갖는 것이 아니게 되어버릴 것이다. 그렇지만 존재의식의 근원은 역사적이고, 그러므로 또 유동적이고, 결코 최종적인 것은 아니다. 이러한 근원 속에서 근거와 종말을 가지는 사유 형상을 향해 움직여가는 철학함의 시원은 조망하기 어려운 무한한 가능성을 갖는 것이다. 이와 같은 철학함의 시원에서는 어떠한 사유 형상도 유일한 체계가 될 수 없다. 이 시원 그 자체가 철학함의 실현과정에 있어서 그때마다 변화되어가는 것이다.

4. 고유한 철학함의 체계성에 있어서 진리에 대한 질문

위에 서술한 것과 같은 근원이 초월함을 철학적 세계정위, 실존해명 및 형이상학으로 분류하는 경우의 **포괄적인** 체계성이 된다고 하면, 이 체계성은 설령 형식에만 있어서라고 해도 역시 스스로가 강제적으로 타당하게 존재하는 것을 요구하는가, 요구하지 않는가, 하는 것이 질문되지 않으면 안 된다. 그리고 이 질문에 대해서는 다음과 같이 대답되어야 할 것이다. 즉 세계정위에 있어서의 초월함만이, 설령 모든 한계가 소극적으로 사유되는 한에 있어서만 존재한다고는 해도 강제적이다. 적극적으로 초월함에 대해서는, 강제적인 타당성은 요구될 수 없다. 모든 적극적으로 초월함은, 초월함을 향해 방향을 돌리며, 그리고 초월함으로부터 사유하고 초월함을 준비하지만 결코 이것을 초래하지는 않는, 오성을 초월해 나가는 것이기 때문이다. 그렇다고 해도 철학적으로는 초월함의 모든 양태가 진실한 것으로서 나타난다. 왜냐하면 이들 초월함의 모든 양태에서는 시간적 현존에 있어서의 존재의식이 이 존재의식의 모든 차원에 따라서 스스로를 명석하게 파악하기 때문이다.

존재의 분열은 시간적 현존에 있는 가능실존에서 나타나는 것이지만, 그것은 보편타당한 통찰을 위해 이 분열을 자신 속에 감싸며 그렇게 하는 것에 의해 이 분열을 자신의 입장으로부터 이해할 수 있게 하는, 어떠한 포괄적 존재도 발견하는 것을 불가능하게 해버린다. 오히려 반대로 모든 존재는 그것이 분열상태 속에서 이 분열상태임에도 불구하고 또 이 분열상태를 통해서 자신의 위치, 자신의 정당화와 부인을 발견하는 경우에 처음으로 현존에서 나에게 있어서 명료해진다. 분열된 존재의식은 어떠한 질서 원리 그 자체가 아닌 초월적 탐구와 역사적 발견의 출발점이다. 하지만 이 의식은 언명된 것으로서는 곧바로 철학함의 하나의 질서 원리, 게다가 가장 근본적인 질서 원리가 된다. 이 질서 원리에 대해, 철학적인 물음과 답은, 이들 물음과 답 속에서 사념되며 의욕될 수 있는 것을 명석하게 하기 위해, 자신의 본래적인 의미에 따라서 자신을 구분한다. 이 분열된 존재의 의식은 질서 원리로서 방법을 나타내며, 그리고 세계 속에 있어서의 인식 작용의 방법을 배제한 후에는, 초월함의 모든 길을 나타낸다.

존재의 표현은 세계, 자유, 초월자로 분열되어 있는 것이지만, 존재의 이와 같은 표현은 현존의 상태에서는 결국 불가능성에 대한 방식이 된다. 즉 이 존재의 이질성은 초월자에 있어서 이외에는 종결될 수 없다. 초월자에서는 결국 모든 것이 직접적인 소유로서가 아니고 맹목적으로 빠지는 심연으로서도 아닌, 실존이 실존과 함께 가는 길의 상호소통을 끊는 완결로서, 하지만 어떠한 경우에 있어서도 하나의 철학적 사유 형상의 인식된 정점으로서가 아닌 하나 속에 존재할 수 있는 것이다. 하지만 그런 것으로 세계, 실존 및 초월자로 분열되어 있는 하나의 존재의식의 근원적인 체계성은, 표현으로서 결코 절대적이지 않다. 대상화된 이 체계성과 그 설명 방식을 하나의 지식으로서 고집하는 것은 존재의 이 분열상태 때문에 불가능하다. 진리는 이 체계성을 스스로의 좌절된 표현으로 삼는 것에, 이 체계성이 사유하는 자를 그것으로 재촉해야 할 것에 존재한다. 그럼에도 불구하고 초월함의 모든 양태에서의 존재의식의 자기 해명이 너무나도 자명하게 보이기 때문에, 이 존재의식의 강제적인 보편타당성을 단념하는 것은 곤란하고 또 부자연스러워 보인다. 그렇다고 해도 의심을 품지 않는 자라도, 그의 사유의 진리의 의미와 혼동해서는 안 된다. '진리의 용기'는 이중의 의의를 갖는 태도이다. 즉 용기는 내가 진리에 대해 의문을 품지 않도록 행동하는 현실성에서 '진리의 용기'가 된다. 어떠한 용기도 주장을 고집하는 것 속에 있는 것은 아니다. 오히려 여기에서는 현실적으로 강제적인 것을 자기 자신을 걸지 않으면 안 되는 모험으로부터 구별하는 모든 것이 중요한 것이다.

만약 존재의식의 분열상태에 근거한 체계성이 우리들에게 있어서 포괄적이라고 해도, 그것은 철학이 이야기해야 할 모든 것이 그것에 근거해 성장할 수 있는 유일무이한 근원은 아니다. 이와 같은 체계성에 대해서는, 그때마다의 현재에 있어서 구체적인 내용이 풍부한 철학함이 하나의 사실로부터, 역사적인 상황으로부터, 단행된 결단으로부터, 초월적 충실의 경험으로부터 나타난다. 이 철학함은 그것이 언명될 때에는 또다시 체계성 속에서 언명될 것이다. 하지만 그 경우 만약 내가 다중의 경험 속에 나타나는 이 철학함에 근거해 포괄적인 체계성과의 결합을 구한다고 해도, 모든 것을 총괄하는 유일무이한 철학적 사유 형상으로서의 어떠한 체계도 성립하는 것은 아니다.

통일이 달성되지 않는다는 것은 단지 사상의 허약함에만 기인할지도 모른다. 하지만 자유는 이와 같은 통일이 기만 없이는 불가능하다고 하는 이유에서 이 통일을 거부하는 것같이 보인다. 왜냐하면 그 본질상 세계의 끝에 있어서만 가능하고 또 그것이 가능할 때에는 불필요하게 될 것은 항상 반복되어 체계로부터 도망쳐버릴 것이기 때문이다. 철학함의 체계성을 시간적 현존에 있어서의 실존적 존재의식 위에 기초 짓는 것이 어디까지나 피할 수 없는 한, 더욱이 역사적으로 생성되며 거의 모든 것이 체계의 도식 속에 스스로를 위해 준비된 위치를 발견한다라고 하는 형식 속에서 완결성이 발생할 수 없다.

이와 같은 근거에서 철학함의 서술에 대해 다음과 같은 귀결이 생겨난다. 즉 분열의 포괄적인 존재의식에 근거한 하나의 전체의 체계성은 각각의 근원적인 철학적 사유에 근거한 체계성과 결합하지 않으면 안 되고, 마지막으로 또 단순한 오성을 통해서 과학적 분류와의 유사성에서 정리하고, 구상하고, 고안하는 체계화와 결합하지 않으면 안 된다. 이 체계화는 구속력이 없는 체계성으로서 철학적으로는 말하기에 부족함이 없는 것이고, 단지 사상의 가능성의 조망을 제시할 뿐인 것이지만, 하나의 체계적 사유가 불성실하게 구성된 강력함에 의해서만 계속할 수 있는 경우에는 피난처가 된다. 구속력이 있는 체계성은 철학하는 경우의 구체적 내용이지만, 하나의 사유 형상의 모든 명제에 있어서까지 이 철학함을 지배할 수 있는 것은 아니다. 초월함의 모든 양태에 있어서 우리들의 **포괄적인** 체계성은 그 자체로 하나의 특수한 체계성으로서 파악될 수 있는 것이다. 이렇게 존재에 진짜로 해당하는 하나의 형이상학적 체계성은, 그 구체적 내용의 의미에 따라서 초월함의 모든 방법을 또다시 포괄할 것이다. 왜냐하면 이와 같은 형이상학적 체계성은 이들 초월함의 모든 방법을 자신으로부터 출현시키지 않으면 안 되기 때문이다. 사유 형상으로서의 철학은 단지 개별적인 형태에 있어서만 고정화되어 있는 것이지만, 이와 같은 사유 형상으로서의 철학은 철학함 그 자체로서는 무한히 유동적인 것이다. 포괄되는 것은 특수한 것이 될 수 있고, 특수한 것은 포괄되는 것이 될 수 있다. 이 상호적인 변환은 구체적 내용을 변경하는 것을 필요로 하지 않는다. 그렇기 때문에 구체적 내용의 외면적인, 아직 구체적 내용을 뺀 체계화는, 실존적 생성의 도상에 있어서 스스로를 아는 철학함의 피할 수 없는 운명이고, 또 이 질서 지음에 따른다고 하는 것은 이 철학함의 성실한 태도가 된다. 저서로서의 철학은 실존함이 갖는 밝음으로서의 철학함과 혼동될 것은 아니다. 구체적 내용에 가득 찬 체계마저도 사유 형상으로서는 항상 단순한 기능일 수밖에 없다.

그러므로 우리들의 체계성은 어디까지나 체계가 될 수 없다. 우리들의 체계성은 그 스스로에서 분열되어 있다. 그리고 스스로의 본질적인 **체계적 근원**을 파악함과 동시에 초월함 속에서 스스로를 해명하는 분열상태의 존재의식을 하나의 **포괄적인 체계성**의 근원이게 한다. 하지만 우리들의 체계성은 전체를 어떠한 하나의 형식 속에 눌러 넣는 것은 불가능하고, 역시 단순한 **오성적인 체계화**에 넘겨준다. 말하자면 세 개의 차원 위에 있는 체계성의 이러한 방식은 우리들에게 철학함의 현존 상황의 필연적인 귀결이고, 따라서 그것은 우리들에게 가장 성실한 형식이다. 체계성의 이러한 방식은 오해와 유혹에 빠지는 것이 가장 적은, 또 이와 같은 체계성 속에서 사유하는 자의 의식을 최대한으로 확대할 수 있는 기회이다.

만약 사람들이 하나의 건축물의 윤곽, 구성 및 조립을 나타내 보인다고 하면, 사람들은 객관적 체계의 **비유**를 갖게 될 것이다. 또 만약 사람들이 이 건축물을 안내하며 돌고, 상황 속으로 가져오며, 전망과 전경을 나타내 보인다고 하면, 이 건축물은 단순한 체계성과 닮은꼴이 될 것이다. 만약 존재가 하나의 건축물이고 게다가 단지 건축된 그 상태에 있어서만 더욱 가까워질 수 있다면, 체계가 얼마나 깊이 이 건축물의 본질로 이끄는 것인가는 명백하다. 하지만 존재는 전망될 수 있는 유한한 계획에 따라서 생성된 상태에서 우리들에게 가까워질 수 있게 되는 것이 아니라, 우리들이 존재에 있어서만 가까워질 수 있는 것이 된다. 가능실존은 그것이 철학함의 근원일 경우에, 계산된 계획에 따라서가 아니라 자기의 모든 특수한 계획을 자기의 궁극적인 결단의 과정으로서 포괄하고, 말하자면 자기의 건축물을 실현과정 그 자체로서 세운다. 이와 같은 건축과정은 철학함 속에서 확인되지만 존재의 건축물에 관한 억측적인 지식에 의해서는 완전히 불가능하게 된다.

하나의 다른 **비유**로 말하자면, 철학함에 있어서 본질적인 체계성은 초석 위에 세워진 어떠한 건축물이 아니라 자유롭게 부유하는 하나의 공과 같은 것이다. 이 공은 부단한 운동 속에서 무한히 확대 혹은 축소되고, 어떤 때에는 비대칭적인 모양을 취하기도 하고 어떤 때에는 이런 모양을 잃고,

어떠한 절대적 중심을 가지지 않고 단지 그때마다 하나의 중심을 갖는 것에 지나지 않는, 이미 이 공 자체 속에 존재하지 않고 이 공을 사유하는 자기존재 속에 존재할 수 있는 하나의 중심에 의해서 지지되지 않으면 안 되는 것이다.

철학과 그 역사

모든 새로운 현재에는, 철학은 외부에서 보면 다른 형태를 갖고 현존하지만, 내부에서 파악될 때에는 하나이며 동일한 방향으로 향해져 있다. 하지만 시간적 경과 속에서 철학 형태의 변화는 어떠한 외면적인 과정도 아니다. 철학은 철학이 예로부터 존재한 방법을 의식적으로 알며 용인하는 것에 의해, 철학 자신의 현존을 철학의 **역사**로서 갖는 것이다.

1. 지나간 것의 현재성

지나간 것이 그 속에 현재하고 있는 의미는 본질적이다. 과학에 있어서 지나간 것은 사람들이 그 위에 더욱 쌓아가는 업적으로서 파악될 수 있다. 과학은 사회학적 상황이 그 여지를 주는 한에 있어서 과학의 발견을 증가시키며 시대로부터 시대로 전해간다. 하지만 올바르게 인식되어 있는 것에 대해서는 언제, 어디에서 그것이 인식되었는가는 개의치 않는 것이다. 지식이 무시간적으로 올바른 것으로 향해 있을 때에는, 우리들은 하나의 진보과정에 위치해 있고, 선행하는 것보다는 항상 보다 많은 것을 소유하고, 선행하는 것에 바탕을 두고 있다. 이렇게 거기에서는, 역사는 단순히 진리

획득의 시간적 형식임에 지나지 않고, 역사 그 자체로서는 진리에 무관하며, 또 진리에 있어서는 본래적인 관심을 결여한 것이다. 연구자는 사실에 대해서 사유하고, 또 어떻게 사실을 파악하는가, 하는 것에 대해서는 사유하지만 과거에 대해서 사유하지 않는 것이다.

하지만 만약 과학의 소재, 과학의 방법과 과학의 성과는 이와 같은 진보 속에 있다고 해도, 이와 같은 진보과정에는 이미 더 이상 과학 자체의 의미나 세계상도 철학도 포함되어 있지 않다. 그럼에도 모든 과학의 소재, 방법, 성과는 그들이 순수한 사상 인식에 있어서 완전히 이들의 의미와 세계상과 철학으로부터 분리되지 않으면 안 된다고 생각되는 경우에마저도, 이러한 것들을 자신 속에 갖고 있는 것이다. 이에 반해 철학함에 있어서는, 성장이나 상실을 경험하며 또 학습가능하며 증가되어야 할 하나의 도구로서 확실히 논리학과 심리학이 주어지지만, 논리학과 심리학에 있어서의 이 학습가능한 것은 전혀 과학이 아니고 또 학습은 철학함이 아니다. 왜냐하면 철학함에는 그것의 역사가 성과로서 충분히 지식가능한 것으로 되지 않고 실체적으로 현재하고 있기 때문이다.

그러므로 과학은 과거보다도 폭넓은 것임에 반해, **철학함**에는 진실한 것은 과거에 있어서 이미 최종적으로 파악되었다는 근본적 태도가 생겨난다. 즉 우리들은 단지 이 진실한 것을 잃어버리고 있는 것뿐이고, 지금은 이것으로 돌아가는 것이 중요하다. 하지만 혹시 이와 같이 철학이 과거에 있어서 이미 완결되어 있는 것이라 간주된다면, 역사는 역사 자체로서는 끝나버린다. 왜냐하면 지금에는 시간 속에서 새로운 근원으로부터의 변화가 아닌 원상으로 복귀하는 것이 진실한 것이 되기 때문이다.

사실 철학에 있어서는 역사로부터 완결된 것으로서 우리들에게 이야기를 걸어오고 있는 것이 존재한다. 우리들은 이것을 더 이상 좋은 것으로 만드는 것이 불가능하다는 것을 확신하고 있다. 한 사람의 위대한 철학자에서 철학함이 시간적 형태에 있어서 실현되고 있는 것을 보고, 우리들이 이 철학자는 보고될 수 있는 모든 관련 속에서 다른 형태로 사유했어야 할 것이었고, 그렇게 하면 그는 올바르게 행동했던 것이 될 것이라고 말하는 것은 무의미하게 된다. 설령 개별자에 있어서 올바름이 결여되어 있는 것이 밝혀진다고 해도, 이것은 본래적인 철학에 있어서 극복되어야 할 것은 아니다. 이리하여 우리들은 우리들이 그 속에서 개선하며 진보해가는 과학의 역사에 대해서만 물으며 답할 수 있다. 그러나 철학에 있어서 완결된 것은, 그것이 완결되어 있다고 하는 바로 그 이유에 의해서, 개선될 수 없으며 똑같은 것으로서 반복될 수도 없다. 철학에 있어서 완결된 것은 바로 그것 자체인 것이다. 그러므로 철학에 있어서 완결된 것은 무언가 하나의 동일한 것을 전승하는 경우에 최대의 힘을 갖지 않지만, 새로운 근원을 각성시키며 감명을 주는 경우에는 최대의 힘을 갖는다.

항상 반복되는 이러한 각성의 과정은 철학사의 현상이다. 철학함은 자신의 과거와 **묶여 있고** 동시에 그 자체가 **근원적**이다. 왜냐하면 철학함은 고유한 근원으로부터 자신의 시간으로부터 무시간적인 것으로 나아가기 때문이다. 이러한 것은 철학함의 역사성이다. 철학함은 애당초 맨 처음부터 시작될 수 없다. 왜냐하면 우리들에게 있어서 철학함은 그리스인과 함께 시작된 자기 연관적인 단 한 번뿐인 인간 존재의 생기이고, 우리들은 이것에 근거해 이국적인, 예를 들면 인도인과 중국인의 철학함을 부분적으로 이것과 일치하는 것으로서 이해하는 것이기 때문이다. 가장 결정적으로 새로우며 처음으로 본래적으로 일을 시작하고자 생각하고, 게다가 자신을 본질적으로 비역사적으로 이해하고 있는 철학자들, 데카르트와 칸트는 변형된 하나의 전통에 의해 침투되어 있다. 현실적으로 전통을 알지 못하고 일을 시작한 철학자들은 전통에서 나온 모호하며 분산된 영향을 받아 그 것을 행한 것이고, 본질적인 명석함에 도달하는 것은 불가능했다. 하지만 각성의 상태로 행해지는 전통의 변형은, 철학함이 시간적 형식으로서 그 자체로 이미 해명될 수 있는 것이 아니라 오히려 모두 우리들의 현존의 역 사성의 수수께끼이며 우리들에게 있어서 근원은 이 수수께끼 속에 놓여 있 는 것이다.

전통의 변형에서 각성에 근거해 하나의 반복이 생겨나고, 게다가 그 반 복은 그럼에도 불구하고 근원적인 철학함인가, 이와 같은 각성은 어떻게 해서 진행되어가는가, 하는 것은 개념적으로 파악하기가 불가능하다. 그 것은 마치 눈에 보이지 않는 한 점에서 존재와 존재가 서로 접촉했던 것같 이 보인다. 하지만 현존에서 이와 같은 각성이 불가피하다고 하는 것은, 더욱이 외부로부터도 파악되는 것이 가능한 것같이 보인다. 즉

생으로서의 시간적 존재에 있어서의 실존은 각자 단 하나의 생만을 갖 고 있는 것이기 때문에, 그것은 현상 속에서는 **한계** 지어져 있다. 실존이 현상 속에서 이루어지는 것이며, 그리고 이야기할 수 있는 것은, 하나의 근원적인 **단초**에서 유래한다. 이 단초는 개인이 **임의로 반복해서** 획득하거 나 그 성질을 의욕하여 만들어낼 수 있는 것이 아니다. 나는 성장하면서 죽어가는 일개의 생명체일 뿐 아니라, 역사적으로 나를 각성시키는 것과의 **근원적인 결합**에 근거해 내가 그것으로 존재하는 것이다. 나는 근원에서, 나에게 다가오는 세계소재를 가공하며 나를 나 자신에게 가져오는 운동의 활동에 의해서 하나의 발단으로부터 나 자신을 전개하는 한 번뿐인 존재 이다. 나의 새로운 발단이 복잡하면 할수록, 나의 존재는 그만큼 순수하지 않게 나에게 나타나는 것이 일상이다. 내가 나 자신으로 존재하면 할수록, 나는 나의 근원에서 그만큼 더 결정적으로 되며, 그리고 진로와 묶이게 된

다. 내가 발견하는 것은, 확실히 나는 나의 이 현존에서 한계 지어져 있는 것으로서 파악한다는 것이다. 왜냐하면 나는 하나의 유한적인 존재자이기 때문이다. 하지만 이와 같은 유한적 존재자로서 나는, 나의 유한성을 총체성의 관념과 동시에 파악하고 자기 자신을 이 양자와 동일시하는 것에 의해서, 역사적 현상으로서의 나의 진리를 획득한다. 이렇게 혹시 진실한 존재가 하나의 것이고 게다가 이 진실한 존재가 이 하나의 것에 관한 지식에서는 이미 진실로 파악될 수 없다면, 이 진실한 존재는 한계 지어진 개별자로부터 한계 지어진 개별자로 각성되는 것에 의해서 시간적 현존으로서 자기 자신을 나타내지 않으면 안 될 것이다. 확실히 이 진실한 존재는 하나의 실존의 현존의 모든 현상에서 자기 자신을 발견한다. 하지만 단지 다른 현상들 중 하나의 현상으로서만 그 자신 스스로를 발견하는 것에 지나지 않는다. 이 진실한 존재가 과거의 현존으로부터 현재에 근원을 갖는 현존에게 이야기를 걸어온다고 하는 것에 의해서, 새로운 생의 단초에서 가능하게 되는, 이 단초의 과거의 근거와의 근원적인 결합을 통해서 존재의 현상이 처음부터 시작되는 경우에는 불가능한 것 같은 하나의 방법으로 현시된다. 개별자의 비교적 긴 생애의 경우에도, 새롭게 일을 시작하는 맹아적인 힘은 어떠한 정도까지 사용되어 낡아 있을 것이다. 즉 철학함에 있어서는 이미 현존하고 있는 것이 보다 더 오래 지속되고, 또 보다 한층 광범하게 분산될 수 있게 되는 것에 지나지 않을 것이다. 하지만 새로운 근원적인 생은 철학적 진리의 현상에서부터, 이 진리의 초기의 현상이 최초로 발생한 때에도 아직 들을 수 없었던 것을 들을 수 있다. 우리들의 생애가 너무나도 짧고, 우리들의 연구를 계속할 수 없고, 오히려 이것을, 오늘날에 또다시 일을 처음부터 습득하지 않으면 안 되는 것 같은 초보자들의 손에 맡겨지지 않으면 안 된다고 하는 것이 문제가 아니라, 자신의 고유한 근원에 의해서 하나의 생으로서 단 한 번만 자기 자신으로 존재하는 하나의 생의 실체적인 총량이 문제인 것이다. 한 사람이 단 한 번만 진실로 사랑할 수 있고, 그의 애인의 배신에 의해 그의 고유한 존재에 있어서 파괴되며, 그 결과 끝도 없이 여러 가지 것을 하기 시작하고, 만들며, 향락하고 그리고 기분전환을 한다고 해도 혹시 그가 그 경우 순진하며 단순한 몸놀림만이 아니라고 한다면, 즉 그가 그 자신으로 존재하고 그리고 이야기하며 가면의 배후에 몸을 숨겨야 할 것이 아니라고 한다면, 그는 단지 자신에서 하나의 현상 형태를 실현할 수 있을 것이다.

그렇기 때문에 우리들은 다음과 같이 말해도 좋다. 즉 우리들은 수천 년에 걸친 서구적 사유를 통해서 단 하나의 철학 속에, 즉 만약 우리들이 영원의 철학(philosophia perennis)이라고 하는 이름 아래 진실한 존재의 자기 지식을 이해한다고 하면, 이 영원의 철학 속에 살아 있지만 누구도 이 철학을 소유하지 않고, 오히려 이 철학은, 그것이 모든 후대에 이르러 각 사람 속에서 변화된 형태의 새로운 생명에 도달하는 경우에만, 즉 각 사람들이 과거의 사상에 관한 모든 지식에도 불구하고, 자기의 현재와 자기의 근거로부터 외부의 누구로부터도 알려질 수 없는 역사성의 진리를 갖는 경우에만 존재한다.

그렇기 때문에 다음과 같은 귀결이 생길 것이다. 즉 근원적으로 창조적인 철학 역시 다른 철학을 통해서 변화해가는 것에 의해서 비로소 자신의 진리를 전개한다. 또 이들 근원적으로 창조적인 철학은 이와 같은 변화 속에서 계속 하나의 새로운 자기일 수 있다. 이 새로운 자기는 이와 같은 역사적 전제 없이는 존재하지 않았을 것이고, 또 이 역사적 전제를 통해서, 최초의 창조자에 대해서는 그와 같이는 존재하지 않았던 가능성을 갖는다. 이 새로운 자기는 동일한 것으로서 또다시 사유 속에서 살게 되고 행하게 되지 않는다. 즉 이 새로운 자기는, 살게 되거나 행해지거나 하는 것으로서는 과거로부터 이야기하기 때문이며, 더구나 그것은 오히려 자신의 존재를 아직 완결시키지 않은 것이기 때문이다. 과거의 철학이 현재의 진리로 전환한다고 하는 것은 철학적인 철학사의 의미이고, 이미 존재했던 것을 교재로서, 문제로서, 체계로서, 단순히 알고자 하는 역사학과는 다른 것이다.

이러한 역사성의 의미에서 사람들은 모든 과거의 철학을 근저로부터 밝히는 것에 의해서 이것을 현재하는 생의 현실성에까지 분명히 드러낼 수 있는 하나의 철학의 이념을 사유할 수 있다. 이와 같은 철학은 단순히 역사적 특수성에 있어서의 진리가 그 속에 나타날 뿐 아니라, 여러 역사 속의 진리가 그 속에서 일자로서 파악되는, 진실한 철학일 것이다. 거기에서는 존재와 현상이 동일하게 될 것이다. 하지만 이러한 철학도 단지 역사가 완결된 경우에만 가능하게 된다. 바꾸어 말하자면 이와 같은 철학이 가능하다면, 이미 어떠한 철학함도 유한한 현존에 있어서의 가능실존의 현상이 아니고, 철학함은 그 자체로서는 우리들에 대해서 존재하지 않는 유일하고 진실한 존재일 것이다.

이미 어떠한 현재도 철학의 역사를 초월하는 길을 통하지 않고는 하나의 새로운 철학을 생각해낼 수 없다. 옛날의 철학을 이해하며 자기화하는 최초의 곤란은 항상 남는다. 확실히 사람들은 옛날의 철학을 그 교재에서 알고, 그 이야기하는 것을 알고, 과학적 요소와 그 사회적 제약성에서 이것을 관찰하지만, 이와 같은 지식이, 철학함이 항상 그러한 것이 된다고 하는 것, 즉 자기의 초월자에서 스스로를 해명하는 자기존재가 된다고 하는 것이 중요하다.

2. 자기화

즉물적으로 이해하며 명백하게 되는 것에 있어서, 내 속의 어떠한 것이 그것이라고 알아차려지지 못한 채 **모든** 전통으로 옮아간다. 나는 명백하게 그것을 알지 못하고 내가 배우는 것이 된다. 다른 가능성이 완전히 떠올라 오지 않는다는 이유에서 사유의 습성이 발생한다. 구체적 내용이 질문되지 않고 내 속에 깊이 들어온다. 나는 내가 무엇으로 존재하기를 원하는가를 아직 질문하기 전에, 이러한 것들의 구체적 내용이 되어버렸다. 하지만 이미 존재한 것은 한 번 더 존재할 수 없다. 나는 전승된 것으로부터 하나의 전환을 통해서 생성되어온 것이다. 잠시 동안 동일한 것으로서 계속되는 것은, 단순히 이미 존재했던 것이 표면화된 것이고 기계화된 것임에 지나지 않는다.

이와 같이 인지되지 않고 또 음미되지 않는 동화작용은 아직 자기화가 아니다. 자기화는 오히려 **구별**에서 유래하는 것이다. 내가 이해하는 타인과 나 자신을 대립시키는 것에 의해서, 타인과 거리를 둔 후에 비로소 내가 그와 함께 본래적인 공동체에 깊이 들어가는 것과 같이, 나는 내가 처음에 알아차리지 못하는 중에 이미 그것에 익숙해져 버린 모든 전통으로부터 나를 분리하는 것에 의해 지금 비로소 이 전통을 **거부**하든지, 아니면 이 전통을 나 자신에 관한 것으로서 파악하고, 그렇게 하는 것에 의해 스스로 변화하면서 이 전통을 자기화하는가, 하는 것을 명백한 의식을 갖고 **선택**하게 된다. 직접적으로 일치하고 있다고 하는 것이 과거의 자기존재가 아니며 현재의 자기존재도 아니고, 오히려 각성 이전의 몽롱한 가능성에 멈추는가, 그렇지 않으면 외면적이게 된 것의 타락된 고정화가 되는가를 구분하는 것에 의해 처음으로 자기존재가 창조되는 것이지만, 이와 같은 구분에 의해 허무 속에 상실되는 것도 가능하다. 자기를 구별하는 이 자기존재는 단지 자기 고유의 근원으로부터는 아직 자기 자신에게 도달하지 않는 것이기 때문에, 자기 이외의 것을 자기화하지 않으면 안 된다. 자기 이외의 존재하는 모든 것으로부터 떨어져 고립된 자기존재는, 무기저적인 것 속에 잠겨간다. 하지만 자기화는, 그것 없이는 어떠한 자기존재도 생길 수 없는 고유한 근원의 능동성으로부터 도래해야만 한다.

자기화는 가능실존이 그 속에서 다른 실존의 자기존재와 만나는 것을 구하는 과거의 것을 고수하는 것이다. 자기존재는 이미 전통의 흐름에 단순히 따를 뿐 아니라, 이 흐름이 운반해오는 황금을 움켜쥐기 위해, 이 흐름에 저항하는 발판을 획득한다. 과거로부터의 가장 미미한 언어라도 이 자기존재를 각성시킬 수 있으며, 가장 중후한 전통도 자기존재와는 무관한 것으로서 이것과 대조될 수 있을 것이다. 자기존재가 거기에서 무엇을 듣는가, 또 어떠한 이야기를 걸어오는 것과 만났다고 느끼는가, 하는 것은 이 자기존재에 달려 있다.

자기화는 외부적인 **수용**과 본질적으로 다르다. 실존과 연관되어 있지 않기 때문에, 사유된 것 내지 언명된 것으로서 가상에 머무르는 것은 단지 흉내 내기에 지나지 않는다. 단지 획득된 것을 **전환**하여 자기 고유의 행위로 **받아들이는** 것만이 표절이 아닌 것이다.

자기화는 더 이상 이미 질문될 수 없는 단적으로 근원적인 것이고, 구별 속에서 일치하는 것이며, 자유롭게 그 방향으로 가는 가운데 관계 지어져 있는 것이다. 자기화는 친밀한 교우관계 같은 것이지만, 아주 멀어진 과거로 향해진 관계 속에 있다. 내가 단지 타자를 통해서만 존재하면서, 게다가 나 자신이라고 하는 것, 또 내가 전승된 것에 저항하지 않고 단순히 이것을 받아들여 그 속에 녹아들어 가 있는 경우에는, 자기중심적으로 고립해 있는 경우와 같이 나 자신을 잃어버린다고 하는 것은, 모든 상호소통 속에서 마치 수수께끼와도 같은 것이다.

자기화는 아직 모르는 사람의 가장 가까이에서 이 사람으로부터 나 자신에게 돌아오는 경우에는 **밀쳐낸다**는 것에도 있다. 현실적으로 자기 고유의 것에서 존재하는 자는 아직 모르는 현실성에 있어서 본질적인 것을 따라가고, 그렇게 하는 것에 의해서 보다 더 자기 자신이 되려고 한다. 내가 이러한 자기화를 거부하고 아직 모르는 사람의 힘 앞에 두려움을 갖는 경우, 혹은 내가 나의 존재의 가상인 모든 것을 어디에서도 구속받지 않고 나의 주변에 둘러쌀 경우, 나는 나 자신의 고유한 가능성을 부인하는 것이 된다.

과거의 **철학함**을 자기화하는 것은 **원전**을 이해하는 것에 의해서 성취된다. 원전을 이해하기 위해서는 먼저 모든 명제 속에서 생각되고 있는 의미를 재생하는 것이 필요하다. 단어들이 동일하게 고정화될 수 있는 하나의 의미의 정의가능한 개념에 대한 기호체계에 가까워지면 가까워질수록, 그만큼 이 이해는 확실하게 된다. 철학함 속의 단어들은 그들의 모든 한계에서 모호하고 더욱이 끊임없이 부동하고 있는 하나의 의미를 갖고 있는 것이기 때문에, 이 의미는 단지 저자의 언어 사용의 전체에서만 추정될 수 있다. 하지만 철학적으로 결정적인 것은 항상 고정화에 의해서 규정된 의미 이상이기 때문에, 규정가능한 언어 사용에 근거한 이해의 과정은 종국에 다다르지 못하고, 어떠한 이해도 서로에게 부합하지 않는다. 이해하는 자는 말하자면 자기를 저자 옆에 두고, 될 수 있는 한 구체적으로 저자의 세계에 깊이 들어간다. 그렇게 하는 것에 의해서 처음으로, 이미 습득되었다고 하는 것이 아니고, 자기 고유의 역사성에 근거한 역사적인 철학함에서 탐구하는 것을 의미하는 자기화가 가능하게 된다. 자기화는 마치 그 근저에 하나의 공동체가 있고, 이 공동체 속에는 일자가 존재하며, 그리고 모든 자기존재가 서로 관계를 맺는 것과 같이 존재한다.

전환의 과정이 자기화하는 것이라는 경우에는, 원전 속에 직접 읽어질 수 있도록 존재하지 않지만 저자가 거기에 있다고 하는 이유에 의해서만 가능하게 되는 진리가 사유되게 된다. 거기에서는 진리가 발견된 이후에 제시된 것이 아니고, 당시 현재하고 있던 진리가 지금 현재하고 있다고 간주될 수 있는 방법으로 취해지는 것이다. 철학함의 근원성은 순간적인 일치를 성취한다. 자기화는 아는 체하는 지식이 배제될 것이기 때문에, 거기에서는 자의적인 지성적인 변경과 정정이 경멸된다. 언어에 의해서 주어진 사유내용을 풀어내거나, 이러한 사유내용의 모든 요소를 새로운 관계 속에 두거나, 그들을 조립한다고 하는 것은 원천에 다다르기 위해 단순히 길을 깨끗하게 할 뿐인 것이다. 고정화된 사유를 아는 것에 의해, 학설 속에서 이미 수행된 초월함이 현재적인 것으로서 반복되지 않으면 안 되는 것이다. 그렇기 때문에 모든 전승된 철학을 취급하는 태도에는 단 하나의 본질적인 구별이 있다. 즉 이러한 취급은 고유의 근거를 갖지 못하고, 잘못되어 단순한 지식의 내용으로 간주된 것을 해석을 쉽게 하기 위해서 일목요연하게 하려는 의도를 갖고 행해지는 교재에 관한 단순한 지적 작용인 것인가, 그렇지 않으면 현재의 상황 속에서의 고유한 생의 비상에 근거하는 순정한 철학함인 것인가, 하는 단 하나의 구별이 있을 뿐이다.

3. 학설과 학파

철학함은 근저에 있어서 과거 이천오백 년의 흐름 속에 나타나고, 절정임과 동시에 근원이며, 각자 유일하고 스스로가 자기 고유의 기준인 소수의 철학자들에 의해서 살아 있다. 다른 사람들은 이들 소수 철학자들의 계보를 잇고 있다. 하지만 이 사람들은 혹시 그들이 자기 고유의 근원에 근거해 이들 소수의 철학자들에 응할 준비가 되어 있지 않으면 이 근원에 참여할 수 없을 것이다. 이미 자기 자신 속에서 불꽃을 갖고 있는 사람만이 전승된 진리에 의해서 점화될 것이다. 하지만 이와 같은 사람은 설령 그가 진실하며 근원적이라고 해도, 본래적으로 창조적이지는 않은 것이다.

진실로 철학함은 근원적으로 철학함과 동일하기 때문에 철학이 습득되고, 철학의 진리가 단순히 받아들여진다는 것은 불가능하게 된다. 자기화는 무엇보다도 먼저 진보하는 것이거나 퇴화하는 것도 아닌, 스스로를 각성시키며 전파하고 있는 철학함의 현실성이다.

고유의 근원성이 위대한 철학자들에서 근원을 구하고, 이들의 학설을 통해서 나타나는 것으로 이들 학설을 통해서 다가가는 경우, 해석하면서 동시에 자기 자신에 근거해 있는 이 철학함은 그 스스로의 입장으로부터 자기를 언명하고, 그리고 하나의 체계적인 철학을 전개하는 것이 가능하다. 이와 같은 체계적 철학은 설령 사소한 모습에 있어서도 결코 위대한 체계적 철학의 자리에 들어가려고 하지는 않을 것이다. 이와 같은 체계적 철학은 위대한 체계적 철학에 대한 통로를 열어두는, 독창적이지는 않지만 원래적인 철학함을 위한 기관임에 지나지 않는다. 이와 같은 철학은 각각의 역사적 위치에서 새로운 자기의 형태를 찾아 구하지 않으면 안 될 것이다. 나의 것으로서, 그리고 전승에 의해서 자기의 철학 형태를 구하는 자는 어느 시대에나 살아 있지는 않는 백 년에 한 번 있는 그 철학자들을 무제약적으로 존경하며, 자기 자신을 이들의 철학자와 혼동하지는 않을 것이다.

자기화는 철학함이 객관적 형태로 나에게 전해진다는 것을 전제하기 때문에, 이해한다는 것은 하나의 세공을 필요로 하기 때문에, 철학은 불가피하게 학설이 된다. 하지만 학설로서 철학함은 가능성을 거부해버리는 오해를 받아들이게 된다. 학설과 학파는 설령 순수한 철학함에 있어서 위험한 것이라고 해도, 전달되는 것으로서 세계 속의 하나의 현존이 되는 어떠한 철학함도, 이것을 피할 수 없는 하나의 과제가 된다.

사실과 구성에서 발견될 수 있는 모든 것을 파악하는 연구와 이해에서 지식가능성을 전반적으로 표현하기 위한 모든 과학의 공존으로서의 대학은, 개개의 연구자와 학자 속에 현재하고 있는 철학함을 통해서 스스로의 통일과 내적 생명을 갖는다. 모든 과학에서만, 또 과학과 함께 있어서만 스스로를 성취하는 것이 가능하고, 과학에 처음으로 의미와 근원적인 상호관련성을 부여하는 이 '과학 이상의 것'은 철학의 학설 속에서 전체의 영혼으로서 명백히 의식된 것이 된다. 대학은 이 영혼이 대학에 침투해 있으면 있을수록 꽃피는 것이다.

그렇기 때문에 철학적 학설은 오늘날 과학적 내지 철학적 전통을 보존하기 위한 조건이 되어 있는 대학에서 교육 활동이 된다. 학파는 개념, 판별 및 정의와 사유의 모든 방법과 해석 기술 내지 습득가능한 역사적 지식 등의 보물을 중개한다. 또 학파는 이와 같이 철학함의 조건을 보다 광범하게 할 뿐 아니라 과거의 철학함의 근원에 주의를 환기시키고, 이것을 경청하도록 각성시키는 기능을 갖고 있다. 학파는 아직 철학적인 진리가 아니고 단지 철학적 진리를 획득하기 위한 전제 조건을 지적 훈련을 통해 부여할 뿐이다. 즉 거기에서는 진실한 것으로서 파악된 것을 근본적이며 정밀하게 언명하는 것을 배우는 것이 가능하고, 개개인이 그 속에서 요청에 귀를 기울이는 것 같은 하나의 분위기를 보존하는 것이 가능하다.

학설은 설령 철학함을 보다 광범하게 부여하는 형식이라고 해도, 형식으로서 잠정적인 것이다. 학설은 지속적으로 생산적인 상호소통의 역사적 필연성에서 유래하는 것이며 기능으로서는 진리를 갖는다. 하지만 결정된 존립으로서는 기만적인 것이 된다. 왜냐하면 객관적으로 지식가능한 내용으로서 받아들여질 때, 철학은 이미 자기를 잃는 도상에 있기 때문이다. 철학함은 이와 같은 통과 지점을 가지는 것이고, 이 통과 지점에 있어서 철학함은 스스로 객관적이게 되며, 그때마다 한순간 완전히 자신에서, 마침내 스스로의 근원을 잃고 공허하게 된 객관성 속에서 자기 자신을 지양해버리는 것이다.

학파는 인간이 이미 어떠한 하나의 학설 속에서, 자기존재의 요구로부터 해방된 고정성을 가지려고 하면 할수록, 철학의 안정화를 통해서 점점 철학함을 잃어간다. 사회학적 모든 제도에 있어서 (고대에 있어서, 근대적 대학에서) 철학의 전통을 위해 필요한 직업이 쓸모없는 것에 하나의 지위를 만들어내도록 유혹하는 경우에는, 사람들이 그 속에서 권력을 휘두를 수 있는 경영으로 타락한다고 하는 위험이 철학에서 발생한다. 그 경우에 자기의 위험에 근거해 세계와 인간과 역사적 전승에 접촉하지 않고 철학해온 자는, 철학을 마치 하나의 존립하는 과학이기라도 되는 듯이, 사람들이 습득할 수 있고 지적 조작에 의해서 이것을 증가시킬 수 있을 뿐 아니라 가르치는 것도 가능한 과학으로서 취급하려 하는 유혹을 느끼는 것이다.

이와 같은 경영은, 역사적인 학설의 단편을 전하고 남기는 것으로서, 철학함의 응어리에(capita mortua) 관한 지식을 보존하는 것으로서, 그 본질이 밝혀지기라도 한다면 날조되지 않은 지속성을 위한 조건이고, 따라서 필요하며 유용한 것이다. 날조는 자신에게 있어서의 진리를 억측적인 과학으로서 주장하는 특정한 철학의 이름으로 학파의 설정이 행해지는 경우에 처음으로 현시된다. 이와 같은 학파의 창립은 하나의 특별한 존경을 부여하고 그 학파에 속하는 사람에게 좀 더 나은 기회를 부여한다. 이 경우 사람들은 순수한 철학자들을, 마치 그들도 또 여기저기에 있어서 이미 올바른 것을 발견했든지 혹은 그것에 근접한 상태에 와 있는 것같이 취급한다. 사람들은 이러한 철학자들을 자신과 같은 학파의 사람들과 나란히 인용하고, 마치 우리들의 철학적 행위가 불완전한 것이라도 되는 듯이 오히려 그것이 본질적인 것에 있어서의 분업에 의해서 요구될 수 있는 것같이, 단순한 의사 표시에 의해서 안전을 제공한다. 이러한 학파의 사람들은 상호간에 서로 의존하며 작성된 문서를 중시하지만, 이러한 학파의 연대에서 사람들은 자신의 경영을 정신적인 운동이라고 사칭하는 것이다.

하지만 **학파를 창립하려는 의도**를 갖고 철학하는 자는 근원에 있어서 불성실하게 되지 않을 수 없다. 이와 같은 사람은 철학을 단순히 과학으로서 취급할 뿐 아니라, 자기만이 본래적으로 철학을 소유하며 이것을 과학으로서 올바른 방향으로 가져온다는 투로 기만한다. 예를 들면 그는 철학을 세계관으로부터 구별한다. 왜냐하면 그에게 있어서 철학은 보편타당한 확정을 내용으로 삼는 것이기 때문이다. 그리고 세계관은 그에게 있어서는, 다른 여러 세계관 가운데 하나로서 타당한 것이기 때문이다. 이렇게 그에게 있어서 철학은 세계관 없이도 가능하게 되어야 할 것이다. 그는 그의 학설을 승인할 것을 요구하고 다른 사람들이 만들어낸 것에 대해서는, 그것이 어떠한 철학도 아닌 것같이 이야기한다. 그는 논쟁적이다. 왜냐하면 근원적으로 그는 철학함으로 그를 데리고 가는 자기존재 없이, 단지 타인의 주장을 거부하고 자신의 주장을 지키는 것에 의해서 살아가고 있는 것이기 때문이다. 그가 적극적으로 주장하는 것은 그에게 하나의 사실이고, 그것은 구체적 내용을 결여한 것으로서 멈추든지, 그렇지 않으면 세계 속의 사물에 관한 개별과학이 되지 않으면 안 되는 것이다.

제자로서 타인의 학설과 방법을 스승의 그것으로서 받아들이는 자는, 가령 스승이 근원적으로 철학하며 하나의 구체적 내용을 표현하는 경우에도 그 학설과 방법을 외면적인 것으로 만든다. 철학의 역사는 철학이 어떻게 모든 개념의 공허한 취급과 방법의 부자연스러움으로 전환하는가를 가르쳐준다. 제자의 특성은 위대한 철학자의 저작을 보존하고, 그 철학자에 대해서 보고하는 역사적인 기능을 가질 수 있다. 즉 제자의 특성은 그 철학자의 사상 구성을 변화시키는 것에 의해서 소급적으로 그 철학에 빛을 던져, 기술적인 것으로 그 철학자를 확대하며 자기의 본질을 그 철학자의 본질과 대조하여 후자를 처음으로 올바로 떠올리는 것이 가능하다. 하지만 제자의 특성은 철학함은 불가능하다. 왜냐하면, 철학함은 근원적으로 자유로운 하나의 자기존재의 특수한 표현이기 때문이다.

이와 같이 철학을 하나의 전문 과학으로 해소해버리는 학파는 가르치는 자 속에서 하나의 태도를, 즉 항상 약속하지만 어떤 충실함도 회피한다고 하는 태도를 이끌어낸다. 왜냐하면 학파는 무제약적인 것의 진리의 의식을 객관적 지식으로서는 도저히 부여할 수 없기 때문이다. 학파는 또 배우는 자 속에 하나의 욕구를, 즉 모든 명제를 각인하는 것에 의해 한 걸음 한 걸음 철학을 소유물로서 획득하려 하고, 또 그렇게 하는 것을 갖고 만족하고자 하는 욕구를 이끌어낸다. 이와 같이 가르치는 자를 배우는 자가 안간 힘을 다해 어떠한 것을 고집하는 사이에, 양자 속에서 철학은 결코 과학이 되지 않고 중간에 중지해버린다. 왜냐하면 거기에서는 가르치는 자도, 배우는 자도 사실상 어떠한 것도 붙잡고 있지 않기 때문이다.

철학함에서 자기 자신과 만나며 연결되어 있는, 근원적으로 자신으로 존재하는 인간만이 진실하게 철학하는 것이다. 사람들이 공허함으로 움직이는 것에 의해서 본래적인 것을 전체로서 파악하려고 감히 시도하면서 이것을 거부하는 경우가, 전문가적 권위에 대한 과학적 미신적인 태도에 근거한 체계적인 인습에서 철학함을 매몰시키는 경우보다 오히려 철학의 깃발을 더욱 높이 들고 있게 해줄 것이다.

그렇기 때문에 역시 철학의 현실성은 경영으로서의 학파의 흐름을 필연적으로 수반한다고 해도, 그것은 단지 사유의 용구를 확실하게 전승해가는 것에 의해서 동시에 모든 배우는 자로서 그 자신을 철학함을 **시작함**과 동시에 이 전승으로부터 떨어뜨리고, 그리고 완전히 자기 자신에 입각해 철학함을 감히 시도하게 하기 위해서이다. 철학은 항상 반복되어 나타나는 상실상태로부터 스스로를 돌려놓는 것으로 실현된다. 철학은 과학과 같이 동학의 사람들 그 자신에 의지하는 것이 완전히 불가능하고, 단지 모든 과학자, 연구자 및 학자에 있어서의 인간으로서의 인간 내면의 철학적 생에 의지하는 것이 가능할 뿐이다. 근원적으로 철학하는 자는 사유 속에서 사유를 뛰어넘기 위해서 스스로의 자유를 보증한다. 근원적으로 철학하는 자는 모든 것이, 즉 존재 그 자체가 문제가 되는 곳에서는 강제적 지식을 구하지 않는다.

그러므로 막연한 의미에 있어서, 즉 하나의 학설에 의해서 통일되지 않는 진실한 학파는 전통화되어가는 하나의 **철학적 생**과의 관련이다. 그때마다 대체불가능한 각 개인은 이미 그들이 철학하는 출발점에 있어서, 자기에게 친한 것과 소원한 것을 선택해 나눈다. 이와 같은 학파는 어떠한 한 사람의 창시자의 이름을 중심에 두지는 않을 것이다. 이와 같은 학파의 구성원들은 본래적으로 자립적으로 행동한다. 불성실한 자가 자신들의 친구에 소속되어 있는 것으로부터 오는 그 연대성을 불손하게도 가치로서 주장하는 것에 대해, 실존의 학파의 구성원들은 자유의 연대성을 갖고 있다. 자유는 자유가 있는 곳을 추적하고, 자유가 자유에 적대하는 경우에 더욱이 이것을 진지하게 떠맡는다. 이와 같은 진실한 학파의 구성원들은 세계 속에 있어서의 반대자를 친구로 만들기를 원하기 때문에, 철저함과 동시에 기사적인 순수한 철학적 적대관계에 들어갈 수 있다는 것은, 대립 관계 속에서는 가능적인 자유 존재에 의한 한층 깊은 공동체가 남아 있기 때문이다. 이와 같은 학파는 그리스인으로부터 시작된 서양의 철학함의 분위기였고, 그것은 마치 시대를 꿰뚫는 하나의 익명의 왕국과 같은 것이다.

이와 같은 막연한 학파의 관련에서는 비록 제도에 의해서 확보된 전통이라고 할지라도 자유롭다. 이 자유로운 전통은 획득된 학설의 형태로 그 자신 스스로를 후세에 전한다고 하는 의지에서가 아니라, 오히려 단지 타인의 자기를 각성시킨다고 하는 것만을 희망하며 단지 모든 전제 조건에 대해서만 훈련을 부여한다. 귀의한다고 하는 것으로 만족하는 제자의 기질을 허락한다는 것은 타락을 의미한다. 왜냐하면 자기 고유의 근거에 근거한 자유로운 타인에 대한 사랑은, 단지 상호소통에 있어서 평등한 입장만을 현실성으로서 인정하든지 혹은 가능성을 유지하기 위해 거리를 두는 것을 인정할 뿐이기 때문이다.

제7장

종교, 과학 및 예술에 대한 철학의 자기 식별

철학의 현존에 관한 세계정위의 단순한 객관적 고찰은 철학의 본질을 파악할 수는 없다. 왜냐하면 철학이 거기서부터 조망되고, 비교되며, 정의될 수 있는 어떠한 입장도 외부에는 주어져 있지 않기 때문이다. 철학은 궁극적인 입장으로서 근본적이고 이미 어떠한 입장도 아닌 것이다. 철학은 또다시 스스로를 초월할 수 없다. 그렇기 때문에 철학을 객관적으로 고찰하는 어떠한 시도도 이미 철학 혹은 철학이 아닌 것에 의해서 제약되어 있는 것이다.

하지만 그럼에도 불구하고 철학을 관찰하는 것에 의해서 철학의 본질을 간접적으로 찾아내는 것이 성찰 속에서 가능하다. 철학은 철학이 아닌 것으로부터, 철학이 자신을 거기서부터 구별하며 동시에 이것을 스스로에 받아들이고자 하는 것으로부터, 자기를 구별하는 것에 의해서 그 자신 스스로를 나타낸다. 철학은 철학에 대한 타자가 철학을 거부 혹은 거세하려 한다는 것을 알고 있기 때문에 다른 존재를 스스로의 밖에 갖는 하나의 존재의 밝음으로서 투쟁 속에서 그 자신 스스로에게 도달하지 않으면 안 된다. 철학은 종교, 과학 및 예술로부터 스스로를 구별한다. 철학은 하나의 신앙으로서의 가능성을 철학에 인정하는 것에 반대하는 다음과 같은 판단이, 종교와 과학과 예술의 측면에서 행해지는 것을 듣는다. 즉 종교만이 진실한 것이고, 철학은 단순히 종교로 들어가는 통로 혹은 종교에 의존하는 것에 지나지 않는다.

과학만이 진리를 소유하며, 모든 것이 여러 특수과학에서 연구대상이 되어버린 후에는 철학은 쓸모없는 것이 되어버린다.

철학은 공허하고 진실한 것은 **예술**에서 파악된다. 인간은 진실한 것을 관상하거나 느낄 수 있지만, 이것을 사유하거나 인식하는 것은 불가능하다는 판단이 바로 그것이다.

철학은 이러한 격차를 인정하지만, 그것은 구별된 것을 새로운 형태로 나의 것으로 만들기 위함이다. 철학은 스스로를 타자에게 **종속**시키는 위험을 누차 무릅쓰면서 이 구별 속에서 다시 **철학 그 자체로서 소생**해온다.

오늘날까지 철학은 철학적 **종교**로서, 현존에 있어서 실존의 열매가 풍성한 분열을 모호하게 은폐하고 투쟁을 지양해버리려고 해왔다. 하지만 철학은 계시와 권위에 근거 지어진 종교적 신앙의 무제약성으로부터 스스로를 구별한 경우에만 스스로를 자유로운 무제약성으로서 발견해왔다.

또 철학은 스스로를 **과학**과 동일시하고 과학적 철학으로서 스스로를 정립하려고 시도해왔다. 철학은 사유하는 생활로서 과학과 친근성을 가지면서, 모든 과학을 남김없이 받아들이는 경우에만 자기를 주장할 수 있는 것이라 생각되었던 것이다. 하지만 철학은 철학 고유의 사유가 지식의 성과로서 보편타당한 존립을 획득하지 않는다고 하는 것에 의해, 어디까지나 과학으로부터 계속 구별되어왔던 것이다.

또 철학은 스스로를 **예술**과 동일시하고, 그 자신 스스로를 오해하면서 자기의 사유를 하나의 예술작품의 형태에서 개념시라고 간주할 수 있었다. 사실 철학은 예술과 같이 그때마다 충실한 현재이다. 하지만 철학은 형태로서 완결되는 것 속에서 그 충실을 발견하는 것은 아니다. 왜냐하면 철학의 법칙은 여러 형태를 파괴하고 열어가는 것이기 때문이다.

그러므로 **구별의 의미**는 이질적이다. 철학은 **종교**와 **투쟁**해야 한다. 철학은 종교 속에서, 철학 그 자체가 아니지만 그렇다고 해서 철학에 있어서 결코 어떻게 되든지 상관없는 것은 아닌 하나의 단적인 타자를 인정한다. 이 타자는 철학과 나란히 정립되는 것은 아니다. 왜냐하면 철학과 종교 양자가 거기로부터 파악될 수 있는 어떠한 입장도 주어져 있지 않기 때문이다. 하지만 이 타자는 철학에서는 다음과 같은 것이다. 즉 시험된 상호소통이 그것에 의해 가장 결정적인 반발을 불러일으킨다 생각하면 곧바로 또 움직이기 시작하며, 철학이 어떠한 안정도 주지 못하고 철학이 그것과 관련하여 사유하는 것이다. 철학은 **과학**과는 **화해**할 수 있다. 철학의 과학과의 투쟁은 저절로 누그러뜨려진다. 왜냐하면 이 투쟁은 필연적인 것이 아니고 오히려 과학의 자유는 철학의 고유한 관심사이기 때문이다. 마지막으로 철학은 철학 그 자체가 그 속에 포함되는 형태화로서 **예술**을 사랑할 수 있다.

철학은 종교, 과학 및 예술로부터 구별된 경우에만 철학 그 자체가 되는 것이다. 그럼에도 불구하고 철학은 종교, 과학 및 예술에 현재하는 것이며, 이러한 것 없이는 결코 존재하지 않는다. 모든 이러한 것들에 **공통점**은 여기에서 인간이 그의 본래적인 **존재의식**을 획득한다고 하는 것이고, 이것은 종교에서는 신과 관계 지어진다고 하는 것을 통해서 행해지며, 과학에서는 대상적 지식을 통해서 행해지고, 예술에서는 상징적 직관을 통해 행해진다. 철학은 종교, 과학 및 예술로부터 분리될 때 상실되지만, 이들과 하나가 될 수 없다. **종교**를 대할 때에 **긴장**은 절대적이다. 즉 연구자는 철학자가 되고, 철학자는 연구자가 된다. 예술에 대한 대립 긴장은 포용하면서 배제하는 것이다. 즉 나는 전적으로 철학자이든지 그렇지 않으면 전적으로 예술가이든지, 둘 중의 하나로만 있을 수 있고 어떠한 중간자일 수도 없다. 하지만 철학자와 예술가는 철학과 종교가 배타적 관계에 있는 것과 달리, 매번 한편이 다른 편에 잠재하면서 서로 뒤섞여 있는 것이다.

철학과 종교

종교와 철학은 세계에 있어서의 **정신적 형상**으로서 외부로부터 관찰될 수 있다. 하지만 종교와 철학의 즉자적 존재는 가능적인 지식 내지 이해의 대상이 아니다. 종교와 철학이 어떠한 것으로서 출현하는가, 종교와 철학에 근거해 무엇이 또 어떻게 이야기되며 행해지는가, 하는 것은 확정되며 특징지어질 수 있다. 종교적 무제약성이 사실적으로 어디에서 상호소통을 중단시키는가, 하는 것도 경험될 수 있다. 하지만 종교적 무제약성의 고유한 근거는 단지 이 근거 속에 서 있는 자에 대해서만 현재한다.

현실성은 여러 모든 종교 상호간에, 또 철학과 서로 투쟁하는 것을 나타내고 있다. 비교를 일삼는 객관적인 음미는 진리는 어디에 있는가, 하는 인식에로 결코 이끌지 않을 것이다. 각 개인은 그가 그것에 의해 교육되고 그 스스로가 된 하나의 종교 속에서 탄생한다. 즉 개종자는 많은 경우에는 내면적인 기저를 결여한 의심스러운 인물이다. 철학은 하나의 종교의 기초 위에서만 성장하는 것같이 보인다. 종교의 전승이 회고하기 어려울 정도로 먼 시대로부터 유래하는 것에 대해, 철학은 나에게 알려진 역사 속에서 기원을 갖는 것이다.

상호간에 상반되는 의미와 타당한 성격을 이와 같이 경험적으로 확정해도, 종교와 철학의 분리의 근원과 그들의 투쟁의 의미에 대한 물음에 대해

답은 주어지지 않는다. 대저 이 물음은 충분하며 객관적인 어떠한 답도 발견할 수 없다. 거기에서는 오히려 이와 같은 투쟁의 불가피성이 그 속에서 해명되도록 도달가능한 깊이를 향해, 철학하는 입장으로부터 다가가는 것만이 시도되어야 할 것이다.

혹 우리가 스스로를 자기의 초월자에 관계 지어져 있는 것으로서 의식하는 실존적 무제약성을 이미 종교라고 이름 붙인다고 한다면, 철학도 또 하나의 종교가 될 것이다.[1] 하지만 종교나 철학이라 해도, 이것을 모호하게 얼버무리지 않는 것이 매우 중요하다. 종교는 실증적인 성격을 갖고 있지만, 이에 반해서 철학은 무엇보다도 먼저 이와 같은 성격을 결여하고 있는 것을 고백하지 않으면 안 된다.

1. 종교의 외면적 특징

철학자 측면에서는 종교의 실증적 제약을 본래적으로 보는 것이 불가능하고, 단지 이 제약을 구성하는 모든 요소가 통람될 수 있을 뿐이다. 즉

---

1) (원주) 종교라는 말은 그 의미가 변천해오고 있다. 인격신을 향한 신앙이라는 의미를 갖는 것에 앞서, 맨 처음에는 터부와 같은 의미를 갖고 있었지만(Deubner in Chantepie de la Saussaye 1, 430 —역주 · Chantepie de la Saussaye는 네덜란드의 신학자, 칼빈주의자. 1818년에 태어나 1874년에 사망), 후에 religere(존경하며 정신을 차린다.)와 religare(맺음)에 관계되었다. 중세에(라가르드, 『독일어 저작집』, 46쪽, Lagarde, *Deutsche Schriften* S. 46) 종교라는 언어는 승려의 맹세를 행한 사람들에 대해서 사용되었다. 이 언어가 독일어로 사용된 것은, 1750년 이후이다. 라가르드에 의하면 그 당시 종교라는 언어는 루터파와 개혁파와 가톨릭교회 속에서 통용되던 신앙(Glauben)이라는 언어에 가장 결정적으로 대립하는 것으로서 도입되었다고 한다. 하지만 이와 같은 용어법과 함께 실존적인 모호함이 생겨난 것을 생각하면, 아마도 이들 언어의 의미는 철학하는 자 자신에게 있어서는 종교가 아니라 신앙이 가능하다라고 하는 것같이, 재차 이것을 원래의 것으로 되돌리는 편이 좋을 것이다.

a) 기도와 예배는 신성과 상호소통하는 근원적인 행위이다. 기도와 예배는 그들의 본질적인 의미에서는, 이 기도와 예배 속에서 극복되어 현재하는 현존의 현실성으로서만 상황, 역사적 경위, 목적 및 기회와 연관돼 있는 것에 지나지 않는다. 기도와 예배는 확실히 반성의 기초가 되는 것은 가능하지만, 어떠한 사유도, 어떠한 시도도, 기도와 예배를 향해 이끄는 것은 아니다. 또 기도와 예배는 이에 참가하지 않고 방관하고 있는 자에 대해서 그렇게 보이는 것 같은 외면적인 것이 아니며, 또 모든 규칙에 따라서 조합될 수 있는 감정도 아니다. 우리들은 기도와 예배를 이미 잃어버렸을 때, 기도와 예배를 이와 같은 감정으로서 그 자신에 대해 모호하게 고집하려는 것이다. 여러 모든 마술적인 환상으로부터 해방된 기도와 예배는 이 기도와 예배 속에 서 있는 사람에게는 어디까지나 초월적인 현실성이다. 기도와 예배에서는 신성에 대한 단순히 기분적이지는 않은 하나의 실재적인 관계가 성취됨과 동시에 경험되고, 초월적인 의의를 갖는 현실적인 사건이 수행되며 감수된다. 기도와 예배를 통해 인간은 단순히 아직 모르는 머나먼 세계로서가 아니라, 감성적으로 느껴질 수 있는 세계로서 하나의 다른 세계에 적응하게 된다. 이 세계에서는 머나먼 것이 가깝게 되고, 아직 모르는 것이 현재하게 된다.

b) 계시는 종교적 객관성에 대한 근원적인 원천이고, 이 원천은 예배화된 기도 속에서 초월적인 것으로서 만나진다. 계시는 자유로운 전통 속에서 총괄적이며 상대적으로 나에게 접근해오는 초월자의 현상의 역사성으로서 생각되는 것이 결코 아니고, 유일한, 역사적으로 한 번뿐인, 배타적인, 기적으로서 특징지어지는 계시로서 생각되고 있다. 이와 같은 계시는 지식에 대한 그 근원적인 결정화를 교의 속에서 획득한다. 그리고 이 교의는 더욱 신학 속에서 체계적으로 생각해내는 것이다.

c) 다음으로 기도와 예배와 계시는 교단이라고 불리며 교회가 될 수 있는 곳의 하나의 **공동체**에서 구성적인 의의를 갖고 있다. 이 공동체 속에서 인간은, 자기가 모든 다른 사람들과 함께 하나의 단체와 관계 맺어져 있다고 믿는다. 거기에서 인간은 단독의 개인으로부터 단독의 개인을 향한 피하기 어려운 실존적 상호소통 없이 끝내며, 실존적인 확실성을 갖는 것이 가능하다. 왜냐하면 그는 그에게 있어서 이 신비적 단체(corpus mysticum)에 있어서의 신의 정신의 현재를 의미하고 있는 전체에 소속되어 있기 때문이다. 방출된 것과 같이 혼자서 실존하는 자가, 단지 단독의 개인으로부터 단독의 개인을 향한 상호소통과, 어디에 있어서도 객관적이게 되지 않는 이 상호소통의 왕국만을, 내면적으로 경험할 수 있음에 지나지 않고, 그것 이외에는 단순히 목적 단체에 관계하든지 혹은 확실히 영혼은 통하고 있으며 그 사람에게 있어서 무제약적으로 중요하기는 하지만 역사학적으로는 상대적이고 모든 것을 총괄하는 것은 아닌 현존 공동체에 관계하는가, 둘 중에 하나임에 지나지 않는 것에 대해, 종교에 있어서는 교회가 모든 인류에 대한 보편적 권리를 갖고 교회를 믿는 모든 사람에 대해서 교회 속에 있어서만 진실하고 유일한 초월자를 가시적이게 하며 확신시키는 권위이다. 확실히 교회도 또 현존으로서 사회학적 공동체이고, 그 특수한 현실성에 응하여, 이해가능한 모든 연관 속에 서 있다. 하지만 교회는 신자들에게 있어서는 본질적으로 이와 같은 것이 아니다. 그들에게 교회의 권위란 초감성적인 것이다.

d) 마지막으로 교회, 교의 및 신학은 서로 더불어서, 계시를 유일무이한 초시간적인, 그러므로 또 항상적인 어떠한 하나의 객관적인 것으로서 시간을 관통하여 전도된다. 신자는 **순종적**이다. 그는 복종하고 의심 없이 이해불가능한 축복을 받는다. 그는 **사유**에 있어서는 신학을 따르고 **행동**에 있

어서는 종교의 계율을 따른다. 모든 현존은 복종해야 할 것이다. 그 스스로의 객관성 속에 계시된 신성 이외의 어떠한 것도 엄숙하게 있을 수 없고 또 이 신성이 발하는 말과 계율 이외의 어떠한 것도 엄숙할 수는 없다. 세계는 이 신성에 의해서 지배되어야 할 것이고(신정정치), 모든 타당성은 이 신성에 의해서 기초 지어져야 할 것이고(신율), 모든 진실한 대상성은 신에게서 유래하는 것으로서 신에게서 직관되어야 할 것이다.(신상(神相)) 인간은 신적 존재에 포함되어 있고, 그가 순종하는 경우에 그는 이 신적 존재 속에서 스스로의 위치를 부여받는다.

철학의 측면에서 보면 종교는 철학이 실현되지 않으며 본래적으로 이해되지도 않는 타자이지만, 이와 같은 철학의 타자로서의 종교는 기도와 예배와 계시가 공동체를 건설하고 권위와 신학과 순종의 원천이 되는 곳에서만 존재한다.

2. 종교에 대한 철학의 자기 식별

인간이 단 하나의 진실한 존재로서의 철학함의 배제적인 가능성이 아니라, 이 종교적 존립을 그에게 현재하는 하나의 초월자로서 우러러보는 것이다. 철학함에는 종교가 거기에서부터 출발하는 것 같은 근원은 발견되지 않는다. 철학함은 이 결함을 의식하고, 의혹 속에 멈추지 않으면 안 된다. 그렇기 때문에 종교의 가능성은 철학함에 대해서 어떠한 안정도 주지 않는다. 시선이 종교 전체에 향해질 때, 권위의 형식은 이미 드러난 강제력이 아니다. 권위의 형식은 객관적인 보증을 통해서 확실하게 되는 초월자에서 영입되기 때문에, 초래하고, 손을 벌리고 있는 것같이 보인다. 모든 성실한 인간에 대해, 그의 세계정위와 자기의식이 명석하게 되는 것에 따라서 선택이 요구된다. 그에게 있어서는, 단지 모호한 타협으로 얼버무려지는 것에 의해서 이 선택을 회피하든지, 아니면 그 스스로의 역사적 근거를 그에 부여된 종교에서 젊어지고, 자기 상기적인 철학에서 이것을 유지하며, 그가 선택하지 않았던 것을 잃기 어려운 그의 길로서 또 타인에게 있어서의 진리로서 긍정하든지, 그 둘 중 하나가 가능하다. 이렇게 혹시 그가 얼버무리는 것을 거부한다고 하면 그는 이미 모든 신앙이나 모든 영웅 숭배를, 또 철학함을 그만큼 이미 종교라고 부르지는 않을 것이다. 철학할 때 그는 종교 밖에 멈추지 않으면 안 된다. 그럼에도 불구하고 모호한 미결단의 상태와 다르게 소극적인 의미에서는 더욱 종교적이라고 해야 할 것이다. 그러므로 철학함은 종교에 대해서 스스로를 투사하는 것에 의해서 스스로를 특징짓는다.

a) 철학적인 **자주성**은 경험적, 강제적 지식에서는 객관성을 보편타당한 것으로서 인식하지만, 가능실존의 역사적 자기 해명의 형태에서는 보편타당한 것이 될 때 상실될 진리로서 객관성을 인식한다.

계시의 객관성은 종교에서는 역사적인 한 번뿐인 사실로서 유한하게 통찰가능한 것으로 고정화되고, 이미 역사적 초월의 표현으로서의 상징적 성격을 잃고, 그리고 거기에서 신의 직접적인 말은 응고되어버린다. 이에 반해 실존의 **자주성**은 모든 역사적 객관성에서 단지 초월자의 가능적인 언어만을 듣는다. 이 초월자의 가능적인 언어를 나의 것으로서 이해하는 것이 실존의 과제이고, 실존은 이 과제를 스스로의 위험에 있어서 수행 혹은 거부한다.

종교적 신앙에서 **순종**은 설령 하나의 유한한 역사적 사실이 모든 인간에게 정복의 조건이 되어야 할 것이라고 하는 부조리를 앞에 두고도 더욱 자명함에 반해, 자주성에서는 결코 끊임이 없는 하나의 요청으로서의 **의문**

이 타당하다. 혹 종교적 신앙이 계시된 신의 말씀을 의무로 짊어지는 것으로서 현실적으로 승인한다고 하면, 종교적 신앙은 이 신앙이 눈앞에 나타나며 스스로 그 형성에 참가하고 있는 현존과 상극하게 된다. 산상수훈은 요청으로서 타당해야 할 것이지만, 이것에 따른다고 하는 것은 모든 인간을 파멸로 이끌어버릴 것이다. 산상수훈은 계율에 따르는 경우 존경을 금하지 못하는 결과는, 세계의 종말 이외에는 세계에서 존재할 수 없는 어떠한 것으로서 순교자들과 성자들 속에서 발견될 수 있다. 그러므로 신학은 승인되고 계시된 모든 요청과 이들 요청에 다가가는 것조차 하지 않는 고유의 행위 사이의 상극을 은폐하고, 현존을 지속가능하게 하며 또 세계를 가능하게 하기 위해서 타협, 새로운 해석, 왜곡을 고안하는 작업이 된다. 그럼에도 자주적인 철학함은 따르도록 결단하기 위해서 혹은 따르지 않기로 결단하기 위해 성실성을 구하는 것이다.

b) 자주성을 갖는 가능실존은 **내재적 실현**의 형태 이외에 어떠한 초월적 실현도 생각할 수 없다. 내재적으로는 어디까지나 무의미한 예배와 기도와 같은 특수한 행위는, 자주적인 가능실존에 있어서는 낯선 것이 되지 않으면 안 된다. 자주적인 가능실존의 고유한 무제약성은 설령 현실적인 세계현존의 의미에 의해서는 충분히 기초 지어지지 않는다 해도, 단지 이 현실적 세계현존의 의미로서만 나타난다. 자주적인 가능실존은 설령 순간적으로는 대상이 될 수 있다고 해도 어떠한 특수하게 고유한 분리된 대상성을 갖지 않는 초월자에 직면해 살아 있다. 자주적인 가능실존은 개개의 인간을 향한 사랑으로서 나타나지 않는 어떠한 신을 향한 사랑도 믿지 않으며, 고유한 세계의 형성으로서 스스로를 충실하지 않은 어떠한 내세를 향한 몰입도 믿지 않는다.

c) 철학은 타당한 객관성으로서는 존재하지 않고 단지 단독의 개인 속

에 단독의 개인의 사유하는 현존으로서만 실현되는 것이기 때문에, 철학에 의해서 객관적 표현으로 야기된 것은 듣는 자에게 있어서는 **단순히 타자의 언어임**에 지나지 않는다. 그는 이 언어를 이해함으로써 자기 자신을 향해 이끌어지는 것이다. 어떠한 철학도 원래 똑같은 채로 양도될 수 없다. 그럼에도 불구하고 모든 철학은 전달되지 않으면 안 된다. 왜냐하면 철학은 철학함의 본래적 존재인 실존하는 자 사이의 상호소통의 수단이기 때문이다. 철학자라는 것은 여러 모든 자주적인 실존에서 가장 자립적인 것임과 동시에 사상에서 가장 결정적인 표현을 성취하고 있는 것을 말한다. 하지만 모든 철학하는 자는 어디까지나 그 자신이고, 무언가 타인의 철학을 단순하게 선택해 취하는 것은 불가능하다. 철학하는 자는 노작 속에서 그에게 이야기 걸어오는 것을 나의 것으로 삼고, 자기 고유의 존재에서 이것을 변화시키며, 이것에 의해 각성되며 해명되지만, 그는 의연하게 의심하며 계속 음미해가는 것이다.

철학이 과학에서든 권위에서든 객관적인 형태를 획득하고 학파와 그 창시자를 향한 숭배가 완성될 때에는, 이미 종교를 향한 길이 걸음을 내딛어져 있다. 하지만 이것은 하나의 **대용물**을 만드는 것으로, 거기에서는 철학도 종교와 같이 근원과 본질을 모호하게 만든다. 하지만 교회의 **사회학적**인 힘에 대해서 철학은 아무것도 자기 고유의 사회학적인 힘을 대적하지 않는다. 혹 그렇게 한다고 하면 철학은 이미 첫걸음부터 자기 자신을 파괴하고, 아직 싸우지 않는 사이에 격파되지 않을 수 없을 것이다. 하지만 우리들의 현존을 규정하는 것은 사회학적인 모든 힘뿐만이 아니다. 단독의 개인으로서의 인간은 기존의 신앙 공동체에 저항해 철학함을 시작하는 것은 가능하지만, 상호소통에 저항해 그렇게 하려고 하는 것은 결코 불가능하다. 왜냐하면 그에게 진실의 공동체란 철학하는 것에 근거해서 처음으로 확립되는 것이고, 그것은 진실로 철학한다고 하는 것이 단지 이와 같은 공동체에서만 기원하는 것이기 때문이다.

d) 종교는 그것만으로 독립되어 존립하는 것이 가능하다. 종교는 어떠한 보충도 필요로 하지 않고, 철학을 보고, 종교가 자기 고유의 사상 속에서 철학적 개념성을 동화하면서도 그 근원을 근절하는 것에 의해서 그것과 투쟁하는 위험이라고 간주한다. 이에 반해 철학은 열린 측면을 갖는다. 즉 철학은 단지 귀의자이든지, 그렇지 않으면 이교도 내지 무신앙자밖에 모르는 독단적인 종교와 같이 스스로를 폐쇄하지 않는다. 철학의 자기 식별이 이미 철학이 스스로를 미완결적인 것으로서 알고 있는 것을 의미하고 있다. 확실히 철학의 진리는 그 무제약성에 있어서 모든 것이고 싶어 하지만, 그것은 스스로가 한계 지어져 있는 것을 경험한다. 철학은 순간적인 단독자의 비상 속에서 종교에 가까운 것이 되는 것같이 보이지만, 그 경우에도 또 철학이 그것을 각오하고 있으면서 실행하는 것을 거부하는 하나의 비약이 남겨져 있다. 가장 고양된 경우에 철학은 기도의 가능성에 접근할 수 있다. 하지만 철학은 귀의와 분위기를 신성과의 실재적 관계로서의 기도와 혼동하지 않으며, 또 암호해독의 날개를 부여하는 현재를 그와 같은 기도와 혼동하지도 않는다. 하지만 이와 같은 실재성이 철학하는 자에 대해서 순간적으로 일어나야 할 경우마저도, 개개의 것으로서의 이와 같은 실재성은 회심에 의한 객관화에서 처음으로 종교가 되는 것이다. 철학하는 자는 이와 같은 비약을 행하지 않는다. 철학하는 자는 종교적인 사람이 감히 행하는 것을 스스로 행하는 것을 용서하지 않는다. 철학하는 자가 경건한 예배에 늘 참가하는 것을 꺼리는 것에 반해, 종교적인 신자에게 있어서는 이 예배의 객관성이 지속적으로 존립해 있기 때문에 이것에 참가한다고 하는 것이 성실한 것일 수 있다. 철학하는 자는 상호소통에 들어갈

수 없는 것을 알고 있다, 이 상호소통에 들어갈 수 없는 것이 객관적으로 언표될 때에는, 이것이 그것을 통해서만 진리를 가질 수 있는 바로 그것에 해당하는 것을, 철학하는 자에서 잃어버리는 것이다.

이렇게 철학함은 종교를 우러러본다. 철학함은 종교에 대한 관계 속에서만 실현적인 것이다. 그리고 이 관계는 3중의 것이다. 즉

종교가 초월자를 물질화하게 될 때까지 사물적 객관성의 잘못된 길에 빠지고, 그렇게 하는 것에 의해서 인간을 타락시키는 경우에 **철학은 종교에 대해, 특히 그 허위에 대해 투쟁한다.** 이 경우 종교는 기괴한 불안, 이념을 결여한 광신적인 폭력, 세계 속의 자유의 여러 현존에 대한 이교도라는 지칭 내지 협박이 된다. 그렇기 때문에 역사 속에서 격한 열정을 갖고 행해진 종교의 여러 모든 객관화에 대한 이와 같은 투쟁은 각 개인의 위험을 무릅쓰는 행위 속에서 자유를 위한 장소를 획득하기 위해, 신성을 먼지와 쓰레기와 같은 것 속으로 던져버리지 않기 위해서 행해진 것이다. 이와 같이 크세토파네스는 신화의 신들의 부도덕성에 대해서, 에피크로스는 마신에 대해서 각각 투쟁하고 또 칸트는 제도적 종교에 있어서 사이비 봉사와 승려 기질에 대해서, 포이어바흐는 환상에 대해서, 키르케고르는 교회에 대해서 각각 투쟁한 것이다.

종교의 이와 같은 타락은 관계없는 사람에게는 극히 현저하기 때문에, 종교에 대한 제2의 관계를 실현하기 위해, 즉 철학에 있어서 단순히 현존으로서 승인될 뿐 아니라 **가능적인 진리로서 존경되는** 종교의 핵심을 추적하기 위해, 성실은 의지와 전력을 다한 탐구가 필요하다. 우리들이 다음과 같이 생각할 때, 즉 사회학적 객관성에 있어서 교회로서의 종교를 통해서만 신앙의 전통은 유지되는 것이고, 이와 같은 종교를 통해서만 자유에 대한 유혹이 생겨나고, 이 유혹으로부터 스스로를 지키는 것이 자유의 사활

적 조건이다. 왜냐하면 자유는 자연에 주어진 것으로서는 이미 자유가 아니기 때문에, 자유는 투쟁 없이는 완전히 존재하지 않는 것이기 때문에라고 하는 것같이 생각할 때, 거기에는 종교의 핵심에 대해 이와 같은 존경에 대해, 정당하기는 하지만 외면적인 근거 지음이 행해질 것이다. 하지만 이 존경은 오히려 한층 깊은 곳에 뿌리내려 있다. 즉 **종교적 실존** 속에는 설령 내가 그것을 나의 것으로 삼는 것이 가능하다고 해도, 하나의 진리가 존재한다. 내가 모든 것은 아니다. 여러 모든 가능실존의 왕국에서는 설령 그것이 상호소통에 의해서 이해되지 않는다고 해도 모든 순수한 가능성을 갖는 진리는 승인되어야 할 것이다. 설령 나에 대해서 존재하지 않는 경우에도 진리는 존재하는 것이다.

셋째로 철학함은 종교에 대한 투쟁과 존경에 있어서, 성실한 의지로서 종교와 철학의 **대립**을 가능한 한 **명석**하게 하려고 시도한다. 철학적 실존과 종교적 실존은, 양자가 각각의 과제의 본래적인 곤란을 인정하는 것에 의해서 심화되어야 할 것이다. 진실한 실존은 그것이 어떠한 방법으로 존재하든지, 그 자신 스스로에 대한 어떠한 유혹도 없이 실현되어야 할 것은 아니다. 철학과 종교를 혼동하지 않고 인정한다는 것은, 가벼운 마음으로 당혹하지 않고 양자 사이를 모호하게 동요하거나 또 어중간하게 어떤 때에는 종교적으로, 어떤 때에는 철학적으로 행동하는 것을 불가능하게 한다. 철학과 종교의 대립을 해명하는 것은 철학의 본래적 근원에도, 종교의 본래적 근원에도 똑같이 호소한다. 이 대립의 해명은 철학이 객관적인 과학으로서, 또 편리하고 타당한 지식의 계승으로서 존립하는 한 철학에 저항해 인간을 비난한다. 철학도 종교도 그 자신 스스로를 순수하게 실현하기 위해서는, 다른 진리에 의해서 스스로가 위험에 처해지는 것을 안다고 하는 대가를 지불하지 않으면 안 된다.

철학은 모든 객관성이 보편타당하게 되고 싶어 하는 이상, 이들 객관성을 한계 지으며 상대화하지 않으면 안 되고, 따라서 또 의혹과 탐구 속에 멈춰 있는 것이기 때문에, 인간은 그 자신이 철학에서 절대적으로 위험하게 되고, 마지막으로 그의 고유한 능력에 의지하지 않으면 안 되는 것을 발견한다. 혹시 신학자가 신의 아들로서의 유일한 인간 그리스도에 대해서 가능했던 것은 다른 인간에 있어서는 불가능한 것이기 때문에 혹시 실존 속에서 진리를 발견하는 그 사람은 자신을 신과 혼동하고 있다고 말해 비난한다면, 그것은 철학하는 자에게 완전히 불가해한 말일 것이다.

이 상극은 각 개인의 내부에서 자주성을 방기하고 복종하든지, 예배와 계시를 방기하고 자유를 향하든지, 그 둘 중에 하나로 결재되지 않으면 안 된다. 종교와 철학 사이의 이 결재는 인간이 몽롱한 모호함 속에서 언제까지 멈추어 있는 것을 바라지 않는 이상, 어떠한 성실한 인간도 회피할 수 없는 것이다. 하지만 그럼에도 불구하고 철학과 종교는 그 둘 중 하나가 선택되어야 할 병존하는 두 개의 가능성이 아니고, 결재는 내가 이미 한편에 서는 경우에 처음으로 의식되는 것이다. 종교는 철학으로부터 지식에 의해서 조망될 수 있는 것이 아니고, 본래적으로 보일 수 있는 것도 아니고 또 철학도 종교로부터 그렇게 될 수 있는 것이 아니다. 그러므로 선택은, 이미 내가 철학하든지 그렇지 않으면 철학하지 않는다는 것을 결정하고 연후에 내가 그 경우에 그러한 것을 단호하게 부담한다고 하는 것에 의해서 행해지는 것이다.

종교를 향한 결단은 의미상 종국적인 것이고, 거기에서는 단지 회의와 불확실함의 위험이 남겨져 있을 뿐이다. 철학을 향한 결단은 열려진 채로 있으며, 거기에서 인간은 탐구를 계속해야 하도록 선고되어 있다. 하지만 혹시 우리들이 철학하면서 진리가 아닌 종교와 협정을 맺는다고 하면, 그는 왜 종교로 다가가 버리지 않는 것인가, 하는 질문이 제기되어야 할 것이다. 이 물음에 대한 답은, 그가 그에게 있어서 피하지 않을 수 없는 진리라고 하는 것을 잊어버리는 것에 다름없다는 것이다. 즉

시간적 현존에서의 실존은 단지 역사적으로만 현상될 수 있고, 따라서 모든 단순한 객관성은 단순히 하나의 상대적인 것임에 지나지 않고, 게다가 현존 속에서 각각 계시된 초월자의 현재로서의 객관성은 항상 모든 상황 속에 있는 인간에 의해서 만들어지는 것이기 때문에, 그것은 현존에서는 허위 없이는 단 하나의 객관적 무제약적인 것으로서, 모든 것에 타당한 것으로서 고정화될 수 없다. 실존의 실존 자신에 대한 현상은 **종말을 예견하지 않는다.** 실존은 스스로의 가능성을 잃고 하나의 환상을 붙잡게 될지도 모른다. 현존에서의 자유는, 실존에 있어서는 그것이 존재하지 않는다고 하는 것이 더욱 가능한 것과 같은 하나의 존재가 있음을 의미하는 것이다.

이와 같은 상황의 의식으로서의 철학은 탐구를 향한 각오이다. 철학에는 모든 것이 표현된 후에도 불만족으로서의 결핍이 남는다. 거기에서는 처음과 끝이 알려져 있지 않다. 왜냐하면 인간으로서의 인간은, 그가 자기 자신에 의해서 발견되며 획득해야 할 것을 존립하는 것으로서 알지는 못할 것이기 때문이다. 역사적 결단의 과정에서 자기의 실존이 획득하는 가능성에 관한 잘못된 지식에 의해 스스로를 속인다는 것은 인간의 최대의 죄이다. 시간이 존재하는 이상 최후의 날은 오지 않는다.

철학하려고 결단한 인간은 확실히 초월자의 실재적이고 직접적인 현재를 기도 속에서 신을 향한 실재적 관계를 바랄 것이다. 하지만 그는 기만되는 것을 바라지 않을 것이다.[2] 그는, 그에게 있어서 자유롭게 해석되어야 할 언어이기는 하지만, 진실의 독점적 존재가 아닌 인간의 노작을 앞에 두고, 이것을 공경하려 할지도 모르지만 복종하는 것을 바라지는 않을 것이다.

그렇기 때문에 철학이 종교 앞에서 그 자신의 결점을 고통으로 느끼면 느낄수록, 그만큼 철학에서는 자유의 왕국이 밝아온다. 신성은 직접적으로는 어떠한 것도 이야기하지 않지만, 그것은 자유의 이와 같은 가능성을 통해서 이야기 걸어오는 것같이 보인다. 즉 우리들에게 있어서는 이해불가능한 신성의 의지가 충실할 것을 요구하는 것같이 보인다. 우리들에게 있어서는 이해불가능한 이 의지에 근거한 신성은 인간을 독립시키고, 그렇게 하는 것에 의해서 인간이 자기 고유의 책임에 있어서 자기 자신에 대해서 결단하고, 또 그렇게 하는 것에서 자기의 위엄을 갖게 되도록 하는 것이다. 이 점으로부터 보면 종교는 현존에 있어서의 자기존재의 상실이 그 속에서 거짓의 빛에 의해서 은폐되고, 그 때문에 또 신성을 위반하게 되는 하나의 감옥처럼 보인다. 즉 숨은 신성은 종교에 되돌아가는 것을 철학하는 인간에 대해서 금지하는 것같이 보이는 것이다.

신성은 어디까지나 숨겨진 상태이다. 하지만 인간은 자기 자신에 입각해서, 그 스스로 인간을 향해 손을 뻗는다. 시간에서 나와 영원성 속에 진입하면서, 말하자면 그 자신이 현존에 있어서의 단 하나의 선취음인 것이다.

과연 철학하는 인간은 교회가 부여하는 축복으로부터 이탈되어, 수천 년에 걸친 수백만의 공동체를 단념하지 않으면 안 되지만, 그는 어디에서도 객관적이게 되지 않으며 외부로부터는 어떻게 해도 고찰될 수 없는 정령계의 신비적 단체(corpus mysticum)를 믿는 것이 가능하다. 개인이 만나

---

2) (원주) 혹시 이 한계가 극복된다면, 그것은 필연적으로 절대적인 심연을 동반해 행해진다. 왜냐하면 언표될 때 신성은 곧바로 객관성이 되어버리기 때문이다. 경험된 것은 전달된 것으로서는 이미 진실한 상태의 것이 아니다. 단지 비밀 속에서만 신성이 숨겨진 곳이 침입되지 않고 남겨져 있다. 하지만 마음은 자기의 내면성의 정숙에 있어서의 가능성에 대해서, 광신적으로 거부하면서 스스로를 닫지는 않는 것이다.

는 자, 그리고 개인이 항상 그것에 속하는 것은 이 신비적 단체 속에 있고, 살아 있는 동시대인은 이 신비적 단체 속에서 상호간에 서로 관계하며, 죽은 자는 거기에서 모든 것을 요구하는 조상으로서 존재한다. 각 개인에 이 왕국은 본래적 존재의 왕국이지만, 그 즈음에 그는 이 왕국이 존재한다는 사실을 알지 못하고, 또 이 왕국이 무엇인지도 알지 못한다. 왜냐하면, 그는 단지 세계 속에서만 존재한다는 것이고, 알면서 보려고 하는 어떤 사람에 대해서도 문을 열어주지 않는 이 왕국에서 정위하는 것은 불가능하기 때문이다. 하지만 자유 속에 있는 자기의 행위를 통해서 자기를 타인과 함께 발견하는 사람은 이 왕국 속에 존재하는 것이다.

3. 실재적 투쟁

철학과 종교는 각 개인에 있어서의 가능성이다. 개인은 자기 자신과 싸우는 것에 의해서 혹은 여태까지 자기 자신과 싸워왔던 것에 의해서, 동시에 그가 세계에서 만날 수 있는 형태에 있어서 그의 내면적인 적대자와 투쟁한다. 여기에서는 스스로를 자신에 대립시키는 인간의 자기 배제적인 태도에 있어서 모든 투쟁이 실재적인 것이 되는 것이다.

이들 투쟁은 **지식**에 대한 태도와 **권위**에 대한 태도 속에 있다. 하지만 이들 투쟁은 그들이 권력의 문제로서 현존의 투쟁이 될 때 그 순수함을 잃는다. 많은 경우에 그 다수성과 대중성에 있어서의 인간의 특질과 교회의 조직은 근원적으로는 실존 그 자신의 문제였던 것이 정치적 투쟁의 형태에서 천박하게 되어버린다.

a) 지식에 대한 태도에 있어서의 투쟁

지식은 그것이 객관적인 것을 만인에 대해서 존립을 설명할 수 있는 타당성을 갖는 보편타당한 것으로서 파악되는 것에 의해서, 사유하는 자의 생활태도와 세계관으로부터 이탈하게 된다.

확실히 신앙의 구체적 내용은, 그 객관성에서는 하나의 지식이라는 형태를 취하지만, 그것은 모든 사람에 대해 타당한 것이 아니라 단지 고유의 존재를 건다고 하는 것에 의해서만 존립하는 것이다. 신앙을 확신하는 것은 본질적인 것이 거기에서는 증명될 수 없고, 본질적으로 결코 객관적으로는 타당하지 않은 확증이 유일하게 믿는 자의 자기 확증의 경험에서만 발견될 수 있는 생활을 감히 시도하는 것이다.

내가 증명할 수 있는 것을 나는 아직 믿을 필요는 없다. 혹시 내가 객관적 확실성으로서의 신앙내용을 구한다면, 그때 이미 나는 나의 신앙을 잃어버리고 있는 것이다. 하지만 설령 신앙을 합리적으로 증명하려 하는 것이 무의미하다고 해도, 그럼에도 더욱 신앙을 사상의 움직임 속에서 합리적으로 전개시키고 명료하게 의식하는 것은 의미가 있다. 이 합리성은 그 자체에 있어서도 그 모든 귀결에 있어서도, 단지 개개의 경우에 있어서만 일반적이고 합리적인 모든 형식을 따르는 것에 지나지 않는다. 사유하는 자는 그에게 있어서 본래적인 진리를 그의 신앙으로서 아는 것이다.

신앙이 사유와 행동에서 **대상적이게** 되는 것에 의해서 스스로를 언표한다고 하면, 신앙은 모든 현상, 지식 및 모든 목적의 세계 속에 깊이 들어가게 될 것이다. 그 경우 확정적인 모든 판단 속에서 언표된 신앙은 필연적으로 모든 판단에 의해서도 또 검증된다. 신앙을 위해서 행해지는 논증은 논증에 의해 반박될 수 있다. 신앙이 여러 특수한 행동에서 스스로를 표명하는 이상, 이들 행동의 의미는 문제될 수 있고 또 이 의미는 부정될 수 있다. 설령 신앙이 절대적인 대상성과 행동의 무제약성에서 표현을 발견한다고 해도, 신앙의 이 객관성은 절대적인 모든 대상을 존립하는 것으로서 증명하며 무제약성을 근거 지으려 하는 오성 앞에서 붕괴될 것이다.

판단에 있어서의 여러 주장을 통해서 신앙을 언표하는 것으로서의 지식은, 가능적인 **강제적 지식가능성**의 지평에 있어서 스스로를 이해하고, 그리고 현실적으로 강제적인 지식가능한 것으로 충돌하게 되든지, 그렇지 않으면 스스로가 신앙하는 실존의 이해인 것을 알고 바로 그 **신앙하는 것으로서 강제적인 것을 주장하지 않든지**, 둘 중 하나이다. 후자의 경우 지식은 복종되는 것을 바라지 않고 호소하는 것을 바라는 것이다.

신앙은 지식을 그 자신 스스로에게 복종시킬 수 있다. 하지만 그럼에도 불구하고, 신앙은 오성이 강제적으로 통찰하는 것을 거부해야 할 것이다. 신앙은 지성의 희생(sacrificio dell intelletto)을 요구한다. 신앙에 있어서 강제적으로 지식가능한 것이 신앙 그 자체인 것과 하나가 되는 것은 결코 있을 수 없고, 따라서 이것과 모순되는 것도 불가능하다는 것이 신앙에 의해서 의식되는 경우에만, 이 상극은 피할 수 있다. 이미 이해되어 있는 이와 같은 태도는 세 가지 **이유**에 근거해 아직 실현되지 않았다. 즉

강제적 확실성이라는 의미에서의 지식을 신앙의 지식으로부터 분리하는 것이 일반적으로는 용이하게 보인다고 해도, 이것을 특수한 경우에 있어서 관철하기에는, 첫째로, 경험적 연구 내지 선천적, 논증적 연구의 모든 방향에 있어서 **지식의 존재하는 법에 관한 방법적 의식**이 전제되지 않으면 안되고, 그와 함께 또 모든 지식의 의미와 한계에 관한 지식과 내가 알 수 있는 것과 알 수 없는 것에 관한 지식이 전제되지 않으면 안 된다. 그러므로 신앙과 강제적 확실성이라는 의미에서 지식의 분리가 일반적으로는 승인되어 있음에도 불구하고, 특수한 경우에는 항상 반복되고 한계의 침해가 일어난다. 거기에서는 강제적 지식이 존재하지 않는 곳에서 잘못되어 그것을 관철시키거나, 혹은 강제적 지식이 존립하는 곳에서 강력한 권위가 강

제적 지식의 경고를 무시하고 부정하는 것 같은 일이 일어나는 것이다.

이 상극이 피해지지 않는 두 번째 이유는, 인간이 **자기 고유의 것을 거는 위험을 감수하지 않고**, 인간에게 있어서 본질적인 것을 외부에서 오는 것으로서 확보하고자 하는 것으로부터 강제적인 객관성을 갈망하는 것이다. 대중에게 있어서 신앙은 이와 같은 형식을 취한다. 신앙은 신의 현존 혹은 단 하나의 올바른 정치적 목표의 증명가능성을 주장하거나, 혹은 계시를 갖고 입증된 것, 따라서 또 역사적으로 증명된 것이라고 주장하거나 하는 것이다.

세 번째 이유는, 신앙의 구체적 내용이 그 속에서 인간에 가까워져 오는 형태는, **전승** 속에서 무엇보다도 **먼저**, 직접적으로 현존하는 것으로서 부담되는 객관적-대상적이며 보편타당적인 것이 아니면 안 된다고 하는 것이다. 확실히 전승 속에서의 모든 신앙내용의 객관화는 나의 것으로 삼는다고 하는 가능성에 대한 준비태세로서 짊어지어질 수 있다. 하지만 이 준비 태세가 객관적인 신앙내용에 강하게 고집하는 경우, 이 내용의 각각의 종류에 응하여 신앙과 지식 사이의 투쟁이 시작될 수 있다. 이 투쟁은 지식의 모든 양태의 명석한 분리가 의식되지 않는 경우, 공연히 폭발하지는 않지만 강제적 경험적 지식이 스스로를 독립해 있는 것으로서 파악하든지 않든지, 투쟁이 거기에서 발생하는 것이다.

강제적 지식에 대한 신앙의 태도는 다음 두 가지 경우가 구별되어야 할 것이었다. 즉 거기에는 강제적 지식의 세계에 전혀 속해 있지 않기 때문에, 바꾸어 말하자면 이성적인 감각적 존재자 일반의 가능적인 경험 밖에 있기 때문에, 강제적 지식에 의해서 증명도 될 수 없고 반박도 될 수 없는 것이, 현실적 지식과 충돌하면서 이것에 **반해** 믿어지든지, 그렇지 않으면 **충돌**하지 않고 믿어지든지, 하는 두 개의 경우가 구별되어야 할 것이었다. 세계

경험과 신앙의 구체적 내용 사이의 한계는 단지 다른 존재 차원에 있어서 하나의 비약에 의해서만 극복될 수 있다. 이 **한계가 해소될** 때 사람들은 강제적으로 지식가능한 것이 완전히 문제가 되지 않는 곳에서, 잘못되어 지식의 일부에 있어서 거부 혹은 긍정될 수 있게 된다. 즉

설령 **기적**이 주장되고, 그러므로 또 자연법칙이나 예상과 달리 신성이 경험적 세계에 들어온다고 주장되더라도, 이와 같은 사건은 검증되며 경험적인 생기와의 관련에서 설명될 수 있다. 기적에 관한 모든 주장은 이와 같은 검증에 노출되어 있다. 육체의 부활과 승천이라는 사건은 모든 지식에 따르면 불가능한 것이 되어 있다. 목격자에 의한 보고는 유용하지 않다. 왜냐하면 나는 외견상 훌륭한 증인을 통해서 너무나도 많은 불가능한 일을 알게 되었기 때문에, 문제는 오히려 그 증언이 어떻게 해서 행해졌는가, 또 그 당시 사실적으로는 무엇이 일어났는가, 하는 것이기 때문이다. 따라서 이 물음은 충분한 전거가 결여되어 있기 때문에 답을 얻을 수 없는 절망적인 물음이다.

하지만 결코 현재하지 않는 어떠한 것, 예를 들면 천문학적 공간에도 경험적 시간 속에도 국한되지 않는 내세의 존재가 주장될 때에는, **검증은 중단된다.** 더욱이 검증의 가능적 한계는 모든 개개의 사건의 연속과 구성요소가 무한하다고 하는 것에도 주어져 있다. 개개의 사건을 그 여러 특수성에 있어서 강제적으로 설명한다는 것은 철두철미하게 불가능하다. 설령 개개의 사건 속에 운명과 섭리가 작동한다 해도 모든 확정적인 설명이 피해지는 이상, 거기에는 지식에 대한 어떠한 모순도 생기지 않는다. 절대적으로 한 번뿐인, 그러므로 또 적절하게는 언표불가능한 사건의 경험은 강제적 지식과 모순되지 않는다. 이 운명으로서 중대한 운명에 대한 비밀의 공유, 어렴풋이 느껴진 예감, 감동적인 현실성에 있어서 하나의 사건의 순간

적인 확실성, 이들을 단순히 체험으로서가 아니라 실존적으로 경험한 사람은 침묵을 지킬 것이다. 거기에서는 일반적인 돌려 말하기로 언표될 때에는 위조되고, 단지 사람들이 이러한 경험에 관한 언표에 철저한 주석을 가하고, 그 진실성을 음미하는 경우에 처음으로 시정될 수 있는 어떠한 것이 존재하고 있다. 침묵하는 당혹은, 우리들은 아무것도 모른다는 것보다 깊은 진리를 의미하고 있다.

상황이 명석하며 또 신앙과 강제적 지식 사이에 투쟁이 없이 끝나는 경우에도, 이 투쟁은 **사회학적 현실성** 속에서 일어난다. 하지만 그것은 사회학적 권력을 갖게 된 신앙에 의한 지식의 탄압으로서도, 또 이와 같은 신앙에 대한 지식의 자유의 돌파에서도 일어난다. 종교와 철학은 서로에게 근본적으로 상이하다고 하는 태도를 취하는 것이 보통이다.

종교는 스스로의 본질을 파괴하지 않고 지성의 희생을 강요해왔다. 이 투쟁의 의미가, 종교로부터 명료하게, 즉 신앙내용은 그것이 부조리하기 때문에 진실하다(부조리하기 때문에 믿는다, credo quia absurdum)라고 하는 것과 같이 언표되는 것은 단지 희귀한 경우밖에 없다. 이와 같은 경우에는, 객관적으로 고지된 신앙내용이 강제적으로 사유가능한 것과 경험적 연구와 모순되는 경우에도, 우위를 가져야 한다는 것이 공연하게 요구된다. 거기에서는 오성의 굴종이, 오성에게 저항하는 신앙으로서 가치 있는 것이라고 생각된다. 이와 같은 태도에 있어서는 명백한 의식을 갖고 오성을 초월해서가 아닌 오성에 반해서 믿어지는 것이다. 하지만 여러 모든 신앙내용이 판단에서 주장으로서 언표되는 곳에서만 이와 같은 투쟁이 가능하고 또 거기에서는 이들 신앙내용에 대한 굴종과 저항이 가능한 것이다. 많은 경우 그와 같은 상황은, 이것을 회피하는 것에 의해서 합리주의적으로 피해진다. 신앙은 강제적 지식과 충돌하는 것을 바라지 않는다.

신앙은 스스로의 객관성을 희생으로 삼아, 오성에 있어서도 승인될 수 있는 것을 바라는 것이다. 왜냐하면 오성의 그 자기 부정은, 의식된 내적 행동으로서는 철두철미하게 얼버무려짐과 타협 속에서 사는 인간의 대중이 잘 행할 수 있다고는 생각되지 않기 때문이다. 대중은 사물을 극단에까지 진전시키려고 하지 않는다. 하지만 그럼에도 불구하고 지성의 희생이 그 속에서 사실상 발생되지 않은, 사회학적으로 강력한 어떠한 종교적 신앙 현실성도 여기까지 존재한 일이 없었고 또 실제로 존재하지도 않았던 것이다.

하지만 **철학적인 인간**에 있어서, 그가 **강제적 통찰의 모든 양태에 구속된**다는 것은 그의 존재 그 자체에 관한 문제이다. 지성의 희생의 모든 형식은 그의 자유를 파괴하는 것이고, 따라서 또 그의 품위에 상처를 주는 것이다. 철학적인 인간은 연구와 의문에 대해서 어떠한 한계도 두어지는 것을 허용하지 않는다. 그에게 있어서는 그것을 탐구하고 관찰하는 것이 비겁하게 회피되어질 어떠한 것도 존재하지 않는다. 그는 신화를 이유로 모든 경험적 사실성의 명석한 해명을 방지하려는 지향을 경멸하는 것이다.

인식가능한 것에 철학적 인간을 구속하는 것은, 동시에 **강제적 지식을 지식 그 자체에 국한한다**는 의미이다. 이 강제적 지식은 의연히 경험적으로 현실적인 것의 해명으로서의 근거임에 지나지 않고, 환상으로부터 해방되어 있고, 현실성이 모든 상황 속에서 개시될 수 있는 것이 될 때 우리들이 그것에 부딪힐 수 있는 돌을 도상에 던지는 것이다. 강제적 지식이 결코 모든 사물의 배후에 다다르는 것은 아니다. 그것은 상대적이며 개별적으로 타당하고, 그 스스로 속에서는 흔들기 어려운 것이지만, 사활적으로 중요한 문제에 대해 어떠한 답을 줄 수 있는 것은 아닌 것이다.

b) 권위에 대한 태도에 있어서의 투쟁

신앙과 강제적 지식 사이의 투쟁이 의미상으로는 정신적으로 훈련된 명석함 속에서 해결가능한 것임에 반해, 신앙의 자기이해인 지식은 하나의 이율배반 속에 멈춘다. 즉 이와 같은 지식의 진리성은 **권위**에 의해서 보편타당한 존재가 되든지, 그렇지 않으면 자기 고유의 위험 위에 서는 근원적인 **자주성** 속에서 나의 것으로 삼을 수 없는 경우 거부되든지, 둘 중에 하나가 아니면 안 될 것이다.

종교와 철학은 각각의 신앙의 구체적 내용이 **객관적 형태의 전승**을 통해서 생성되는 의식에 대해서 제시된다는 것을 **함께** 알고 있다. 역사적으로 창조된 하나의 상황 속에서 그때마다 각성되며, 인간은 단지 전승된 하나의 생활의 실체 속에서 이미 그의 근거를 갖는 것에 의해서만 각각의 세대 속에서 새로운 가능성을 갖는다. 인간은 극단적인 경우에만 생각될 수 있는 것이지만, 상황이 그를 원자적으로 고립시켜 무세계성 속으로 던져 넣을 때에는 그의 생명적인 오성적 현존의 허무로부터 실존하지 않으면 안 될 것이다. 그는 불투명한 산란된 모든 사물을 붙잡고, 그리고 허무를 공허하게 견디고 참는 능력밖에 갖지 않은 것에 스스로를 위축시켜버릴 것이다. 확실히 전승은 외부에서 보면 새로운 세대가 그때마다 그것을 통해 각인되고, 더욱이 이 새로운 세계가 이 각인에 근거해 새롭게 계속 각인해가는, **역사적 연관**임에 지나지 않는다. 하지만 내부에서 보면 고찰로부터는 미끄러져 떨어져가는 실존의 현실성이 그 속에 존재한다. 전승이 고정된 **권위**로 결정되는 것은 **불가피하다**. 이 결정화는 전승이 시간을 통해서 계속되는 것을 확보하기 위해 사회학적으로 필요하고, 또 그것이 모든 각성된 현존에 있어서 존재 확신의 최초의 형식이기 때문에 실존적으로 필요하다.

신앙의 무제약성을 의미하는 가능실존의 진실의 구체적 내용의 역사성에 대한 의식은, 철학과 종교에 있어서 공통된다 해도 철학과 종교는 권위에 관해서 서로 투쟁한다.

확실히 철학적 **자주성**은 단지 권위 있는 전승을 통해서만 스스로의 구체적 내용에 다다르는 것이 가능하고, 또 이 권위에 대한 대립 긴장 속에서만 그 자신 스스로에게 도달할 수 있다. 하지만 밝은 의식을 갖고 권위에 **복종**하는 것이 철학적 자주성에 있어서는 실존과, 따라서 또 신앙 그 자체의 상실을 의미하는 것과 같이, **절대적인** 자주성도 역사적 실체를 거부하는 것에 의해서 모든 구체적 내용을 상실해버릴 것이다. 권위와 자주성은 하나의 전체의 병렬적인 분지가 아니기 때문에, 문제는 오히려 **투쟁이 일어나는 경우**에 각성하게 된 자에 있어서 무언가 진실한 것으로서 타당한가, 하는 것이고, 게다가 객관으로 결단하고 있는 자는 다른 편이 본래적으로 어떠한 것인가를 이미 볼 수 없기 때문에, 철학과 종교의 대립 긴장은 양자의 어떠한 쪽인가의 방향을 향해 파괴된다. 권위에 속박되어 있는 사람의 눈에는, 자주적인 사람은 혼돈한 주체성으로 타락한 것으로서, 자기 자신을 신성과 혼동하는 잘못된 길에 빠진 존재자로 비친다.

철학하는 경우에, 권위에 대한 무조건적 복종은 스스로와 구별되어야 할 타자로서 단지 외부에서만 파악된다. 철학은 권위에 대한 신앙 속에, 설령 이 신앙의 현실성을 오해해 의식하고 있다고 해도, 스스로에 대해서 **역사성**이 일반적인 것 내지 부조리한 것으로 **전이되는** 것만을 볼 수 있다. 그리고 철학이 다음의 것을 알 때, 즉 나는 역사성으로서, 역사적 모든 제약에 근거해 강제적으로 생겨난 결과가 아니고, 짊어지는가 그렇지 않으면 거부하는가를 선택하는 자주성 속에 있다고 하는 것을 알 때, 철학은 이와 같은 역사성의 전이로부터 스스로를 순수하게 재건하고자 할 것이다. 객관적인 것의 전환이 어떻게 수행되는가에 의해서, 새롭게 등장해오는 실존의 본질이 **결정된다.** 실존이 스스로에게 전승된 것을 통해서만 존재하는 것인 이상, 확실히 실존은 맨 처음엔 권위에 복종한다. 하지만 객관적으로 **타당한** 것이 실존에 있어서 진실이 아닌 경우에도 실존에서는 자기존재의 자주성이 존재한다.

철학함은 역사적으로 나의 것으로 삼는 기능 속에서, 스스로를 역사적인 것으로서 안다. 하지만 **역사학적** 지식도 이미 알려진 역사학적인 **권위에** 대한 복종 그 어떠한 것도 역사적인 것이 아니며, 역사적으로 나의 것으로 삼는 것도 아니다. 즉

실존의 역사성을 **역사학적으로** 파악하려 한다는 것은, 이것을 상대화한다는 의미이다. 역사성에서 자기 자신이 된 것은, 이미 (역사학에 있어서 단순한 기존의 것이 그러함과 같이) 다른 여러 모든 가능성 속의 하나의 가능성이 아니다. 확실히 잘라내어진 객관성에서 보이는 고유의 역사적 무제약성을 유일무이한 보편타당한 진리라고 간주하는 것은 실존에 있어서 유혹적이다. 하지만 이와 같은 혼동은, 곧바로 고유한 무제약성도 또다시 의심스러운 것으로 만들어버린다. 단 하나의 진리가 역사학적으로 공시된 것으로서, 그렇기 때문에 또 알려진 것으로서, 모든 사람에 대해 타당한 것으로서 고정화될 때 이러한 진리는 철학함의 입장으로부터는 용인할 수 없는 역설로 간주되는 것이다.

이와 같이 권위에 대한 **복종을** 위한 것으로서 거론되는 다음과 같은 모든 근거도 유효하지 않다. 즉 이러한 근거로서 인간은 자기만을 의지할 수 있기에는 너무나 약하다든지, 인간에게 올바른 길을 지시하는 권위는 인간에게 있어서 하나의 천혜라든지, 권위의 확고한 지지 없이는 인간은 우연적인 주관성으로 타락해버린다든지, 스스로가 무가치하다고 하는 의식은 복종을 통해서 이것을 고백하도록 인간을 유혹한다든지, 수천 년간 계

속되어온 권위의 전승은 이 권위가 진실한 것을 보증하고 있다든지, 모든 이러한 것들이 이야기되는 것이지만 이들 모든 근거의 어떠한 것이 **자유**를 부정해버리는 것이다. 설령 우리들에게 있어서는 철학함이 인간에게 위엄을 부여하는 것이라 생각된다고 해도, 더욱이 대다수의 사람들이 그것으로부터 남겨져 있다고 하는 것은 확실히 망각되어야 할 것은 아니다. 철학함은 단지 가능성으로서만 모든 사람들 속에 발견되는 것이고, 현실성으로서 그것은 단지 소수의 사람들 속에 발견되는 것에 지나지 않는다. 자유를 그 자신의 것으로 삼는 것이 불가능한 인간 혹은 자유를 의지하지 않는 인간을 위해 교회의 질서를 유지한다는 것은 선행으로서 승인되지 않으면 안 된다. 하지만 설령 경험적 모든 사실의 이와 같은 평가가, 정당하며 하나의 정치적 태도를 위한 도표일 수 있다고 해도, 그것은 교회의 현실성의 실체에 닿지 않는 것이라고 하는 것은 확실하다.

그러므로 이들의 근거 지음의 어떠한 것을 취해도, 그들은 권위에 대한 신앙이 본래 그러했던 것에 적중할 수는 없다. 혹시 권위에 대한 신앙이 단순히 거기에서 문제가 되어 있는 것 같은 것에 지나지 않는다면, 권위는 단순히 철학하는 인간에 있어서만이 아니라 일반적으로 허위가 되어버릴 것이다. 권위는 그것이 철학함에 있어서 도달불가능한 근원이라고 하는, 종교에 있어서 스스로의 근원을 갖지 않을 때에는 환상적인 것이 되어버릴 것이다. 교회의 사회학적 권력도, 철학함에 대한 가시로서의 종교의 의미도 혹 기성의 교의에 순종한다는 것만이 문제가 되지 않는다면 불가능하게 되어버릴 것이다. 권위는, 권위 속에서 표현된 **역사적 의식**을 통해서 철학하는 자에 대해서도 이야기 거는 것이다. 권위는 실제로는 단순히 공허한 오성에 지나지 않음에도 불구하고 무로부터 시작한다고 잘못 생각하고 있는 이성의 무기저성에 반대하는 동맹자인 것같이 보인다. 권위는 초월자의 면전에 자기존재가 귀의한다고 하는 진리를 느끼게 해주지만, 권위는 철학하는 자에 대해서, 스스로를 초월자로서가 아닌 단지 **세계 내에서의 권위**로서만 나타낸다. 그러므로 권위는 꼭 이와 같이 친근한 관계 속에 있으면서 어디까지나 철학함의 본래적인 적으로 계속 있을 수 있는 것이다.

더욱이 마지막으로 다음과 같은 물음이 남는다. 즉 역사적인 것은 어떻게 해서 **근원적으로 현재하는가**, 역사적인 것은 권위적이며, 그러므로 또 검증불가능한 객관성에 대한 종속적인 태도 속에 있는가, 그렇지 않으면 자주적으로 나의 것으로 삼는 기능 속에 있는가, 역사적인 것은 세계 속에서 우리들에게 손을 내밀어오는 자기존재를 눈에 보이지 않는 방법으로 해소하며 객관적인 것 중에 안주하는 것 속에 있는가, 그렇지 않으면 이 자기존재 속에 또 위험을 무릅쓰는 것 속에 있는가, 하는 물음이다. 철학하는 경우 인간은 그가 역사적으로 그러한 것을 자기 고유의 근원으로부터 현재에 야기하고자 시도하고, 그가 선택하는 것을 자기 경험 속에서 잡으려고 시도하며, 그가 결의하고 있는 것을 자기 고유의 통찰 속에서 명석하게 하고자 시도하지만, 이에 반해서 **궁극의 법정으로서의 권위**에 대해서는 이것을 거부하고자 시도한다.

그렇다고 해도 이와 같은 입장은 그것이 추상적이라고 하는 점에 있어서 단순히 형식적인 것에 지나지 않는다. 이와 같은 입장은 그것이 내용을 결여하는 한, 가능성도 결여한다. 나는 순간적으로 명백하게 되는 자기의식을 갖고 이와 같은 입장을 획득한다. 그 경우에는 더욱이 사실적으로는 이 입장은, 내가 그것을 반성하기 이전에 그것에 근거해 살아 있는 역사적 실체의 구체적 내용에 의해서 지지되고 있다. 오늘날 처음으로 내가 그것을 의욕하기 이전에 이미 그것에 근거해 존재하고 있는 것에 대한 비판이 시작된다. 그때 이래로 다음과 같은 위험이 위협하기 시작한다. 즉 현재하는 현존의 적나라한 직접성으로서의 나의 특이성을 곧바로 절대화하는 공허한 자주성의 고립화 속에서 스스로를 빈곤하게 만들어버리든지 혹은 전승된 상태의 권위의 구체적 내용에 안이하게 복종하는 것에 의해서 자주성을 방기해버리든가 하는 위험이 위협하기 시작하는 것이다.

하지만 실존은 그것이 역사적으로 존재하는 경우에만 근원적이고 또 그것이 근원적인 경우에만 역사적이다.

그렇기 때문에 가능실존으로서 철학적으로 각성된 사람들은 무기저적인 것으로 미끄러져 떨어지지 않게 하기 위해서, 그 자신을 절멸시키는 모순과 만나지 않는 한 **전통을 신뢰한다**. 그는 비판과 결단이 아직 불가능한 경우 혹은 필요하지 않을 경우 권위에 순종한다. 그는 전승된 것 그 자체로 반대하고 있는 반대를 거부한다. 그의 자기존재는 자기가 아직 고유의 것에 근거해 명석하게 되지 않은 경우에는 **권위를 요구하는** 경우마저도 있다. 그는 전승 앞에서 두려워하고, 주로 전승을 그에게 전해주는 여러 모든 인격적 형태에 대해서 경외심을 갖고 상대한다. 자기 고유의 결단, 그것은 자주성의 입장이 달성되어 있는 경우 가능성으로서 완전히 의심할 여지가 없는 것이지만, 이 자기 고유의 결단을 실존은 단지 자신 스스로의 자기존재에 대한 책임이 구체적 상황에서 이것을 요구하는 경우에만 행한다. 공허한 자기존재가 단순한 합리적 내지 궤변적인 부정에 의해서 자주성의 겉치레를 부여하는 것에 대하여, 현실적으로 그 자신인 자에게 있어서는, 전통에 대한 부정적인 태도는 그와 같은 태도가 그에게 있어서 필연적인 것으로서 일어나는 경우에는, 하나의 **극복**을 의미한다. 그는 속박을 풀고 기분을 가볍게 해버리지 않는다. 왜냐하면 그는 전통을 짊어지는 것에 있어서 성실하고자 하고, 또 이것을 망각해버리는 것을 바라지 않기 때문이다. 완전한 자주성을 의미하게 된 자는 조용히 결단한 상태에서 이 자주성을 감히 시도하는 것이고, 맹목적인 개선가 속에서 이것을 획득하는 것은 아니다. 그는 전승과 권위에 대해서 가장 확고한 이해를 갖고 있는 것이고, 이 전승과 권위를 그는 가능한 한 최소한에까지 보존하려고 생각하는 것이다.

4. 투쟁의 모든 유형의 총괄

철학하는 경우에는 종교에 대해서 3중의 투쟁이 행해진다. 하지만 이 투쟁에 있어서 반대자는 절멸되어야 할 것이 아닌, 의연하게 승인된 채로 남겨진다. 즉 거기에서는 **특수한 종교적인 행위에 대해, 고정화된 객관성에 대해, 소원한 역사성에 대해** 각각 투쟁이 행해지는 것이다.

a) **종교적 행위에 대한 투쟁**은 내면적인 것이다. 즉 기도가 주술인 이상 나는 기도의 실재적 의미를 의욕할 수 없다고 하는 것, 혹은 나는 거기에서 하나의 기만을 발견한다고 하는 것, 혹은 그것 없이는 기도가 기만이 되는 것이 나에게 결여되어 있다고 하는 것, 혹은 보편적인 널리 미치는 비상으로서의 절대적 의식의 관조가 모든 특수성, 모든 동작, 모든 시간적 국한, 인위적으로 반복가능한 모든 형식을 결여한 것으로부터, 나는 이것을 기도라고 이름 지을 수는 없다고 하는 것, 이들 이유 중 하나이기 때문에, 나는 기도하는 것이 불가능하다. 하지만 기도는 하나의 가능적인 현실성이고, 그것이 나에게 빠져 있다고 하는 것을 나는 이겨서 의기양양하게 의식하는 것이 아니라, 오히려 깊은 고통을 갖고 의식하는 것이다.

b) **고정화된 객관성**에 대한 투쟁은 내면적인 것에 멈추는 것이 가능할 것이다. 확실히 이 투쟁은 불투명한 것으로부터의 해방으로서, 고유의 운명을 가능하게 하는 것으로서, 순수하게 나의 것으로 삼기 위한 전제로서 피

할 수 없다. 하지만 나는 견고한 객관성 없이는 어떠한 전통도 불가능하다는 것을 알고 있고 또 이와 같은 견고한 객관성의 허락으로 확증되지 않고서는 어떠한 자유도 불가능하다는 것을 알고 있다. 나는 또 세계현존의 현실성으로서의 종교의 객관성이 초월자를 향한 인간의 관계를 확보하는 유일한 전통이라는 것을 알고 있다. 이 전통이 버려지는 곳에서는 철학도 드디어 몰락해버릴 것이다. 그러므로 나는 철학하는 자로서 또 내가 이 세상 속에서 탄생하며 나의 종교적 근거의 자명한 구체적 내용에 의해서 충실하게 되어 의식에까지 각성시켜진다고 하는 것을 통해서만 나의 종교적 근거를 갖는 것이기 때문에, 나는 무기저적인 것 속에 미끄러져 떨어지지 않고서는 종교적 근거를 합리적으로 부정할 수 없다. 철학하는 자로서 나는 허무 속에 존재하는 것을 바라지 않고, 낡은 시대의 표현 방법에 의하면, 교회에 있어서의 이단자라고 하는 것, 바꾸어 말하자면 본질적으로 프로테스탄트라고 하는 것을 감히 시도한다. 나는 완전히 결별해버릴 필요 없이 나 자신의 고유한 인격에 대해, 교회적 현실성을 향한 나 자신의 실재적 관계를 사회학적 현실성의 최소한을 축소시키는 것이 가능하다. 나는 잃어버리기 어려운 근거를 나 자신에게 부여한 것 없이 새로운 세대를 출발시키는 것을 바라지 않으며 전통에 대한 경외심을 잃는 것도 바라지 않는다.

내가 그 속에서 탄생한 교회를 나는 거부할 수 없다. 왜냐하면 그것 없이는 나는 나의 자유의 구체적 내용에 다다를 수 없었을 것이었기 때문에, 내가 어떠한 교회 속에서도 탄생하지 않았다고 해도 이것을 거부한다고 하는 것은 교회 일반이 세계 속에서 존재해야 할 것은 아니라는 것을 의미하는 것이 아니다. 왜냐하면 내가 실존적으로 그것일 수 있다고 하는 것을 나는 간접적으로 더욱 교회에 의존하고 있기 때문이다. 하지만 나를 배척할지도 모르는 신학자들의 교회는 진리의 교회가 아닌 공허하게 고착화된 것의 그때마다의 미망임에 지나지 않는다.

c) **소원한 역사성**에 대한 투쟁은 단 하나의 종교적 전승, 유일한 보편적 진리가 존재하는 것이 아닌 상호간에 배타적인 것이 여러 모든 이질적 근원으로부터 나와 상이한 길을 나아간다는 사실에 근거해서 발생한다. 모든 사람들을 화해시키기 위해서가 아니라, 모든 사람들에게 불을 붙이고, 상호간에 승인하면서 하나의 것이 되지 않는 투쟁 속에서 모든 사람들을 그들 자신의 단호한 진리에까지 야기하기 위해서, 정말로 가장 소원한 것과 상호소통을 구해야 하도록 나를 강제하고 있는 어떠한 것은, 단적으로 접근하기 어려운 아득한 한 사람이다. 이와 같은 경험으로부터 나는, 나에 대해 소원한 역사성을 설령 그것이 나 자신의 역사성이 되지 않는다고 해도, 그것이 존재해야 하는 것이 아니라고 하는 의미로 거부할 수 없다. 오히려 나는 이와 같은 소원한 역사성을 긍정하면서 세계 속에 있어서의 그 현존을 나 자신을 위해서도 바라지 않으면 안 되는 것이다.

5. 철학과 신학

자주성과 권위의 대립은 철학의 사유와 신학의 사유 안에서 명백한 대립 긴장이 초래된다.

철학도 신학도 그들의 본질적인 구체적 내용에 있어서는 하나의 신앙의 이해로서 어떠한 강제적 지식도 주장할 수 있는 것이 아니기 때문에, 이 양자는 강제적 확실성을 매개할 때에는 항상 하위에 두어질 것이다. 철학과 신학이 스스로의 진리를 증명하고자 한다면, 철학과 신학은 파국에 빠지고 말 것이다. 왜냐하면 증명이 있는 곳에서는 반론도 있기 때문이다. 즉 하나의 통찰은 단지 개별적인 것으로서만 강제적이고, 따라서 존재의 확인으로서의 본래적 진리가 모든 명제 속에서 언표될 때에는, 이것과 반대의 모든 명제가 강제적 통찰의 기반 위에서 똑같이 타당한 것이 가능한 것이다. 그러므로 신앙 없는 지식이 독단적으로 스스로를 불신앙을 변명하려고 해도, 그와 같은 변명은 신앙에 어떠한 도움도 될 수 없다. 그렇게 하는 것에 의해서 이 변명은, 역사적으로 규정된 고유의 신앙을 향해 이끄는 것이 아니라, 아마도 하나의 신앙이 거기로부터 발원할 수 있는 것 같은 위기로 이끌어가는 것일 것이다. 이 위기 속에는, 다음의 이중의 가능성, 즉 사제가 내미는 구원의 손 안의 권위에 몸을 맡기든지, 그렇지 않으면 자기 자신의 위험에 근거해 현존을 거는 이중의 가능성이 존재한다.

사제의 길을 갈 때에는, 혹시 그 사람이 알고자 한다면 신학이 그에게 제시되고, 자주성의 길을 갈 때에는 철학이 그에게 제시된다. 이 경우 철학은 자기의 지식에 예속되는 것을 구하지 않고 오히려 그 검토를 구하며 감히 이야기 걸어오는 인간의 이야기 걸음 이외의 어떠한 것도 아니다. 철학자들은 자주성의 길을 가는 사람의 반려로서만 존재할 수 있고, 그에 대한 권위가 아니며 종복일 수도 없다. 신학이 교회의 모양으로 객관적으로 존재하는 권위와 **연관되어** 사유하는 것에 대해, 철학은 모든 것을 고려하지 않고 사유한다. 거기에서는 모든 것이 문제가 될 수 있고 여러 시도가 감행될 수 있다. 신학은 종교적 공동체의 일정한 역사학적 형태와 계시로서 신성한 것이라고 설명된 그 경전과 관계 맺는다. 신학은 이러한 것들을 창조해내는 것에 부여하는 하나의 근원이 될 수 있다. 이것에 반해서 철학은 사회학적으로 정해진 형태가 없다. 철학은 단독자로서의 인간을 맺는 것이고 본질적으로는 이와 같은 교제로서 존재한다. 하지만 철학은 공허한 공동체의 의견에 의해서 비밀스러운 곳에 들어가려고 하지는 않는다. 즉 강제적으로 스스로를 내리 누르고, 어떠한 의문도 그 이상 허락하지 않으며, 권위적 성격을 갖는 우상 속에서만 그 본성을 유지할 수 있는, 그러한 공허한 공동체를 주장하지 않는다.

신학은 그것이 철학으로서 행동하고 또 그렇게 하는 것에 의해서, 교회와 그 권위 양쪽을 함께 승복의 외투와 같이 비본질적인 것으로 폄하할 때, 스스로의 근원을 잃어버릴 수 있다. 철학도 모호한 권위를 성립시키고, 설령 빈약하고 영향력이 없는 것이라고는 해도 종파의 같은 종류의 것을 만들어내는 학파를 형성하는 것에 의해서 그 자신 스스로를 배신할 수 있다.

이와 같이 본질적으로 다름에도 불구하고 신학과 철학은 친근성을 갖는다. 양자는 함께 근원의 해명 혹은 신앙의 확인이라고 하는 합리적인 작업을 한다. 그렇기 때문에 신학과 철학은, 역사적으로 끊임없이 상대방을 서로 유익하게 하면서 투쟁하는 관계이다. 이 경우 양자는 상호간에 가장 감사할 줄 모르는 것이 보통이다. 양자의 관계는 다음과 같다. 즉

a) 철학은 사실상 어떠한 하나의 **종교적 실체의 기반** 위에서 성장한다. 하지만 철학은 동시에 이 종교적 실체의 정식화된 현상과 투쟁한다. 크세노파네스로부터 플라톤과 아리스토텔레스에 이르기까지 그리스 철학에서도 그러하고, 헤겔과 셸링의 독일 철학에서도 그러하다. 이와 같은 관점으로부터 보면 철학은 **세속화된** 종교이다. 철학은, 철학이 거기서부터 나온 전승된 구체적 내용을 오래 사용해 낡아버렸을 때, 공허한 사유 속에서 죽음을 견뎌간다. 하지만 이 구체적 내용 그 자체는 신학과 철학을 위한 공통된 역사적 지반이다.

b) 이것과 반대로 **신학은 철학자가 개념적으로 창조해내는 것**을 최고도로 광범위하게 나의 것으로 삼는다. 그리스도교의 교리론은 그리스 철학을 통해서 형성되었고, 19세기 프로테스탄트 신학은 독일 관념론 철학을 통

해서 형성되었다. 신학에 의한 철학의 수용은, 철학을 그 고유한 근원으로부터 벗어나게 하고, 이것을 약화시키며 또 누차 불성실한 것으로 삼아버린다.

c) 하지만 **철학과 같이 근원적이고 창조적인 신학**이 있다. 다른 편의 모든 개념과 형식에 의한 영향이 증명될 수 있음에도 불구하고, 신학에 대한 이러한 근원은 아우구스티누스와 루터에 의해서 이것을 보는 것이 가능하고, 철학에 대한 그것은 그리스의 철학자들에 있어서, 브루노, 스피노자, 칸트에 있어서, 이것을 보는 것이 가능하다. 철학 편에서는 단지 단독의 개인으로부터 단독의 개인으로만 전달되는 것에 지나지 않는 고유한 구체적 내용이 존립한다. 이와 같은 철학적 근원은 신학에서 인용하기 어려운 것이고 오히려 본래적으로 불가시적인 것이다. 신학은 이 근원을 변형시키고 무력화하는 것에 의해서만, 이것을 종속적인, 상대적으로 정당화된 분기로서 스스로의 체계 속에 취해지는 것에 지나지 않는다. 하지만 신학의 근저를 의혹 속에 받아들이는 신학에서 규정불가능한 타자에 의해서 야기되는 신학의 증오는 아주 위험한 것이다. 거기에서 신학은 그렇게 하는 것이 가능한 경우에는 이 타자를 절멸해버리는 것이다, 브루노는 화형 당하고, 스피노자는 유대인 공동체로부터 추방되었으며, 그 이래 수백 년을 통해서 무신론자로 낙인찍히고, 그리고 잊히고 말았다. 어떠한 독일의 철학자도 칸트만큼 신학자들로부터 심한 욕설을 들은 적이 없다. 신학자들을 참을 수 없게 만들었지만 철학적으로 사유하는 삶을 영웅이게 한 것은 철학자들의 자주성이었다. 신학적 근원은 거기서부터 파생된 신학에 비하면, 철학자로부터 반대를 받는 경우가 적다. 확실히 신학적 근원은 철학하는 생활에 있어서 단적으로 용인되기 어려운 것이다. 하지만 신학적 근원은 단순히 존경될 수 있을 뿐 아니라 유혹에 빠지는 것으로서 남을 수

있다. 권위를 배제하면서도 그 역사성을 유지하면서 신학의 구체적 내용을 철학 고유의 것이게 하고, 하나의 철학적 종교를 창조해내려는 시도는, 순수한 신학에 의해서 거부되어야 할 것과 같이, 명석한 구분과 우리들의 현존에 있어서 불가피한 투쟁의 성실한 공개성을 무겁게 하는 철학함에 의해서도 거부되어야 할 것이다. 요구되고 있는 것은 권위를 선택하도록 결단하든지, 아니면 자유 속에 진입하도록 결단하든지라는 것이고 어떠한 타협도 할 수 없다. 이와 같은 타협이 행해지는 경우에는, 신학과 철학의 쌍방의 본질이 파괴되어버리는 것이다.

6. 자기 법칙적 모든 범역의 잡다성에 대한 종교와 철학의 무제약성

철학함의 자기 식별은 종교와의 갈등을 의식적인 것이게 했다. 이 갈등은 신앙 그 자체에 가로놓여 있다. 그렇다고 하는 것은 종교는 철학함과 같이 그 자체로 신앙이고, 그것에 참여하는 것 이외의 방법으로는 이것을 나의 것으로 삼는 것이 불가능하기 때문이다. 종교와 철학함은 함께 각각 고유한 근원을 지시했다. 양자는 스스로를 현상시키는 육체로서의 수많은 정신적 범역 속에 깊이 들어간다. 왜냐하면 정신적 모든 범역의 현실성은 그 자체에만 근거해 존재하지 않고, 철학적으로 존재하든지 그렇지 않으면 종교적으로 존재하는 하나의 신앙에 근거해 존재하기 때문이다. 종교와 철학은 어떠한 것도 그것만으로 보편적이며, 모든 현실성은 양자 중 하나에 대해서, 또 양자 중 하나에 있어서 충족되어 존재한다. 따라서 홀로 종교와 철학만이 서로 상극하고, 그러므로 또 양자의 어떠한 것도 모든 것은 아니다. 현존에 있어서의 실존이 존재 그 자체에 다다르고자 할 때 다다르는 곳에서 조우하는 분열상태가 신앙 속의 이곳에 존재한다. 확실히, 종교와 철학의 쌍방으로부터 다른 편을 종속시키려는 여러 모든 시도가 행해질 것이다. 종교는 철학을 자신에게 들어가는 통로이게 하고, 스스로가 마치 철학에 통해 있으며 철학과 함께 나아간다. 하지만 철학을 한계 지으며 보완하는 것과 같은 태도를 취한다. 철학은 종교를, 대중을 위한 신앙의 형식 내지 미발달의 의식에 대한 철학 자신의 감성적 대용물로서 폄하하든지, 그렇지 않으면 철학이 그로부터 스스로를 지키지 않으면 안 된다고 하는, 철학을 향해 저항하며 유혹하는 사회학적인 힘으로 폄하한다. 하지만 이와 같이 다른 것을 상대화하는 것에 의해서 종속시킨다는 것은 성실한 양심의 허락으로는 마지막까지 고수될 수 있는 것이 아니다.

신앙의 **무제약성**은 신학과 철학 쌍방에 존재하지만, 그것은 그 각각의 편에서 하나의 정신적 범역의 **자기 법칙성**으로서 존재하는 것이 아니다. 설령 철학이 그 모든 노작에서 단순히 협애한 고유의 객관성밖에 갖지 못하고 종교가 그 모든 노작에서 풍성한 객관성을 갖는다고 해도, 그 경우 양자는 어떠한 것도 각각의 객관성을 갖고 곧바로 각자의 현상을 매개하는 정신의 모든 범역 속에 깊이 들어가 있는 것이다. 종교와 철학은 이들 정신적 범역을 필요로 한다. 즉 합리적 설명, 당위의 형식, 예술에 의한 형성, 공동체에 있어서의 실현을 필요로 하는 것이다. 종교를 기도와 예배, 계시, 권위, 복종, 교회, 교의 및 신학에 의해 짐작해 알아맞혀지는 것으로 삼고 또 철학을 자주성, 자기의 위험 위에 선 단독자로서의 실존, 자기존재의 자유에 의해 짐작해 인지하는 것으로 철학과 종교를 식별한다는 것은, 양자의 그와 같은 성격 규정이 외면적이라고 하는 것과 같이 어디까지나 외면적인 것이다. 종교적 진리의 계시와 철학함의 물음과 탐구는, 그것들을 확인하는 양태로서의 모든 범역 속에서 서로 만나고, 단순한 자기 법칙성에서는 누누이 하나가 되어 있다. 하지만 종교적 진리의 계시와 철학함의 물음과 탐구는 단지 각각의 근원에 근거해서만 상호소통하면서 투쟁하는 대립자이다. 자기 법칙성을 갖는 모든 범역이 그것에 근거해서 처음으로 스스로의 생활을 갖는 것은 그 자체로 범역일 수 없다.

종교사와 철학사 속에는 심리학적, 사회학적, 논리학적 모든 관점에 따른 연구에서 파악될 수 있는 객관성이 외면적인 재료로서 제시되어 있다. 하지만 이 객관성은 이와 같은 연구에서 개념적으로는 파악될 수 없다. 개념적으로 파악될 때에는 이 종교사와 철학사는 여러 모든 환상, 오해, 무의식적인 변조 등의 하나의 혼란이 되어버렸을 것이다. 모든 범역 속에서 명확하게 구별될 수 없는 채, 종교 내지 철학이라고 명명되는 것은 스스로에게 있어서 무연한 이 혼돈을 통해서, 과학적 의식에 대해서는 하나의 질서에 따라질 것이지만, 그에 즈음해 종교 그 자체 내지 철학 그 자체는 항상 인식으로부터 벗어나버린다. 여러 모든 객관적 인식가능성의 해명에 의해서는, 단지 모든 객관성을 초월해 나가는 **비약**에서 종교 내지 철학으로서 실존적으로 나의 것으로 삼는 것에 의해서 가까워질 수 있는 것이, 노출되는 것에 지나지 않는 것이다.

그럼에도 불구하고 종교와 철학이 그 자신만으로, 고정화된 객관성을 갖는 특수한 정신적 **영역**이 된다고 하면 종교도 철학도 **퇴락할 것**이다. 왜냐하면 종교와 철학은 진정한 자기 식별에 있어서는 어떠한 하나의 범역이 되는 것이 불가능하기 때문이다. 종교와 철학은 상호간에 다른 것을 하나의 지식가능한 현존으로서 개념적으로 서로 인정하는 것이 아닌, 각각이 모든 것을 근원적으로 포괄하면서 각각 자기 자신 속에서 분열되는 것이다. 모든 근원의 종교적 신앙과 철학적 신앙을 향한 분열과 이 양자의 각자의 편에 있어서의 수많은 신앙을 향한 분열이라는 것은 현존에서의 우리들의 상황이다. 설령 신성이 가시적이지 않다고 해도 모든 가능성이 그 속에서 위치 지어지는 보편적 인류학에 있어서 인식될 수 있는 인간 일반이 아닌, 신앙의 여러 모든 근원이 실현되는 과정에 있어서 이들의 근원의 공존과 대립만큼은 궁극적인 것이다.

종교가 그 속에서는 무제약성인 대신에 스스로에게 보편타당성을 부여하고 있는 정신적 범역에 떨어진다는 것은 철학에게 호소가 된다. 즉

가령 신과 일개 인간의 선택이 문제가 된다면, 신을 선택하지 않는다는 것은 불가능할 것이다. 하지만 신은 모든 사물 속의 객관으로서, 신인 인간으로서, 다른 여러 모든 현존 범역과 나란한 현존 범역으로서 나와 만나는 것은 아니기 때문에, 이와 같은 선택은 중대한 의의를 갖는 것으로서는 생길 수 없다. 이와 같은 선택은 그 자신의 객관성 속에 모든 것을 취합하는 하나의 종교 속에서 신이 규정된 형태가 되어 있는 경우에만 기만될 수 있음에 지나지 않는다. 종교적으로 고정화된 사상이 예수는 진리이며 생명이기 때문에, 예수는 사람이 아버지와 어머니, 아내와 아이를 버려두고, 민족과 직업의 모든 유대를 포기하고 예수 자신을 따라야 할 것이라고 요구한다고 생각된다고 하면, 이와 같은 사상은 승인하기 어려운 양자택일에 깊이 빠져 있는 것이다. 이와 같이 가장 깊은 인간적 관계와 예수 중 어떠한 것이 선택되지 않으면 안 된다면, 바로 그 이유는 예수가 이미 보통의 인간이 아니며 동시에 신이며 인간이라는 것, 각각의 가능실존의 유일성이라는 의미에 있어서 실존으로서 유일무이하다고 하는 것이 아니라, 단 하나의 진실의 실존, 즉 신의 아들로서 유일무이하다고 하는 것, 이에 반하여 인간으로서의 인간은 전혀 가능실존마저도 아니라고 하는 것 속에 있다. 키르케고르가 그 이외의 누구에게도 마치 인간을 실존으로서 파악했던 것에도 불구하고, 신인으로서의 예수를 향한 신앙을 방기하지 않았다는 것은, 그가, 강력하고 압도적인 신앙 속에서 예수를 부조리한 역설이게

하고 그 다른 사실적인 그리스도교적 신앙과 교회를 방기해버렸다는 것에 의해서 가능하게 된다.

프랑켄의 정복시대의 프리슬란트인의 수장은 세례를 받으려고 할 때, 더욱이 최후의 순간에, 그가 생각했던 대로 그의 아버지와 조상을 천국에서 만날지 어떨지를 되묻고, 이에 대해서 '아니다, 왜냐하면 그들은 이교도로서 지옥에 있을 것이기 때문에'라고 대답되자, '나는 나의 조상이 있는 곳에 있고 싶다.'라고 말하고 돌아가버렸다. 이 경우 행해진 선택은 실존적으로 근원적인 형태에 있어서 철학적인 태도이다. 이와 같은 철학적 태도는 지양하기 어려운 확고한 신뢰관계가 되어 세계에서 실현되는 것이고, 그러므로 또 인간에 의해서 만들어진 것으로서의 종교적으로 특수한 모든 객관성과 그것이 충돌하는 경우에도 이것에 복종한다는 것은 아니다. 그것은 신으로부터 등을 돌려서 그렇게 하는 것이 아닌, 자기의 역사성 속에서 성실하게 실존한다는, 유일하게 가능한 길을 통해서 신성을 지향하면서 그렇게 하는 것이다.

이와 같은 측면에서 철학은 종교로부터 자기를 식별하고, 더욱이 철학 자신 속에서 종교를 분리시킨다. 종교가 역사적 무제약성 속에서 진실한 경우 철학은 설령 종교가 그 자신에 있어서의 진리는 아니라고 해도 진리로서의 종교와 연대적이다. 하지만 종교가 객관적 존립을 획득하고, 세계 속에 존립하는 어떠한 것이 되고, 그 결과 다른 여러 모든 것 속의 하나의 것, 다른 여러 모든 정신적 범역과 나란한 하나의 정신적 범역이 되는 경우 종교는 철학에 있어서 허위가 되고 철학에서 기피된다. 종교 혹은 철학은 그 자체로 범역이 되지는 않고, 인간 현존의 모든 범역에 침투하는 것에 의해서 인간을 파악하는 것이다.

철학과 과학

과학이 단순히 세계의 강제적 지식을 의미할 뿐 아니라 방법적 전달의 합리적 형식도 의미한다면, 철학은 이와 같은 형식을 구하는 것이다. 따라서 철학은 과학적이라는 것이 가능하다. 그것은 단지 모든 과학이 철학 스스로에게 있어서 철학 스스로에게 도달하는 도정이라는 이유뿐 아니라, 더욱이 철학이 이와 같은 방법적인 사유와 전달의 모든 형식을 만들어낸다고 하는 이유에서도 그러한 것이다. 그렇다고 해도 이 경우, 철학이 만들어내는 이들 형식에는 세계에 유용하거나 혹은 타당한 발견이라고 하는 의미에 있어서는 단적으로 어떠한 것도 인식될 수 없는 것이기는 하다.

그러나 먼저 첫째로, 철학은 과학이 아니라 오히려 과학으로부터 자기를 식별하는 것에 의해서 명석해진다. 왜냐하면 철학은 과학 이상의 것임과 동시에 그 이하의 것이기 때문이다. 둘째로, 철학은 그 자체로 근원적인 지식욕이다. 이 근원적 지식욕이 스스로를 실현하는 모든 방향의 하나를 모든 과학의 지식에서 발견하는 것이다. 셋째로, 철학은 과학에 있어서의 지식을 위한 거짓의 과학에 대해 투쟁하는 것이다.

1. 과학에 대한 철학의 자기 식별

모든 과학은 어떠한 하나의 대상을 갖는다. 설령 철학이 과학으로서 행동하려 해도, 철학은 어떠한 대상에 의해서도 스스로를 정당화할 수 없다.

확실히 철학은 스스로의 대상을 '전체'라고 이름 붙인다. 혹시 철학이 이와 같은 전체에 관한 엄밀 과학으로서 자기를 전개한다면, 철학은 다른 모든 이론적 활동과 같이 자기 연구에 있어서 자기의 대상으로부터 분리되고 거리를 두고 이것을 인식하게 될 것이다. 하지만 이와 같은 인식의 방법은 확실히 세계정위의 모든 사물의 인식에 있어서 의미가 풍부한 것이라 해도, 철학에 있어서는 그렇지 않다. 전체는 이와 같은 방법으로 파악될 수 없다. 내가 그것을 어떻게 이름 붙이려고 해도 전체는 대상으로서는 나로부터 도망가버린다. 순수과학으로서의 이론적 철학은 스스로의 추정적 인식의 객관적 구조가 그 위에 안치되는 확고한 한 점을 구하지 않으면 안 된다. 이와 같은 이론적 철학은 모든 것이 그것에 의존하는 하나의 원리를, 이 원리가 물질, 자아, 정신이라고 이름 지어지든지 신이라고 이름 지어지든지 불문하고, 대상적으로 알고자 한다. 하지만 이 이론적 철학이 이와 같은 방법으로 무엇을 사유하려 해도, 그것은 단지 세계에 있어서 어떠한 하나의 특수한 것에 대해 여러 모든 대상적 구성을 발견하는 것에 지나지 않는다.

그러므로 철학함이 자기 식별을 할 경우, 그것은 모든 과학과 같은 어떠한 하나의 대상을 가질 수 없다는 것을 의식하게 된다. 과학은 어떠한 대상도 이미 존재하지 않는 경우에는 존재하는 것을 멈추어버린다. 혹 철학의 대상이 있다고 한다면, 그것은 대상으로서의 전체가 아닌 모든 대상성의 근거로서의 전체이고, 이 근거에 관계 지어질 수 있을 뿐인 '명명의 대상'으로서의 전체일 것이다. 철학적 사유는 과학의 기준으로 헤아려질 때에는 마치 공중에 떠 있는 것 같은 상태이다. 비유적인 의미 이외의 의미에 있어서 무언가 하나의 대상을 철학에게 부여한다는 것은, 과학적 인식의 형식을 오해하여 철학에 들여오는 것이다.

그렇다고 해도 철학함은 대상 없이는 한 발짝도 나아갈 수 없다. 설령 어떠한 대상도 특별히 철학에만 고유한 것이 아니라고 해도 철학은 여러 대상 속에서 움직이고, 게다가 그때에 이들 대상을 단순히 그것만인 것으로서 생각하지는 않는다. 모든 대상은 이들 대상에 있어서 그것들을 초월해 나가는 철학함에서 변화한다. 철학함에서 대상은 방법적, 개별과학적 통찰에서와 같이 변화하며 구성되는 것이 아니라 투명하게 되는 것이다. 왜냐하면 거기에서는 대상은 현상이기 때문에. 즉 거기에서 대상은 인식되는 것이 아니라 언어가 되는 것이다. 내가 대상 그 자체를 사념하는 경우 나는 과학 속에 있지만, 내가 대상 속에서 시선을 존재로 향할 경우 나는 철학하고 있는 것이다.

혹시 내가 강제적 통찰을 과학과 동일시한다면 철학은 과학 이하의 것이다. 왜냐하면 과학은 스스로에게 있어서 본질적인 것에 대해 강제적으로 타당한 것을 요구한다는 과제에 의해서 스스로를 철학으로부터 구별하기 때문이다. 하지만 철학은 무제약적 진리를 파악하고자 사념하는 것이며, 그 점에서 과학 이상의 것이다. 철학함은 강제적 통찰을 소유하는 것에 의해서 신앙의 해이한 강제적이지 않은 통찰을 확인하는 사유이다. 하지만 철학은 철학 자신을 침해하지 않는 과학적 통찰을 근저로 삼지 않고서는, 철학 고유의 진리에 도달할 수 없을 것이다.

여러 모든 철학적 사상은 단지 부정적인 것에 있어서만 강제적임에 지나지 않는다. 이들 부정적인 통찰은 이미 강제적인 것으로서는 아니지만 초월을 향한 길이 된다. 그리고 이러한 초월을 향한 길에서 처음으로, 이들 부정적 통찰은 본래적으로 철학적이게 된다.

철학은 그 긍정적 발언 속에서 가능성의 성격을 갖는 여러 모든 사상을 언표한다. 이들 사상의 긍정성은 단지 해방되는 것으로서만, 호소하는 것으로서만, 주문에 의한 것같이 유혹해내는 것으로서만 진실임에 지나지 않는다. 이 긍정성은 다의적이고 어떻게 해도 오해받기 쉽다. 이 긍정성은 무제약적인 것의 표현으로서 자유로부터 발현된 것이기 때문에 단지 자유에 근거해서만 이해된다. 이 긍정성은 소유하거나 부여되거나 하는 직접적 형식 속에서 그 자신이 사념하는 것을 언표할 수 없다. 철학은 결코 현실적으로 과학이 아니기 때문에 철학은 사실적으로도 과학과 같이 보편적으로 승인되지 않는다. 철학이 보편적으로 승인되는 것을 구해서 철학이 단지 외견상 그러할 수 있음에 지나지 않는, 실존적으로 의무 지어지지 않는 타당한 과학으로서 스스로를 가장할 때 철학은 스스로를 파괴해버린다.

철학과 과학의 차이는 **상호소통의 종류**의 차이라고 하는 점에서 결정적이게 된다. 과학적 인식의 모든 성과와 방법은 대체가능한 의식일반으로서의 한 사람을 이와 같이 대체가능한 의식일반으로서의 다른 사람에게 매개한다. 그런데도 철학하는 경우에는, 이와 같은 의식일반은 누구라도 그것을 끼워서 임의의 상호소통에 들어오는 하나의 매개자가 되는 것이 아니라, 단독자가 그것을 끼워서 다른 단독자와 함께 역사적이기 때문에 의무 지어지고 있는, 상호소통에 들어가는 단순한 하나의 매개자가 되는 것에 지나지 않는다. 언어적 현상으로서의 철학은 미지의 모든 가능적 단독자에 대한 상호소통의 수단이다.

그러므로 과학적 연구와 철학함은 **논쟁**에 있어서 또 본질적으로 다르게 되어 있다. 과학에 있어서는 어디까지나 그 자체로서 사념되는 특수하며 규정된 사상에 대해서 비개인적으로 논쟁이 행해진다. 거기에서는 도출되고, 타당하게 되고, 결국에는 객관적, 강제적인 결정에 다다르는 여러 모든 근거와 사실, 사태와 경험이 주어져 있다. 철학하는 경우에 있어서도 확실히 과학적 논쟁은 의연히 기초 내지 매개이기는 하지만, 거기에서는 이 과학적 논쟁 속에서 동시에 별개의 것이 사념된다. 철학적인 대화는 즉물적으로 표현된 내용을 갖고서 채워질 수 없다.

철학함은 그 자신의 대상에 있어서, 이 대상 속에서 본래적으로 문제가 되어 있는 것으로부터 **분리되지 않는다**. 과학에 있어서는 무언가 어떠한 인식작용은 인식된 것과 동일하지 않다. 예를 들면 화학적 과정의 통찰은 그 자체로 화학적 과정이 아니다. 그런데도 철학하는 경우에는 자기존재가 대상과 맺어져 현재하고 있다. 그러므로 철학하는 경우에는 단지 상대적으로만 의논될 수 있는 것에 지나지 않는다. 즉 모든 사상을 초월해가는 도상에 있어서 의미상으로부터라고 해도 개인적인 하나의 상호소통 속에서, 의논될 수 있는 것에 지나지 않는다. 철학함이 객관적인 것 이외의 어떠한 것일 수도 없다고 바라는 정도에 대응해, 그것은 철학함을 멈추어버린다. 과학에 있어서 의미가 있으며 성과가 많을 수 있는 것, 즉 사상 자체로 유효한 것이 철학적으로는 기만이 된다. 철학하는 경우에는 단지 기초지어지는 것만을 원하고, 자기 자신을 던져버리는 것을 행하지 않는 자는 철학함의 배신에 대한 단순한 오성의 복수로서의 궤변에 빠져버린다. 이미 과학에 있어서 논리적 형식과 덧없는 경험적 사실의 공허한 순열 속에서 직관성이 상실될 때 통찰이 점점 사라져가는 것같이, 철학하는 경우에도 이미 어떠한 가능실존도 이야기 걸지 않고 또 이야기 걸어지지도 않게 될 때 역시 그러한 것이다.

하지만 철학이 과학으로부터 자기를 식별하는 경우 과학을 자기의 **조건으로서 전제**하고, 더욱이 자기 고유의 전달의 **방법적 형식**이라고 하는 의미에서의 과학을 자기 속에서 취하는 이상, 확실히 우리는 철학을 하나의 **과학적인 세계관**이라고 부를 수 있을 것이다. 즉 철학은 과학적 세계정위에 **근거하며** 명확하게 조성된 사유의 **형태**를 취하고 있는 세계관이기는 하지만, 그것은 과학에 의해서 증명된 세계관은 아니다. 철학이 과학으로부터 자기를 식별하는 것은 몽상에 **빠지기** 위해서가 아니라 과학을 진실하게 자기 속에 갖기 위해서이다. 거의 모든 위대한 철학자가 무언가 하나의 개별과학에 정통해 있었다는 것은 우연이 아니다. 철학에 대해서 모든 과학이 봉사하는 것이고, 철학이 모든 과학에 대해서 봉사하는 것은 아니다. 왜냐하면 철학은 모든 지식의 의미로서 그 자체로 과학 그 이상의 것이기 때문이다. 개별과학의 목표는 세계정위에서의 대상의 인식이고, 철학함의 목표는 세계현존의 현상에서 단독자로서의 실존이 자기 자신을 이해한다고 하는 것이다.

철학이 객관적이며 유일한 것으로서의 본질적 진리를 직접적 전달 속에서 고지하는 것일 수 없으며, 또 세계관의 여러 모든 가능적인 입장과 형태를 오성으로 선택해야 하도록 제시하면서 고찰하는 것일 수도 없다고 하면, 이와 같은 자기 식별에 있어서 철학에는 더욱이 무엇이 남는가, 하는 것이 문제이다. 왜냐하면, 혹 철학이 전자와 같은 것이라고 한다면, 철학은 구원의 사자가 되어버릴 것이고 또 혹시 철학이 후자와 같은 것이라고 한다면, 철학은 과학이 되어버릴 것이기 때문이다. 즉

철학의 의무 짓는 성격은 **요청**으로서 나타나지 않으면 안 된다. 철학이 철학에 있어서 존재하는 것과 존재해야 할 것을 언표하는 모든 명제 속에서 이야기할 때, 철학은 **예언적 철학**이 될 것이다. 또 철학이 선택되어야 할 수많은 가능성으로서가 아니라, 무제약적인, 철학에 있어서 진실한, 듣는 사람 그 자신에 관한, 여러 모든 가능성을 기도할 때, 철학은 **각성적 철학**이다. 예언적 철학과 각성적 철학은 상호간에 상대방이 없다면 존재하지 않는다. 소박한 의미에 있어서는 예언적 측면이 나타나고, 비판적 의식에 있어서는 그 자체로 더욱 숨겨진 예언에 지나지 않는 호소하는 측면이 전면에 나타난다. 왜냐하면 철학함에서는, 자기의 무제약성에 근거해 타자 속의 무제약성에 스스로를 관계 맺으려고 바라는 자유가, 자유를 향하는 것이지만, 하지만 그 즈음 자유는, 타인이 고유한 자기존재에 근거해 근

원적으로 이것을 받아들이는 한에 있어서만, 타인 속에서 무제약성을 발견하는 것이고, 타인이 내가 말하는 것의 객관성에 따르는 경우에, 이것을 발견하는 것은 아니기 때문이다. 확실히 철학하는 자는 압도적으로 이야기 걸고, 격정적으로 타인에게 접근하려는 충동을 갖는다. 하지만 이와 같이 타인이 그를 따르려 하면 그는 타락해버릴 것이다. 자기를 억제하고 **가능성으로서의 객관성**에서 사유한다는 것은, 타인이 자기를 향해 성장하고, 마침내 구체적인 역사적 상황 속에서 결단의 표현으로서의 철학적인 언어가 자기와 자기를 관계 맺기 위한 조건이다. 공포된 철학적 사유로서 모든 노작 속에 서술되어 있는 것은 이와 같은 가능성을 각성시키려고 하는 것이고, 복종되고 모방되는 것을 구하는 것은 아니다.

2. 지식욕의 운동에 있어서 철학함의 양극성

철학함이 근원적인 지식욕인 이상 철학은 하나의 과학의 형태를 취하지 않으면 안 되는 것같이 보인다. 하지만 모든 과학에 있어서의 지식이 방법과 성과의 특수성에 의해 규정되어 있는 것에 대해서, 지식욕으로서의 철학은 설령 우리가 이것을 개념적으로 파악하려 해도 단지 무규정적으로만 또 대립관계에서만 스스로를 개시함에 지나지 않는다. 철학은 본래적 존재로서의 무제약적인 것의 지식을 구하고 게다가 항상 무언가 개별적인 것에 부딪히는 것에 지나지 않는다. 철학은 **무제약적인 것의 지식**을 이 **개별적인 것** 속에서 파악하지 않으면 안 되는 것이다. 철학은 소유로서의 지식을 구하고 게다가 어디까지나 근본적인 **물음**에 의해서 획득된 모든 소유를 극복한다. 철학은 **객관성**으로서의 대상성을 구하지만 그럼에도 불구하고 **실존의 현실성** 없이는 무의미하다. 이러한 대상성은 현존 속에서 실존을 이끄는 도표이다. 혹시, 이러한 대립의 각각의 한 측면을 강조하는 것에 의해서 철학을 정의하는 시도가 행해진다면, 그와 같은 일면성 속에는 교리론으로서 죽은 철학이 남을 뿐이다. 단지 이와 같은 **양극성**의 운동으로서만 철학은 스스로의 진리를 갖는다.

a) 개별과 전체

전문적 지식은 세계정위 속에서 획득된 개별적인 것에 대한 지식과 능력이다. 하지만 지식가능한 것은 무한하다. 철학은 모든 것을 알고 있지 않다. 철학은 그 발단으로부터 박식에 반대해왔다. 무언가 개별적인 것으로 향하는 것이 아닌 전체를 향하는, 즉 무수히 많이 존재하는 것으로 향하는 것이 아니라 존재 그 자체를 향하는, 산란된 것을 향하는 것이 아닌 근원을 향하는 지식욕만이 철학이다. 하지만 지식으로서의 철학이 전체를 향한다고 해도, 그것은 단지 객관적인 것 속에서만 그때마다 스스로를 실현하는 것에 지나지 않는다. 철학은 그 스스로 어떠한 과학도 아니고 모든 과학 속에서 존재한다. 모든 특수한 대상성은 언젠가는 무언가 하나의 개별과학에 의해서 연구될 것이다. 또 개별적이며 특수하지 않은 어떠한 대상도 존재하지 않는다. 단지 이념으로서만 전체성은 개별과학의 철학적 충동이고 또 모든 과학의 총체성 속에 존재하는 것이다. 모든 것을 알고 있다는 의미에서 지식을 지배한다는 것은, 여러 모든 과학적 인식 내지 방법의 무한성 때문에 불가능하다. 하지만 각각의 본질적인 전망에 관여하는 것에 의해서, 모든 원리를 이해하는 것에 의해서, 기존의 인식 성과를 각각의 특징의 경우에 취득해서 이해하는 것을 가능하게 하는 교양에 의해, 사유의 기능으로서 지식을 지배한다는 것은 가능하다. 전체는 가능한 여러 길에 의한 무제한의 세계정위를 향한 의지로서, 더욱이 항상 철학적이고, 또 단순하게 모든 성과를 믿지 않고, 개별적인 것 속에서 그때마다 세계정위와 함께 나아간다는 마음가짐 또한 철학적이다.

철학함이 지식욕의 근원에 근거한 특수한 인식에서 작용하는 경우에도, 철학에 의해서 움직여진 모든 과학에서 특히 유독 두드러지게 철학과 밀접한 관계가 있었던 과학은 여태까지 여러 가지로 변천되어왔다. 그것은 예를 들면 신학이었던 적도 있고, 수학 및 수학적 자연과학이었던 적도 있고, 언어학 및 역사학이었던 적도 있고, 심리학, 사회학이었던 적도 있다. 객관적으로 타당한 모든 인식은 확실히 항상 개별과학적인 인식에 지나지 않지만, 이들 개별과학적 인식이 철학의 충동에 의해서 획득된 것인 이상, 그들은 의연히 철학에서 중요하고, 그러므로 또 임의의 개별적인 지식 이상의 것이다.

b) 지식의 소유와 지식을 향한 노력

철학은 철학이 소유가 되는 것 같은 착각에 대해서 반대한다. 이와 같이 소유로 변한 철학은 스콜라적인 철학에서 습득가능한 것으로서, 여러 지식일반을 백과사전적으로 망라하고자 하든지, 그렇지 않으면 특수한 철학적 지식으로서 나타난다. 이미 철학이라는 명칭이, 철학은 **노력**하는 것이고 소유하는 것은 아니라는 관념으로부터 나온 것이다. 철학자로서 인간은 스스로의 무지를 알고, 그리고 지식을 구해 노력하는 것이다.

하지만 이 노력이 지식에 의해서 접촉되지 않고서는, 또 소유로 **변하는** 개념성 속에서 스스로에게 명석성을 부여하지 않고서는 불가능하다고 해도, 지식의 종국적인 소유는 이 노력을 폐기해버릴 것이다. 그렇기 때문에 칸트는, 사람은 철학을 배우는 것이 불가능하고, 단지 철학하는 것을 배울 수 있을 뿐이라는 것을 알고 있었다. 학설로서의 철학도, 철학의 가능성의 부인도, 어떠한 것도 순수한 지식을 결여한 것이다. 전자는 이러한 것으로서 단 한 학파에 의한 인위적인 타당성을 갖는 것에 지나지 않는 모든 개념을 추종하는 것이고, 후자는 스스로 부정한 장소로부터 나오지 않는 것이다.

알지 못하면서 지식을 향해 움직여가는 철학은 스스로를 이와 같은 노력으로서 특징짓는다. 즉 철학은 전체를 향하는 것이기 때문에, 그것은 가장 먼 한계를 향해 노력한다. 철학이 하나의 한계에 다다른 경우, 철학은 거기에 멈추지 않고 더욱 앞쪽으로 몰아세워지는 물음을 발견한다. 철학은 존재로서 나타나는 모든 것을 근저로부터 파악하고, 스스로 근본적이라고 하는 것을 표방한다. 철학이 아직 의문으로 삼지 않았던 것은 어떠한 것도 존재하지 않는다. 철학은 모든 소유를 의문스럽게 한다. 철학은 존재를 파악하기 위해서 모든 존재의 밖에 있는 점을 구한다. 이와 같은 탐구를, 철학은 불가능한 것을 원하며 게다가 그것을 단념하지 않는다는 것을 통찰하는 이율배반으로서 알고 있다.

철학의 이와 같은 근원적 지식욕은 특수한 것의 지식을 초월한 도상에 있어서, 자기의식에 있어서 정점에 달하는 의식의 명석함을 구한다. 철학자는 단순히 살고자 할 뿐 아니라 의식적으로 살고 싶어 한다. 철학자에게 있어서는 단순한 오성의 외면적 반성 속에서가 아니라, 나날이 철학함의 가능적인 성과인 특수한 밝음 속에서 그에게 의식되도록 된 것이 본래적인 존재가 되어 있다. 이들의 밝음은 모든 사물에 관한 인식과 같이 전달되지 않고 단지 이 밝음에 정통해 있는 자에 의해서, 그것에 대해서 마음의 준비를 하고 있는 자 속에 환기되는 것에 지나지 않는다. 단순한 본능의 암흑으로부터 빠져나와 지식 속에서 자기 자신을 발견한다는 것은 철학적이다. 하지만 소유로서의 지식은 신성에 속하는 사항이기 때문에, 철학자는 결코 종국적인 명석성 속에 있지 않고 몸을 암흑에 맡기는 것을 바란다. 왜냐하면 철학자의 명석성은 무로부터 나오는 것이 아니기 때문이다. 철학자의 명석성은 그 자체에 의해서 지지되지 않는다. 혹시 그러하다면 그와 같은 명석성은, 물과 같은 명석성으로서 어떻게 되는지 좋은 것이 되어버릴 것이다. 그러므로 철학하면서 탐구하는 경우의 자기이해는, 그 자기이해의 정도에 응해, 항상적으로 이해불가능하기 때문에 본래적으로 이해불가능한 것이 개시된다고 하는 것이기도 하다. 철학하는 경우의 지식은 알려져 있지 않다고 하는 것에 의해서 가장 결정적인 점에 있어서 알려진다는 특징을 갖는다.

c) 지식과 실존

과학은 **연구자의 존재와 독립적으로** 실제로 있는 그대로의 것인 현존을 연구한다. 철학함은 나 자신이 존재한다고 하는 것을 통해서 경험되는 존재를 문제 삼는다. 나는 내가 나 **자신**을 통해서 어떻게 존재하는가, 하는 그 방법에 따라서만 존재에 대해 알 수 있다. 그러므로 철학적 지식은 나 자신의 존재에 의존해 있다. 그것은 나의 존재의 자기확인이다.

철학은 마치 철학하는 경우에 있어서도 더욱 또다시 모든 과학에 있어서와 같은 것이 행해지는 것같이, 혹은 마치 모든 과학에 의해서 잊힌 하나의 지식 대상이 존재하는 것같이, 그 자신을 잊고 스스로를 세계정위의 지식과 동일시하려고 하지 않는다. 철학이 개별적인 것 중에서 모든 문제를 연구하고 또 그것들을 해결하며, 이어서 모든 성과를 얻으려고 생각하는 경우에 철학은 무언가 하나의 연구의 연속성 속에 서고, 전승된 철학을 그때마다 더욱 한 발짝 넘어서 이에 이어 그 이상으로 기대되는 연구의 모든 성과를 약속한다는 태도를 취하게 된다. 하지만 철학이 진리인 것은, 단지 존재의 모든 가능성을 나의 것으로 삼는 과정으로서이고, 지식의 모든 성과를 위한 단순한 노력으로서는 아닌 것이다.

모든 과학이 이들 모든 과학을 **파악하려는** 충동을 처음으로 부여하는 철학함에서 스스로의 의미를 발견하는 한 모든 과학은 재료로서 철학에게 도움이 된다. 하지만 과학의 내용의 총체는 더욱이 아직 존재를 충족시키는 것은 아니다. 확실히 과학적 세계정위 속에서는, 나는 의식일반으로서 다음과 같이 말하는 것이 가능하다고 믿고 있다. 즉 내가 아는 것 그것이 나이다. 나는 모든 것이 그 속에서 총괄되는 것을 지식으로 삼아 존재한다. 존재는 알려진 것 속에 포함되어 있다고. 하지만 나는 가능실존으로서 처음으로, 바로 철학함의 비약 속에서 처음으로 다음과 같이 말할 수 있다. 즉 내가 아는 것은 내가 어떻게 나의 존재를 확신하게 되었는가, 하는 것의 단순한 조건에 지나지 않는다고.

그러므로 우리가 과학을 보고 진리를 파악하는 유일한 방법이라고 하여 이것을 고집하고, 다른 모든 것을 거부한다면 우리들은 철학함을 **방기**하게 될 것이다. 하지만 우리가 강제적 보편타당성의 세계로서 과학을 단념한다면 우리는 공허함에 비틀거리고, 이렇게 철학함이 불가능하게 될 것이다. 하지만 지식의 전체가 된다는 의미에 있어서 과학과 철학의 어떠한 종합도 불가능하다. 과학과 철학의 분열과 그들의 변증법적 대립 긴장은 시간적 현존으로서 우리들의 현상에게 당연히 속하는 사항인 것이다. 이 시간적 현존에서 우리들은 우리들이 그것을 초월하는 세계를 과학에서 인식하는 경우에만 초월하는 것이 가능하다.

철학은 또 과학적 학설에 따른 기술적 행위의 경우와 같이, 우리가 그것에 직면하는 학설도 아니다. **사유와 생활**의 일치는 학설의 법칙 혹은 형상 밑에서 구체적 개인을 **포괄**하는 의미가 아니다. 사유된 것으로서 이미 생활에 있어서의 기능이 아니었던 것 같은 것은 진실하게 사유된 것이 아니다. 철학은 매일매일의 구체적인 사유로서, 사상의 내적 행위로서 근원적이다. 그러므로 어떠한 하나의 철학적 노작에 있어서 고안과 서술은 하나의 것의 내부에서의 사유와 생활의 분기화의 기준 혹은 현재하는 자기존재를 개명하는 기준을 스스로의 배후에 갖고, 단지 이 기준으로부터 발원된 언표가능한 것만을 질서 짓고 또 방법적으로 재현하는 것에 지나지 않는다. 나는 단지 사유자로서만 존재하고, 또 철학한다는 것은, 가능실존이 무제약성으로서의 자기의 자유 속에서 스스로를 현존에 있어서의 사유에 의해 이해하는 한에 있어서, 이와 같은 현존에 있어서의 사유이기 때문에 언표된 철학은 확실히 한순간 학설이 되지만 그럼에도 불구하고 거기에서 철학은 단순히 대상적으로 이해된 것으로서가 아니라, 단지 자기존재를 향해 전화되는 가능성으로서만 존재하는 것이다.

철학하는 경우 그때마다의 개념성 없이 이야기하는 것이 불가능하다고 해도, 이 개념성은 개념이 없는 반쪽자리 말과 같이 철학함을 종식시켜버린다. 철학적인 개념성이 아직 단순히 술어에 지나지 않을 경우, 철학함이 이 철학적 개념성에서 진실이 아니게 됨과 같이 철학함은 개념이 없는 언어 속에서는 모호함에 빠져버린다.

철학이 그 자체로 과학이 아니고 과학을 포괄하는 것이라고 해도 철학은 말한다고 하는 것에 있어서는 항상 하나의 지식이고자 한다. **철학과 과학의 구별** 대신에 철학하는 경우에 있어서의 **지식과 실존의 대립 긴장**이 추구되지 않으면 안 된다. 확실히 지식은 모든 과학 속에서만 그 방법적으로 명석한 형태와 전개를 획득하는 것이다. 하지만 그것은 무언가의 의미로 구체적인 그 소재와 형식에 있어서, 철학함에서도 항상 현재해 있다. 이와 같이 지식이 현재하는 **방식**은, 지식이 단순한 지식으로서의 지식 속에서는 아직 존재하지 않는 하나의 **의미와 구속성**을 가지면서 철학함을 결정하는 것이고, 이 철학함에는 지식이 고찰의 면과 행위의 면을 갖지 않으면 안 된다고 하는 대립 긴장 속에 멈춘다. 거기에서는 이들 두 면의 한쪽은 다른 쪽 없이는 불가능한 것이다.

지식으로서의 철학은 성찰이다. 그리스인은 인생을 하나의 축제에 비유했다. 즉 어떠한 사람들은 자신들의 기예를 보이기 위해 오고, 다른 사람들은 축제의 관람객과 장사해 돈을 벌기 위해 오고, 또 다른 사람들은 관람을 위해서 온다. 그리고 이와 같이 관람을 하러 오는 사람들이 철학자라는 것이다. 하지만 그리스인은 철학한다고 하는 것을 어떠한 의무도 동반하지 않는 관조로서는 생각되지 않고 신적인 것을 관조하는 것에 의해서 신과 닮은 것이 되려고 했다. 그들에게 철학은 단순히 지식일 뿐 아니라 동시에 **실천**이기도 하고, 진실한 인생 그 자체를 배우는 것이기도 하다. 철학은 죽음에 직면해 스스로를 확증한다. 철학함은 죽는 것을 배우는 것을 의미한다.

생활과 지식의 대립이 고정화되고, 그 결과 단순한 성찰적 지식과 단순히 행위적으로 실존하는 것이 대립하게 된다면, 이 대립의 각각은 다른 편을 잃음과 동시에 스스로도 잃어버리게 될 것이다. 혹 우리가 스스로를 지식으로만 **국한**해서, 이미 어떠한 자기도 거기에서는 삽입되지 않는 즉물성을 요구한다면, 우리는 거기에 무언가 하나의 위대한 세계상을 발견하고, 그것을 알 수 있다고 생각할 것이다. 하지만 타인을 통해서도, 자기 고유의 사상을 통해서도 그것에 가까워질 수는 없을 것이다. 혹 우리가 지식을 **경멸**하고, 이것을 어찌되든 상관없는 것이라고 공언하고, 지식 대신에 감정, 본능, 직관으로 후퇴한다면 우리는 이성적 존재자로서의 모든 상호소통을 멈추게 될 것이다. 왜냐하면 우리는 이와 같은 태도를 더욱더 합리화하며, 우리가 행하는 생활을 통해서, 우리가 나타내는 것을 체험하는 것을 통해서, 강요하는 것 같은 도덕적 영웅으로서 우리의 진리에 대해 증명하는 것같이 생각되기 때문이다. 대립은 여러 모든 태도로서 심리학적으로 상호간에 다른 것을 서로 감싼다. 대립하는 생활과 지식 양자는 분리될 때에는 그만큼 죽어버리는 것이기 때문에, 그들 각각은 그만큼 권태를 낳고, 그리고 반대 측에서 또다시 권태를 낳게 되는 것이다.

철학함은 이들 양극을 함께 충족시키면서 이들의 중간에 선다. 철학함은 과학의 길 위에서 고유의 생활 그 자체 속에서 진리가 지각된다고 하는 것이다. 철학은 세계 속에서 연구하는 것을 요구한다. 과학을 결여한 지식욕은 공허한 것에 머문다. 철학은 모든 것이 무제한하게 합리적으로 비추어지기를 바란다. 하지만 철학은 알려진 것을 **실존**에서 수용하기를 요구한다. 그것은 알려진 것을 자기 목적으로서 어떠한 관심도 없이, 그만큼 독립해 존립시키기 위해서가 아닌 진실의 존재의식에 이르는 길로서 이 알려진 것 속에 들어가기 위한 것이다. 대상적 지식의 무제한성 속에도, 또 감정의 혼돈 속에서 자기를 잃지 않는다고 하는 것은 대립하는 생활과 지식 양자 사이의 운동을 통해서만 가능하다. 이 운동 속에서 실존이 결코 단순히 객관적이지도 않고 주관적이지도 않은 철학적으로 **해명**되어야 할 제3의 것으로서 실현되는 것이다.

밝음은 무의 밝음일 수 없다. 수학자와 같이 행동하고 고유한 생활의 중요성이 없는 오성의 단순한 대상으로서 소유하는 것이 가능한 무언가 하나의 특수한 대상을 숙고하고 있는 철학자는 진실한 해명이 없는 형식적인 것의 명석성에 멈추어 있다. 밝음을 향한 충동은, 그것이 실존 현상의 구체적 내용이 풍부한 어두운 근거를 향하는 경우에만 철학적이다. 자기의 운명을 각오하고 이에 대해서 마음을 열고 있는 철학자는 세계를 갈망하고 있다. 그는 세계를 자연으로서 알고자 시도하고, 또 이것을 역사학적 객관성의 지평에서 알고자 시도하고, 더욱이 또 그의 고유한 현존의 사실적, 역사적인 구체성 속에서 이것을 경험하려고 시도한다. 철학은 혼자서 떨어져 있을 수 없다. 스스로가 획득한 생활과 세계를 자기가 획득한 생활과 자기의 고독 속에서 빈곤하게 되어가는 자만이 철학을 홀로 외롭게 경영하는 것이 가능한 것이다.

실존은 존재로서 이미 완성되어 주어지는 것이 아니고, 그때마다 획득되는 밝음을 통해서 처음으로 실현되어야 할 것이다. 철학은 단순히 현존과 모든 과학으로부터 성장해올 뿐 아니라 이 양자에 침투하면서 존재를 그들 속에 현상시킨다. 근원적으로 철학하는 경우, 나는 꼭 자기 자신의 두 발을 당겨 자신의 몸을 진흙탕으로부터 끌어올리려는 뮌하우젠[3]과 같은 것이다.

그러므로 단순히 아는 것으로서 행동하는 **교리론적** 철학은 지식에서 스스로를 비상시키는 **자유**의 철학과 본질적으로 다르다. 전자가 존재에 관한 하나의 내용적 언표와의 결합이 행해지는 데 반해서, 후자는 실존적 결단과의 결합이 행해진다. 전자에서는 강제적 타당성을 위한 투쟁에 있어서의 정열, 객관적 진리로서 이 타당성의 승인, 학파와 전달의 요구가 존재하고, 후자에서는 정열은 마음의 순수함, 공명정대함과 상호소통, 역사적 무제약성을 갖는 사랑을 둘러서 전개된다. 거기서부터 이들 자체로서는 항상 의문과 가능성에 지나지 않는 객관성에 의한 상호해명 속에서 관용이 생긴다. 이 관용은 교리론의 불관용에 직면할 때에만 소멸된다. 이와 같은 교리론의 배후에 몸을 숨길 때 인간은 사실상 상호소통을 단절해버리는 것이다. 교리론적 철학에서 철학은 하나의 완성된 객관적 전체이다. 자유로운 철학에서 철학은 실존에게 봉사하는 상호소통의 수단이다. 교리론적 철학으로서 철학은 일반적 성질을 갖는 하나의 객관성으로의 신앙으

---

3) (역주) 『허풍선이 남작의 모험』의 작자.

로서 존재한다. 자유로운 철학에서 철학은 자기의 초월자와 관계하는 단독자의 자기 관철로서 무한한 과정 속에 있다.

그렇기 때문에 철학함은 단순히 과학이 아니며 단순히 실존도 아니다. 그것은 과학적으로 사유하는 방법적인 해명이다. 철학함의 성과는 그러한 해명에 의해 가능하게 된 실존 의식에서의 **생성물**에서만 존재한다.

학자로서 나는 나 자신을 생활로부터 멀리하고, 객관을 객관 그 자체로서 파악하며, 보편타당한 기준과 증명을 구한다. 단순한 생활은 사적인 것이고, 그 속에서 나는 연구의 경우와는 별도의 태도를 취한다. **철학자로서** 나는 단순한 생활과 연구 둘 모두로 되돌아간다. 아마도 나는 가능실존으로서 나 자신과 함께 달성한다. 나는 이 생활로부터 사유하고, 거기에서 사유된 것을 이 생활 속에서 증명하고 혹은 그 오해를 폭로한다. 하지만 여기에서 나는 사적인 것으로서의 생활과 객관적인 것으로서의 사유를 이미 분리할 수는 없다. 왜냐하면 여기에서 생활과 사유는 상호간에 서로 전환할 수 있는 것이기 때문이다. 혹 내가 나의 현존 속에서 매일매일 철학하는 것을 하지 않는다고 하면, 나는 전혀 철학하지 않은 것이 된다. 철학은 실존의 현상으로서 자기를 알며 자기를 창조해내고 자기를 초월해 돌진해가는 생활의 요인이다. 하지만 철학은 단순히 생활에 관계 지어져 있는 것에 의해서 명료해지는 것이 아니라, 생활 그 자체에 의해서 그렇게 되는 것이다. 철학하는 사유는 설령 그 생활이 단순히 사유되는 생활로서 존재함에도 생활인 것에는 변함이 없다.

3. 과학을 위한 철학의 투쟁

철학과 과학은 그들의 연맹을 한층 확실하게 하기 위해서 서로 간에 분리되지 않으면 안 된다. 철학과 과학은 모든 과학의 총체로서는 하나의 불투명한 전체일 것이다. 하지만 철학과 과학은 그들이 철학으로서 혹은 과학으로서 스스로의 의미에 대해서 명석한 경우, 그 속에서는 한 편이 다른편 없이 완성되지 않는 하나의 전체가 될 것이다.

철학함은 이미 모든 과학에서 순간적으로는 충족되고 있는 것같이 보이면서 다음으로는 곧바로 스스로의 근원으로 돌아가는 하나의 지식욕이기 때문에, 또 **과학**은 철학함에 근거한 충동을 통해서 스스로의 의미를 갖는 것이기 때문에, 그중에서도 지식가능한 것에 국한된 과학의 자기비판의 확고함은 철학적인 자기존재의 힘 속에 근원과 확실성을 가지기 때문에, 철학과 과학이 아직 분리되어 있지 않은 경우의 모호한 무지의 상태와 다르게, 명석하게 분리된 철학과 과학에 대해서는 문제와 방법적 과정이 공통되고 있는 것이다.

그렇기 때문에 철학과 과학 사이에는 어떠한 본래적인 투쟁이 존재하지 않지만, 순수한 과학과 순수한 철학을 위한 투쟁은 존재하고, 이 투쟁 속에서 과학과 철학은 동맹을 맺고 있다. 이 투쟁은 세계 속의 모든 사물에 관한 강제적 지식으로서의 과학이 존재에 대한 지식으로 스스로를 완결, 즉 **절대화**하려 할 때, 아직 지식 스스로의 견고한 존립의 기초로부터 그 자신을 해방하며, 임의의 공간 속에서, 또 모든 것 위에, 말하자면 선취적으로 스스로를 눌러서 펼치려 할 때, 아직 지식의 형식이 신앙의 표현인 구체적 내용으로서 받아들여질 때, 그와 같은 **한계의 극복**을 향하는 것이다.

그러므로 투쟁은 무비판적인 철학이 그 자신 스스로를 과학으로서 나타내는 경우, 이와 같은 **무비판적인 철학**에 대해서 행해진다. 이와 같은 무비판적인 철학에 대해서는, 먼저 첫째로 순수한 과학이 반대한다. 순수한 과학은 억측적인 철학적 인식을 파괴하든지 혹은 그것을 과학적으로 개별적

인식으로서 스스로 속에 흡수해버린다.(그렇다고 하는 것은, 이와 같은 무비판적인 철학은 전혀 철학이 아니고, 대상적 인식으로서의 그 자신이 정한 위치를 세계정위 속에 갖는 것이기 때문이다.) 다음으로 철학 그 자체가 이와 같은 무비판적인 철학을 갖고 철학 자신의 공허한 형태에 있어서 이것에 반대한다는 것은, 철학의 지식이 의식일반에 대해서 존재하는 것이 아니라, 절대적 의식으로서 존재하는 것이고, 이러한 절대적 의식으로서 역사적으로 단독인 개인이 자기 자신에게 다다르는 것이기 때문이다.

오해되는 과학으로서의 철학에 대한 투쟁은 근본에 있어서는, 자기 자신이지 않으며 책임을 지지도 않고 이와 같은 오해된 과학으로서의 철학에 하나의 발판을 구하는 것과 같은 **허약함**에 대하여 행해지는 것이다. 이와 같은 허약함의 허용은 모든 한계 상황에서 현실적인 것은 은폐되어버린다. 거기에서 우리들은 자기 자신에 대해서마저도 불명확한 채로 있으며, 결국에는 단순한 현존 이외의 무엇도 아닌 어떠한 것을 확보하기 위해 분주하고 조작된다. 우리들은 엄밀 과학에서의 철학함이라는 억측된 것의 가장에서, 자기 자신에 대한 불안을 자기 앞으로부터 숨기려는 충동 속에서 스스로를 독단적으로 가둔다. 난삽한 현학과 인위적인 경박함이 교대로 그 외관이 된다. 그럼에도 순수한 고뇌와 자연스러운 쾌활함이 진리에 들어맞아 있는 것이다. 이와 같은 허약함은 부유 상태와 의심스러운 상태에서 견딜 수 없다. 그런데도 철학함에서 모든 단순한 객관적인 것과 주관적인 것은, 이와 같은 상태를 피할 수 없다.

마지막으로 자유가 고유의 본질인 철학은 **과학**을 위해, 철학은 진리에 대한 몇 겹의 의미의 혼란을 이용하면서 꼭 스스로가 필요로 하는 것을 보편타당한 것으로서 사칭하는 모든 사회학적 세력에 대해서 싸우지 않으면 안 된다. 세론의 형태로 혹은 권력 소유자의 강압적 명령에 의해서, 이들 사회학적 세력은 스스로에게 종속할 권리를 통해서 **무엇이 진리여야 할 것**인가, 하는 것과 나란히 거기에서는 무엇이 과학적 성과로서 주장되는가, 하는 것을 확보하고 결정하려 한다. 그러므로 이와 같은 과학을 스스로에게 봉사시키려 하는 모든 신앙상의 세력에 대한 투쟁에 있어서, 철학은 순수한 과학과 동맹을 맺음과 동시에 또 회의와 연구의 자유를 스스로의 조건으로 전제하는 모든 신앙과도 동맹하는 것이다.

철학과 예술

1. 어떠한 의미로 예술은 자립적인가

수천 년을 통해서 예술적 창조의 흐름은 마치 고유의 원천으로부터 흘러오는 것같이 보인다. 하지만 철학이 그 **시초**에 있어서 곧바로 종교적 현존을 향해 의문을 품고 대립한 것에 대하여, 예술은 구체적 내용에 있어서도, 또 의식에 있어서도 긴 세월 동안 종교적 행위와 동일한 것이었다. 예술가는 종교에 봉사하고 단순히 역사학적으로 익명일 뿐 아니라, 예술가로서 자립적인 개인이지 않았다. 그는 일반적인 초월적 의식에 지지되어 최고의 모든 작품을 창작하였다. 예술은 아직 철학이 존재하지 않았을 때에도 이미 꽃피고 있었다. 이에 반해 해방의 시대가 되자, 예술은 마치 신화적으로는 창조적이지 않은 정신의 새벽 직전에 행해진 최후의 신화창조 행위같이 자립성이 없는 그 가수면 상태로부터 예술 그 자체로서 탈출해 왔다. 아직 종교에 대한 공연한 투쟁은 아니지만 위대한 예술가의 실존의 내면적 자주성에 근거해 예술은 마치 거의 종교의 입지로 바뀌게 되고, 자기 자신에 입각하고 있는 인간, 즉 철학하는 인간의 존재 확인의 가능적인 표현이 되었다. 왜냐하면 철학함이 해방되는 것에 의해서 처음으로 예술도, 또 종교로부터 해방된 것이다. 거기에서 철학의 정신은 예술가에게 친화적으로 움직이고, 결국 종교와 철학이 마비될 때에는 예술도 또 공허하게 되어버리는 것같이 보일 정도가 되었다.

하지만 예술의 유일하며 통일적인 본질을 구하는 물음은 곤란에 빠진다. 형상과 성질의 이해에서 본질적으로 동일한 것을 다다르는 곳에서 발견하려는 경향은, 말하자면 인식에 있어서 논리적으로 올바른 것에 상당하는 아름다운 무언가 공통된 것 내지 타당한 것에 집착하지 않을 수 없다. 하지만 예술에 있어서의 전달가능성과 전파가능성을 열매로 수천 년에 걸쳐서 처음으로 가능하게 된 일반적인 것은 근원의 본질이 아닌 매개의 본질이었던 것이다.

근원은 매개에 선행하여 또 대상성의 양태에 선행하여, 아니 이념에 선행하여서도, 구해지지 않으면 안 된다. 혹시 예술이 어떻게 스스로를 철학으로부터 정립하는가, 하는 그 방법을 우리가 보고자 한다면, 우리는 일정의 예술의 기성 모습에 정위해야 할 것은 아니다. 즉 고전적 내지 낭만적인 형태를 갖는 이념을 모은 예술에 정위해야 할 것이 아니라, 또 소박한 것 (그것은 내용적으로 혹은 인상주의적으로 결합되어 있다.)에 정위해야 할 것이 아니며, 목적을 갖는 것(예를 들면 기술적인 것, 정치적, 경향적인 것, 혹은 도학적인 것)에 정위해야 할 것도 아니고, 또 자율적인 유희의 시도로서 형식주의적인 예술에 정위해야 할 것도 아니다. 그러므로 우리들이 모든 이러한 것들을 넘어서 철학과 같이 예술이 거기서부터 발아하고 있는 실존의 허락으로 돌아갈 때, 흡사 예술은 그 자신에 적합한 일의적인 이해를 붙잡는 것같이 보인다.

예술은 그 근원에 있어서는, 현존에 있어서의 존재를 **직관적으로** 현재화하는 확신을 통하여 실존을 해명하는 것이다. 철학하는 경우에 존재가 사유가능성으로서 파악된다면, 예술에 있어서 그것은 **서술가능성**으로서 파악된다. 철학적 언표에 의해서 매개되는 직접성의 최대한은 사유의 의식성을 통해서 가능하게 되지만, 예술의 직접적 전달에 있어서는, 간접성은 사상으로서 완전히 모호한 상태인 예술의 직관의 결과이다.

하지만 이와 같은 방법도 매개에 해당하는 것으로 근원에 해당하는 것은 아니다. 설령 예술이 여러 시대를 초월해 가장 용이하게 가까워질 수 있는 것같이 보인다고 해도, 예술은 본질적으로는 철학과 같이, 스스로의 그때마다의 근원에 있어서는 극히 역사적이기 때문에, 사실상 단지 자기 속에서 상속적인 유일무이의 세계로서 그 자신의 매개물 속에서만 현상되는 것이다.

예술은 철학과 같이 나의 것으로 삼는 것에서, **창작 활동**에서, 존립되는 여러 모든 **작품** 속에 존재한다.

2. 철학을 나의 것으로 삼는 기능과 예술을 나의 것으로 삼는 기능

철학함은 생활 속에서 사유하는 것이고, 생활은 이 사유 속에서 허위를 떨쳐낸다. 철학함은 이 사유 속에서 맹목성으로부터 관찰로, 방심상태로부터 자기의 통일로, 현존으로부터 존재로 비상하고자 시도한다. 철학함은 그 자신이 거기서부터 비상하는 것을, 그 자신 스스로에서 더욱 유지하고 있고 그 자신 스스로 주시하고 있는 타락에 의해서 또다시 전도되는 위험에 노출되어 있다. 철학함은 소유로서의 진리가 아니고 방향으로서의 진리를 가지며, 자기상실의 상태로부터 자기를 획득하게 되는 움직임이다.

철학함은 항상 더욱 극복되어야 할 것과 획득되어야 할 것 사이의 한계에 있다. 철학함이 가까워지기 어려운 것이라고 하는 것은, 그것이 중간적 존재라고 하는 것으로부터 오는 숙명이다. 이와 같은 철학함은 전승된 사유를 나의 것으로 삼는 것에 의해서 그 자신 스스로가 된다. 게다가 전승된 사유를 이와 같이 나의 것으로 삼는다는 것은 사유된 것에 관한 어떠한 하나의 지식이 아니고, 이러한 지식을 자기 고유의 사유하는 행위로 전환하는 것이다. 철학함은 단순히 받아들여질 것이 아니며 종국적으로 획득되어야 할 것도 아니고, 또 본질적인 어떠한 존재도 아니며, 자기 완성적인 사유 형상의 직관도 아니다.

그렇지만 형상으로 스스로를 완결시키는 직관의 형태에 있어서, 예술을 통해서 비약적으로 충족된다. 예술작품의 관상 속에서 예술을 나의 것으로 삼는 것에 의해서 감동, 해방감, 쾌활감, 안정감이 생겨난다. 합리적으로는 절대로 가까워지기 어렵지만 직관의 언어로서 완전히 현재하는 이 완결성 속에서는 이미 어떠한 부족함도 없다. 일상성을 타파하면서 또 현존의 실재성을 망각하면서, 인간은 하나의 해방을 경험한다. 이 해방 앞에서는 모든 걱정과 기도, 쾌락과 고뇌가 한순간에 사라지는 것같이 보인다. 하지만 다음 순간, 그는 자기를 방기하고 단지 미를 상기하면서 급격히 현존에서 되돌려지지 않으면 안 된다. 예술을 관상한다는 것은 어떠한 중간에 존재하는 것이 아닌, 다르게 존재한다고 하는 것이다. 예술의 관상은 생활로부터 멀어져 있음에도 불구하고, 전 생활을 완결시키는 상태에 있어서 스스로 속에 들여오고 있는 것같이 보인다. 하지만 생활이 또다시 현실적으로 현존하게 될 때에는 이 전 생활을 포기해버리는 것이다. 예술이 현존의 여러 심연과 두려움을 비춰내면서, 그럼에도 불구하고 여기에서는 가장 명석한 사유에 있어서 보다 투철하게 존재를 확신하고 있는 밝은 의식 속에서 현존을 광명으로 채울 경우, 인간은 흥분과 정열로부터 도망치고, 모든 것이 거기에서는 지양되고 있는 영원성을 언뜻 볼 뿐 아니라 스스로 영원성 속에 있는 것같이도 보이는 것이다.

그렇기 때문에 철학함의 목표가 생활의 현실성 그 자체에서 사유된다고 하는 것임에 대해, 예술의 나의 것으로 삼는 경우의 의미는 어디까지나 현실성과 관상적 몰입을 바로 이와 같이 분리하는 것이다. 가능적인 것에 근거한 철학함이 본래적인 철학함으로서의 스스로를 잃지 않고서는, 어떠한 만족도 주는 것이 허락되지 않는다고 하는 것은 정확히 예술 관상에 있어서는 만족이 그 본질이고, 거기에서는 만족을 주는 것이 단순히 허락될 뿐 아니라 또 그 목표이기도 하는 것이 당연한 것과 같이, 철학함에 있어서 당연한 것이 되는 것이다.

고유한 생활의 현실성과 예술에 의한 깊은 만족 사이의 분리는, 예술이 가장 위대한 깊이에 도달하는 경우에 가장 결정적으로 나타난다. 비극 시인은 개념적으로 파악불가능한 예견적 통찰을 갖고 현존에 있어서 존재의 궁극의 암호로서의 좌절을 서술하는 것이 가능하다. 그는 듣는 자를 그의 주인공들의 여러 모든 상황으로 데려간다. 이들 상황은 우리들의 사실상의 생활과 일치하지 않은 채 우리들을 감동시키지만, 그 자체로 우리들에게 운명이 될 수 없다. 우리들이 관상하면서 무서워하고 고민하며 게다가 전체로서는 구원으로서 경험하는 것을, 우리들은 고유의 역사성에 근거해 고민하고 있는 것은 아니다. 왜냐하면 우리들은 그 주인공이 그 속에 존재하는 것같이 보이는 한계 상황에서 스스로 존재하지 않기 때문이다. 비극적인 것은 고유의 좌절이 아니다. 단지 실존만이 한계 상황에서 현실적인 것이고, 비극적인 주인공을 관상하고 있는 우리들이 그러한 것이 아니며, 또 관상되는 것으로서의 주인공이 그러한 것도 아니다. 한계 상황은 역사적인 것의 현실성 속에 있는 것이고 서술될 수 있는 것이 아니며, 이상적으로 구성될 수 있는 것도 아니다.

그러므로 철학적 가능성에 있어서 한계 상황의 **사유**마저도 특이한 의미로 공허하다. 그것은 사유하는 자가 그의 고유한 현실적 존재에 회귀되도록 지시하고, 전형적인 것으로서 서술된 한계 상황을 보는 기능을 특이한 방법으로 충실하게 하지만, **보는 자**를 자기 자신으로부터 분리하는 피하기 어려운 위험을 동반한다.

왕왕 나는 모든 것을 부여한다고 약속한 시인의 세계에서 그 시인을 따르기를 바라지만, 그럼에도 불구하고 나는 철학함의 정중한 호소를 믿지 않으면 안 된다. 나는 나 자신을 잃는 것이 적으면 적을수록 또 스스로 철학함을 멈추는 것이 적으면 적을수록, 그만큼 많은 예술의 실존적 근원에 대해 마음을 연다는 것을 경험한다.

3. 철학을 창조하는 기능과 예술을 창작하는 기능

철학함에서 인간 자신의 비상을 **사유**하면서 시도하고 또 형상에 있어서 존재의 현재를 통해서 **직관적으로** 만족을 향수한다고 하는, 인간으로서의 인간에 고유한 것은, 철학자 혹은 예술가라고 이름 붙여진 개인이 만들어낸 여러 모든 노작을 통해서 **전달가능**하다.

철학자와 예술가의 작품의 구체적 내용이 그들의 실존에서부터 나온다면, 전달의 가능성은 **창조적 능력**을 통해서 나온다. 이 창조적 능력은 예술가의 경우에는 그의 천재성이다. 즉 그 무한한 근원에는 침투하기 어렵지만, 그럼에도 불구하고 창작된 것으로서 현재하는 예술가의 작품은 현실성 그 자체가 그러함과 같이 항상 새로운 이해를 위한 출발점이다. 예술가는 후에는 자기 자신의 작품을 향해 마치 수수께끼와 같이 대립한다. 그런데도 철학자는 그가 사상을 발견하기 전에는 그에게 있어서 하나의 수수께끼였을 것이라고 생각되는 것이 그에게 밝혀진다고 하는 것, 게다가 개념적으로 명석하게 된다고 하는 것, 이것밖에 모른다. 철학자의 창조적 능력은 천재로서 이것을 특징짓는 것은 적당하지 않다. 즉 철학자의 작품을 이해하는 자는 철학하는 인간 일반으로서 그의 것이 된 명석함을 갖고 마치 그가 이와 같은 작품을 이미 자신이 생각하지 않았던 것은 단지 그의 무력함과 태만이 이유였던 것같이, 이와 같은 사상의 가능성이 자기 자신에게도 있다고 주장할 것이 틀림없다.

하지만 창조적 능력은 설령 그것이 구체적 내용이 없는 유희 속에서 더욱 의연하게 경탄에 도달하는 것이라고 해도, 스스로의 작품을 만들어내는 것에 의해서 그 자신 스스로를 전개하는 실존에 봉사하는 곳에 그 진리성을 갖고 있다. 확실히 우리들에게 있어서 거의 어떠한 실존도 그 속에서 느낄 수 없는 예술적 천재라고 하는 것은 있다. 루벤스 혹은 R. 와그너와 같이 자기의 예술 영역의 지도를 변화시키는 보나펠트적 인간이 존재한다. 그들은 궁극적인 것에서 우리들에 대해 이야기 걸지 않는다. 그것은 마치 그들을 촉진시키는 것이 결국 생명력의 과잉, 연애, 승화된 모든 형태에 있어서 세계이기라도 한 것이 존재한다. 초월자의 언어를 창조적으로 현재에 야기하기 위해서는, 실존이라고 하는 것만으로는 불충분하고 또 천재라고 하는 것만으로도 불충분하다. 예술가에서 실존과 천재 각각이 각자 어떻게 반복불가능한 일회성에 있어서 다른 편을 짊어지는가, 하는 것은 예술가의 근원에 숨은 비밀이다.

예술가도 철학자도 **하나의 전체**를 원한다. 하지만 철학자가 항상 완결되지 않는 그의 도정의 목표와 의식성으로서의 도달불가능한 전일한 전체를 갖는 것에 대해서, 예술가는 그 때때의 작품 속에 하나의 전체를 완결된 것으로 갖고 있다. 여러 모든 작품을 모두 속에 포함하는 예술가의 생애 속에서 하나의 표피적인 전체가 그에게 생성되는 것은 단지 무의식 속에 그렇게 됨에 지나지 않는다. 그러므로 철학자는 단 하나의 작품을 만들어내는 것이고, 다른 모든 작품은 단순히 준비 내지 해석으로서 만들어내는 것에 지나지 않고 게다가 그 유일한 작품도 그에게는 체계로서 하나의 전체일지 모르지만, 그럼에도 불구하고 결코 완료되어 있지 않은 작품으로서 만들어진다는 것은 심오한 의미가 있다. 예술가에 있어서는 완결된 전체성을 갖는 개개의 작품이 계열 없이 계속된다. 하지만 연속되는 것으로서의 이 계열 자체는 어떠한 완결된 전체가 되지 않고, 철학과 같이 위대한 단편이 된다는 것도 또 의미 깊은 것이다. 예술가에게 있어서 그의 모든 작품은, 그가 먼저 나아가기 위해 뒤에 그대로 남겨두는 아이들과 같은 형태를 취한다. 그런데도 철학자는 유일무이한, 반복될 수 없는 투기 속에서 예술가에 있어서는 결코 그와 같이 목표가 될 수 없는 것을 성취하려고 시도하지 않으면 안 된다. 하지만 예술가는 그의 목표를 그때마다 달성하지만 철학자는 결코 그렇지는 않다.

실존으로서의 예술가는 그의 예술작품 이상의 것이기 때문에, 작품을 그 실존적 근거로부터 해방시키고 독립시킨다는 것은 확실히 창조의 예리함이 될 수 있다. 하지만 동시에 완결성에 있어서 더욱 만족할 수 없다고 하는 고통이 되기도 한다. 해방된 작품의 완결성은 그 작품의 창작자에게는 실존적 불안의 근원이 되고, 이러한 불안에서만 창조의 과정은 속행될 수 있다.

4. 작품에 있어서 철학과 예술

철학은 작품의 형태에 있어서 실재적인 철학함이 아니다. 거기에서 사유된 것은 하나의 기능임에 지나지 않는다. 철학의 사상적 작품은 사유하는 생활로서의 철학함에 뿌리내리고 있는 것과 같이, 또 이 철학함에서 스스로의 기준을 갖고 있다.

그러므로 작품으로서의 철학이 하나의 객관적 전체로서 존립하기 때문에, 스스로의 근거로부터 그 자신 스스로를 해방하려는 경향을 갖는다고 한다면, 이와 같은 작품으로서의 철학은 **예술작품과 상이한 특징**을 갖게 된다. 작품으로서의 철학은 예술작품과 같이 눈앞에 있는 개개의 형상의 구체성에서 하나의 세계를 향해 스스로를 완성하고, 또 마치 하나의 예술작품에 종사하는 것같이 이 전체에 종사해온 이 철학 창작자의 환상으로 스스로를 완성한다. 이 전체는 최후에 하나의 타자로서 창작자에 대립한다. 이 경우 창작자는 구상을 세우고, 윤곽을 그리고 혹은 단념하거나 성취하기도 하며, 각 부분은 상호간에 순차적으로 조정된다. 창작자에게 전체는 개별적인 것에서 나타난다. 서술에서뿐 아니라, 원칙적으로 다양한 서술에서 다른 말들이 나타날 수 있는 사유 자체의 건축에서 예술작품과 비슷한 어떤 것이 있다. 철학은 직관과 비슷한 확실성과 명석성을 갈망한다. 이와 반대로 예술가의 작품에는 개념성의 종류와 같은 결정적인 표현이 존재한다. 철학자의 사유는 본능적이고 예술적인 만남같이 보일 수 있다. 그러므로 철학은 수용자에 의해 철학사의 박물관에서 풍부한 다양성을 발견할 수 있는 예술작품같이 향유된다.

철학이 그들의 작품의 독립적인 현존과 완전히 분리되면 동시에 철학은 죽음이다. 그러므로 철학함은 자신의 본질을 구하기 위해 자신의 작품을 예술작품과 **구별**한다. 철학함은 작품에서는 충실 불가능함에 반해 예술작품은 완결된다. 철학적 사상은 마지막까지 계속 질문될 수 있는 것이고, 객관적이게 된 것으로서 그것은 가능성에 지나지 않는다. 철학적 사상은 단순히 받아들여진 것을 구해 듣는 사람에게 향하는 것이 아닌, 전화되는 것을 구하여 그렇게 하는 것이다. 철학적 작품 속에서 인간은 현재하는 존재에 귀의해 휴식하는 것이 아닌, 그에게 대해 철학함을 통해 개명되지만 예술작품의 관상의 경우와 같이 주어져 있지는 않은 이 존재를 이 작품을 갖고 각성한다. 그런데도 예술작품 속에서 충실한 순간에 몰입해 있는 자는 이 예술작품을 이미 초월하려고 하지 않는다. 사상은 그 본질에서 끊임없이 전진하는 데 반하여, 직관은 침체되는 것에 의한 안락함을 갖는다.

따라서 철학함이 예술의 모든 형상과 비슷한 종류의 방법으로 스스로를 사유의 모든 형상 속에 **객관화하는** 것은 철학함을 이 기능 자체에서 소외시키는 것이 된다. 그중에서 단지 **부지불식간**에 창작과정에 들어오는 것을 허락받은 것은, 작품 창작에서 의도의 대상이 될 경우이다.

이리하여 사유의 **언어성**은 그것이 의식적으로 구해지는 경우에, 하나의 신앙을 언표하고자 하는 철학함의 진지함을 **빼앗아간다**. 약간의 철학자들, 예를 들면 헤겔의 언어 창조력은 오해로 이끈다. 헤겔은 의식적으로 말에 주의를 기울이지는 않았다. 언어에 관한 그의 고찰 속에서 헤겔은 언어를 갖고 단순한 기호에 지나지 않는다고까지 설명하고 있다. 새로운 언어 그 자체는, 완전히 예기되지 않은 것으로 당혹시키고 철학하는 독자를 옆길로 빠지게 만들어버린다. 사상이 언어와 명제로서 객관이 될 때, 철학함은 화술로서 널리 확장되는 언어의 기술이 되어버린다. 철학이 단순한 과학으로 타락하는 것이 가능함과 같이, 여기에서 철학은 여러 모든 언어 현상의 모음으로 타락할 수 있다. 사상에 직면하여 있다고 하는 것은, 철학함에 있어서 하나의 대상에 직면하여 있다는 의미가 아니라 그 자신 스스로에 직면해 있음을 의미한다. 독립된 언어성은, 철학하는 요구로부터 해방되기 위한 하나의 고유의 방법이다. 이와 같은 언어성은 이 같은 작품에 사용되는 언어와 생활을 의무 짓는 언어가 연속하지 않는다고 하는 것에서 나타난다. 예술은 이와 같은 비연속성을 요구하지만, 순수한 철학함은 그것이 사유하는 생활 그 자체로서의 사유이기 때문에 이와 같은 연속성을 요구한다.

예술작품의 형식은 철학의 형식이 아니기 때문에, 철학함은 전체로서 **완결불가능**하다고 하는 이유로 스스로의 의미에 따라서 결정적인 것이 된다. 왜냐하면 전체로서의 철학은 본래적으로 형식을 결여한 것이고, 여러 측면을 향해 **열려** 있는 것이기 때문이다.

확실히 우리들은 모든 것에 있어서와 같이, 철학 속에서 단지 체험만을 구하는 것도 가능하고 또 그 속에서 사상 구조의 건축 양식을 관찰하는 것도 가능하고, 이 사상 구조를 문학으로서 향수하는 것도 가능하고, 그 속에서 의무적 구속을 받지 않는 예리함 혹은 이들 동기가 만족되지 않는 경우에는 불만을 느끼는 것도 가능하다. 하지만 철학은 진실로 우리들의 존재와 의미에 이르는 길이다. 우리들은 철학을 갖고 우리들 자신을 교육한다. 철학의 본질은 사유하면서 스스로를 해명하는 생활 그 자체이다. 철학은 수단이 아니다. 왜냐하면 철학은 기관으로서 그 기능으로부터 분리될 수 없는 것이기 때문이다. 철학은 단지 구성체를 충실하게 하는 기능을 함께 갖는 경우에만 구성체로서 존재할 수 있는 것에 지나지 않는다. 철학은 목표 내지 완결로서의 어떤 하나의 종말을 구하지 않는다. 철학은 현재 그것을 수행하는 과정에서 동시에 만족을 주는 것이고, 그리고 시간적 현상으로서는 완료되지 않는 것이다.

5. 심미적 무구속성

예술은 예술가의 종교 혹은 철학적 자주성에서 구체적 내용의 의무적 구속성을 갖기 때문에, 그것은 실존적으로 구속된 적이 없는 순수한 논리적 타당성과 같이 그 형식이 의식일반에 향해지는 순수예술로서는 의무적으로 구속되지 않는 것이 된다. 순수예술은 모든 것과 단순히 그것이 서술 가능하다고 하는 이유만으로 경쟁한다. 이 순수예술의 대상이 될 수 없는 어떠한 것도 원리적으로는 존재하지 않는다. 거기에서는 능력과 형식이 모든 것이다. 순수한 매개로서 이와 같은 예술은 종교적으로도 철학적으로도 무구속이기 때문에, 그것은 또 종교와 철학에 반대하는 것이 아니며, 한편이 되는 것도 불가능하다. 왜냐하면 이와 같은 예술은 가능적인 것의 장난의 끝없는 자유라고 하는 근원 이외에 어떠한 고유의 근원도 갖지 않기 때문이다.

인간은 그가 한 손으로 더욱 단순한 형태와 합리적 방식을 고집하는 경우, 예술가 내지 철학자로서 이미 한계 상황을 성실하게 파악하는 것이 불가능할 것이다. 거기에서는 현학적인 경직상태가 솔직하게 절대화될 것이다. 혹 희극이 궁극적인 것이라고 한다면, 마치 스스로를 고립시키는 태도로서의 아이러니가 구체적 내용이 없는 부정이 되는 것과 같이, 그것은 공허한 익살극이 되어버릴 것이다. 이미 종교가 아닌 하나의 예술에서 절대자를 직접적으로 서술하려는 것은 유치한 것이 될 것이고, 철학에서 그렇게 하려는 것은 실존적으로 근거가 없는 가정을 하는 것이다. 왜냐하면 그경우 예술은 형식과 미의 무구속성에서, 또 철학은 체계적으로 명석한 사상의 가능성에서 각각 초월자에 다가가는 것을 멈춰버리기 때문이다.

예술작품에서의 구원은 의무적 구속력을 뺀 허상이 된다. 왜냐하면 작품에서는 단지 작품 고유의 법칙이 주어져 있을 뿐이고, 현실적 생활 법칙은 주어져 있지 않기 때문이다. 예술 창작에서 나는 등장인물에 의해 마치 실존하는 것의 결단으로부터 면제되어 있는 것 같고, 사유에서 나는 마치 현실성을 파악하는 가능성으로부터 면해져 있는 것 같다. 거기에서 나는 스스로 결단하지도 않고 존재할 수 있는 것을 구성하면 된다. 또 나는 존재하지 않으면 안 된다는 것 없이, 나의 공상을 직관하는 것으로 이미 만족하고 있어도 좋다. 나는 고찰하면서 향수하는 것에 의해서 나 자신을 무한하게 확대해도 좋고 또 인간에게 있어서 가능한 모든 것에 의해서 움직여져도 좋다. 나는 황홀해지기도 하고 절망하기도 한다. 나는 어떠한 결과도 수반하지 않는 순수한 무시간적인 현재 속에서 나 자신을 잊어버려도 좋다. 여러 예술 중에서도 음악은 이와 같은 최대한의 유혹이다. 플라톤, 아우구스티누스, 칼뱅파 사람들, 키르케고르는 음악에 대해 열심히 반대했다. 음악 속에서 인간은 귀의의 순간에 감동받지만 그것뿐이며 그는 현존에서 쩔쩔맬 뿐이다. 인간 속의 철학함이 처음으로 인간이 음악에 의해서 압도된다는 것을 정당화하는 것이다.

가령 내가 예술에 있어서의 무시간적 완결성에 감동하면서, 게다가 사실적으로는 필연적으로 시간적 현존으로서 멈추며 두 개의 세계에 살아간다고 하면, 이들 두 개의 세계는 어떠한 결합도 없이 병존하게 될 것이다. 그 경우 나는 두 개의 본질에 자기 분열하게 된다. 하나는 우연적인 일상적 모든 동기에 의해 채워진 현존의 혼란 속에 몸을 맡기는 것이고, 다른 하나는 아득한 곳에 빛나고 있는 밝음을 향수하는 것에 몸을 맡기는 것이다. 내적 행위는 이미 통일의 요구를 경험하지 않는다. 나는 나 자신이 이 두 개의 생활양식에서 직접성을 향해 이완되는 것을 용인해버리고 있다. 나는 일상성에서는 기분이 안 좋으며, 예술에서는 탐닉되고 있다.

예술에서의 생활에 우위가 주어지고 현실의 현존에서의 행위의 의무적 구속성이 이미 승인되지 않은 경우 사람들은 **심미적 생활**에 대해 이야기하고 있는 것이다. 즉 거기에서는 생활이 미적 순간의 개별성에서 붕괴되고 있다. 이 심미적 생활에서 나는 예술의 소산을 향수할 뿐 아니라, 자기 고유의 체험의 현실성을 무언가 하나의 예술작품과 같은 방법으로 형성하며 이것을 현실성으로서 무구속적이게 하려고 시도한다. 이와 같은 생활은 단지 특수한 것의 형식의 법칙밖에 모른다. 이와 같은 생활은 형식을 향수하기 위해서 항상 다른 것을 취하지 않으면 안 된다. 새로움과 변화가 그 조건이다. 심미적 생활에서 인간은 그 자신으로서 현존하는 것이 아니다. 그는 일단 골라진 하나의 몸짓 이외에는 성실, 연속성, 의무를 승인하지 않는다. 거기에서는 무제약적인 것이 상실되고 만다. 거기에서는 현존의 빈약함과 예술에 의한 구원이 함께 교차하며 나타난다. 철학하는 경우에 억측적인 지식으로 타락이 일어나는 것과 같이, 심미적 생활로서의 예술에서는 환상의 기만으로의 타락이 일어난다. 이 환상의 기만은 예술에 있어서 암호해독에 의한 실존의 구원으로서 철학함에서 스스로를 명석하게 하려고 시도하는 현실적 생활의 구체적 내용에 근거해서만 획득될 수 있는 것을 몸짓의 형식과 감정의 장난 속에서 겉치레뿐인 소유물로 삼아버린다.

하지만 그것 없이는 예술이 예언이 되어버리는 예술의 무구속성은 철학의 가능성과는 다른 예술에 **특수한** 것이다. 철학적 사상에 있어서의 가능성이, 단순히 현실적인 자기존재에서의 전환으로의 호소에 지나지 않는 것에 대하여, 예술은 무구속성에서 충실을 체험하는 것을 용인한다. 예술은 가장 아득한, 또 가장 깊은 존재가능성이 구체적 경험에서 현재한다고 하는 것에 의해 내면적으로 감동받은 하나의 존재가 스스로 바라고 착각한다고 하는 것이다.

6. 철학과 예술의 투쟁과 동맹

예술적 구상과 철학함은 본래적 존재의 현재를 공통으로 갖든지 혹은 먼저 구하든지, 둘 중에 하나인 것같이 보인다. 철학은 예술에서, 철학 자신에게 있어서도 동시에 원천이면서 충실이 되는 초월자의 현재의 하나의 형태를 보는 것이 가능하다. 철학은 예술, 그중에서도 시로부터 충동을 받아들여 왔고 또 이것을 돌려주기도 했다. 철학은 예술적 성취가 좌절된 자가 도망가는 맥이 빠진 형태로서 나타나는 것이 가능하다. 반대로 시인과 예술가는 시인이 철학자가 되고 또 철학자가 시인이 됨과 같이 철학함에 매혹되기도 한다.

철학함에는 현실적 생활에 있어서 의무적 구속성을 해명 혹은 고양시키는 사유가 중요하다. 철학함은 내적, 무제약적 행위로서 생활에서 침체된다. 하지만 예술에 대한 태도에서는 무구속성이 하나의 생활태도가 되고, 예술의 진리가 무제약적인 것의 진리의 대용물이 되며, 또 예술의 향수가 현실적으로 실존하는 것에 있어서 바뀐다는 것이 가능하기 때문에, **철학함은 예술에 대해서 자주 투쟁해왔다.** 이 투쟁은 철학의 역사를 통해서 행해져 왔고, 특히 자기 자신 속에 예술로 타락할 위험이 있는 것을 인정한 철학자들의 경우에 그것은 결정적으로 행해져 왔다. 이 투쟁은 사상의 매개를 통해서 자기존재 속에서 처음으로 그 운명을 파악하는 대신에 단순한 직접성에 있어서의 현존으로 이끄는 **유혹에 반대하여** 행해진다. 이 투쟁이 **예술 그 자체의 가능성**에 대해서 행해지는 것은 아니다. 오히려 예술 그 자체의 가능성은 자기의 빈곤함을 의식하게 되어 철학함으로부터 구해지는 관조적 확인인 것이다. 철학은 스스로의 언어가 거기에서 꺼져가는 모든 한계로 이끌어간다. 하지만 예술은 어떠한 진리 성격을 가지지 않고 단순히 즐거울 뿐인 유희적인 예술로서가 아닌 근원적인 존재의 진리를 고지하는 본래적인 예술로서, 합리적인 언어를 결여하면서 더욱이 이야기 걸어오는 것같이 보인다. 철학이 합리적인 수단을 갖고 스스로가 알 수 없는 진리를 확인하기를 바라면서, 게다가 단독자의 실존적 행위에 있어서의 전환 없이는 사유 속에서 항상 건너뛰고 공허한 상태로 멈추는 경우, 거기에 예술의 세계가 마치 예술이 스스로 이해하는 것보다도 철학에 의해서 한층 잘 이해되는 하나의 숙려된 계시와 같이 열리는 것이다.

예술작품을 실존적으로 나의 것으로 만드는 것이 철학적 의식을 통해서 행해지는 것으로부터, 이 철학적 의식은 허무한 것 속에서 공상적으로 헤매지 않고 존재 그 자체에 대해 고지하는 예술가의 진리를 향한 의지와 일치한다. 이 경우 존재 그 자체는 예술가가 그의 형상의 직관성에서 이외의 다른 방법으로는 이것을 언표할 수 없다고 해도, 예술가에 대해서 열려 있는 것같이 보인다. 예술가 그 자신 속의 철학자는 예술가에 대해 예술가 자신의 행위에 대한 말하자면 전권을 부여하지만, 예술가의 이 행위는 허무한 것으로 이끌어갈 위험을 가짐과 동시에 진리의 계시로 이끌어가는 경우도 가능하다. 더욱이 궁극에 있어서는 무구속성을 유지하고 있다. 게다가 이 무구속성이 본래적으로 진실하기 위해서는, 현존의 현상에서 실현되는 것을 필요로 한다.

철학은 **예술을 나의 것으로** 만들려고 한다. 하지만 예술작품을 도덕적으로 음미하거나 혹은 예술의 영향을 목적으로 끌어 분석하는 것은 예술을 진실로 나의 것으로 만드는 것이 아니다. 철학 자신에게는 사로잡혀 있지만 철학이 그들에 대해서 준비해두기 위해 철학 스스로 발견한 여러 모든 가능성의 관조적 충실에 귀의한다는 것이, 예술을 진실로 나의 것으로 만드는 것이다. 철학자는 스스로가 하위에 있음을 의식하고 있을 수 있다. 예술과 **함께** 또는 예술가로서, 그는 철학자로서는 할 수 없는 것을 하고자 한다. 그럼에도 불구하고 **철학적으로** 나의 것으로 만드는 경우 결정적인 것은 반성을 통해서 관철하면서 또 실존적 의식에 직면하여 음미하면서 진리의 구체적 내용을 의식적으로 파악하는 것이고, 또 그렇게 하는 것에 의해서 **예술 그 자체에서 구별**하는 것이다. 철학은 진정한 예술을 스스로에 집어넣고 철학이 사유에 의해서 부여될 수 있는 모든 것을 초월하는 충실로서 예술을 평가한다. 하지만 철학은 스스로에게서 진실하지 않은 예술을 허위 그 자체로서 거부한다. 철학은 예술적 창작에 있어서 타락의 길을 알고 있다. 왜냐하면 철학은 창작자의 순수한 모든 작품에서 초월자의 진리에 의해 붙잡혀 있기 때문이다. 이들 순수한 작품은 인간이 가능성으로서의 존재를 자기 자신으로부터 야기하는 경우, 존재가 그 속에서 인간에 가까워질 수 있게 되는 것 같은 언어를 인간에게 부여한다. 철학함은 고유의 실존이 그 작품에 의해서 표현되는 창조적 예술가에서 근원과의 구속력 있는 상호소통을 추구한다.

단지 하나의 입장에서 철학은 예술과 더불어 나아간다. 이성적인 암호문자 해독의 시도로서의 **형이상학적 사변**은 예술의 비유이다. 철학함이 지식가능성과 실존해명의 한계에 들어갈 때에도 철학함은 침묵 속에 완전히 도중에 단절되지 않는다. 추상적, 논리적 모든 범주 속에서 또 현실적 내지 신화적 직관의 해석 속에서, 형이상학으로서의 철학은 존재 그 자체가 그 속에서 표현되어야 할 것인 항상 다의적인 언어를 이야기한다. 거기에서는 알아듣기 어려운 음악과 같은 하나의 세계가 존재한다. 이 세계는 여러 모든 단순한 언표와 합리성의 떠들썩함에 미끄러져 떨어진다. 이 세계는 예술에 있어서 행복한 경우와 같이, 한순간에 즉석에서 직관적으로 들을 수는 없고, 그러기 위해서는 이러한 사상 수행의 긴 수업이 필요하다. 모든 정신적인 것에 있어서와 같이 예술에 있어서도, 또 가능적인 것은 직접 자연을 통해서가 아닌 교양을 통해서 처음으로 생성되는 것이기 때문에, 이미 예술에 있어서도 방법, 경험, 훈련이 필요하다고 하는 것과 같이, 사변에 있어서는 긴 수업 후에도 사변이 말을 더듬는 경향이 있다고 하는 것이 익히 의식되게 될 뿐이다. 바로 형이상학에 있어서 처음으로 철학함에 있어서 완성이라고 하는 것이 숙명이 된다. 사변한다는 것은 과정 속에 있는 것이다. 스스로 예술이 되는 대신 철학적 형이상학은, 예술의 모든 형태에 있어서 진리를 볼 수 있도록 철학하는 자를 공명하게 하는 것이다. 하지만 항상 그렇다고 하는 것은 아니다. 사변은 극히 현저히 예술과 비슷한 것이라고 해서, 그것은 자기만으로 만족하고 있는 것이 가능하다. 본래적으로 음악적인 사람은 철학함을 하지 않고 또 그 역도 참이라는 성어는, 확실히 어떠한 법칙도 나타내지 않지만 그만큼 예외가 많지 않은 하나의 규칙을 나타낸다. 쇼펜하우어, 니체와 같은 음악적인 철학자들은, 플로티누스, 칸트, 헤겔, 셸링에 고유한 형이상학적인 규명에서, 그 철학적인 음악이 철두철미하게 빠져 있는 것이다.

철학적 의식에 의해 나의 것으로 삼아질 때 예술은 설령 그것이 완결된 것이어도 감동이 없고서는 끝나지 않는다. 즉 예술 향유의 무구속성은 타파되고, 구원은 단지 선취된 것으로서만 받아들여지고, 그리고 또다시 의심된다. 음악은 모든 언표가능한 것을 초월해가면서 마지막으로는 언어를 갈망하게 된다. 모든 예술적 직관은 최후에 사상을 갈망하게 되는 것이다. 형이상학적 사변은 이러한 사상을 이야기한다. 인간은 형이상학적 사변에 의해서 이야기된 이들 사상을 갖고 예술 향유의 무시간성으로부터 나와 또다시 그의 현존의 시간성 속에 깊이 들어가지만, 인간은 이러한 사상을 완결시킬 수 없다. 거기에서 예술은 그 자체로 실존적인 기능이 된다. 거기에서 예술은 현존과 나란히 스스로를 하나의 특수한 세계에 가두어버리는 대신, 인간적으로 개방된 세계에 있어서의 자기 해명적인 무제약성의 요인이 되는 것이다.

『철학』 전3권(*Philosophie* I, II, III)에 대한 해제

우리가 철학의 2500년 역사를 개관해보면 그동안 철학이 세 가지 과제들에 관여해왔음을 알 수 있다. 야스퍼스는 주로 이 세 가지 과제들에만 전념해왔다. 그 결과 야스퍼스는 이 과제들에 해당하는 연구 저서들을 집필하여 세상에 내놓았다. 이른바 『철학 전3권』이 바로 그것이다.

『철학 I』은 "철학적 세계정위(Philosophische Weltorientierung)"를, 『철학 II』는 "실존조명(Existenzerhellung)"을, 『철학 III』은 형이상학(Metaphysik)을 부제로 붙이고 있다. 『철학』 전3권은 1932년에 Springer 출판사에서 발간되었다.

야스퍼스(Karl Jaspers)는 이 책을 그 자신이 가장 사랑하는 책이라고 말한 바 있다. 이 책은 야스퍼스에게 철학자로서 세계적인 명성을 가져다준 책이기도 하다. 따라서 『철학』 전3권은 야스퍼스의 대표적인 주저로서 이제까지의 그의 모든 철학적 경험을 결산한다. 우리가 야스퍼스의 3대 대표적인 저서들을 말할 때 우리는 대체로 『철학』 전3권, 『진리에 대하여(*Von der Wahrheit*)』, 『위대한 철학자들(*Die Großen Philosophen*)』 전3권을 꼽는다. 우리는 그 가운데서 『철학』 전3권을 단연코 가장 대표적인 주저로 내세운다.

하이데거(Martin Heidegger)에게 『존재와 시간(*Sein und Zeit*)』이 대표적인

주저라면 그것에 상응하는 야스퍼스의 대표적인 주저는『철학』전3권이다.

과학적인 세계정위와 철학적인 세계정위

『철학』전3권이 기도하는 전체적인 의도는 실존철학적 세계관을 기초 짓는 데 있다. 그러므로『철학 Ⅰ-철학적 세계정위』에서 야스퍼스는 이 세계는 어떤 근거도 가지고 있지 못하며, 객관적 연구의 방법은 우리에게 세계의 통일을 보증하지 않으며, 통일적인 세계관을 제공하지도 않는다는 것을 나타내고자 시도하고 있다.(*Diskussion* 103) 이 책에서 그는 동시에 인간이 세계 내에서 자기 자신의 좌표를 결정하는 것을 배우고, 따라서 인간을 둘러싸고 있는 환경 세계에 적절히 대비하고자 시도하고 있다.『철학 Ⅰ』에서 야스퍼스는 세계정위를 과학적 세계정위와 철학적 세계정위로 나눈다.

칸트의 오성의 수준에서 진행하는 과학적 세계정위는 널리 알려진 대상들의 세계, 즉 피타고라스 정리 및 중력법칙과 같은 이상적인 대상들, 지구 및 로제타석(Rosetta Stone)과 같은 현실적인 대상들의 공동세계와 합일하고자 하고 있다.(『철학사상』, 68쪽) 그러나 철학적 세계정위는 일반적 세계정위 및 과학적 세계정위와는 전혀 다르다. 철학적 세계정위의 목적은 자기 충족적이며 자명한 자연세계를 포괄하는 데 있는 것이 아니다. 그것은 과학적 인식의 한계가 어떻게 영원히 유지되지 못하는가를 상세하게 보여주는 데 있다. 그것은 또한 과학에 의존하지 않고 진리를 향해 나아갈 수 있는 길을 지시하는 데 있다.『철학 Ⅰ』에서는 이러한 한계의식이 탐구되고 있다.(『철학사상』, 68쪽)

세계정위의 이 한계들은 가능실존과 관련해 있다. 그것들은 세계 자체란 자족적 존재가 아니라는 것, 즉 존재 자체가 아니라는 것을—세계를 인식하는 것은 일체를 인식하는 것이 아니라는 것을—나타내고 있다.(*Ph*. I 88)

철학적 세계정위는 과학이 가지고 있는 가장 중요한 두 가지 한계를 드러내고자 한다.(『철학사상』, 69쪽)

첫째 보편타당한 진리를 추구하는 과학은 오류의 근원으로서 간주되는 주관을 배제하지 않으면 안 된다. 과학은 감정과 욕망, 원근법적인 왜곡, 변덕스러운 평가, 독단적인 관점 등을 피하고자 할 경우에 이러한 그릇된 사상들을 제거하여 사회과학에로 이관해버린다. 이러한 사상들은 경험적 탐구의 대상들로 남는다.

둘째 철학적 세계정위는 순수한 객관성에 있어 그 지향성이 결코 완전히 실현될 수 없는 그런 한계에 부딪친다.

나는 강제적인 통찰에 도달하지만, 이 강제성은 결코 절대적이 아니다. 나는 무한을 지배한다. 그러나 나는 이 무한이 아직도 완전히 나의 지배하에 있지 않다는 사실을 감지한다. 나는 통일에 도달하지만, 결코 세계의 통일에는 도달하지 못한다.(*Ph*. I 87)

철학과 과학의 대비

야스퍼스는 『철학 I』에서 "철학은 과학이 아니고, 오히려 과학에서 자기를 구별하는 가운데서 명석하게 된다."고 말한다.(*Ph*. I 318) 다시 말해서 야스퍼스는 철학과 과학의 이질성을 강조한다.

과학이 하나의 대상을 가지는 데 반하여 철학은 일체의 대상성의 근거로서 전체를 대상으로 가진다. 과학은 의심할 여지 없는 정확하고 엄밀한 인식을 가지는 데 반하여 철학은 절대적인 진리, 즉 무제약적인 진리를 가지고자 한다. 과학은 몰인격적인 상호소통 및 논의의 양식을 취하는 데 반하여 철학은 실존적인 상호소통 및 논의의 양식을 취한다.(*Ph.* I 320)

과학은 보편타당적, 강제적 객관적 지식, 즉 모든 사람이 승인하지 않을 수 없는 인식을 추구한다. 과학이 추구하는 이러한 지식은 만인에 대하여 동일하게 타당하다. 그러나 과학의 이러한 지식은 나의 고유한 삶이나 결단에 대하여 결정적인 의미를 갖지는 않는다. 이와는 반대로 철학이 탐구하는 진리는 개별적이고 보편성이 없기는 하지만, 전체적으로 통일된 것이며, 그리고 나에 대하여 무제약적이다.

야스퍼스는 자기의 전 저작을 통해서 과학의 한계성을 자각하고 있다. 그가 제시하고 있는 과학의 한계는 대체로 세 가지로 요약될 수 있다.(*E* 7~8)

첫째, 과학적 사물인식은 존재인식이 아니다. 과학적 인식은 특수적이고 특정의 대상을 지향하고 있고 존재 자체를 지향하고 있지 않다. 그러므로 과학은 철학적으로 바로 지(知)를 통해서 알지 못함을, 즉 존재 자체가 무엇인지에 대한 알지 못함을 가장 결정적으로 알도록 해준다.

둘째, 과학적 인식은 삶에 대해서 어떠한 목표도 줄 수 없다. 과학적 인식은 어떤 타당한 가치도 정립하지 않는다. 과학적 인식 그 자체로서는 삶을 이끌어갈 능력이 없다. 과학적 인식은 그 명석성과 확고부동성에 의하여 우리의 삶의 다른 또 하나의 근원을 지시하고 있다.

셋째, 과학은 자기 자신의 의미에 대한 물음에 대하여 아무런 해답도 주지 못한다. 과학이 존재한다는 것은 충동에 그 근거를 두고 있다. 충동 자체는 과학적으로 참되고 반드시 존재해야 하는 것으로서는 증명될 수 없다.

야스퍼스에게 과학이 과학일 수 있는 까닭은, 과학이 자기의 한계를 자각하는 데 있다. 이것이 과학적 태도의 불가결한 요인이 된다.

철학과 과학의 상호관계

야스퍼스는 과학과 철학 가운데 어느 것도 배제해서는 안 되고 어느 한쪽을 다른 한쪽에 동화시켜서도 안 되며, 다른 한쪽의 이익을 위해 어느 한쪽을 비하시켜서도 안 된다고 강조하고 있다.(『야스퍼스 읽기』, 47쪽) 요컨대 과학과 철학 간의 상호의존을 간과해서는 안 된다. 철학은 과학을 무시할 수 없다.

과학적 방법을 교육받지 못하고 과학적인 관심을 부단히 생동감 있게 가지지 못하는 철학자는 불가피하게 실수를 저지르거나 오류를 범하고 말 것이다. 어떤 관념이 과학적 탐구의 냉철한 검토를 받지 않는다면 그 관념은 감정과 격정의 불꽃 속으로 사라져버리거나, 아니면 무미건조하고 편협한 광신주의로 빠져들고 말 것이다.(『야스퍼스 읽기』, 47쪽)

야스퍼스는 철학에 대한 과학의 적극적인 의의와 불가결성을 다음과 같이 논의한다.(E 8~9)

첫째, 최근 수 세기 동안 방법적, 비판적으로 순화된 과학은 철학과 대조됨으로써 철학과 과학의 모호한 혼합을 처음으로 인식하고 이것을 극복할 수 있는 가능성을 가져다주었다. 이 인식은 곧 철학이 사물인식의 영역으로 파고드는 그 월권을 막는 것이 되므로 그와 같은 과학의 길이 철학을 위하여 불가결한 것이다.

둘째, 연구하고 또 그것에 의해서 대상에 관한 강제적 인식을 제공해주는 과학들만이 모든 현상의 진상 앞에 우리를 직면시킨다. 과학이 있어야만 나는 비로소 어디에 서고 그것은 이렇다는 명백한 지식을 습득하게 된다. 철학하는 자가 과학과의 끊임없는 접촉을 결여할 때는 마치 장님과도 같기에 언제까지나 밝은 세계인식을 얻지 못하게 될 것이다.

셋째, 철학하는 것은 두말할 것도 없이 몽상이 아니라 진리탐구이므로 과학적 태도나 사고방식을 받아들여야 한다. 다시 말해서 철학은 과학이 인간의 세계정위를 도와주는 데 그 의의가 있는 한 과학에 의존하지 않으면 안 된다. 왜냐하면 철학은 현실성, 즉 상식적인 사실들을 충분히 가지고 있지 못하기 때문이다.

과학적 태도란 그 특색을 말한다면 강제적 지식을 그렇지 못한 지식으로부터 항상 구별하고 우리가 타당하다고 간주한 지식조차 그것이 현상에 대한 지식인 한 근본적으로 한계를 가지는 것이라고 인식하는 태도를 시사한다.(『야스퍼스 읽기』, 49쪽) 과학적 태도란 과학자가 자기주장에 대한 어떠한 비판도 감수한다는 마음의 준비이다. 과학자에게는 비판이 생활조건이다. 자기의 통찰을 그 속에서 검증하기 위해서는 아무리 질문을 받더라도 아직 부족한 바가 있다. 정당하지 못한 비판을 받는 일조차 진정한 과학자에게는 생산적 작용을 한다. 비판을 회피하는 자는 본래 알려고 하는 의욕이 없는 자이다. 과학적 태도 및 사유방식의 상실은 동시에 철학함의 성실성의 상실이다.(『야스퍼스 읽기』, 50쪽)

이러한 모든 논의가 함께 어울려서 철학이 과학에 묶여 있음을 보여주고 있다. 철학은 여러 과학들을 파악하는 데 있어 그것들 고유의 의미가 현실적으로 드러나도록 한다. 철학은 여러 과학들 속에 공존하면서 과학 속에 꼬리를 물고 자라나는 독단론을 분쇄한다.(『야스퍼스 읽기』, 50쪽)

철학적 사유에서 과학적 인식은 불충분한 계기이다. 과학적인 지식은 본래적인 무지에 도달하는 유일한 길이다. 그러므로 철학하는 자는 과학적인 지식으로 매진한다.(*RA* 252)

요컨대 철학 쪽에서 볼 때 과학은 유한하고 근사치적이지만, 철학은 과학과 관련하지 않을 수 없다. 야스퍼스는 이러한 근거에서 철학은 과학을 거부하거나 포기해서는 안 된다고 역설하고 있다.(『실철』, 16쪽)

자연과학과 정신과학

야스퍼스는 『철학 I』에서 여러 과학들의 분화의 원리로서 정신을 논의하고 있다.(*Ph*. I 188 ff) 그는 현실의 과학을 자연과학과 정신과학으로 구분한다.(*Ph*. I 186~195)

『철학 I』에서 야스퍼스는 물리학, 생물학, 심리학에 대립하는 학문으로서 또는 자연과학 일반에 대립하는 학문으로서 정신과학을 논의하고 있다. 그러나 그는 자연과학에 대립하는 여러 과학들을 한정짓는 결정적인 카테고리(Kategorie)를 역사과학이라고 주장한다. 따라서 그는 "정신과학은 그 근원에 있어 역사학적 과학이다."라고 결론짓는다.(*Ph*. I 196)

이러한 맥락에서 볼 때 자연은 외부로부터 인식가능한 반복하는 사상(事象)이다. 반면에 역사는 인간의 이해가능한 내면성을 매개하는 사상이다.(『실철』, 20쪽) 역사는 반복되지 않는다.

자연과학의 카테고리는 인과성(因果性)이고 역사과학의 카테고리는 이해(理解)이다. 따라서 역사에 관한 지식으로서 역사학적 의식은 "생기(生起)"한 것을 현존의 객관적 존재로 간주하고 동시에 그 자체 일회적이며 독자적인 하나의 타자로 포착하는 것을 뜻한다.(Ph. II 116)

야스퍼스는 자연과학을 넘어서는 실존적 의의를 역사과학에서 찾고 있다.

실존이 다른 실존과 공통적인 역사적 근거 속에서 서로 이해하기 위해서는 과거에 대한 지식이 필요하며 이 지식을 방법적, 비판적으로 검토한 것이 학(學)으로서의 역사학이다.(Ph. I 397)

역사과학 안에는 이미 실존적 계기가 내포되어 있다.

학으로서의 역사학이 어떻게 있어도 상관할 바 없는 지식의 잔해의 수집, 보편적 진리의 추구에만 만족하고 과거를 이미 지나간 것으로서 현재와 미래를 그 속에 읽으려고 하지 않는 데 대하여 역사철학은 모든 시간을 현재의 실존과 관련케 하는 것이다.(Ph. I 139)

그러므로 역사학은 일회적이며 독자적인 자기존재로서의 실존의 역사성과 관련할 때 인정된다. 이와 같이 야스퍼스는 마침내 역사를 암호로 보고 이 입장에서 역사학의 여러 가지 한계를 지적한다.(Ph. I 212 ff)

더 나아가서 야스퍼스는 철학의 주요한 사유방식을 실증주의와 관념론으로 구분한다. 그는 이 실증주의와 관념론이 다 같이 자기폐쇄적인 세계정위로서 당면하지 않을 수 없는 여러 한계를 지적하기도 한다.

야스퍼스는 『철학 I』에서 실증주의는 오성을 절대화하여 오성에 의한 강제적인 진리를 유일하고 절대적인 진리로 확인하고 관념론은 자연적 실증적인 것을 철학에서 배제하고 있다고 비판한다.

> 실증주의와 관념론은 원칙적으로 일체를 알고 있다고 생각하기 때문에 경이로운 것을 없애고 죽음, 우연, 죄책과 같은 지(知)로서 포착할 수 없는 것에 접할 수 있다.(Ph. I 231 ff) … 실증주의와 관념론, 이 두 세계관 모두가 본래적인 것을 일반적인 것으로, 즉 자연법칙(실증주의) 또는 이념(관념론)을 무시간적인 것으로 하기 때문에 역사성을 가진 현실의 자기존재라는 단독자를 인정하지 못한다.(Ph. I 229)

실증주의가 이처럼 과학적으로 인식불가능한 것을 인정하고 또는 관념론이 이해불가능한 것의 존재를 인정한다고 할지라도 이 두 세계관은 그것들을 학문이나 철학이 관여할 바가 아니라고 주장한다. 따라서 자기존재의 근거를 파고드는 이와 같은 실증주의나 관념론에 만족할 수 없다는 것은 물론 오히려 "실증주의를 통한 돌파에서 비로소 철학함의 가능성에 대한 시선이 열린다."고 야스퍼스는 역설하고 있다.(Ph. I 235 ff)

지금까지 논의해온 과학의 본질, 의의, 한계, 과학과 철학의 상호관계, 그리고 자연과학과 정신과학, 즉 실증주의와 관념론을 결론지어 말하자면 다음과 같이 요약할 수 있을 것이다.

자연과학은 그 법칙과 이론에 의해서 인식상 불가해한 것을 포착하고자 시도하고 정신과학은 자유의 결과와 현상을 정신과학의 본래적인 법칙·규범·의미 등에 의해 해석한다. 그러나 궁극적인 한계는 자연과학에 있어서는 모호한 절대적 타자이며, 정신과학에 있어서는 상호소통의 근원으로 실존적 자유이다. 이 실존적 자유는 나를 나 자신, 즉 본래적 나에게로 이끌어간다.(Ph. I 147)

실존조명과 한계상황

『철학 Ⅱ-실존조명』은 세계 현존에 대립해서 실존이 나타나는 본래적 방식을 논구하고 있다. 이러한 논구에 따르면 실재의 객관적 영역은 존재하지 않으며, 인간이 그것으로부터 벗어나서 실존한다는 사상은 우리가 키르케고르(Kierkegaard)를 새삼스럽게 이해한 이래 긍정적으로 승인되고 있다.(*Diskussion* 103)

야스퍼스는 『철학 Ⅱ』에서 헤겔(Hegel)의 현상학과 비교하여 인간이 탈존(脫存)하여 비약하는바 형식을 분석하고 조명하고 있다. 『철학 Ⅱ-실존조명』은 다음과 같은 주안점, 즉 나와 너 간의 상호소통으로서 인간 상호간의 실존적 소통에 전념하고 있다. 실존적 상호소통은 야스퍼스에 있어서는 절대적 중요성을 가진다.(*Diskussion* 103) 그러므로 야스퍼스는 "나는 매번 대체할 수 없는 타자에 의해서만 나 자신일 뿐이다."라고 강조한다.

나는 가령 내가 단지 나일 뿐이라면 황량해지지 않을 수 없다.(*Ph.* I 156)

상호소통은 실존의 근원이다.(*Ph.* Ⅱ 60) 상호소통은 항상 변증법적이며 사랑하는 투쟁(ein liebender Kampf, *Ph.* Ⅱ 65 ff), 즉 정신적 자기획득의 과정이다.(*Diskussion* 103) 그런데 실존철학은 불충분한 방식, 불완전한 양식 및 일탈(逸脫)을 기술하고자 하는 경향을 가지고 있다. 야스퍼스는 『철학 Ⅰ, Ⅱ, Ⅲ』에서 실존적 현상들에 대한 부정적 조명에 있어 그때마다 생각하지 못한 것을 명시함으로써 비상한 예술을 펼쳐 보이고 있다. 그는 이때 상호소통의 부족, 침묵, 고독, 단절의 자태, 절망 등을 조명하고 있다.(*Diskussion* 104) 여기서 다음과 같은 명제가 성립된다.

하나의 사상은 사유하는 행위가 상호소통을 촉진하는 데 비례하여 철학적으로 진실하게 된다.(*Ph.* II 117)

야스퍼스는 모든 실존의 역사성을 강한 어조로 강조한다. 실존은 단순히 현존 속으로 들어가는 것이 아니고 역사적으로 생성된 실제적 제약 아래로 들어간다.(*Diskussion* 104) 실존은 이 제약을 장악하지 않으면 안 된다. 권위, 자기신격화, 불성실, 상대주의는 이 제약들에 속하는 형식들이다.(*Diskussion* 104)

여하튼 『철학 II』의 절정은 아마도 한계상황에 대한 분석일 것이다. 한계상황 가운데서 실존일반은 비로소 모든 단순한 현존에 대립해 있음을 감지한다. 한계상황으로서 죽음, 고뇌, 우연, 투쟁은 필연적이지만 더 이상 이론적으로 접근할 수 없고 단지 이러한 한계상황들을 견뎌내는 데서만 경험가능한 실존의 구체성에 속한다.

한계상황은 그 자체로는 변하지 않는다. 한계상황은 단지 그 현상에 있어서만 변화한다. 한계상황은 결정적으로 우리들의 현존과 관계한다.(『야스퍼스 읽기』, 78쪽)

한계상황은 개관되지 않는다. 우리들의 현존에 있어 우리는 그 현존의 배후에 다른 어떤 것을 보지 못한다. 한계상황은 우리가 부딪쳐서 난파하는 벽과 같은 것이다. 한계상황은 우리들 자신에 의하여 변경되는 것이 아니고, 오히려 이 상황을 다른 것에 근거하여 설명하거나 연연해함이 없어도 명료화시킬 수 있을 뿐이다.(*Ph.* II 203)

우리는 한계상황을 피할 수 있는 가능성을 가지고 있지 못하다. 우리가 할 수 있는 것은 한계상황 앞에서 우리의 눈을 감는 일이다. 한계상황은 상황의 변화에 대한 일상적이면서 훈련된 모든 행동 방법을 거부하는 인간적 삶의 상황이다.(『야스퍼스 읽기』, 79쪽) 이러한 상황이 덮칠 때 이 상황을 의식에서 체험하는 인간은 자기현존의 원칙적 한계에 부딪치고 자기 삶의 불확실성과 유한성을 의식하게 된다.

우리는 한계상황을 극복하기 위해 계획과 계산에 의해 교묘하게 한계상황에 반응하는 것이 아니고, 우리의 내면에서의 가능실존의 생성이라는 완전히 다른 능동성에 의해서 반응한다. 즉 우리는 한계상황 속으로 눈을 뜨고 들어감으로써 자기가 된다. … 한계상황을 경험하는 것과 실존하는 것은 동일하다.(Ph. II 204)

한계상황 속으로 의식적으로 들어가는 것은 철학함을 시작하는 것이고 동시에 우리 자신의 본래적인 자기, 즉 실존이 되는 것이다. 이러한 철학함을 하면서 동시에 우리 자신이 실존이 되는 데는 세 가지 비약, 즉 한계상황에의 주체적 체험을 통한 현존에서 실존에로의 세 가지 비약이 있다.(『실철』, 47~49쪽)

첫째, 맹아적으로 폐쇄된 실존으로의 비약
둘째, 자기 자신을 가능성으로서 비추어 밝히는 실존으로의 비약
셋째, 현실적인 실존으로의 비약 등이 그것이다.(Ph. II 206~207)

첫째의 비약은 세계를 대상적, 보편적으로 인식해가는 고독한 자기로의 비약, 즉 세계가 분쇄되어도 놀라지 않는 지(知)라고 하는 안전한 뒷받침을

가진, 말하자면 무상황적(無狀況的)인 자기로의 비약을 의미한다.

둘째의 비약은 한계상황 속에 있는 자기를 알고 이 한계상황을 사유를 통해서 비추어 밝히면서 동시에 가능실존을 비추어 밝히려는 사유하는 자기로의 비약이다.(『실철』, 47쪽)

셋째의 비약은 이와 같은 가능실존으로부터 현실적 실존으로의 비약이다. 이러한 세 가지 비약은 『철학』 전3권에서의 철학적 세계정위, 실존조명, 형이상학 등 세 가지 영역상의 구분과 상응하고 있는 것으로 생각된다. 여기서 특기할 만한 사실은 한계상황을 비추어 밝히는 것과 실존조명이 이룩되고 한계상황의 주체적 체험과 더불어 현실적 실존으로의 비약이 가능하다는 생각일 것이다.

세 가지 비약은 결코 각기 고립하거나 절대화해서는 안 되며 서로 상호관계를 유지함으로써 비로소 진실한 것이 된다.

가령 이 세 가지 비약들이 각기 고립화할 경우 첫째 비약의 지적 자기존재는 국외자의 입장에 만족하는 나머지 몰세계적(沒世界的)인 것으로 되어 완고한 유아주의(唯我主義, die harte Egozentizität)가 된다.(Ph. II 208)

셋째 비약의 결정적 실존으로의 비약도 "실존의 직접적인 현실성은 초월자의 명석성을 결여한 극단적인 감동으로서 혼란된 정열로 몰락할 수 있다."(Ph. II 208)

야스퍼스는 한계상황에 있어서의 실존으로의 비약과 초월을 강조하면서도 결코 그것을 절대화하지 않으며 동시에 인간이 현실적으로 세계 내에 있다는 것을 잊지 않는다.

나는 단순히 세계 내에 존재하는 것이 아니다. 그러나 역시 내가 세계 내에 현상하는 한 단순히 실존하는 것도 아니다.(Ph. II 208)

이와 같은 인간 존재의 이중성을 망각하고 현존에만 치중할 때 우리는 사실적인 실증주의에로 몰락하게 된다. 이와 반대로 실존에만 편중한다면 우리는 상호소통이 없는 무세계적(無世界的)인 신비주의에로 빠져버린다.

우리는 한계상황의 체험을 통하여 초월적인 경지에 도달할 수 있고 동시에 실존으로서의 본래적 자기를 실현할 수 있게 된다.(Ph. II 253)

현실적 실존으로의 비약의 근본계기로서 상호소통

야스퍼스에게서 진리는 상호소통(Kommunikation) 없이는 존재하지 않으며 상호소통은 진리 없이는 존재하지 않는다. 진리와 상호소통은 인간의 상호성을 전제로 한다. 이 상호성에서 진리는 구현되고 인간의 현존은 상호소통을 실현한다. 진리로의 의지 없이는 상호소통은 성공하지 못하고 상호소통 없이는 진리의 자기화는 이루어질 수 없다. 진리와 상호소통은 함수관계를 형성한다.(『야스퍼스 읽기』, 93쪽)

상호소통에서 투명성은 진리구현의 필요조건이다. 내가 너에 대해서 나의 마음속에 간직하고 있는 것을 네가 구체적으로 알 수 있도록 하고, 너역시 나를 향해서 그렇게 함으로써 너와 나 사이의 상호소통은 진실하게되고, 그리고 실존적 진리로의 체득을 가능케 한다. 그러므로 상호소통은 인간의 현존을 본래적 자기로서의 현실적 실존으로 비약시키는 근본적인 계기이다.

나와 너 사이의 상호소통이 이루어지기 위해서는 고독이 있어야 한다. 고독은 상호소통에 대한 준비를 일깨운다. 야스퍼스는 이러한 입장을 다음과 같이 밝히고 있다.

상호소통은 그때마다 나와 너 두 사람 간에 성립한다. 두 사람은 서로 결합하면서 동시에 둘이서 독립된 인격체로 남아 있어야 한다. 두 사람은 서로 고독으로부터 나와서 만나고, 더욱이 두 사람은 자기들이 상호소통 가운데 존재하기 때문에 고독을 알고 있다. 나는 상호소통으로 나아가지 않고는 자기 자신이 될 수 없고 고독하지 않고는 상호소통으로 나아갈 수 없다. 만일 내가 나 자신의 근원에서 자기 자신으로 존재하고, 따라서 가장 깊은 상호소통으로 감히 나아가고자 한다면 나는 고독을 원하지 않으면 안 된다.(*Ph.* II 61)

고독은 상호소통을 지향하고 상호소통에서 자기를 심화시켜 나가는 일종의 자기존재의 해석이다. 고독과 상호소통은 상호지향적이고 상호보완적이다. 왜냐하면 고독은 자기가 자기와 관계를 가지는 가운데 자기성찰을 감행하고 동시에 나로 하여금 타자와의 소통을 촉진하고 상호소통은 나와 너로 하여금 고독 속에서 자기성찰 및 자기비판을 촉구하기 때문이다. 상호소통은 내가 너를 향하여, 그리고 네가 나를 향하여 자기존재를 열어젖히는 행위, 즉 자기개현(自己開顯, ein Offenbarwerden des Selbstwerden)이다. 인간은 그가 타자를 지향하고 있는 한에서만 자기가 된다.(*Ph.* II 61) 여하튼 인간이 근본적으로 고독한 가운데 자기가 자기와 대화하고 성찰하고, 그리고 타자를 배려하고 타자와 대화하고 비판하는 것은 운명적이다. 따라서 상호소통의 중심은 인간이 무제약적으로 타자를 향해서 현존하면서 타자와 단순히 타협함이 없이 시종일관 자기 자신으로 현존한다는 점에서 자기존재이다.(『야스퍼스 읽기』, 95쪽) 야스퍼스에게 진정한 상호소통은 실존적 상호소통이다. 야스퍼스는 실존적 상호소통을 다음과 같이 규정한다.

실존적 상호소통 가운데서 나는 비로소 자기의 존재를 타자와 공동으로 실현하면서 자기를 본래적으로 인식할 수 있다.(*Ph*. II 64)

이러한 실존적인 상호소통도 현존이라는 가장 원초적이고 근본적인 공간에서 실현되기 때문에, 우선 현존재적 상호소통이란 실존적 상호소통으로 고양하기 위한 원초적 상호소통일 수밖에 없다.

야스퍼스는 상호소통을 그 양태의 차원에서 현존재적 상호소통과 실존적 상호소통으로 나누고 있다. 좀 더 구체적으로 말해서 야스퍼스는 상호소통의 현존양식을 객관적인 양태로서는 현존의 상호소통, 의식일반의 상호소통, 정신의 상호소통으로 분류하고 초월적 양태로서는 실존적 상호소통으로 분류하고 있다. 이러한 분류는 『철학 I』에 제시되어 있다. 이러한 상호소통 가운데 본래적 자기를 발견해가는 진정한 상호소통을 야스퍼스는 실존적 상호소통이라고 규정한다.

내가 비로소 자기의 존재를 타자와 공동으로 실현하면서 그 자기를 본래적으로 인식할 수 있는 실존적 상호소통이야말로 진정한 상호소통이다.(*Ph*. II 61 ff)

이처럼 실존적 상호소통 가운데서만 실존이 획득될 수 있기 때문에 이 실존적 상호소통은 실존 획득의 근본적 필수조건이다. 다시 말해서 존재가능으로서의 실존이 거기에서 자기를 실현하고, 그리고 자기를 확신하는 공간이 곧 실존적 상호소통이다.(『야스퍼스 읽기』, 107쪽)

나도 타자도 상호소통 앞에서는 확고한 존재 실체가 아니다. 그러므로 나는 상호소통에 들어가지 않고는 자기가 될 수 없다.(*Ph*. Ⅱ 61) … 실존은 상호소통에서만 현실화된다.(*Ph*. Ⅱ 242)

인간은 본래적으로 그때그때마다 자기 자신이 되고자 하는 존재이다. 이러한 현실적 목적을 달성하기 위해서 인간은 타자를 향해서, 즉 상호소통의 파트너를 향하여 마음을 활짝 열어 젖혀 그 속을 적나라하게 드러내지 않으면 안 된다. 이 경우에 있어서만 인간은 실존적 상호소통을 실현할 수 있고, 따라서 인간은 거기에서 실존으로서의 본래적 자기를 깨달을 수 있다.(『야스퍼스 읽기』, 108쪽)

상호소통 가운데서 나는 타자와 함께 나 자신에게 마음을 활짝 열어젖혀 모든 것이 남김없이 드러나도록(開顯)한다. 그러나 동시에 마음을 활짝 열어젖힘(開顯)은 자아가 자기로서 비로소 현실화됨이다.(*Ph*. Ⅱ 64)

마음을 활짝 열어젖힘으로의(개현의) 의지는 자기를 실현할 수 있는 상호소통에서만 철저하게 감행된다. 이 의지는 모든 현존(Dasein)을 포기한다. 왜냐하면 이러한 마음을 활짝 열어젖힘으로의 의지는 그렇게 함으로써 자기의 실존을 비로소 자기에게 오는 것으로서 알기 때문이다.(*Ph*. Ⅱ 64)

야스퍼스에게서 마음을 활짝 열어젖힘으로의 의지는 자기의 견해, 확신, 가치표상 등을 다른 인간에게 무조건 전달하고 또 다른 인간(상호소통의 파트너)에 의해 비판되고 의문시되도록 하는 각오이다. 다시 말해서 마음을 활짝 열어젖힘으로의 의지는 자기를 감추어서 지키는 술책, 책략, 위장수법 없이 이러한 것들을 비판에 내맡기는 각오이다. 그런데 자기를 의문시되도록 하는 것은―타자가 단순히 이기주의적 목적에서 상대를 도구화하고 자기를 감추고, 진솔하지 못함에도 불구하고 자기를 의문시하도록 타자에게 마음을 열어젖혀 드러내 보인다면―상호소통의 파트너인 타자가 자신에게 파괴적인 결과를 가져다줄 수도 있다. 이러한 위험을 제거하기 위해서는 야스퍼스의 구상에 따르면 상호소통을 가지는 두 사람이 무엇보다도 상호성과 도덕적 함의(含意)의 요청을 서로 배려하고 성실성의 표명에 주의를 기울여야 한다.(『칼 야스퍼스』, 133쪽) 그러므로 상호개현에서는 근본적으로 사랑이 그 저면에 흐르고 있지 않으면 안 된다.

> 상호소통에서 마음을 활짝 열어젖힘의 과정은 투쟁이면서 동시에 사랑으로 실현되는 그런 유일무이의 투쟁이다. … 사랑으로서 이 상호소통은 어떠한 대상에 대해서도 상관하지 않고 지향하는 맹목적인 사랑이 아니고, 그 대상을 명철하게 통찰하고 투쟁하는 사랑이다. 이러한 투쟁하는 사랑은 가능실존으로부터 타자의 가능실존을 문제시하고 곤란으로 끌어들이고 요구하고 파악한다. … 이와 같은 투쟁에서 양자는 솔직하게 자기를 나타내고 의문시하도록 한다. 실존이 가능하다면 실존은 투쟁하는 자기헌신을 통해서 이러한 자기획득으로 나타난다.(Ph. II 65)

실존적 상호소통에서 사랑하는 연대적인 투쟁은 성실하지 못한 이기주의적인 현존의 투쟁에 대한 명백한 대립이다. 야스퍼스에게서 이 사랑하는 투쟁은 자기 자신과 상호소통의 파트너의 내면에 내재하는 폐쇄성과 상호소통을 저해하는 장애의 형식에 맞서 싸우는 두 사람 간의 비이기주의적인 상호노력으로 이해되고 있다.(『칼 야스퍼스』, 134쪽)

계산된 겸양, 가면, 안전의 구축은 실존적 상호소통을 저해하는 장애들이다. 이러한 장애들이 상호소통의 조건들로 내세워지고 그 경우에 이 장애들이 나와 상호소통의 파트너를 갈라놓는 장벽이 된다.(*Ph.* II 64, 67)

본질적으로 말해서 실존적 상호소통에서는 각자가 가지고 있는 문제에 대한 상호적인 관여가 있지 않으면 안 된다.

실존적인 상호소통은 자기와, 그리고 자기와의 동등 수준에서 서로 만나는 타아(他我)에서만 전개된다고 지적하면서 동시에 진실한 상호소통의 조건으로서 수준의 동등성의 상실을 경계하고 있다.(*Ph.* II 94)

실존적인 상호소통에서 소통의 파트너들이 비이기주의적인 태도 및 관점을 가지고 진리로의 투쟁이라는 공동목적으로 추구하고, 그리고 그런 과정에서 마침내 실존이 개명(開明)된다.

초월자의 암호

형식적 초월

절대적인 것으로서 존재는 결코 객관이 되지 않고 또 임의로 현재하지 않는다. 존재는 모든 사람에게 나타나지 않고 오직 가능실존에게만 나타날 뿐이다. 존재는 암호 및 상징을 통해서만 이해된다.(*Diskussion* 104) 상징들을 해석하고자 하는 모든 시도는 부적절하다. 왜냐하면 "초월적 현실"은 어떤 방식으로든 형이상학적 사상 속으로 들어가지는 않기 때문이다.(*Ph.* III 10)

단지 실존에게만 암호라는 상징적 언어 또는 초월적 체험의 공식화가 이해된다. 암호해독은 역사적으로 일어나고, 초월자는 그의 현상을 변화시키며, 모든 사람은 그의 역사로부터 존재를 경험한다.(*Diskussion* 104) 그럼에도 불구하고 나는 초월자를 단지 나의 것으로서만 포착하지 않고, 나로부터 독립해 있는 존재로서 파악한다.(*Ph.* III 22) 가정적이면서 실체화된 형이상학적 사유에는 모든 의미에 있어 내용이 없다. 고대의 초월적 형이상학은 오늘날 회복할 수 없을 정도로 약화되었다. 그러므로 수천 년에 걸쳐 자기화한 초월자의 언어를 매몰로부터 파헤쳐 찾아내고 형이상학적 사유의 놀이에 있어 초월적 체험의 가능성을 얼마만큼 늦추고, 진정한 직접

적인 초월자의 경험을 준비하는 것이 필요하다.(*Ph.* III 34)

여기에 야스퍼스의 위대한 업적 및 관념론의, (특히 칸트, 헤겔, 셸링 (Schelling)의) 본질적인 공식화의 범주들이 그의 사상 속에 완전히 녹아들어 있고, 그리고 재현되어 있다. 그러므로 덧붙여 말하면 야스퍼스가 지시하는 믿을 수 없는 폭이 넓은 심리학적 경험과 세계인식, 풍부한 철학적 관계들이 나타나고 있다.(*Disskussion* 105)

『철학 III』의 제2장은 이 책에서 가장 훌륭한 부분에 속한다. 여기서 사유의 기초적인 범주들이 그 이율배반과 사유불가능성에 있어 밝혀지고 있다. "형식적 초월"은 모순된 범주들 속에서 오로지 현재적인 것만을 접촉할 수 있는 가능성에 있다.(*Diskussion* 105)

유한한 사유가 무한한 것과의 관계에서 난파할 때 비약이 가능해지는 사유작용을 "형식적 초월함"이라고 부른다. 우리는 항상 단지 존재, 현실성, 실재, 실체, 소재, 본질, 근거, 근원, 영원성, 무 등과 같은 범주들 속에서만 사유할 수 있다. 이 모든 범주는 야스퍼스에게는 항상 대상적인 의미를 가질 뿐이다. 만일 초월적인 것이 이러한 범주들로써 명명된다면 그것은 이미—그것이 범주들 속에서는 존속하지 않기 때문에—동시에 오해되고 있는 것이다. 우리는 범주들로써 범주들을 뛰어넘어 비대상적인 것, 비규정적인 것, 사유불가능한 것으로 초월하지 않으면 안 된다. 만일 범주들 내에 있지 않는 초월적인 것이 범주들 내에서 사유된다면 범주적인 것이 곧바로 다시금 역설적으로 취소되지 않으면 안 된다.(『야스퍼스 읽기』, 172쪽)

사유는 최종적인 초월함의 걸음을 단지 자기 자신을 지향하는 데서만 실현시킬 수 있다.(*Ph.* III 38)

이 역설적 취소에 본래적인 중점을 둘 경우 우리는 이것으로 말미암아 절대자에 대한 압도적인 불가해성에 빠져들고 동시에 우리에게 절대자가 나타난다.

초월함의 성과가 언표될 수 있는 명제는 부정에서 성립한다. 사유 가능한 것은 모두 초월자에 의하여 타당하지 않은 것으로서 거부되고 있다. 초월자는 어떤 술어에 의해서도 규정되어서는 안 되고 어떤 표상에 있어서도 대상이 되어서는 안 되고 어떤 추론에 있어서도 안출되어서는 안 된다. 그러나 초월적인 것이 양도 아니고 질도 아니며 관계도 없고 근거도 없으며 일자(一者_도 아니고 다자(多者)도 아니며, 존재도 아니고 무도 아니다라고 말하기 위해서는 모든 범주가 사용될 수 있다.(*Ph.* III 38 ff)

초월자에 대한 사유는 필연적으로 난파할 수밖에 없다. 왜냐하면 초월자에 대한 사유는 언제나 다시금 초월자에 대해 어떤 것을 말하기 때문이다. 일자라고도 말하고 타자라고도 말한다. 그러나 그것이 이미 하나의 범주를 필요로 하는 한 그것은 언제든지 초월자를 합리적이고 유한하게 만드는 것이다.(*PGO* 395)

신적(神的)인 것은 사유에 대해서 사라진다. 왜냐하면 사유는 그 자체로 규정할 수 없는 것을 규정하는 가운데 강제적으로 사유하기 때문이다. 이러한 의미에서 초월자는 초존재(超存在)로서도 표시될 수 있고 비존재로서도 표실될 수 있다.(*VW* 109) 초존재의 개념에서 모든 존재의 범주는 초월자에 대해서 부적절하다는 것이 표현된다. 비존재의 개념은 초월적 존재란 존재를 의미하는 범주 내에서는 존재하지 않는다는 것을 지시한다.

초월자는 오성적 지식의 개념을 거부하며, 규정하고 분석하는 방식으로는 초월자 자체로의 접근을 불가능하게 한다. 어떤 근거를 제시하고 그 어떤 것을 정의하고 증명하는 것은 유한적 통찰에 속하는 것으로 초월자에로의 초월 또는 비약과는 전혀 다른 영역에 속하는 이른바 과학적 세계정위의 조건에 불과하다.(『야스퍼스 읽기』, 175쪽)

야스퍼스에 있어 초월자는 이처럼 비대상적인 것, 비인식적인 것으로서 규정된다. 왜냐하면 야스퍼스에게서 존재론적으로 기초된 (모든 사람에게 타당한 것으로 생각되는) 초월적 존재의 보편성은 현상적으로 나타날 수 없기 때문이다. 초월적 진리는 역사적이고 제약적이다. 그러므로 그것은 보편타당적이 아니다.(Ph. III 23 ff)

『철학 III』의 제3장은 체험의 대립들 간의 실존적 긴장을 기술하고 있다. 이러한 긴장을 극복하는 것이 초월함의 전제가 된다. 요컨대 반항과 귀의의 긴장으로부터 변신론(辯神論)의 초월적 문제가 생겨나고 이반과 비약으로부터 불사와 수호신(守護神)이 생겨 나온다. 다른 말로 하면 신적 근거 문제에 있어 나타나는 초월자의 암호(Chiffre)는 단지 실존에게만 접근가능할 뿐이다.(Diskussion 105) 실존은 반항과 귀의, 낮과 밤으로의 열정, 일탈과 고양의 긴장 속에서 보호 없이 살고 있고 살 수 있다.(Diskussion 105)

초월자의 언어로서 암호

『철학 III』의 제4장은 초월자의 언어로서 암호를 논구하고 있다. 다시 말해서 제4장은 경험적인 것의 투명성, 현존에 있어 존재를 관통하는 투명성, 현상 가운데서 초월자에 대한 상징적 직관, 모든 재심사를 결여하고 있는 형이상학적 경험 등을 설명하고 있다. 암호는 명상의 대상들을 나타내는 표현만이 아니다. 본래적인 행위는 나에게 초월자의 암호가 될 수 있다.(*Diskussion* 106)

왜냐하면 나는 이미 더 이상 가능성이 없고 결정적으로 실재적인 것이 존재하는 바로 그곳에 이르려고 하기 때문이다. 결정적으로 실재적인 것은 존재 자체 이외에 아무것도 아니기 때문에 단지 존재할 뿐이다. 시간적 현존 내에서는 나는 존재 자체를 결코 만날 수 없다. 그러나 존재 자체의 암호를 해독하는 것은 다른 모든 행동과 경험 의미가 된다.(*Ph*. III 226)

암호 가운데서 포착하는 존재를 사유하고자 하는 시도는 존재의 제2언어와 제3언어로, 즉 신화와 사변으로 안내한다. 암호는 단순한 현존에게는 나타나지 않고 실존에게만 나타난다.(*Diskussion* 106)

진정한 초월함에서는 가장 깊은 세계긍정이 수행되고, 이 세계긍정은 암호문자로서의 세계의 현존을 향해서 가능해진다.(*Ph*. III 139) … 나는 나 자신이 되는 경우에만 초월자의 말을 듣는다.(*Ph*. III 139)

도그마, 체계, 신화에 있어 모든 객관화는 순간의 내용을 그 실존적 근거들로부터 분리하고 나를 확고한 권위에 직면하여 부자유하게 만든다. 자유롭고 명상적 상상에 의한 암호해독에 있어 시간에의 충실은 단지 의식이 사라지는 순간에 있어서만 가능해진다.(*Ph*. III 154)

암호문자는 그 자체가 우상숭배는 아니다. 비록 여기서 성서적 형상금령(形象禁令)의 요구가 궁극적으로 실현되지 않는다고 하더라도 그것은 우리들 인간의 자연 때문에 실현될 수 없다.(*PGO* 385) 왜냐하면 여기서 철학은 무엇을 행해야 하는가를 알기 때문이다. 상징성이 신체성이 될 때 초월자의 대상화가 무한한 언어가 되지 않고 신이 객체로 만들어질 때 단지 진리에만 적용될 수 있는 것을 상징에 부여할 때(*PGO* 391) 그 경우에 비로소 우상숭배가 생겨난다. 암호는 그와 반대로 단지 이정표로서만 이해된다. "암호는 최종적이거나 유일한 것이 아니다."(*PGO* 210) 그럼에도 "내재적 현상에 있어 초월자에 대한 이해는 일시적인 방식으로도 물질화와도 같이 보일 수 있다."(*Ph.* III 18)

암호의 다의성으로부터 암호에 대한 객관적이고 중성적인 이해는 존재하지 않는다는 결론이 나온다. 암호에 대한 모든 해석은 암호에의 고유한 경험의 증거로서 제시된다. 암호는 보편적으로 읽힐 수 없고, 오히려 실존적으로 해독되지 않으면 안 된다.

약어

E	Karl Jaspers, *Existenzphilosophie*
PGO	Karl Jaspers, *Der Philosophische Glaube angesichts der Offenbarung*
Ph(I, II, III)	Karl Jaspers, *Philosophie I, II, III*
RA	Karl Jaspers, *Rechenschaft und Ausblick*
VW	Karl Jaspers, *Von der Wahrheit*
Diskussion	Arnold Gehlen, *Jaspers' Philospophie*(Rezension, 1932). In : Hans Saner(Hrsg.), *Karl Jaspers in Diskussion*
실철	김복기(학위논문), 「Jaspers의 실존철학 연구」
야스퍼스 읽기	정영도, 『칼 야스퍼스 읽기』
철학사상	월래프(정영도 옮김), 『야스퍼스의 철학사상』
칼 야스퍼스	쿠르트 잘라문(정영도 옮김), 『카를 야스퍼스』

참고문헌

1) 위의 저서들 전체
2) Karl Jaspers(신옥희, 변선환 공역), 『계시에 직면한 철학적 신앙』, 분도출판사, 왜관 1989.
3) Richard Wisser(정영도, 손동현, 강학순 옮김), 『카를 야스퍼스』, 문예출판사, 서울 1999.

지은이

⠞ 칼 야스퍼스 Karl Jaspers, 1883~1969

야스퍼스는 '실존철학'이라는 용어를 최초로 사용하고 '실존철학'을 제목으로 하는 책을 최초로 쓴 독일의 철학자이다. 실존철학은 물론 심리학, 정신의학, 정치철학, 세계철학사 등에 대한 열정적인 연구를 기반으로 여러 저작을 남겼다. 그가 28세에 쓴『정신병리학총론』은 아직까지도 정신병리학의 교과서로 자리매김하고 있다. 의학을 먼저 전공하고 심리학, 철학으로 연구 영역을 확장해온 독특한 이력은 그가 철학을 하기 위해 일부러 선택한 과정이었다. 야스퍼스 스스로 의학과 자연과학을 섭렵한 자신에게서는 철학이 살아 숨 쉴 것이라고 말한 바 있다. 이러한 이력 덕분에 야스퍼스는 과학자들에게는 철학자로 여겨지고 철학자들에게는 과학자로 여겨지는 곤란함을 겪었다. 야스퍼스가 보기에 철학자들은 실재를 너무 도외시했고 과학자들은 사유를 충분히 하지 않았다.

야스퍼스의 평생의 화두는 독단에 빠지지 않는 참다운 철학이었다. 야스퍼스는 나치 시절에 부인 거트루드가 유대인이라는 이유로 강제로 휴직을 해야 했을 때 한 마지막 강의에서 "우리의 강의는 중단되지만 철학함의 자세는 앞으로도 계속 이어질 것입니다."라고 말해 그치지 않는 박수를 받았다고 한다. 이러한 야스퍼스의 태도는 나치 통치가 종식된 후 독일에서 대중적 인기를 얻었음에도 불구하고 스위스 바젤로 이주하게 된 이유에서도 엿볼 수 있다. 대중들이 자신을 좋아하면서도 자신의 사상에 동참하지 않는다는 사실에 실망한 야스퍼스에게 대중의 인기는 "우정 어린 마음에서 비롯되었다 해도 참답지 못한 것이어서 유해한" 것이었다. 야스퍼스는 나치 시절을 지나 살아남았다는 것 자체가 죄책이며 인간은 누구나 어떻게 통치되는지에 대해 책임을 가지고 있다는 주장을 펼쳤다. 바젤에서 야스퍼스는 헛된 명성에서 벗어나 인기와는 무관한 자기 자신의 고유한 삶을 살았다.

태어날 때부터 건강이 좋지 않고 평생토록 죽음의 문턱을 넘나들며 살았던 야스퍼스는 그 덕분에 오히려 삶이란 얼마나 아름다운지를 알았다고 한다. 야스퍼스는 어디에서나 소박함을 유지하기를 바란다는 내용의 유언장을 남기고 세상을 떠났다. 그러고는 생전에 매입해 두었던 조국 독일을 바라볼 수 있는 묘역에 묻혔다. 야스퍼스는 평생 스스로 '다르게는 될 수 없는 자기 자신의 존재'라 묘사했던 그 자기 자신으로 살았다.

주요 저서로『정신병리학총론』(1913),『세계관의 심리학』(1919),『현대의 정신적 상황』(1931),『철학 I II III』(1932),『이성과 실존』(1935),『실존철학』(1938),『죄책론』(1946),『진리에 관하여』(1947),『철학적 신앙』(1948),『역사의 기원과 목표』(1949),『원자탄과 인류의 미래』(1958),『계시에 직면한 철학적 신앙』(1962)이 있다.

옮긴이

:: 이진오

연세대학교 신학과와 서울대학교 대학원 서양철학과를 졸업한 저자는 독일 튀빙겐 대학교에서 칸트와 야스퍼스 연구로 박사학위를 받았다. 서울대, 명지대, 서울시립대 등에서 철학 전공과목과 교양과목을 강의하다 2011년 이후 경희대학교 후마니타스칼리지에 재직 중이다. 야스퍼스의『철학1』, 칸트의『인간학』과『학부논쟁』등의 2인 공동번역서가 있다. 저서로는『철학수업』(강순전·이진오 공저)과 고등학교『철학』교과서(11인 공저),『실존철학상담 입문』(단독) 등이 있다. 칸트철학, 현상학과 실존철학, 철학상담에 대한 많은 논문을 발표했다. 한국철학상담치료학회 수련감독으로서 자아정체성 위기, 의미 상실, 가치관 혼란, 무기력증, 불안장애, 양극성 장애에 대한 철학상담 임상 경험과 성장과 치유를 위한 철학교육 경험을 갖고 있다.

최양석

연세대학교 철학과를 졸업하고(1979), 같은 대학교 대학원에서 석사학위(1982)를 마친 후 독일 뷔르츠부르크 대학교에서 철학박사학위(1992)를 받았다. 그 후 연세대와 홍익대 등에 출강하였다. 저서로는『동서사상의 만남』(2007),『야스퍼스와 사유의 거인들』(2010) 등이 있다. 논문으로는「플로티누스의 파르메니데스 해석」,「그리스 사회의 폭력 이해: 플라톤을 중심으로」,「실존주의의 윤리학」,「야스퍼스의 초월자의 암호」,「천부경과 야스퍼스의 암호해독」등이 있다.

한국연구재단총서 학술명저번역 서양편 **590**

철학 I

철학적 세계정위

1판 1쇄 펴냄 | 2017년 11월 20일
1판 2쇄 펴냄 | 2022년 6월 6일

지은이 | 칼 야스퍼스
옮긴이 | 이진오·최양석
펴낸이 | 김정호
펴낸곳 | 아카넷

출판등록 2000년 1월 24일(제406-2000-000012호)
10881 경기도 파주시 회동길 445-3
전화 | 031-955-9510(편집) · 031-955-9514(주문)
팩시밀리 | 031-955-9519
책임편집 | 이하심
www.acanet.co.kr

Printed in Seoul, Korea.

ISBN 978-89-5733-504-8 94160
ISBN 978-89-5733-214-6 (세트)

이 도서의 국립중앙도서관 출판시도서목록(CIP)은
서지정보유통지원시스템 홈페이지(http://seoji.nl.go.kr)와
국가자료공공목록시스템(http://www.nl.go.kr/kolisnet)에서 이용하실 수 있습니다.